LE PLUS PETIT
LAROUSSE

FRANÇAIS-ESPAGNOL
ESPAGNOL-FRANÇAIS

ISBN 2-03-401801-5

Distributeur exclusif au Canada : Les Éditions Françaises Inc.

Imprimé et relié par Brepols S.A. - Turnhout - Belgique - 1997

LE PLUS PETIT
LAROUSSE

DICTIONNAIRE
FRANÇAIS-ESPAGNOL
ESPAGNOL-FRANÇAIS

LE PLUS PETIT LAROUSSE est, de par son format, le dictionnaire de poche par excellence.

Avec plus de 20 000 mots et expressions et plus de 30 000 traductions, cet ouvrage présente non seulement le vocabulaire courant, mais aussi de nombreuses expressions permettant, en vacances ou en voyage, de déchiffrer panneaux de signalisation ou cartes de restaurant.

Le vocabulaire essentiel y est éclairé par des exemples; des indications claires mènent sans hésitation à la bonne traduction; enfin, une présentation étudiée facilite la consultation.

Très pratique, cet ouvrage est une source d'informations précieuse, à emporter partout.

«¡Suerte!», et n'hésitez pas à nous faire part de vos suggestions.

L'ÉDITEUR

Abreviaturas		**Abréviations**
abreviatura	*abrev/abr*	abréviation
adjetivo	*adj*	adjectif
administración	*ADMIN*	administration
adverbio	*adv*	adverbe
español de América latina	*Amér*	espagnol d'Amérique latine
atanomía	*ANAT*	anatomie
artículo	*art*	article
automóviles	*AUT(OM)*	automobile
auxiliar	*aux*	auxiliaire
belgicismo	*Belg*	belgicisme
canadianismo	*Can*	canadianisme
comercio	*COM(M)*	commerce
comparativo	*compar*	comparatif
conjunción	*conj*	conjonction
cocina	*CULIN*	cuisine, art culinaire
deportes	*DEP*	sports
derecho	*DER*	droit
despectivo	*despec*	péjoratif
economía	*ECON*	économie
educación	*EDUC*	domaine scolaire
exclamación	*excl*	exclamation
sustantivo femenino	*f*	nom féminin
familiar	*fam*	familier
figurado	*fig*	figuré
finanzas	*FIN*	finances
generalmente	*gen/gén*	généralement
gramática	*GRAM(M)*	grammaire
helvetismo	*Helv*	helvétisme
informática	*INFORM*	informatique
interjección	*interj*	interjection
interrogativo	*interr*	interrogatif
invariable	*inv*	invariable
jurídico	*JUR*	juridique
sustantivo masculino	*m*	nom masculin
matemáticas	*MAT(H)*	mathématiques

medicina	*MED/MÉD*	médecine
sustantivo masculino y femenino	*mf*	nom masculin et féminin
sustantivo masculino y femenino (con una desinencia femenina)	*m, f*	nom masculin et féminin (avec une désinence féminine)
militar	*MIL*	domaine militaire
música	*MÚS/MUS*	musique
sustantivo	*n*	nom
naútica, marítimo	*NÁUT/NAVIG*	navigation
sustantivo femenino	*nf*	nom féminin
sustantivo masculino	*nm*	nom masculin
sustantivo masculino y femenino	*nmf*	nom masculin et féminin
sustantivo masculino y femenino (con una desinencia femenina)	*nm, f*	nom masculin et féminin (avec une désinence féminine)
número	*núm/num*	numéral
despectivo	*péj*	péjoratif
plural	*pl*	pluriel
política	*POL(IT)*	politique
participio pasivo	*pp*	participe passé
participio presente	*ppr*	participe présent
preposicíon	*prep/prép*	préposition
pronombre	*pron*	pronom
algo	*qqch*	quelque chose
alguien	*qqn*	quelqu'un
marca registrada	®	nom déposé
religión	*RELIG*	religion
sustantivo	*s*	nom
educación	*SCOL*	domaine scolaire
culto	*sout*	soutenu
sujeto	*suj*	sujet
superlativo	*superl*	superlatif
sustantivo	*sust*	substantif
tecnología	*TECN/TECH*	technologie
transportes	*TRANS(P)*	transport

televisión	*TV*	télévision
verbo	*v*	verbe
verbo intransitivo	*vi*	verbe intransitif
verbo impersonal	*v impers*	verbe impersonnel
verbo pronominal	*vpr/vp*	verbe pronominal
verbo transitivo	*vt*	verbe transitif
vulgar	*vulg*	vulgaire
equivalente cultural	≃	équivalent culturel

La ordenación alfabética en español

En este diccionario se ha seguido la ordenación alfabética internacional. Esto significa que las entradas con **ch** aparecerán después de **cg** y no al final de c ; del mismo modo las entradas con **ll** vendrán después de **lk** y no al final de **l**. Adviértase, sin embargo, que la letra **ñ** se encuentra al final de la **n** a pesar de ser una letra aparte.

L'ordre alphabétique en espagnol

Ce dictionnaire respecte l'ordre alphabétique international. Le lecteur trouvera donc les entrées comprenant les consonnes **ch** dans l'ordre alphabétique strict c'est-à-dire après celles comprenant **cg** et non plus à la fin de la lettre **c**. De la même façon, les mots comprenant un **ll**, figurent après ceux comprenant **lk**, et non à la fin de la lettre **l**. Notons cependant, que le **ñ**, bien que lettre à part entière, figure à la fin de la lettre **n**.

Marcas registradas

El símbolo ® indica que la palabra en cuestión se considera marca registrada. Hay que tener en cuenta, sin embargo, que ni la presencia ni la ausencia de dicho símbolo afectan a la situación legal de ninguna marca.

Noms de marque

Les noms de marque sont désignés dans ce dictionnaire par le symbole ®. Néanmoins, ni ce symbole ni son absence éventuelle ne peuvent être considérés comme susceptibles d'avoir une incidence quelconque sur le statut légal d'une marque.

Transcripción Fonética / Transcription Phonétique

Vocales españolas

- [i] p**i**so, **i**magen
- [e] t**e**la, **e**so
- [ɑ] p**a**ta, **a**migo
- [o] b**o**la, **o**tro
- [u] l**u**z, **u**na

Vocales catalanas

- [ɛ] fr**e**sc

Diptongos españoles

- [ei] l**ey**, p**ei**ne
- [ai] **ai**re, c**ai**ga
- [oi] s**oy**, b**oi**na
- [au] c**au**sa, **au**la
- [eu] **Eu**ropa, d**eu**da

Voyelles françaises

- [i] f**i**lle, **î**le
- [e] pa**y**s, ann**ée**
- [ɛ] b**e**c, **ai**me
- [a] l**a**c, p**a**pillon, **â**me
- [o] dr**ô**le, **au**be
- [u] **ou**til, g**oû**t
- [y] **u**sage, l**u**ne
- [ø] av**eu**, j**eu**
- [œ] p**eu**ple, b**œu**f
- [ə] l**e**, j**e**

Nasales françaises

- [ɛ̃] t**im**bre, m**ain**
- [ɑ̃] ch**am**p, **enn**ui
- [ɔ̃] **on**gle, m**on**
- [œ̃] parf**um**, br**un**

Semivocales		Semi-voyelles
hierba, m**i**edo	[j]	**y**eux, l**i**eu
ag**ua**, **hu**eso	[w]	**ou**est, **ou**i
	[ɥ]	l**u**i, n**u**it

Consonantes		Consonnes
pa**p**á, cam**p**o	[p]	**p**rendre, gri**pp**e
vaca, **b**om**b**a	[b]	**b**ateau, ros**b**if
cur**v**o, ca**b**allo	[β]	
toro, pa**t**o	[t]	**th**éâtre, **t**emps
don**d**e, cal**d**o	[d]	**d**alle, ron**d**e
que, **c**osa	[k]	co**q**, **qu**atre
grande, **gu**erra	[g]	**g**arder, épilo**gue**
á**g**uila	[ɣ]	
o**ch**o, **ch**ispa	[tʃ]	

fui, a**f**án	[f]	**ph**ysique, **f**ort
	[v]	**v**oir, ri**v**e
cera, pa**z**	[θ]	
ca**d**a, par**d**o	[ð]	
solo, pa**s**o	[s]	**c**ela, **s**avant
	[z]	frai**s**e, **z**éro
	[ʃ]	**ch**arrue, **sch**éma
	[ʒ]	rou**g**e, **j**eune
gemir, **j**amón	[x]	
madre, ca**m**a	[m]	**m**ât, dra**m**e
no, pe**n**a	[n]	**n**ager, trô**n**e
	[ŋ]	parki**ng**
ca**ñ**a	[ɲ]	a**gn**eau, pei**gn**er
a**l**a, **l**uz	[l]	ha**ll**e, **l**it
alta**r**, pa**r**o	[r]	a**rr**acher, sab**re**
pe**rr**o, **r**osa	[rr]	
llave, co**ll**ar	[ʎ]	

El símbolo [ʼ] representa la "h aspirada" francesa, por ejemplo **hacher**.

Le symbole [ʼ] représente le "h aspiré" français, par exemple **hacher**.

El símbolo [ˈ] indica que la sílaba siguiente lleva el acento tónico.

Le symbole [ˈ] indique que la syllabe suivante porte l'accent tonique.

Ya que la pronunciación del español no presenta irregularidades, las palabras españolas no llevan transcripción fonética. En cambio, todas las palabras francesas llevan transcripción fonética.

La prononciation de l'espagnol ne présentant pas d'irrégularités, les mots espagnols ne portent pas de transcription phonétique dans ce dictionnaire. En revanche, tous les mots français sont suivis d'une phonétique.

Cuadro de conjugación

Abreviaturas :

pres ind = presente indicativo, *imperf ind* = imperfecto indicativo, *pret perf sim* = pretérito perfecto simple, *fut* = futuro, *cond* = condicional, *pres subj* = presente subjuntivo, *imperf indic* = imperfecto indicativo, *imperf subj* = imperfecto subjuntivo, *imperat* = imperativo, *ger* = gerundio, *partic* = participio

N.B. Todas las formas del imperf subj pueden conjugarse con las terminaciones: -se, -ses, -se, - semos, -seis, -sen

acertar: *pres ind* acierto, acertamos, etc., *pres subj* acierte, acertemos, etc., *imperat* acierta, acertemos, acertad, etc.

adquirir: *pres ind* adquiero, adquirimos, etc., *pres subj* adquiera, adquiramos, etc., *imperat* adquiere, adquiramos, adquirid, etc.

amar: *pres ind* amo, amas, ama, amamos, amáis, aman, *imperf ind* amaba, amabas, amaba, amábamos, amabais, amaban, *pret perf sim* amé, amaste, amó, amamos, amasteis, amaron, *fut* amaré, amarás, amará, amaremos, amaréis, amarán, *cond* amaría, amarías, amaría, amaríamos, amaríais, amarían, *pres subj* ame, ames, ame, amemos, améis, amen, *imperf subj* amara, amaras, amara, amáramos, amarais, amaran, *imperat* ama, ame, amemos, amad, amen, *ger* amando, *partic* amado, -da

andar: *pret perf sim* anduve, anduvimos, etc., *imperf subj* anduviera, anduviéramos, etc.

avergonzar: *pres ind* avergüenzo, avergonzamos, etc., *pret perf sim* avergoncé, avergonzó, avergonzamos, etc., *pres subj* avergüence, avergoncemos, etc., *imperat* avergüenza, avergüence, avergoncemos, avergonzad, etc.

caber: *pres ind* quepo, cabe, cabemos, etc., *pret perf sim* cupe, cupimos, etc., *fut* cabré, cabremos, etc., *cond* cabría, cabríamos, etc., *pres subj* quepa, quepamos, etc., *imperf subj* cupiera, cupiéramos, etc., *imperat* cabe, quepa, quepamos, cabed, etc.

caer: *pres ind* caigo, cae, caemos, etc., *pret perf sim* cayó, caímos, cayeron, etc., *pres subj* caiga, caigamos, etc., *imperf subj* cayera, cayéramos, etc., *imperat* cae, caiga, caigamos, caed, etc., *ger* cayendo

conducir: *pres ind* conduzco, conduce, conducimos, etc., *pret perf sim* conduje, condujimos, etc., *pres subj* conduzca, conduzcamos, etc., *imperf subj* condujera, condujéramos, etc., *imperat* conduce, conduzca, conduzcamos, conducid, etc.

conocer: *pres ind* conozco, conoce, conocemos, etc., *pres subj* conozca, conozcamos, etc., *imperat* conoce, conozca, conozcamos, etc.

dar: *pres ind* doy, da, damos, etc., *pret perf sim* di, dio, dimos, etc., *pres subj* dé, demos, etc., *imperf subj* diera, diéramos, etc., *imperat* da, dé, demos, dad, etc.

decir: *pres ind* digo, dice, decimos, etc., *pret perf sim* dije, dijimos, etc., *fut* diré, diremos, etc., *cond* diría, diríamos, etc., *pres subj* diga, digamos, etc., *imperf subj* dijera, dijéramos, etc., *imperat* di, diga, digamos, decid, etc., *ger* diciendo, *partic* dicho, -cha.

discernir: *pres ind* discierno, discernimos, etc., *pres subj* discierna, discernamos, etc., *imperat* discierne, discierna, discernamos, discernid, etc.

dormir: *pres ind* duermo, dormimos, etc., *pret perf sim* durmió, dormimos, durmieron, etc., *pres subj* duerma, durmamos, etc.,
imperf subj durmiera, durmiéramos, etc., *imperat* duerme, duerma, durmamos, dormid, etc., *ger* durmiendo

errar: *pres ind* yerro, erramos, etc., *pres subj* yerre, erremos, etc., *imperat* yerra, yerre, erremos, errad, etc.

estar: *pres ind* estoy, está, estamos, etc., *pret perf sim* estuve, estuvimos, etc., *pres subj* esté, estemos, etc., *imperf subj* estuviera, estuviéramos, etc., *imperat* está, esté, estemos, estad, etc.,

haber: *pres ind* he, has, ha, hemos, habéis, han, *imperf ind* había, habías, había, habíamos, habíais, habían, *pret perf sim* hube, hubiste, hubo, hubimos, hubisteis, hubieron, *fut* habré, habrás, habrá, habremos, habréis, habrán, *cond* habría, habrías, habría, habríamos, habríais, habrían, *pres subj* haya, hayas, haya, hayamos, hayáis, hayan, *imperf subj* hubiera, hubieras, hubiera, hubiéramos, hubierais, hubieran, *imperat* he, haya, hayamos, habed, hayan, *ger* habiendo, *partic* habido, -da

hacer: *pres ind* hago, hace, hacemos, etc., *pret perf sim* hice, hizo, hicimos, etc., *fut* haré, haremos, etc., *cond* haría, haríamos, etc., *pres subj* haga, hagamos, etc., *imperf subj* hiciera, hiciéramos, etc., *imperat* haz, haga, hagamos, haced, etc., *partic* hecho, -cha

huir: *pres ind* huyo, huimos, etc., *pret perf sim* huyó, huimos, huyeron, etc., *pres subj* huya, huyamos, etc., *imperf subj* huyera, huyéramos, etc., *imperat* huye, huya, huyamos, huid, etc., *ger* huyendo

ir: *pres ind* voy, va, vamos, etc., *pret perf sim* fui, fue, fuimos, etc., *pres subj* vaya, vayamos, etc., *imperf subj* fuera, fuéramos, etc., *imperat* ve, vaya, vayamos, id, etc., *ger* yendo

leer: *pret perf sim* leyó, leímos, leyeron, etc., *imperf subj* leyera, leyéramos, etc., *ger* leyendo

lucir: *pres ind* luzco, luce, lucimos, etc., *pres subj* luzca, luzcamos, etc., *imperat* luce, luzca, luzcamos, lucid, etc.

mover: *pres ind* muevo, movemos, etc., *pres subj* mueva, movamos, etc., *imperat* mueve, mueva, movamos, moved, etc.

nacer: *pres ind* nazco, nace, nacemos, etc., *pres subj* nazca, nazcamos, etc., *imperat* nace, nazca, nazcamos, naced, etc.

oír: *pres ind* oigo, oye, oímos, etc., *pret perf sim* oyó, oímos, oyeron, etc., *pres subj* oiga, oigamos, etc., *imperf subj* oyera, oyéramos, etc., *imperat* oye, oiga, oigamos, oíd, etc., *ger* oyendo

oler: *pres ind* huelo, olemos, etc., *pres subj* huela, olamos, etc., *imperat* huele, huela, olamos, oled, etc.

parecer: *pres ind* parezco, parece, parecemos, etc., *pres subj* parezca, parezcamos, etc., *imperat* parece, parezca, parezcamos, pareced, etc.,

partir: *pres ind* parto, partes, parte, partimos, partís, parten, *imperf ind* partía, partías, partía, partíamos, partíais, partían, *pret perf sim* partí, partiste, partió, partimos, partisteis, partieron, *fut* partiré, partirás, partirá, partiremos, partiréis, partirán, *cond* partiría, partirías, partiría, partiríamos, partiríais, partirían, *pres subj* parta, partas, parta, partamos, partáis, partan, *imperf subj* partiera, partieras, partiera, partiéramos, partierais, partieran, *imperat* parte, parta, partamos, partid, partan, *ger* partiendo, *partic* partido, -da

pedir: *pres ind* pido, pedimos, etc., *pret perf sim* pidió, pedimos, pidieron, etc., *pres subj* pida, pidamos, etc., *imperf subj* pidiera, pidiéramos, etc., *imperat* pide, pida, pidamos, pedid, etc., *ger* pidiendo

poder: *pres ind* puedo, podemos, etc., *pret perf sim* pude, pudimos, etc., *fut* podré, podremos, etc., *cond* podría, podríamos, etc., *pres subj* pueda, podamos, etc., *imperf subj* pudiera, pudiéramos, etc., *imperat* puede, pueda, podamos, poded, etc., *ger* pudiendo

poner: *pres ind* pongo, pone, ponemos, etc., *pret perf sim* puse, pusimos, etc., *fut* pondré, pondremos, etc., *cond* pondría, pondríamos, etc., *pres subj* ponga, pongamos, etc., *imperf subj* pusiera, pusiéramos, etc., *imperat* pon, ponga, pongamos, poned, etc., *partic* puesto, -ta

querer: *pres ind* quiero, queremos, etc., *pret perf sim* quise, quisimos, etc., *fut* querré, querremos, etc., *cond* querría, querríamos, etc., *pres subj* quiera, queramos, etc., *imperf subj* quisiera, quisiéramos, etc., *imperat* quiere, quiera, queramos, quered, etc.

reír: *pres ind* río, reímos, etc., *pret perf sim* rio, reímos, rieron, etc., *pres subj* ría, riamos, etc., *imperf subj* riera, riéramos, etc., *imperat* ríe, ría, riamos, reíd, etc., *ger* riendo

saber: *pres ind* sé, sabe, sabemos, etc., *pret perf sim* supe, supimos, etc., *fut* sabré, sabremos, etc., *cond* sabría, sabríamos, etc., *pres subj* sepa, sepamos, etc., *imperf subj* supiera, supiéramos, etc., *imperat* sabe, sepa, sepamos, sabed, etc.

salir: *pres ind* salgo, sale, salimos, etc., *fut* saldré, saldremos, etc., *cond* saldría, saldríamos, etc., *pres subj* salga, salgamos, etc., *imperat* sal, salga, salgamos, salid, etc.

sentir: *pres ind* siento, sentimos, etc., *pret perf sim* sintió, sentimos, sintieron, etc., *pres subj* sienta, sintamos, etc., *imperf subj* sintiera, sintiéramos, etc., *imperat* siente, sienta, sintamos, sentid, etc., *ger* sintiendo

ser: pres ind soy, eres, es, somos, sois, son, *imperf ind* era, eras, era, éramos, erais, eran, *pret perf sim* fui, fuiste, fue, fuimos, fuisteis, fueron, fut seré, serás, será, seremos, seréis, serán, *cond* sería, serías, sería, seríamos, seríais, serían, *pres subj* sea, seas, sea, seamos, seáis, sean, *imperf subj* fuera, fueras, fuera, fuéramos, fuerais, fueran, imperat sé, sea, seamos, sed, sean, *ger* siendo, *partic* sido, -da

sonar: *pres ind* sueno, sonamos, etc., *pres subj* suene, sonemos, etc., *imperat* suena, suene, sonemos, sonad, etc.

temer: *pres ind* temo, temes, teme, tememos, teméis, temen, *imperf ind* temía, temías, temía, temíamos, temíais, temían, *pret perf sim* temí, temiste, temió, temimos, temisteis, temieron, *fut* temeré, temerás, temerá, temeremos, temeréis, temerán, *cond* temería, temerías, temería, temeríamos, temeríais, temerían, *pres subj* tema, temas, tema, temamos, temáis, teman, *imperf subj* temiera, temieras, temiera, temiéramos, temierais, temieran, *imperat* teme, tema, temamos, temed, teman, *ger* temiendo, *partic* temido, -da

tender: *pres ind* tiendo, tendemos, etc., *pres subj* tienda, tendamos, etc., *imperat* tiende, tendamos, etc.

tener: *pres ind* tengo, tiene, tenemos, etc., *pret perf sim* tuve, tuvimos, etc., *fut* tendré, tendremos, etc., *cond* tendría, tendríamos, etc., *pres subj* tenga, tengamos, etc., *imperf subj* tuviera, tuviéramos, etc., *imperat* ten, tenga, tengamos, tened, etc.

traer: *pres ind* traigo, trae, traemos, etc., *pret perf sim* traje, trajimos, etc., *pres subj* traiga, traigamos, etc., *imperf subj* trajera, trajéramos, etc., *imperat* trae, traiga, traigamos, traed, etc., *ger* trayendo

valer: *pres ind* valgo, vale, valemos, etc., *fut* valdré, valdremos, etc., *cond* valdría, valdríamos, etc., *pres subj* valga, valgamos, etc., *imperat* ve, valga, valgamos, valed, etc.

venir: *pres ind* vengo, viene, venimos, etc., *pret perf sim* vine, vinimos, etc., *fut* vendré, vendremos, etc., *cond* vendría, vendríamos, etc., *pres subj* venga, vengamos, etc., *imperf subj* viniera, viniéramos, etc., *imperat* ven, venga, vengamos, venid, etc., *ger* viniendo

ver: *pres ind* veo, ve, vemos, etc., *pret perf sim* vi, vio, vimos, etc., *imperf subj* viera, viéramos, etc., *imperat* ve, vea, veamos, ved, etc., *ger* viendo, etc., *partic* visto, -ta

FRANÇAIS-ESPAGNOL

FRANCÉS-ESPAÑOL

a [a] → **avoir**.

A [a] *(abr de autoroute)* A.

à [a] *prép* 1. *(gén)* a; **penser à qqch** pensar en algo; **allons au théâtre** vayamos al teatro; **au mois d'août** en el mes de agosto; **à jeudi!** ¡hasta el jueves!; **à pied** a pie; **écrire au crayon** escribir con lápiz; **ils vivent à deux dans une pièce** viven dos en una habitación; **une place à 40F** une entrada a 40 francos.

2. *(indique le lieu où l'on est)* en; **j'habite à Paris** vivo en París; **rester à la maison** quedarse en casa; **à la sortie de la ville** a la salida de la ciudad

3. *(indique l'appartenance)* de; **à qui sont ces lunettes?** ¿de quién son estas gafas?; **cet argent est à moi/à lui/à Isabelle** ese dinero es mío/suyo/de Isabel.

4. *(indique une caractéristique)* de; **le garçon aux yeux bleus** el chico de los ojos azules.

5. *(indique un rapport)* por; **100 km à l'heure** 100 km por hora.

6. *(indique le but)*: **le courrier à poster** la correspondencia que hay que enviar.

abaisser [abese] *vt (manette)* bajar.

abandonné, -e [abɑ̃dɔne] *adj* abandonado(-da).

abandonner [abɑ̃dɔne] *vt* abandonar. ♦ *vi* rendirse.

abat-jour [abaʒur] *nm inv* pantalla *f*.

abats [aba] *nmpl (de bétail)* asaduras *fpl*; *(de volaille)* menudillos *mpl*.

abattoir [abatwar] *nm* matadero *m*.

abattre [abatr] *vt (arbre)* talar, *(mur)* derribar; *(tuer)* matar.

abbaye [abei] *nf* abadía *f*.

abcès [apsɛ] *nm* absceso *m*.

abeille [abɛj] *nf* abeja *f*.

aberrant, **-e** [aberɑ̃, ɑ̃t] *adj* aberrante.

abîmer [abime] *vt* estropear. ❑ **s'abîmer** *vp* estropearse.

abominable [abɔminabl] *adj* abominable.

abondant, **-e** [abɔ̃dɑ̃, ɑ̃t] *adj* abundante.

abonnement [abɔnmɑ̃] *nm* *(à un journal)* suscripción *f*; *(de bus, de métro)* bono *m*.

abonner [abɔne]: **s'abonner à** *vp + prép (journal)* suscribirse a.

abord [abɔr]: **d'abord** *adv* primero. ❑ **abords** *nmpl* inmediaciones *fpl*.

abordable [abɔrdabl] *adj* asequible.

aborder [abɔrde] *vt* abordar. ◆ *vi* atracar.

aboutir [abutir] *vi (réussir)* dar resultado; **~ à** *(arriver à)* llegar a.

aboyer [abwaje] *vi* ladrar.

abréger [abreʒe] *vt* abreviar.

abri [abri] *nm* refugio *m*; **à l'~ de** al abrigo de.

abricot [abriko] *nm* albaricoque *m*.

abriter [abrite]: **s'abriter (de)** *vp (+ prép)* resguardarse (de).

abrupt, **-e** [abrypt] *adj* abrupto(-ta).

abruti, **-e** [abryti] *nm, f (fam)* estúpido *m* (-da *f*).

absence [apsɑ̃s] *nf* ausencia *f*; *(SCOL: manque)* falta *f*.

absent, **-e** [apsɑ̃, ɑ̃t] *adj & nm, f (personne)* ausente.

absenter [apsɑ̃te]: **s'absenter** *vp* ausentarse.

absolu, **-e** [apsɔly] *adj* absoluto(-ta).

absolument [apsɔlymɑ̃] *adv (à tout prix)* a toda costa; *(tout à fait)* totalmente.

absorber [apsɔrbe] *vt* absorber; *(nourriture)* ingerir.

abstenir [apstənir]: **s'abstenir** *vp (de voter)* abstenerse; **s'~ de faire qqch** abstenerse de hacer algo.

abstenu, **-e** [apstəny] *pp* → **abstenir**.

abstrait, **-e** [apstrɛ, ɛt] *adj* abstracto(-ta).

absurde [apsyrd] *adj* absurdo(-da).

abuser [abyze] *vi* abusar; **~ de** abusar de.

accaparer [akapare] *vt*

acaparar.

accéder [aksede]: **accéder à** *v + prép (lieu)* acceder a.

accélérateur [akseleratœr] *nm* acelerador *m*.

accélérer [akselere] *vi (AUT)* acelerar; *(se dépêcher)* apresurarse.

accent [aksɑ̃] *nm* acento *m*; **~ aigu** acento agudo; **~ circonflexe** acento circunflejo; **~ grave** acento grave.

accentuer [aksɑ̃tɥe] *vt (mot)* acentuar. ❑ **s'accentuer** *vp* acentuarse.

accepter [aksɛpte] *vt* aceptar; *(supporter)* admitir; **~ de faire qqch** aceptar hacer algo.

accès [aksɛ] *nm* acceso *m*; **'~ interdit'** 'prohibida la entrada'; **'~ aux trains'** 'acceso a los andenes'.

accessoire [akseswar] *nm (bijou, écharpe)* complemento *m*; *(outil)* accesorio *m*.

accident [aksidɑ̃] *nm* accidente *m*; **~ de la route** accidente de circulación; **~ de voiture** accidente de coche.

accidentel, -elle [aksidɑ̃tɛl] *adj (mort)* por accidente; *(rencontre, découverte)* accidental.

accompagnateur, -trice [akɔ̃paɲatœr, tris] *nm, f* acompañante *mf*.

accompagner [akɔ̃paɲe] *vt* acompañar.

accomplir [akɔ̃plir] *vt* cumplir.

accord [akɔr] *nm* acuerdo *m*; *(MUS)* acorde *m*; *(GRAMM)* concordancia *f*; **d'~!** ¡de acuerdo!; **être d'~ avec** estar de acuerdo con; **être d'~ pour faire qqch** estar de acuerdo para hacer algo.

accordéon [akɔrdeɔ̃] *nm* acordeón *m*.

accorder [akɔrde] *vt (MUS)* afinar; **~ qqch à qqn** conceder algo a alguien.

accoster [akɔste] *vt (personne)* abordar. ◆ *vi* atracar.

accoucher [akuʃe] *vi* dar a luz; **~ de jumeaux** dar a luz mellizos.

accouder [akude]: **s'accouder** *vp* acodarse.

accoudoir [akudwar] *nm* brazo *m (de un sillón)*.

accroc [akro] *nm (déchirure)* desgarrón *m*; *(incident)* contratiempo *m*.

accrochage [akrɔʃaʒ] *nm (accident)* choque *m*; *(fam: dis-*

pute) agarrada *f*.

accrocher [akrɔʃe] *vt (attacher)* enganchar; *(suspendre)* colgar. ❑ **s'accrocher** *vp (fam: persévérer)* luchar; **s'~ à** *(se tenir à)* agarrarse a.

accroupir [akrupir]: **s'accroupir** *vp* agacharse.

accu [aky] *nm (fam)* pila *f*.

accueil [akœj] *nm (bienvenue)* acogida *f*; *(bureau)* recepción *f*.

accueillant, -e [akœjɑ̃, ɑ̃t] *adj* acogedor(-ra).

accueillir [akœjir] *vt* acoger.

accumuler [akymyle] *vt* acumular. ❑ **s'accumuler** *vp* acumularse.

accuser [akyze] *vt*: **~ qqn de (faire) qqch** acusar a alguien de (hacer) algo.

acharner [aʃarne]: **s'acharner** *vp*: **s'~ à faire qqch** empeñarse en hacer algo; **s'~ sur qqn** ensañarse con alguien; **s'~ sur qqch** poner empeño en algo.

achat [aʃa] *nm*: **faire des ~s** ir de compras.

acheter [aʃte] *vt* comprar; *(corrompre)* sobornar; **~ qqch à qqn** comprar algo a alguien.

achever [aʃve] *vt (terminer)* acabar; *(tuer)* rematar. ❑ **s'achever** *vp* acabarse.

acide [asid] *adj* ácido(-da). ◆ *nm* ácido *m*.

acier [asje] *nm* acero *m*; **~ inoxydable** acero inoxidable.

acompte [akɔ̃t] *nm* anticipo *m*.

à-coup, -s [aku] *nm* sacudida *f*.

acoustique [akustik] *nf* acústica *f*.

acquérir [akerir] *vt* adquirir.

acquis, -e [aki, iz] *pp* → **acquérir**.

âcre [akr] *adj (odeur)* acre.

acrobate [akrɔbat] *nmf* acróbata *mf*.

acrobatie [akrɔbasi] *nf* acrobacia *f*.

acrylique [akrilik] *nm* acrílico *m*.

acte [akt] *nm* acto *m*; *(document)* acta *f*.

acteur, -trice [aktœr, tris] *nm, f* actor *m* (-triz *f*).

actif, -ive [aktif, iv] *adj* activo(-va).

action [aksjɔ̃] *nf* acción *f*.

activer [aktive]: **s'activer** *vp (se dépêcher)* apresurarse.

activité [aktivite] *nf* actividad *f*.

actrice → **acteur**.

actualité [aktɥalite] *nf*: **l'~** la actualidad; **d'~** de actualidad. ❑ **actualités** *nfpl* noticias *fpl*.

actuel, **-elle** [aktɥɛl] *adj* actual.

actuellement [aktɥɛlmɑ̃] *adv* actualmente.

acupuncture [akypɔ̃ktyr] *nf* acupuntura *f*.

adaptateur [adaptatœr] *nm (pour prise de courant)* adaptador *m*.

adapter [adapte] *vt*: **~ qqch à** adaptar algo a. ❑ **s'adapter** *vp*: **s'~ (à)** adaptarse (a).

additif [aditif] *nm* aditivo *m*.

addition [adisjɔ̃] *nf (note)* cuenta *f*; **faire une ~** sumar, **l'~, s'il vous plaît!** ¡la cuenta, por favor!

additionner [adisjɔne] *vt* añadir. ❑ **s'additionner** *vp* añadirse.

adéquat, **-e** [adekwa, at] *adj* adecuado(-da).

adhérent, **-e** [aderɑ̃, ɑ̃t] *nm, f* socio *m* (-cia *f*).

adhésif, **-ive** [adezif, iv] *adj (pansement, ruban)* adhesivo(-va).

adieu, **-x** [adjø] *nm* adiós *m*; **faire ses ~x à qqn** despedirse de alguien.

adjoint, **-e** [adʒwɛ̃, ɛ̃t] *nm, f* adjunto *m* (-ta *f*).

admettre [admɛtr] *vt* admitir.

administration [administrasjɔ̃] *nf*: **l'Administration** la Administración pública.

admirer [admire] *vt* admirar.

admis, **-e** [admi, iz] *pp* → **admettre**.

adolescent, **-e** [adɔlesɑ̃, ɑ̃t] *nm, f* adolescente *mf*.

adopter [adɔpte] *vt* adoptar.

adoptif, **-ive** [adɔptif, iv] *adj* adoptivo(-va).

adorable [adɔrabl] *adj* encantador(-ra).

adorer [adɔre] *vt (aimer)* adorar; **j'adore le chocolat** me encanta el chocolate.

adosser [adose]: **s'adosser** *vp*: **s'~ à** OU **contre** apoyarse en OU contra.

adoucir [adusir] *vt* suavizar.

adresse [adrɛs] *nf (domicile)* dirección *f*; *(habileté)* destreza *f*.

adresser [adrese] *vt (enveloppe)* remitir; *(remarque)* hacer. ❑ **s'adresser à** *vp* + *prép (parler à)* dirigirse a; *(concerner)* estar destinado a.

adroit, -e [adrwa, at] *adj* diestro(-tra) *(hábil)*.

adulte [adylt] *nmf* adulto *m* (-ta *f*).

adversaire [advɛrsɛr] *nmf* adversario *m* (-ria *f*).

aération [aerasjɔ̃] *nf* ventilación *f*.

aérer [aere] *vt* ventilar.

aérien, -enne [aerjɛ̃, ɛn] *adj* aéreo(-a).

aérodrome [aerɔdrom] *nm* aeródromo *m*.

aérogare [aerɔgar] *nf* terminal *m (de aeropuerto)*.

aéroglisseur [aerɔglisœr] *nm* aerodeslizador *m*.

aérophagie [aerɔfaʒi] *nf* aerofagia *f*.

aéroport [aerɔpɔr] *nm* aeropuerto *m*.

aérosol [aerɔsɔl] *nm* aerosol *m*.

affaiblir [afeblir]: **s'affaiblir** *vp* debilitarse.

affaire [afɛr] *nf (entreprise)* negocio *m*; *(problème)* asunto *m*; *(scandale)* caso *m*; **avoir ~ à qqn** tener que tratar con alguien; **c'est une ~ de...** es cuestión de... ❑ **affaires** *nfpl (objets)* cosas *fpl*; **les ~s** (FIN) los negocios.

affaisser [afese]: **s'affaisser** *vp (personne)* desplomarse; *(plancher)* hundirse.

affamé, -e [afame] *adj* hambriento(-ta).

affection [afɛksjɔ̃] *nf (sentiment)* afecto *m*.

affectueux, -euse [afɛktɥø, øz] *adj* cariñoso (-sa).

affiche [afiʃ] *nf* cartel *m*.

afficher [afiʃe] *vt (placarder)* pegar.

affilée [afile]: **d'affilée** *adv*: **deux heures d'~** dos horas seguidas.

affirmer [afirme] *vt* afirmar.

affligeant, -e [afliʒɑ̃, ɑ̃t] *adj* lamentable.

affluence [aflyɑ̃s] *nf* afluencia *f*.

affoler [afɔle]: **s'affoler** *vp* alarmarse.

affranchir [afrɑ̃ʃir] *vt (timbrer)* franquear.

affreux, -euse [afrø, øz] *adj* horrendo(-da).

affronter [afrɔ̃te] *vt (ennemi, danger)* afrontar; (SPORT) enfrentarse con. ❑ **s'affron-**

ter *vp* enfrentarse.

affûter [afyte] *vt* afilar.

afin [afɛ̃]: **afin de** *prép* a fin de. ❑ **afin que** *conj* a fin de que.

africain, -e [afrikɛ̃, ɛn] *adj* africano(-na). ❑ **Africain, -e** *nm, f* africano *m* (-na *f*).

Afrique [afrik] *nf*: **l'~** África; **l'~ du Nord** África del Norte.

agaçant, -e [agasɑ̃, ɑ̃t] *adj* irritante.

agacer [agase] *vt* irritar.

âge [aʒ] *nm* edad *f*; **quel ~ as-tu?** ¿cuántos años tienes?

âgé, -e [aʒe] *adj* mayor; **cet enfant est ~ de cinq ans** este niño tiene cinco años.

agence [aʒɑ̃s] *nf* agencia *f*; **~ de voyages** agencia de viajes.

agenda [aʒɛ̃da] *nm* agenda *f*.

agenouiller [aʒnuje]: **s'agenouiller** *vp* arrodillarse.

agent [aʒɑ̃] *nm*: **~ (de police)** agente *m* (de policía).

agglomération [aglɔmerasjɔ̃] *nf* *(amas)* aglomeración *f*; *(ville)* población *f*; **~ parisienne** París y sus alrededores.

aggraver [agrave]: **s'aggraver** *vp* agravarse.

agile [aʒil] *adj* ágil.

agir [aʒir] *vi* actuar; *(avoir un effet)* surtir efecto. ❑ **s'agir** *v impers*: **il s'agit de** se trata de.

agité, -e [aʒite] *adj* *(personne, sommeil)* agitado(-da); *(mer)* embravecido(-da).

agiter [aʒite] *vt* agitar. ❑ **s'agiter** *vp* moverse.

agneau, -x [aɲo] *nm* cordero *m*.

agrafe [agraf] *nf* *(de bureau)* grapa *f*; *(de vêtement)* corchete *m*.

agrafer [agrafe] *vt* grapar.

agrandir [agrɑ̃dir] *vt* ampliar; *(trou)* ensanchar. ❑ **s'agrandir** *vp* ampliarse.

agrandissement [agrɑ̃dismɑ̃] *nm* *(photo)* ampliación *f*.

agréable [agreabl] *adj* agradable.

agresser [agrese] *vt* agredir.

agressif, -ive [agresif, iv] *adj* agresivo(-va).

agricole [agrikɔl] *adj* agrícola.

agriculteur, -trice [agrikyltœr, tris] *nm, f* agricultor *m* (-ra *f*).

agriculture [agrikyltyr] *nf* agricultura *f*.

agripper [agripe] *vt* agarrar. ❑ **s'agripper à** *vp + prép* agarrarse a.

ahuri, -e [ayri] *adj* pasmado(-da).

ai [ɛ] → **avoir**.

aide [ɛd] *nf* ayuda *f*; **à l'~!** ¡auxilio!; **à l'~ de** *(personne)* con la ayuda de; *(outil)* mediante.

aider [ede] *vt* ayudar; **~ qqn à faire qqch** ayudar a alguien a hacer algo.

aie [ɛ] → **avoir**.

aigle [ɛgl] *nm* águila *f*.

aigre [ɛgr] *adj* agrio(-a).

aigre-doux, -douce [ɛgrədu, dus] *(mpl* **aigres-doux**, *fpl* **aigres-douces**) *adj* agridulce.

aigu, -uë [egy] *adj* agudo(-da).

aiguille [egɥij] *nf* aguja *f*; *(de montre)* manecilla *f*.

aiguiser [egize] *vt* afilar.

ail [aj] *nm* ajo *m*.

aile [ɛl] *nf* ala *f*.

aille [aj] → **aller**.

ailleurs [ajœr] *adv* en otra parte; **d'~** *(du reste)* además; *(à propos)* a propósito.

aimable [ɛmabl] *adj* amable.

aimant [ɛmɑ̃] *nm* imán *m*.

aimer [eme] *vt* querer; **~ (bien) qqch/faire qqch** gustarle a alguien algo/hacer algo; **j'aimerais faire qqch** me gustaría hacer algo; **~ mieux (faire) qqch** preferir (hacer) algo.

aîné, -e [ene] *adj & nm, f* mayor.

ainsi [ɛ̃si] *adv* así; **~ que** así como; **et ~ de suite** y así sucesivamente.

aïoli [ajɔli] *nm* alioli *m*.

air [ɛr] *nm* aire *m*; *(apparence)* aspecto *f*; **il a l'~ (d'être) malade** parece que está enfermo; **en l'~** *(en haut)* hacia arriba; **les mains en l'~** ¡arriba las manos!; **prendre l'~** tomar el aire; **~ conditionné** aire acondicionado.

aire [ɛr] *nf* área *f*; **~ de jeu** área de juego; **~ de repos** área de descanso.

airelle [ɛrɛl] *nf* arándano *m*.

aise [ɛz] *nf*: **à l'~** a gusto; **mal à l'~** incómodo(-da).

aisé, -e [eze] *adj* *(riche)* acomodado(-da).

aisselle [ɛsɛl] *nf* axila *f*.

ajouter [aʒute] *vt*: ~ **qqch (à)** añadir algo (a); ~ **que** añadir que.

alarme [alarm] *nf* alarma *f*.

album [albɔm] *nm (livre)* álbum *m*; *(disque)* elepé *m*; ~ **(de) photos** álbum de fotos.

alcool [alkɔl] *nm* alcohol *m*; **sans** ~ sin alcohol; ~ **à 90°** alcohol de 90°.

alcoolique [alkɔlik] *nmf* alcohólico *m* (-ca *f*).

alcoolisé, -e [alkɔlize] *adj* alcohólico(-ca); **non** ~ sin alcohol.

Alcootest® [alkotɛst] *nm* alcoholímetro *m*.

alentours [alɑ̃tur] *nmpl* alrededores *mpl*; **aux** ~ *(près)* en los alrededores.

alerte [alɛrt] *nf* & *adj* alerta.

alerter [alɛrte] *vt (d'un danger)* alertar; *(police, pompiers)* avisar.

Algérie [alʒeri] *nf*: **l'**~ Argelia.

algérien, -enne [alʒerjɛ̃, ɛn] *adj* argelino(-na).

algues [alg] *nfpl* algas *fpl*.

aligner [aliɲe] *vt* alinear. ❑ **s'aligner** *vp* alinearse.

aliment [alimɑ̃] *nm* alimento *m*.

alimentation [alimɑ̃tasjɔ̃] *nf (nourriture)* alimentación *f*; *(épicerie)* comestibles *mpl*.

Allah [ala] *nm* Alá *m*.

allée [ale] *nf (chemin)* paseo *m*.

allégé, -e [aleʒe] *adj (aliment)* bajo(-ja).

Allemagne [almaɲ] *nf*: **l'**~ Alemania.

allemand, -e [almɑ̃, ɑ̃d] *adj* alemán(-ana). ◆ *nm (langue)* alemán *m*.

aller [ale] *nm* ida *f*; **un** ~ **(simple)** un billete de ida; **un** ~ **et retour** un billete de ida y vuelta.

◆ *vi* **1.** *(gén)* ir; ~ **au Portugal** ir a Portugal; ~ **voir** ir a ver.

2. *(exprime un état)* estar; **comment allez-vous?** ¿cómo está usted?; **(comment) ça va?** – **ça va** ¿qué tal? – bien; ~ **bien/mal** *(personne)* estar bien/mal; *(situation)* ir bien/mal.

3. *(convenir)*: ~ **à qqn** quedar bien; ~ **avec qqch** pegar con algo; **ce couteau ne va pas, il est émoussé** este cuchillo no sirve, está desafilado.

4. *(dans des expressions)*: **allez!** ¡venga!; **y** ~ *(partir)* irse;

vas-y! ¡venga!
❑ **s'en aller** *vp* irse.

allergie [alɛrʒi] *nf* alergia *f.*

allergique [alɛrʒik] *adj*: **être ~ à** ser alergico(-ca).

aller-retour [aler(ə) tur] (*pl* **allers-retours**) *nm (billet)* billete *m* ida y vuelta.

alliance [aljɑ̃s] *nf* alianza *f.*

allô [alo] *excl* ¿diga?

allonger [alɔ̃ʒe] *vt (vêtement)* alargar; *(bras, jambes)* estirar. ❑ **s'allonger** *vp (s'étendre)* tumbarse; *(devenir plus long)* alargarse.

allumer [alyme] *vt* encender.

allumette [alymɛt] *nf* cerilla *f.*

allure [alyr] *nf (apparence)* aspecto *m*; *(vitesse)* velocidad *f*; **à toute ~** deprisa.

allusion [alyzjɔ̃] *nf* alusión *f*; **faire ~ à** aludir a.

alors [alɔr] *adv* entonces; **~, tu viens?** vienes, ¿o qué?; **~ que** *(tandis que)* mientras que; *(pendant que)* cuando.

alourdir [alurdir] *vt* volver más pesado; *(phrase, style)* recargar.

Alpes [alp] *nfpl*: **les ~** los Alpes.

alphabet [alfabɛ] *nm* alfabeto *m.*

alphabétique [alfabetik] *adj* alfabético(-ca); **par ordre ~** por orden alfabético.

alpin [alpɛ̃] *adj m* → **ski**.

alpinisme [alpinism] *nm* alpinismo *m.*

alpiniste [alpinist] *nmf* alpinista *mf.*

Alsace [alzas] *nf*: **l'~** Alsacia.

altitude [altityd] *nf* altitud *f*, altura *f*; **à 2 000 m d'~** a 2.000 m de altitud.

aluminium [alyminjɔm] *nm* aluminio *m.*

amaigrissant, -e [amegrisɑ̃, ɑ̃t] *adj* adelgazante.

amande [amɑ̃d] *nf* almendra *f.*

amant [amɑ̃] *nm* amante *m.*

amarrer [amare] *vt* amarrar.

amasser [amase] *vt* amontonar.

amateur [amatœr] *adj (musicien, sportif)* aficionado(-da). ◆ *nm (non-professionnel)* aficionado *m* (-da *f*); *(péj: peu sérieux)* diletante *mf*; **être ~ de** ser aficionado(-da).

Amazone [amazɔn] *nm*: **l'~** el Amazonas.

Amazonie [amazɔni] *nf*: **l'~** Amazonia.

ambassade [ɑ̃basad] *nf* embajada *f*.

ambassadeur, -drice [ɑ̃basadœr, dris] *nm, f* embajador *m* (-ra *f*).

ambiance [ɑ̃bjɑ̃s] *nf* ambiente *m*.

ambigu, -uë [ɑ̃bigy] *adj* ambiguo(-gua).

ambitieux, -euse [ɑ̃bisjø, øz] *adj (personne)* ambicioso(-sa); *(projet)* de gran envergadura.

ambulance [ɑ̃bylɑ̃s] *nf* ambulancia *f*.

âme [am] *nf* alma *f*.

amélioration [ameljɔrasjɔ̃] *nf* mejora *f*.

améliorer [ameljɔre] *vt* mejorar. ❑ **s'améliorer** *vp (santé, situation)* mejorar; *(élève)* progresar.

aménagé, -e [amenaʒe] *adj* acondicionado(-da).

aménager [amenaʒe] *vt* acondicionar.

amende [amɑ̃d] *nf* multa *f*.

amener [amne] *vt (emmener)* llevar; *(faire venir avec soi)* traerse.

amer, -ère [amɛr] *adj (goût)* amargo(-ga); *(personne)* amargado(-da).

américain, -e [amerikɛ̃, ɛn] *adj* americano(-na), norteamericano(-na). ❑ **Américain, -e** *nm, f* americano *m* (-na *f*), norteamericano *m* (-na *f*).

Amérique [amerik] *nf*: **l'~** América; **l'~ centrale** América central, Centroamérica; **l' ~ latine** América latina, Latinoamérica.

ameublement [amœbləmɑ̃] *nm* mobiliario *m*.

ami, -e [ami] *nm, f (camarade)* amigo *m* (-ga *f*); *(amant)* novio *m* (-via *f*).

amical, -e, -aux [amikal, o] *adj* cordial.

amicalement [amikalmɑ̃] *adv* cordialmente.

amincir [amɛ̃sir] *vt (suj: vêtement)* hacer más delgado (-da).

amitié [amitje] *nf* amistad *f*; **~s** *(dans une lettre)* recuerdos.

amortir [amɔrtir] *vt (choc, son)* amortiguar; *(rentabiliser)* amortizar.

amortisseur [amɔrtisœr] *nm* amortiguador *m*.

amour [amur] *nm* amor *m*; **faire l'~** hacer el amor.

amoureux, -euse [amurø, øz] *adj* enamorado(-da); **être ~ de qqn** estar enamorado de alguien.

amour-propre [amurprɔpr] *nm* amor *m* propio.

amovible [amɔvibl] *adj* amovible.

ample [ɑ̃pl] *adj* amplio (-plia).

amplement [ɑ̃pləmɑ̃] *adv* ampliamente.

amplificateur [ɑ̃plifikatœr] *nm (de chaîne hi-fi)* amplificador *m*.

ampoule [ɑ̃pul] *nf (de lampe)* bombilla *f*; *(de médicament, sur la peau)* ampolla *f*.

amputer [ɑ̃pyte] *vt* amputar.

amusant, -e [amyzɑ̃, ɑ̃t] *adj* divertido(-da).

amuse-gueule [amyzgœl] *nm inv* aperitivo *m*.

amuser [amyze] *vt* divertir. ❑ **s'amuser** *vp (se distraire)* divertirse; *(jouer)* jugar.

amygdales [amidal] *nfpl* amígdalas *fpl*.

an [ɑ̃] *nm* año *m*; **il a neuf ~s** tiene nueve años.

analyse [analiz] *nf* análisis *m inv*; *(psychanalyse)* psicoanálisis *m inv*; **~ (de sang)** análisis (de sangre).

analyser [analize] *vt* analizar.

ananas [anana(s)] *nm* piña *f*.

anatomie [anatɔmi] *nf* anatomía *f*.

ancêtre [ɑ̃sɛtr] *nm (parent)* antepasado *m*.

anchois [ɑ̃ʃwa] *nm (frais)* boquerón *m*; *(en conserve)* anchoa *f*.

ancien, -enne [ɑ̃sjɛ̃, ɛn] *adj* antiguo(-gua).

ancienneté [ɑ̃sjɛnte] *nf (dans une entreprise)* antigüedad *f*.

ancre [ɑ̃kr] *nf* ancla *m*.

Andalousie [ɑ̃daluzi] *nf*: **l'~** Andalucía.

Andes [ɑ̃d] *nfpl*: **les ~** los Andes; **la Cordillère des ~** la Cordillera de los Andes.

Andorre [ɑ̃dɔr] *nf*: **l'~** Andorra.

andouille [ɑ̃duj] *nf* (CULIN) *especie de salchicha a base de tripas de cerdo*; *(fam: imbécile)* imbécil *mf*.

andouillette [ɑ̃dujɛt] *nf embutido a base de tripas de* *cerdo o de ternera.*

âne [an] *nm* burro *m*.

anecdote [anɛkdɔt] *nf* anécdota *f*.

ânerie [anri] *nf* burrada *f*.

anesthésie [anɛstezi] *nf* anestesia *f*; **être sous ~** estar bajo anestesia.

ange [ɑ̃ʒ] *nm* angel *m*.

angine [ɑ̃ʒin] *nf* angina *f*

anglais, -e [ɑ̃glɛ, ɛz] *adj* inglés(-esa). ♦ *nm (langue)* inglés *m*.

angle [ɑ̃gl] *nm (coin)* esquina *f*; *(géométrique)* ángulo *m*; **~ droit** ángulo recto.

Angleterre [ɑ̃glətɛr] *nf*: **l'~** Inglaterra

angoissé, -e [ɑ̃gwase] *adj* angustiado(-da).

anguille [ɑ̃gij] *nf* anguila *f*.

animal, -aux [animal, o] *nm* animal *m*; **~ domestique** animal doméstico.

animateur, -trice [animatœr, tris] *nm, f (de club, de groupe)* animador *m* (-ra *f*).

animation [animasjɔ̃] *nf* animación *f*. ❑ **animations** *nfpl* actividades *fpl*.

animé, -e [anime] *adj* animado(-da).

animer [anime] *vt* animar; *(jeu, émission)* presentar. ❑ **s'animer** *vp* animarse.

anis [ani(s)] *nm* anís *m*.

ankyloser [ɑ̃kiloze]: **s'ankyloser** *vp* anquilosarse.

anneau, -x [ano] *nm (bague)* anillo *m*; *(maillon)* eslabón *m*. ❑ **anneaux** *nmpl (SPORT)* anillas *fpl*.

année [ane] *nf* año *m*; **~ bissextile** ano bisiesto; **~ scolaire** curso m escolar.

anniversaire [anivɛrsɛr] *nm* cumpleaños *m inv*; **~ de mariage** aniversario *m* de bodas.

annonce [anɔ̃s] *nf (message parlé)* aviso *m*; **(petites) ~s** anuncios por palabras.

annoncer [anɔ̃se] *vt* anunciar. ❑ **s'annoncer** *vp*: **s'~ bien** presentarse bien.

annuaire [anɥɛr] *nm*: **~ (téléphonique)** guía *f* de teléfonos.

annuel, -elle [anɥɛl] *adj* anual.

annulaire [anylɛr] *nm* anular *m*.

annuler [anyle] *vt* anular.

anonyme [anɔnim] *adj* anónimo(-ma).

anorak [anɔrak] *nm* anorak *m*.

anormal, -e, -aux [anɔrmal, o] *adj* anormal.

ANPE *nf (abr de Agence nationale pour l'emploi)* = INEM *m*.

anse [ɑ̃s] *nf (poignée)* asa *f*; *(crique)* ensenada *f*.

Antarctique [ɑ̃tarktik] *nm* Antártida *f*; **l'(océan)** ~ el (océano) Antártico.

antenne [ɑ̃tɛn] *nf* antena *f*.

antérieur, -e [ɑ̃terjœr] *adj (précédent)* anterior.

antibiotique [ɑ̃tibjɔtik] *nm* antibiótico *m*.

anticiper [ɑ̃tisipe] *vt* anticipar.

antillais, -e [ɑ̃tijɛ, ɛz] *adj* antillano(-na).

Antilles [ɑ̃tij] *nfpl*: **les** ~ las Antillas.

antipathique [ɑ̃tipatik] *adj* antipático(-ca).

antiquaire [ɑ̃tikɛr] *nmf* anticuario *m*.

antiquité [ɑ̃tikite] *nf* antigüedad *f*.

antiseptique [ɑ̃tisɛptik] *adj* antiséptico(-ca).

antivol [ɑ̃tivɔl] *nm* antirrobo *m*.

anxieux, -euse [ɑ̃ksjø, øz] *adj* ansioso(-sa).

AOC *nf (abr de appellation d'origine contrôlée)* = DO *f*.

août [u(t)] *nm* agosto *m*, → **septembre**.

apercevoir [apɛrsəvwar] *vt* divisar. ❑ **s'apercevoir** *vp*: **s'~ que** darse cuenta de que.

aperçu, -e [apɛrsy] *pp* → **apercevoir**. ♦ *nm* idea *f* general.

apéritif [aperitif] *nm* aperitivo *m*.

aphone [afɔn] *adj* afónico(-ca).

aphte [aft] *nm* llaga *f*.

apitoyer [apitwaje]: **s'apitoyer sur** *vp + prép* apiadarse de.

aplatir [aplatir] *vt* aplanar.

aplomb [aplɔ̃] *nm (culot)* desfachatez *f*; **d'~** *(vertical)* derecho(-cha).

apostrophe [apɔstrɔf] *nf (signe graphique)* apóstrofo *m*.

apparaître [aparɛtr] *vi* aparecer.

appareil [aparɛj] *nm (dispositif)* aparato *m*; *(poste téléphonique)* teléfono *m*; **qui est à l'~?** ¿con quién hablo?; ~

photo cámara *f* de fotos.

apparemment [aparamɑ̃] *adv* aparentemente.

apparence [aparɑ̃s] *nf* apariencia *f*.

apparent, -e [aparɑ̃, ɑ̃t] *adj* *(visible)* visible.

appartement [apartəmɑ̃] *nm* apartamento *m*.

appartenir [apartənir] *vi*: ~ à pertenecer a.

appartenu [apartəny] *pp* → **appartenir**.

apparu, -e [apary] *pp* → **apparaître**.

appel [apɛl] *nm (coup de téléphone)* llamada *f* telefónica; ~ **au secours** grito *m* de socorro.

appeler [aple] *vt* llamar; ~ **à l'aide** pedir socorro. ❑ **s'appeler** *vp*: **comment t'appelles-tu?** ¿cómo te llamas?; **je m'appelle...** me llamo...

appendicite [apɛ̃disit] *nf* apendicitis *f inv*.

appétissant, -e [apetisɑ̃, ɑ̃t] *adj* apetitoso(-sa).

appétit [apeti] *nm* apetito *m*; **avoir de l'~** tener apetito; **bon ~!** ¡buen provecho!

applaudir [aplodir] *vt & vi* aplaudir.

applaudissements [aplodismɑ̃] *nmpl* aplausos *mpl*.

appliqué, -e [aplike] *adj* aplicado(-da).

appliquer [aplike] *vt* aplicar. ❑ **s'appliquer** *vp* aplicarse.

appoint [apwɛ̃] *nm*: **faire l'~** *pagar dando la cantidad exacta*.

apporter [apɔrte] *vt* traer; *(fig: fournir)* aportar.

apprécier [apresje] *vt* apreciar.

apprendre [aprɑ̃dr] *vt* aprender; *(nouvelle)* enterarse de; ~ **qqch à qqn** *(discipline)* enseñar algo a alguien; *(nouvelle)* comunicar algo a alguien.

apprenti, -e [aprɑ̃ti] *nm, f* aprendiz *m* (-za *f*).

apprêter [aprete]: **s'apprêter à** *vp + prép* disponerse a.

appris, -e [apri, iz] *pp* → **apprendre**.

approcher [aprɔʃe] *vt* acercar. ◆ *vi* acercarse; ~ **qqch de** acercar algo a; ~ **de** estar acercándose a. ❑ **s'approcher** *vp* acercarse; **s'~ de** acercarse a.

approuver [apruve] *vt* aprobar.

approvisionner [aprɔvizjɔne]: **s'approvisionner** *vp*: **s'~ (en)** abastecerse (de).

approximatif, -ive [aprɔksimatif, iv] *adj* aproximado (-da).

appui-tête [apɥitɛt] (*pl* **appuis-tête**) *nm* reposacabezas *m inv*.

appuyer [apɥije] *vt* apoyar. ◆ *vi*: **~ sur** apretar. ❑ **s'appuyer** *vp*: **s'~ à** apoyarse en.

après [aprɛ] *prép* después de. ◆ *adv* después; **~ avoir fait** después de haber hecho; **~ tout** después de todo; **d'~ moi** para mí.

après-demain [aprɛdəmɛ̃] *adv* pasado mañana.

après-midi [aprɛmidi] *nm ou nf inv* tarde *f*; **je travaille l'~** *(tous les jours)* trabajo por la tarde.

après-rasage, -s [aprɛrazaʒ] *nm* loción *f* para después del afeitado.

apriori [apriɔri] *adv* a priori.

aptitudes [aptityd] *nfpl* aptitudes *fpl*.

aquarium [akwarjɔm] *nm* acuario *m*.

aquatique [akwatik] *adj* acuático(-ca).

aqueduc [akdyk] *nm* acueducto *m*.

arabe [arab] *adj* árabe. ◆ *nm (langue)* árabe *m*.

arachide [araʃid] *nf* cacahuete *m*.

araignée [areɲe] *nf* araña *f*.

arbitre [arbitr] *nm* árbitro *m*.

arbitrer [arbitre] *vt* arbitrar.

arbre [arbr] *nm* árbol *m*; **~ fruitier** árbol frutal.

arbuste [arbyst] *nm* arbusto *m*.

arc [ark] *nm* arco *m*.

arcade [arkad] *nf* arcada *f*.

arc-en-ciel [arkɑ̃sjɛl] (*pl* **arcs-en-ciel**) *nm* arco iris *m inv*.

arche [arʃ] *nf (voûte)* arco *m*.

archéologie [arkeɔlɔʒi] *nf* arqueología *f*.

archipel [arʃipɛl] *nm* archipiélago *m*.

architecte [arʃitɛkt] *nmf* arquitecto *m* (-ta *f*).

architecture [arʃitɛktyr] *nf* arquitectura *f*.

archives [arʃiv] *nfpl* archivos *mpl*.

Arctique [arktik] *nm*: **l'(océan) ~** el (océano) Ártico.

ardoise [ardwaz] *nf* pizarra *f*.

arènes [arɛn] *nfpl (romaines)* circo *m*; *(pour corridas)* plaza *f* de toros.

arête [arɛt] *nf (de poisson)* espina *f*; *(angle)* arista *f*.

argent [arʒɑ̃] *nm (métal)* plata *f*; *(monnaie)* dinero *m*, plata *(Amér)*; **~ liquide** dinero metálico; **~ de poche** paga *f*.

Argentine [arʒɑ̃tin] *nf*: **l'~** Argentina.

argile [arʒil] *nf* arcilla *f*.

argot [argo] *nm* argot *m*.

argument [argymɑ̃] *nm* argumento *m*.

aride [arid] *adj* árido(-da).

arme [arm] *nf* arma *f*; **~ à feu** arma de fuego.

armé, -e [arme] *adj* armado(-da); **être ~ de** estar armado con.

armée [arme] *nf* ejército *m*.

armement [arməmɑ̃] *nm* armamento *m*.

armer [arme] *vt* armar; *(appareil photo)* cargar.

armoire [armwar] *nf* armario *m*; **~ à pharmacie** botiquín *m*.

armure [armyr] *nf* armadura *f*.

aromate [arɔmat] *nm* especia *f*.

aromatisé, -e [arɔmatize] *adj* aromatizado(-da); **un yaourt ~ à la vanille** un yogur con sabor a vainilla.

arôme [arom] *nm (odeur)* aroma *m*; *(goût)* sabor *m*.

arracher [araʃe] *vt* arrancar; **~ qqch à qqn** arrancar algo a alguien.

arrangement [arɑ̃ʒmɑ̃] *nm* arreglo *m*.

arranger [arɑ̃ʒe] *vt* arreglar; **cela m'arrange** eso me viene bien. ❑ **s'arranger** *vp (s'améliorer)* arreglarse; **s'~ pour faire qqch** arreglárselas para hacer algo.

arrestation [arɛstasjɔ̃] *nf* arresto *m*.

arrêt [arɛ] *nm (interruption)* suspensión *f*; *(immobilisation)* inmovilización *f*; *(station)* parada *f*; **~ d'autobus** parada de autobús; **sans ~** sin cesar.

arrêter [arete] *vt* parar; *(suspect)* detener. ◆ *vi* parar; **~ de faire qqch** dejar de hacer algo. ❑ **s'arrêter** *vp* pararse.

arrhes [ar] *nfpl* arras *fpl*.

arrière [arjɛr] *adj inv* trasero(-ra). ◆ *nm* parte *f* trasera; **en ~** *(regarder, tomber)* hacia atrás; *(rester)* atrás.

arrière-grands-parents [arjɛrgrɑ̃parɑ̃] *nmpl* bisabuelos *mpl*.

arrière-plan, -s [arjɛrplɑ̃] *nm*: **à l'~** en segundo plano.

arrivée [arive] *nf* llegada *f*.

arriver [arive] *vi (train, personne)* llegar; *(se produire)* ocurrir. ◆ *v impers*: **il arrive qu'il pleuve en été** puede ocurrir que llueva en verano; **il m'arrive d'aller au cinéma** a veces voy al cine; **que t'est-il arrivé?** ¿que te ha pasado?

arrondir [arɔ̃dir] *vt* redondear.

arrondissement [arɔ̃dismɑ̃] *nm* distrito *m*.

arroser [aroze] *vt* regar.

arrosoir [arozwar] *nm* regadera *f*.

Arrt *abr* = **arrondissement**.

art [ar] *nm* arte *m*.

artère [artɛr] *nf* arteria *f*.

artichaut [artiʃo] *nm* alcachofa *f*.

article [artikl] *nm* artículo *m*.

articulation [artikylasjɔ̃] *nf* articulación *f*.

articuler [artikyle] *vt* & *vi* articular.

artifice [artifis] *nm* → **feu**.

artificiel, -elle [artifisjɛl] *adj* artificial.

artisan [artizɑ̃] *nm* artesano *m*.

artisanal, -e, -aux [artizanal, o] *adj* artesanal.

artisanat [artizana] *nm* artesanía *f*.

artiste [artist] *nmf* artista *mf*.

artistique [artistik] *adj* artístico(-ca).

as[1] [a] → **avoir**.

as[2] [as] *nm* as *m*.

ascenseur [asɑ̃sœr] *nm* ascensor *m*.

asiatique [azjatik] *adj* asiático(-ca). ❑ **Asiatique** *nmf* asiático *m* (-ca *f*).

Asie [azi] *nf*: **l'~** Asia.

asile [azil] *nm (psychiatrique)* manicomio *m*; *(refuge)* asilo *m*.

aspect [aspɛ] *nm* aspecto *m*.

asperge [aspɛrʒ] *nf* espárrago *m*.

asperger [aspɛrʒe] *vt* rociar.

asphyxier [asfiksje] *vt* asfixiar. ❑ **s'asphyxier** *vp* asfixiarse.

aspirateur [aspiratœr] *nm* aspiradora *f*.

aspirer [aspire] *vt* aspirar.

aspirine [aspirin] *nf* aspirina® *f*.

assaisonnement [asɛzɔnmɑ̃] *nm* aliño *m*.

assassin [asasɛ̃] *nm* asesino *m* (-na *f*).

assassiner [asasine] *vt* asesinar.

assembler [asɑ̃ble] *vt* montar.

asseoir [aswar]: **s'asseoir** *vp* sentarse.

assez [ase] *adv* bastante; **il y a ~ de pommes pour faire une tarte** hay bastantes manzanas para hacer una tarta; **en avoir ~ (de)** estar harto(-ta).

assiette [asjɛt] *nf* plato *m*; **~ de crudités** *entremés de hortalizas crudas aliñadas*; **~ creuse** OU **à soupe** plato hondo OU sopero; **~ à dessert** plato de postre; **~ plate** plato llano.

assis, -e [asi, iz] *pp* → **asseoir**. ◆ *adj*: **être ~** estar sentado.

assistance [asistɑ̃s] *nf* asistencia *f*.

assistant, -e [asistɑ̃, ɑ̃t] *nm, f (aide)* ayudante *mf*; *(en langues étrangères)* auxiliar *mf* de conversación; **~e sociale** asistente *f* social.

assister [asiste] *vt* asistir; **~ à** *(concert)* asistir a; *(meurtre)* presenciar.

association [asɔsjasjɔ̃] *nf* asociación *f*.

associer [asɔsje]: **s'associer** *vp*: **s'~ à** OU **avec qqn** asociarse con alguien.

assombrir [asɔ̃brir]: **s'assombrir** *vp* ensombrecerse.

assommer [asɔme] *vt* tumbar.

assorti, -e [asɔrti] *adj (en harmonie)*: **être ~ à** hacer juego con.

assoupir [asupir]: **s'assoupir** *vp* adormilarse.

assouplissant [asuplisɑ̃] *nm* suavizante *m*.

assouplissement [asuplismɑ̃] *nm* ejercicio *m* de flexibilidad.

assouplisseur [asuplisœr] = **assouplissant**.

assumer [asyme] *vt* asumir.

assurance [asyrɑ̃s] *nf*

(contrat) seguro *m*; *(aisance)* seguridad *f*; **~ automobile** seguro del automóvil; **~ tous risques** seguro a todo riesgo.

assurer [asyre] *vt (maison, voiture)* asegurar; **je t'assure que** te aseguro que. ❑ **s'assurer** *vp* asegurarse; **s'~ contre le vol** asegurarse contra el robo; **s'~ de** asegurarse de; **s'~ que** asegurarse de que.

asthmatique [asmatik] *adj* asmático(-ca).

asthme [asm] *nm* asma *f*.

astiquer [astike] *vt* pulir.

astrologie [astrɔlɔʒi] *nf* astrología *f*.

astronaute [astrɔnot] *nm* astronauta *mf*.

astuce [astys] *nf (ingéniosité)* astucia *f*; *(truc)* truco *m*.

astucieux, -euse [astysjø, øz] *adj* astuto(-ta).

Asturies [asturi] *nfpl*: **les ~** Asturias.

atelier [atəlje] *nm* taller *m*.

athénée [atene] *nm (Belg)* instituto *m*.

athlète [atlɛt] *nmf* atleta *mf*.

athlétisme [atletism] *nm* atletismo *m*.

Atlantique [atlɑ̃tik] *nm*: **l'(océan) ~** el (océano) Atlántico.

atlas [atlas] *nm* atlas *m inv*.

atmosphère [atmɔsfɛr] *nf* atmósfera *f*.

atomique [atɔmik] *adj* atómico(-ca).

atomiseur [atɔmizœr] *nm* atomizador *m*.

atroce [atrɔs] *adj* atroz.

attaché-case [ataʃekɛz] (*pl* **attachés-cases**) *nm* maletín *m*.

attacher [ataʃe] *vt* atar. ◆ *vi* pegar; **attachez vos ceintures** abróchense los cinturones. ❑ **s'attacher** *vp* abrocharse; **s'~ à qqn** encariñarse con alguien.

attaque [atak] *nf (agression)* asalto *m*; *(MÉD)* ataque *m*.

attaquer [atake] *vt* atacar. ❑ **s'attaquer à** *vp + prép* enfrentarse a; *(devoirs, vaisselle)* liarse con.

attarder [atarde]: **s'attarder** *vp* retrasarse.

atteindre [atɛ̃dr] *vt* alcanzar; *(suj: maladie)* afectar.

atteint, -e [atɛ̃, ɛ̃t] *pp* → **atteindre**.

attendre [atɑ̃dr] *vt & vi* esperar; **~ un enfant** esperar un hijo; **~ que** esperar a que. ❑ **s'attendre à** *vp + prép* esperarse que.

attentat [atɑ̃ta] *nm* atentado *m*; **~ à la bombe** atentado con bomba.

attentif, -ive [atɑ̃tif, iv] *adj* atento(-ta).

attention [atɑ̃sjɔ̃] *nf*: **~!** ¡cuidado!; **faire ~ (à)** *(se concentrer)* prestar atención (a); *(être prudent)* tener cuidado (con).

atténuer [atenɥe] *vt* atenuar.

atterrir [aterir] *vi* aterrizar.

atterrissage [aterisaʒ] *nm* aterrizaje *m*; **à l'~** al aterrizaje.

attirer [atire] *vt* atraer. ❑ **s'attirer** *vp*: **s'~ des ennuis** crearse problemas.

attitude [atityd] *nf (comportement)* actitud *f*.

attraper [atrape] *vt* coger; *(surprendre)* pillar.

attribuer [atribɥe] *vt*: **~ qqch à qqn** atribuir algo a alguien.

attroupement [atrupmɑ̃] *nm* tropel *m*.

au [o] = **à** + **le**, → **à**.

aube [ob] *nf* alba *f*; **à l'~** al alba.

auberge [obɛrʒ] *nf* hostal *m*; **~ de jeunesse** albergue *m*.

aubergine [obɛrʒin] *nf* berenjena *f*.

aucun, -e [okœ̃, yn] *adj* ninguno(-na). ◆ *pron* ninguno(-na); **je n'ai vu ~ restaurant** no he visto ningún restaurante; **~e idée!** ¡ni idea!; **~ des deux** ninguno de los dos; **~ d'entre nous** ninguno de nosotros.

audacieux, -euse [odasjø, øz] *adj* atrevido(-da).

au-delà [odəla] *adv* más allá; **~ de** más allá de.

au-dessous [odsu] *adv* debajo; *(à l'étage inférieur)* abajo; **~ de** debajo de.

au-dessus [odəsy] *adv* encima; *(à l'étage supérieur)* arriba; **~ de** encima de.

audiovisuel, -elle [odjɔvizɥɛl] *adj* audiovisual.

auditeur, -trice [oditœr, tris] *nm, f* oyente *mf*.

augmentation [ogmɑ̃tasjɔ̃] *nf* aumento *m*; **~ (de salaire)** aumento (de sueldo); **en ~** en aumento.

augmenter [ogmɑ̃te] *vt & vi* aumentar.

aujourd'hui [oʒurdɥi] *adv*

hoy; *(à notre époque)* hoy en día; **d'~** de hoy.

auparavant [oparavɑ̃] *adv* antes.

auquel [okɛl] = **à** + **lequel**, → **lequel**.

aura, *etc* → **avoir**.

ausculter [oskylte] *vt* auscultar.

aussi [osi] *adv* 1. *(également)* también; **j'ai faim – moi ~!** tengo hambre – ¡yo también!

2. *(introduit une comparaison)*: **il fait ~ chaud qu'à Bayonne** hace tanto calor como en Bayona; **il est ~ intelligent que son frère** es tan inteligente como su hermano; **je n'ai jamais rien vu d'~ beau** nunca he visto nada tan bonito.

◆ *conj (par conséquent)* por lo que.

aussitôt [osito] *adv* en seguida; **~ que** tan pronto como.

Australie [ostrali] *nf*: **l'~** Australia.

australien, -enne [ostraljɛ̃, ɛn] *adj* australiano(-na).

autant [otɑ̃] *adv* 1. *(exprime la comparaison)*: **~ que** tanto como; **~ de... que** tanto(-ta).

2. *(exprime l'intensité)*: **~ de** tanto(-ta); **~ de choses** tantas cosas.

3. *(il vaut mieux)*: **~ partir demain** mejor salir mañana.

4. *(dans des expressions)*: **j'aime ~ rester ici** prefiero quedarme aquí; **d'~ que** más aún cuando; **d'~ plus que** tanto más cuanto que...; **d'~ mieux que** tanto mejor cuanto que.

auteur [otœr] *nm* autor *m* (-ra *f*).

auto [oto] *nf* coche *m*, carro *m (Amér)*; **~s tamponneuses** coches de choque.

autobus [otɔbys] *nm* autobús *m*; **~ à impériale** autobús de dos pisos.

autocar [otɔkar] *nm* autocar *m*.

autocollant [otɔkɔlɑ̃] *nm* pegatina *f*.

auto-école, -s [otɔekɔl] *nf* autoescuela *f*.

automatique [otɔmatik] *adj* automático(-ca).

automne [otɔn] *nm* otoño *m*; **en ~** en otoño.

automobile [otɔmɔbil] *adj* automovilístico(-ca).

automobiliste [otɔmɔbilist] *nmf* automovilista *mf*.

autonome [otɔnɔm] *adj* autónomo(-ma).

autoradio [otɔradjo] *nm* radio *f (del coche)*.

autorisation [otɔrizasjɔ̃] *nf* autorización *f*.

autoriser [otɔrize] *vt*: **~ qqn à faire qqch** autorizar a alguien a hacer algo.

autoritaire [otɔritɛr] *adj* autoritario(-ria).

autorité [otɔrite] *nf*: **les ~s** las autoridades.

autoroute [otɔrut] *nf* autopista *f*; **~ à péage** autopista de peaje.

auto-stop [otɔstɔp] *nm* autostop *m*; **faire de l'~** hacer autostop.

autour [otur] *adv* alrededor; **~ de** alrededor de.

autre [otr] *adj* otro(-tra); **j'aimerais essayer une ~ robe** me gustaría probarme otro vestido; **une ~ bouteille d'eau minérale, s'il vous plaît!** ¡otra botella de agua mineral por favor!; **il n'y a rien d'~ à voir ici** no hay nada más que ver aquí; **les deux ~s** los otros dos; **les ~s passagers sont priés d'embarquer** se ruega a los demás pasajeros que embarquen; **~ part** en otro lugar; **d'~ part** por otra parte.

♦ *pron*: **l'~** el otro, la otra; **un ~** otro, → **un**.

autrefois [otrəfwa] *adv* antaño.

autrement [otrəmɑ̃] *adv* *(différemment)* de otro modo; *(sinon)* si no; **~ dit** dicho de otro modo.

Autriche [otriʃ] *nf*: **l'~** Austria.

autrichien, -enne [otriʃjɛ̃, ɛn] *adj* austriaco(-ca).

auvent [ovɑ̃] *nm* tejadillo *m*.

Auvergne [overɲ] *nf* → **bleu**.

aux [o] = **à** + **les**, → **à**.

auxquelles [okɛl] = **à** + **lesquelles**, → **lequel**.

auxquels [okɛl] = **à** + **lesquels**, → **lequel**.

av. *(abr de avenue)* Avda.

avalanche [avalɑ̃ʃ] *nf* alud *m*.

avaler [avale] *vt* tragar.

avance [avɑ̃s] *nf* adelanto *m*; **à l'~** con antelación; **d'~** *(payer)* por adelantado; *(remercier)* de antemano;

arriver en ~ llegar con adelanto; **être en ~** ir adelantado(-da).

avancer [avɑ̃se] *vt (objet)* acercar; *(bras, main)* alargar. ◆ *vi (se déplacer)* avanzar; *(progresser)* ir adelante; *(montre)* adelantar; **~ de cinq minutes** adelantar cinco minutos. ❑ **s'avancer** *vp (se rapprocher)* acercarse; *(partir devant)* ir delante.

avant [avɑ̃] *adv* antes. ◆ *nm (partie antérieure)* parte *f* delantera. ◆ *adj inv* delantero(-ra). ◆ *prép*: **il est parti ~ moi** se fue antes que yo; **tournez ~ l'église** gire antes de la iglesia; **~ de faire qqch** antes de hacer algo; **~ que** antes de que; **~ tout** *(surtout)* ante todo; *(d'abord)* antes que nada; **l'année d'~** el año anterior; **en ~** *(tomber)* hacia delante; *(partir)* delante.

avantage [avɑ̃taʒ] *nm* ventaja *f*.

avantageux, -euse [avɑ̃taʒø, øz] *adj* ventajoso(-sa).

avant-bras [avɑ̃bra] *nm inv* antebrazo *m*.

avant-dernier, -ère, -s [avɑ̃dɛrnje, ɛr] *adj & nm, f* penúltimo(-ma).

avant-hier [avɑ̃tjɛr] *adv* anteayer.

avare [avar] *adj & nmf* avaro(-ra).

avarié, -e [avarje] *adj* podrido(-da).

avec [avɛk] *prép* con; **et ~ ça?** ¿algo más?

avenir [avnir] *nm* futuro *m*; **à l'~** en adelante.

aventure [avɑ̃tyr] *nf* aventura *f*.

avenue [avny] *nf* avenida *f*.

averse [avɛrs] *nf* chaparrón *m*.

avertir [avɛrtir] *vt*: **~ qqn de qqch** avisar a alguien de algo.

avertissement [avɛrtismɑ̃] *nm* aviso *m*.

aveugle [avœgl] *adj & nmf* ciego(-ga).

aveugler [avœgle] *vt* cegar.

aviateur [avjatœr] *nm* aviador *m*.

aviation [avjasjɔ̃] *nf* aviación *f*.

avion [avjɔ̃] *nm* avión *m*; **~ à réaction** avión a reacción; **'par ~'** 'por vía aérea'.

aviron [avirɔ̃] *nm* remo *m*.

avis [avi] *nm (opinion)* parecer *m*, opinión *f*; *(information)* aviso *m*; **changer d'~** cambiar de opinión; **à mon ~** a mi parecer.

avocat [avɔka] *nm (homme de loi)* abogado *m*; *(fruit)* aguacate *m*.

avoir [avwar] *vt* 1. *(gén)* tener; **~ les cheveux bruns** tener el pelo castaño; **quel âge as-tu?** ¿qué edad tienes?; **j'ai 13 ans** tengo 13 años; **~ à faire qqch** tener que hacer algo; **vous n'avez qu'à remplir ce formulaire** sólo tiene que rellenar este impreso.
2. *(examen)* aprobar.
3. *(note)* sacar.
4. *(éprouver)*: **~ des remords** tener remordimiento; **~ de la sympathie pour qqn** sentir simpatía por alguien.
5.*(fam: duper)*. **se faire ~** dejarse engañar.
◆ *v aux* haber; **j'ai terminé** he terminado; **hier nous avons fait 500 km** ayer hicimos 500 km.
❑ **il y a** *v impers* 1. *(il existe)* hay; **Il y a un problème** hay un problema; **y a-t-il des toilettes ici?** ¿hay algún servicio aquí?; **qu'est-ce-qu'il y a?** ¿qué pasa?
2. *(temporel)*: **il y a trois ans** hace tres años; **il y a plusieurs années que nous venons en vacances ici** hace ya varios años que venimos aquí de vacaciones.

avorter [avɔrte] *vi* abortar.

avouer [avwe] *vt* confesar.

avril [avril] *nm* abril *m*; **le premier ~** = el día de los (Santos) Inocentes, → **septembre**.

axe [aks] *nm* eje *m*; *(routier, ferroviaire) importante vía de comunicación*; **~ rouge** *arteria donde está prohibido aparcar para evitar atascos*.

ayant [ejɑ̃] *ppr* → **avoir**.

ayons [ejɔ̃] → **avoir**.

Azur [azyr] *n* → **côte**.

B

baba [baba] *nm*: **~ au rhum** = borracho *m*.

babiole [babjɔl] *nf* chuchería *f*.

baby-foot [babifut] *nm inv* futbolín *m*.

bac [bak] *nm (récipient)* recipiente *m*; *(bateau)* transbordador *m*; *(fam) (abr de baccalauréat)* = bachiller *m*.

baccalauréat [bakalɔrea] *nm* = bachillerato *m*.

bâche [baʃ] *nf* lona *f*.

badge [badʒ] *nm (pour décorer)* chapa *f*; *(d'identité)* tarjeta *f*.

badminton [badmintɔn] *nm* bádminton *m*.

baffe [baf] *nf (fam)* tortazo *m*.

baffle [bafl] *nm* bafle *m*.

bagage [bagaʒ] *nm*: **~s** equipaje *m*; **~ à main** equipaje *m* de mano.

bagarre [bagar] *nf* pelea *f*.

bagarrer [bagare]: **se bagarrer** *vp* pelearse.

bagnes [baɲ] *nm queso de vaca suizo de consistencia firme que se utiliza sobre todo para la raclette.*

bagnole [baɲɔl] *nf (fam)* coche *m*.

bague [bag] *nf (bijou)* sortija *f*; *(anneau)* anillo *m*.

baguette [bagɛt] *nf (chinoise)* palillo *m*; *(pain)* barra *f* (de pan).

baie [bɛ] *nf (golfe)* bahía *f*; **~ vitrée** ventanal *m*.

baignade [bɛɲad] *nf* baño *m*; **'~ interdite'** 'prohibido bañarse'.

baigner [beɲe]. ❑ **se baigner** *vp* bañarse.

baignoire [bɛɲwar] *nf* bañera *f*.

bâiller [baje] *vi* bostezar.

bain [bɛ̃] *nm* baño *m*; **prendre un ~** tomar un baño; **prendre un ~ de soleil** tomar el sol; **grand ~** *parte de la piscina que cubre*; **petit ~** *parte de la piscina que no cubre.*

baiser [beze] *nm* beso *m*.

baisse [bɛs] *nf* baja *f*; **les prix sont en ~** los precios están bajando.

baisser [bese] *vt & vi* bajar. ❑ **se baisser** *vp* agacharse.

bal [bal] *nm* baile *m*.

balader [balade]: **se balader** *vp* pasearse.

baladeur [baladœr] *nm* walkman® *m*.

balai [balɛ] *nm (pour nettoyer)* escoba *f*.

balance [balɑ̃s] *nf* balanza *f*.

balancer [balɑ̃se] *vt* balancear. ❑ **se balancer** *vp* balancearse; *(sur une balançoire)* columpiarse.

balançoire [balɑ̃swar] *nf* columpio *m*.

balayer [baleje] *vt* barrer.

balayeur [balejœr] *nm* barrendero *m*.

balcon [balkɔ̃] *nm* balcón *m*.

Baléares [balear] *nfpl*: **les (îles)** ~ las (islas) Baleares.

baleine [balɛn] *nf (animal)* ballena *f*; *(de parapluie)* varilla *f*.

balise [baliz] *nf* baliza *f*.

balle [bal] *nf* (SPORT) pelota *f*; *(d'arme à feu)* bala *f*; *(fam: franc)* = pela *f*; ~ **à blanc** bala de fogueo.

ballerine [balrin] *nf (chaussure)* torera *f*.

ballet [balɛ] *nm* ballet *m*.

ballon [balɔ̃] *nm* (SPORT) balón *m*; *(jouet, montgolfière)* globo *m*.

balnéaire [balneɛr] *adj* → **station**.

balustrade [balystrad] *nf* barandilla *f*.

bambou [bɑ̃bu] *nm* bambú *m*.

banal, -e [banal] *adj* banal.

banane [banan] *nf (fruit)* plátano *m*, banana *f (Amér)*; *(porte-monnaie)* riñonera *f*.

banc [bɑ̃] *nm* banco *m*; ~ **public** banco.

bancal, -e [bɑ̃kal] *adj* cojo(-ja).

bandage [bɑ̃daʒ] *nm* vendaje *m*.

bande [bɑ̃d] *nf (de tissu, de papier)* tira *f*; *(pansement)* venda *f*; *(groupe)* pandilla *f*; ~ **d'arrêt d'urgence** arcén *m (de autopista)*; ~ **blanche** *línea blanca de señalización horizontal*; ~ **dessinée** tebeo *m*, cómic *m*.

bandeau, -x [bɑ̃do] *nm (dans les cheveux)* cinta *f*.

bander [bɑ̃de] *vt* vendar.

banderole [bɑ̃drɔl] *nf* pancarta *f*.

bandit [bɑ̃di] *nm* bandido *m* (-da *f*).

bandoulière [bɑ̃duljɛr] *nf* bandolera *f*; **en** ~ en bandolera.

banlieue [bɑ̃ljø] *nf* afueras *fpl*.

banque [bɑ̃k] *nf* banco *m*.

banquette [bɑ̃kɛt] *nf* asiento *m*.

banquier [bɑ̃kje] *nm* banquero *m*.

baptême [batɛm] *nm (sacrement)* bautismo *m*; *(cérémonie)* bautizo *m*; **~ de l'air** bautismo *m* del aire.

bar [bar] *nm (café)* bar *m*; *(comptoir)* barra *f*; **~ à café** *(Helv) bar en donde no se sirven bebidas alcohólicas*.

baraque [barak] *nf* caseta *f*; *(fam: maison)* casa *f*.

barbe [barb] *nf* barba *f*; **~ à papa** algodón *m* (de azúcar).

barbecue [barbəkju] *nm* barbacoa *f*.

barbelé [barbəle] *nm*: **(fil de fer) ~** alambre *m* de espino.

barbouillé, -e [barbuje] *adj (malade)*: **être ~** tener el estómago revuelto.

barbouiller [barbuje] *vt (écrire)* garabatear; *(salir)* embadurnar.

barbu [barby] *adj m* barbudo.

Barcelone [barsəlɔn] *n* Barcelona.

baril [baril] *nm* barril *m*.

bariolé, -e [barjɔle] *adj* abigarrado(-da).

barman [barman] *nm* camarero *m*.

baromètre [barɔmɛtr] *nm* barómetro *m*.

barque [bark] *nf* barca *f*.

barrage [baraʒ] *nm* presa *f*.

barre [bar] *nf* barra *f*.

barreau, -x [baro] *nm* reja *f*.

barrer [bare] *vt (rue, route)* cortar; *(mot, phrase)* tachar.

barrette [barɛt] *nf (à cheveux)* pasador *m*.

barrière [barjɛr] *nf* barrera *f*.

bar-tabac [bartaba] *(pl* **bars-tabacs**) *nm bar con estanco*.

bas, basse [ba, bas] *adj* bajo(-ja). ◆ *nm (partie inférieure)* parte *f* inferior; *(vêtement)* media *f*. ◆ *adv*: **parler/voler ~** hablar/volar bajo; **en ~** abajo; **en ~ de** abajo de.

bas-côté, -s [bakote] *nm (de la route)* arcén *m*.

bascule [baskyl] *nf (pour peser)* báscula *f*.

basculer [baskyle] *vt & vi* volcar.

base [baz] *nf* base *f*; **à ~ de** a base de; **de ~** básico(-ca).

basilic [bazilik] *nm* albahaca *f*.

basket [baskɛt] *nm ou nf (chaussure)* tenis *m inv*.

basket(-ball) [baskɛt(bol)] *nm* baloncesto *m*.

basquaise [baskɛz] *adj* → **poulet**.

basque [bask] *adj* vasco(-ca); **le Pays ~** el País Vasco. ◆ *nm (langue)* vasco *m*, euskera *m*.

basse → **bas**.

bassin [basɛ̃] *nm (plan d'eau)* estanque *m*; *(ANAT)* pelvis *f inv*; **grand ~** *piscina para adultos*; **petit ~** *piscina para niños*.

bassine [basin] *nf* barreño *m*.

Bastille [bastij] *nf* Bastilla; **l'opéra ~** la ópera Bastilla.

bataille [bataj] *nf* batalla *f*.

bateau, -x [bato] *nm (NAVIG)* barco *m*; **~ de pêche** pesquero *m*; **~ à voiles** velero *m*.

bateau-mouche [batomuʃ] (*pl* **bateaux-mouches**) *nm barco para visitar París por el Sena*.

bâtiment [batimɑ̃] *nm* edificio *m*.

bâtir [batir] *vt* construir.

bâton [batɔ̃] *nm* palo *m*; **~ de rouge à lèvres** barra *f* de labios.

bâtonnet [batɔnɛ] *nm* bastoncillo *m*; **~ de glace** polo *m*.

batterie [batri] *nf* batería *f*.

batteur, -euse [batœr, øz] *nm, f (MUS)* batería *mf*. ◆ *nm (mélangeur)* batidora *f*.

battre [batr] *vt (frapper)* pegar; *(vaincre)* ganar. ◆ *vi (cœur)* latir; *(porte, volet)* golpear; **~ des œufs en neige** batir las claras a punto de nieve. ❑ **se battre** *vp*: **se ~ (avec qqn)** pelearse (con alguien).

bavard, -e [bavar, ard] *adj & nm, f* charlatán(-ana).

bavarder [bavarde] *vi* charlar.

bavarois [bavarwa] *nm (CULIN) pastel compuesto de crema inglesa con gelatina y frutas*.

baver [bave] *vi* babear.

baveux, -euse [bavø, øz] *adj (omelette)* poco hecho (-cha).

bazar [bazar] *nm (magasin)* bazar *m*; *(fam: désordre)* leonera *f*.

Bd *abr* = **boulevard**.

BD [bede] *nf (fam) (abr de bande dessinée)* tebeo *m*.

beau, bel [bo, bɛl] (*f* **belle** [bɛl], *mpl* **beaux** [bo]) *adj (personne)* guapo(-pa); *(chose)* bonito(-ta); *(temps, cadeau)* bueno(-na). ◆ *adv*: **il fait ~** hace bueno.

beaucoup [boku] *adv* mucho; **il a lu ~ de livres** ha leído muchos libros; **~ plus cher** mucho más caro; **elle fait ~ plus de fautes qu'avant** hace muchas más faltas que antes.

beau-fils [bofis] (*pl* **beaux-fils**) *nm (fils du conjoint)* hijastro *m*; *(gendre)* yerno *m*.

beau-frère [bofrɛr] (*pl* **beaux-frères**) *nm* cuñado *m*.

beau-père [bopɛr] (*pl* **beaux-pères**) *nm (père du conjoint)* suegro *m*; *(conjoint de la mère)* padrastro *m*.

beauté [bote] *nf* belleza *f*.

beaux-parents [boparɑ̃] *nmpl* suegros *mpl*.

bébé [bebe] *nm* bebé *m*.

bec [bɛk] *nm* pico *m*.

béchamel [beʃamɛl] *nf*: **(sauce) ~** (salsa) besamel *f*.

bêche [bɛʃ] *nf* laya *f*.

bêcher [beʃe] *vt* layar.

bée [be] *adj f*: **bouche ~** boquiabierto(-ta).

bégayer [begeje] *vi* tartamudear.

beige [bɛʒ] *adj & nm* beige.

beigne [bɛɲ] *nm (Can) buñuelo redondeado cubierto de azúcar glaseada.*

beignet [bɛɲɛ] *nm* buñuelo *m*; **~ de courgette** calabacín *m* rebozado.

bel → **beau**.

belge [bɛlʒ] *adj* belga. ❑ **Belge** *nmf* belga *mf*.

Belgique [bɛlʒik] *nf*: **la ~** Bélgica.

belle-fille [bɛlfij] (*pl* **belles-filles**) *nf (fille du conjoint)* hijastra *f*; *(conjointe du fils)* nuera *f*.

Belle-Hélène [bɛlelɛn] *adj* → **poire**.

belle-mère [bɛlmɛr] (*pl* **belles-mères**) *nf (mère du conjoint)* suegra *f*; *(conjointe du père)* madrastra *f*.

belle-sœur [bɛlsœr] (*pl* **belles-sœurs**) *nf* cuñada *f*.

belote [bəlɔt] *nf juego de naipes.*

bénéfice [benefis] *nm* beneficio *m*.

bénéficier [benefisje]: **bénéficier de** *v + prép* beneficiarse de.

béquille [bekij] *nf (MÉD)* muleta *f*; *(de vélo, de moto)* pie *m*.

berceau, -x [berso] *nm* cuna *f.*

berceuse [bersøz] *nf* nana *f.*

béret [berɛ] *nm* boina *f.*

berge [bɛrʒ] *nf* ribera *f.*

berger, -ère [bɛrʒe, ɛr] *nm, f* pastor *m* (-ra *f*); **~ allemand** pastor alemán.

bermuda [bɛrmyda] *nm* bermudas *fpl.*

besoin [bəzwɛ̃] *nm* necesidad *f*; **avoir ~ de (faire) qqch** necesitar (hacer) algo; **faire ses ~s** hacer sus necesidades.

bestiole [bɛstjɔl] *nf* bicho *m.*

bétail [betaj] *nm* ganado *m.*

bête [bɛt] *adj* tonto(-ta). ♦ *nf* bestia *f.*

bêtise [betiz] *nf* tontería *f.*

béton [betɔ̃] *nm* hormigón *m.*

betterave [bɛtrav] *nf* remolacha *f.*

beurre [bœr] *nm* mantequilla *f.*

beurrer [bœre] *vt* untar con mantequilla.

bibelot [biblo] *nm* figurilla *f.*

biberon [bibrɔ̃] *nm* biberón *m*; **donner le ~ à** dar el biberón a.

Bible [bibl] *nf*: **la ~** la Biblia.

bibliothèque [biblijɔtɛk] *nf* biblioteca *f.*

bicyclette [bisiklɛt] *nf* bicicleta *f.*

bidet [bidɛ] *nm* bidé *m.*

bidon [bidɔ̃] *nm* bidón *m.*

bien [bjɛ̃] (*compar & superl* **mieux**) *adv* **1.** (*de façon satisfaisante*) bien.

2. (*beaucoup, très*) muy; **~ mieux/plus** mucho mejor/ más; **je me suis ~ amusé pendant ces vacances** me he divertido mucho durante estas vacaciones; **j'espère ~ que...** espero que.

3. (*au moins*) por lo menos.

4. (*effectivement*): **c'est ~ lui!** ¡sí, sí es él!

5. (*dans des expressions*): **~ des gens** mucha gente; **(c'est) ~ fait (pour toi)!** ¡te lo mereces!

♦ *adj inv* **1.** (*gén*) bien; **des gens ~** gente bien; **ça fait ~** está bien visto.

2. (*à l'aise*) a gusto.

♦ *nm* bien *m*; **c'est pour ton ~** es por tu bien; **dire du ~ de** hablar bien de; **faire du ~ à qqn** sentar bien a alguien.

bientôt [bjɛ̃to] *adv* pronto; **à ~!** ¡hasta pronto!

bienvenue [bjɛ̃v(ə)ny] *nf*: **~!** ¡bienvenido(-da)!; **souhaiter la ~ à qqn** dar la bienvenida a alguien.

bière [bjɛr] *nf* cerveza *f*.

bifteck [biftɛk] *nm* bistec *m*.

bifurquer [bifyrke] *vi (route)* bifurcarse; *(voiture)* torcer.

Bige® [biʒ] *adj inv*: **billet ~** *billete de tren con reducción para estudiantes.*

bigorneau, -x [bigɔrno] *nm* bígaro *m*.

bijou, -x [biʒu] *nm* joya *f*.

bijouterie [biʒutri] *nf* joyería *f*.

Bikini® [bikini] *nm* biquini *m*.

bilingue [bilɛ̃g] *adj* bilingüe.

billard [bijar] *nm (jeu)* billar *m*; *(table)* mesa *f* de billar.

bille [bij] *nf (petite boule)* bola *f*; *(pour jouer)* canica *f*.

billet [bijɛ] *nm* billete *m*; **~ (de banque)** billete; **~ aller et retour** billete de ida y vuelta.

billetterie [bijɛtri] *nf* taquilla *f*; **~ automatique** *(de billets de train) máquina expendedora de billetes de tren.*

bis [bis] *excl* ¡otra! ◆ *adv* bis; **6 ~** 6 bis.

biscotte [biskɔt] *nf* biscote *m*.

biscuit [biskɥi] *nm* galleta *f*; **~ salé** galleta salada.

bise [biz] *nf (baiser)* beso *m*; **faire une ~ à qqn** dar un beso a alguien; **grosses ~s** *(dans une lettre)* muchos besos.

bison [bizɔ̃] *nm*: **Bison Futé** *organismo de información de tráfico.*

bisou [bizu] *nm (fam)* besito *m*.

bisque [bisk] *nf*: **~ d'écrevisses** sopa *f* de cangrejos.

bissextile [bisɛkstil] *adj* → **année**.

bistro(t) [bistro] *nm (bar)* bar *m*; *(restaurant)* restaurante *m*.

bizarre [bizar] *adj* raro(-ra).

blague [blag] *nf (histoire drôle)* chiste *m*; *(mensonge, farce)* broma *f*; **sans ~!** ¡venga ya!

blanc, blanche [blɑ̃, blɑ̃ʃ] *adj* blanco(-ca); *(vierge)* en blanco. ◆ *nm (couleur)* blanco *m*; *(espace)* espacio *m* en blanco; *(vin)* vino *m* blanco; **~ d'œuf** clara *f* (de huevo); **~ de**

poulet pechuga *f* de pollo. ❑ **Blanc, Blanche** *nm, f* blanco *m* (-ca *f*).

blanchir [blɑ̃ʃir] *vi* ponerse blanco(-ca).

blanchisserie [blɑ̃ʃisri] *nf* lavandería *f*.

blanquette [blɑ̃kɛt] *nf (plat) guiso de ternera, cordero o pollo con vino blanco; (vin) vino espumoso del Sur de Francia.*

blazer [blazɛr] *nm* americana *f*.

blé [ble] *nm* trigo *m*; ~ **d'Inde** *(Can)* maíz *m*.

blessé, -e [blese] *nm, f* herido *m* (-da *f*).

blesser [blese] *vt* herir. ❑ **se blesser** *vp* herirse; **se ~ à la main** herirse en la mano.

blessure [blesyr] *nf* herida *f*.

bleu, -e [blø] *adj* azul; *(steak)* poco hecho(-cha). ◆ *nm (couleur)* azul *m*; *(hématome)* cardenal *m*; ~ **(d'Auvergne)** *queso azul elaborado en Auvernia*; ~ **ciel** azul celeste; ~ **marine** azul marino; ~ **de travail** mono *m*.

bleuet [bløɛ] *nm (Can)* arándano *m*.

blindé, -e [blɛ̃de] *adj* blindado(-da).

bloc [blɔk] *nm* bloque *m*; *(de papier)* bloc *m*; **à ~** a fondo.

bloc-notes [blɔknɔt] (*pl* **blocs-notes**) *nm* libreta *f*.

blond, -e [blɔ̃, blɔ̃d] *adj* rubio(-bia).

blonde [blɔ̃d] *nf (cigarette)* tabaco *m* rubio; **(bière) ~** cerveza *f* rubia.

bloquer [blɔke] *vt* bloquear.

blottir [blɔtir]: **se blottir** *vp* acurrucarse.

blouse [bluz] *nf (d'élève, de médecin)* bata *f*; *(chemisier)* blusa *f*.

blouson [bluzɔ̃] *nm* cazadora *f*.

bob [bɔb] *nm* gorro *m*.

bobine [bɔbin] *nf* carrete *m*.

bocal, -aux [bɔkal, o] *nm (de conserves)* tarro *m*; *(à poissons)* pecera *f*.

bœuf [bœf, *pl* bø] *nm (animal)* buey *m*; (CULIN) vaca *f*; ~ **bourguignon** *estofado de vaca con vino tinto.*

bof [bɔf] *excl* ¡bah!

boire [bwar] *vt (avaler)* beber; *(absorber)* absorber. ◆ *vi* beber; ~ **un coup** tomar un trago.

bois [bwa] *nm (matière)* madera *f*; *(de chauffage)* leña *f*;

(forêt) bosque *m*.

boisson [bwasɔ̃] *nf* bebida *f*.

boîte [bwat] *nf* caja *f*; **~ d'allumettes** caja de cerillas; **~ de conserve** lata *f* (de conserva); **~ aux lettres** buzón *m*; **~ (de nuit)** discoteca *f*; **~ postale** apartado *m* de coreos; **~ de vitesses** caja de cambios.

boiter [bwate] *vi* cojear.

boiteux, **-euse** [bwatø, øz] *adj* cojo(-ja).

boîtier [bwatje] *nm* caja *f*; *(d'appareil photo)* cuerpo *m*.

bol [bɔl] *nm* bol *m*.

Bolivie [bolivi] *nf*: **la ~** Bolivia.

bombarder [bɔ̃barde] *vt* bombardear.

bombe [bɔ̃b] *nf* *(arme)* bomba *f*; *(vaporisateur)* vaporizador *m*; **~ atomique** bomba atómica.

bon, **bonne** [bɔ̃, bɔn] *(compar & superl* **meilleur***)* *adj* 1. *(gén)* bueno(-na); **être ~ en qqch** ser bueno en algo; **c'est ~ pour la santé** es bueno para la salud; **c'est ~ à savoir** es bueno saberlo.

2. *(dans des expressions)*: **~!** ¡bueno!; **ah ~?** ¿sí?; **c'est ~!** ¡vale!

3. *(correct)* correcto(-ta); **est-ce le ~ numéro?** ¿es el número correcto?

4. *(généreux)* generoso(-sa).

5. *(utilisable)*: **(ne plus) être ~** (no) servir; **votre carte d'autobus n'est plus bonne** su bonobús ya no sirve.

6. *(dans l'expression des souhaits)*: **bonne année!** ¡feliz año nuevo!; **bonnes vacances!** ¡buenas vacaciones!

◆ *adv*: **il fait ~** hace buen tiempo; **sentir ~** oler bien.

◆ *nm (formulaire)* orden *f*; *(en cadeau)* vale *m*.

bonbon [bɔ̃bɔ̃] *nm* caramelo *m*.

bondé, **-e** [bɔ̃de] *adj* abarrotado(-da).

bondir [bɔ̃dir] *vi (sauter)* brincar.

bonheur [bɔnœr] *nm (état)* felicidad *f*.

bonhomme [bɔnɔm] *(pl* **bonshommes** [bɔ̃zɔm]) *nm* *(fam: homme)* tipo *m*; **~ de neige** muñeco de nieve.

bonjour [bɔ̃ʒur] *excl* ¡buenos días!

bonnet [bɔnɛ] *nm* gorro *m*;

~ **de bain** gorro de baño.

bonsoir [bɔ̃swar] *excl* ¡buenas noches!

bord [bɔr] *nm* borde *m*; **à ~ (de)** a bordo (de); **au ~ (de)** en la orilla (de); **au ~ de la mer** a orillas del mar.

bordelaise [bɔrdəlɛz] *adj f* → **entrecôte**.

border [bɔrde] *vt (enfant)* arropar; **bordé de** bordeado de.

bordure [bɔrdyr] *nf (bord)* borde *m*; **en ~ de** al borde de.

borne [bɔrn] *nf* mojón *m*.

bosse [bɔs] *nf (saillie)* bulto *m*; *(au front)* chichón *m*; *(sur le dos)* joroba *f*.

bossu, -e [bɔsy] *adj* jorobado(-da).

botanique [bɔtanik] *adj* botánico(-ca). ◆ *nf* botánica *f*.

botte [bɔt] *nf (chaussure)* bota *f*; *(de légumes, de foin)* manojo *m*.

bottine [bɔtin] *nf* botín *m*.

bouche [buʃ] *nf* boca *f*; ~ **d'égout** alcantarilla *f*; ~ **de métro** boca de metro.

bouchée [buʃe] *nf (morceau)* bocado *m*; *(au chocolat)* bombón *m*; ~ **à la reine** *pastelito de hojaldre relleno servido en entremés*.

boucher[1] [buʃe] *vt* tapar; *(bloquer)* obstruir.

boucher[2], **-ère** [buʃe, ɛr] *nm, f* carnicero *m* (-ra *f*).

boucherie [buʃri] *nf* carnicería *f*.

bouchon [buʃɔ̃] *nm (couvercle)* tapón *m*; *(embouteillage)* atasco *m*.

boucle [bukl] *nf (de cheveux, de fil)* rizo *m*; *(de fil)* lazada *f*; *(de ceinture)* hebilla *f*; *(circuit)* curva *f* cerrada; ~ **d'oreille** pendiente *m*.

bouclé, -e [bukle] *adj* rizado(-da).

bouder [bude] *vi* enfurruñarse.

boudin [budɛ̃] *nm*: ~ **blanc** morcilla *f* blanca; ~ **noir** morcilla *f*.

boue [bu] *nf* barro *m*.

bouée [bwe] *nf (pour nager)* flotador *m*; *(balise)* boya *f*; ~ **de sauvetage** salvavidas *m inv*.

boueux, -euse [buø, øz] *adj* fangoso(-sa).

bouffée [bufe] *nf (d'air, de tabac)* bocanada *f*.

bouger [buʒe] *vt* mover. ◆ *vi* moverse.

bougie [buʒi] *nf (cierge)* vela *f*; *(TECH)* bujía *f*.

bouillabaisse [bujabɛs] *nf* *sopa provenzal acompañada con trozos de pescado*.

bouillie [buji] *nf* papilla *f*.

bouillir [bujir] *vi (liquide, aliment)* hervir; *(fig: personne)* arder.

bouilloire [bujwar] *nf* hervidor *m*.

bouillon [bujɔ̃] *nm* caldo *m*.

bouillotte [bujɔt] *nf* bolsa *f* de agua caliente.

boulanger, **-ère** [bulɑ̃ʒe, ɛr] *nm, f* panadero *m* (-ra *f*).

boulangerie [bulɑ̃ʒri] *nf* panadería *f*.

boule [bul] *nf* bola *f*; **jouer aux ~s** jugar a la petanca.

bouledogue [buldɔg] *nm* buldog *m*.

boulette [bulɛt] *nf* bolita *f*; **~ de viande** albóndiga *f*.

boulevard [bulvar] *nm* bulevar *m*.

bouleverser [bulvɛrse] *vt* trastornar.

boulon [bulɔ̃] *nm* perno *m*.

boulot [bulo] *nm (fam)* curre *m*.

boum [bum] *nf (fam)* guateque *m*.

bouquet [bukɛ] *nm (de fleurs)* ramo *m*; *(crevette)* gamba *f*; *(d'un vin)* buqué *m*.

bouquin [bukɛ̃] *nm (fam)* libro *m*.

bourdon [burdɔ̃] *nm* abejorro *m*.

bourgeon [burʒɔ̃] *nm* brote *m*.

Bourgogne [burgɔɲ] *nf*: **la ~** Borgoña.

bourguignon, **-onne** [burgiɲɔ̃, ɔn] *adj* → **bœuf, fondue**.

bourrasque [burask] *nf* borrasca *f*.

bourratif, **-ive** [buratif, iv] *adj* pesado(-da).

bourré, **-e** [bure] *adj (plein)* atiborrado(-da); **~ de** repleto de.

bourrelet [burlɛ] *nm (de graisse)* michelín *m*.

bourse [burs] *nf (d'études)* beca *f*; **la Bourse** la Bolsa.

boursouflé, **-e** [bursufle] *adj* hinchado(-da).

bousculade [buskylad] *nf* tumulto *m*.

bousculer [buskyle] *vt (heurter)* empujar; *(fig: presser)* meter prisa.

boussole [busɔl] *nf* brújula *f*.

bout [bu] *nm (extrémité)* punta *f*; *(morceau)* trozo *m*; **au ~ de** *(après)* al cabo de; **être à ~** estar rendido(-da).

bouteille [butɛj] *nf* botella *f*; **~ de gaz** bombona *f* de gas; **~ d'oxygène** botella de oxígeno.

boutique [butik] *nf* tienda *f*; **~ franche** OU **hors taxe** tienda libre de impuestos.

bouton [butɔ̃] *nm (de vêtement, de machine)* botón *m*; *(sur la peau)* grano *m*; *(de fleur)* capullo *m*.

bouton-d'or [butɔ̃dɔr] (*pl* **boutons-d'or**) *nm* botón *m* de oro.

boutonner [butɔne] *vt* abotonar.

boutonnière [butɔnjɛr] *nf* ojal *m*.

bowling [buliŋ] *nm (jeu)* bolos *mpl*; *(salle)* bolera *f*.

boxe [bɔks] *nf* boxeo *m*.

boxeur [bɔksœr] *nm* boxeador *m*.

boyau, -x [bwajo] *nm (de roue)* tubular *m*. ◻ **boyaux** *nmpl (ANAT)* tripas *fpl*.

BP *(abr de boîte postale)* apdo.

bracelet [braslɛ] *nm* pulsera *f*.

bracelet-montre [braslɛmɔ̃tr] (*pl* **bracelets-montres**) *nm* reloj *m* de pulsera.

brader [brade] *vt* liquidar; **'on brade'** 'liquidación total'.

braderie [bradri] *nf* liquidación *f*.

braguette [bragɛt] *nf* bragueta *f*.

brailler [braje] *vi (fam)* berrear.

braise [brɛz] *nf* brasa *f*.

branche [brɑ̃ʃ] *nf (d'arbre)* rama *f*; *(de lunettes)* patilla *f*; *(d'une discipline)* ramo *m*.

brancher [brɑ̃ʃe] *vt* enchufar.

brandade [brɑ̃dad] *nf*: **~ (de morue)** *puré a base de bacalao y patatas*

braquer [brake] *vt (diriger)* apuntar. ◆ *vi (automobiliste)* torcer.

bras [bra] *nm* brazo *m*; **~ de mer** brazo de mar.

brasse [bras] *nf* braza *f*.

brasserie [brasri] *nf* cervecería *f*.

brassière [brasjɛr] *nf (pour bébé)* camisita *f*; *(Can: soutien-gorge)* sujetador *m*.

brave [brav] *adj (courageux)* valiente; *(gentil)* buenazo (-za).

bravo [bravo] *excl* ¡bravo!

break [brɛk] *nm* coche *m* familiar.

brebis [brəbi] *nf* oveja *f*.

brèche [brɛʃ] *nf* brecha *f*.

bref, **brève** [brɛf, brɛv] *adj* breve. ◆ *adv* total; ~, **il vaut mieux rester ici** total, que lo mejor será quedarse aquí.

Bretagne [brətaɲ] *nf*: **la** ~ Bretaña.

bretelle [brətɛl] *nf (de vêtement)* tirante *m*; *(d'autoroute)* empalme *m*. ❑ **bretelles** *nfpl* tirantes *mpl*.

breton, **-onne** [brətɔ̃, ɔn] *adj* bretón(-ona).

brève → **bref**.

bricolage [brikɔlaʒ] *nm* bricolaje *m*.

bricole [brikɔl] *nf* menudencia *f*.

bricoler [brikɔle] *vt* arreglar. ◆ *vi* hacer chapuzas.

bride [brid] *nf (harnais)* brida *f*.

bridé, **-e** [bride] *adj*: **avoir les yeux ~s** tener los ojos rasgados.

bridge [bridʒ] *nm (jeu)* bridge *m*; *(appareil dentaire)* puente *m*.

brie [bri] *nm* brie *m*.

brièvement [brijɛvmɑ̃] *adv* brevemente.

brillant, **-e** [brijɑ̃, ɑ̃t] *adj & nm* brillante.

briller [brije] *vi (luire)* brillar; *(réussir)* destacar.

brin [brɛ̃] *nm (de laine)* hebra *f*; ~ **d'herbe** brizna *f* de hierba; ~ **de muguet** ramito *m* de muguete.

brindille [brɛ̃dij] *nf* ramilla *f*.

brioche [brijɔʃ] *nf* bollo *m*.

brique [brik] *nf* ladrillo *m*; *(de lait, de jus de fruits)* tetrabrik *m*.

briquet [brikɛ] *nm* mechero *m*.

brise [briz] *nf* brisa *f*.

briser [brize] *vt* romper.

britannique [britanik] *adj* británico(-ca).

brocante [brɔkɑ̃t] *nf (magasin)* anticuario *m*.

broche [brɔʃ] *nf (bijou)* broche *m*; *(CULIN)* pincho *m*.

brochette [brɔʃɛt] *nf* pincho *m*.

brochure [brɔʃyr] *nf* folleto *m*.

brocoli [brɔkɔli] *nm* brécol *m*.

broderie [brɔdri] *nf* bordado *m*.

bronchite [brɔ̃ʃit] *nf* bronquitis *f inv*.

bronzage [brɔ̃zaʒ] *nm* moreno *m*.

bronzer [brɔ̃ze] *vi* broncear; **se faire ~** broncearse.

brosse [brɔs] *nf* cepillo *m*; **~ à cheveux/à dents** cepillo para el pelo/de dientes.

brosser [brɔse] *vt* cepillar. ❑ **se brosser** *vp* cepillarse; **se ~ les dents** cepillarse los dientes.

brouette [bruɛt] *nf* carretilla *f*.

brouillard [brujar] *nm* niebla *f*.

brouillé [bruje] *adj m* → **œuf**.

broussailles [brusaj] *nfpl* maleza *f*.

brucelles [brysɛl] *nfpl (Helv)* pinza *f* de depilar.

brugnon [bryɲɔ̃] *nm* griñón *m*.

bruine [brɥin] *nf* llovizna *f*.

bruit [brɥi] *nm* ruido *m*; **faire du ~** hacer ruido.

brûlant, -e [brylɑ̃, ɑ̃t] *adj (liquide, aliment)* ardiendo; *(soleil)* abrasador(-ra).

brûlé [bryle] *nm*: **ça sent le ~** huele a quemado.

brûler [bryle] *vt* quemar; *(irriter)* escocer. ♦ *vi* quemar; **~ un feu rouge** saltarse un semáforo. ❑ **se brûler** *vp* quemarse; **se ~ la main** quemarse la mano.

brûlure [brylyr] *nf (blessure)* quemadura *f*; **~s d'estomac** ardor *m* de estómago.

brume [brym] *nf* bruma *f*.

brun, -e [brœ̃, bryn] *adj (personne, cheveux)* moreno(-na); *(tabac)* negro(-gra).

brune [bryn] *nf (cigarette)* tabaco *m* negro; **(bière) ~** cerveza *f* negra.

brut, -e [bryt] *adj (cidre, champagne)* seco(-ca).

brute [bryt] *nf* bruto *m* (-ta *f*).

Bruxelles [bry(k)sɛl] *n* Bruselas.

bruyant, -e [brɥijɑ̃, ɑ̃t] *adj* ruidoso(-sa).

bruyère [bryjɛr] *nf* brezo *m*.

bu, -e [by] *pp* → **boire**.

buanderie [byɑ̃dri] *nf (Can)* lavandería *f*.

bûche [byʃ] *nf* leño *m*; **~ de Noël** *brazo de gitano que se sirve de postre en Navidad*.

budget [bydʒɛ] *nm* presupuesto *m*.

buée [bɥe] *nf* vaho *m*.

buffet [byfɛ] *nm (repas)* bufé *m*; *(de gare)* cafetería *f (en una estación)*; **~ froid** *bufé de platos fríos*.

building [bildiŋ] *nm* rascacielos *m inv*.

buisson [bɥisɔ̃] *nm* matorral *m*.

bulle [byl] *nf (de gaz)* burbuja *f*; **faire des ~s** hacer pompas.

bulletin [byltɛ̃] *nm (d'informations)* parte *m*; **~ météorologique** parte meteorológico.

bungalow [bœ̃galo] *nm* bungaló *m*.

bureau [byro] *nm (pièce)* despacho *m*; *(lieu de travail)* oficina *f*; *(meuble)* escritorio *m*; **~ de change** agencia *f* de cambio; **~ de poste** correos *mpl*; **~ de tabac** estanco *m*.

bus [bys] *nm* bus *m*.

but [byt] *nm (intention)* objetivo *m*; *(SPORT: point)* gol *m*; **les ~s** *(SPORT: zone)* la portería; **dans le ~ de** con el fin de.

buter [byte] *vi*: **~ sur** OU **contre** *(objet)* tropezar con.

butte [byt] *nf* colina *f*.

buvette [byvɛt] *nf* bar *m*.

C

c' → **ce**.

ça [sa] *pron* eso; *(objet proche)* esto; *(objet lointain)* aquello; **~ n'est pas facile** no es cosa fácil; **comment ~?** ¿cómo es eso?; **c'est ~** eso es.

cabane [kaban] *nf* cabaña *f*.

cabaret [kabarɛ] *nm* cabaret *m*.

cabillaud [kabijo] *nm* bacalao *m* fresco.

cabine [kabin] *nf (de bateau)* camarote *m*; *(de téléphérique)* cabina *f*; *(sur la plage)* caseta *f*; **~ de douche** ducha *f*; **~ d'essayage** probador *m*; **~ (de pilotage)** cabina (de pilotaje); **~ (téléphonique)** cabina (telefónica).

cabinet [kabinɛ] *nm*: **~ de toilette** cuarto *m* de aseo.

❑ **cabinets** *nmpl* retrete *m*.

câble [kabl] *nm* cable *m*; **(télévision par)** ~ (televisión por) cable.

cabriole [kabrijɔl] *nf* voltereta *f*.

caca [kaka] *nm*: **faire** ~ *(fam)* hacer caca.

cacah(o)uète [kakawɛt] *nf* cacahuete *m*.

cacao [kakao] *nm* cacao *m*.

cache-cache [kaʃkaʃ] *nm inv*: **jouer à** ~ jugar al escondite.

cacher [kaʃe] *vt (objet, personne)* esconder; *(vue, soleil)* tapar; *(vérité, sentiment)* disimular. ❑ **se cacher** *vp* esconderse.

cachet [kaʃɛ] *nm (comprimé)* tableta *f*.

cachette [kaʃɛt] *nf* escondite *m*; **en** ~ a escondidas.

cactus [kaktys] *nm* cactus *m*.

cadavre [kadavr] *nm* cadáver *m*.

Caddie® [kadi] *nm* carro *m* (de supermercado).

cadeau, -x [kado] *nm* regalo *m*; **faire un** ~ **à qqn** hacer un regalo a alguien; **faire** ~ **de qqch à qqn** regalar algo a alguien.

cadenas [kadna] *nm* candado *m*.

Cadix [kadiks] *n* Cádiz.

cadran [kadrɑ̃] *nm (de montre, de tableau de bord)* esfera *f*; *(de téléphone)* disco *m*.

cadre [kadr] *nm (bordure, décor)* marco *m*; *(tableau, de vélo)* cuadro *m*.

cafard [kafar] *nm* cucaracha *f*; **avoir le** ~ *(fam)* tener la depre.

café [kafe] *nm* café *m*; *(établissement)* bar *m*, cafetería *f*; ~ **crème** OU **au lait** café con leche; ~ **épicé** *(Helv) café solo al que se le añade canela y clavo*; ~ **liégeois** *helado de café con nata montada*; ~ **noir** café solo.

cafétéria [kafeterja] *nf* cafetería *f*.

café-théâtre [kafeteatr] (*pl* **cafés-théâtres**) *nm* café-teatro *m*.

cafetière [kaftjɛr] *nf* cafetera *f*.

cage [kaʒ] *nf (pour animaux)* jaula *f*; *(SPORT)* portería *f*; ~ **d'escalier** hueco *m* de la escalera.

cagoule [kagul] *nf* pasamontañas *m inv.*

cahier [kaje] *nm* cuaderno *m.*

caillou, -x [kaju] *nm* piedra *f.*

caisse [kɛs] *nf* caja *f;* ~ **(enregistreuse)** caja (registradora); ~ **d'épargne** caja de ahorros; ~ **rapide** caja rápida.

caissier, -ère [kesje, ɛr] *nm, f* cajero *m* (-ra *f*).

cajou [kaʒu] *nm* → **noix**.

cake [kɛk] *nm* plum cake *m.*

calamars [kalamar] *nmpl* calamares *mpl.*

calcul [kalkyl] *nm* cálculo *m.*

calculatrice [kalkylatris] *nf* calculadora *f.*

calculer [kalkyle] *vt* calcular.

caleçon [kalsɔ̃] *nm (sous-vêtement)* calzoncillos *mpl; (pantalon)* mallas *fpl.*

calendrier [kalɑ̃drije] *nm* calendario *m.*

caler [kale] *vt (stabiliser)* calzar. ◆ *vi (voiture, moteur)* calar.

câlin [kalɛ̃] *nm* mimo *m;* **faire un ~ à qqn** hacer un mimo a alguien.

calmant [kalmɑ̃] *nm* calmante *m.*

calmars [kalmar] = **calamars.**

calme [kalm] *adj* tranquilo(-la). ◆ *nm* tranquilidad *f;* **du ~!** ¡tranquilo!

calmer [kalme] *vt* calmar. ❑ **se calmer** *vp* calmarse.

calorie [kalɔri] *nf* caloría *f.*

calvados [kalvados] *nm* aguardiente *m* de manzana.

camarade [kamarad] *nmf* camarada *mf;* ~ **de classe** compañero *m* (-ra *f*).

cambré, -e [kɑ̃bre] *adj (dos, reins)* arqueado(-da).

cambriolage [kɑ̃brijɔlaʒ] *nm* robo *m.*

cambrioler [kɑ̃brijɔle] *vt* robar.

camembert [kamɑ̃bɛr] *nm* camembert *m.*

caméra [kamera] *nf* cámara *f.*

Caméscope® [kameskɔp] *nm* cámara *f* de vídeo.

camion [kamjɔ̃] *nm* camión *m.*

camionnette [kamjɔnɛt] *nf* camioneta *f.*

camionneur [kamjɔnœr]

nm (chauffeur) camionero *m*.

camp [kɑ̃] *nm* campamento *m*; ~ **de vacances** colonia *f* de vacaciones.

campagne [kɑ̃paɲ] *nf* campo *m*.

camper [kɑ̃pe] *vi* acampar.

camping [kɑ̃piŋ] *nm* camping *m*; **faire du** ~ ir de camping; ~ **sauvage** camping libre.

camping-car, -s [kɑ̃piŋkar] *nm* autocaravana *m*.

Camping-Gaz® [kɑ̃piŋgaz] *nm inv* camping gas *m inv*.

Canada [kanada] *nm*: **le** ~ Canadá.

canadien, -enne [kanadjɛ̃, ɛn] *adj* canadiense. ❑ **Canadien, -enne** *nm, f* canadiense *mf*.

canadienne [kanadjɛn] *nf (tente)* pequeña tienda de campaña.

canal, -aux [kanal, o] *nm* canal *m*.

canapé [kanape] *nm (siège)* sofá *m*; *(toast)* canapé *m*.

canard [kanar] *nm* pato *m*; ~ **laqué** *plato chino que consiste en pato macerado en miel y asado*; ~ **à l'orange** *pato a la naranja*.

canari [kanari] *nm* canario *m*.

Canaries [kanari] *nfpl*: **les (îles)** ~ las (Islas) Canarias.

cancer [kɑ̃sɛr] *nm* cáncer *m*.

candidat, -e [kɑ̃dida, at] *nm, f* candidato *m* (-ta *f*).

caneton [kantɔ̃] *nm* patito *m*.

canette [kanɛt] *nf (bouteille)* botellín *m*.

caniche [kaniʃ] *nm* caniche *m*.

canicule [kanikyl] *nf* canícula *f*.

canif [kanif] *nm* navaja *f*.

canne [kan] *nf* bastón *m*; ~ **à pêche** caña *f* de pescar.

canneberge [kanbɛrʒ] *nf* arándano *m*.

cannelle [kanɛl] *nf* canela *f*.

cannelloni(s) [kanelɔni] *nmpl* canelones *mpl*.

cannette [kanɛt] = **canette**.

canoë [kanɔe] *nm* canoa *f*; **faire du** ~ practicar piragüismo.

canoë-kayak [kanɔekajak] (*pl* **canoës-kayaks**) *nm* kayak *m*; **faire du** ~ practicar piragüismo.

canon [kanɔ̃] *nm* cañón *m*.

canot [kano] *nm* bote *m*; ~

pneumatique lancha neumática; ~ **de sauvetage** bote salvavidas.

cantal [kɑ̃tal] *nm queso de vaca fabricado en Auvernia.*

cantine [kɑ̃tin] *nf (restaurant)* comedor *m.*

cantonais [kɑ̃tɔnɛ] *adj m* → **riz**.

caoutchouc [kautʃu] *nm* goma *f.*

cap [kap] *nm (pointe de terre)* cabo *m.*

capable [kapabl] *adj* capaz; **être ~ de faire qqch** ser capaz de hacer algo.

cape [kap] *nf* capa *f.*

capitaine [kapitɛn] *nm* capitán *m.*

capitale [kapital] *nf (ville)* capital *f; (lettre)* mayúscula *f.*

capot [kapo] *nm* capó *m.*

capote [kapɔt] *nf (AUT)* capota *f.*

câpre [kapr] *nf* alcaparra *f.*

caprice [kapris] *nm* capricho *m;* **faire un ~** pillarse una rabieta.

capsule [kapsyl] *nf (de bouteille)* chapa *f.*

capter [kapte] *vt (station de radio)* sintonizar.

capturer [kaptyre] *vt* capturar.

capuche [kapyʃ] *nf* capucha *f.*

capuchon [kapyʃɔ̃] *nm (d'une veste)* capucha *f; (d'un stylo)* capuchón *m.*

caquelon [kaklɔ̃] *nm (Helv) recipiente de barro destinado a preparar fondues.*

car[1] [kar] *conj* porque.

car[2] [kar] *nm* autocar *m.*

carabine [karabin] *nf* carabina *f.*

caractère [karaktɛr] *nm* carácter *m;* **avoir bon/mauvais ~** tener buen/mal carácter.

caractéristique [karakteristik] *nf* característica *f.*

carafe [karaf] *nf* jarra *f.*

Caraïbes [karaib] *nfpl*: **les ~** el Caribe.

caramel [karamɛl] *nm (sucre brûlé)* caramelo *m; (bonbon)* tofe *m.*

caravane [karavan] *nf* caravana *f.*

carbonade [karbɔnad] *nf*: **~s flamandes** *(Belg) guiso de carne de buey preparado con cebolla, hierbas aromáticas y cerveza.*

carcasse [karkas] *nf (d'ani-*

mal) huesos *mpl*; *(de voiture)* carcasa *f*.

cardiaque [kardjak] *adj* cardiaco(-ca).

cardigan [kardigɑ̃] *nm* cárdigan *m*.

cardinaux [kardino] *adj mpl* → **point**.

cardiologue [kardjɔlɔg] *nmf* cardiólogo *m* (-ga *f*).

caresse [karɛs] *nf* caricia *f*.

caresser [karese] *vt* acariciar.

caricature [karikatyr] *nf (dessin)* caricatura *f*.

carie [kari] *nf* caries *f inv*.

carnaval [karnaval] *nm* carnaval *m*.

carnet [karnɛ] *nm (cahier)* libreta *f*; *(de tickets, de timbres)* taco *m*; ~ **d'adresses** agenda *f* de direcciones; ~ **de chèques** talonario *m* de cheques.

carnotzet [karnɔtze] *nm (Helv) zona de un restaurante en la que se comen los platos preparados con queso, como la raclette.*

carotte [karɔt] *nf* zanahoria *f*.

carpe [karp] *nf* carpa *f*.

carré, -e [kare] *adj* cuadrado(-da). ◆ *nm (forme géométrique)* cuadrado *m*; *(de chocolat)* onza *f*; **deux mètres ~s** dos metros cuadrados.

carreau, -x [karo] *nm (vitre)* cristal *f*; *(sur le sol)* baldosa *f*; *(sur les murs)* azulejo *m*; *(sur un tissu)* cuadro *m*; *(aux cartes)* diamante *m*; **à ~x** *(tissu, jupe)* de cuadros.

carrefour [karfur] *nm* cruce *m*.

carrelage [karlaʒ] *nm (sur le mur)* azulejos *mpl*; *(par terre)* embaldosado *m*.

carrière [karjɛr] *nf (profession)* carrera *f*.

carrosserie [karɔsri] *nf* carrocería *f*.

cartable [kartabl] *nm* cartera *f*.

carte [kart] *nf (à jouer)* carta *f*, naipe *m*; *(document officiel)* tarjeta *f*; *(plan)* mapa *m*; *(de restaurant)* carta *f*; **à la ~** *(menu)* a la carta; ~ **bancaire/de crédit** tarjeta bancaria/de crédito; **Carte Bleue®** *tarjeta de crédito francesa*; ~ **d'embarquement** tarjeta de embarque; ~ **(nationale) d'identité** carné *m* de identidad; ~ **postale** postal *f*; ~ **téléphonique** OU **de téléphone** tarjeta telefónica; ~

de visite tarjeta de visita.

carton [kartɔ̃] *nm* cartón *m*.

cartouche [kartuʃ] *nf* cartucho *m*; *(de cigarettes)* cartón *m (de tabaco)*.

cas [ka] *nm* caso *m*; **au ~ où** en caso de que; **dans ce ~** en ese caso; **en ~ de** en caso de; **en tout ~** en todo caso.

cascade [kaskad] *nf (chute d'eau)* cascada *f*.

case [kaz] *nf (de damier, de meuble)* casilla *f*.

caserne [kazɛrn] *nf* cuartel *m*; **~ des pompiers** cuartel de bomberos.

casier [kazje] *nm* casillero *m*; **~ à bouteilles** *estantería para guardar botellas*.

casino [kazino] *nm* casino *m*.

casque [kask] *nm* casco *m*.

casquette [kaskɛt] *nf* gorra *f*.

casse-croûte [kaskrut] *nm inv* tentempié *m*.

casse-noix [kasnwa] *nm inv* cascanueces *m inv*.

casser [kase] *vt* romper; **~ les pieds à qqn** *(fam)* dar la lata a alguien. ❑ **se casser** *vp* romperse; **se ~ le bras** romperse el brazo.

casserole [kasrɔl] *nf* cacerola *f*.

cassette [kasɛt] *nf* cinta *f*; **~ vidéo** cinta de vídeo.

cassis [kasis] *nm* grosella *f* negra.

cassoulet [kasulɛ] *nm especie de fabada con carne de pato o de cerdo*.

Castille [kastij] *nf*: **la ~** Castilla.

Catalogne [katalɔɲ] *nf*: **la ~** Cataluña.

catalogue [katalɔg] *nm* catálogo *m*.

catastrophe [katastrɔf] *nf* catástrofe *f*.

catégorie [kategɔri] *nf* categoría *f*.

cathédrale [katedral] *nf* catedral *f*.

catholique [katɔlik] *adj & nmf* católico(-ca).

cauchemar [koʃmar] *nm* pesadilla *f*.

cause [koz] *nf* causa *f*; **'fermé pour ~ de...'** 'cerrado por...'; **à ~ de** por culpa de.

causer [koze] *vt (provoquer)* causar. ◆ *vi (parler)* charlar.

caution [kosjɔ̃] *nf (pour une location)* fianza *f*.

cave [kav] *nf (sous-sol)* sótano

m; *(réserve de vin)* bodega *f.*

caverne [kavɛrn] *nf* caverna *f.*

caviar [kavjar] *nm* caviar *m.*

CB *abr* = **Carte Bleue®**.

CD *nm (abr de Compact Disc)* CD *m.*

ce, cet [sə, sɛt] (*f* **cette** [sɛt], *pl* **ces** [se]) *adj* **1.** *(proche dans l'espace ou dans le temps)* este (esta); **cette nuit** esta noche.
2. *(éloigné dans l'espace ou dans le temps)* ese (esa); **donne-moi ~ livre-là** dame ese libro.
3. *(très éloigné dans l'espace ou dans le temps)* aquel (aquella); **cette année-là** aquel año.
◆ *pron* **1.** *(pour mettre en valeur)*: **c'est mon frère** es mi hermano; **c'est moi** soy yo; **~ sont mes chaussettes** son mis calcetines; **c'est votre collègue qui m'a renseigné** fue su colega quien me informó.
2. *(dans des interrogations)*: **est-~ bien là?** ¿seguro que es ahí?; **qui est-~?** ¿quién es?
3. *(avec un relatif)*: **~ que tu voudras** lo que quieras; **~ qui nous intéresse** lo que nos interesa.
4. *(en intensif)*: **~ qu'il fait chaud!** ¡que calor hace!

ceci [səsi] *pron* esto; **~ veut dire que...** esto quiere decir que.

céder [sede] *vt & vi* ceder; **'~ le passage'** 'ceda el paso'; **~ à** *(personne)* ceder ante; *(tentation, pression)* sucumbir a.

ceinture [sɛ̃tyr] *nf (taille)* cintura *f*; *(accessoire)* cinturón *m*; **~ de sécurité** cinturón de seguridad.

cela [səla] *pron* eso; **~ ne fait rien** no importa; **comment ~?** ¿y eso?; **c'est ~** eso es.

célèbre [selɛbr] *adj* famoso(-sa).

céleri [sɛlri] *nm* apio *m*; **~ rémoulade** *ensalada de apio rallado con un aliño a base de mostaza y aceite.*

célibataire [selibatɛr] *adj & nmf* soltero(-ra).

celle → **celui**.

celle-ci → **celui-ci**.

celle-là → **celui-là**.

celui [səlɥi] (*f* **celle** [sɛl], *mpl* **ceux** [sø]) *pron* el (la); **~ de Pierre** el de Pierre; **~ qui part à 13h30** el que sale a las 13 : 30h; **ceux dont je t'ai parlé** aquéllos de los que te hablé.

celui-ci [səlɥisi] (*f* **celle-ci** [sɛlsi], *mpl* **ceux-ci** [søsi]) *pron* éste (ésta).

celui-là [səlɥila] (*f* **celle-là** [sɛlla], *mpl* **ceux-là** [søla]) *pron* aquél (aquélla).

cendre [sɑ̃dr] *nf* ceniza *f*.

cendrier [sɑ̃drije] *nm* cenicero *m*.

cent [sɑ̃] *num* cien, → **six**.

centaine [sɑ̃tɛn] *nf*: **une ~ (de)** un centenar (de).

centième [sɑ̃tjɛm] *num* centésimo(-ma), → **sixième**.

centime [sɑ̃tim] *nm* céntimo *m*.

centimètre [sɑ̃timɛtr] *nm* centímetro *m*.

central, -e, -aux [sɑ̃tral, o] *adj* central.

centre [sɑ̃tr] *nm* centro *m*; **~ aéré** *centro recreativo para niños*; **~ commercial** centro comercial.

centre-ville [sɑ̃trəvil] (*pl* **centres-villes**) *nm* centro *m* de la ciudad.

cèpe [sɛp] *nm* seta *f*.

cependant [səpɑ̃dɑ̃] *conj* sin embargo.

céramique [seramik] *nf* cerámica *f*.

cercle [sɛrkl] *nm* círculo *m*.

céréale [sereal] *nf* cereal *m*; **des ~s** *(de petit déjeuner)* cereales.

cerf [sɛr] *nm* ciervo *m*.

cerf-volant [sɛrvɔlɑ̃] (*pl* **cerfs-volants**) *nm* cometa *f*.

cerise [səriz] *nf* cereza *f*.

cerisier [sərizje] *nm* cerezo *m*.

certain, -e [sɛrtɛ̃, ɛn] *adj* seguro(-ra); **un ~ temps** cierto tiempo; **un ~ Jean** un tal Jean. ❑ **certains, certaines** *adj & pron* algunos(-nas).

certainement [sɛrtɛnmɑ̃] *adv (probablement)* seguramente; *(bien sûr)* por supuesto.

certes [sɛrt] *adv (bien sûr)* por supuesto; *(il est vrai que)* desde luego.

certificat [sɛrtifika] *nm* certificado *m*.

cerveau, -x [sɛrvo] *nm* cerebro *m*.

cervelas [sɛrvəla] *nm* *salchicha corta y gruesa que se vende cruda o cocida*.

cervelle [sɛrvɛl] *nf* sesos *mpl*.

ces → **ce**.

CES *nm (abr de collège d'enseignement secondaire) antiguo nombre de los centros de* *enseñanza secundaria de primer ciclo.*

cesser [sese] *vi* cesar; **~ de faire qqch** dejar de hacer algo.

c'est-à-dire [setadir] *adv* es decir.

cet → ce.

cette → ce.

ceux → celui.

ceux-ci → celui-ci.

ceux-là → celui-là.

chacun, -e [ʃakœ̃, yn] *pron* cada uno (cada una).

chagrin [ʃagrɛ̃] *nm* pena *f*; **avoir du ~** tener pena.

chaîne [ʃɛn] *nf* cadena *f*; **~ (hi-fi)** cadena de alta fideli dad; **~ laser** cadena láser; **~ de montagnes** cordillera *f*. ❑ **chaînes** *nfpl (de voiture)* cadenas *fpl*.

chair [ʃɛr] *adj inv & nf* carne; **~ à saucisse** carne picada de relleno; **avoir la ~ de poule** tener la carne de gallina.

chaise [ʃɛz] *nf* silla *f*; **~ longue** tumbona *f*.

châle [ʃal] *nm* chal *m*.

chalet [ʃalɛ] *nm* chalé *m*; *(Can)* chalé *m*.

chaleur [ʃalœr] *nf (d'un feu, du soleil)* calor *m*.

chaloupe [ʃalup] *nf* chalupa *f*.

chamailler [ʃamaje]: **se chamailler** *vp* pelearse.

chambre [ʃɑ̃br] *nf* habitación *f*; **~ (à coucher)** dormitorio *m*; **~ d'amis** cuarto *m* de los invitados; **~ double/simple** habitación doble/individual.

champ [ʃɑ̃] *nm* campo *m*.

champagne [ʃɑ̃paɲ] *nm* champán *m*.

champignon [ʃɑ̃piɲɔ̃] *nm* seta *f*; **~s à la grecque** *champiñones en salsa con aceite de oliva, limón y especias*; **~ de Paris** champiñón *m*.

champion, -onne [ʃɑ̃pjɔ̃, ɔn] *nm, f* campeón *m* (-ona *f*).

chance [ʃɑ̃s] *nf (sort favorable)* suerte *f*; *(probabilité)* posibilidad *f*; **avoir de la ~** tener suerte; **avoir des ~s de faire qqch** tener posibilidades de hacer algo; **bonne ~!** ¡buena suerte!

chandail [ʃɑ̃daj] *nm* jersey *m*.

Chandeleur [ʃɑ̃dlœr] *nf*: **la ~** la Candelaria.

chandelier [ʃɑ̃dəlje] *nm* candelabro *m*.

chandelle [ʃɑ̃dɛl] *nf* candela *f*.

change [ʃɑ̃ʒ] *nm (taux)* cambio *m*.

changement [ʃɑ̃ʒmɑ̃] *nm* cambio *m*; ~ **de vitesse** cambio de velocidades.

changer [ʃɑ̃ʒe] *vt & vi* cambiar; ~ **des francs en dollars** cambiar francos en dólares; ~ **de** cambiar de. ❑ **se changer** *vp (s'habiller)* cambiarse.

chanson [ʃɑ̃sɔ̃] *nf* canción *f*.

chanter [ʃɑ̃te] *vt & vi* cantar.

chanteur, -euse [ʃɑ̃tœr, øz] *nm, f* cantante *mf*.

chantier [ʃɑ̃tje] *nm* obra *f*.

chantilly [ʃɑ̃tiji] *nf*: **(crème)** ~ nata *f* montada.

chapeau, -x [ʃapo] *nm* sombrero *m*.

chapelle [ʃapɛl] *nf* capilla *f*.

chapelure [ʃaplyr] *nf* pan *m* rallado.

chapiteau, -x [ʃapito] *nm (de cirque)* carpa *f*.

chapitre [ʃapitr] *nm* capítulo *m*.

chapon [ʃapɔ̃] *nm* capón *m*.

chaque [ʃak] *adj* cada; ~ **jour** cada día.

char [ʃar] *nm (de carnaval)* carroza *f*; *(Can: voiture)* coche *m*; ~ **(d'assaut)** carro *m* (de combate); ~ **à voile** *tabla con ruedas propulsada por una vela*.

charade [ʃarad] *nf* charada *f*.

charbon [ʃarbɔ̃] *nm* carbón *m*.

charcuterie [ʃarkytri] *nf (aliments)* embutidos *mpl*; *(magasin)* charcutería *f*.

chargement [ʃarʒəmɑ̃] *nm (cargaison)* cargamento *m*.

charger [ʃarʒe] *vt* cargar; ~ **qqn de faire qqch** encargar hacer algo a alguien. ❑ **se charger de** *vp + prép* encargarse de.

chariot [ʃarjo] *nm (de machine à écrire, de supermarché)* carro *m*.

charlotte [ʃarlɔt] *nf pastel hecho con una crema rodeada de soletillas*.

charmant, -e [ʃarmɑ̃, ɑ̃t] *adj* encantador.

charme [ʃarm] *nm* encanto *m*.

charrette [ʃarɛt] *nf* carreta *f*.

charrue [ʃary] *nf* arado *m*.

charter [ʃartɛr] *nm*: **(vol)** ~ (vuelo) charter *m*.

chasse [ʃas] *nf* caza *f*; **aller à la ~** ir de caza; **tirer la ~ (d'eau)** tirar de la cadena.

chasselas [ʃasla] *nm variedad de cepa muy extendida en Suiza.*

chasse-neige [ʃasnɛʒ] *nm inv* quitanieves *m inv*; *(au ski)* cuña *f*.

chasser [ʃase] *vt (animal)* cazar; *(personne)* ahuyentar. ◆ *vi* cazar; **~ qqn de** echar a alguien de.

chasseur [ʃasœr] *nm* cazador *m*.

chat, **chatte** [ʃa, ʃat] *nm, f* gato *m* (-ta *f*).

châtaigne [ʃatɛɲ] *nf* castaña *f*.

châtain [ʃatɛ̃] *adj* castaño(-ña).

château, **-x** [ʃato] *nm* castillo *m*; **~ fort** castillo.

chatouiller [ʃatuje] *vt* hacer cosquillas.

chatte → **chat**.

chaud, **-e** [ʃo, ʃod] *adj* caliente; *(vêtement)* que abriga. ◆ *adv*: **il fait ~** hace calor; **avoir ~** tener calor.

chaudronnée [ʃodrɔne] *nf (Can) plato elaborado cociendo un caldo con distintos tipos de pescado, cebolla y plantas aromáticas.*

chauffage [ʃofaʒ] *nm* calefacción *f*; **~ central** calefacción central.

chauffante [ʃofɑ̃t] *adj f* → **plaque**.

chauffard [ʃofar] *nm*: **c'est un ~** conduce como un bestia.

chauffer [ʃofe] *vt* calentar. ◆ *vi (eau, aliment, moteur)* calentarse; *(radiateur, soleil)* calentar.

chauffeur [ʃofœr] *nm* chófer *m*; **~ de taxi** taxista *m*.

chaussée [ʃose] *nf* calzada *f*; **'~ déformée'** 'firme irregular'.

chausser [ʃose] *vi*: **~ du 38** calzar un 38. ❑ **se chausser** *vp* calzarse.

chaussette [ʃosɛt] *nf* calcetín *m*.

chausson [ʃosɔ̃] *nm* zapatilla *f*; **~ aux pommes** tarta *f* de manzana.

chaussure [ʃosyr] *nf* zapato *m*; **~s de marche** botas *fpl* de marcha.

chauve [ʃov] *adj* calvo(-va).

chef [ʃɛf] *nm (directeur)* jefe *m*; *(cuisinier)* chef *m*; **~ de gare** jefe de estación; **~**

d'orchestre director *m* de orquesta.

chef-d'œuvre [ʃɛdœvr] (*pl* **chefs-d'œuvre**) *nm* obra *f* maestra.

chemin [ʃəmɛ̃] *nm* camino *m*; **en ~** de camino.

chemin de fer [ʃəmɛ̃dfɛr] (*pl* **chemins de fer**) *nm* ferrocarril *m*.

cheminée [ʃəmine] *nf* chimenea *f*.

chemise [ʃəmiz] *nf (vêtement)* camisa *f*; **~ de nuit** camisón *m*.

chemisier [ʃəmizje] *nm* blusa *f*.

chêne [ʃɛn] *nm* roble *m*.

chenille [ʃənij] *nf* oruga *f*.

chèque [ʃɛk] *nm* cheque *m*; **~ barré/en blanc/sans provision** cheque cruzado/en blanco/sin fondos; **~ de voyage** cheque de viaje.

chéquier [ʃekje] *nm* talonario *m* de cheques.

cher, **chère** [ʃɛr] *adj* caro(-ra); **~ Monsieur/Laurent** *(dans une lettre)* Estimado señor/Querido Laurent. ◆ *adv*: **coûter ~** costar caro.

chercher [ʃɛrʃe] *vt* buscar; **aller ~ qqch/qqn** ir a buscar algo/a alguien. ❑ **chercher à** *v + prép*: **~ à faire qqch** intentar hacer algo.

cheval, **-aux** [ʃəval, o] *nm* caballo *m*; **monter à ~** montar a caballo; **faire du ~** hacer equitación; **à ~ sur** *(chaise, branche)* a horcajadas en.

chevet [ʃəvɛ] *nm* → **lampe, table**.

cheveu, **-x** [ʃəvø] *nm* pelo *m*. ❑ **cheveux** *nmpl* pelo *m*, cabello *m*.

cheville [ʃəvij] *nf* (ANAT) tobillo *m*.

chèvre [ʃɛvr] *nf* cabra *f*.

chevreuil [ʃəvrœj] *nm* corzo *m*.

chewing-gum, **-s** [ʃwiŋgɔm] *nm* chicle *m*.

chez [ʃe] *prép* en casa de; **~ moi** en mi casa; **aller ~ le dentiste** ir al dentista.

chic [ʃik] *adj inv* elegante.

chiche [ʃiʃ] *adj m* → **pois**.

chien, **chienne** [ʃjɛ̃, ʃjɛn] *nm, f* perro *m* (-rra *f*).

chiffon [ʃifɔ̃] *nm* trapo *m*; **~ (à poussière)** trapo (del polvo).

chiffonner [ʃifɔne] *vt* arrugar.

chiffre [ʃifr] *nm (MATH)* cifra *f*;

(montant) importe *m*.

chignon [ʃiɲɔ̃] *nm* moño *m*.

Chili [ʃili] *nm*: **le ~** Chile.

chimique [ʃimik] *adj* químico(-ca).

Chine [ʃin] *nf*: **la ~** China.

chinois, -e [ʃinwa, az] *adj* chino(-na). ◆ *nm (langue)* chino *m*.

chipolata [ʃipɔlata] *nf* *salchicha pequeña de cerdo.*

chips [ʃips] *nfpl* patatas *fpl* fritas *(de paquete)*.

chirurgien, -enne [ʃiryrʒjɛ̃, ɛn] *nm, f* cirujano *m* (-na *f*).

choc [ʃɔk] *nm* choque *m*.

chocolat [ʃɔkɔla] *nm* chocolate *m*; **~ blanc/noir/au lait** chocolate blanco/negro/con leche; **~ liégeois** *helado de chocolate con nata.*

chocolatier [ʃɔkɔlatje] *nm* chocolatería *f*.

chœsels [tʃuzœl] *nmpl (Belg)* *guiso de carne y despojos cocinado con cerveza.*

choisir [ʃwazir] *vt* escoger, elegir.

choix [ʃwa] *nm* elección *f*; **avoir le ~** poder elegir; **au ~** a elegir.

cholestérol [kɔlɛsterɔl] *nm* colesterol *m*.

chômage [ʃomaʒ] *nm* paro *m*; **être au ~** estar en paro.

chômeur, -euse [ʃomœr, øz] *nm, f* parado *m* (-da *f*).

choquer [ʃɔke] *vt* chocar.

chorale [kɔral] *nf* coral *f*.

chose [ʃoz] *nf* cosa *f*.

chou, -x [ʃu] *nm* col *f*; **~ de Bruxelles** col de Bruselas; **~ à la crème** bocadito *m* de crema; **~ rouge** lombarda *f*.

choucroute [ʃukrut] *nf*: **~ (garnie)** *choucroute con carne de cerdo y patatas.*

chouette [ʃwɛt] *nf* lechuza *f*. ◆ *adj (fam)* guay.

chou-fleur [ʃuflœr] (*pl* **choux-fleurs**) *nm* coliflor *f*.

CHU *nm* ≃ hospital *m* clínico.

chuchoter [ʃyʃɔte] *vt & vi* cuchichear.

chut [ʃyt] *excl* ¡chitón!

chute [ʃyt] *nf* caída *f*; **~ d'eau** salto *m* de agua; **~ de neige** precipitación *f* de nieve.

ci [si] *adv*: **ce livre-~** este libro; **ces jours-~** estos días.

cible [sibl] *nf* blanco *m*.

ciboulette [sibulɛt] *nf* cebolleta *f*.

cicatrice [sikatris] *nf* cicatriz *f*.

cicatriser [sikatrize] *vi* cicatrizar.

cidre [sidr] *nm* sidra *f*.

Cie *(abr de compagnie)* Cía.

ciel [sjɛl] *nm (espace)* cielo *m*.

cierge [sjɛrʒ] *nm* cirio *m*.

cigale [sigal] *nf* cigarra *f*.

cigare [sigar] *nm* puro *m*.

cigarette [sigarɛt] *nf* cigarillo *m*; ~ **filtre** cigarillo con filtro.

cil [sil] *nm* pestaña *f*.

ciment [simɑ̃] *nm* cemento *m*.

cimetière [simtjɛr] *nm* cementerio *m*.

cinéma [sinema] *nm* cine *m*.

cinq [sɛ̃k] *num* cinco, → **six**.

cinquante [sɛ̃kɑ̃t] *num* cincuenta, → **six**.

cinquantième [sɛ̃kɑ̃tjɛm] *num* quincuagésimo, → **sixième**.

cinquième [sɛ̃kjɛm] *num* quinto. ◆ *nf* (SCOL) = séptimo *m* de EGB, → **sixième**.

cintre [sɛ̃tr] *nm* percha *f*.

cipâte [sipat] *nm (Can) pastel elaborado con masa quebrada que se rellena con capas alternas de patatas, cebolla y carne.*

cirage [siraʒ] *nm* crema *f* de zapatos.

circonflexe [sirkɔ̃flɛks] *adj* → **accent**.

circonstances [sirkɔ̃stɑ̃s] *nfpl* circunstancias *fpl*.

circuit [sirkɥi] *nm* circuito *m*; ~ **touristique** circuito turístico.

circulation [sirkylasjɔ̃] *nf* circulación *f*.

circuler [sirkyle] *vi* circular.

cire [sir] *nf* cera *f*.

ciré [sire] *nm* impermeable *m*.

cirer [sire] *vt (chaussures)* dar crema a; *(parquet)* encerar.

cirque [sirk] *nm* circo *m*.

ciseaux [sizo] *nmpl*: **(une paire de)** ~ (un par de) tijeras *fpl*.

cité [site] *nf (ville)* ciudad *f*; *(groupe d'immeubles)* residencia *f*; ~ **universitaire** ciudad universitaria.

citerne [sitɛrn] *nf* cisterna *f*.

citron [sitrɔ̃] *nm* limón *m*; ~ **vert** limón verde.

citronnade [sitrɔnad] *nf* limonada *f*.

citrouille [sitruj] *nf* calabaza *f*.

civet [sive] *nm estofado de carne de caza marinada en vino tinto*.

civière [sivjɛr] *nf* camilla *f*.

cl *(abr de centilitre)* cl.

clafoutis [klafuti] *nm pastel de cerezas*.

clair, **-e** [klɛr] *adj* claro. ◆ *adv* claro. ◆ *nm*: ~ **de lune** claro *m* de luna.

clairement [klɛrmɑ̃] *adv* claramente.

clairière [klɛrjɛr] *nf* claro *m* del bosque.

claque [klak] *nf* bofetada *f*.

claquer [klake] *vt*: ~ **la porte** dar un portazo; *(volet, porte)* chasquear; ~ **des dents** castañear; ~ **des doigts** chasquear los dedos.

claquettes [klakɛt] *nfpl (chaussures)* zapatos *mpl* de claqué.

classe [klas] *nf* clase *f*; **aller en** ~ ir a clase; **première** ~ primera clase; ~ **affaires/touriste** clase preferente/turista.

classer [klase] *vt* clasificar.

classeur [klasœr] *nm* carpeta *f* de anillas.

classique [klasik] *adj* clásico.

clavicule [klavikyl] *nf* clavícula *f*.

clavier [klavje] *nm* teclado *m*.

clé [kle] *nf* llave *f*; **fermer qqch à** ~ cerrar algo con llave.

clef [kle] = **clé**.

clémentine [klemɑ̃tin] *nf* clementina *f*.

client, **-e** [klijɑ̃, ɑ̃t] *nm, f* cliente *m* (-ta *f*).

clientèle [klijɑ̃tɛl] *nf* clientela *f*.

cligner [kliɲe] *vi*: ~ **des yeux** parpadear.

clignotant [kliɲɔtɑ̃] *nm* intermitente *m*.

clignoter [kliɲɔte] *vi* parpadear.

climat [klima] *nm* clima *m*.

climatisation [klimatizasjɔ̃] *nf* climatización *f*.

climatisé, **-e** [klimatize] *adj* climatizado(-da).

clin d'œil [klɛ̃dœj] *nm*: **faire un** ~ **à qqn** hacer un guiño a alguien.

clinique [klinik] *nf* clínica *f*.

clip [klip] *nm (boucle d'oreille)* pendiente *m* de clip; *(film)* clip *m*.

clochard, -e [klɔʃar, ard] *nm,f* vagabundo *m* (-da *f*).

clocher [klɔʃe] *nm* campanario *m*.

cloison [klwazɔ̃] *nf* tabique *m*.

cloître [klwatr] *nm* claustro *m*.

cloque [klɔk] *nf (sur la peau)* ampolla *f*.

clôture [klotyr] *nf (barrière)* valla *f*.

clou [klu] *nm* clavo *m*; ~ **de girofle** clavo. ❑ **clous** *nmpl (passage piétons)* paso *m* de peatones.

clouer [klue] *vt* clavar.

clouté [klute] *adj m* → **passage**.

clown [klun] *nm* payaso *m*.

club [klœb] *nm* club *m*.

cm *(abr de centimètre)* cm.

Coca(-Cola)® [kɔka(kɔla)] *nm inv* Coca-Cola® *f*.

coccinelle [kɔksinɛl] *nf* mariquita *f*.

cocher [kɔʃe] *vt* marcar con una cruz.

cochon, -onne [kɔʃɔ̃, ɔn] *nm, f (fam)* guarro *m* (-rra *f*). ◆ *nm*: ~ **d'Inde** conejillo *m* de Indias.

cocktail [kɔktɛl] *nm* cóctel *m*.

coco [kɔko] *nm* → **noix**.

Cocotte-Minute® [kɔkɔtminyt] (*pl* **Cocottes-Minute**) *nf* olla *f* a presión.

code [kɔd] *nm* código *m*; ~ **confidentiel** código secreto; ~ **postal** código postal; ~ **de la route** código de circulación. ❑ **codes** *nmpl (AUT)* luces *fpl* de cruce.

cœur [kœr] *nm* corazón *m*; *(centre)* centro *m*; **avoir bon ~** tener buen corazón; **de bon ~** de buena gana; **par ~** de memoria; **~ d'artichaut** corazón de alcachofa; ~ **de palmier** palmito *m*.

coffre [kɔfr] *nm (de voiture)* maletero *m*; *(malle)* baúl *m*.

coffre-fort [kɔfrəfɔr] (*pl* **coffres-forts**) *nm* caja *f* fuerte.

coffret [kɔfrɛ] *nm* estuche *m*.

cognac [kɔɲak] *nm* coñac *m*.

cogner [kɔɲe] *vi (frapper)* pegar; *(faire du bruit)* golpear.

❏ **se cogner** *vp* darse un golpe; **se ~ la tête** darse un golpe en la cabeza.

coiffer [kwafe] *vt* peinar. ❏ **se coiffer** *vp* peinarse.

coiffeur, **-euse** [kwafœr, øz] *nm,f* peluquero *m* (-ra *f*).

coiffure [kwafyr] *nf* peinado *m*.

coin [kwɛ̃] *nm* rincón *m*; *(saillant)* pico *m*; **au ~ de** en la esquina de; **dans le ~** *(dans les environs)* por aquí.

coincer [kwɛ̃se] *vt* atascar. ❏ **se coincer** *vp* atascarse; **se ~ le doigt** pillarse el dedo.

col [kɔl] *nm (de vêtement)* cuello *m*; *(en montagne)* puerto *m*; **~ roulé** cuello vuelto; **~ en V** cuello de pico.

colère [kɔlɛr] *nf* rabia *f*; **être en ~ (contre qqn)** estar enfadado(-da); **se mettre en ~** enfadarse.

colique [kɔlik] *nf* cólico *m*.

colis [kɔli] *nm*: **~ (postal)** paquete *m* postal.

collant, **-e** [kɔlɑ̃, ɑ̃t] *adj (adhésif)* adhesivo(-va); *(étroit)* ceñido(-da).

colle [kɔl] *nf (pâte)* pegamento *m*.

collection [kɔlɛksjɔ̃] *nf* colección *f*.

collectionner [kɔlɛksjɔne] *vt* coleccionar.

collège [kɔlɛʒ] *nm* colegio *m*.

collègue [kɔlɛg] *nmf* colega *mf*.

coller [kɔle] *vt (faire adhérer)* pegar.

collier [kɔlje] *nm* collar *m*.

colline [kɔlin] *nf* colina *f*.

collision [kɔlizjɔ̃] *nf* colisión *f*.

Cologne [kɔlɔɲ] *n* → **eau**.

Colombie [kɔlɔ̃bi] *nf*: **la ~** Colombia.

colonie [kɔlɔni] *nf* colonia *f*; **~ de vacances** colonia de vacaciones.

colonne [kɔlɔn] *nf* columna *f*; **~ vertébrale** columna vertebral.

colorant [kɔlɔrɑ̃] *nm* colorante *m*; **'sans ~s'** 'sin colorantes'.

coma [kɔma] *nm* coma *m*; **être dans le ~** estar en coma.

combien [kɔ̃bjɛ̃] *adv*: **~ de** cuánto; **~ ça coûte?** ¿cuánto cuesta?

combinaison [kɔ̃binɛzɔ̃] *nf* combinación *f*; *(de motard, de* *skieur)* mono *m*; **~ de plongée** traje *m* de submarinismo.

combiné [kɔ̃bine] *nm*: **~ (téléphonique)** auricular *m*.

comble [kɔ̃bl] *nm*: **c'est un ~!** ¡es el colmo!; **le ~ de** el colmo de.

comédie [kɔmedi] *nf* comedia *f*; *(fam: caprice)* teatro *m*; **~ musicale** comedia musical.

comédien, -enne [kɔmedjɛ̃, ɛn] *nm, f (acteur)* actor *m* (-triz *f*); *(hypocrite)* comediante *mf*.

comestible [kɔmɛstibl] *adj* comestible.

comique [kɔmik] *adj* cómico(-ca).

commandant [kɔmɑ̃dɑ̃] *nm (MIL, d'un avion)* comandante *m*; *(d'un bateau)* capitán *m*.

commande [kɔmɑ̃d] *nf (achat)* pedido *m*; **les ~s** *(d'un avion)* los mandos.

commander [kɔmɑ̃de] *vt (diriger)* mandar; *(dans un restaurant)* pedir; *(acheter)* encargar.

comme [kɔm] *conj* 1. *(gen)* como; **elle est blonde, ~ sa mère** es rubia como su madre; **~ vous voudrez** como quiera; **~ il faut** como es debido; **les villes fortifiées ~ Carcassonne** ciudades fortificadas como Carcassonne; **qu'est-ce que vous avez ~ desserts?** ¿qué tienen de postre?; **~ vous n'arriviez pas, nous sommes passés à table** como no llegabais, nos hemos sentado a la mesa.

2. *(dans des expressions)*: **~ ça** así; **~ ci ~ ça** *(fam)* así así; **~ tout** *(fam: très)* muy.

◆ *adv (marque l'intensité)* qué; **~ c'est grand!** ¡qué grande!

commencer [kɔmɑ̃se] *vt* empezar. ◆ *vi* empezar, comenzar; **~ à faire qqch** empezar a hacer algo.

comment [kɔmɑ̃] *adv* cómo; **~?** *(pour faire répéter)* ¿cómo?; **~ tu t'appelles?** ¿cómo te llamas?; **~ allez-vous?** ¿cómo está usted?

commerçant, -e [kɔmɛrsɑ̃, ɑ̃t] *adj* comercial. ◆ *nm, f* comerciante *mf*.

commerce [kɔmɛrs] *nm* comercio *m*; **dans le ~** en el mercado.

commissariat [kɔmisarja] *nm*: **~ (de police)** comisaría *f* (de policía).

commission [kɔmisjɔ̃] *nf*

comisión *f*; *(message)* recado *m*. ❑ **commissions** *nfpl (courses)* compra *f*; **faire les ~s** hacer la compra.

commode [kɔmɔd] *adj* cómodo. ◆ *nf* cómoda *f*.

commun, -e [kɔmœ̃, yn] *adj* común; *(banal)* corriente.

communauté [kɔmynote] *nf* comunidad *f*; **la Communauté économique européenne** la Comunidad económica europea.

commune [kɔmyn] *nf* municipio *m*.

communication [kɔmynikasjɔ̃] *nf*: **~ (téléphonique)** comunicación (telefonica).

communiquer [kɔmynike] *vt* comunicar. ◆ *vi (dialoguer)* comunicarse; *(être relié)* comunicar.

compact, -e [kɔ̃pakt] *adj* compacto. ◆ *nm* compact *m*; **(disque) ~** disco *m* compacto.

Compact Disc®, -s [kɔ̃paktdisk] *nm* disco *m* compacto.

compagne [kɔ̃paɲ] *nf* compañera *f*.

compagnie [kɔ̃paɲi] *nf* compañía *f*; **tenir ~ à** hacer compañía a; **~ aérienne** compañía aérea.

compagnon [kɔ̃paɲɔ̃] *nm* compañero *m*.

comparaison [kɔ̃parɛzɔ̃] *nf* comparación *f*.

comparer [kɔ̃pare] *vt* comparar; **~ qqch à** OU **avec** comparar algo a OU con.

compartiment [kɔ̃partimɑ̃] *nm* compartimento *m*; **~ fumeurs/non-fumeurs** compartimento de fumadores/de no fumadores.

compensation [kɔ̃pɑ̃sasjɔ̃] *nf* compensación *f*.

compétent, -e [kɔ̃petɑ̃, ɑ̃t] *adj* competente.

compétitif, -ive [kɔ̃petitif, iv] *adj* competitivo(-va).

compétition [kɔ̃petisjɔ̃] *nf* competición *f*.

complément [kɔ̃plemɑ̃] *nm* complemento *m*.

complet, -ète [kɔ̃plɛ, ɛt] *adj* completo(-ta); *(aliment)* integral; **'complet'** 'completo'.

complètement [kɔ̃plɛtmɑ̃] *adv* completamente.

compléter [kɔ̃plete] *vt* completar

complexe [kɔ̃plɛks] *adj* complejo(-ja). ◆ *nm* complejo *m*.

compliment [kɔ̃plimɑ̃] *nm* cumplido *m*; **faire un ~ à qqn** hacer un cumplido a alguien.

compliqué, -e [kɔ̃plike] *adj* complicado.

compliquer [kɔ̃plike] *vt* complicar. ❑ **se compliquer** *vp* complicarse.

comportement [kɔ̃pɔrtəmɑ̃] *nm* comportamiento *m*.

comporter [kɔ̃pɔrte] *vt* comprender. ❑ **se comporter** *vp* comportarse.

composer [kɔ̃poze] *vt* componer; *(code, numéro)* marcar; **composé de** constituido de. ❑ **se composer de** *vp + prép* estar constituido(-da).

composition [kɔ̃pozisjɔ̃] *nf* *(structure)* composición *f*; *(SCOL)* redacción *f*.

composter [kɔ̃pɔste] *vt* picar.

compote [kɔ̃pɔt] *nf* compota *f*; **~ de pommes** compota de manzana.

comprendre [kɔ̃prɑ̃dr] *vt* *(explication)* entender; *(comporter)* comprender.

compresse [kɔ̃prɛs] *nf* compresa *f*.

comprimé [kɔ̃prime] *nm* comprimido *m*.

comprimer [kɔ̃prime] *vt* comprimir.

compris, -e [kɔ̃pri, iz] *pp* → **comprendre**. ◆ *adj* incluido(-da); **non ~** no incluido; **tout ~** todo incluido; **y ~** incluido.

comptant [kɔ̃tɑ̃] *adv*: **payer ~** pagar al contado.

compte [kɔ̃t] *nm* cuenta *f*; **se rendre ~ que** darse cuenta de que; **en fin de ~, tout ~ fait** a fin de cuentas. ❑ **comptes** *nmpl* cuentas *fpl*; **faire ses ~s** hacer cuentas.

compte-gouttes [kɔ̃tgut] *nm inv* cuentagotas *m inv*.

compter [kɔ̃te] *vt & vi* contar; **~ faire qqch** pensar hacer algo. ❑ **compter sur** *v + prép* contar con.

compteur [kɔ̃tœr] *nm* contador *m*; **~ (kilométrique)** cuentakilómetros *m inv*; **~ (de vitesse)** velocímetro *m*.

comptoir [kɔ̃twar] *nm* *(de bar)* barra *f*; *(de magasin)* mostrador *m*.

concentré, -e [kɔ̃sɑ̃tre] *adj*

concentrado(-da). ◆ *nm* concentrado *m*; **~ de tomate** concentrado de tomate.

concentrer [kɔ̃sɑ̃tre] *vt* concentrar. ❑ **se concentrer (sur)** *vp (+ prép)* concentrarse (en).

concerner [kɔ̃sɛrne] *vt* concernir.

concert [kɔ̃sɛr] *nm* concierto *m*.

concevoir [kɔ̃səvwar] *vt* *(projet, idée)* concebir; *(objet)* diseñar.

concierge [kɔ̃sjɛrʒ] *nmf* conserje *mf*, portero *m* (-ra *f*).

conclure [kɔ̃klyr] *vt (terminer)* concluir; *(déduire)* deducir.

conclusion [kɔ̃klyzjɔ̃] *nf* conclusión *f*.

concombre [kɔ̃kɔ̃br] *nm* pepino *m*.

concours [kɔ̃kur] *nm (examen)* oposición *f*; *(jeu)* concurso *m*; **~ de circonstances** cúmulo *m* de circunstancias.

concret, -ète [kɔ̃krɛ, ɛt] *adj* concreto(-ta).

concurrence [kɔ̃kyrɑ̃s] *nf* competencia *f*.

concurrent, -e [kɔ̃kyrɑ̃, ɑ̃t] *nm, f (d'une entreprise)* competidor *m* (-ra *f*); *(dans une compétition, un jeu)* participante *mf*.

condamner [kɔ̃dane] *vt* condenar; **~ qqn à** condenar a alguien a.

condensation [kɔ̃dɑ̃sasjɔ̃] *nf* condensación *f*.

condensé, -e [kɔ̃dɑ̃se] *adj* condensado(-da).

condiment [kɔ̃dimɑ̃] *nm* condimento *m*.

condition [kɔ̃disjɔ̃] *nf* condición *f*.

conditionné [kɔ̃disjɔne] *adj m* → **air**.

conducteur, -trice [kɔ̃dyktœr, tris] *nm, f* conductor *m* (-ra *f*).

conduire [kɔ̃dɥir] *vt* conducir; *(guider)* llevar. ◆ *vi* conducir; **~ à** *(chemin, couloir)* conducir a. ❑ **se conduire** *vp* portarse.

conduit, -e [kɔ̃dɥi, it] *pp* → **conduire**.

conduite [kɔ̃dɥit] *nf (attitude)* conducta *f*; **~ à gauche** *(AUT)* conducción *f* por la izquierda.

cône [kon] *nm* cono *m*; *(glace)* cucurucho *m*.

conférence [kɔ̃ferɑ̃s] *nf* conferencia *f*.

confettis [kɔ̃feti] *nmpl* confeti *m*.

confiance [kɔ̃fjɑ̃s] *nf* confianza *f*; **avoir ~ en** tener confianza en; **faire ~ à** confiar en.

confidence [kɔ̃fidɑ̃s] *nf* confidencia *f*; **faire des ~s à qqn** hacer confidencias a alguien.

confidentiel, -elle [kɔ̃fidɑ̃sjɛl] *adj* confidencial.

confier [kɔ̃fje] *vt*: **~ qqch à qqn** confiar algo a alguien. ❑ **se confier à** *vp + prép* confiarse a.

confirmation [kɔ̃firmasjɔ̃] *nf* confirmación *f*.

confirmer [kɔ̃firme] *vt* confirmar. ❑ **se confirmer** *vp* confirmarse.

confiserie [kɔ̃fizri] *nf* *(sucreries)* dulce *m*, golosina *f*; *(magasin)* confitería *f*.

confisquer [kɔ̃fiske] *vt* confiscar.

confit [kɔ̃fi] *adj m* → **fruit**. ◆ *nm*: **~ de canard/d'oie** *muslos de pato o de oca cocinados y conservados en su propia grasa.*

confiture [kɔ̃fityr] *nf* mermelada *f*.

confondre [kɔ̃fɔ̃dr] *vt* confundir.

confort [kɔ̃fɔr] *nm* comodidad *f*; **'tout ~'** 'con todas las comodidades'.

confortable [kɔ̃fɔrtabl] *adj* cómodo(-da).

confus, -e [kɔ̃fy, yz] *adj* *(compliqué)* confuso(-sa); *(embarrassé)* avergonzado(-da).

congé [kɔ̃ʒe] *nm* vacaciones *fpl*; **être en ~** estar de vacaciones.

congélateur [kɔ̃ʒelatœr] *nm* congelador *m*.

congeler [kɔ̃ʒle] *vt* congelar.

congolais [kɔ̃gɔlɛ] *nm* = sultana *f*.

congrès [kɔ̃grɛ] *nm* congreso *m*.

conjoint [kɔ̃ʒwɛ̃] *nm* cónyuge *mf*.

conjonctivite [kɔ̃ʒɔ̃ktivit] *nf* conjuntivitis *f*.

conjugaison [kɔ̃ʒygezɔ̃] *nf* conjugación *f*.

conjuguer [kɔ̃ʒyge] *vt* *(verbe)* conjugar.

connaissance [kɔnɛsɑ̃s] *nf* *(savoir)* conocimiento *m*; *(relation)* conocido *m* (-da *f*); **faire la ~ de qqn** conocer a alguien; **perdre ~** perder el conocimiento.

connaisseur, -euse [kɔnesœr, øz] *nm, f* conocedor *m* (-ra *f*).

connaître [kɔnɛtr] *vt* conocer. ❑ **s'y connaître (en)** *vp (+ prép)* saber (de).

connu, -e [kɔny] *pp* → **connaître.** ◆ *adj* conocido(-da).

consacrer [kɔ̃sakre] *vt*: **~ qqch à** dedicar algo a. ❑ **se consacrer à** *vp + prép* dedicarse a.

consciemment [kɔ̃sjamɑ̃] *adv* conscientemente.

conscience [kɔ̃sjɑ̃s] *nf*: **avoir ~ de qqch** tener conciencia de algo; **prendre ~ de qqch** tomar conciencia de algo; **avoir mauvaise ~** tener mala conciencia.

conscient, -e [kɔ̃sjɑ̃, ɑ̃t] *adj* consciente; **être ~ de** ser consciente de.

consécutif, -ive [kɔ̃sekytif, iv] *adj* consecutivo(-va); **~ à** debido a.

conseil [kɔ̃sɛj] *nm* consejo *m*; **demander ~ à qqn** pedir consejo a alguien.

conseiller [kɔ̃seje] *vt* aconsejar; **~ qqch à qqn** aconsejar algo a alguien; **~ à qqn de faire qqch** aconsejar a alguien hacer algo.

conséquence [kɔ̃sekɑ̃s] *nf* consecuencia *f*.

conséquent [kɔ̃sekɑ̃]: **par conséquent** *adv* por consiguiente.

conservateur [kɔ̃sɛrvatœr] *nm* conservante *m*.

conserve [kɔ̃sɛrv] *nf (boîte)* conserva *f*.

conserver [kɔ̃sɛrve] *vt* conservar.

considérable [kɔ̃siderabl] *adj* considerable.

considération [kɔ̃siderasjɔ̃] *nf*: **prendre qqn/qqch en ~** tomar a alguien/algo en consideración.

considérer [kɔ̃sidere] *vt*: **~ que** considerar que; **~ qqn/qqch comme** considerar a alguien/algo como.

consigne [kɔ̃siɲ] *nf* consigna *f*; **~ automatique** consigna automática.

consistance [kɔ̃sistɑ̃s] *nf* consistencia *f*.

consister [kɔ̃siste] *vi*: **~ en** consistir en.

console [kɔ̃sɔl] *nf* consola *f*; **~ de jeux** consola de juegos.

consoler [kɔ̃sɔle] *vt* consolar.

consommateur, **-trice** [kɔ̃sɔmatœr, tris] *nm, f* consumidor *m* (-ra *f*).

consommation [kɔ̃sɔmasjɔ̃] *nf (dans un bar)* consumición *f*.

consommé [kɔ̃sɔme] *nm* consomé *m*.

consommer [kɔ̃sɔme] *vt* consumir; **'à ~ avant le...'** 'consumir antes de...'

consonne [kɔ̃sɔn] *nf* consonante *f*.

constamment [kɔ̃stamɑ̃] *adv* constantemente.

constater [kɔ̃state] *vt* constatar.

constipé, **-e** [kɔ̃stipe] *adj* estreñido(-da).

constituer [kɔ̃stitɥe] *vt* constituir; **constitué de** constituido de.

construction [kɔ̃stryksjɔ̃] *nf* construcción *f*.

construire [kɔ̃strɥir] *vt* construir.

construit, **-e** [kɔ̃strɥi, it] *pp* → **construire**.

consulat [kɔ̃syla] *nm* consulado *m*.

consulter [kɔ̃sylte] *vt* consultar.

contact [kɔ̃takt] *nm* contacto *m*; **mettre/couper le ~** poner/quitar el contacto; **entrer en ~ avec qqn** tomar contacto con alguien.

contacter [kɔ̃takte] *vt* contactar con.

contagieux, **-euse** [kɔ̃taʒjø, øz] *adj* contagioso(-sa).

contaminer [kɔ̃tamine] *vt (rivière, air)* contaminar; *(personne)* contagiar.

conte [kɔ̃t] *nm* cuento *m*.

contempler [kɔ̃tɑ̃ple] *vt* contemplar.

contemporain, **-e** [kɔ̃tɑ̃pɔrɛ̃, ɛn] *adj* contemporáneo(-a).

contenir [kɔ̃tnir] *vt* contener.

content, **-e** [kɔ̃tɑ̃, ɑ̃t] *adj* contento(-ta); **être ~ de (faire) qqch** estar contento de (hacer) algo.

contenter [kɔ̃tɑ̃te]: **se contenter de** *vp + prép* contentarse con.

contenu, **-e** [kɔ̃tny] *pp* → **contenir**. ◆ *nm* contenido *m*.

contester [kɔ̃tɛste] *vt* discutir.

continent [kɔ̃tinɑ̃] *nm* continente *m*.

continuellement [kɔ̃tinɥɛlmɑ̃] *adv* continuamente.
continuer [kɔ̃tinɥe] *vt* continuar. ◆ *vi* seguir; ~ **à** OU **de faire qqch** seguir haciendo algo.
contour [kɔ̃tur] *nm* contorno *m*.
contourner [kɔ̃turne] *vt* *(ville, montagne)* rodear; *(obstacle)* esquivar.
contraceptif, -ive [kɔ̃traseptif, iv] *adj* contraceptivo (-va). ◆ *nm* anticonceptivo *m*.
contraire [kɔ̃trɛr] *nm* contrario *m*. ◆ *adj* contrario(-ria); **au** ~ al contrario.
contrairement [kɔ̃trɛrmɑ̃]: **contrairement à** *prép* al contrario de.
contrarier [kɔ̃trarje] *vt* contrariar.
contrat [kɔ̃tra] *nm* contrato *m*.
contravention [kɔ̃travɑ̃sjɔ̃] *nf* multa *f*.
contre [kɔ̃tr] *prép* *(en opposition avec)* contra; *(en contact avec)* junto a; *(en échange de)* por; **un sirop** ~ **la toux** un jarabe contra la tos; **par** ~ en cambio.
contrebande [kɔ̃trəbɑ̃d] *nf* contrabando *m*; **passer qqch en** ~ introducir algo de contrabando.
contrecœur [kɔ̃trəkœr]: **à contrecœur** *adv* a regañadientes.
contredire [kɔ̃trədir] *vt* contradecir.
contre-indication, -s [kɔ̃trɛ̃dikasjɔ̃] *nf* contraindicación *f*.
contre-jour [kɔ̃trəʒur]: **à contre-jour** *adv* a contraluz.
contrepoison [kɔ̃trəpwazɔ̃] *nm* contraveneno *m*.
contribuer [kɔ̃tribɥe]: **contribuer à** *v* + *prép* contribuir a.
contrôle [kɔ̃trol] *nm* control *m*; ~ **d'identité** control de identidad.
contrôler [kɔ̃trole] *vt* *(vérifier)* comprobar; *(billets, papiers)* controlar.
contrôleur [kɔ̃trolœr] *nm* revisor *m*, interventor *m*; ~ **aérien** controlador *m* aéreo.
convaincre [kɔ̃vɛ̃kr] *vt* convencer.
convenable [kɔ̃vnabl] *adj* *(décent)* decente.

convenir [kɔ̃vnir]: **convenir à** *v + prép (satisfaire)* convenir a; *(être adapté à)* convenir para.

convenu, -e [kɔ̃vny] *pp* → **convenir**.

conversation [kɔ̃vɛrsasjɔ̃] *nf* conversación *f*.

convocation [kɔ̃vɔkasjɔ̃] *nf* convocatoria *f*.

coopérer [kɔɔpere] *vi* cooperar; ~ **à qqch** cooperar en algo.

coordonnées [kɔɔrdɔne] *nfpl* señas *fpl*.

copain, copine [kɔpɛ̃, kɔpin] *nm, f (fam: ami)* amigo *m* (-ga *f*); *(petit ami)* novio *m* (-via *f*).

copie [kɔpi] *nf (reproduction)* copia *f*; *(devoir)* ejercicio *m*.

copier [kɔpje] *vt* copiar; ~ **qqch sur qqn** copiar algo de alguien.

copieux, -euse [kɔpjø, øz] *adj* copioso(-sa).

copine → **copain**.

coq [kɔk] *nm* gallo *m*; ~ **au vin** *estofado de gallo con vino tinto*.

coque [kɔk] *nf (de bateau)* casco *m*; *(coquillage)* berberecho *m*.

coquelicot [kɔkliko] *nm* amapola *f*.

coquet, -ette [kɔkɛ, ɛt] *adj* coqueto(-ta).

coquetier [kɔktje] *nm* huevera *f*.

coquillage [kɔkijaʒ] *nm (crustacé)* marisco *m*; *(coquille)* concha *f*.

coquille [kɔkij] *nf (d'œuf, de noix)* cáscara *f*; *(de mollusque)* concha *f*; ~ **Saint-Jacques** vieira *f*.

coquin, -e [kɔkɛ̃, in] *adj (enfant)* travieso(-sa).

cor [kɔr] *nm (MÉD)* callo *m*.

corail, -aux [kɔraj, o] *nm* coral *m*; **(train) Corail** = (tren) Estrella.

corbeau, -x [kɔrbo] *nm* cuervo *m*.

corbeille [kɔrbɛj] *nf* cesta *f*; ~ **à papiers** papelera *f*.

corde [kɔrd] *nf* cuerda *f*.

cordon [kɔrdɔ̃] *nm* cordón *m*.

cordonnerie [kɔrdɔnri] *nf* zapatería *f*.

Cordoue [kɔrdu] *n* Cordoba.

coriandre [kɔrjɑ̃dr] *nf* cilantro *m*.

corne [kɔrn] *nf* cuerno *m*.

cornet [kɔrnɛ] *nm* cucurucho *m*.

cornichon [kɔrniʃɔ̃] *nm* pepinillo *m*.

corps [kɔr] *nm* cuerpo *m*.

correct, -e [kɔrɛkt] *adj* correcto(-ta).

correction [kɔrɛksjɔ̃] *nf* corrección *f*; *(punition)* correctivo *m*.

correspondance [kɔrɛspɔ̃dɑ̃s] *nf (transport)* transbordo *m*; *(train, métro)* cambio *m*.

correspondant, -e [kɔrɛspɔ̃dɑ̃, ɑ̃t] *adj* correspondiente. ◆ *nm, f (à qui on écrit)* corresponsal *mf*; *(au téléphone)* interlocutor(-ra).

correspondre [kɔrɛspɔ̃dr] *vi (coïncider)* corresponder; *(écrire)* cartearse; ~ **à** corresponder con.

corrida [kɔrida] *nf* corrida *f*.

corriger [kɔriʒe] *vt* corregir.

corse [kɔrs] *adj* corso(-sa); **la Corse** Córcega.

costaud [kɔsto] *adj (fam: musclé)* fortachón(-ona); *(solide)* recio(-cia).

costume [kɔstym] *nm (d'homme)* traje *m*, terno *m (Amér)*; *(de théâtre, de déguisement)* traje *m*.

côte [kot] *nf (pente)* cuesta *f*; *(ANAT)* costilla *f*; *(d'agneau, de porc)* chuleta *f*; *(bord de mer)* costa *f*; ~ **à** ~ uno al lado del otro; **la Côte d'Azur** la Costa Azul.

côté [kote] *nm* lado *m*; **à** ~ al lado; **à** ~ **de** al lado de; **de l'autre** ~ **(de)** al otro lado (de).

côtelé [kotle] *adj m* → **velours**.

côtelette [kotlɛt] *nf* chuleta *f*.

coton [kɔtɔ̃] *nm* algodón *m*; ~ **(hydrophile)** algodón (hidrófilo).

Coton-Tige® [kɔtɔ̃tiʒ] *(pl* **Cotons-Tiges**) *nm* bastoncillo *m* de algodón.

cou [ku] *nm* cuello *m*.

couchage [kuʃaʒ] *nm* → **sac**.

couchant [kuʃɑ̃] *adj m* → **soleil**.

couche [kuʃ] *nf (épaisseur)* capa *f*; *(de bébé)* pañal *m*.

couche-culotte [kuʃkylɔt] *(pl* **couches-culottes**) *nf* pañal *m*.

coucher [kuʃe] *vt (mettre au lit)* acostar; *(étendre)* tumbar.

◆ *vi (dormir)* dormir; **être couché** *(être étendu)* estar tumbado; *(être au lit)* estar acostado. ❑ **se coucher** *vp (personne)* acostarse; *(soleil)* ponerse.

couchette [kuʃɛt] *nf* litera *f*.

coude [kud] *nm* (ANAT) codo *m*; *(courbe)* recodo *m*.

coudre [kudr] *vt & vi* coser.

couette [kwɛt] *nf (édredon)* edredón *m*. ❑ **couettes** *nfpl (coiffure)* coletas *fpl*.

cougnou [kuɲu] *nm (Belg) brioche plano con forma de niño Jesús que se toma en Navidad.*

couler [kule] *vi (liquide, rivière)* correr; *(bateau)* hundirse.

couleur [kulœr] *nf (teinte)* color *m*; *(de cartes)* = palo *m*; **de quelle ~ est...?** ¿de qué color es...?

couleuvre [kulœvr] *nf* culebra *f*.

coulis [kuli] *nm salsa espesa de verdura, marisco o fruta.*

couloir [kulwar] *nm (d'appartement)* pasillo *m*; *(de bus)* carril *m*.

coup [ku] *nm* 1. *(choc, mouvement)* golpe *m*; **donner un ~ à qqn** darle un golpe a alguien; **passer un ~ de balai** pasar la escoba; **~ au cœur** vuelco *m* al corazón; **~ de couteau** cuchillada *f*; **~ de feu** disparo *m*; **~ de marteau** martillazo *m*; **~ de poing** puñetazo *m*; **se donner un ~ de peigne** pasarse el peine; **~ de sonnette** llamada *m* al timbre; **les douze ~s de minuit** las doce campanadas (de media noche).

2. *(à la porte)* llamada *f* (a la puerta).

3. *(aux échecs)* movimiento *m*; *(au football)*: **~ franc** golpe *m* franco.

4. *(action malhonnête)*: **faire un ~ à qqn** hacerle una mala jugada a alguien.

5.(fam: *fois*) vez *f*; **du premier ~** a la primera; **d'un (seul) ~** *(en une fois)* de una vez; *(soudainement)* de repente.

6. *(dans des expressions)*: **~ de fil** OU **de téléphone** llamada *f* telefónica; **~ de foudre** flechazo *m*; **j'ai attrapé un ~ de soleil** se me ha pegado el sol; **~ de vent** ráfaga *f*; **passer en ~ de vent** hacer una visita rápida; **boire un ~** *(fam)* beber un trago; **valoir le ~** *(fam)* merecer la pena.

coupable [kupabl] *adj & nmf* culpable.

coupe [kup] *nf (SPORT: récipient)* copa *f*; *(de cheveux, de vêtements)* corte *m*.

couper [kupe] *vt* cortar. ◆ *vi* cortar; **~ la parole à qqn** interrumpir a alguien. ❑ **se couper** *vp* cortarse; **se ~ le doigt** cortarse el dedo.

couple [kupl] *nm* pareja *f*.

coupure [kupyr] *nf* corte *m*; **~ de courant** apagón *m*.

couque [kuk] *nf (Belg) (biscuit)* galleta *f*; *(pain d'épices)* *especie de pan que contiene gran variedad de especias*; *(brioche)* brioche *m*.

cour [kur] *nf (d'immeuble, de ferme)* patio *m*.

courage [kuraʒ] *nm* valor *m*; **bon ~!** ¡ánimo!

courageux, -euse [kuraʒø, øz] *adj* valiente.

couramment [kuramɑ̃] *adv (parler)* con fluidez.

courant, -e [kurɑ̃, ɑ̃t] *adj* corriente. ◆ *nm* corriente *f*; **être au ~ (de)** estar al corriente (de); **~ d'air** corriente de aire.

coureur, -euse [kurœr, øz] *nm, f*: **~ automobile** piloto *m* de carreras; **~ cycliste** ciclista *m*; **~ à pied** corredor *m*.

courgette [kurʒɛt] *nf* calabacín *m*.

courir [kurir] *vt & vi* correr.

couronne [kurɔn] *nf* corona *f*.

courrier [kurje] *nm* correo *m*.

courroie [kurwa] *nf* correa *f*.

cours [kur] *nm (leçon)* clase *f*; *(d'une monnaie)* curso *m*; **au ~ de** en el transcurso de.

course [kurs] *nf* carrera *f*; *(démarche)* recado *m*. ❑ **courses** *nfpl (achats)* compras *fpl*; **faire les ~s** hacer la compra.

court, -e [kur, kurt] *adj* corto(-ta). ◆ *nm (de tennis)* pista *f*.

court-circuit [kursirkɥi] (*pl* **courts-circuits**) *nm* cortocircuito *m*.

couru, -e [kury] *pp* → **courir**.

couscous [kuskus] *nm* cuscús *m*.

cousin, -e [kuzɛ̃, in] *nm, f* primo *m* (-ma *f*); **~ germain** primo hermano OU carnal.

coussin [kusɛ̃] *nm* cojín *m*.

cousu, **-e** [kuzy] *pp* → **coudre**.

couteau, **-x** [kuto] *nm* cuchillo *m*.

coûter [kute] *vt & vi* costar; **combien ça coûte?** ¿cuánto cuesta?

coutume [kutym] *nf* costumbre *f*.

couture [kutyr] *nf* costura *f*.

couturier, **-ère** [kutyrje, ɛr] *nm, f* costurero *m* (-ra *f*).

couvercle [kuvɛrkl] *nm* tapa *f*.

couvert, **-e** [kuvɛr, ɛrt] *pp* → **couvrir**. ◆ *nm* cubierto *m*. ◆ *adj (ciel)* nublado(-da); **mettre le ~** poner la mesa; **~ de** cubierto de OU con.

couverture [kuvɛrtyr] *nf (de lit)* manta *f*; *(de livre)* tapa *f*.

couvrir [kuvrir] *vt (mettre un couvercle sur)* tapar; *(livre, cahier)* forrar; **~ qqch de** cubrir algo con. ❑ **se couvrir** *vp (ciel)* nublarse; *(s'habiller)* abrigarse.

crabe [krab] *nm* cangrejo *m*.

cracher [kraʃe] *vt & vi* escupir.

craindre [krɛ̃dr] *vt (redouter)* temer.

craint, **-e** [krɛ̃, ɛ̃t] *pp* → **craindre**.

crainte [krɛ̃t] *nf* temor *m*; **de ~ que** por temor a que.

cramique [kramik] *nm (Belg)* caracola *f* con pasas.

crampe [krɑ̃p] *nf* calambre *m*.

cran [krɑ̃] *nm (de ceinture)* agujero *m*; *(fam: courage)* agallas *fpl*; **(couteau à) ~ d'arrêt** (navaja con) golpetillo *m*.

crâne [kran] *nm* cráneo *m*.

crapaud [krapo] *nm* sapo *m*.

craquer [krake] *vi (faire un bruit)* crujir; *(casser)* desgarrarse; *(nerveusement)* derrumbarse. ◆ *vt (allumette)* prender.

cravate [kravat] *nf* corbata *f*.

crawl [krol] *nm* crol *m*.

crayon [krɛjɔ̃] *nm* lápiz *m*; **~ de couleur** lápiz de color.

crèche [krɛʃ] *nf (garderie)* guardería *f*; *(RELIG)* belén *m*.

crédit [kredi] *nm* crédito *m*; **acheter qqch à ~** comprar algo a crédito.

créer [kree] *vt* crear.

crème [krɛm] *nf* crema *f*; **~ anglaise/pâtissière** crema inglesa/pastelera; **~ caramel** *natillas con sabor a caramelo*; **~ fraîche** nata *f*; **~ glacée** helado *m*.

crémerie [kremri] *nf* lechería *f.*

créole [kreɔl] *adj* → **riz.**

crêpe [krɛp] *nf* crepe *f.*

crêperie [krɛpri] *nf* crepería *f.*

cresson [kresɔ̃] *nm* berros *mpl.*

crête [krɛt] *nf* cresta *f.*

cretons [krətɔ̃] *nmpl (Can) plato frío de carne de cerdo deshilachada cocinada con grasa.*

creuser [krøze] *vt* cavar; **ça creuse!** ¡qué hambre!

creux, creuse [krø, krøz] *adj* hueco(-ca). ◆ *nm* hueco *m.*

crevasse [krəvas] *nf* grieta *f.*

crevé, -e [krəve] *adj (fam)* reventado(-da).

crever [krəve] *vt (percer)* pinchar. ◆ *vi (exploser)* reventar; *(avoir une crevaison)* pinchar.

crevette [krəvɛt] *nf* gamba *f*; ~ **grise** camarón *m*; ~ **rose** gamba.

cri [kri] *nm* grito *m*; *(d'animal)* aullido *m*; **pousser un ~** pegar un grito.

cric [krik] *nm* gato *m.*

crier [krije] *vi* gritar; *(parler fort)* chillar.

crime [krim] *nm* crimen *m.*

crise [kriz] *nf (économique)* crisis *f inv*; *(de rire, de larmes)* ataque *m*; ~ **cardiaque** ataque cardiaco; ~ **de foie** empacho *m*; ~ **de nerfs** ataque de nervios.

cristal, -aux [kristal, o] *nm* cristal *m.*

critique [kritik] *adj & nmf* crítico(-ca).

critiquer [kritike] *vt* criticar.

croche-pied, -s [krɔʃpje] *nm*: **faire un ~ à qqn** ponerle la zancadilla a alguien.

crochet [krɔʃɛ] *nm (pour accrocher)* gancho *m*; *(fig: détour)* rodeo *m.*

crocodile [krɔkɔdil] *nm* cocodrilo *m.*

croire [krwar] *vt* creer. ◆ *vi*: ~ **en** creer en.

croisement [krwazmɑ̃] *nm* cruce *m.*

croiser [krwaze] *vt* cruzar; *(personne)* cruzarse con. ❑ **se croiser** *vp* cruzarse.

croisière [krwazjɛr] *nf* crucero *m.*

croissant [krwasɑ̃] *nm (pâtisserie)* cruasán *m*; *(lune)* media luna *f.*

croix [krwa] *nf* cruz *f.*

croque-madame [krɔkmadam] *nm inv sándwich caliente de jamón y queso con un huevo frito encima.*

croque-monsieur [krɔkməsjø] *nm inv sándwich caliente de jamón y queso.*

croquer [krɔke] *vt (manger)* morder. ◆ *vi (craquer)* crujir.

croquette [krɔkɛt] *nf* croqueta *f.*

cross [krɔs] *nm inv* cross *m inv.*

crotte [krɔt] *nf* caca *f.*

crottin [krɔtɛ̃] *nm (d'animal)* cagajón *m; (fromage) queso de cabra pequeño.*

croustade [krustad] *nf pastelillo de hojaldre relleno.*

croustillant, -e [krustijɑ̃, ɑ̃t] *adj* crujiente.

croûte [krut] *nf (de pain, de fromage)* corteza *f; (MÉD)* costra *f;* **~ au fromage** *(Helv) rebanada de pan cubierta de queso y rociada de vino que se gratina.*

croûton [krutɔ̃] *nm* cuscurro *m.*

cru, -e [kry] *pp* → **croire**. ◆ *adj* crudo(-da). ◆ *nm vino de una región vitivinícola específica.*

crudités [krydite] *nfpl entremés de hortalizas crudas con salsa vinagreta.*

crue [kry] *nf* crecida *f;* **être en ~** desbordarse.

crustacés [krystase] *nmpl* crustáceos *mpl.*

cube [kyb] *nm* cubo *m;* **mètre ~** metro cúbico.

cueillir [kœjir] *vt* coger.

cuiller [kɥijɛr] = **cuillère**.

cuillère [kɥijɛr] *nf* cuchara *f;* **~ à café, petite ~** cuchara de café, cucharilla *f;* **~ à soupe** cuchara (sopera).

cuir [kɥir] *nm* cuero *m,* piel *f.*

cuire [kɥir] *vt & vi* cocer; **faire ~** cocer.

cuisine [kɥizin] *nf* cocina *f;* **faire la ~** cocinar.

cuisinier, -ère [kɥizinje, ɛr] *nm, f* cocinero *m* (-ra *f*).

cuisinière [kɥizinjɛr] *nf* cocina *f.*

cuisse [kɥis] *nf* muslo *m.*

cuit, -e [kɥi, kɥit] *adj* cocido(-da); **bien ~** bien hecho.

culotte [kylɔt] *nf* braga *f.*

cultiver [kyltive] *vt* cultivar. ❑ **se cultiver** *vp* instruirse.

culture [kyltyr] *nf (savoir, civilisation)* cultura *f.* ❑ **cultures**

nfpl (terres cultivées) cultivos *mpl*.

culturel, -elle [kyltyrɛl] *adj* cultural.

cumin [kymɛ̃] *nm* comino *m*.

curé [kyre] *nm* cura *m*.

curieux, -euse [kyrjø, øz] *adj* curioso(-sa).

curiosité [kyrjozite] *nf (indiscrétion)* curiosidad *f*; *(touristique) lugar o monumento de interés turístico*.

curry [kyri] *nm* curry *m*.

cutanée [kytane] *adj f* → **éruption**.

cuvette [kyvɛt] *nf (bassine)* balde *m*; *(vallée)* depresión *f*.

CV *nm* CV *m*.

cyclable [siklabl] *adj* → **piste**.

cycliste [siklist] *adj & nmf* ciclista.

cygne [siɲ] *nm* cisne *m*.

D

d' → **de**.

DAB [dab] *nm abr* = **distributeur automatique de billets**.

daim [dɛ̃] *nm (peau)* ante *m*.

dalle [dal] *nf* losa *f*.

dame [dam] *nf* señora *f*; *(aux cartes)* = reina *f*. ❑ **dames** *nfpl (jeu)* damas *fpl*.

Danemark [danmark] *nm*: **le ~** Dinamarca.

danger [dɑ̃ʒe] *nm* peligro *m*; **être en ~** estar en peligro.

dangereux, -euse [dɑ̃ʒrø, øz] *adj* peligroso(-sa).

danois, -e [danwa, az] *adj* danés(-esa). ◆ *nm (langue)* danés *m*.

dans [dɑ̃] *prép* 1. *(gén)* en; **je vis ~ le sud de la France** vivo en el sur de Francia; **ils sont en vacances ~ les Alpes** están de vacaciones en los Alpes; **vous allez ~ la mauvaise direction** va en dirección equivocada; **~ ma jeunesse** en mi juventud; **le spectacle commence ~ cinq minutes** el espectáculo comienza dentro de cinco minutos.
2. *(indique la provenance)* de; **choisissez un dessert ~ notre sélection du jour** elija un postre de nuestra selección del día.

danse [dɑ̃s] *nf*: **la ~** la danza;

une ~ un baile; **~ classique/moderne** danza clásica/moderna.

danser [dɑ̃se] *vt & vi* bailar.

danseur, -euse [dɑ̃sœr, øz] *nm, f* bailarín *m* (-ina *f*).

darne [darn] *nf* rodaja *f* (de pescado).

date [dat] *nf* fecha *f*; **'~ limite de consommation'** 'fecha de caducidad'; **'~ limite de vente'** 'fecha límite de venta'.

dater [date] *vi*: **~ de** *(remonter à)* datar de.

datte [dat] *nf* dátil *m*.

daube [dob] *nf*: **bœuf en ~** *estofado de carne, en particular de vaca, con vino tinto*.

dauphine [dofin] *nf* → **pomme**.

dauphinois [dofinwa] *adj m* → **gratin**.

daurade [dɔrad] *nf* dorada *f*.

davantage [davɑ̃taʒ] *adv* (aún) más; **~ de** (aún) más.

de [də] *prép* 1. *(gén)* de; **la porte du salon** la puerta del salón; **le frère ~ Pierre** el hermano de Pierre; **d'où êtes-vous? – ~ Bordeaux** ¿de dónde es usted? – de Burdeos; **~ Paris à Tokyo** de París a Tokio; **une statue ~ pierre** una estatua de piedra; **des billets ~ 100 F** billetes de 100 francos; **l'avion ~ 7 h 20** el avión de las 7 : 20 h; **une bouteille d'eau minérale** una botella de agua mineral; **plusieurs ~ ces œuvres sont des copies** algunas de estas obras son copias.

2. *(indique le moyen, la manière)* con; **saluer qqn d'un mouvement de tête** saludar a alguien haciendo un gesto con la cabeza; **~ bon cœur** de buena gana; **d'un air distrait** con aire distraído.

◆ *art*: **je voudrais du vin/du lait** quiero vino/leche; **ils n'ont pas d'enfants** no tienen hijos.

dé [de] *nm* dado *m*.

déballer [debale] *vt* desenvolver.

débarbouiller [debarbuje]: **se débarbouiller** *vp* lavarse (la cara).

débardeur [debardœr] *nm* camiseta *f* de tirantes.

débarquer [debarke] *vt & vi* desembarcar.

débarrasser [debarase] *vt* *(désencombrer)* despejar;

(table) quitar. ❑ **se débarrasser de** *vp + prép (personne)* quitarse de encima a.

débiter [debite] *vt (compte)* cargar.

débloquer [deblɔke] *vt* desbloquear.

déboîter [debwate]: **se déboîter** *vp*: **se ~ l'épaule** dislocarse el hombro.

débordé, -e [deborde] *adj*: **être ~ (de travail)** estar muy agobiado (de trabajo).

déborder [deborde] *vi (lait, casserole)* rebosar; *(rivière)* desbordarse.

déboucher [debuʃe] *vt (bouteille)* descorchar; *(nez)* despejar; *(tuyau)* desatascar. ❑ **déboucher sur** *v + prép* desembocar en.

debout [dəbu] *adv (sur ses pieds)* de pie, *(verticalement)* derecho(-cha); *(réveillé)* levantado(-da); **se mettre ~** ponerse de pie.

déboutonner [debutɔne] *vt* desabrochar.

débrancher [debrɑ̃ʃe] *vt* desenchufar.

débris [debri] *nmpl* pedazos *mpl*.

débrouiller [debruje]: **se débrouiller** *vp* apañárselas; **se ~ pour faire qqch** apañárselas para hacer algo.

début [deby] *nm* principio *m*; **au ~ (de)** al principio (de).

débuter [debyte] *vi* empezar.

décaféiné, -e [dekafeine] *adj* descafeinado(-da).

décalage [dekalaʒ] *nm* desfase *m*; **~ horaire** diferencia *f* horaria.

décaler [dekale] *vt (déplacer)* desplazar; *(avancer dans le temps)* aplazar.

décapotable [dekapɔtabl] *adj & nf* descapotable.

décapsuler [dekapsyle] *vt* abrir.

décapsuleur [dekapsylœr] *nm* abridor *m*.

décéder [desede] *vi (sout)* fallecer.

décembre [desɑ̃br] *nm* diciembre *m*, → **septembre**.

déception [desɛpsjɔ̃] *nf* decepcion *f*.

décevant, -e [des(ə)vɑ̃, ɑ̃t] *adj* decepcionante.

décevoir [des(ə)vwar] *vt* decepcionar.

décharge [deʃarʒ] *nf (d'ordures)* vertedero *m*; *(électrique)*

descarga *f.*
décharger [deʃarʒe] *vt* descargar.
déchausser [deʃose]: **se déchausser** *vp* descalzarse.
déchets [deʃɛ] *nmpl* residuos *mpl.*
déchiffrer [deʃifre] *vt* descifrar.
déchirer [deʃire] *vt* desgarrar. ❑ **se déchirer** *vp* desgarrarse.
déci [desi] *nm (Helv) vaso de vino de 10 cl.*
décidé, -e [deside] *adj* decidido(-da); **c'est ~** está decidido.
décidément [desidemɑ̃] *adv* realmente.
décider [deside] *vt* decidir; **~ de faire qqch** decidir hacer algo. ❑ **se décider** *vp* decidirse; **se ~ à faire qqch** decidirse a hacer algo.
décision [desizjɔ̃] *nf* decisión *f.*
déclaration [deklarasjɔ̃] *nf* declaración *f; (de vol, de perte)* parte *m.*
déclarer [deklare] *vt* declarar; **rien à ~** nada que declarar.
déclencher [deklɑ̃ʃe] *vt* *(mécanisme)* accionar.
déclic [deklik] *nm (bruit)* estallido *m; (fig: illumination)* destello *m.*
décoiffer [dekwafe] *vt* despeinar.
décollage [dekɔlaʒ] *nm* despegue *m.*
décoller [dekɔle] *vt & vi* despegar. ❑ **se décoller** *vp* despegarse.
décolleté, -e [dekɔlte] *adj* escotado(-da). ◆ *nm* escote *m.*
décolorer [dekɔlɔre] *vt* decolorar.
décomposer [dekɔ̃poze]: **se décomposer** *vp (pourrir)* descomponerse.
déconseiller [dekɔ̃seje] *vt*: **~ qqch à qqn** desaconsejar algo a alguien; **~ à qqn de faire qqch** desaconsejar a alguien que haga algo.
décontracté, -e [dekɔ̃trakte] *adj* relajado(-da).
décor [dekɔr] *nm (paysage)* entorno *m; (de théâtre)* decorado *m; (d'une pièce)* decoración *f.*
décoration [dekɔrasjɔ̃] *nf (d'une pièce)* decoración *f; (médaille)* condecoración *f.*

décorer [dekɔre] *vt (pièce, objet)* decorar; *(soldat)* condecorar.

décortiquer [dekɔrtike] *vt* desmenuzar.

découdre [dekudr] *vt* descoser. ❑ **se découdre** *vp* descoserse.

découper [dekupe] *vt (gâteau)* partir; *(viande)* trinchar; *(images, photos)* recortar.

décourager [dekuraʒe] *vt* desalentar. ❑ **se décourager** *vp* desalentarse.

décousu, -e [dekuzy] *adj (vêtement, ourlet)* descosido (-da).

découvert, -e [dekuvɛr, ɛrt] *pp* → **découvrir**. ◆ *nm (bancaire)* descubierto *m*.

découverte [dekuvɛrt] *nf* descubrimiento *m*.

découvrir [dekuvrir] *vt* descubrir; *(ôter ce qui couvre)* destapar.

décrire [dekrir] *vt* describir.

décrocher [dekrɔʃe] *vt* descolgar; **~ (le téléphone)** descolgar (el teléfono). ❑ **se décrocher** *vp* descolgarse.

déçu, -e [desy] *pp* → **décevoir**. ◆ *adj* defraudado(-da).

dedans [dədɑ̃] *adv* dentro. ◆ *nm* interior *m*; **en ~** hacia adentro.

dédommager [dedɔmaʒe] *vt* indemnizar.

déduire [dedɥir] *vt*: **~ qqch (de)** deducir algo (de).

déduit, -e [dedɥi, it] *pp* → **déduire**.

défaire [defɛr] *vt* deshacer. ❑ **se défaire** *vp* deshacerse.

défait, -e [defɛ, ɛt] *pp* → **défaire**.

défaite [defɛt] *nf* derrota *f*.

défaut [defo] *nm* defecto *m*; **à ~ de** a falta de.

défectueux, -euse [defɛktɥø, øz] *adj* defectuoso (-sa).

défendre [defɑ̃dr] *vt* defender; **~ à qqn de faire qqch** prohibir a alguien que haga algo. ❑ **se défendre** *vp* defenderse.

défense [defɑ̃s] *nf (d'une ville, d'un accusé)* defensa *f*; *(d'éléphant)* colmillo *m*; **prendre la ~ de qqn** defender a alguien; **'~ d'entrer'** 'prohibido entrar'.

défilé [defile] *nm (militaire)* desfile *m*; *(gorges)* desfiladero *m*; **~ de mode** desfile de modelos.

défiler [defile] *vi* desfilar.

définir [definir] *vt* definir.

définitif, **-ive** [definitif, iv] *adj* definitivo(-va); **en définitive** en definitiva.

définition [definisjɔ̃] *nf* definición *f*.

définitivement [definitivmɑ̃] *adv* definitivamente.

défoncer [defɔ̃se] *vt* echar abajo.

déformé, **-e** [defɔrme] *adj* deforme.

déformer [defɔrme] *vt* deformar.

défouler [defule]: **se défouler** *vp* desahogarse.

dégager [degaʒe] *vt* *(déblayer)* despejar. ❑ **se dégager** *vp* *(se libérer)* librarse; *(ciel)* despejarse; **se ~ de** *(se libérer de)* librarse de.

dégarni, **-e** [degarni] *adj* *(crâne, personne)* pelón(-ona).

dégâts [dega] *nmpl* daños *mpl*; **faire des ~** causar daños.

dégeler [deʒle] *vi* *(lac)* deshelarse; *(surgelé)* descongelar.

dégénérer [deʒenere] *vi* degenerar.

dégivrage [deʒivraʒ] *nm* deshielo *m*.

dégivrer [deʒivre] *vt* *(réfrigérateur)* descongelar; *(pare-brise)* deshelar.

dégonfler [degɔ̃fle]: **se dégonfler** *vp* deshincharse.

dégouliner [deguline] *vi* chorrear.

dégourdir [degurdir]: **se dégourdir** *vp*: **se ~ les jambes** estirar las piernas.

dégoûtant, **-e** [degutɑ̃, ɑ̃t] *adj* asqueroso(-sa).

dégoûter [degute] *vt* asquear.

degré [dəgre] *nm* grado *m*.

dégressif, **-ive** [degresif, iv] *adj* decreciente.

dégringoler [degrɛ̃gɔle] *vi* rodar.

déguisement [degizmɑ̃] *nm* disfraz *m*.

déguiser [degize]: **se déguiser** *vp* disfrazarse; **se ~ en** disfrazarse de.

dégustation [degystasjɔ̃] *nf* degustación *f*.

dehors [dəɔr] *adv* fuera. ◆ *nm* exterior *m*; **jeter** OU **mettre qqn ~** echar a alguien fuera; **en ~** hacia afuera; **en ~ de** *(à l'extérieur de)* fuera de;

(sauf) excepto.

déjà [deʒa] *adv* ya.

déjeuner [deʒœne] *nm (à midi)* almuerzo *m*; *(petit déjeuner)* desayuno *m*. ◆ *vi (à midi)* almorzar; *(le matin)* desayunar.

délabré, -e [delabre] *adj* derruido(-da).

délacer [delase] *vt* desatar.

délai [delɛ] *nm (durée)* plazo *m*; *(temps supplémentaire)* prórroga *f*.

délavé, -e [delave] *adj* descolorido(-da).

délayer [deleje] *vt* desleír.

délicat, -e [delika, at] *adj* delicado(-da).

délicieux, -euse [delisjø, øz] *adj* delicioso(-sa).

délinquant, -e [delɛ̃kɑ̃, ɑ̃t] *nm, f* delincuente *mf*.

délivrer [delivre] *vt (prisonnier)* liberar; *(autorisation, reçu)* expedir.

deltaplane [dɛltaplan] *nm* ala *f* delta.

déluge [delyʒ] *nm* diluvio *m*.

demain [dəmɛ̃] *adv* mañana; **à ~!** ¡hasta mañana!; **~ matin/soir** mañana por la mañana/por la noche.

demande [dəmɑ̃d] *nf (réclamation)* petición *f*; *(formulaire)* solicitud *f*.

demander [dəmɑ̃de] *vt (interroger sur)* preguntar; *(exiger)* pedir; **~ qqch à qqn** *(interroger)* preguntar algo a alguien; *(exiger)* pedir algo a alguien; **~ à qqn de faire qqch** pedir a alguien que haga algo. ❑ **se demander** *vp* preguntarse.

démangeaison [demɑ̃ʒɛzɔ̃] *nf* comezón *f*; **avoir des ~s** tener picores.

démanger [demɑ̃ʒe] *vt* picar.

démaquillant [demakijɑ̃] *nm* desmaquillador *m*.

démarche [demarʃ] *nf (allure)* andares *mpl*; *(administrative)* trámite *m*.

démarrer [demare] *vi (partir)* arrancar; *(commencer)* iniciar.

démarreur [demarœr] *nm* arranque *m*.

démêler [demele] *vt* desenredar.

déménagement [demenaʒmɑ̃] *nm* mudanza *f*.

déménager [demenaʒe] *vi* mudarse.

démesuré, **-e** [deməzyre] *adj* desmesurado(-da).

démettre [demɛtr]: **se démettre** *vp*: **se ~ l'épaule** dislocarse un hombro.

demeure [dəmœr] *nf* mansión *f*.

demeurer [dəmœre] *vi (sout) (habiter)* residir.

demi, **-e** [dəmi] *adj* medio(-dia). ◆ *nm* caña *f*; **cinq heures et ~e** las cinco y media; **un ~-kilo de** medio kilo de; **à ~ fermé** medio cerrado.

demi-frère, **-s** [dəmifrɛr] *nm* hermanastro *m*.

demi-heure, **-s** [dəmijœr] *nf* media hora *f*.

demi-pension, **-s** [dəmipɑ̃sjɔ̃] *nf* media pensión *f*.

démis, **-e** [demi, iz] *pp* → **démettre**.

demi-sœur, **-s** [dəmisœr] *nf* hermanastra *f*.

démission [demisjɔ̃] *nf* dimisión *f*; **donner sa ~** presentar su dimisión.

démissionner [demisjɔne] *vi* dimitir.

demi-tarif, **-s** [dəmitarif] *nm* media tarifa *f*.

demi-tour, **-s** [dəmitur] *nm* media vuelta *f*; **faire ~** dar media vuelta.

démodé, **-e** [demɔde] *adj* anticuado(-da).

demoiselle [dəmwazɛl] *nf* señorita *f*.

démolir [demɔlir] *vt* derribar.

démonstration [demɔ̃strasjɔ̃] *nf* demostración *f*; *(d'une machine)* muestra *f*.

démonter [demɔ̃te] *vt* desarmar.

démoraliser [demɔralize] *vt* desmoralizar.

dénicher [deniʃe] *vt (trouver)* toparse con.

dénivellation [denivɛlasjɔ̃] *nf* desnivel *m*.

dénoncer [denɔ̃se] *vt (coupable)* denunciar.

dénouer [denwe] *vt* desatar.

dénoyauter [denwajote] *vt* deshuesar.

dense [dɑ̃s] *adj* denso(-sa).

dent [dɑ̃] *nf* diente *m*; **~ de lait** diente de leche; **~ de sagesse** muela *f* del juicio.

dentelle [dɑ̃tɛl] *nf* encaje *m*.

dentier [dɑ̃tje] *nm* dentadura *f* postiza.

dentifrice [dɑ̃tifris] *nm*

dentífrico *m*.

dentiste [dɑ̃tist] *nmf* dentista *mf*.

Denver [dɑ̃vɛr] *n* → **sabot**.

déodorant [deɔdɔrɑ̃] *nm* desodorante *m*.

dépannage [depanaʒ] *nm* reparación *f*; **service de ~** (*AUT*) servicio *m* de asistencia en carretera.

dépanner [depane] *vt* reparar; (*fig: aider*) echar una mano a.

dépanneur [depanœr] *nm* (*Can: épicerie*) *ultramarinos abierto fuera del horario comercial habitual*.

départ [depar] *nm* salida *f*; (*d'une personne*) marcha *f*; **au ~** (*au début*) en un principio.

département [departəmɑ̃] *nm* (*division administrative*) ≈ provincia *f*; (*service*) departamento *m*

départementale [departəmɑ̃tal] *nf*: **(route) ~** ≈ comarcal *f*.

dépasser [depase] *vt* (*passer devant*) pasar por delante de; (*doubler*) adelantar; (*limite*) rebasar; (*somme*) superar.

dépaysement [depeizmɑ̃] *nm* cambio *m* de aires.

dépêcher [depeʃe]: **se dépêcher** *vp* darse prisa.

dépendre [depɑ̃dr] *vi*: **~ de** depender de; **ça dépend** depende.

dépense [depɑ̃s] *nf* gasto *m*.

dépenser [depɑ̃se] *vt* gastar. ❑ **se dépenser** *vp* (*physiquement*) cansarse.

dépensier, -ère [depɑ̃sje, ɛr] *adj* gastador(-ra).

déplacement [deplasmɑ̃] *nm* (*voyage*) viaje *m*; **en ~** de viaje.

déplacer [deplase] *vt* (*objet*) desplazar; (*rendez-vous*) cambiar. ❑ **se déplacer** *vp* (*bouger*) desplazarse; (*voyager*) viajar.

déplaire [deplɛr]: **déplaire à** *v + prép*: **ça me déplaît** (*livre, tableau*) me desagrada; (*attitude*) me disgusta

déplaisant, -e [deplɛzɑ̃, ɑ̃t] *adj* desagradable.

dépliant [deplijɑ̃] *nm* folleto *m*.

déplier [deplije] *vt* (*papier*) desdoblar; (*chaise*) abrir.

déplorable [deplɔrabl] *adj* deplorable.

déployer [deplwaje] *vt* (*ailes, carte*) desplegar.

déposer [depoze] *vt* dejar

en; *(argent)* depositar.

dépôt [depo] *nm (de marchandises)* depósito *m*; *(à la banque)* ingreso *m*; *(de poussière etc)* acumulación *f*; *(de bus)* cochera *f*.

dépotoir [depɔtwar] *nm* vertedero *m*.

dépourvu, -e [depurvy] *adj*: **prendre qqn au ~** pillar a alguien desprevenido(-da).

dépression [depresjɔ̃] *nf*: **~ (nerveuse)** depresión (nerviosa).

déprimer [deprime] *vt* deprimir. ◆ *vi* estar depre.

depuis [dəpɥi] *prép* desde. ◆ *adv* desde entonces; **il n'est jamais revenu ~** no ha vuelto desde entonces; **je travaille ici ~ trois ans** trabajo aquí desde hace tres años; **~ quand est-il marié?** ¿desde cuándo está casado?; **~ que** desde que.

dérailler [deraje] *vi (train)* descarrilar.

dérailleur [derajœr] *nm* cambio *m* de velocidades (de bicicleta).

dérangement [derɑ̃ʒmɑ̃] *nm*: **en ~** averiado(-da).

déranger [derɑ̃ʒe] *vt (gêner)* molestar; **ça vous dérange si...?** ¿le molesta si...?

déraper [derape] *vi (personne)* resbalar; *(voiture)* derrapar, patinar.

dérégler [deregle] *vt* estropear. ❑ **se dérégler** *vp* estropearse.

dériver [derive] *vi (bateau)* derivar.

dermatologue [dɛrmatɔlɔg] *nmf* dermatólogo *m* (-ga *f*).

dernier, -ère [dɛrnje, ɛr] *adj* último(-ma). ◆ *nm, f* último *m* (-ma *f*); **la semaine dernière** la semana pasada.

dernièrement [dɛrnjɛrmɑ̃] *adv* últimamente.

dérouler [derule] *vt* desenrollar. ❑ **se dérouler** *vp* desarrollarse.

derrière [dɛrjɛr] *prép* detrás de. ◆ *adv* detrás. ◆ *nm (fesses)* trasero *m*.

des [de] = **de** + **les**, → **de, un.**

dès [dɛ] *prép (à partir de)* desde; **~ que** tan pronto como; **~ qu'il arrivera** tan pronto como llegue.

désaffecté, -e [dezafɛkte] *adj* abandonado(-da).

désagréable [dezagreabl] *adj* desagradable.

désapprouver [desapruve] *vt (personne)* reprobar; *(décision)* desaprobar.

désarçonner [dezarsɔne] *vt* desarzonar; *(fig)* desconcertar.

désastre [dezastr] *nm* desastre *m*.

désastreux, -euse [dezastrø, øz] *adj* desastroso(-sa).

désavantage [dezavɑ̃taʒ] *nm* desventaja *f*.

descendre [desɑ̃dr] *vt (aux avoir)* bajar. ◆ *vi (aux être) (aller en bas)* bajar; *(être en pente)* estar cuesta abajo; ~ **de** *(voiture, vélo)* bajar de.

descente [desɑ̃t] *nf (à ski, en avion)* descenso *m*; *(pente)* bajada *f*.

description [deskripsjɔ̃] *nf* descripción *f*.

déséquilibre [dezekilibr] *nm* desequilibrio *m*; **en** ~ en desequilibrio.

déséquilibrer [dezekilibre] *vt* desequilibrar.

désert, -e [dezɛr, ɛrt] *adj* desierto(-ta). ◆ *nm* desierto *m*.

désertique [dezɛrtik] *adj* desértico(-ca).

désespéré, -e [dezɛspere] *adj* desesperado(-da); *(regard)* de desesperación.

désespoir [dezɛspwar] *nm* desesperación *f*.

déshabiller [dezabije] *vt* desnudar. ❑ **se déshabiller** *vp* desnudarse.

désherbant [dezɛrbɑ̃] *nm* herbicida *m*.

désherber [dezɛrbe] *vt* desherbar.

déshydraté, -e [dezidrate] *adj* deshidratado(-da).

déshydrater [dezidrate]: **se déshydrater** *vp* deshidratarse.

désigner [deziɲe] *vt (montrer)* señalar.

désinfectant [dezɛ̃fɛktɑ̃] *nm* desinfectante *m*.

désinfecter [dezɛ̃fɛkte] *vt* desinfectar.

désir [dezir] *nm* deseo *m*.

désirer [dezire] *vt* desear; **vous désirez?** ¿qué desea?

désobéir [dezɔbeir] *vi* desobedecer; ~ **à** *(personne)* desobedecer a; *(loi, règle)* quebrantar.

désobéissant, -e [dezɔbeisɑ̃, ɑ̃t] *adj* desobediente.

désodorisant [dezɔdɔrizɑ̃] *nm* ambientador *m*.

désolé, -e [dezɔle] *adj*: **je suis ~ de ne pas pouvoir venir** siento no poder venir; **je suis ~** lo siento.

désordonné, -e [dezɔrdɔne] *adj (chambre, personne)* desordenado(-da).

désordre [dezɔrdr] *nm* desorden *m*; **être en ~** estar desordenado(-da).

désormais [dezɔrmɛ] *adv* en adelante.

desquelles [dekɛl] = **de** + **lesquelles**, → **lequel**.

desquels [dekɛl] = **de** + **lesquels**, → **lequel**.

dessécher [deseʃe] *vt* secar. ❑ **se dessécher** *vp (peau)* resecarse; *(plantes)* secarse.

desserrer [desere] *vt (vis)* desatornillar; *(dents, poing)* abrir; *(frein)* soltar; *(ceinture)* aflojar.

dessert [desɛr] *nm* postre *m*.

desservir [desɛrvir] *vt (ville, gare)* tener parada en; *(table)* quitar.

dessin [desɛ̃] *nm (image)* dibujo *m*; *(art)* diseño *m*; **~ animé** dibujo *m* animado.

dessinateur, -trice [desinatœr, tris] *nm, f* dibujante *mf*.

dessiner [desine] *vt* dibujar.

dessous [dəsu] *adv* debajo. ◆ *nm (d'une table)* parte *f* inferior; **en ~** debajo.

dessous-de-plat [dəsudpla] *nm inv* salvamanteles *m inv*.

dessus [dəsy] *adv* encima. ◆ *nm (d'une cheminée, table)* parte *f* superior.

dessus-de-lit [dəsydli] *nm inv* colcha *f*.

destinataire [dɛstinatɛr] *nmf* destinatario *m* (-ria *f*).

destination [dɛstinasjɔ̃] *nf* destino *m*; **arriver à ~** llegar a su destino; **à ~ de** con destino a.

destiné, -e [dɛstine] *adj*: **être ~ à qqn** *(adressé à)* ir dirigido a.

détachant [detaʃɑ̃] *nm* quitamanchas *m inv*.

détacher [detaʃe] *vt* soltar; *(découper)* separar; *(ceinture)* desabrochar. ❑ **se détacher** *vp* deshacerse; **se ~ de qqn** alejarse de alguien.

détail [detaj] *nm* detalle *m*; **au ~** al por menor; **en ~** con todo detalle.

détaillant [detajɑ̃] *nm* minorista *m*.

détaillé, -e [detaje] *adj* detallado(-da).

détaxé, -e [detakse] *adj* libre de impuestos.

détecter [detɛkte] *vt* detectar.

déteindre [detɛ̃dr] *vi* desteñir; ~ **sur** desteñir.

déteint, -e [detɛ̃, ɛ̃t] *pp* → **déteindre**.

détendre [detɑ̃dr]: **se détendre** *vp (corde)* aflojarse; *(se décontracter)* relajarse.

détendu, -e [detɑ̃dy] *adj (décontracté)* relajado(-da).

détergent [detɛrʒɑ̃] *nm* detergente *m*.

détériorer [deterjɔre] *vt* deteriorar. ❑ **se détériorer** *vp* deteriorarse.

déterminé, -e [detɛrmine] *adj* determinado(-da).

déterrer [detɛre] *vt* desenterrar.

détester [detɛste] *vt* detestar.

détour [detur] *nm (crochet)*: **faire un ~** dar un rodeo.

détourner [deturne] *vt (regard)* apartar; *(circulation)* desviar; *(attention)* distraer.

détraqué, -e [detrake] *adj* estropeado(-da); *(fam)* chiflado(-da).

détritus [detrity(s)] *nmpl* detritus *m inv*.

détruire [detrɥir] *vt* destruir.

détruit, -e [detrɥi, it] *pp* → **détruire**.

dette [dɛt] *nf* deuda *f*.

deux [dø] *num* dos *m*; **à ~** entre dos; ~ **points** dos puntos *mpl*, → **six**.

deuxième [døzjɛm] *num* segundo(-da), → **sixième**.

deux-pièces [døpjɛs] *nm (maillot de bain)* bañador *m* de dos piezas; *(appartement) piso de dos habitaciones*.

deux-roues [døru] *nm vehículo de dos ruedas*.

devant [dəvɑ̃] *prép* delante de. ◆ *adv (en face)* delante; *(en avant)* antes. ◆ *nm (d'une maison)* fachada *f*; *(d'un vêtement)* delantero *m*; **de ~** de delante; **(sens) ~ derrière** del revés.

devanture [dəvɑ̃tyr] *nf* escaparate *m*.

développement [devlɔpmɑ̃]

nm (de photos) revelado *m*.

développer [devlɔpe] *vt* desarrollar; *(photo)* revelar; **faire ~ des photos** revelar unas fotos.

devenir [dəvnir] *vi*: **il est devenu fou** se volvió loco; **il est devenu avocat** ha llegado a ser abogado.

devenu, -e [dəvny] *pp* → **devenir**.

déviation [devjasjɔ̃] *nf* desvío *m*.

deviner [dəvine] *vt* adivinar.

devinette [dəvinɛt] *nf* adivinanza *f*; **jouer aux ~s** jugar a las adivinanzas.

dévisager [devizaʒe] *vt* mirar descaradamente.

devise [dəviz] *nf* divisa *f*.

dévisser [devise] *vt (vis)* desatornillar; *(couvercle)* desenroscar.

devoir [dəvwar] *vt* 1. *(gén)* deber; **~ qqch à qqn** deber algo a alguien; **vous devriez essayer le rafting** debería probar el rafting; **j'aurais dû/je n'aurais pas dû l'écouter** tendría/no tendría que haberlo escuchado.
2. *(exprime la probabilité)* deber (de); **ça doit coûter cher** debe (de) costar mucho; **le temps devrait s'améliorer cette semaine** el tiempo debería mejorar esta semana.
3. *(exprime l'intention)* tener que; **nous devions partir hier, mais...** teníamos que salir ayer pero...
◆ *nm (obligation)* deber *m*.
❑ **devoirs** *nmpl* deberes *mpl*; **faire ses ~s** hacer los deberes; **~s de vacances** deberes para las vacaciones.

dévorer [devɔre] *vt* devorar.

devra [dəvra] → **devoir**.

devrai [dəvrɛ] → **devoir**.

diabète [djabɛt] *nm* diabetes *f inv*.

diabétique [djabetik] *adj* diabético(-ca).

diable [djabl] *nm* diablo *m*.

diabolo [djabɔlo] *nm (boisson)*: **~ menthe** *bebida a base de gaseosa y jarabe de menta*.

diagonale [djagɔnal] *nf* diagonal *f*.

dialecte [djalɛkt] *nm* dialecto *m*.

diamant [djamɑ̃] *nm* diamante *m*.

diapositive [djapozitiv] *nf* diapositiva *f*.

diarrhée [djare] *nf* diarrea *f.*

dictée [dikte] *nf* dictado *m.*

dictionnaire [diksjɔnɛr] *nm* diccionario *m.*

diesel [djezɛl] *nm & adj* diésel.

diététique [djetetik] *adj* dietético(-ca).

dieu, -x [djø] *nm* dios *m.* ❑ **Dieu** *nm* Dios *m*; **mon Dieu!** ¡Dios mío!

différence [diferɑ̃s] *nf* diferencia *f.*

différent, -e [diferɑ̃, ɑ̃t] *adj* *(distinct)* diferente; **~ de** diferente de. ❑ **différents, -es** *adj pl (divers)* diferentes.

difficile [difisil] *adj* difícil.

difficulté [difikylte] *nf* dificultad *f*; **avoir des ~s à faire qqch** tener dificultades para hacer algo.

digérer [diʒere] *vt (aliment)* digerir.

digeste [diʒɛst] *adj* digestible.

digestif, -ive [diʒɛstif, iv] *adj* digestivo(-va). ◆ *nm* digestivo *m.*

digestion [diʒɛstjɔ̃] *nf* digestión *f.*

Digicode® [diʒikɔd] *nm código numérico con el que se accede a un edificio.*

digue [dig] *nf* dique *m.*

diluer [dilɥe] *vt* diluir.

dimanche [dimɑ̃ʃ] *nm* domingo *m*, → **samedi**.

dimension [dimɑ̃sjɔ̃] *nf* dimensión *f.*

diminuer [diminɥe] *vt* *(chiffre, mesure)* reducir; *(courage, mérite)* restar. ◆ *vi* disminuir.

diminutif [diminytif] *nm* diminutivo *m.*

dinde [dɛ̃d] *nf (animal)* pava *f*; **~ aux marrons** pavo *m* con castañas.

dîner [dine] *nm* cena *f.* ◆ *vi* cenar.

diplomate [diplɔmat] *nm pudin a base de galletas, fruta escarchada y natillas.*

diplôme [diplom] *nm* título *m.*

dire [dir] *vt* **1.** *(gén)* decir; **~ à qqn que/pourquoi** decir a alguien que/por qué; **comment dit-on** *'de rien')* ¿cómo se dice 'de rien'; **~ à qqn de faire qqch** decir a alguien que haga algo.

2. *(penser)*: **qu'est-ce que vous en dites?** ¿qué le parece?; **que dirais-tu de...?** ¿qué dirías de...?; **~ que j'étais à 2 m du président!** ¡y pensar que he estado a dos metros del presidente!; **on dirait un champ de bataille** parece una leonera.

3. *(dans des expressions)*: **à vrai ~, ...** la verdad es que, ...; **ça ne me dit rien** no me apetece nada; **dis donc!** *(surprise, reproche)* ¡oye!; *(au fait)* por cierto, ...

❑ **se dire** *vp* decirse.

direct, **-e** [dirɛkt] *adj* directo(-ta).

directement [dirɛktəmɑ̃] *adv* directamente.

directeur, **-trice** [dirɛktœr, tris] *nm, f* director *m* (-ra *f*).

direction [dirɛksjɔ̃] *nf*: **en ~ de** en dirección a; **'toutes ~s'** 'todas direcciones'.

diriger [diriʒe] *vt* dirigir; **~ qqch sur** dirigir algo hacia. ❑ **se diriger vers** *vp + prép* dirigirse a.

dis [di] → **dire**.

disco [disko] *nf (fam)* disco *f*.

discothèque [diskɔtɛk] *nf* discoteca *f*.

discours [diskur] *nm* discurso *m*.

discret, **-ète** [diskrɛ, ɛt] *adj* discreto(-ta).

discrétion [diskresjɔ̃] *nf* discreción *f*.

discussion [diskysjɔ̃] *nf* charla *f*.

discuter [diskyte] *vi (parler)* hablar; **~ de qqch (avec qqn)** hablar de algo (con alguien).

dise [diz] → **dire**.

disons [dizɔ̃] → **dire**.

disparaître [disparɛtr] *vi* desaparecer.

disparu, **-e** [dispary] *pp* → **disparaître**.

disperser [dispɛrse] *vt* dispersar.

disponible [dispɔnibl] *adj* disponible.

disposé, **-e** [dispoze] *adj*: **être ~ à faire qqch** estar dispuesto a hacer algo.

disposer [dispoze] *vt* disponer. ❑ **disposer de** *v + prép* disponer de.

dispositif [dispozitif] *nm* dispositivo *m*.

disposition [dispozisjɔ̃]: **à la ~ de qqn** a disposición de alguien.

disproportionné, **-e** [disprɔpɔrsjɔne] *adj* desproporcionado(-da).

dispute [dispyt] *nf* disputa *f*.
disputer [dispyte]: **se disputer** *vp* pelearse.
disquaire [diskɛr] *nmf* vendedor *m* (-ra *f*).
disque [disk] *nm* disco *m*; ~ **laser** disco láser; ~ **dur** disco duro.
disquette [diskɛt] *nf* disquete *m*.
dissertation [disɛrtasjɔ̃] *nf* disertación *f*.
dissipé, -e [disipe] *adj* indisciplinado(-da).
dissiper [disipe]: **se dissiper** *vp (brouillard)* disiparse.
dissolvant [disɔlvɑ̃] *nm (à peinture)* disolvente *m*; *(à ongles)* quitaesmalte *m*.
dissuader [disɥade] *vt*: ~ **qqn de faire qqch** disuadir a alguien de hacer algo.
distance [distɑ̃s] *nf* distancia *f*; **à une ~ de 20 km, à 20 km de ~** a una distancia de 20 Km, a 20 Km de distancia.
distinction [distɛ̃ksjɔ̃] *nf*: **faire une ~ entre** hacer una distinción entre.
distingué, -e [distɛ̃ge] *adj* distinguido(-da).
distinguer [distɛ̃ge] *vt* distinguir. ❑ **se distinguer de** *vp + prép* distinguirse de.
distraction [distraksjɔ̃] *nf* distracción *f*.
distraire [distrɛr]: **se distraire** *vp* distraerse.
distrait, -e [distrɛ, ɛt] *pp* → **distraire**. ◆ *adj* distraído (-da).
distribuer [distribɥe] *vt* distribuir.
distributeur [distribytœr] *nm* máquina *f* expendedora; ~ **(automatique) de billets** cajero *m* automático.
dit, -e [di, dit] *pp* → **dire**.
dites [dit] → **dire**.
divan [divɑ̃] *nm* diván *m*.
divers, -es [divɛr, ɛrs] *adj* diversos(-sas).
divertissement [divɛrtismɑ̃] *nm* diversión *f*.
diviser [divize] *vt* dividir.
division [divizjɔ̃] *nf* división *f*.
divorce [divɔrs] *nm* divorcio *m*.
divorcer [divɔrse] *vi* divorciarse.
dix [dis] *num* diez, → **six**.
dix-huit [dizɥit] *num* dieciocho, → **six**.

dix-huitième [dizɥitjɛm] *num* decimoctavo(-va), → **sixième**.

dixième [dizjɛm] *num* décimo(-ma), → **sixième**.

dix-neuf [diznœf] *num* diecinueve, → **six**.

dix-neuvième [diznœvjɛm] *num* decimonoveno (-na), → **sixième**.

dix-sept [disɛt] *num* diecisiete, → **six**.

dix-septième [disɛtjɛm] *num* decimoséptimo(-ma), → **sixième**.

dizaine [dizɛn] *nf*: **une ~ (de)** una decena (de).

docks [dɔk] *nmpl* dársena *f*.

docteur [dɔktœr] *nm* doctor *m* (-ra *f*).

document [dɔkymɑ̃] *nm* documento *m*.

documentaire [dɔkymɑ̃tɛr] *nm* documental *m*.

documentation [dɔkymɑ̃tasjɔ̃] *nf* documentación *f*.

doigt [dwa] *nm* dedo *m*; **~ de pied** dedo del pie.

dois [dwa] → **devoir**.

doive [dwav] → **devoir**.

dollar [dɔlar] *nm* dólar *m*.

domaine [dɔmɛn] *nm (propriété)* propiedad *f*; *(secteur)* campo *m*.

dôme [dom] *nm* cúpula *f*.

domicile [dɔmisil] *nm* domicilio *m*.

dominer [dɔmine] *vt & vi* dominar.

dominos [dɔmino] *nmpl* dominó *m*.

dommage [dɔmaʒ] *nm*: **(quel) ~!** ¡qué pena!; **c'est ~ de...** es una pena...; **c'est ~ que** es una pena que.

DOM-TOM [dɔmtɔm] *nmpl provincias y territorios franceses de ultramar.*

donc [dɔ̃k] *conj (par conséquent)* así que; *(pour reprendre)* pues.

donjon [dɔ̃ʒɔ̃] *nm* torreón *m*.

donner [dɔne] *vt* dar; **~ qqch à qqn** dar algo a alguien; **~ à manger à qqn** dar de comer a alguien; **~ chaud** dar calor; **~ soif** dar sed. ❑ **donner sur** *v + prép* dar a.

dont [dɔ̃] *pron relatif* **1.** *(complément du verbe ou de l'adjectif)* del que (de la que); **c'est le**

camping ~ on nous a parlé es el camping del que nos han hablado; **l'établissement ~ ils sont responsables** el establecimiento del que son responsables.

2. *(complément d'un nom de personne)* de quien; **un homme ~ on m'a parlé** un hombre de quien me han hablado.

3. *(complément du nom, exprime l'appartenance)* cuyo(-ya); **c'est un pays ~ la principale industrie est le tourisme** es un país cuya principal industria es el turismo; **pour ceux ~ la passion est le sport** para aquellos cuya pasión es el deporte.

4. *(parmi lesquels)*: **nous avons passé plusieurs jours au Portugal, ~ trois à la plage** hemos pasado varios días en Portugal, tres de ellos en la playa; **certaines personnes, ~ moi, pensent que...** algunas personas, como yo, piensan que...

doré, -e [dore] *adj* dorado (-da). ◆ *nm (Can) pescado de río muy consumido.*

dorénavant [dorenavɑ̃] *adv* en adelante.

dormir [dɔrmir] *vi* dormir.

dortoir [dɔrtwar] *nm* dormitorio *m* común.

dos [do] *nm* espalda *f*; *(d'un siège)* respaldo *m*; *(d'un livre, d'une feuille)* dorso *m*; **au ~ (de)** en el dorso (de).

dose [doz] *nf* dosis *f*.

dossier [dosje] *nm (d'un siège)* respaldo *m*; *(documents)* informe *m*, dossier *m*.

douane [dwan] *nf* aduana *f*.

douanier [dwanje] *nm* aduanero *m* (-ra *f*).

double [dubl] *adj & adv* doble. ◆ *nm (copie)* copia *f*; *(partie de tennis)* dobles *mpl*; **le ~ (de)** el doble (de).

doubler [duble] *vt* doblar; *(vêtement)* forrar; *(AUT)* adelantar. ◆ *vi (augmenter)* duplicarse.

doublure [dublyr] *nf (d'un vêtement)* forro *m*.

douce → **doux**.

doucement [dusmɑ̃] *adv (bas)* bajo; *(lentement)* despacio.

douche [duʃ] *nf* ducha *f*; **prendre une ~** tomar OU darse una ducha.

doucher [duʃe]: **se doucher** *vp* ducharse.

doué, -e [dwe] *adj* dotado(-da); **être ~ pour** OU **en qqch** tener facilidad para algo.

douleur [dulœr] *nf* dolor *m*.

douloureux, **-euse** [dulurø, øz] *adj (opération, souvenir)* doloroso(-sa); *(partie du corps)* dolorido(-da).

doute [dut] *nm* duda *f*; **sans ~** sin duda.

douter [dute] *vt* dudar; **~ que** dudar que. ❑ **se douter** *vp*: **se ~ que** sospechar que.

doux, **douce** [du, dus] *adj* suave.

douzaine [duzɛn] *nf*: **une ~ (de)** una docena (de).

douze [duz] *num* doce, → **six**.

douzième [duzjɛm] *num* duodécimo(-ma), → **sixième**.

draguer [drage] *vt (fam: personne)* ligar con.

drame [dram] *nm* drama *m*.

drap [dra] *nm* sábana *f*.

drapeau, **-x** [drapo] *nm* bandera *f*.

drap-housse [draus] (*pl* **draps-housses**) *nm* sábana *f* bajera.

dresser [drese] *vt (animal)* adiestrar; *(plan, procès-verbal)* elaborar.

drogue [drɔg] *nf* droga *f*.

drogué, **-e** [drɔge] *nm, f* drogadicto *m* (-ta *f*).

droguer [drɔge]: **se droguer** *vp* drogarse.

droguerie [drɔgri] *nf* droguería *f*.

droit, **-e** [drwa, drwat] *adj* derecho(-cha); *(sans détour)* recto(-ta). ◆ *adv* recto; **avoir le ~ de faire qqch** tener derecho a hacer algo.

droite [drwat] *nf* derecha *f*; **à ~ (de)** a la derecha (de); **la ~** la derecha; **de ~** *(du côté droit)* de la derecha.

droitier, **-ère** [drwatje, ɛr] *adj* diestro(-tra) *(que usa la mano derecha)*.

drôle [drol] *adj (amusant)* divertido(-da); *(bizarre)* raro (-ra).

drôlement [drolmɑ̃] *adv (fam)* tremendamente.

du [dy] = **de** + **le**, → **de**.

dû, **due** [dy] *pp* → **devoir**.

dune [dyn] *nf* duna *f*.

duo [dɥo] *nm* dúo *m*.

duquel [dykɛl] = **de** + **lequel**, → **lequel**.

dur, **-e** [dyr] *adj* duro(-ra);

(difficile) difícil. ◆ *adv (travailler)* mucho; *(frapper)* fuerte.

durant [dyrɑ̃] *prép* durante.

durcir [dyrsir] *vi* endurecer.

durée [dyre] *nf* duración *f*.

durer [dyre] *vi* durar.

duvet [dyvɛ] *nm (plumes)* plumón *m*; *(sac de couchage)* saco *m* de dormir de plumón.

dynamique [dinamik] *adj* dinámico(-ca).

dynamo [dinamo] *nf* dinamo *f*.

E

E *(abr de est)* E.

eau, -x [o] *nf* agua *f*; **~ de Cologne** agua de Colonia; **~ gazeuse/plate** agua con gas/sin gas; **~ minérale** agua mineral; **~ oxygénée** agua oxigenada; **~ potable/non potable** agua potable/no potable; **~ du robinet** agua del grifo; **~ de toilette** eau de toilette.

eau-de-vie [odvi] *(pl* **eaux-de-vie**) *nf* aguardiente *m*.

éborgner [ebɔrɲe] *vt*: **~ qqn** dejar a alguien tuerto(-ta).

éboueur [ebwœr] *nm* basurero *m* (-ra *f*).

ébouillanter [ebujɑ̃te] *vt* escaldar.

éboulement [ebulmɑ̃] *nm* desprendimiento *m*.

ébouriffé, -e [eburife] *adj* desgreñado(-da).

écaille [ekaj] *nf (de poisson)* escama *f*.

écailler [ekaje] *vt (poisson)* escamar.

écart [ekar] *nm (distance)* distancia *f*; *(différence)* diferencia *f*; **faire un ~** echarse a un lado.

écarter [ekarte] *vt (éloigner)* descartar; *(ouvrir)* abrir.

échafaudage [eʃafodaʒ] *nm* andamio *m*.

échalote [eʃalɔt] *nf* chalote *m*.

échancré, -e [eʃɑ̃kre] *adj (décolleté)* escotado(-da); *(maillot de bain)* de pata alta.

échange [eʃɑ̃ʒ] *nm (troc)* cambio *m*; *(SCOL)* intercambio *m*, *(au tennis)* peloteo *m*; **en ~ (de)** a cambio (de).

échanger [eʃɑ̃ʒe] *vt* intercambiar; ~ **qqch contre** cambiar algo por.

échangeur [eʃɑ̃ʒœr] *nm (d'autoroute)* cruce *m* a diferentes niveles.

échapper [eʃape]: **échapper à** *v + prép*: **ça m'a échappé** *(nom, détail)* se me ha ido de la memoria; **ça m'a échappé des mains** se me ha resbalado de las manos. ❑ **s'échapper** *vp* escaparse; **s'~ de** escaparse de.

écharpe [eʃarp] *nf* bufanda *f*; **en ~** en cabestrillo.

échauffer [eʃofe]: **s'échauffer** *vp (sportif)* calentarse.

échec [eʃɛk] *nm* fracaso *m*. ❑ **échecs** *nmpl* ajedrez *m*; **jouer aux ~s** jugar al ajedrez.

échelle [eʃɛl] *nf* escalera *f*; *(sur une carte)* escala *f*; **faire la courte ~ à qqn** aupar a alguien.

échelon [eʃlɔ̃] *nm (d'échelle)* peldaño *m*; *(grade)* escalón *m*.

échiquier [eʃikje] *nm* tablero *m* de ajedrez.

écho [eko] *nm* eco *m*.

échouer [eʃwe] *vi* fracasar. ❑ **s'échouer** *vp* encallar.

éclabousser [eklabuse] *vt* salpicar.

éclair [eklɛr] *nm* relámpago *m*; *(gâteau)* petisú *m*.

éclairage [eklɛraʒ] *nm* iluminación *f*.

éclaircie [eklɛrsi] *nf* claro *m*.

éclaircir [eklɛrsir] *vt* aclarar. ❑ **s'éclaircir** *vp (ciel)* despejarse.

éclairer [eklere] *vt (illuminer)* iluminar; *(expliquer)* aclarar. ❑ **s'éclairer** *vp (visage)* iluminarse.

éclat [ekla] *nm (de verre)* trozo *m*; **~s de rire** carcajadas *fpl*; **~s de voix** voces *fpl*.

éclater [eklate] *vi* estallar; **~ de rire** echarse a reír; **~ en sanglots** romper a llorar.

écluse [eklyz] *nf* esclusa *f*.

écœurant, -e [ekœrɑ̃, ɑ̃t] *adj (aliment)* asqueroso(-sa); *(spectacle, comportement)* repugnante.

écœurer [ekœre] *vt* dar asco.

école [ekɔl] *nf* escuela *f*, colegio *m*; **je vais à l'~** voy al colegio.

écolier, -ère [ekɔlje, ɛr] *nm, f* colegial *m* (-la *f*).

écologique [ekɔlɔʒik] *adj* ecológico(-ca).

économie [ekɔnɔmi] *nf* economía *f*. ❑ **économies**

nfpl ahorros *mpl*; **faire des ~s** ahorrar.

économique [ekɔnɔmik] *adj* económico(-ca).

économiser [ekɔnɔmize] *vt* ahorrar.

écorce [ekɔrs] *nf* corteza *f*.

écorcher [ekɔrʃe]: **s'écorcher** *vp*: **s'~ le genou** arañarse la rodilla.

écossais, **-e** [ekɔsɛ, ɛz] *adj* escocés(-esa).

Écosse [ekɔs] *nf*: **l'~** Escocia.

écouler [ekule]: **s'écouler** *vp (liquide)* fluir.

écouter [ekute] *vt* escuchar.

écouteur [ekutœr] *nm (de téléphone)* auricular *m*; **~s** *(casque)* cascos *mpl*.

écran [ekrɑ̃] *nm* pantalla *f*; **(crème) ~ total** (crema de) protección *f* total.

écraser [ekraze] *vt* aplastar; **se faire ~** *(par une voiture)* ser atropellado(-da). ❑ **s'écraser** *vp (avion)* estrellarse.

écrémé, **-e** [ekreme] *adj* desnatado(-da); **demi-~** semidesnatado(-da).

écrevisse [ekrəvis] *nf* cangrejo *m* de río.

écrire [ekrir] *vt & vi* escribir; **~ à qqn** escribir a alguien.

❑ **s'écrire** *vp* escribirse.

écrit, **-e** [ekri, it] *pp* → écrire.

écriteau, **-x** [ekrito] *nm* letrero *m*.

écriture [ekrityr] *nf* escritura *f*.

écrivain [ekrivɛ̃] *nm* escritor *m* (-ra *f*).

écrouler [ekrule]: **s'écrouler** *vp* derrumbarse.

écru, **-e** [ekry] *adj (couleur)* crudo(-da).

écume [ekym] *nf* espuma *f*.

écureuil [ekyrœj] *nm* ardilla *f*.

eczéma [ɛgzema] *nm* eczema *m*.

édifice [edifis] *nm* edificio *m*.

éditer [edite] *vt* editar.

édredon [edrədɔ̃] *nm* edredón *m*.

éducation [edykasjɔ̃] *nf* educación *f*.

effacer [efase] *vt* borrar.

effaceur [efasœr] *nm rotulador que sirve para borrar tinta.*

effectivement [efɛktivmɑ̃] *adv* efectivamente.

effectuer [efɛktɥe] *vt* efectuar.

effervescent, -e [efɛrvesɑ̃, ɑ̃t] *adj* efervescente.

effet [efɛ] *nm* efecto *m*; **faire de l'~** causar efecto; **en ~** en efecto.

efficace [efikas] *adj* eficaz.

effilocher [efilɔʃe]: **s'effilocher** *vp* deshilacharse.

effleurer [eflœre] *vt* rozar.

effondrer [efɔ̃dre]: **s'effondrer** *vp* derrumbarse.

efforcer [efɔrse]: **s'efforcer de** *vp + prép* esforzarse por.

effort [efɔr] *nm* esfuerzo *m*; **faire des ~s (pour)** hacer esfuerzos (por).

effrayant, -e [efrɛjɑ̃, ɑ̃t] *adj* horroroso(-sa).

effrayer [efreje] *vt* horrorizar.

égal, -e, -aux [egal, o] *adj* *(identique)* igual; *(régulier)* regular; **ça m'est ~** me da igual; **~ à** igual que.

également [egalmɑ̃] *adv* *(aussi)* igualmente.

égalité [egalite] *nf* igualdad *f*; **être à ~** *(SPORT)* estar empatados(-das).

égard [egar] *nm*: **à l'~ de** respeto a.

égarer [egare] *vt* extraviar. ❑ **s'égarer** *vp* *(se perdre)* extraviarse.

église [egliz] *nf* iglesia *f*.

égoïste [egɔist] *adj & nmf* egoísta.

égouts [egu] *nmpl* alcantarillado *m*.

égoutter [egute] *vt* escurrir.

égouttoir [egutwar] *nm* escurreplatos *m inv*.

égratigner [egratiɲe] *vt* arañar. ❑ **s'égratigner** *vp* arañarse; **s'~ le genou** arañarse la rodilla.

égratignure [egratiɲyr] *nf* arañazo *m*.

Égypte [eʒipt] *nf*: **l'~** Egipto.

égyptien, -enne [eʒipsjɛ̃, ɛn] *adj* egipcio(-cia).

eh [e] *excl* ¡eh!; **~ bien** bueno.

élan [elɑ̃] *nm*: **prendre de l'~** coger impulso.

élargir [elarʒir] *vt* *(route, vêtement)* ensanchar. ❑ **s'élargir** *vp* *(route, vêtement)* ensancharse.

élastique [elastik] *adj* elástico(-ca). ◆ *nm* elástico *m*.

élections [elɛksjɔ̃] *nfpl* elecciones *fpl*.

électricien [elɛktrisjɛ̃] *nm* electricista *m*.

électricité [elɛktrisite] *nf* electricidad *f.*

électrique [elɛktrik] *adj* eléctrico(-ca).

électrocuter [elɛktrɔkyte]: **s'électrocuter** *vp* electrocutarse.

électronique [elɛktrɔnik] *adj* electrónico(-ca). ◆ *nf* electrónica *f.*

électrophone [elɛktrɔfɔn] *nm* electrófono *m.*

électuaire [elɛktyɛr] *nm (Helv) crema para untar parecida a la mermelada.*

élégant, -e [elegɑ̃, ɑ̃t] *adj* elegante.

élément [elemɑ̃] *nm* elemento *m.*

éléphant [elefɑ̃] *nm* elefante *m.*

élevage [ɛlvaʒ] *nm (activité)* ganadería *f.*

élevé, -e [ɛlve] *adj* elevado(-da); **bien/mal ~** bien/mal educado.

élève [elɛv] *nmf* alumno *m* (-na *f*).

élever [ɛlve] *vt (enfant, animaux)* criar. ❑ **s'élever** *vp* elevarse; **s'~ à** ascender a.

éleveur, -euse [ɛlvœr, øz] *nm, f* criador *m* (-ra *f*).

éliminer [elimine] *vt & vi* eliminar.

elle [ɛl] *pron* ella; **~-même** ella misma. ❑ **elles** *pron* ellas; **~s-mêmes** ellas mismas.

éloigné, -e [elwaɲe] *adj* alejado(-da); **~ de** *(loin de)* alejado de; *(différent de)* diferente de.

éloigner [elwaɲe]: **s'éloigner (de)** *vp (+ prép)* alejarse (de).

élongation [elɔ̃gasjɔ̃] *nf* elongación *f.*

élu, -e [ely] *pp* → **élire.**

émail, -aux [emaj, o] *nm* esmalte *m.*

emballage [ɑ̃balaʒ] *nm* embalaje *m.*

emballer [ɑ̃bale] *vt* empaquetar.

embarcadère [ɑ̃barkadɛr] *nm* embarcadero *m.*

embarquement [ɑ̃barkəmɑ̃] *nm* embarque *m;* **'~ immédiat'** 'embarque inmediato'.

embarquer [ɑ̃barke] *vi* embarcar. ❑ **s'embarquer** *vp* embarcarse.

embarrassant, -e [ɑ̃barasɑ̃, ɑ̃t] *adj* molesto(-ta).

embarrasser [ɑ̃barase] *vt (encombrer)* atestar; *(gêner)* molestar.

embaucher [ɑ̃boʃe] *vt* contratar.

embêtant, -e [ɑ̃bɛtɑ̃, ɑ̃t] *adj* molesto(-ta).

embêter [ɑ̃bɛte] *vt (taquiner)* fastidiar; *(contrarier)* molestar. ❑ **s'embêter** *vp* aburrirse.

emblème [ɑ̃blɛm] *nm* emblema *m*.

embouchure [ɑ̃buʃyr] *nf* desembocadura *f*.

embourber [ɑ̃burbe]: **s'embourber** *vp* atascarse.

embout [ɑ̃bu] *nm* contera *f*.

embouteillage [ɑ̃butɛjaʒ] *nm* atasco *m*.

embranchement [ɑ̃brɑ̃ʃmɑ̃] *nm (carrefour)* cruce *m*.

embrasser [ɑ̃brase] *vt* besar. ❑ **s'embrasser** *vp* besarse.

embrayage [ɑ̃brɛjaʒ] *nm* embrague *m*.

embrayer [ɑ̃breje] *vi* embragar.

embrouiller [ɑ̃bruje]: **s'embrouiller** *vp* enredarse.

embruns [ɑ̃brœ̃] *nmpl* salpicaduras *fpl* (de las olas).

éméché, -e [emeʃe] *adj* alegre.

émerger [emɛrʒe] *vi* emerger.

émerveillé, -e [emɛrveje] *adj* maravillado(-da).

émetteur [emetœr] *nm* emisor *m* (-ra *f*).

émettre [emɛtr] *vt* emitir.

émietter [emjete] *vt* desmigar.

émigrer [emigre] *vi* emigrar.

émincé [emɛ̃se] *nm trocitos de carne en salsa*; ~ **de veau à la zurichoise** *carne y riñones de ternera preparados con nata, champiñones y vino blanco; especialidad suiza.*

émis, -e [emi, iz] *pp* → **émettre**.

émission [emisjɔ̃] *nf* programa *m*.

emmêler [ɑ̃mele] *vt* enredar. ❑ **s'emmêler** *vp (fil, cheveux)* enredarse.

emménager [ɑ̃menaʒe] *vi* instalarse.

emmener [ɑ̃mne] *vt* llevar.

emmental [emɛ̃tal] *nm* emmental *m*.

émotif, -ive [emɔtif, iv] *adj* emotivo(-va).

émotion [emosjɔ̃] *nf* emoción *f*.

émouvant, **-e** [emuvɑ̃, ɑ̃t] *adj* emocionante.

empaqueter [ɑ̃pakte] *vt* empaquetar.

empêchement [ɑ̃pɛʃmɑ̃] *nm* impedimiento *m*; **avoir un ~** tener un impedimiento.

empêcher [ɑ̃peʃe] *vt*: **~ qqn de faire qqch** impedir a alguien hacer algo; **~ qqch d'arriver** impedir que algo ocurra. ❑ **s'empêcher de** *vp + prép* evitar, dejar de.

empester [ɑ̃pɛste] *vt & vi* apestar.

empiffrer [ɑ̃pifre]: **s'empiffrer (de)** *vp (+ prép) (fam)* atiborrarse (de).

empiler [ɑ̃pile] *vt* apilar.

empirer [ɑ̃pire] *vi* empeorar.

emplacement [ɑ̃plasmɑ̃] *nm* ubicación *f*; *(de parking)* plaza *f*; **'~ réservé'** 'aparcamiento reservado'.

emploi [ɑ̃plwa] *nm (poste)* empleo *m*; **~ du temps** agenda *f*.

employé, **-e** [ɑ̃plwaje] *nm, f* empleado *m* (-da *f*); **~ de bureau** oficinista *m*.

employer [ɑ̃plwaje] *vt* emplear.

empoigner [ɑ̃pwaɲe] *vt* empuñar.

empoisonner [ɑ̃pwazɔne] *vt* envenenar.

emporter [ɑ̃pɔrte] *vt (prendre avec soi)* llevarse; *(suj: vent, rivière)* arrancar; **à ~** *(plats)* para llevar.

empreinte [ɑ̃prɛ̃t] *nf* huella *f*; **~s digitales** huellas digitales.

emprunt [ɑ̃prœ̃] *nm* préstamo *m*.

emprunter [ɑ̃prœ̃te] *vt (argent, objet)* pedir prestado(-da); *(itinéraire)* tomar; **~ qqch à qqn** tomar prestado algo a alguien.

ému, **-e** [emy] *adj* emocionado(da).

en [ɑ̃] *prép* **1.** *(gén)* en; **~ été/1995** en verano/1995; **habiter ~ Angleterre** vivir en Inglaterra; **~ dix minutes** en diez minutos; **être ~ vacances** estar de vacaciones; **s'habiller ~ noir** vestirse de negro; **on dit 'hola')~ espagnol** se dice 'hola'; **voyager ~ avion/voiture** viajar en avión/coche.

2. *(indique le lieu où l'on va)* a; **aller ~ ville/~ Normandie** ir a

la ciudad/a Normandía.
3. *(désigne la matière)* de; **un pull ~ laine** un jersey de lana.
4. *(devant un participe présent)*: **~ arrivant à Paris** al llegar a París.
◆ *pron* 1. *(object indirect)*: **j'~ rêve la nuit** de noche, sueño con ello; **n'~ parlons plus** no se hable más; **je vous ~ remercie** se lo agradezco.
2. *(avec un indéfini)*: **~ reprendrez-vous?** ¿tomará más?
3. *(indique la provenance)* de; **j'~ viens** vengo de allí.
4. *(complément du nom)*: **j'~ garde un excellent souvenir** guardo un excelente recuerdo de ello.

encadrer [ɑ̃kadre] *vt* enmarcar.

encaisser [ɑ̃kese] *vt (argent)* cobrar.

encastrer [ɑ̃kastre] *vt* empotrar.

enceinte [ɑ̃sɛ̃t] *adj f* embarazada. ◆ *nf (haut-parleur)* altavoz *m*; *(d'une ville)* murallas *fpl*.

enchaîner [ɑ̃ʃene]: **s'enchaîner** *vp* encadenarse.

enchanté, -e [ɑ̃ʃɑ̃te] *adj* encantado(-da); **~ (de faire votre connaissance)!** ¡encantado (de conocerle)!

enchères [ɑ̃ʃɛr] *nfpl* subasta *f*.

enclencher [ɑ̃klɑ̃ʃe] *vt (mécanisme)* activar.

encolure [ɑ̃kɔlyr] *nf (de vêtement)* cuello *m*.

encombrant, -e [ɑ̃kɔ̃brɑ̃, ɑ̃t] *adj* que estorba.

encombrements [ɑ̃kɔ̃brəmɑ̃] *nmpl* atascos *mpl*.

encombrer [ɑ̃kɔ̃bre] *vt* estorbar.

encore [ɑ̃kɔr] *adv* 1. *(gén)* todavía; **il reste ~ une centaine de kilomètres** todavía quedan unos cien kilómetros; **pas ~** todavía no; **c'est ~ plus cher ici** aquí es todavía más caro.
2. *(de nouveau)* otra vez; **j'ai ~ oublié mes clefs!** otra vez se me han olvidado las llaves.
3. *(en plus)* más; **~ un peu de légumes?** ¿un poco más de verdura?

encourager [ɑ̃kuraʒe] *vt* animar.

encre [ɑ̃kr] *nf* tinta *f*.

encyclopédie [ɑ̃siklɔpedi] *nf* enciclopedia *f*.

endive [ɑ̃div] *nf* endibia *f*.

endommager [ɑ̃dɔmaʒe] *vt* deteriorar.

endormi, -e [ɑ̃dɔrmi] *adj* dormido(-da).

endormir [ɑ̃dɔrmir]: **s'endormir** *vp* dormirse.

endroit [ɑ̃drwa] *nm* sitio *m*; *(côté)* derecho *m*; **à l'~** al derecho.

énergie [enɛrʒi] *nf* energía *f*.

énergique [enɛrʒik] *adj* enérgico(-ca).

énerver [enɛrve] *vt* poner nervioso(-sa). ❑ **s'énerver** *vp* ponerse nervioso(-sa).

enfance [ɑ̃fɑ̃s] *nf* infancia *f*.

enfant [ɑ̃fɑ̃] *nmf (jeune)* niño *m* (-ña *f*); *(descendant)* hijo *m* (-ja *f*).

enfer [ɑ̃fɛr] *nm* infierno *m*.

enfermer [ɑ̃fɛrme] *vt* encerrar.

enfiler [ɑ̃file] *vt (aiguille)* enhebrar; *(perles)* ensartar.

enfin [ɑ̃fɛ̃] *adv (finalement)* por fin; *(en dernier)* por último.

enflammer [ɑ̃flame]: **s'enflammer** *vp* inflamarse.

enfler [ɑ̃fle] *vi* hincharse.

enfoncer [ɑ̃fɔ̃se] *vt (clou)* clavar; *(aile de voiture)* hundir. ❑ **s'enfoncer** *vp*: **s'~ dans** *(eau, boue)* hundirse en; *(forêt, ville)* adentrarse en.

enfuir [ɑ̃fɥir]: **s'enfuir** *vp* huir.

enfumé, -e [ɑfume] *adj* lleno(-na).

engager [ɑ̃gaʒe] *vt (salarié, domestique)* contratar; *(conversation, négociations)* entablar. ❑ **s'engager** *vp*: **s'~ à faire qqch** comprometerse a hacer algo.

engelure [ɑ̃ʒlyr] *nf* sabañón *m*.

engin [ɑ̃ʒɛ̃] *nm* máquina *f*.

engloutir [ɑ̃glutir] *vt (nourriture)* engullir; *(submerger)* tragar.

engouffrer [ɑ̃gufre]: **s'engouffrer dans** *vp + prép* irrumpir en.

engourdi, -e [ɑ̃gurdi] *adj* entumecido(-da).

enjamber [ɑ̃ʒɑ̃be] *vt (flaque, fossé)* salvar; *(suj: pont)* atravesar.

enjoliveur [ɑ̃ʒɔlivœr] *nm* embellecedor *m*.

enlaidir [ɑ̃ledir] *vt* afear.

enlever [ɑ̃lve] *vt* quitar; *(kidnapper)* raptar. ❑ **s'enlever** *vp (tache)* quitarse.

enliser [ɑ̃lize]: **s'enliser** *vp* atascarse.

enneigé, **-e** [ɑ̃neʒe] *adj* nevado(-da).

ennemi, **-e** [ɛnmi] *nm, f* enemigo *m* (-ga *f*).

ennui [ɑ̃nɥi] *nm (problème)* problema *m*.

ennuyé, **-e** [ɑ̃nɥije] *adj (contrarié)* apurado(-da).

ennuyer [ɑ̃nɥije] *vt (lasser)* aburrir; *(contrarier)* apurar. ❑ **s'ennuyer** *vp* aburrirse.

ennuyeux, **-euse** [ɑ̃nɥijø, øz] *adj (lassant)* aburrido(-da); *(contrariant)* fastidioso(-sa).

énorme [enɔrm] *adj* enorme.

énormément [enɔrmemɑ̃] *adv* muchísimo; **~ de** muchísimo(-ma); **~ d'argent** muchísimo dinero; **~ de gens** muchísima gente.

enquête [ɑ̃kɛt] *nf (policière)* investigación *f*; *(sondage)* encuesta *f*.

enregistrement [ɑ̃rəʒistrəmɑ̃] *nm* grabación *f*; **~ des bagages** facturación *f* de equipaje.

enregistrer [ɑ̃rəʒistre] *vt (disque, cassette)* grabar; *(données)* guardar; *(par écrit)* consignar; *(bagages)* facturar.

enrhumé, **-e** [ɑ̃ryme] *adj* acatarrado(-da).

enrobé, **-e** [ɑ̃rɔbe] *adj*: **~ de** bañado(-da)OU en.

enroué, **-e** [ɑ̃rwe] *adj* ronco(-ca).

enrouler [ɑ̃rule] *vt* enrollar. ❑ **s'enrouler** *vp* enroscarse; **s'~ autour de** enroscarse alrededor de.

enseignant, **-e** [ɑ̃sɛɲɑ̃, ɑ̃t] *nm, f* profesor *m* (-ra *f*).

enseigne [ɑ̃sɛɲ] *nf* letrero *m*; **~ lumineuse** letrero luminoso.

enseigner [ɑ̃seɲe] *vt & vi* enseñar; **~ qqch à qqn** enseñar algo a alguien.

ensemble [ɑ̃sɑ̃bl] *adv*: **ils travaillent ~** trabajan juntos; **elles jouent ~** juegan juntas. ♦ *nm* conjunto *m*; **dans l'~** en conjunto.

ensoleillé, **-e** [ɑ̃sɔleje] *adj* soleado(-da).

ensuite [ɑ̃sɥit] *adv* después.

entaille [ɑ̃taj] *nf (blessure)* corte *m*.

entamer [ɑ̃tame] *vt (pain, bouteille)* empezar; *(discussion)* entablar.

entasser [ɑ̃tase] *vt (mettre en

tas) amonLonar.

entendre [ɑ̃tɑ̃dr] *vt* oír; **~ dire que** oír decir que; **~ parler de** oír hablar de. ❑ **s'entendre** *vp (sympathiser)* entenderse; **s'~ bien avec qqn** llevarse bien con alguien.

entendu, -e [ɑ̃tɑ̃dy] *adj* acordado(-da); **(c'est) ~!** ¡de acuerdo!; **bien ~** por supuesto.

enterrement [ɑ̃tɛrmɑ̃] *nm* entierro *m*.

enthousiasmer [ɑ̃tuzjasme] *vt* entusiasmar. ❑ **s'enthousiasmer pour** *vp + prép* entusiasmarse por.

enthousiaste [ɑ̃tuzjast] *adj* entusiasta.

entier, -ère [ɑ̃tje, ɛr] *adj* entero(-ra); *(total)* completo (-ta); **dans le monde ~** en el mundo entero; **pendant des journées entières** durante días y días; **en ~** entero(-ra).

entièrement [ɑ̃tjɛrmɑ̃] *adv* completamente.

entonnoir [ɑ̃tɔnwar] *nm* embudo *m*.

entorse [ɑ̃tɔrs] *nf* esguince *m*; **se faire une ~** hacerse un esguince.

entourer [ɑ̃ture] *vt* rodear; **entouré de** rodeado de.

entracte [ɑ̃trakt] *nm* entreacto *m*.

entrain [ɑ̃trɛ̃] *nm*: **avec ~** con animación; **plein d'~** muy animado.

entraînant, -e [ɑ̃trɛnɑ̃, ɑ̃t] *adj* animado(-da).

entraîner [ɑ̃trene] *vt (emporter, emmener)* llevar; *(provoquer)* acarrear. ❑ **s'entraîner** *vp (sportif)* entrenarse; **s'~ à (faire) qqch** entrenarse a (hacer) algo.

entre [ɑ̃tr] *prép* entre; **~ amis** entre amigos; **l'un d'~ nous** uno de nosotros.

entrecôte [ɑ̃trəkot] *nf* entrecot *m*; **~ à la bordelaise** *entrecot a la plancha servido con salsa de vino tinto y cebolla.*

entrée [ɑ̃tre] *nf* entrada *f*; **'~ gratuite'** 'entrada gratis'; **'~ interdite'** 'prohibida la entrada'; **'~ libre'** 'entrada libre'.

entremets [ɑ̃trəmɛ] *nm* postre *m*.

entrepôt [ɑ̃trəpo] *nm* almacén *m*.

entreprendre [ɑ̃trəprɑ̃dr] *vt* emprender.

entrepris, **-e** [ɑ̃trəpri, iz] *pp* → **entreprendre**.

entreprise [ɑ̃trəpriz] *nf* empresa *f*.

entrer [ɑ̃tre] *vi (aux être)* entrar; **entrez!** ¡pasen!; **~ dans** *(pièce)* entrar en; *(foncer dans)* chocar contra.

entre-temps [ɑ̃trətɑ̃] *adv* mientras tanto.

entretenir [ɑ̃trətnir] *vt (maison, plante)* mantener.

entretenu, **-e** [ɑ̃trətny] *pp* → **entretenir**.

entretien [ɑ̃trətjɛ̃] *nm (d'un vêtement, d'une machine)* mantenimiento *m*; *(conversation)* entrevista *f*.

entrevue [ɑ̃trəvy] *nf* entrevista *f*.

entrouvert, **-e** [ɑ̃truvɛr, ɛrt] *adj* entreabierto(-ta). ◆ *pp* → **entrouvrir**.

entrouvrir [ɑ̃truvrir] *vt* entreabrir.

énumérer [enymere] *vt* enumerar.

envahir [ɑ̃vair] *vt* invadir.

enveloppe [ɑ̃vlɔp] *nf* sobre *m*.

envelopper [ɑ̃vlɔpe] *vt* envolver.

envers [ɑ̃vɛr] *prép* (para) con. ◆ *nm* revés *m*; **à l'~** al revés.

envie [ɑ̃vi] *nf*: **avoir ~ de (faire) qqch** tener ganas de (hacer) algo.

envier [ɑ̃vje] *vt* envidiar.

environ [ɑ̃virɔ̃] *adv* aproximadamente; **il y a ~ 20 personnes** hay unas 20 personas. ❑ **environs** *nmpl*: **aux ~s de** *(heure)* a eso de; *(lieu)* cerca de.

environnant, **-e** [ɑ̃virɔnɑ̃, ɑ̃t] *adj* circundante.

environnement [ɑ̃virɔnmɑ̃] *nm* *(milieu)* entorno *m*; *(nature)* medio ambiente *m*.

envisager [ɑ̃vizaʒe] *vt* considerar; **~ de faire qqch** proponerse hacer algo.

envoler [ɑ̃vɔle]: **s'envoler** *vp (oiseau)* echar a volar; *(feuilles)* volar.

envoyer [ɑ̃vwaje] *vt (lettre, paquet)* mandar, enviar; *(balle, objet)* lanzar; *(personne)* mandar.

épagneul [epaɲœl] *nm* perro *m* spaniel.

épais, **-aisse** [epɛ, ɛs] *adj (large)* grueso(-sa); *(dense)* espeso(-sa).

épaisseur [epɛsœr] *nf* grosor *m*.

éparpiller [eparpije] *vt* dispersar. ❑ **s'éparpiller** *vp* dispersarse.

épatant, -e [epatɑ̃, ɑ̃t] *adj* asombroso(-sa).

épater [epate] *vt* asombrar.

épaule [epol] *nf* hombro *m*.

épaulette [epolɛt] *nf (rembourrage)* hombrera *f*.

épée [epe] *nf* espada *f*.

épeler [eple] *vt* deletrear.

épi [epi] *nm (de blé)* espiga *f*; *(de maïs)* mazorca *f*; *(de cheveux)* remolino *m*.

épice [epis] *nf* especia *f*.

épicé, -e [epise] *adj* picante.

épicerie [episri] *nf (magasin)* tienda *f* de comestibles; *(denrées)* comestibles *mpl*; ~ **fine** *tienda de productos selectos*.

épicier, -ère [episje, ɛr] *nm, f* tendero *m* (-ra *f*).

épidémie [epidemi] *nf* epidemia *f*

épilepsie [epilɛpsi] *nf* epilepsia *f*.

épiler [epile] *vt* depilar.

épinards [epinar] *nmpl* espinacas *fpl*.

épine [epin] *nf* espina *f*.

épingle [epɛ̃gl] *nf* alfiler *m*; ~ **à cheveux** horquilla *f*; ~ **de nourrice** imperdible *m*.

épisode [epizɔd] *nm* episodio *m*.

éplucher [eplyʃe] *vt* mondar.

éponge [epɔ̃ʒ] *nf* esponja *f*.

éponger [epɔ̃ʒe] *vt* enjugar.

époque [epɔk] *nf* época *f*.

épouser [epuze] *vt* casarse con.

épouvantable [epuvɑ̃tabl] *adj* espantoso(-sa).

épouvante [epuvɑ̃t] *nf* → **film**.

époux, épouse [epu, epuz] *nm, f* esposo *m* (-sa *f*).

épreuve [eprœv] *nf* prueba *f*.

éprouver [epruve] *vt (ressentir)* sentir.

épuisant, -e [epɥizɑ̃, ɑ̃t] *adj* agotador(-ra).

épuisé, -e [epɥize] *adj* agotado(-da).

épuisette [epɥizɛt] *nf* salabre *m*.

équateur [ekwatœr] *nm* ecuador *m*.

Équateur [ekwatœr] *nm*: **l'**~ (el) Ecuador.

équilibre [ekilibr] *nm* equilibrio *m*; **en ~** en equilibrio; **perdre l'~** perder el equilibrio.

équilibré, -e [ekilibre] *adj* equilibrado(-da).

équipage [ekipaʒ] *nm* tripulación *f*.

équipe [ekip] *nf* equipo *m*.

équipement [ekipmɑ̃] *nm* equipo *m*.

équiper [ekipe] *vt* equipar. ❑ **s'équiper (de)** *vp (+ prép)* equiparse (con OU de).

équitable [ekitabl] *adj* equitativo(-va).

équitation [ekitasjɔ̃] *nf* equitación *f*; **faire de l'~** practicar equitación.

équivalent, -e [ekivalɑ̃, ɑ̃t] *adj* equivalente. ♦ *nm* equivalente *m*.

équivaloir [ekivalwar] *vi*: **ça équivaut à (faire)...** equivale a (hacer)...

équivalu [ekivaly] *pp* → **équivaloir**.

érable [erabl] *nm* → **sirop**.

érafler [erafle] *vt (peau)* arañar; *(peinture)* rozar.

erreur [erœr] *nf* error *m*; **faire une ~** cometer un error.

éruption [erypsjɔ̃] *nf*: **~ cutanée** erupción cutánea.

es [ɛ] → **être**.

escabeau, -x [ɛskabo] *nm* escalera *f*.

escalade [ɛskalad] *nf* escalada *f*.

escalader [ɛskalade] *vt* escalar.

Escalator® [ɛskalatɔr] *nm* escalera *f* mecánica.

escale [ɛskal] *nf* escala *f*; **faire ~ (à)** hacer escala (en); **vol sans ~** vuelo *m* sin escala.

escalier [ɛskalje] *nm* escalera *f*; **les ~s** la escalera; **~ roulant** escalera mecánica.

escalope [ɛskalɔp] *nf* filete *m*.

escargot [ɛskargo] *nm* caracol *m*.

escarpé, -e [ɛskarpe] *adj* escarpado(-da).

escavèche [ɛskavɛʃ] *nf (Belg) pescado frito marinado en vino y vinagre*.

escrime [ɛskrim] *nf* esgrima *f*.

escroc [ɛskro] *nm* estafador *m*.

espace [ɛspas] *nm* espacio *m*; **~s verts** zonas verdes; **~ fumeurs/non-fumeurs** área *f* de fumadores/de no fumadores.

espadrille [ɛspadrij] *nf* alpargata *f*.

Espagne [ɛspaɲ] *nf*: **l'~** España.

espagnol, **-e** [ɛspaɲɔl] *adj* español(-la). ◆ *nm (langue)* español *m*. ❑ **Espagnol**, **-e** *nm, f* español *m* (-la *f*).

espèce [ɛspɛs] *nf* especie *f*; **une ~ de** una especie de; **~ d'imbécile!** ¡so imbécil! ❑ **espèces** *nfpl* efectivo *m*.

espérer [ɛspere] *vt* esperar; **j'espère (bien)!** ¡eso espero!

espionner [ɛspjɔne] *vt* espiar.

esplanade [ɛsplanad] *nf* explanada *f*.

esprit [ɛspri] *nm* espíritu *m*; *(humour)* ingenio *m*.

Esquimau, **-aude**, **-x** [ɛskimo, od] *nm, f* esquimal *mf*; **Esquimau®** bombón *m* helado.

essai [esɛ] *nm (SPORT: tentative)* intento *m*; *(test)* prueba *f*; *(littéraire)* ensayo *m*.

essayage [esɛjaʒ] *nm* → **cabine**.

essayer [eseje] *vt* probar; *(tenter)* intentar; **~ de faire qqch** intentar hacer algo.

essence [esɑ̃s] *nf* gasolina *f*; **~ sans plomb** gasolina sin plomo.

essentiel, **-elle** [esɑ̃sjɛl] *adj* esencial. ◆ *nm*: **l'~** lo esencial.

essieu, **-x** [esjø] *nm* eje *m*.

essorage [esɔraʒ] *nm* centrifugado *m*.

essoufflé, **-e** [esufle] *adj* sofocado(-da).

essuie-glace, **-s** [esɥiglas] *nm* limpiaparabrisas *m inv*.

essuie-mains [esɥimɛ̃] *nm inv* toalla *f*.

essuyer [esɥije] *vt* secar. ❑ **s'essuyer** *vp* secarse; **s'~ les mains** secarse las manos.

est [ɛ] → **être**.

est[2] [ɛst] *adj inv & nm* este; **à l'~ (de)** al este (de).

est-ce que [ɛskə] *adv*: **~ tu as mangé?** ¿has comido?; **comment ~ ça c'est passé?** ¿cómo pasó?

estimer [ɛstime] *vt* estimar; **~ que** considerar que.

estivant, **-e** [ɛstivɑ̃, ɑ̃t] *nm, f* veraneante *mf*.

estomac [ɛstɔma] *nm* estómago *m*.

estrade [ɛstrad] *nf* estrado *m*; *(à l'école)* tarima *f*.

estragon [ɛstragɔ̃] *nm* estragón *m*.

Estrémadure [estremadyr] *n*: **l'~** Extremadura.

estuaire [ɛstɥɛr] *nm* estuario *m*.

et [e] *conj* y; **je l'aime bien, ~ toi?** me gusta, ¿y a ti?; **vingt ~ un** veintiuno.

établir [etablir] *vt* establecer.

étage [etaʒ] *nm* piso *m*; **au premier ~** en el primer piso.

étagère [etaʒɛr] *nf (planche)* estante *m*; *(meuble)* estantería *f*.

étais [etɛ] → **être**.

étal [etal] *nm (sur les marchés)* puesto *m*.

étalage [etalaʒ] *nm (vitrine)* escaparate *m*.

étaler [etale] *vt (nappe, carte)* extender; *(beurre, confiture)* untar; *(paiements)* repartir.

étanche [etɑ̃ʃ] *adj* estanco(-ca).

étang [etɑ̃] *nm* estanque *m*.

étant [etɑ̃] *ppr* → **être**.

étape [etap] *nf (période)* etapa *f*; *(lieu)* parada *f*; **faire ~ à** parar en.

état [eta] *nm* estado *m*; **en bon/mauvais ~** en buen/mal estado; **~ civil** *(d'une personne)* estado civil. ❑ **État** *nm* Estado *m*.

États-Unis [etazyni] *nmpl*: **les ~** (los) Estados Unidos.

et cetera [ɛtsetera] *adv* etcétera.

été¹ [ete] *pp* → **être**.

été² [ete] *nm* verano *m*; **en ~** en verano.

éteindre [etɛ̃dr] *vt* apagar. ❑ **s'éteindre** *vp* apagarse.

éteint, -e [etɛ̃, ɛ̃t] *pp* → **éteindre**.

étendre [etɑ̃dr] *vt (nappe, bras)* extender; *(linge, blessé)* tender. ❑ **s'étendre** *vp (se coucher)* tenderse.

étendu, -e [etɑ̃dy] *adj (grand)* extenso(-sa).

éternité [etɛrnite] *nf* eternidad *f*; **cela fait une ~ que...** hace una eternidad que...

éternuer [etɛrnɥe] *vi* estornudar.

êtes [ɛt] → **être**.

étincelle [etɛ̃sɛl] *nf* chispa *f*.

étiquette [etikɛt] *nf* etiqueta *f*.

étirer [etire] *vt* estirar. ❑ **s'étirer** *vp* estirarse.

étoile [etwal] *nf* estrella *f*; **hôtel deux/trois ~s** hotel de dos/tres estrellas; **~ de mer** estrella de mar.

étonnant, -e [etɔnɑ̃, ɑ̃t] *adj* asombroso(-sa).

étonner [etɔne] *vt* asombrar; **ça m'étonnerait (que)** me extrañaría (que); **tu m'étonnes!** *(fam)* ¡ni que lo digas!

étouffant, -e [etufɑ̃, ɑ̃t] *adj* sofocante.

étouffer [etufe] *vi (manquer d'air)* sofocar; *(avoir chaud)* asarse. ❑ **s'étouffer** *vp (manquer d'air)* ahogarse.

étourderie [eturdəri] *nf* descuido *m*; **faire une ~** tener un descuido.

étourdi, -e [eturdi] *adj (distrait)* despistado(-da).

étourdissement [eturdismɑ̃] *nm* mareo *m*.

étrange [etrɑ̃ʒ] *adj* extraño (-ña).

étranger, -ère [etrɑ̃ʒe, ɛr] *adj & nm, f (d'un autre pays)* extranjero(-ra). ◆ *nm*: **à l'~** en el extranjero.

étrangler [etrɑ̃gle] *vt* estrangular. ❑ **s'étrangler** *vp* atragantarse.

être [ɛtr] *vi* 1. *(pour décrire, indiquer l'origine)* ser; **je suis architecte** soy arquitecto; **il est très sympa** es muy majo.

2. *(pour désigner une situation, un état)* estar: **~ en forme** estar en forma; **nous serons à Naples/à la maison à partir de demain** estaremos en Nápoles/en casa a partir de mañana.

3. *(pour donner la date)* estar a; **quel jour sommes-nous?** ¿a qué día estamos?

4. *(aller)*: **j'ai été trois fois en Écosse** he ido tres veces a Escocia.

◆ *v impers*: **il est 8 h** son las ocho; **il est tard** es tarde; **il est difficile de savoir si...** es difícil saber si...

◆ *v aux* 1. *(pour former les temps composés)* haber; **nous sommes partis ensemble** nos hemos ido juntos; **elle est née ce matin** ha nacido esta mañana; **tu t'es coiffé?** ¿te has peinado?

2. *(pour former le passif)* ser; **les blessés ont été évacués** los heridos han sido evacuados.

◆ *nm* ser *m*; **~ humain** ser humano.

étroit, -e [etrwa, at] *adj*

estrecho(-cha).

étude [etyd] *nf* estudio *m*; *(salle d'école)* sala *f* de estudio. ❑ **études** *nfpl* estudios *mpl*; **faire des ~s (de)** estudiar.

étudiant, **-e** [etydjɑ̃, ɑ̃t] *adj & nm, f* estudiante.

étudier [etydje] *vt & vi* estudiar.

étui [etɥi] *nm* estuche *m*.

eu, **-e** [y] *pp* → **avoir**.

eurochèque [ørɔʃɛk] *nm* eurocheque *m*.

Europe [ørɔp] *nf*: **l'~** Europa; **l'~ de l'Est** Europa del Este.

européen, **-enne** [ørɔpeɛ̃, ɛn] *adj* europeo(-a).

eux [ø] *pron* ellos; **~-mêmes** ellos mismos.

évacuer [evakɥe] *vt* evacuar; *(liquide)* verter.

évader [evade]: **s'évader** *vp* evadirse.

évaluer [evalɥe] *vt* evaluar.

évanouir [evanwir]: **s'évanouir** *vp (avoir un malaise)* desmayarse.

évaporer [evapɔre]: **s'évaporer** *vp* evaporarse.

évasé, **-e** [evaze] *adj* acampanado(-da).

éveillé, **-e** [eveje] *adj (vif)* despierto(-ta).

événement [evɛnmɑ̃] *nm* acontecimiento *m*.

éventail [evɑ̃taj] *nm* abanico *m*.

éventuellement [evɑ̃tɥɛlmɑ̃] *adv* eventualmente.

évidemment [evidamɑ̃] *adv* evidentemente.

évident, **-e** [evidɑ̃, ɑ̃t] *adj* evidente.

évier [evje] *nm* fregadero *m*.

évitement [evitmɑ̃] *nm (Belg)* desvío *m*.

éviter [evite] *vt* evitar; **~ de faire qqch** evitar hacer algo.

évolué, **-e** [evɔlɥe] *adj* evolucionado(-da).

évoluer [evɔlɥe] *vi* evolucionar.

évolution [evɔlysjɔ̃] *nf* evolución *f*.

évoquer [evɔke] *vt (mentionner)* mencionar.

ex- [ɛks] *préfixe* ex.

exact, **-e** [ɛgzakt] *adj* exacto(-ta); **c'est ~** es cierto.

exactement [ɛgzaktəmɑ̃] *adv* exactamente.

ex aequo [ɛgzeko] *adj inv*: **ils**

ont terminé ~ quedaron empatados.

exagérer [ɛgzaʒere] *vt & vi* exagerar.

examen [ɛgzamɛ̃] *nm* examen *m*; *(médical)* reconocimiento *m*.

examiner [ɛgzamine] *vt* examinar; *(malade)* reconocer.

excédent [ɛksedɑ̃] *nm* excedente *m*; ~ **de bagages** exceso *m* de equipaje.

excéder [ɛksede] *vt (dépasser)* exceder.

excellent, -e [ɛkselɑ̃, ɑ̃t] *adj* excelente.

excentrique [ɛksɑ̃trik] *adj* excéntrico(-ca).

excepté [ɛksɛpte] *prép* excepto.

exception [ɛksɛpsjɔ̃] *nf* excepción *f*; **faire une** ~ hacer una excepción; **à l'~ de** con excepción de.

exceptionnel, -elle [ɛksɛpsjɔnɛl] *adj* excepcional.

excès [ɛksɛ] *nm* exceso *m*; ~ **de vitesse** exceso de velocidad.

excessif, -ive [ɛksesif, iv] *adj* excesivo(-va).

excitant, -e [ɛksitɑ̃, ɑ̃t] *adj* & *nm* excitante.

exciter [ɛksite] *vt* excitar.

exclure [ɛksklyr] *vt* excluir.

exclusivité [ɛksklyzivite] *nf* exclusiva *f*; **en** ~ en exclusiva.

excursion [ɛkskyrsjɔ̃] *nf* excursión *f*.

excuse [ɛkskyz] *nf* excusa *f*. ❑ **excuses** *nfpl*: **faire des ~s à qqn** presentar sus excusas a alguien.

excuser [ɛkskyze] *vt* disculpar; **excusez-moi** disculpe, perdone. ❑ **s'excuser** *vp* disculparse.

exécuter [ɛgzekyte] *vt* ejecutar.

exemplaire [ɛgzɑ̃plɛr] *nm* ejemplar *m*.

exemple [ɛgzɑ̃pl] *nm* ejemplo *m*; **par** ~ por ejemplo.

exercer [ɛgzɛrse]: **s'exercer** *vp* ejercitarse; **s'~ à faire qqch** ejercitarse a hacer algo.

exercice [ɛgzɛrsis] *nm* ejercicio *m*; **faire de l'~** hacer ejercicio.

exhiber [ɛgzibe] *vt* exhibir.

exigeant, -e [ɛgziʒɑ̃, ɑ̃t] *adj* exigente.

exiger [ɛgziʒe] *vt* exigir.

existence [ɛgzistɑ̃s] *nf* existencia *f.*

exister [ɛgziste] *vi* existir; **il existe plusieurs possibilités** existen varias posibilidades.

exotique [ɛgzɔtik] *adj* exótico(-ca).

expédier [ɛkspedje] *vt (envoyer)* expedir; *(péj: bâcler)* despachar.

expéditeur, -trice [ɛkspeditœr, tris] *nm, f* remitente *mf.*

expédition [ɛkspedisjɔ̃] *nf* expedición *f.*

expérience [ɛksperjɑ̃s] *nf* experiencia *f*; **~ (professionnelle)** experiencia (profesional).

expérimenté, -e [ɛksperimɑ̃te] *adj* experimentado (-da).

expert [ɛkspɛr] *nm (technicien)* perito *m*; *(connaisseur)* experto *m.*

expirer [ɛkspire] *vi* espirar.

explication [ɛksplikasjɔ̃] *nf* explicación *f.*

expliquer [ɛksplike] *vt* explicar; **~ qqch à qqn** explicar algo a alguien.

exploit [ɛksplwa] *nm* hazaña *f.*

exploitation [ɛksplwatasjɔ̃] *nf*: **~ (agricole)** explotación agraria.

exploiter [ɛksplwate] *vt* explotar.

explorer [ɛksplɔre] *vt* explorar.

exploser [ɛksploze] *vi* explotar.

explosion [ɛksplozjɔ̃] *nf* explosión *f.*

exporter [ɛkspɔrte] *vt* exportar.

exposé, -e [ɛkspoze] *adj (en danger)* expuesto(-ta). ♦ *nm* exposición *f*; **~ au sud** orientado al sur; **bien ~** bien orientado.

exposer [ɛkspoze] *vt* exponer. ❑ **s'exposer à** *vp + prép* exponerse a.

exposition [ɛkspozisjɔ̃] *nf (d'art)* exposición *f.*

exprès [ɛksprɛ] *adv* adrede; **faire ~ de faire qqch** hacer algo adrede.

express [ɛksprɛs] *nm (café)* expresso *m*; **(train) ~** (tren) expreso *m.*

expression [ɛksprɛsjɔ̃] *nf* expresión *f.*

expresso [ɛksprɛso] *nm* exprés *m inv.*

exprimer [ɛksprime] *vt* expresar. ❑ **s'exprimer** *vp* expresarse.

expulser [ɛkspylse] *vt* expulsar.

extensible [ɛkstɑ̃sibl] *adj* *(vêtement)* extensible.

extérieur, -e [ɛksterjœr] *adj & nm* exterior; **à l'~** *(dehors)* afuera; **à l'~ de** fuera de.

externe [ɛkstɛrn] *adj & nmf* externo(-na).

extincteur [ɛkstɛ̃ktœr] *nm* extintor *m*.

extinction [ɛkstɛ̃ksjɔ̃] *nf*: **~ de voix** afonía *f*.

extra [ɛkstra] *adj inv* extra; *(fam)* guay.

extraire [ɛkstrɛr] *vt* extraer.

extrait [ɛkstrɛ] *nm* extracto *m*.

extraordinaire [ɛkstraɔrdinɛr] *adj* extraordinario.

extravagant, -e [ɛkstravagɑ̃, ɑ̃t] *adj* extravagante.

extrême [ɛkstrɛm] *adj* extremo(-ma). ◆ *nm* extremo *m*.

extrêmement [ɛkstrɛmmɑ̃] *adv* extremadamente.

extrémité [ɛkstremite] *nf* extremidad *f*.

F

F *(abr de franc, Fahrenheit)* F.

fabriquer [fabrike] *vt* fabricar; **mais qu'est-ce que tu fabriques?** *(fam)* pero ¿qué estás haciendo?

fac [fak] *nf (fam)* facul *f*.

façade [fasad] *nf* fachada *f*.

face [fas] *nf* cara *f*; **de ~** de frente; **en ~ (de)** enfrente (de); **~ à ~** cara a cara.

fâché, -e [faʃe] *adj* enfadado(-da).

fâcher [faʃe]: **se fâcher** *vp* enfadarse.

facile [fasil] *adj* fácil.

facilement [fasilmɑ̃] *adv* *(aisément)* fácilmente; *(au moins)* por lo menos.

faciliter [fasilite] *vt* facilitar.

façon [fasɔ̃] *nf* manera *f*; **de toute ~** de todas maneras; **non merci, sans ~** gracias, pero no. ❑ **façons** *nfpl* modales *mpl*.

facteur, -trice [faktœr,

tris] *nm, f* cartero *m* (-ra *f*). ◆ *nm* factor *m*.

facture [faktyr] *nf* factura *f*.

facturette [faktyrɛt] *nf recibo que uno guarda cuando realiza un pago mediante tarjeta de crédito*.

faculté [fakylte] *nf* facultad *f*.

fade [fad] *adj (aliment)* soso(-sa); *(couleur)* apagado (-da).

faible [fɛbl] *adj* débil; *(son, lumière, revenus)* bajo(-ja).

faiblir [feblir] *vi* flaquear.

faïence [fajɑ̃s] *nf* loza *f*.

faille [faj] *nf (du terrain)* falla *f*; *(défaut)* fallo *m*.

faillir [fajir] *vi*: **il a failli tomber** por poco se cae.

faim [fɛ̃] *nf* hambre *f*; **avoir ~** tener hambre.

fainéant, -e [feneɑ̃, ɑ̃t] *adj* & *nm, f* vago(-ga).

faire [fɛr] *vt* 1. *(gén)* hacer; **~ les comptes** hacer cuentas; **~ le ménage** hacer la limpieza; **~ son lit** hacer la cama; **~ la vaisselle** fregar los platos; **~ ses valises** hacer las maletas; **je lui ai fait mal sans le faire exprès** sin querer le he hecho daño; **ma jambe me fait horriblement mal** me duele muchísimo la pierna.

2. *(s'occuper à)*: **que faites-vous comme métier?** ¿a qué se dedica usted?

3. *(sport, discipline)* hacer; **~ du piano** tocar el piano.

4. *(imiter)*: **~ l'imbécile** hacer el imbécil.

5. *(parcourir)* recorrer; **nous avons fait 150 km en deux heures** hemos recorrido 150 km en dos horas; **~ du 150 (à l'heure)** ir a unos 150 km (por hora).

6. *(avec des mesures)*: **les pièces font 3 m de haut** las habitaciones tienen 3 m de altura; **je fais 1,68 m** mido 1.68 m; **je fais du 40** uso la talla 40.

7. *(dans des expressions)*: **ça ne fait rien** no importa; **qu'est-ce que ça peut te ~?** ¿qué más te da?; **qu'est-ce que j'ai fait de mes clefs?** ¿qué he hecho con mis llaves?

◆ *vi* 1. *(agir)* hacer; **vas-y, mais fais vite** ve pero date prisa; **vous feriez mieux de...** más valdría que...

2. *(avoir l'air)*: **~ jeune/vieux** parecer joven/mayor.

◆ *v impers*: **il fait chaud/moins**

2° hace calor/2° bajo cero; **ça fait longtemps que je n'ai pas eu de ses nouvelles** hace tiempo que no tengo noticias suyos; **ça fait dix ans que j'habite ici** hace diez años que vivo aquí.

◆ *v aux* 1. *(indique que l'on provoque une action)* hacer; **~ tomber qqch** hacer caer algo.

2. *(indique que l'on commande une action)*: **~ repeindre la maison** volver a pintar la casa.

❑ **se faire** *vp* 1. *(gén)* hacerse; **ça ne se fait pas** no se hace; **se ~ des amis** hacerse amigos; **se ~ du souci** preocuparse; **se ~ beau** ponerse guapo.

2. *(avec un infinitif)*. **il se fait opérer de l'appendicite mardi** el martes lo operan de apendicitis; **il s'est fait couper les cheveux** se ha cortado el pelo.

3. *(dans des expressions)*: **comment se fait-il que...?** ¿cómo es que...?; **ne pas s'en ~** no preocuparse.

fais [fɛ] → **faire**.

faisable [fəzabl] *adj* factible.

faisant [fəzɑ̃] *ppr* → **faire**.

faisons [fəzɔ̃] → **faire**.

fait, **-e** [fɛ, fɛt] *pp* → **faire**. ◆ *adj* hecho(-cha). ◆ *nm* hecho *m*; **(c'est) bien ~ pour toi!** ¡te está bien empleado!; **au ~** a propósito; **en ~** de hecho.

faites [fɛt] → **faire**.

falaise [falɛz] *nf* acantilado *m*.

falloir [falwar] *v impers*: **il faut y aller** ou **que nous y allions** tenemos que irnos; **il me faut deux kilos d'oranges** necesito dos kilos de naranjas; **il me faut y retourner** tengo que volver.

fallu [faly] *pp* → **falloir**.

fameux, **-euse** [famø, øz] *adj (célèbre)* famoso(-sa).

familial, **-e**, **-aux** [familjal, o] *adj* familiar.

familier, **-ère** [familje, ɛr] *adj* familiar.

famille [famij] *nf* familia *f*; **en ~** en familia.

fané, **-e** [fane] *adj (fleur)* marchitado(-da); *(couleur, tissu)* deslucido(-da).

faner [fane]: **se faner** *vp* marchitarse.

fanfare [fɑ̃far] *nf* fanfarria *f*.

fanfaron, **-onne** [fɑ̃farɔ̃,

on] *adj* fanfarrón(-ona).

fantaisie [fɑ̃tezi] *nf (imagination)* fantasía *f*; *(caprice)* antojo *m*; **bijoux ~** bisutería *f* de fantasía.

fantastique [fɑ̃tastik] *adj* fantástico(-ca).

fantôme [fɑ̃tom] *nm* fantasma *m*.

far [far] *nm*: **~ breton** *flan con ciruelas pasas*.

farce [fars] *nf (CULIN)* relleno *m*; **faire une ~ à qqn** gastar una broma a alguien.

farci, -e [farsi] *adj* relleno(-na).

fard [far] *nm*: **~ à joues** colorete *m*; **~ à paupières** sombra *f* de ojos.

farine [farin] *nf* harina *f*.

fasciner [fasine] *vt* fascinar.

fasse, *etc* → **faire**.

fatalement [fatalmɑ̃] *adv* fatalmente.

fatigant, -e [fatigɑ̃, ɑ̃t] *adj (épuisant)* cansado(-da); *(agaçant)* pesado(-da).

fatigue [fatig] *nf* cansancio *m*.

fatigué, -e [fatige] *adj* cansado(-da); **être ~ de (faire) qqch** estar harto de (hacer) algo.

fatiguer [fatige] *vt* cansar. ❑ **se fatiguer** *vp* cansarse.

faubourg [fobur] *nm*: **les ~s** las inmediaciones.

faucher [foʃe] *vt (blé)* segar; *(fam: voler)* birlar.

faudra [fodra] → **falloir**.

faufiler [fofile]: **se faufiler** *vp* colarse.

faut [fo] → **falloir**.

faute [fot] *nf* falta *f*; **c'est (de) ma ~** es culpa mía; **~ de** a falta de.

fauteuil [fotœj] *nm* sillón *m*; *(de cinéma, de théâtre)* butaca *f*; **~ roulant** silla *f* de ruedas.

fauve [fov] *nm* fiera *f*.

faux, fausse [fo, fos] *adj* falso(-sa); *(barbe, dent)* postizo(-za). ◆ *adv*: **chanter ~** desafinar.

favorable [favɔrabl] *adj* favorable.

favori, -ite [favɔri, it] *adj* favorito(-ta).

fax [faks] *nm* fax *m*.

faxer [fakse] *vt* enviar por fax.

féculent [fekylɑ̃] *nm* alimento *m* feculento.

feignant, -e [fɛɲɑ̃, ɑ̃t] *adj (fam)* vago(-ga).

fêler [fele]: **se fêler** *vp* resquebrajarse.

félicitations [felisitasjɔ̃] *nfpl* felicidades *fpl*.

féliciter [felisite] *vt* felicitar.

femelle [fəmɛl] *nf* hembra *f*.

féminin, -e [feminɛ̃, in] *adj* femenino(-na). ♦ *nm* femenino *m*.

femme [fam] *nf* mujer *f*; ~ **de ménage** asistenta *f*.

fendant [fɑ̃dɑ̃] *nm variedad de vino blanco de la región de Valais en Suiza*.

fendre [fɑ̃dr] *vt* rajar.

fenêtre [fənɛtr] *nf* ventana *f*.

fenouil [fənuj] *nm* hinojo *m*.

fente [fɑ̃t] *nf (fissure)* grieta *f*; *(de tirelire, de distributeur)* ranura *f*.

fer [fɛr] *nm* hierro *m*; ~ **à repasser** plancha *f (para la ropa)*.

fera, *etc* → **faire**.

féra [fera] *nf variedad de pescado del lago Lemán*.

férié [ferje] *adj m* → **jour**.

ferme [fɛrm] *adj (dur)* firme; *(strict)* severo(-ra). ♦ *nf* granja *f*; ~ **auberge** *granja restaurante*.

fermé, -e [fɛrme] *adj* cerrado(-da).

fermer [fɛrme] *vt* cerrar. ♦ *vi* cerrar. ❑ **se fermer** *vp* cerrarse.

fermeture [fɛrmətyr] *nf* cierre *m*; '~ **annuelle**' 'cierre anual'; ~ **Éclair®** cremallera *f*.

fermier, -ère [fɛrmje, ɛr] *nm, f* granjero *m* (-ra *f*).

fermoir [fɛrmwar] *nm* cierre *m*.

ferrée [fɛre] *adj f* → **voie**.

ferry [fɛri] (*pl* **ferries**) *nm* ferry *m*.

fesse [fɛs] *nf* nalga *f*. ❑ **fesses** *nfpl* culo *m*.

fessée [fese] *nf* azotaina *f*.

fête [fɛt] *nf* fiesta *f*; *(jour du saint)* santo *m*; **faire la** ~ ir de juerga; **bonne ~!** ¡felicidades!; ~ **foraine** feria *f*; **la ~ des Mères/des Pères** el día de la madre/del padre; **la ~ de la Musique** *fiesta que se celebra el 21 de junio y que se dedica a la música*; ~ **nationale** fiesta nacional. ❑ **fêtes** *nfpl*: **les ~s (de fin d'année)** las fiestas de fin de año.

fêter [fete] *vt* celebrar.

feu, -x [fø] *nm* fuego *m*; **avez-vous du ~?** ¿tiene

fuego?; **faire du ~** hacer fuego; **mettre le ~ à** prender fuego a; **~ d'artifice** fuegos artificiales; **~ rouge/vert** semáforo *m* en rojo/en verde; **~ de signalisation**, ~ tricolore semáforo; **au ~!** ¡fuego!; **en ~** ardiendo.

feuille [fœj] *nf* hoja *f*.

feuilleté, **-e** [fœjte] *adj* → **pâte**. ♦ *nm* hojaldre *m*.

feuilleter [fœjte] *vt* ojear.

feuilleton [fœjtɔ̃] *nm* serial *m*.

feutre [føtr] *nm (stylo)* rotulador *m*; *(chapeau)* sombrero *m* de fieltro.

fève [fɛv] *nf (haricot)* haba *f*; *(de galette) figurita que designa rey al que la encuentra en su porción del pastel de reyes.*

février [fevrije] *nm* febrero *m*, → **septembre**.

FF *(abr de franc français)* FF.

fiancé, **-e** [fjɑ̃se] *nm, f* novio *m* (-via *f*).

ficelle [fisɛl] *nf* cordel *m*; *(pain) barra de pan muy fina.*

fiche [fiʃ] *nf* ficha *f*.

ficher [fiʃe] *vt (renseignement, suspect)* fichar; *(fam: mettre)* poner; **mais qu'est-ce qu'il fiche?** *(fam)* ¿pero qué hace?

❑ **se ficher de** *vp + prép (fam: ridiculiser)* burlarse de; **je m'en fiche** *(fam: ça m'est égal)* me importa un bledo.

fichier [fiʃje] *nm* fichero *m*.

fichu, **-e** [fiʃy] *adj (fam)*: **c'est ~** *(raté)* se jorobó la cosa; *(cassé)* está escacharrado.

fidèle [fidɛl] *adj* fiel.

fier[1] [fje]: **se fier** *vp*: **se ~ à** fiarse de.

fier[2], **fière** [fjɛr] *adj* orgulloso(-sa).

fièvre [fjɛvr] *nf* fiebre *f*; **avoir de la ~** tener fiebre.

figé, **-e** [fiʒe] *adj (personne)* petrificado(-da); *(sauce)* cuajado(-da).

figue [fig] *nf* higo *m*.

figure [figyr] *nf (visage)* cara *f*; *(schéma)* figura *f*.

figurer [figyre] *vi* figurar. ❑ **se figurer** *vp*: **se ~ que** figurarse que.

fil [fil] *nm* hilo *m*; **~ de fer** alambre *m*.

file [fil] *nf* fila *f*; **~ (d'attente)** cola *f*; **à la ~** en fila.

filer [file] *vt (collant)* hacerse una carrera en. ♦ *vi (aller vite)* volar; *(fam: partir)* salir pitando.

filet [filɛ] *nm (de pêche, au tennis)* red *f*; *(de poisson)* filete *m*; *(de bœuf)* solomillo *m*; **~ américain** *carne cruda picada mezclada con una yema de huevo a la que se añaden condimentos; especialidad belga*; **~ à bagages** rejilla *f*.

fille [fij] *nf* chica *f*; *(descendante)* hija *f*.

filleul, **-e** [fijœl] *nm, f* ahijado *m* (-da *f*).

film [film] *nm* película *f*, *(plastique)* film *m*; **~ d'horreur** OU **d'épouvante** película de terror; **~ vidéo** película de vídeo.

filmer [filme] *vt* filmar.

fils [fis] *nm* hijo *m*.

filtre [filtr] *nm* filtro *m*.

fin, **-e** [fɛ̃, fin] *adj* fino(-na). ◆ *nf* final *m*; **~ juillet** a finales de julio; **à la ~ (de)** al final (de).

final, **-e**, **-als** [final, o] *adj* final.

finale [final] *nf* final *f*.

finalement [finalmɑ̃] *adv* finalmente.

finance [finɑ̃s] *nf*: **la ~** la finanza; **les ~s** *(publiques)* las finanzas; *(fam: d'un particulier)* los fondos.

financier, **-ère** [finɑ̃sje, ɛr] *adj* financiero(-ra). ◆ *nm (gâteau) pastel de almendras y fruta confitada*; **sauce financière** *salsa a base de vino de Madeira y esencia de trufas*.

finir [finir] *vt & vi* acabar; **~ de faire qqch** acabar de hacer algo; **~ par faire qqch** acabar por hacer algo.

finlandais, **-e** [fɛ̃lɑ̃dɛ, ɛz] *adj* finlandés(-esa). ◆ *nm (langue)* = **finnois**.

Finlande [fɛ̃lɑ̃d] *nf*: **la ~** Finlandia.

finnois [finwa] *nm* finlandés *m*.

fissure [fisyr] *nf* grieta *f*.

fissurer [fisyre]: **se fissurer** *vp* agrietarse.

fixation [fiksasjɔ̃] *nf (de ski)* fijación *f*.

fixe [fiks] *adj* fijo(-ja).

fixer [fikse] *vt* fijar; *(regarder)* mirar fijamente.

flacon [flakɔ̃] *nm* frasco *m*.

flageolet [flaʒɔlɛ] *nm* alubia *f* verde.

flairer [flɛre] *vt* olfatear.

flamand, **-e** [flamɑ̃, ɑ̃d] *adj* flamenco(-ca). ◆ *nm (langue)* flamenco *m*.

flambé, **-e** [flɑ̃be] *adj*

flameado(-da).

flamiche [flamiʃ] *nf pastel que se suele rellenar con puerros o queso, típico del norte de Francia y de Bélgica.*

flamme [flam] *nf* llama *f*; **en ~s** en llamas.

flan [flɑ̃] *nm* flan *m*.

flâner [flane] *vi* callejear.

flanquer [flɑ̃ke] *vt*: **~ une gifle à qqn** *(fam)* meter un bofetón a alguien.

flaque [flak] *nf* charco *m*.

flash (*pl* **-s -es**) [flaʃ] *nm* flash *m*.

flatter [flate] *vt* halagar.

flèche [flɛʃ] *nf* flecha *f*.

fléchette [fleʃɛt] *nf* dardo *m*.

flemme [flɛm] *nf (fam)*: **avoir la ~ (de faire qqch)** darle pereza a alguien (hacer algo).

flétri, **-e** [fletri] *adj* marchitado(-da).

fleur [flœr] *nf* flor *f*; **à ~s** de flores; **en ~(s)** en flor.

fleuri, **-e** [flœri] *adj (tissu)* floreado(-da).

fleurir [flœrir] *vi* florecer.

fleuriste [flœrist] *nmf* florista *mf*.

fleuve [flœv] *nm* río *m*.

flexible [flɛksibl] *adj* flexible.

flic [flik] *nm (fam)* poli *m*.

flipper [flipœr] *nm* flipper *m*.

flocon [flɔkɔ̃] *nm*: **~ de neige** copo *m* de nieve; **~s d'avoine** copos *mpl* de avena.

flottante [flɔtɑ̃t] *adj f* → **île**.

flotte [flɔt] *nf (fam: eau)* agua *f*; *(fam: pluie)* lluvia *f*.

flotter [flɔte] *vi* flotar.

flou, **-e** [flu] *adj (photo)* borroso(-sa); *(idée, souvenir)* confuso(-sa).

fluide [flɥid] *adj* fluido(-da).

fluo [flyo] *adj inv* fluorescente.

fluor [flyɔr] *nm* flúor *m*.

fluorescent, **-e** [flyɔresɑ̃, ɑ̃t] *adj* fluorescente.

flûte [flyt] *nf (instrument)* flauta *f*; *(pain) barra fina de pan*; *(verre)* copa *f* de champán. ◆ *excl* ¡vaya!; **~ à bec** flauta dulce.

FM *nf* FM *f*.

foie [fwa] *nm* hígado *m*; **~ gras** *plato exquisito a base de hígado de oca o pato*; **~ de veau** *hígado de ternera lechal.*

foin [fwɛ̃] *nm* heno *m*.

foire [fwar] *nf* feria *f*.

fois [fwa] *nf* vez *f*; **une/deux/trois ~ (par jour)** una/dos/tres veces (al día); **à la ~** a la vez; **des ~** *(fam)* a veces; **une ~ que** una vez que.

folie [fɔli] *nf* locura *f*.

folklorique [fɔlklɔrik] *adj* folclórico(-ca).

folle → **fou**.

foncé, -e [fɔ̃se] *adj* oscuro(-ra).

foncer [fɔ̃se] *vi (fam: aller vite)* volar; **~ dans** OU **sur** arremeter contra.

fonction [fɔ̃ksjɔ̃] *nf* función *f*; **en ~ de** en función de.

fonctionnaire [fɔ̃ksjɔnɛr] *nmf* funcionario *m* (-ria *f*).

fonctionner [fɔ̃ksjɔne] *vi* funcionar.

fond [fɔ̃] *nm* fondo *m*; **au ~ de** en el fondo de; **~ d'artichaut** corazón *m* de alcachofa; **~ de teint** fondo de maquillaje.

fondamental, -e, -aux [fɔ̃damɑ̃tal, o] *adj* fundamental.

fondant, -e [fɔ̃dɑ̃, ɑ̃t] *nm*: **~ au chocolat** *pastel de chocolate de consistencia parecida al bombón*.

fonder [fɔ̃de] *vt* fundar.

fondre [fɔ̃dr] *vi* derretir; **~ en larmes** romper a llorar.

fondue [fɔ̃dy] *nf*: **~ bourguignonne/savoyarde** fondue *f* de carne/de queso.

font [fɔ̃] → **faire**.

fontaine [fɔ̃tɛn] *nf* fuente *f*.

foot(ball) [fut(bol)] *nm* fútbol *m*.

footing [futiŋ] *nm* footing *m*; **faire un ~** hacer footing.

forain, -e [fɔrɛ̃, ɛn] *adj* → **fête**.

force [fɔrs] *nf* fuerza *f*; **de ~** por OU a la fuerza; **à ~ de faire qqch** a fuerza de hacer algo.

forcément [fɔrsemɑ̃] *adv* forzosamente; **pas ~** no necesariamente.

forcer [fɔrse] *vt & vi* forzar; **~ qqn à faire qqch** forzar a alguien a hacer algo. ❑ **se forcer** *vp*: **se ~ (à faire qqch)** forzarse (a hacer algo).

forêt [fɔrɛ] *nf* bosque *m*.

forêt-noire [fɔrɛnwar] (*pl* **forêts-noires**) *nf* selva *f* negra.

forfait [fɔrfɛ] *nm* forfait *m*.

forfaitaire [fɔrfɛtɛr] *adj*: **tarif ~** tarifa *f* fija.

formalités [fɔrmalite] *nfpl* formalidades *fpl*.

format [fɔrma] *nm* formato *m*.

formation [fɔrmasjɔ̃] *nf* formación *f*.

forme [fɔrm] *nf* forma *f*; **en ~ de** en forma de; **être en (pleine) ~** estar en (plena) forma.

former [fɔrme] *vt* formar. ❑ **se former** *vp* formarse.

formidable [fɔrmidabl] *adj* formidable.

formulaire [fɔrmylɛr] *nm* formulario *m*.

formule [fɔrmyl] *nf* fórmula *f*; *(de restaurant)* menú *m*.

fort, -e [fɔr, fɔrt] *adj & adv* fuerte; **~ en maths** bueno en matemáticas.

forteresse [fɔrtərɛs] *nf* fortaleza *f*.

fortifications [fɔrtifikasjɔ̃] *nfpl* fortificaciones *fpl*.

fossé [fose] *nm* cuneta *f*.

fou, folle [fu, fɔl] *adj* loco(-ca); *(fig)* increíble. ◆ *nm, f* loco *m* (-ca *f*); **j'ai eu le ~ rire** me dio la risa tonta.

foudre [fudr] *nf* rayo *m*.

fouet [fwɛ] *nm* látigo *m*; *(CULIN)* batidor *m*.

fouetter [fwete] *vt* azotar; *(CULIN)* batir.

fougère [fuʒɛr] *nf* helecho *m*.

fouiller [fuje] *vt* registrar.

foulard [fular] *nm* pañuelo *m*.

foule [ful] *nf* multitud *f*.

fouler [fule]: **se fouler** *vp*: **se ~ la cheville** torcerse el tobillo.

four [fur] *nm* horno *m*.

fourche [furʃ] *nf (instrument)* horquilla *f*; *(carrefour)* bifurcación *f*.

fourchette [furʃɛt] *nf* tenedor *m*; *(de prix)* gama *f*.

fourgonnette [furgɔnɛt] *nf* furgoneta *f*.

fourmi [furmi] *nf* hormiga *f*; **avoir des ~s dans les jambes** tener hormigueo en las piernas.

fourneau, -x [furno] *nm* hornilla *m*.

fournir [furnir] *vt* suministrar; **~ qqch à qqn** procurar algo a alguien.

fourré, -e [fure] *adj (vêtement)* forrado(-da); *(CULIN)* relleno(-na).

fourrière [furjɛr] *nf (pour voitures)* depósito *m*; *(pour ani-*

maux) perrera *f.*

fourrure [furyr] *nf* piel *f; (vêtement)* prenda *f* de piel.

foyer [fwaje] *nm* hogar *m; (pour travailleurs, étudiants)* residencia *f;* **femme/mère au ~** ama *f* de casa.

fracasser [frakase]: **se fracasser** *vp* estrellarse.

fracture [fraktyr] *nf* fractura *f.*

fracturer [fraktyre]: **se fracturer** *vp*: **se ~ le crâne** fracturarse el cráneo.

fragile [fraʒil] *adj* frágil.

fraîche → frais.

fraîcheur [frɛʃœr] *nf (du matin, de l'ombre)* frescor *m; (d'un aliment)* frescura *f.*

frais, fraîche [frɛ, frɛʃ] *adj* fresco(-ca). ◆ *nmpl* gastos *mpl.* ◆ *nm*: **mettre qqch au ~** poner algo al fresco; **prendre le ~** tomar el fresco. ◆ *adv*: **il fait ~** hace fresco; **'servir ~'** 'servir frío'.

fraise [frɛz] *nf* fresa *f.*

fraisier [frɛzje] *nm (plante)* fresera *f; (gâteau) bizcocho empapado en kirsch relleno de nata y trocitos de fresa.*

framboise [frɑ̃bwaz] *nf* frambuesa *f.*

franc, franche [frɑ̃, frɑ̃ʃ] *adj* franco(-ca). ◆ *nm* franco *m.*

français, -e [frɑ̃sɛ, ɛz] *adj* francés(-esa). ◆ *nm (langue)* francés *m.* ❑ **Français, -e** *nm, f* francés *m* (-esa *f*).

France [frɑ̃s] *nf*: **la ~** Francia.

franche → franc.

franchement [frɑ̃ʃmɑ̃] *adv (honnêtement)* francamente.

franchir [frɑ̃ʃir] *vt* atravesar.

franchise [frɑ̃ʃiz] *nf (honnêteté)* franqueza *f; (d'assurance)* franquicia *f.*

frange [frɑ̃ʒ] *nf* flequillo *m;* **à ~s** con flecos.

frangipane [frɑ̃ʒipan] *nf (crème)* crema *f* de almendras; *(gâteau)* pastel *m* con crema de almendras.

frappant, -e [frapɑ̃, ɑ̃t] *adj (ressemblance)* sorprendente.

frapper [frape] *vt (battre)* pegar; *(coup)* golpear; *(impressionner)* impresionar; *(suj: maladie, catastrophe)* afectar. ◆ *vi*: **~ (à la porte)** llamar (a la puerta); **~ dans ses mains** dar palmadas.

frayeur [frɛjœr] *nf* pavor *m.*

freezer [frizœr] *nm* congelador *m*.

frein [frɛ̃] *nm* freno *m*; ~ **à main** freno de mano.

freiner [frene] *vt* & *vi* frenar.

fréquence [frekɑ̃s] *nf* frecuencia *f*.

fréquent, **-e** [frekɑ̃, ɑ̃t] *adj* frecuente.

fréquenter [frekɑ̃te] *vt* frecuentar.

frère [frɛr] *nm* hermano *m*.

fresque [frɛsk] *nf* fresco *m*.

friand [frijɑ̃] *nm* ≈ empanada *f* de carne.

friandise [frijɑ̃diz] *nf* golosina *f*.

fric [frik] *nm (fam)* pasta *f*.

fricassée [frikase] *nf* fricasé *m*.

frictionner [friksjɔne] *vt* friccionar.

Frigidaire® [friʒidɛr] *nm* nevera *f*.

frigo [frigo] *nm (fam)* frigo *m*.

frileux, **-euse** [frilø, øz] *adj* friolero(-ra).

fripé, **-e** [fripe] *adj* arrugado(-da).

frire [frir] *vt* & *vi* freír; **faire ~** freír.

frisé, **-e** [frize] *adj* rizado(-da).

frisée [frize] *nf* escarola *f*.

frisson [frisɔ̃] *nm*: **avoir des ~s** sentir escalofríos.

frit, **-e** [fri, frit] *pp* → **frire**.

frites [frit] *nfpl*: **(pommes) ~** patatas *fpl* fritas.

friture [frityr] *nf (huile)* aceite *m* de freír; *(poissons)* fritura *f*.

froid, **-e** [frwa, frwad] *adj* frío(-a). ◆ *nm* frío *m*. ◆ *adv*: **avoir ~** tener frío; **il fait ~** hace frío.

froisser [frwase] *vt* arrugar; *(fig)* ofender. ❑ **se froisser** *vp* arrugarse.

frôler [frole] *vt* rozar.

fromage [frɔmaʒ] *nm* queso *m*; ~ **blanc** queso blanco.

froncer [frɔ̃se] *vt* fruncir; ~ **les sourcils** fruncir el ceño.

front [frɔ̃] *nm (ANAT)* frente *f*.

frontière [frɔ̃tjɛr] *nf* frontera *f*.

frotter [frɔte] *vt* frotar. ◆ *vi* rozar.

fruit [frɥi] *nm (qui se mange)* fruta *f*; *(d'un arbre, profit)* fruto *m*; ~ **de la passion** fruta de la pasión; **~s confits** frutas confitadas; **~s de mer** marisco *m*; **~s secs** frutos secos.

fruitier [frɥitje] *adj m* → **arbre**.

fuir [fɥir] *vi* huir; *(robinet, eau)* salirse.

fuite [fɥit] *nf* huida *f*, fuga *f*; *(d'eau, de gaz)* escape *m*; **être en ~** estar fugado(-da).

fumé, -e [fyme] *adj* ahumado(-da).

fumée [fyme] *nf* humo *m*.

fumer [fyme] *vi* fumar; *(liquide)* humear.

fumeur, -euse [fymœr, øz] *nm, f* fumador *m* (-ra *f*).

funiculaire [fynikylɛr] *nm* funicular *m*.

furieux, -euse [fyrjø, øz] *adj* furioso(-sa).

furoncle [fyrɔ̃kl] *nm* forúnculo *m*.

fuseau, -x [fyzo] *nm (pantalon)* pantalón *m* tubo; **~ horaire** huso *m* horario.

fusée [fyze] *nf* cohete *m*.

fusible [fyzibl] *nm* fusible *m*.

fusil [fyzi] *nm* fusil *m*.

futé, -e [fyte] *adj* listo(-ta).

futile [fytil] *adj* fútil.

futur, -e [fytyr] *adj* futuro(-ra). ◆ *nm* futuro *m*.

G

gâcher [gaʃe] *vt (détruire)* estropear; *(gaspiller)* derrochar.

gadget [gadʒɛt] *nm* chisme *m*.

gaffe [gaf] *nf*: **faire une ~** meter la pata; **faire ~ (à)** *(fam)* tener cuidado (con).

gag [gag] *nm* broma *f*.

gagnant, -e [gaɲɑ̃, ɑ̃t] *adj & nm, f* ganador(-ra).

gagner [gaɲe] *vt* ganar. ◆ *vi* ganar; **(bien) ~ sa vie** ganarse (bien) la vida.

gai, -e [gɛ] *adj* alegre.

gaine [gɛn] *nf (étui)* funda *f*; *(sous-vêtement)* faja *f*.

galant [galɑ̃] *adj m* galante.

galerie [galri] *nf (à bagages)* baca *f*; **~ (d'art)** galería (de arte); **~ marchande** galerías *fpl*.

galet [galɛ] *nm* canto *m* rodado.

galette [galɛt] *nf (gâteau)* torta *f*; *(crêpe)* crepe *f* salada; **~ bretonne** galleta *f* de bretaña; **~ des Rois** *pastel que se toma tradicionalmente el 6 de*

enero, = roscón *m* de Reyes.
Galice [galis] *nf*: **la ~** Galicia.
Galles [gal] *n* → **pays**.
gallois, -e [galwa, az] *adj* galés(-esa).
galoper [galɔpe] *vi* galopar.
gambas [gɑ̃bas] *nfpl* langostinos *mpl*.
gamin, -e [gamɛ̃, in] *nm, f* (*fam: enfant*) crío *m* (-a *f*); (*fils, fille*) niño *m* (-ña *f*).
gamme [gam] *nf* gama *f*.
ganglion [gɑ̃glijɔ̃] *nm* ganglio *m*.
gant [gɑ̃] *nm* guante *m*; **~ de toilette** manopla *f*.
garage [garaʒ] *nm* (*d'une maison*) garaje *m*; (*de réparation*) taller *m*.
garagiste [garaʒist] *nm* mecánico *m* (-ca *f*).
garantie [garɑ̃ti] *nf* garantía *f*; **(bon de) ~** garantía *f*.
garantir [garɑ̃tir] *vt* garantizar; **~ à qqn que** garantizar a alguien que.
garçon [garsɔ̃] *nm* chico *m*; **~ (de café)** camarero *m*.
garde[1] [gard] *nm* guarda *m*.
garde[2] [gard] *nf* guardia *f*; (*JUR*) custodia *f*; **prendre ~ (à)** tener cuidado (con); **de ~** de guardia.
garde-barrière [gard(ə)barjɛr] (*pl* **gardes-barrière(s)**) *nmf* guadabarrera *mf*.
garde-boue [gardəbu] *nm inv* guardabarros *m inv*.
garde-fou, -s [gardəfu] *nm* pretil *m*.
garder [garde] *vt* (*conserver*) guardar; (*sur soi*) quedarse con; (*surveiller*) vigilar. ❑ **se garder** *vp* conservarse.
garderie [gardəri] *nf* guardería *f*.
garde-robe, -s [gardərɔb] *nf* guardarropa *m*.
gardien, -enne [gardjɛ̃, ɛn] *nm, f* (*de musée, de prison*) guardián *m* (-ana *f*); (*d'immeuble*) portero *m* (-ra *f*).
gare [gar] *nf* estación *f*; **entrer en ~** entrar en la estación; **~ maritime/routière** estación marítima/de autobuses.
garer [gare]: **se garer** *vp* aparcar.
garni, -e [garni] *adj* (*plat*) con guarnición.
garnir [garnir] *vt*: **~ qqch de** guarnecer algo con.
garniture [garnityr] *nf* (*légumes*) guarnición *f*.

Gascogne [gaskɔɲ] *n* → Golfe.

gas-oil [gazɔjl] *nm* = gazole.

gaspiller [gaspije] *vt* derrochar.

gastronomique [gastrɔnɔmik] *adj* gastronómico (-ca).

gâteau, -x [gato] *nm* pastel *m*; ~ **sec** galleta *f*.

gâter [gate] *vt* mimar. ❑ **se gâter** *vp (fruit)* pudrirse; *(dent)* picarse.

gauche [goʃ] *adj* izquierdo (-da). ◆ *nf*: **la** ~ la izquierda; **à** ~ **(de)** a la izquierda (de); **de** ~ *(du côté gauche)* de la izquierda; *(POL: personne)* de izquierdas.

gaucher, -ère [goʃe, ɛr] *adj* zurdo(-da).

gaufre [gofr] *nf* gofre *m*.

gaufrette [gofrɛt] *nf* barquillo *m*.

gaver [gave]: **se gaver de** *vp + prép* hartarse de.

gaz [gaz] *nm inv* gas *m*.

gaze [gaz] *nf* gasa *f*.

gazeux, -euse [gazø, øz] *adj* con gas.

gazinière [gazinjɛr] *nf* cocina *f* de gas.

gazole [gazɔl] *nm* gasoil *m*.

gazon [gazɔ̃] *nm* césped *m*.

GB *(abr de Grande-Bretagne)* GB.

géant, -e [ʒeɑ̃, ɑ̃t] *adj* gigante. ◆ *nm, f* gigante *m* (-ta *f*).

gel [ʒɛl] *nm* hielo *m*; *(pour cheveux)* gomina *f*.

gelée [ʒəle] *nf (glace)* helada *f*; *(de fruits)* jalea *f*; **en** ~ con gelatina.

geler [ʒəle] *vi* helar; *(avoir froid)* helarse; **il gèle** está helando.

gélule [ʒelyl] *nf* cápsula *f*.

gênant, -e [ʒenɑ̃, ɑ̃t] *adj* molesto(-ta); **c'est** ~ me da apuro; **ce meuble est** ~ este mueble es un estorbo.

gencive [ʒɑ̃siv] *nf* encía *f*

gendarme [ʒɑ̃darm] *nm* = guardia *m* civil.

gendarmerie [ʒɑ̃darməri] *nf (bureau)* = cuartel *m* de la guardia civil.

gendre [ʒɑ̃dr] *nm* yerno *m*.

gêner [ʒene] *vt* molestar; *(encombrer)* estorbar; **ça vous gêne si...?** ¿le molesta si...? ❑ **se gêner** *vp*: **il ne se gêne pas (pour faire/dire qqch)** no se corta (para hacer/

decir algo).

général, -e, -aux [ʒeneral, o] *adj* general. ◆ *nm* general *m*; **en ~** en general.

généralement [ʒeneralmɑ̃] *adv* generalmente.

généraliste [ʒeneralist] *nm*: **(médecin) ~** = médico *m* (-ca *f*).

génération [ʒenerasjɔ̃] *nf* generación *f*.

généreux, -euse [ʒenerø, øz] *adj* generoso(-sa).

Genève [ʒənɛv] *n* Ginebra.

génial, -e, -aux [ʒenjal, o] *adj* genial.

génoise [ʒenwaz] *nf* ≈ bizcocho *m*.

genou, -x [ʒənu] *nm* rodilla *f*; **se mettre à ~x** ponerse de rodillas; **être à ~x** estar arrodillado(-da).

genre [ʒɑ̃r] *nm* género *m*; **un ~ de** una especie de.

gens [ʒɑ̃] *nmpl* gente *f*.

gentil, -ille [ʒɑ̃ti, ij] *adj* bueno(-na).

gentiment [ʒɑ̃timɑ̃] *adv* amablemente; *(Helv)* tranquilamente.

géographie [ʒeɔgrafi] *nf* ...ɔgrafía *f*.

gerbe [ʒɛrb] *nf* haz *m*; *(de fleurs)* ramo *m*.

gercé, -e [ʒɛrse] *adj* cortado(-da).

germain, -e [ʒɛrmɛ̃, ɛn] *adj* → **cousin**.

Gérone [ʒerɔn] *n* Gerona.

gésier [ʒezje] *nm* molleja *f*.

geste [ʒɛst] *nm* gesto *m*.

gestion [ʒɛstjɔ̃] *nf (d'une entreprise)* administración *f*; *(d'un projet)* gestión *f*.

gibelotte [ʒiblɔt] *nf guiso de conejo con vino blanco, panceta, cebolletas y champiñones.*

gibier [ʒibje] *nm* caza *f*.

giboulée [ʒibule] *nf* chubasco *m*.

Gibraltar [ʒibraltar] *n* Gibraltar; **le rocher de ~** el peñón de Gibraltar.

gicler [ʒikle] *vi* salpicar.

gifle [ʒifl] *nf* bofetada *f*.

gifler [ʒifle] *vt* dar una bofetada.

gigantesque [ʒigɑ̃tɛsk] *adj* gigantesco(-ca).

gigoter [ʒigɔte] *vi* revolverse; **arrête de ~** estate quieto.

gilet [ʒilɛ] *nm (pull)* chaqueta *f (de punto)*, rebeca *f*; *(sans* *manches)* chaleco *m*; **~ de sauvetage** chaleco salvavidas.

gin [dʒin] *nm* ginebra *f*.

gingembre [ʒɛ̃ʒɑ̃br] *nm* jengibre *m*.

girafe [ʒiraf] *nf* jirafa *f*.

giratoire [ʒiratwar] *adj* → **sens**.

girofle [ʒirɔfl] *nm* → **clou**.

gitan, -e [ʒitɑ̃, an] *nm, f* gitano *m* (-na *f*).

gîte [ʒit] *nm*: **~ d'étape** = posada *f*; **~ (rural)** vivienda *f* rural.

givre [ʒivr] *nm* escarcha *f*.

givré, -e [ʒivre] *adj* escarchado(-da); **orange ~e** naranja *f* helada.

glace [glas] *nf (eau gelée)* hielo *m*; *(crème glacée)* helado *m*; *(miroir)* espejo *m*.

glacé, -e [glase] *adj* helado(-da).

glacial, -e, -als [glasjal, o] *adj* frío(-a).

glacier [glasje] *nm (de montagne)* glaciar *m*; *(marchand)* heladero *m*.

glacière [glasjɛr] *nf* nevera *f*.

glaçon [glasɔ̃] *nm* cubito *m* de hielo.

glissant, -e [glisɑ̃, ɑ̃t] *adj* resbaladizo(-za).

glisser [glise] *vt* deslizar. ◆ *vi (en patinant)* deslizarse; *(déraper)* resbalar.

globalement [glɔbalmɑ̃] *adv* globalmente.

globe [glɔb] *nm* globo *m*; **le ~ (terrestre)** el globo (terráqueo).

gluant, -e [glyɑ̃, ɑt] *adj* pegajoso(-sa).

GO *(abr de grandes ondes)* GO.

gobelet [gɔblɛ] *nm (à boire)* vaso *m*; *(à dés)* cubilete *m*.

goéland [gɔelɑ̃] *nm* gaviota *f*.

goinfre [gwɛ̃fr] *nmf* zampón *m* (-ona *f*).

golf [gɔlf] *nm* golf *m*; **~ miniature** minigolf *m*.

golfe [gɔlf] *nm* golfo *m*; **le ~ de Gascogne** el Mar Cantábrico.

gomme [gɔm] *nf* goma *f*, borrador *m*.

gommer [gɔme] *vt* borrar.

gond [gɔ̃] *nm* gozne *m*.

gonflé, -e [gɔ̃fle] *adj* hinchado(-da); **être ~** *(fam)* tener mucho morro.

gonfler [gɔ̃fle] *vt* inflar, hinchar. ◆ *vi* hincharse.

gorge [gɔrʒ] *nf* garganta *f*.

gorgée [gɔrʒe] *nf* trago *m*.

gosette [gɔsɛt] *nf (Belg) pastelillo de hojaldre relleno de compota de manzana o albaricoque.*

gosse [gɔs] *nmf (fam)* chaval *m* (-la *f*).

gothique [gɔtik] *adj* gótico(-ca).

goudron [gudrɔ̃] *nm* alquitrán *m*.

goudronner [gudrɔne] *vt* alquitranar.

gouffre [gufr] *nm* abismo *m*.

goulot [gulo] *nm* cuello *m (de una botella)*.

gourde [gurd] *nf* cantimplora *f*.

gourmand, -e [gurmɑ̃, ɑ̃d] *adj* goloso(-sa).

gourmandise [gurmɑ̃diz] *nf* gula *f*.

gourmet [gurmɛ] *nm* gourmet *m*.

gourmette [gurmɛt] *nf* esclava *f (pulsera)*.

gousse [gus] *nf*: ~ **d'ail** diente *m* de ajo; ~ **de vanille** vaina *f* de vainilla.

goût [gu] *nm (saveur)* sabor *m; (sens du beau)* gusto *m*; **avoir bon** ~ *(aliment)* tener buen sabor; *(personne)* tener buen gusto.

goûter [gute] *nm* merienda *f*. ◆ *vt* probar. ◆ *vi* merendar; ~ **à qqch** probar algo.

goutte [gut] *nf* gota *f*.

gouttière [gutjɛr] *nf* gotera *f*.

gouvernement [guvɛrnəmɑ̃] *nm* gobierno *m*.

grâce [gras] *nf* gracia *f*. ❑ **grâce à** *prép* gracias a.

gradins [gradɛ̃] *nmpl* gradas *fpl*.

grain [grɛ̃] *nm* grano *m*; ~ **de beauté** lunar *m*.

graine [grɛn] *nf* semilla *f*.

graisse [grɛs] *nf* grasa *f*.

graisseux, -euse [grɛsø, øz] *adj* grasiento(-ta).

grammaire [gramɛr] *nf* gramática *f*.

gramme [gram] *nm* gramo *m*.

grand, -e [grɑ̃, grɑ̃d] *adj (personne)* alto(-ta); *(objet)* grande. ◆ *adv*: ~ **ouvert** abierto de par en par; ~ **frère** hermano mayor; ~ **magasin** grandes almacenes *mpl*; ~**e**

surface supermercado *m*; **les ~es vacances** vacaciones de verano.

grand-chose [grɑ̃ʃoz] *pron*: **pas ~** poca cosa.

Grande-Bretagne [grɑ̃dbrətaɲ] *nf*: **la ~** Gran Bretaña.

grandir [grɑ̃dir] *vi (en taille)* crecer; *(en importance)* acrecentarse.

grand-mère [grɑ̃mɛr] (*pl* **grands-mères**) *nf* abuela *f*.

grand-père [grɑ̃pɛr] (*pl* **grands-pères**) *nm* abuelo *m*.

grand-rue, **-s** [grɑ̃ry] *nf* calle *f* principal.

grands-parents [grɑ̃parɑ̃] *nmpl* abuelos *mpl*.

grange [grɑ̃ʒ] *nf* granero *m*.

granulé [granyle] *nm* granulado *m*.

grappe [grap] *nf* racimo *m*.

gras, **grasse** [gra, gras] *adj* graso(-sa). ♦ *nm* grasa *f*; **faire la grasse matinée** levantarse tarde.

gras-double, **-s** [gradubl] *nm* callos *mpl* de vaca.

grasse → **gras**.

gratin [gratɛ̃] *nm* gratén *m*; **~ dauphinois** patatas *fpl* al gratén.

gratinée [gratine] *nf sopa de cebolla gratinada con queso.*

gratiner [gratine] *vi*: **faire ~ qqch** gratinar algo.

gratis [gratis] *adv* gratis.

gratte-ciel [gratsjɛl] *nm inv* rascacielos *m inv*.

gratter [grate] *vt (suj: vêtement)* picar. ❑ **se gratter** *vp* rascarse.

gratuit, **-e** [gratɥi, it] *adj* gratis.

grave [grav] *adj* grave.

gravement [gravmɑ̃] *adv* gravemente.

graver [grave] *vt* grabar.

gravier [gravje] *nm* grava *f*.

gravure [gravyr] *nf* grabado *m*.

gré [gre] *nm*: **de ~ ou de force** por las buenas o por las malas; **bon ~ mal ~** mal que bien.

grec, **grecque** [grɛk] *adj* griego(-ga). ♦ *nm (langue)* griego *m*.

Grèce [grɛs] *nf*: **la ~** Grecia.

greffe [grɛf] *nf* trasplante *m*.

grêle [grɛl] *nf* granizo *m*.

grêler [grele] *v impers*: **il grêle** está granizando.

grelotter [grəlɔte] *vi* tiritar.

Grenade [grənad] *n* Granada.

grenadine [grənadin] *nf* granadina *f.*

grenat [grəna] *adj inv* granate.

grenier [grənje] *nm* desván *m.*

grenouille [grənuj] *nf* rana *f.*

grève [grɛv] *nf* huelga *f;* **être/se mettre en ~** hacer/ponerse en huelga.

gribouiller [gribuje] *vt* garabatear.

grièvement [grijɛvmɑ̃] *adv* gravemente.

griffe [grif] *nf (d'un chat)* uña *f; (d'un tigre, d'un aigle)* garra *f; (Belg)* arañazo *m.*

griffer [grife] *vt* arañar.

grignoter [griɲɔte] *vt (manger)* picar.

gril [gril] *nm* parrilla *f.*

grillade [grijad] *nf* carne *f* a la parrilla.

grillage [grijaʒ] *nm* enrejado *m.*

grille [grij] *nf (d'un jardin)* reja *f; (de mots croisés)* casillas *fpl; (de loto)* boleto *m.*

grillé, -e [grije] *adj (ampoule)* fundido(-da).

grille-pain [grijpɛ̃] *nm inv* tostador *m*, tostadora *f.*

griller [grije] *vt (pain)* tostar; *(viande, poisson)* hacer a la plancha; *(fam: feu rouge)* saltarse.

grillon [grijɔ̃] *nm* grillo *m.*

grimace [grimas] *nf* mueca *f;* **faire des ~s** hacer muecas.

grimper [grɛ̃pe] *vt* subir. ◆ *vi (chemin)* empinarse; *(alpiniste)* trepar; *(prix)* dispararse.

grincer [grɛ̃se] *vi* chirriar.

griotte [grijɔt] *nf* guinda *f.*

grippe [grip] *nf* gripe *f;* **avoir la ~** tener gripe.

gris, -e [gri, griz] *adj* gris. ◆ *nm* gris *m;* **cheveux ~** canas *fpl.*

grogner [grɔɲe] *vi* gruñir.

grognon, -onne [grɔɲɔ̃, ɔn] *adj* gruñón(-ona).

gronder [grɔ̃de] *vt* reñir; **je me suis fait ~ (par ma mère)** me riñó (mi madre).

gros, grosse [gro, gros] *adj (personne, animal)* gordo(-da); *(objet)* grande; *(épais)* grueso(-sa); *(important)* importante. ◆ *adv (écrire)* grande. ◆ *nm:* **en ~** *(environ)* grosso modo; **~ mot** palabrota *f.*

groseille [grozɛj] *nf* grosella *f*.

grosse → **gros**.

grossesse [grosɛs] *nf* embarazo *m*.

grosseur [grosœr] *nf (épaisseur)* grosor *m*.

grossier, -ère [grosje, ɛr] *adj (impoli)* grosero(-ra).

grossièreté [grosjɛrte] *nf* grosería *f*.

grossir [grosir] *vi* engordar. ◆ *vt* aumentar.

grosso modo [grosomodo] *adv* grosso modo.

grotesque [grɔtɛsk] *adj* grotesco(-ca).

grotte [grɔt] *nf* cueva *f*.

groupe [grup] *nm* grupo *m*; **en ~** en grupo; **~ sanguin** grupo sanguíneo.

grouper [grupe]: **se grouper** *vp* agruparse.

gruau [gryo] *nm (Can) copos de avena que se toman para desayunar.*

grue [gry] *nf* grúa *f*.

gruyère [gryjɛr] *nm* gruyer *m*.

Guadeloupe [gwadlup] *nf*: **la ~** (la isla de) Guadalupe.

guadeloupéen, -enne [gwadlupeɛ̃, ɛn] *adj* guadalupeño(-ña).

guédille [gedij] *nf (Can) bollo de pan alargado y blando relleno de una ensalada a base de huevo o de pollo.*

guêpe [gɛp] *nf* avispa *f*.

guérir [gerir] *vi (personne, blessure)* curarse.

guerre [gɛr] *nf* guerra *f*; **~ mondiale** guerra mundial.

guetter [gete] *vt* acechar.

gueule [gœl] *nf* morro *m*; *(vulg)* careto *m*; **avoir la ~ de bois** *(fam)* tener resaca.

gueuler [gœle] *vi (vulg)* chillar.

gueuze [gøz] *nf (Belg) cerveza de alta graduación que se obtiene tras una segunda fermentación.*

guichet [giʃɛ] *nm* taquilla *f*; **~ automatique (de banque)** cajero *m* automático.

guide [gid] *nmf* guía *mf*. ◆ *nm* guía *f*; **~ touristique** guía turística.

guider [gide] *vt* guiar.

guidon [gidɔ̃] *nm* manillar *m*.

guillemets [gijəmɛ] *nmpl* comillas *fpl*.

guimauve [gimov] *nf*

= nube *f*.

guirlande [girlɑ̃d] *nf (de fleurs)* guirnalda *f*; *(de Noël)* espumillón *m*.

guitare [gitar] *nf* guitarra *f*.

guitariste [gitarist] *nmf* guitarrista *mf*.

Guyane [gɥijan] *nf*: **la ~ (française)** Guayana.

gymnastique [ʒimnastik] *nf* gimnasia *f*.

gynécologue [ʒinekɔlɔg] *nmf* ginecólogo *m* (-ga *f*).

habile [abil] *adj* hábil.

habillé, -e [abije] *adj (personne)* vestido(-da); *(tenue)* de vestir.

habiller [abije]: **s'habiller** *vp* vestirse.

habitant, -e [abitɑ̃, ɑ̃t] *nm, f* habitante *mf*; *(Can)* campesino *m* (-na *f*); **loger chez l'~** vivir con una familia *(en un desplazamiento)*.

habiter [abite] *vi* vivir.

habits [abi] *nmpl* ropa *f*.

habitude [abityd] *nf* costumbre *f*; **avoir l'~ de faire qqch** tener (la) costumbre de hacer algo; **avoir l'~ de qqch** estar acostumbrado(-da); **d'~** de costumbre; **comme d'~** como de costumbre.

habituellement [abitɥɛlmɑ̃] *adv* habitualmente.

habituer [abitɥe] *vt*: **être habitué à (faire) qqch** estar acostumbrado a (hacer) algo. ❑ **s'habituer à** *vp + prép*: **s'~ à (faire) qqch** acostumbrarse a (hacer) algo.

hache ['aʃ] *nf* hacha *f*.

hacher ['aʃe] *vt* picar.

hachis ['aʃi] *nm* picadillo *m*; **~ Parmentier** *pastel gratinado de carne picada y puré*.

haie ['ɛ] *nf* seto *m*.

haine ['ɛn] *nf* odio *m*.

haïr ['air] *vt* odiar.

haleine [alɛn] *nf* aliento *m*.

haleter ['alte] *vi* jadear.

hall ['ol] *nm* vestíbulo *m*.

halle ['al] *nf* mercado *m*.

halogène [alɔʒɛn] *nm*: **(lampe) ~** halógeno *m*.

halte ['alt] *nf*: **faire ~** hacer una parada.

hamac ['amak] *nm* hamaca *f*.

hamburger ['ɑ̃burgœr] *nm* hamburguesa *f*.

hameçon [amsɔ̃] *nm* anzuelo *m*.

hanche ['ɑ̃ʃ] *nf* cadera *f*.

handball ['ɑ̃dbal] *nm* balonmano *m*.

handicapé, -e ['ɑ̃dikape] *adj (infirme)* minusválido(-da); *(désavantagé)* desaventajado(-da). ◆ *nm, f* minusválido *m* (-da *f*).

hangar ['ɑ̃gar] *nm* cobertizo *m*.

happer ['ape] *vt (saisir)* atrapar; *(suj: animal)* atrapar de un bocado.

harceler ['arsəle] *vt* acosar.

hareng ['arɑ̃] *nm* arenque *m*; ~ **saur** arenque en salazón.

hargneux, -euse ['arɲø, øz] *adj* arisco(-ca).

haricot ['ariko] *nm* judía *f*; ~ **blanc** alubia *f*; ~ **vert** judía verde.

harmonica [armɔnika] *nm* armónica *f*.

harmonieux, -euse [armɔnjø, øz] *adj* armonioso (-sa).

harnais ['arnɛ] *nm (d'alpiniste)* cinturón *m* de escalada; *(de cheval)* arneses *mpl*.

harpe ['arp] *nf* arpa *f*.

hasard ['azar] *nm* azar *m*, casualidad *f*; **au ~** al azar; **à tout ~** por si acaso; **par ~** por casualidad.

hâte ['at] *nf* prisa *f*; **avoir ~ de faire qqch** estar deseando hacer algo.

hausse ['os] *nf* alza *f*; **être en ~** estar en alza.

hausser ['ose] *vt* alzar; ~ **les épaules** encogerse de hombros.

haut, -e ['o, 'ot] *adj* alto (-ta). ◆ *adv* alto. ◆ *nm* parte *f* alta; **en ~** arriba; **en ~ de** en lo alto de; **la pièce fait 3m de ~** la habitación mide 3m de altura.

hautain, -e ['otɛ̃, ɛn] *adj* altivo(-va).

hauteur ['otœr] *nf* altura *f*.

haut-parleur, -s ['oparlœr] *nm* altavoz *m*.

hebdomadaire [ɛbdɔmadɛr] *adj* semanal. ◆ *nm* semanario *m*.

hébergement [ebɛrʒəmɑ̃] *nm* alojamiento *m*.

héberger [ebɛrʒe] *vt* hospedar.

hein ['ɛ̃] *excl (fam)*: **tu ne lui**

diras pas, ~? no se lo dirás, ¿vale?; **~?** *(pour faire répéter)* ¿qué?; *(de surprise)* ¡cómo!

hélas ['elas] *excl* ¡desgraciadamente!

hélicoptère [elikɔptɛr] *nm* helicóptero *m*.

hématome [ematom] *nm* hematoma *m*.

hémorragie [emɔraʒi] *nf* hemorragia *f*.

hépatite [epatit] *nf* hepatitis *f inv*.

herbe [ɛrb] *nf* hierba *f*; **fines ~s** finas hierbas.

hérisson ['erisɔ̃] *nm* erizo *m*.

héritage [eritaʒ] *nm* herencia *f*.

hériter [erite] *vt* heredar. ❑ **hériter de** *v + prép* heredar.

hermétique [ɛrmetik] *adj* hermético(-ca).

hernie ['ɛrni] *nf* hernia *f*.

héroïne [erɔin] *nf (drogue)* heroína *f*, → **héros**.

héroïsme [erɔism] *nm* heroísmo *m*.

héros, **héroïne** ['ero, erɔin] *nm, f* héroe *m* (heroína *f*).

herve [ɛrv] *nm (Belg) queso blando de vaca de la región de Lieja.*

hésiter [ezite] *vi* vacilar.

hêtre ['ɛtr] *nm* haya *f*.

heure [œr] *nf* hora *f*; **quelle ~ est-il? - il est quatre ~s** ¿qué hora es? – son las cuatro; **il est trois ~s vingt** son las tres y veinte; **à quelle ~ part le train? - à deux ~s** ¿a qué hora sale el tren? – a las dos; **c'est l'~ de...** es hora de...; **être à l'~** ser puntual; **de bonne ~** de madrugada; **~s de bureau/d'ouverture** horario *m* de oficina/de apertura.

heureusement [œrøzmɑ̃] *adv* afortunadamente.

heureux, **-euse** [œrø, øz] *adj* feliz.

heurter ['œrte] *vt (frapper)* chocar con.

hibou, **-x** ['ibu] *nm* búho *m*.

hier [ijɛr] *adv* ayer; **~ après-midi** ayer por la tarde.

hiéroglyphes ['jerɔglif] *nmpl* jeroglíficos *mpl*.

hi-fi [ifi] *nf inv* equipo *m* de alta fidelidad.

hippodrome [ipɔdrom] *nm* hipódromo *m*.

hippopotame [ipɔpɔtam] *nm* hipopótamo *m*.

hirondelle [irɔ̃dɛl] *nf* golondrina *f*.

histoire [istwar] *nf* historia *f*; *(mensonge)* mentira *f*; **faire des ~s** armar un follón; **~ drôle** chiste *m*.

historique [istɔrik] *adj* histórico(-ca).

hiver [ivɛr] *nm* invierno *m*; **en ~** en invierno.

HLM *nm inv* = VPO *f*.

hochepot ['ɔʃpo] *nm (Belg) especialidad flamenca consistente en un guiso a base de cola de cerdo, costillar de buey, cordero y verduras.*

hocher ['ɔʃe] *vt*: **~ la tête** mover la cabeza.

hockey ['ɔkɛ] *nm* hockey *m*; **~ sur glace** hockey sobre hielo.

hold-up ['ɔldœp] *nm inv* atraco *m*.

hollandais, -e ['ɔlɑ̃dɛ, ɛz] *adj* holandés(-esa). ◆ *nm (langue)* holandés *m*.

hollande ['ɔlɑ̃d] *nm* queso *m* holandés.

Hollande ['ɔlɑ̃d] *nf*: **la ~** Holanda.

homard ['ɔmar] *nm* bogavante *m*; **~ à l'américaine** *bogavante con salsa de tomate con especias y vino blanco*; **~ Thermidor** *bogavante a la plancha, servido en su caparazón con salsa de mostaza y al gratén.*

homéopathie [ɔmeɔpati] *nf* homeopatía *f*.

homme [ɔm] *nm*: **~ d'affaires** hombre de negocios; **~ politique** político *m*.

homosexuel, -elle [ɔmɔsɛksɥɛl] *adj & nm, f* homosexual.

Hongrie ['ɔgri] *nf*: **la ~** Hungría.

honnête [ɔnɛt] *adj* honrado(-da).

honnêteté [ɔnɛtte] *nf* honradez *f*.

honoraires [ɔnɔrɛr] *nmpl* honorarios *mpl*.

honte ['ɔ̃t] *nf* vergüenza *f*; **avoir ~ (de)** avergonzarse (de).

hôpital, -aux [ɔpital, o] *nm* hospital *m*.

hoquet ['ɔkɛ] *nm*: **avoir le ~** tener hipo.

horaire [ɔrɛr] *nm* horario *m*; **'~s d'ouverture'** 'horario de apertura'.

horizon [ɔrizɔ̃] *nm* horizonte *m*; **à l'~** en el horizonte.

horizontal, -e, -aux

[ɔrizɔ̃tal, o] *adj* horizontal.

horloge [ɔrlɔʒ] *nf* reloj *m*.

horoscope [ɔrɔskɔp] *nm* horóscopo *m*.

horreur [ɔrœr] *nf* horror *m*; **quelle ~!** ¡qué horror!; **avoir ~ de (faire) qqch** darle a alguien horror (hacer) algo.

horrible [ɔribl] *adj* horrible.

hors ['ɔr] *prép*: **~ de** fuera de; **~ saison** fuera de temporada; **'~ service'** 'fuera de servicio'; **~ taxes** libre de impuestos; **~ d'haleine** jadeante; **~ de prix** carísimo (-ma); **~ de question** ni hablar; **être ~ de soi** estar fuera de sí.

hors-bord ['ɔrbɔr] *nm inv* fueraborda *m* ou f.

hors-d'œuvre ['ɔrdœvr] *nm inv* entremés *m*.

hospice [ɔspis] *nm* asilo *m*.

hospitaliser [ɔspitalize] *vt* hospitalizar.

hospitalité [ɔspitalite] *nf* hospitalidad *f*.

hostile [ɔstil] *adj* hostil.

hot dog, -s ['ɔtdɔg] *nm* perrito *m* caliente.

hôte, hôtesse [ot, otɛs] *nm, f* anfitrión *m* (-ona *f*). ◆ *nm* huésped *m* (-da *f*).

hôtel [otɛl] *nm* hotel *m*; **~ de ville** ayuntamiento *m*.

hôtellerie [otɛlri] *nf* (*hôtel*) hospedería *f*; (*activité*) hostelería *f*.

hôtesse [otɛs] *nf* (*d'accueil*) azafata *f*; **~ de l'air** azafata, aeromoza (*Amér*), → **hôte**.

houle ['ul] *nf* marejadilla *f*.

housse ['us] *nf* funda *f*; **~ de couette** funda de edredón.

hovercraft [ɔvœrkraft] *nm* aerodeslizador *m*.

HT *adj* = sin IVA.

hublot ['yblo] *nm* (*de bateau*) ojo *m* de buey; (*d'avion*) ventanilla *f*.

huile [ɥil] *nf* aceite *m*; **~ d'arachide/d'olive** aceite de cacahuete/de oliva; **~ solaire** aceite bronceador.

huileux, -euse [ɥilø, øz] *adj* aceitoso(-sa).

huit ['ɥit] *num* ocho, → **six**.

huitième ['ɥitjɛm] *num* octavo(-va), → **sixième**.

huître [ɥitr] *nf* ostra *f*.

humain, -e [ymɛ̃, ɛn] *adj* humano(-na). ◆ *nm* humano *m*.

humecter [ymɛkte] *vt* humedecer.

humeur [ymœr] *nf* humor

m; **être de bonne/mauvaise ~** estar de buen/mal humor.

humide [ymid] *adj* húmedo(-da).

humidité [ymidite] *nf* humedad *f*.

humiliant, -e [ymiljɑ̃, ɑ̃t] *adj* humillante.

humoristique [ymɔristik] *adj* humorístico(-ca).

humour [ymur] *nm* humor *m*; **avoir de l'~** ser gracioso(-sa).

hurlement ['yrləmɑ̃] *nm* aullido *m*.

hurler ['yrle] *vi (loup, personne)* aullar; *(vent)* ulular.

hydratant, -e [idratɑ̃, ɑ̃t] *adj* hidratante.

hydrophile [idrɔfil] *adj* → **coton**.

hygiène [iʒjɛn] *nf* higiene *f*.

hygiénique [iʒjenik] *adj* higiénico(-ca).

hypermarché [ipɛrmarʃe] *nm* hipermercado *m*.

hypocrite [ipɔkrit] *adj & nmf* hipócrita.

hypothèse [ipɔtɛz] *nf* hipótesis *f inv*.

hystérique [istɛrik] *adj* histérico(-ca).

I

Ibérique [iberik] *adj*: **la péninsule ~** la península Ibérica.

ici [isi] *adv* aquí; **d'~ là** de aquí a entonces; **par ~** por aquí.

idéal, -e, -aux [ideal, o] *adj & nm* ideal; **l'~, ce serait...** lo ideal, sería...

idée [ide] *nf* idea *f*; **avoir une ~ de** tener idea de.

identique [idɑ̃tik] *adj*: **~ (à)** idéntico(-ca).

idiot, -e [idjo, ɔt] *adj & nm, f* idiota.

idiotie [idjɔsi] *nf* idiotez *f*.

ignoble [iɲɔbl] *adj* ignominioso(-sa).

ignorant, -e [iɲɔrɑ̃, ɑ̃t] *adj & nm, f* ignorante.

ignorer [iɲɔre] *vt* ignorar.

il [il] *pron* él. ❑ **ils** *pron* ellos; **~ pleut** llueve.

île [il] *nf* isla *f*; **~ flottante** *natillas con claras a punto de nieve bañadas en caramelo*; **les ~s Anglo-Normandes** las islas Normandas.

Île-de-France [ildəfrɑ̃s] *n*

región de París.

illégal, **-e**, **-aux** [ilegal, o] *adj* ilegal.

illisible [ilizibl] *adj* ilegible.

illuminer [ilymine]: **s'illuminer** *vp* iluminarse.

illusion [ilyzjɔ̃] *nf* ilusión *f*; **se faire des ~s** hacerse ilusiones.

illustration [ilystrasjɔ̃] *nf* ilustración *f*.

illustré, **-e** [ilystre] *adj* ilustrado(-da).

illustrer [ilystre] *vt* ilustrar.

îlot [ilo] *nm* islote *m*.

ils → **il**.

image [imaʒ] *nf* imagen *f*.

imagination [imaʒinasjɔ̃] *nf* imaginación *f*; **avoir de l'~** tener imaginación.

imaginer [imaʒine] *vt* imaginar. ❑ **s'imaginer** *vp* imaginarse; **s'~ que** imaginarse que.

imbécile [ɛ̃besil] *nmf* imbécil *mf*.

imbiber [ɛ̃bibe] *vt*: **~ qqch de** empapar algo en.

imbuvable [ɛ̃byvabl] *adj*: **ce café est ~** este café no hay quien se lo beba.

imitateur, **-trice** [imitatœr, tris] *nm, f* imitador *m* (-ra *f*).

imitation [imitasjɔ̃] *nf* imitación *f*.

imiter [imite] *vt* imitar.

immangeable [ɛ̃mɑ̃ʒabl] *adj* incomible.

immatriculation [imatrikylasjɔ̃] *nf* matrícula *f*.

immédiat, **-e** [imedja, at] *adj* inmediato(-ta).

immédiatement [imedjatmɑ̃] *adv* inmediatamente.

immense [imɑ̃s] *adj* inmenso(-sa).

immeuble [imœbl] *nm* edificio *m*.

immigré, **-e** [imigre] *adj & nm, f* inmigrado(-da).

immobile [imɔbil] *adj* inmóvil.

immobiliser [imɔbilize] *vt* inmovilizar.

immonde [imɔ̃d] *adj* inmundo(-da).

immuniser [imynize] *vt* inmunizar.

impact [ɛ̃pakt] *nm* impacto *m*.

impair, **-e** [ɛ̃pɛr] *adj* impar.

imparfait, **-e** [ɛ̃parfɛ, ɛt]

adj imperfecto(-ta).

impartial, -e, -aux [ɛ̃parsjal, o] *adj* imparcial.

impasse [ɛ̃pas] *nf* callejón *m* sin salida.

impatience [ɛ̃pasjɑ̃s] *nf* impaciencia *f*.

impatient, -e [ɛ̃pasjɑ̃, ɑ̃t] *adj* impaciente.

impatienter [ɛ̃pasjɑ̃te]: **s'impatienter** *vp* impacientarse.

impeccable [ɛ̃pekabl] *adj* impecable.

imper [ɛ̃pɛr] *nm* impermeable *m*.

impératif, -ive [ɛ̃peratif, iv] *adj* imprescindible. ◆ *nm* imperativo *m*.

impératrice [ɛ̃peratris] *nf* emperatriz *f*.

imperceptible [ɛ̃pɛrsɛptibl] *adj* imperceptible.

impériale [ɛ̃perjal] *nf* → **autobus**.

imperméable [ɛ̃pɛrmeabl] *adj & nm* impermeable.

impertinent, -e [ɛ̃pɛrtinɑ̃, ɑ̃t] *adj* impertinente.

impitoyable [ɛ̃pitwajabl] *adj* despiadado(-da).

implanter [ɛ̃plɑ̃te]: **s'implanter** *vp (entreprise, peuple)* establecerse.

impliquer [ɛ̃plike] *vt* implicar. ❑ **s'impliquer dans** *vp + prép* implicarse en.

impoli, -e [ɛ̃pɔli] *adj* maleducado(-da).

import [ɛ̃pɔr] *nm (Belg)* importe *m*.

importance [ɛ̃pɔrtɑ̃s] *nf* importancia *f*.

important, -e [ɛ̃pɔrtɑ̃, ɑ̃t] *adj* importante.

importer [ɛ̃pɔrte] *vt* importar. ◆ *vi*: **n'importe comment** *(mal)* de cualquier manera; **n'importe quel** cualquier; **n'importe qui** cualquiera.

imposer [ɛ̃poze] *vt*: ~ **qqch à qqn** imponer algo a alguien. ❑ **s'imposer** *vp* imponerse.

impossible [ɛ̃pɔsibl] *adj* imposible.

impôt [ɛ̃po] *nm* impuesto *m*.

impraticable [ɛ̃pratikabl] *adj* impracticable.

imprégner [ɛ̃preɲe] *vt* impregnar; ~ **qqch de** impregnar algo de. ❑ **s'imprégner de** *vp + prép* impregnarse de.

impression [ɛ̃presjɔ̃] *nf* impresión *f*; **avoir l'~ que** tener la impresión de que; **avoir l'~ de faire qqch** tener la impresión de hacer algo.

impressionnant, **-e** [ɛ̃presjɔnɑ̃, ɑ̃t] *adj* impresionante.

impressionner [ɛ̃presjɔne] *vt* impresionar.

imprévisible [ɛ̃previzibl] *adj* imprevisible.

imprévu, **-e** [ɛ̃prevy] *adj* imprevisto(-ta).

imprimante [ɛ̃primɑ̃t] *nf* impresora *f*.

imprimé, **-e** [ɛ̃prime] *adj* *(tissu)* estampado(-da). ♦ *nm* *(publicitaire)* impreso *m*.

improviser [ɛ̃prɔvize] *vt & vi* improvisar.

improviste [ɛ̃prɔvist]: **à l'improviste** *adv* de improviso.

imprudent, **-e** [ɛ̃prydɑ̃, ɑ̃t] *adj* imprudente.

impuissant, **-e** [ɛ̃pɥisɑ̃, ɑ̃t] *adj (sans recours)* impotente.

inabordable [inabɔrdabl] *adj (prix)* inasequible.

inacceptable [inaksɛptabl] *adj* inaceptable.

inaccessible [inaksesibl] *adj* inaccesible.

inachevé, **-e** [inaʃve] *adj* inacabado(-da).

inadmissible [inadmisibl] *adj* inadmisible.

inanimé, **-e** [inanime] *adj* exánime.

inaperçu, **-e** [inapɛrsy] *adj*: **passer ~** pasar desapercibido.

inattendu, **-e** [inatɑ̃dy] *adj* inesperado(-da).

inauguration [inogyrasjɔ̃] *nf* inauguración *f*.

inaugurer [inogyre] *vt* inaugurar.

incandescent, **-e** [ɛ̃kɑ̃desɑ̃, ɑ̃t] *adj* incandescente.

incapable [ɛ̃kapabl] *adj*: **être ~ de faire qqch** ser incapaz de hacer algo.

incapacité [ɛ̃kapasite] *nf*: **être dans l'~ de faire qqch** resultar imposible a alguien hacer algo.

incassable [ɛ̃kasabl] *adj* irrompible.

incendie [ɛ̃sɑ̃di] *nm* incendio *m*.

incendier [ɛ̃sɑ̃dje] *vt* incendiar.

incertain, **-e** [ɛ̃sɛrtɛ̃, ɛn] *adj* incierto(-ta).

incertitude [ɛ̃sɛrtityd] *nf* incertidumbre *f*.

incessamment [ɛ̃sesamɑ̃] *adv* en breve.

incessant, **-e** [ɛ̃sesɑ̃, ɑ̃t] *adj* incesante.

incident [ɛ̃sidɑ̃] *nm* incidente *m*.

inciter [ɛ̃site] *vt*: **~ qqn à faire qqch** incitar a alguien a hacer algo.

incliné, **-e** [ɛ̃kline] *adj* inclinado(-da).

incliner [ɛ̃kline] *vt* inclinar. ❑ **s'incliner** *vp* inclinarse.

inclure [ɛ̃klyr] *vt* incluir.

inclus, **-e** [ɛ̃kly, yz] *pp* → **inclure**. ◆ *adj* incluso(-sa).

incohérent, **-e** [ɛ̃kɔerɑ̃, ɑ̃t] *adj* incoherente.

incollable [ɛ̃kɔlabl] *adj (riz)* que no se pega.

incolore [ɛ̃kɔlɔr] *adj* incoloro(-ra).

incomparable [ɛ̃kɔ̃parabl] *adj* incomparable.

incompatible [ɛ̃kɔ̃patibl] *adj* incompatible.

incompétent, **-e** [ɛ̃kɔ̃petɑ̃, ɑ̃t] *adj* incompetente.

incomplet, **-ète** [ɛ̃kɔ̃plɛ, ɛt] *adj* incompleto(-ta).

incompréhensible [ɛ̃kɔ̃preɑ̃sibl] *adj* incomprensible.

inconnu, **-e** [ɛ̃kɔny] *adj & nm, f* desconocido(-da).

inconsciemment [ɛ̃kɔsjamɑ̃] *adv* inconscientemente.

inconscient, **-e** [ɛ̃kɔ̃sjɑ̃, ɑ̃t] *adj* inconsciente.

incontestable [ɛ̃kɔ̃tɛstabl] *adj* incontestable.

inconvénient [ɛ̃kɔ̃venjɑ̃] *nm* inconveniente *m*.

incorrect, **-e** [ɛ̃kɔrɛkt] *adj* incorrecto(-ta).

incroyable [ɛ̃krwajabl] *adj* increíble.

incruster [ɛ̃kryste]: **s'incruster** *vp (tache, saleté)* incrustarse.

inculte [ɛ̃kylt] *adj* inculto(-ta).

Inde [ɛ̃d] *nf*: **l'~** la India.

indécent, **-e** [ɛ̃desɑ̃, ɑ̃t] *adj* indecente.

indécis, **-e** [ɛ̃desi, iz] *adj* indeciso(-sa).

indéfiniment [ɛ̃definimɑ̃] *adv* indefinidamente.

indélébile [ɛ̃delebil] *adj* indeleble.

indemne [ɛ̃dɛmn] *adj* ileso(-sa); **sortir ~ de** salir indemne de.

indemniser [ɛ̃dɛmnize] *vt* indemnizar.

indemnité [ɛ̃dɛmnite] *nf* indemnización *f*.

indépendamment [ɛ̃depɑ̃damɑ̃]: **indépendamment de** *prép (à part)* independientemente de.

indépendance [ɛ̃depɑ̃dɑ̃s] *nf* independencia *f*.

indépendant, **-e** [ɛ̃depɑ̃dɑ̃, ɑ̃t] *adj* independiente.

index [ɛ̃dɛks] *nm* índice *m*.

indicateur [ɛ̃dikatœr] *adj* → **poteau**.

indicatif, **-ive** [ɛ̃dikatif, iv] *adj*: **à titre ~** a título indicativo.

indication [ɛ̃dikasjɔ̃] *nf* indicación *f*; **'~s'** *(sur un médicament)* 'indicaciones'.

indice [ɛ̃dis] *nm (preuve)* indicio *m*; *(taux)* índice *m*.

indien, **-enne** [ɛ̃djɛ̃, ɛn] *adj (d'Inde)* indio(-dia), hindú; *(d'Amérique)* indio(-dia).

indifférent, **-e** [ɛ̃diferɑ̃, ɑ̃t] *adj* indiferente.

indigeste [ɛ̃diʒɛst] *adj* indigesto(-ta).

indigestion [ɛ̃diʒɛstjɔ̃] *nf* indigestión *f*.

indigner [ɛ̃diɲe]: **s'indigner** *vp*: **s'~ de qqch** indignarse por algo.

indiquer [ɛ̃dike] *vt*: **~ qqn/qqch à qqn** indicar alguien/algo a alguien.

indirect, **-e** [ɛ̃dirɛkt] *adj* indirecto(-ta).

indiscret, **-ète** [ɛ̃diskrɛ, ɛt] *adj* indiscreto(-ta).

indispensable [ɛ̃dispɑ̃sabl] *adj* indispensable.

indistinct, **-e** [ɛ̃distɛ̃(kt), ɛ̃kt] *adj* indistinto(-ta).

individu [ɛ̃dividy] *nm* individuo *m*.

individuel, **-elle** [ɛ̃dividɥɛl] *adj* individual.

indolore [ɛ̃dɔlɔr] *adj* indoloro(-ra).

indulgent, **-e** [ɛ̃dylʒɑ̃, ɑ̃t] *adj* indulgente.

industrie [ɛ̃dystri] *nf* industria *f*.

industriel, **-elle** [ɛ̃dystrijɛl] *adj* industrial.

inefficace [inefikas] *adj* ineficaz.

inégal, **-e**, **-aux** [inegal, o] *adj* desigual.

inégalité [inegalite] *nf*

desigualdad *f*.

inévitable [inevitabl] *adj* inevitable.

inexact, -e [inegza(kt), akt] *adj* inexacto(-ta).

inexplicable [ineksplikabl] *adj* inexplicable.

in extremis [inekstremis] *adv* in extremis.

infaillible [ɛ̃fajibl] *adj* infalible.

infarctus [ɛ̃farktys] *nm* infarto *m*.

infatigable [ɛ̃fatigabl] *adj* incansable.

infect, -e [ɛ̃fɛkt] *adj (odeur)* apestoso(-sa); *(goût)* asqueroso (-sa).

infecter [ɛ̃fɛkte]. **s'infecter** *vp* infectarse.

infection [ɛ̃fɛksjɔ̃] *nf* infección *f*; *(odeur)* peste *f*.

inférieur, -e [ɛ̃ferjœr] *adj* inferior; ~ **à** inferior a.

infernal, -e, -aux [ɛ̃fɛrnal, o] *adj* infernal.

infidèle [ɛ̃fidɛl] *adj* infiel.

infiltrer [ɛ̃filtre]: **s'infiltrer** *vp* infiltrarse.

infini, -e [ɛ̃fini] *adj* infinito(-ta). ◆ *nm* infinito *m*.

infiniment [ɛ̃finimɑ̃] *adv* infinitamente; **je vous remercie** ~ le estoy sumamente agradecido.

infirme [ɛ̃firm] *adj & nmf* inválido(-da).

infirmier, -ère [ɛ̃firmje, ɛr] *nm, f* enfermero *m* (-ra *f*).

inflammable [ɛ̃flamabl] *adj* inflamable.

inflammation [ɛ̃flamasjɔ̃] *nf* inflamación *f*.

inflation [ɛ̃flasjɔ̃] *nf* inflación *f*.

influence [ɛ̃flyɑ̃s] *nf* influencia *f*.

influencer [ɛ̃flyɑ̃se] *vt* influenciar.

informaticien, -enne [ɛ̃fɔrmatisjɛ̃, ɛn] *nm, f* informático *m* (-ca *f*).

information [ɛ̃fɔrmasjɔ̃] *nf* información *f*. ❑ **informations** *nfpl* noticias *fpl*.

informatique [ɛ̃fɔrmatik] *adj* informático(-ca). ◆ *nf* informática *f*.

informer [ɛ̃fɔrme] *vt*: ~ **qqn de/que** informar a alguien de/de que. ❑ **s'informer (de)** *vp (+ prép)* informarse (de).

infraction [ɛ̃fraksjɔ̃] *nf* infracción *f*; **être en** ~ cometer una infracción.

infusion [ɛ̃fyzjɔ̃] *nf* infusión *f*.

ingénieur [ɛ̃ʒenjœr] *nm* ingeniero *m*.

ingrat, **-e** [ɛ̃gra, at] *adj (personne)* ingrato(-ta).

ingrédient [ɛ̃gredjɑ̃] *nm* ingrediente *m*.

inhabituel, **-elle** [inabitɥɛl] *adj* inusal.

inhumain, **-e** [inymɛ̃, ɛn] *adj* inhumano(-na).

inimaginable [inimaʒinabl] *adj* inimaginable.

initial, **-e**, **-aux** [inisjal, o] *adj* inicial.

initiale [inisjal] *nf* inicial *f*.

initiation [inisjasjɔ̃] *nf* iniciación *f*.

initiative [inisjativ] *nf* iniciativa *f*; **prendre l'~ de faire qqch** tomar la iniciativa de hacer algo.

injecter [ɛ̃ʒɛkte] *vt* inyectar.

injure [ɛ̃ʒyr] *nf* injuria *f*.

injurier [ɛ̃ʒyrje] *vt* injuriar.

injuste [ɛ̃ʒyst] *adj* injusto(-ta).

injustice [ɛ̃ʒystis] *nf* injusticia *f*.

innocence [inɔsɑ̃s] *nf* inocencia *f*.

innocent, **-e** [inɔsɑ̃, ɑ̃t] *adj & nm, f* inocente.

innombrable [inɔ̃brabl] *adj* innumerable.

innover [inɔve] *vi* innovar.

inoffensif, **-ive** [inɔfɑ̃sif, iv] *adj* inofensivo(-va).

inondation [inɔ̃dasjɔ̃] *nf* inundación *f*.

inonder [inɔ̃de] *vt* inundar.

inoubliable [inublijabl] *adj* inolvidable.

Inox® [inɔks] *nm* acero *m* inoxidable.

inoxydable [inɔksidabl] *adj* inoxidable.

inquiet, **-ète** [ɛ̃kjɛ, ɛt] *adj* inquieto(-ta); **être ~** estar preocupado.

inquiétant, **-e** [ɛ̃kjetɑ̃, ɑ̃t] *adj* inquietante.

inquiéter [ɛ̃kjete] *vt* preocupar. ❑ **s'inquiéter** *vp* preocuparse.

inscription [ɛ̃skripsjɔ̃] *nf* inscripción *f*; *(à l'université)* matrícula *f*.

inscrire [ɛ̃skrir] *vt* inscribir. ❑ **s'inscrire** *vp* inscribirse; **s'~ à** *(club)* inscribirse en; *(université)* matricularse en.

inscrit, **-e** [ɛ̃skri, it] *pp* → **inscrire**.

insecte [ɛ̃sɛkt] *nm* insecto *m*.

insecticide [ɛ̃sɛktisid] *nm* insecticida *m*.

insensible [ɛ̃sɑ̃sibl] *adj* insensible.

inséparable [ɛ̃separabl] *adj* inseparable.

insigne [ɛ̃siɲ] *nm* insignia *f*.

insignifiant, -e [ɛ̃siɲifjɑ̃, ɑ̃t] *adj* insignificante.

insinuer [ɛ̃sinɥe] *vt* insinuar.

insister [ɛ̃siste] *vi* insistir; ~ **sur** insistir en.

insolation [ɛ̃sɔlasjɔ̃] *nf* insolación *f*.

insolent, -e [ɛ̃sɔlɑ̃, ɑ̃t] *adj* insolente.

insomnie [ɛ̃sɔmni] *nf* insomnio *m*; **avoir des ~s** tener insomnio.

insonorisé, -e [ɛ̃sɔnɔrize] *adj* insonorizado(-da).

insouciant, -e [ɛ̃susjɑ̃, ɑ̃t] *adj* despreocupado(-da).

inspecter [ɛ̃spɛkte] *vt* inspeccionar.

inspirer [ɛ̃spire]: **s'inspirer de** *vp* + *prép* inspirarse de.

instable [ɛ̃stabl] *adj* inestable.

installation [ɛ̃stalasjɔ̃] *nf* instalación *f*.

installer [ɛ̃stale] *vt* instalar. ❑ **s'installer** *vp (dans un appartement)* instalarse; *(dans un fauteuil)* acomodarse.

instant [ɛ̃stɑ̃] *nm* instante *m*; **pour l'~** de momento.

instantané, -e [ɛ̃stɑ̃tane] *adj* instantáneo(-nea).

instinct [ɛ̃stɛ̃] *nm* instinto *m*.

institut [ɛ̃stity] *nm* instituto *m*; ~ **de beauté** instituto de belleza.

instituteur, -trice [ɛ̃stitytœr, tris] *nm, f* ≃ profesor *m* (-ra *f*).

instructif, -ive [ɛ̃stryktif, iv] *adj* instructivo(-va).

instruction [ɛ̃stryksjɔ̃] *nf* instrucción *f*. ❑ **instructions** *nfpl* instrucciones *fpl*.

instruire [ɛ̃strɥir]: **s'instruire** *vp* instruirse.

instruit, -e [ɛ̃strɥi, it] *pp* → **instruire**. ◆ *adj* instruido (-da).

instrument [ɛ̃strymɑ̃] *nm* instrumento *m*; ~ **(de musique)** instrumento (musical).

insuffisant, -e [ɛ̃syfizɑ̃, ɑ̃t]

adj insuficiente.

insulte [ɛ̃sylt] *nf* insulto *m*.

insulter [ɛ̃sylte] *vt* insultar.

insupportable [ɛ̃sypɔrtabl] *adj* insoportable.

intact, **-e** [ɛ̃takt] *adj* intacto(-ta).

intégral, **-e**, **-aux** [ɛ̃tegral, o] *adj* integral.

intégrer [ɛ̃tegre] *vt* integrar. ❑ **s'intégrer** *vp*: **(bien) s'~** integrarse (bien).

intellectuel, **-elle** [ɛ̃telɛktɥɛl] *adj & nm, f* intelectual.

intelligence [ɛ̃teliʒɑ̃s] *nf* inteligencia *f*.

intelligent, **-e** [ɛ̃teliʒɑ̃, ɑ̃t] *adj* inteligente.

intense [ɛ̃tɑ̃s] *adj* intenso (-sa).

intensif, **-ive** [ɛ̃tɑ̃sif, iv] *adj* intensivo(-va).

intention [ɛ̃tɑ̃sjɔ̃] *nf* intención *f*; **avoir l'~ de faire qqch** tener la intención de hacer algo.

intentionnel, **-elle** [ɛ̃tɑ̃sjɔnɛl] *adj* intencionado(-da).

intercaler [ɛ̃tɛrkale] *vt* intercalar.

intercepter [ɛ̃tɛrsɛpte] *vt* interceptar.

interdiction [ɛ̃tɛrdiksjɔ̃] *nf* prohibición *f*; **'~ de fumer'** 'prohibido fumar'.

interdire [ɛ̃tɛrdir] *vt* prohibir; **~ à qqn de faire qqch** prohibir a alguien hacer algo.

interdit, **-e** [ɛ̃tɛrdi, it] *pp* → **interdire**. ◆ *adj* prohibido(-da).

intéressant, **-e** [ɛ̃terɛsɑ̃, ɑ̃t] *adj* interesante.

intéresser [ɛ̃terese] *vt* interesar. ❑ **s'intéresser à** *vp + prép* interesarse por.

intérêt [ɛ̃terɛ] *nm* interés *m*; **tu as ~ à réserver à l'avance** más vale que reserves con antelación.

intérieur, **-e** [ɛ̃terjœr] *adj* interior. ◆ *nm* interior *m*; **à l'~ (de)** en el interior (de).

intermédiaire [ɛ̃tɛrmedjɛr] *adj* intermedio(-dia). ◆ *nmf* intermediario *m* (-ria *f*). ◆ *nm*: **par l'~ de** por mediación de.

interminable [ɛ̃tɛrminabl] *adj* interminable.

internat [ɛ̃tɛrna] *nm (école)* internado *m*.

international, -e, -aux [ɛ̃tɛrnasjɔnal, o] *adj* internacional.

interne [ɛ̃tɛrn] *adj & nmf* interno(-na).

interpeller [ɛ̃tɛrpəle] *vt (appeler)* interpelar.

Interphone® [ɛ̃tɛrfɔn] *nm* portero *m* automático.

interpréter [ɛ̃tɛrprete] *vt* interpretar.

interrogation [ɛ̃terɔgasjɔ̃] *nf*: ~ **(écrite)** control *m* (escrito).

interroger [ɛ̃terɔʒe] *vt (un témoin)* interrogar; ~ **qqn sur qqch** preguntar algo a alguien.

interrompre [ɛ̃tɛrɔ̃pr] *vt* interrumpir.

interrupteur [ɛ̃teryptœr] *nm* interruptor *m*.

interruption [ɛ̃terypsjɔ̃] *nf* interrupción *f*.

intersection [ɛ̃tɛrsɛksjɔ̃] *nf* intersección *f*.

intervalle [ɛ̃tɛrval] *nm* intervalo *m*.

intervenir [ɛ̃tɛrvənir] *vi* intervenir.

intervention [ɛ̃tɛrvɑ̃sjɔ̃] *nf* intervención *f*.

intervenu, -e [ɛ̃tɛrvəny] *pp* → **intervenir**.

interview [ɛ̃tɛrvju] *nf* entrevista *f*.

intestin [ɛ̃tɛstɛ̃] *nm* intestino *m*.

intestinal, -e, -aux [ɛ̃tɛstinal, o] *adj* intestinal.

intime [ɛ̃tim] *adj* íntimo(-ma).

intimider [ɛ̃timide] *vt* intimidar.

intituler [ɛ̃tityle]: **s'intituler** *vp* titularse.

intolérable [ɛ̃tɔlerabl] *adj* intolerable.

intoxication [ɛ̃tɔksikasjɔ̃] *nf*: ~ **alimentaire** intoxicación *f* alimenticia.

intriguer [ɛ̃trige] *vt* intrigar.

introduction [ɛ̃trɔdyksjɔ̃] *nf* introducción *f*.

introduire [ɛ̃trɔdɥir] *vt* introducir.

introduit, -e [ɛ̃trɔdɥi, it] *pp* → **introduire**.

introuvable [ɛ̃truvabl] *adj (objet perdu)* imposible de encontrar.

intuition [ɛ̃tɥisjɔ̃] *nf* intuición *f*.

inutile [inytil] *adj* inútil.

inutilisable [inytilizabl] *adj* inservible.

invalide [ɛ̃valid] *nmf* inválido *m* (-da *f*).

inventaire [ɛ̃vɑ̃tɛr] *nm* inventario *m*.

inventer [ɛ̃vɑ̃te] *vt* inventar.

invention [ɛ̃vɑ̃sjɔ̃] *nf* invento *m*.

inverse [ɛ̃vɛrs] *nm* contrario *m*; **à l'~ (de)** al contrario (de).

investir [ɛ̃vɛstir] *vt* invertir.

investissement [ɛ̃vɛstismɑ̃] *nm* inversión *f*.

invisible [ɛ̃vizibl] *adj* invisible.

invitation [ɛ̃vitasjɔ̃] *nf* invitación *f*.

invité, -e [ɛ̃vite] *nm,f* invitado *m* (-da *f*).

inviter [ɛ̃vite] *vt* invitar.

involontaire [ɛ̃vɔlɔ̃tɛr] *adj* involuntario(-ria).

invraisemblable [ɛ̃vrɛsɑ̃blabl] *adj* inverosímil.

ira, *etc* → **aller**.

irlandais, -e [irlɑ̃dɛ, ɛz] *adj* irlandés(-esa).

Irlande [irlɑ̃d] *nf*: **l'~ du Nord** Irlanda del Norte; **la République d'~** la República de Irlanda.

ironique [irɔnik] *adj* irónico(-ca).

irrégulier, -ère [iregylje, ɛr] *adj* irregular.

irréparable [ireparabl] *adj* irreparable.

irrésistible [irezistibl] *adj* irresistible.

irrigation [irigasjɔ̃] *nf* riego *m*.

irriter [irite] *vt* irritar.

islam [islam] *nm*: **l'~** el islam.

isolant, -e [izɔlɑ̃, ɑ̃t] *adj* & *nm* aislante.

isolation [izɔlasjɔ̃] *nf* aislamiento *m*.

isolé, -e [izɔle] *adj* aislado(-da).

isoler [izɔle] *vt* aislar.

issue [isy] *nf (sortie)* salida *f*; **'voie sans ~'** 'calle sin salida'; **'~ de secours'** 'salida de emergencia'.

Italie [itali] *nf*: **l'~** Italia.

italien, -enne [italjɛ̃, ɛn] *adj* italiano(-na). ◆ *nm (langue)* italiano *m*.

itinéraire [itinerɛr] *nm* itinerario *m*; **~ bis** itinerario alternativo.

ivre [ivr] *adj* ebrio(-bria).

ivrogne [ivrɔɲ] *nmf* borracho *m* (-cha *f*).

J

j' → **je**.
jalousie [ʒaluzi] *nf (sentiment)* envidia *f*; *(amoureuse)* celos *mpl*.
jaloux, **-ouse** [ʒalu, uz] *adj (possessif)* celoso(-sa); *(envieux)* envidioso(-sa), **être ~ de** tener envidia de.
jamais [ʒamɛ] *adv* nunca; **je ne vais ~ au théâtre** no voy nunca al teatro; **je ne reviendrai ~ plus** no volveré nunca más; **c'est le plus long voyage que j'aie ~ fait** es el viaje más largo que nunca he hecho; **si ~...** si por casualidad...
jambe [ʒɑ̃b] *nf* pierna *f*.
jambon [ʒɑ̃bɔ̃] *nm* jamón *m*; **~ blanc** = jamón de York; **~ cru** ~ jamón serrano.
jambonneau, **-x** [ʒɑ̃bɔno] *nm* codillo *m* de cerdo.
janvier [ʒɑ̃vje] *nm* enero *m*, → **septembre**.
Japon [ʒapɔ̃] *nm*: **le ~** Japón.
japonais, **-e** [ʒapɔnɛ, ɛz] *adj* japonés(-esa). ◆ *nm (langue)* japonés *m*.
jardin [ʒardɛ̃] *nm* jardín *m*; **~ public** jardín público.
jardinage [ʒardinaʒ] *nm* jardinería *f*.
jardinier, **-ère** [ʒardinje, ɛr] *nm, f* jardinero *m* (-ra *f*).
jardinière [ʒardinjɛr] *nf* jardinera *f*; **~ de légumes** = menestra *f* de verduras.
jauge [ʒoʒ] *nf* indicador *m*.
jaune [ʒon] *adj* amarillo (-lla). ◆ *nm* amarillo *m*; **~ d'œuf** yema *f* de huevo.
jaunir [ʒonir] *vi* amarillear.
Javel [ʒavɛl] *nf*: **(eau de) ~** lejía *f*.
jazz [dʒaz] *nm* jazz *m*.
je [ʒə] *pron* yo.
jean [dʒin] *nm* vaqueros *mpl*.
Jeep® [dʒip] *nf* Jeep® *m*.
Jésus-Christ [ʒezykri] *nm* Jesucristo; **avant/après ~** antes de/después de Cristo.
jet [ʒɛ] *nm (de liquide)* chorro *m*; **~ d'eau** surtidor *m*.
jetable [ʒətabl] *adj* desechable.
jetée [ʒəte] *nf* espigón *m*.
jeter [ʒəte] *vt* tirar.
jeton [ʒətɔ̃] *nm* ficha *f*.
jeu, **-x** [ʒø] *nm* juego *m*; **le ~**

el juego; **~ de cartes/de société** juego de cartas/de sociedad; *(paquet)* baraja *f*; **~ de mots** juego de palabras; **les ~x Olympiques** los Juegos Olímpicos.

jeudi [ʒødi] *nm* jueves *m*, → **samedi**.

jeun [ʒœ̃]: **à jeun** *adj* en ayunas.

jeune [ʒœn] *adj & nmf* joven; **~ fille** muchacha *f*; **~ homme** muchacho *m*.

jeunesse [ʒœnɛs] *nf* juventud *f*.

jogging [dʒɔgiŋ] *nm (vêtement)* chándal *m*; **faire du ~** hacer footing.

joie [ʒwa] *nf* alegría *f*.

joindre [jwɛ̃dr] *vt (relier)* conectar; *(contacter)* localizar. ❑ **se joindre à** *vp + prép* unirse a.

joint, **-e** [ʒwɛ̃, ɛ̃t] *pp* → **joindre**. ◆ *nm* junta *f*; *(fam)* porro *m*.

joli, **-e** [ʒɔli] *adj* bonito(-ta); *(iron)* menudo(-da).

jongleur [ʒɔ̃glœr] *nm* malabarista *m*.

jonquille [ʒɔ̃kij] *nf* junquillo *m*.

joual [ʒwal] *nm (Can) dialecto francocanadiense que se habla en la región de Quebec.*

joue [ʒu] *nf* mejilla *f*.

jouer [ʒwe] *vi* jugar; *(musicien)* tocar; *(acteur)* actuar. ◆ *vt* jugar; *(somme)* apostar; *(suj: acteur, musicien)* interpretar; **~ à** jugar a; **~ de** tocar.

jouet [ʒwɛ] *nm* juguete *m*.

joueur, **-euse** [ʒwœr, øz] *nm, f (au casino)* jugador *m* (-ra *f*); *(SPORT)* deportista *mf*.

jour [ʒur] *nm* día *m*; **il fait ~** es de día; **~ de l'an** día de año nuevo; **huit ~s** una semana; **de ~** de día; **de nos ~s** hoy en día.

journal, **-aux** [ʒurnal, o] *nm* periódico *m*; **~ (intime)** diario *m*; **~ télévisé** telediario *m*.

journaliste [ʒurnalist] *nmf* periodista *mf*.

journée [ʒurne] *nf* día *m*; **dans la ~** durante el día.

joyeux, **-euse** [ʒwajø, øz] *adj* feliz; **~ anniversaire!** ¡feliz cumpleaños!; **~ Noël!** ¡feliz Navidad!

juger [ʒyʒe] *vt* juzgar.

juif, **-ive** [ʒɥif, ʒɥiv] *adj* judío(-a). ❑ **Juif**, **-ive** *nm, f* judío *m* (-a *f*).

juillet [ʒɥijɛ] *nm* julio *m*; **le 14 juillet** *el 14 de julio, día de la República en que se celebra la Toma de la Bastilla*, → **septembre**.

juin [ʒɥɛ̃] *nm* junio *m*, → **septembre**.

julienne [ʒyljɛn] *nf* juliana *f*.

jumeau, -elle, -x [ʒymo, ɛl, o] *nm, f* gemelo *m* (-la *f*); **frère ~** hermano *m* gemelo.

jumelle → **jumeau**. ❑ **jumelles** *nfpl* gemelos *mpl*

jupe [ʒyp] *nf* falda *f*.

jurer [ʒyre] *vt & vi* jurar; **~ (à qqn) que** jurar (a alguien) que.

jus [ʒy] *nm (de fruit)* zumo *m*, jugo *m (Amér)*; *(de viande)* salsa *f*; **~ d'orange** zumo de naranja.

jusque [ʒysk(ə)]: **jusqu'à** *prép*: **allez jusqu'à l'église** vaya hasta la iglesia; **jusqu'à ce que je parte** hasta que me vaya. ❑ **jusqu'ici** *adv (dans l'espace)* hasta aquí; *(dans le temps)* hasta ahora. ❑ **jusque-là** *adv (dans l'espace)* hasta ahí; *(dans le temps)* hasta entonces.

juste [ʒyst] *adj* justo(-ta); *(addition, raisonnement)* correcto(-ta). ◆ *adv (seulement)* sólo; *(exactement)* justo; **chanter ~** cantar bien.

justement [ʒystəmɑ̃] *adv* precisamente.

justesse [ʒystɛs]: **de justesse** *adv* por poco.

justice [ʒystis] *nf* justicia *f*.

justifier [ʒystifje] *vt* justificar.

juteux, -euse [ʒytø, øz] *adj* jugoso(-sa).

K

kaki [kaki] *adj inv* caqui *inv*.

kangourou [kɑ̃guru] *nm* canguro *m*.

kayak [kajak] *nm (bateau)* kayak *m*; *(sport)* piragüismo *m*.

kermesse [kɛrmɛs] *nf* kermés *f*.

ketchup [kɛtʃœp] *nm* ketchup *m*.

kg *(abr de kilogramme)* kg.

kilo(gramme) [kilɔ(gram)] *nm* kilo(gramo) *m*.

kilométrage [kilɔmetraʒ]

nm kilometraje *m*; **~ illimité** kilometraje ilimitado.

kilomètre [kilɔmɛtr] *nm* kilómetro *m*; **100 ~s à l'heure** 100 kilómetros por hora.

kinésithérapeute [kineziterapøt] *nmf* kinesiterapeuta *mf*.

kiosque [kjɔsk] *nm* quiosco *m*; **~ à journaux** quiosco de periódicos.

kir [kir] *nm aperitivo compuesto de vino blanco con licor de fruta por lo general de casis*; **~ royal** *kir con Champán en vez de vino blanco*.

kiwi [kiwi] *nm* kiwi *m*.

Klaxon® [klaksɔn] *nm* claxon *m*.

klaxonner [klaksɔne] *vi* pitar.

km *(abr de kilomètre)* km.

km/h *(abr de kilomètre par heure)* km/h.

kouglof [kuglɔf] *nm bizcocho de la región de Alsacia con uvas pasas y almendras*.

K-way® [kawɛ] *nm inv* chubasquero *m*.

kyste [kist] *nm* quiste *m*.

L

l *(abr de litre)* l.

l' → **le**.

la → **le**.

là [la] *adv (lieu)* allí, ahí; *(temps)* entonces; **par ~** *(de ce côté)* por allí; **cette fille-~** aquella chica.

là-bas [laba] *adv* allí.

laboratoire [labɔratwar] *nm* laboratorio *m*.

lac [lak] *nm* lago *m*.

lacer [lase] *vt* atar.

lacet [lasɛ] *nm (de chaussures)* cordón *m*; *(virage)* curva *f*.

lâche [laʃ] *adj (peureux)* cobarde; *(nœud, corde)* flojo(-ja).

lâcher [laʃe] *vt* soltar. ◆ *vi (corde)* ceder; *(freins)* fallar.

là-dedans [laddɑ̃] *adv* ahí dentro, *(fig)*.

là-dessous [ladsu] *adv* ahí debajo.

là-dessus [ladsy] *adv (lieu)* ahí encima.

là-haut [lao] *adv* ahí arriba.

laid, -e [lɛ, lɛd] *adj* feo(-a).

laine [lɛn] *nf* lana *f*; **en ~** de lana.

laisse [lɛs] *nf* correa *f*.

laisser [lese] *vt* dejar. ◆ *aux*: **~ qqn faire qqch** dejar a alguien hacer algo; **~ tomber** dejar caer; *(fig)* dejar, abandonar. ❑ **se laisser** *vp*: **se ~ aller** abandonarse; **se ~ faire** *(par lâcheté)* achicarse; *(se laisser tenter)* dejarse llevar.

lait [lɛ] *nm* leche *f*; **~ démaquillant/de toilette** leche desmaquilladora/limpiadora; **~ solaire** leche bronceadora.

laitage [lɛtaʒ] *nm* producto *m* lácteo.

laitue [lety] *nf* lechuga *f*.

lambic [lɑ̃bik] *nm* *(Belg)* *cerveza elaborada con malta y trigo que fermenta de forma espontánea.*

lame [lam] *nf* *(vague)* ola *f*; **~ de rasoir** cuchilla *f* de afeitar.

lamelle [lamɛl] *nf* loncha *f*; *(de légumes)* lámina *f*.

lamentable [lamɑ̃tabl] *adj* lamentable.

lampadaire [lɑ̃padɛr] *nm* lámpara *f*; *(dans la rue)* farola *f*.

lampe [lɑ̃p] *nf* lámpara *f*; **~ de chevet** lámpara de mesa; **~ de poche** linterna *f*.

lancée [lɑ̃se] *nf*: **continuer sur sa ~** continuar con su impulso.

lancer [lɑ̃se] *vt* lanzar. ❑ **se lancer** *vp* lanzarse.

landau [lɑ̃do] *nm* cochecito *m (de bebé)*.

lande [lɑ̃d] *nf* landa *f*.

langer [lɑ̃ʒe] *vt* poner pañales a.

langouste [lɑ̃gust] *nf* langosta *f*.

langoustine [lɑ̃gustin] *nf* cigala *f*.

langue [lɑ̃g] *nf* lengua *f*; **~ étrangère** lengua extranjera.

languette [lɑ̃gɛt] *nf* lengüeta *f*.

lanière [lanjɛr] *nf* correa *f*.

lanterne [lɑ̃tɛrn] *nf* farol *m*.

lapin [lapɛ̃] *nm* conejo *m*.

laque [lak] *nf* laca *f*.

laqué [lake] *adj m* → **canard**.

laquelle → **lequel**.

lard [lar] *nm* tocino *m*.

lardon [lardɔ̃] *nm* taco *m* de panceta.

large [larʒ] *adj* ancho(-cha); *(tolérant)* abierto(-ta). ◆ *nm* alta mar *f*. ◆ *adv* de sobra; **ça fait 2 mètres de ~** mide 2 metros de anchura; **au ~ de** a la altura de.

largement [larʒəmɑ̃] *adv* de sobra.

largeur [larʒœr] *nf* anchura *f*.

larme [larm] *nf* lágrima *f*; **être en ~s** estar llorando.

lasagne(s) [lazaɲ] *nfpl* lasaña *f*.

lasser [lase] *vt* hastiar. ❑ **se lasser de** *vp + prép* hastiarse de.

latin [latɛ̃] *nm* latín *m*.

laurier [lɔrje] *nm* laurel *m*.

lavable [lavabl] *adj* lavable.

lavabo [lavabo] *nm* lavabo *m*. ❑ **lavabos** *nmpl (toilettes)* servicios *mpl*.

lavande [lavɑ̃d] *nf* lavanda *f*.

lave-linge [lavlɛ̃ʒ] *nm inv* lavadora *f*.

laver [lave] *vt* lavar. ❑ **se laver** *vp* lavarse; **se ~ les mains** lavarse las manos; **se ~ les dents** lavarse los dientes.

laverie [lavri] *nf*: **~ (automatique)** lavandería *f* (automática).

lave-vaisselle [lavvesɛl] *nm inv* lavavajillas *m*.

laxatif [laksatif] *nm* laxante *m*.

le [lə] (*f* **la** [la], *pl* **les** [le]) *article défini* el (la); **~ lac** el lago; **la fenêtre** la ventana; **l'homme** el hombre; **les enfants** los niños; **les filles** las niñas; **nous sommes ~ 3 août** estamos a tres de agosto; **se laver les mains** lavarse les manos; **elle a les yeux bleus** tiene los ojos azules; **les pommes sont à 13 F ~ kilo** las manzanas están a 13 francos el kilo; **c'est 250 F la nuit** son 250 francos por noche.

◆ *pron* **1.** *(représente une personne, une chose, un animal)* lo (la); **regarde-~/la** míralo(-la).

2. *(reprend un mot, une phrase)* lo; **je l'avais entendu dire** eso ya lo había oído antes.

lécher [leʃe] *vt* lamer.

lèche-vitrines [lɛʃvitrin] *nm inv*: **faire du ~** ir de escaparates.

leçon [ləsɔ̃] *nf* lección *f*; **faire la ~ à qqn** leer la cartilla a alguien.

lecteur, -trice [lɛktœr, tris] *nm, f* lector *m* (-ra *f*).
◆ *nm (INFORM)* lector *m*; **~ de cassettes** lector de casetes; **~ laser** OU **de CD** lector láser OU de CD.

lecture [lɛktyr] *nf* lectura *f*.
légal, **-e**, **-aux** [legal, o] *adj* legal.
légende [leʒɑ̃d] *nf* leyenda *f*.
léger, **-ère** [leʒe, ɛr] *adj* ligero(-ra); *(café, infusion)* flojo(-ja).
légèrement [leʒɛrmɑ̃] *adv* ligeramente; **être habillé ~** llevar poca ropa.
léguer [lege] *vt* legar.
légume [legym] *nm* verdura *f*.
lendemain [lɑ̃dmɛ̃] *nm*: **le ~ matin** a la mañana siguiente.
lent, **-e** [lɑ̃, lɑ̃t] *adj* lento(-ta).
lentement [lɑ̃tmɑ̃] *adv* lentamente.
lentille [lɑ̃tij] *nf (légume)* lenteja *f*; *(verre de contact)* lentilla *f*.
léopard [leɔpar] *nm* leopardo *m*.
lequel [ləkɛl] (*f* **laquelle** [lakɛl], *mpl* **lesquels** [lekɛl], *fpl* **lesquelles** [lekɛl]) *pron (sujet)* el cual (la cual); *(complément)* el que (la que); *(interrogatif)* cuál; **j'ai deux amis avec lesquels je m'entends très bien** tengo dos amigos con los que me llevo muy bien; **~ veux-tu?** ¿cuál quieres?
les → **le**.
lésion [lezjɔ̃] *nf* lesión *f*.
lesquelles → **lequel**.
lesquels → **lequel**.
lessive [lesiv] *nf (poudre, liquide)* detergente *m*; **faire la ~** hacer la colada.
leste [lɛst] *adj (vif)* ágil.
lettre [lɛtr] *nf* letra *f*; *(courrier)* carta *f*.
leur [lœr] *adj* su; **ils ont vendu ~ maison** han vendido su casa. ◆ *pron* les; **je vais ~ montrer le chemin** les voy a indicar el camino; **tu devrais le ~ renvoyer** deberías devolvérselo. ❑ **le leur** (*f* **la leur**, *pl* **les leurs**) *pron* el suyo (la suya); **je préfère la ~** prefiero la suya; **cet argent est le ~** este dinero es suyo.
levant [ləvɑ̃] *adj m* → **soleil**.
levé, **-e** [ləve] *adj* levantado(-da).
lever [ləve] *vt* levantar. ◆ *nm*: **le ~ du jour** el amanecer; **le ~ du soleil** la salida del sol. ❑ **se lever** *vp (personne)* levantarse; *(soleil)* salir; *(temps)* aclararse; *(jour)* amanecer.
levier [ləvje] *nm* palanca *f*; **~ de vitesse** palanca de cambios.

lèvre [lɛvr] *nf* labio *m*.
lézard [lezar] *nm* lagarto *m*.
liaison [ljɛzɔ̃] *nf* enlace *m*.
liasse [ljas] *nf* fajo *m*.
Liban [libɑ̃] *nm*: **le ~** el Líbano.
libérer [libere] *vt* liberar. ❑ **se libérer** *vp* librarse.
liberté [libɛrte] *nf* libertad *f*; **en ~** en libertad.
libraire [librɛr] *nmf* librero *m* (-ra *f*).
librairie [librɛri] *nf* librería *f*.
libre [libr] *adj* libre.
libre-service [librəsɛrvis] (*pl* **libres-services**) *nm* autoservicio *m*.
licencier [lisɑ̃sje] *vt* despedir.
liège [ljɛʒ] *nm* corcho *m*.
liégeois [ljeʒwa] *adj m* → **café, chocolat**.
lien [ljɛ̃] *nm (ruban)* lazo *m*; *(relation)* vínculo *m*.
lier [lje] *vt (attacher)* atar; *(idées)* enlazar. ❑ **se lier** *vp*: **se ~ (d'amitié) avec qqn** intimar con alguien.
lierre [ljɛr] *nm* hiedra *f*.
lieu, -x [ljø] *nm* lugar *m*; **avoir ~** tener lugar; **au ~ de** en lugar de.
lièvre [ljɛvr] *nm* liebre *f*.
ligne [liɲ] *nf* línea *f*; **garder la ~** guardar la línea; **~ blanche** *(sur la route)* línea continua; **(en) ~ droite** (en) línea recta; **'grandes ~s'** 'largo recorrido'.
lilas [lila] *nm* lila *f*.
limace [limas] *nf* babosa *f*.
limande [limɑ̃d] *nf* gallo *m (pez)*.
lime [lim] *nf* lima *f*; **~ à ongles** lima de uñas.
limitation [limitasjɔ̃] *nf*: **~ de vitesse** límite *m* de velocidad.
limite [limit] *nf* límite *m*. ◆ *adj* límite; **à la ~** en último caso.
limiter [limite] *vt* limitar.
limonade [limɔnad] *nf* gaseosa *f*.
lin [lɛ̃] *nm* lino *m*.
linge [lɛ̃ʒ] *nm* ropa *f*; **~ de maison** ropa blanca.
lingerie [lɛ̃ʒri] *nf (sous-vêtements)* lencería *f*.
lingot [lɛ̃go] *nm*: **~ (d'or)** lingote *m* (de oro).
lion [ljɔ̃] *nm* león *m*.
liqueur [likœr] *nf* licor *m*.
liquidation [likidasjɔ̃] *nf*: **'~**

totale' 'liquidación *f* total'.

liquide [likid] *adj* líquido(-da). ◆ *nm* líquido *m*; **(argent)** ~ dinero *m* en efectivo; **payer en (argent)** ~ pagar en efectivo.

lire [lir] *vt & vi* leer.

Lisbonne [lisbɔn] *n* Lisboa.

lisible [lizibl] *adj* legible.

lisse [lis] *adj* liso(-sa).

liste [list] *nf* lista *f*; **(être sur)** ~ **rouge** (estar en) la lista de números secretos.

lit [li] *nm* cama *f*; *(d'une rivière)* lecho *m*; **aller au** ~ ir a la cama; ~ **de camp** catre *m*; ~ **double, grand** ~ cama de matrimonio; ~ **simple,** ~ **à une place, petit** ~ cama individual; ~**s jumeaux** camas gemelas; ~**s superposés** literas *fpl*.

literie [litri] *nf todo lo relativo a la cama (somier, colchón, ropa etc)*.

litre [litr] *nm* litro *m*

littérature [literatyr] *nf* literatura *f*.

littoral, -aux [litɔral, o] *nm* litoral *m*.

living(-room), -s [liviŋ(rum)] *nm* cuarto *m* de estar.

livraison [livrɛzɔ̃] *nf* entrega *f*; **'~ des bagages'** 'recogida de equipajes'.

livre[1] [livr] *nm* libro *m*; ~ **de français** libro de francés.

livre[2] [livr] *nf (demi-kilo)* medio kilo *m*; ~ **(sterling)** libra *f* (esterlina).

livrer [livre] *vt* entregar.

livret [livrɛ] *nm* libreta *f*; ~ **de famille** libro *m* de familia; ~ **scolaire** libro *m* de escolaridad.

local, -e, -aux [lɔkal, o] *adj* local. ◆ *nm* local *m*.

locataire [lɔkatɛr] *nmf* inquilino *m* (-na *f*).

location [lɔkasjɔ̃] *nf (d'une maison)* alquiler *m*; *(logement)* casa *f* de alquiler; **'~ de voitures'** 'alquiler de coches'.

locomotive [lɔkɔmɔtiv] *nf* locomotora *f*.

logement [lɔʒmɑ̃] *nm* vivienda *f*; *(hébergement)* alojamiento *m*; **le** ~ *(secteur)* la vivienda.

loger [lɔʒe] *vt* alojar. ◆ *vi* vivir.

logiciel [lɔʒisjɛl] *nm* software *m*.

logique [lɔʒik] *adj* lógico (-ca). ◆ *nf* lógica *f*.

loi [lwa] *nf* ley *f*.

loin [lwɛ̃] *adv* lejos; **de ~** de lejos; *(fig: nettement)* con diferencia; **~ de** *(dans l'espace)* lejos de.

lointain, -e [lwɛ̃tɛ̃, ɛn] *adj* lejano(-na). ♦ *nm*: **dans le ~** a lo lejos.

Loire [lwar] *nf*: **la ~** *(fleuve)* el Loira.

loisirs [lwazir] *nmpl (temps libre)* tiempo *m* libre; *(activités)* ocio *m*.

long, longue [lɔ̃, lɔ̃g] *adj* largo(-ga); **la pièce fait 10 mètres de ~** la habitación tiene diez metros de largo; **le ~ de** a lo largo de.

longer [lɔ̃ʒe] *vt* bordear.

longtemps [lɔ̃tɑ̃] *adv* mucho tiempo.

longue → long.

longueur [lɔ̃gœr] *nf (d'une route)* longitud *f*; *(d'une table)* largo *m*; *(d'un voyage, d'un discours)* duración *f*.

lorraine [lɔrɛn] *adj f* → **quiche**.

lors [lɔr]: **lors de** *prép* durante.

lorsque [lɔrskə] *conj* cuando.

losange [lɔzɑ̃ʒ] *nm* rombo *m*.

lot [lo] *nm (de loterie)* premio *m*.

loterie [lɔtri] *nf* lotería *f*.

lotion [lɔsjɔ̃] *nf* loción *f*.

lotissement [lɔtismɑ̃] *nm* urbanización *f*.

loto [lɔto] *nm (national)* = lotería *f* primitiva; **le ~ sportif** = las quinielas.

lotte [lɔt] *nf* rape *m*; **~ à l'américaine** rape a la americana.

louche [luʃ] *adj* sospechoso (-sa). ♦ *nf* cucharón *m*.

loucher [luʃe] *vi* bizquear.

louer [lwe] *vt* alquilar; **'à ~'** 'se alquila'.

loup [lu] *nm (animal)* lobo *m*.

loupe [lup] *nf* lupa *f*.

louper [lupe] *vt (fam) (examen)* catear; *(train)* perder.

lourd, -e [lur, lurd] *adj* pesado(-da); *(dépense)* importante. ♦ *adv*: **peser ~** pesar mucho.

lourdeur [lurdœr] *nf*: **avoir des ~s d'estomac** tener pesadez de estómago.

Louvre [luvr] *nm*: **le ~** el Louvre.

loyer [lwaje] *nm* alquiler *m*.

lu, -e [ly] *pp* → **lire**.

lucarne [lykarn] *nf* tragaluz *m*.

lucide [lysid] *adj* lúcido(-da).

lueur [lɥœr] *nf (lumière)* luz *f*.

luge [lyʒ] *nf* trineo *m*; **faire de la ~** hacer trineo.

lugubre [lygybr] *adj* lúgubre.

lui [lɥi] *pron* 1. *(gén)* él; **j'en ai moins que ~** tengo menos que él; **c'est ~ qui nous a renseignés** fue él quien nos informó; **c'est ~-même qui l'a dit** él mismo lo ha dicho. 2. *(complément d'objet indirect)* le; **je ~ ai serré la main** le estreché la mano.

luisant, -e [lɥizɑ̃, ɑ̃t] *adj* reluciente.

lumière [lymjɛr] *nf* luz *f*.

lumineux, -euse [lyminø, øz] *adj* luminoso(-sa).

lundi [lœ̃di] *nm* lunes *m*, → **samedi**.

lune [lyn] *nf* luna *f*.

lunette [lynɛt] *nf*: **~ arrière** luneta *f* trasera. ❑ **lunettes** *nfpl* gafas *fpl*; **~s de soleil** gafas de sol.

lustre [lystr] *nm (lampe)* araña *f*.

lutter [lyte] *vi* luchar.

luxation [lyksasjɔ̃] *nf* luxación *f*.

luxe [lyks] *nm* lujo *m*; **de (grand) ~** de (gran) lujo.

Luxembourg [lyksɑ̃bur] *nm*: **le ~** Luxemburgo.

Luxembourgeois, -e [lyksɑ̃burʒwa, az] *nm, f* luxemburgués *m* (-esa *f*).

luxueux, -euse [lyksɥø, øz] *adj* lujoso(-sa).

lycée [lise] *nm* instituto *m*.

lycéen, -enne [liseɛ̃, ɛn] *nm, f* alumno *m* (-na *f*) *(de instituto)*.

Lyon [ljɔ̃] *n* Lyon.

m *(abr de mètre)* m.

m' → **me**.

M. *(abr de Monsieur)* Sr.

ma → **mon**.

macaron [makarɔ̃] *nm (gâteau)* macarrón *m*.

macaronis [makarɔni] *nmpl* macarrones *mpl*.

macédoine [masedwan] *nf*: **~ (de légumes)** macedonia *f*;

~ de fruits macedonia *f*.

mâcher [maʃe] *vt* masticar.

machin [maʃɛ̃] *nm (fam)* chisme *m*.

machine [maʃin] *nf* máquina *f*; **~ à écrire** máquina de escribir; **~ à laver** lavadora *f*; **~ à sous** tragaperras *f*.

mâchoire [maʃwar] *nf* mandíbula *f*.

madame [madam] (*pl* **mesdames** [medam]) *nf*: **~ X** señora *f* X; **bonjour ~/mesdames!** ¡buenos días señora/señoras!

madeleine [madlɛn] *nf* magdalena *f*.

mademoiselle [madmwazɛl] (*pl* **mesdemoiselles** [medmwazɛl]) *nf*: **~ X** señorita *f* X; **bonjour ~/mesdemoiselles!** ¡buenos días señorita/señoritas!

madère [madɛr] *nm* → **sauce**.

Madrid [madrid] *n* Madrid.

madrilène [madrilɛn] *adj* madrileño(-ña). ❑ **Madrilène** *nmf* madrileño *m* (-ña *f*).

magasin [magazɛ̃] *nm* tienda *f*; **en ~** *(réserve)* en almacén.

magazine [magazin] *nm* revista *f*.

Maghrébin, -e [magrebɛ̃, in] *nm, f* magrebí *mf*.

magicien, -enne [maʒisjɛ̃, ɛn] *nm, f* mago *m* (-ga *f*).

magie [maʒi] *nf* magia *f*.

magnétophone [maɲetɔfɔn] *nm* magnetófono *m*.

magnétoscope [maɲetɔskɔp] *nm* vídeo *m*.

magnifique [maɲifik] *adj* magnífico(-ca).

magret [magrɛ] *nm*: **~ (de canard)** magret *m* de pato.

mai [mɛ] *nm* mayo; **le premier ~** el uno de mayo, → **septembre**.

maigre [mɛgr] *adj (personne)* flaco(-ca); *(viande)* magro (-gra); *(yaourt)* bajo(-ja).

maigrir [megrir] *vi* adelgazar.

maille [maj] *nf (d'un tricot)* punto *m*; *(d'un filet)* malla *f*.

maillot [majo] *nm (de foot)* camiseta *f*; *(de danse)* maillot *m*; **~ de bain** bañador *m*; **~ de corps** camiseta.

main [mɛ̃] *nf* mano *f*; **à ~ gauche** a mano izquierda; **fait (à la) ~** hecho a mano.

maintenant [mɛ̃tnɑ̃] *adv* ahora.

maintenir [mɛ̃tnir] *vt* mantener.

maintenu, -e [mɛ̃tny] *pp* → **maintenir**.

maire [mɛr] *nm* alcalde *m* (-desa *f*).

mairie [meri] *nf (bâtiment)* ayuntamiento *m*.

mais [mɛ] *conj* pero; **~ non!** ¡claro que no!

maïs [mais] *nm* maíz *m*.

maison [mɛzɔ̃] *nf* casa *f*. ◆ *adj inv* casero(-ra); **à la ~** en casa; **~ de campagne** casa de campo.

maître, maîtresse [mɛtr, mɛtrɛs] *nm, f* dueño *m* (-ña *f*); **~ (d'école)** maestro *m* (-tra *f*); **~ d'hôtel** maître *m*; **~ nageur** profesor *m* de natación.

maîtresse [mɛtrɛs] *nf (amie)* amante *f*, → **maître**.

majeur, -e [maʒœr] *adj (adulte)* mayor de edad; *(principal)* principal. ◆ *nm* (dedo) corazón *m*; **la ~e partie (de)** la mayor parte (de).

majoration [maʒɔrasjɔ̃] *nf* recargo *m*.

majorité [maʒɔrite] *nf (âge)* mayoría *f* de edad; *(plus grand nombre)* mayoría *f*.

Majorque [maʒɔrk] *n* Mallorca.

majuscule [maʒyskyl] *nf* mayúscula *f*

mal [mal] (*pl* **maux** [mo]) *nm* mal *m*. ◆ *adv* mal; **j'ai très ~** me duele mucho; **avoir ~ aux dents** tener dolor de muelas; **avoir ~ à la tête** tener dolor de cabeza; **avoir ~ au ventre** tener dolor de estómago; **faire ~ à** hacer daño a; **~ de mer** mareo *m*; **maux de tête** dolores de cabeza; **pas ~** *(fam)* no está mal; **pas ~ de** *(fam)* bastante.

malade [malad] *adj* enfermo(-ma); *(sur un bateau)* mareado(-da). ◆ *nmf* enfermo *m* (-ma *f*).

maladie [maladi] *nf* enfermedad *f*.

maladroit, -e [maladrwa, at] *adj* torpe.

malaise [malɛz] *nm* malestar *m*; **avoir un ~** marearse.

malchance [malʃɑ̃s] *nf* mala suerte *f*.

mâle [mal] *adj* macho. ◆ *nm* macho *m*.

malentendu [malɑ̃tɑ̃dy] *nm* malentendido *m*.

malfamé, -e [malfame] *adj* de mala fama.

malgré [malgre] *prép* a pesar de; ~ **tout** a pesar de todo.

malheur [malœr] *nm* desgracia *f*.

malheureusement [malœrøzmɑ̃] *adv* desgraciadamente.

malheureux, -euse [malœrø, øz] *adj* desgraciado(-da).

malhonnête [malɔnɛt] *adj* deshonesto(-ta).

malicieux, -euse [malisjø, øz] *adj* malicioso(-sa).

malin, -igne [malɛ̃, iɲ] *adj (habile, intelligent)* listo(-ta).

malle [mal] *nf* baúl *m*.

mallette [malɛt] *nf* maletín *m*.

Malouines [malwin] *nfpl*: **les (îles)** ~ las (islas) Malvinas.

malsain, -e [malsɛ̃, ɛn] *adj* malsano(-na).

maltraiter [maltrete] *vt* maltratar.

maman [mamɑ̃] *nf* mamá *f*.

mamie [mami] *nf* abuelita *f*.

manche [mɑ̃ʃ] *nf* manga *f*. ◆ *nm (d'outil)* mango *m*; *(de guitare)* mástil *m*; **à ~s courtes/longues** de manga corta/larga.

Manche [mɑ̃ʃ] *nf*: **la ~** la Mancha.

mandarine [mɑ̃darin] *nf* mandarina *f*.

mandat [mɑ̃da] *nm (postal)* giro *m*.

manège [manɛʒ] *nm (attraction)* tiovivo *m*.

manette [manɛt] *nf* palanca *f*; **~ de jeux** palanca de juego.

manger [mɑ̃ʒe] *vt & vi* comer; **donner à ~ à qqn** dar de comer a alguien.

maniable [manjabl] *adj* manejable.

maniaque [manjak] *adj* maniático(-ca).

manie [mani] *nf* manía *f*.

manier [manje] *vt* manejar.

manière [manjɛr] *nf* manera *f*; **de toute ~** de todas maneras. ❑ **manières** *nfpl (attitude)* modales *mpl*; **faire des ~s** andar con remilgos.

maniéré, -e [manjere] *adj* amanerado(-da).

manifestation [manifɛstasjɔ̃] *nf* manifestación *f*.

manifester [manifɛste] *vi*

manifestarse.

manipuler [manipyle] *vt* manipular.

manivelle [manivɛl] *nf* manivela *f*.

mannequin [mankɛ̃] *nm* modelo *mf*; *(de vitrine)* maniquí *m*.

manœuvre [manœvr] *nf* maniobra *f*.

manœuvrer [manœvre] *vt* manejar. ◆ *vi* maniobrar.

manquant, **-e** [mɑ̃kɑ̃, ɑ̃t] *adj* que falta.

manque [mɑ̃k] *nm*: **le ~ de** la falta de.

manquer [mɑ̃ke] *vt (train, occasion)* perder; *(cible)* fallar. ◆ *vi (être absent)* faltar; **elle nous manque** la echamos de menos; **il me manque dix francs** me faltan diez francos; **~ de qqch** *(n'avoir pas assez de)* carecer de algo.

manteau, **-x** [mɑ̃to] *nm (vêtement)* abrigo *m*.

manuel, **-elle** [manɥɛl] *adj* & *nm* manual.

mappemonde [mapmɔ̃d] *nf (carte)* mapamundi *m*.

maquereau, **-x** [makro] *nm* caballa *f*.

maquette [makɛt] *nf* maqueta *f*.

maquillage [makijaʒ] *nm* maquillaje *m*.

maquiller [makije]: **se maquiller** *vp* maquillarse.

marais [marɛ] *nm* pantano *m*.

marbre [marbr] *nm* mármol *m*.

marchand, **-e** [marʃɑ̃, ɑ̃d] *nm, f* vendedor *m* (-ra *f*); **chez le ~ de fruits et légumes** OU **de primeurs** en la frutería; **~ de journaux** vendedor de periódicos.

marchander [marʃɑ̃de] *vi* regatear.

marchandise [marʃɑ̃diz] *nf* mercancía *f*.

marche [marʃ] *nf* marcha *f*; *(d'escalier)* escalón *m*; **~ arrière** marcha atrás.

marché [marʃe] *nm* mercado *m*; *(contrat)* trato *m*; **bon ~** barato(-ta); **le Marché Commun** el Mercado Común; **~ aux puces** mercadillo *m*.

marchepied [marʃəpje] *nm* estribo *m*.

marcher [marʃe] *vi (à pied)* andar; *(fonctionner)* funcionar; **faire ~ qqch** hacer funcionar algo; **faire ~ qqn** *(fam)* tomar el pelo a alguien.

mardi [mardi] *nm* martes *m*; **~ gras** martes de carnaval, → **samedi**.

marécage [marekaʒ] *nm* ciénaga *f*.

marée [mare] *nf* marea *f*; **(à) ~ basse/haute** (con) marea baja/alta.

margarine [margarin] *nf* margarina *f*.

marge [marʒ] *nf* margen *m*.

marguerite [margərit] *nf* margarita *f*.

mari [mari] *nm* marido *m*.

mariage [marjaʒ] *nm (noce)* boda *f*; *(institution)* matrimonio *m*.

marié, -e [marje] *adj* casado(-da).

marier [marje]: **se marier** *vp* casarse.

marin, -e [marɛ̃, in] *adj* marino(-na). ◆ *nm* marino *m*, marinero *m*.

marine [marin] *adj inv* azul marino. ◆ *nm* marino *m*. ◆ *nf* marina *f*.

marinière [marinjɛr] *nf* → **moule** *nf*.

marionnette [marjɔnɛt] *nf* marioneta *f*.

maritime [maritim] *adj* marítimo(-ma).

marmite [marmit] *nf* olla *f*.

Maroc [marɔk] *nm*: **le ~** Marruecos.

marocain, -e [marɔkɛ̃, ɛn] *adj* marroquí.

maroquinerie [marɔkinri] *nf* marroquinería *f*.

marque [mark] *nf* marca *f*.

marquer [marke] *vt* marcar; *(écrire)* apuntar.

marqueur [markœr] *nm* rotulador *m* de punta gruesa.

marraine [marɛn] *nf* madrina *f*.

marrant, -e [marɑ̃, ɑ̃t] *adj (fam)* gracioso(-sa).

marre [mar] *adv*: **en avoir ~ (de)** *(fam)* estar harto(-ta).

marron [marɔ̃] *adj inv* marrón. ◆ *nm (fruit)* castaña *f*.

marronnier [marɔnje] *nm* castaño *m*.

mars [mars] *nm* marzo, → **septembre**.

Marseille [marsɛj] *n* Marsella.

marteau, -x [marto] *nm* martillo *m*.

martiniquais, -e [martinikɛ, ɛz] *adj* martiniqués(-esa).

Martinique [martinik] *nf*: **la** ~ Martinica.

mascara [maskara] *nm* rímel *m*.

masculin, **-e** [maskylɛ̃, in] *adj* masculino(-na). ♦ *nm* masculino *m*.

masque [mask] *nm* máscara *f*.

massacre [masakr] *nm* masacre *f*.

massage [masaʒ] *nm* masaje *m*.

masse [mas] *nf* masa *f*; **une** ~ OU **des** ~**s de** un montón OU montones de; **une arrivée en** ~ una llegada masiva.

masser [mase] *vt* dar un masaje a; *(grouper)* amontonar. ❑ **se masser** *vp (se grouper)* amontonarse.

masseur, **-euse** [masœr, øz] *nm, f* masajista *mf*.

massif, **-ive** [masif, iv] *adj* macizo(-za). ♦ *nm* macizo *m*; **le Massif central** *el macizo central francés*.

mastiquer [mastike] *vt* masticar.

mat, **-e** [mat] *adj* mate.

mât [ma] *nm* mástil *m*.

match [matʃ] (*pl* **matchs matches**) *nm* partido *m*; **faire** ~ **nul** empatar a cero.

matelas [matla] *nm* colchón *m*; ~ **pneumatique** colchoneta *f* hinchable.

matelassé, **-e** [matlase] *adj* acolchado(-da).

matériaux [materjo] *nmpl* materiales *mpl*.

matériel, **-elle** [materjɛl] *adj* material. ♦ *nm* equipo *m*; *(INFORM)* hardware *m*; ~ **de camping** material *m* de acampada.

maternel, **-elle** [maternɛl] *adj* materno(-na). ❑ **maternelle** *nf*: **(école)** ~**le** = parvulario *m*.

maternité [maternite] *nf* maternidad *f*.

mathématiques [matematik] *nfpl* matemáticas *fpl*.

maths [mat] *nfpl (fam)* mates *fpl*.

matière [matjɛr] *nf* materia *f*; *(SCOL)* asignatura *f*; ~**s grasses** materias grasas.

matin [matɛ̃] *nm* mañana *f*; **le** ~ por la mañana.

matinal, **-e**, **-aux** [matinal, o] *adj (réveil)* matinal; *(personne)* madrugador(-ra).

matinée [matine] *nf*

mañana *f*; *(spectacle)* matiné *f*.

mauvais, **-e** [movɛ, ɛz] *adj* malo(-la); *(faux)* erróneo(-a); **il fait ~** hace mal tiempo; **~ en** malo en.

mauve [mov] *adj* malva.

maux → **mal**.

maximum [maksimɔm] *nm* máximo *m*; **au ~** como máximo.

mayonnaise [majɔnɛz] *nf* mayonesa *f*, mahonesa *f*.

me [mə] *pron* me; **je ~ lève** me levanto.

mécanicien, **-enne** [mekanisjɛ̃, ɛn] *nm, f* mecánico *m* (-ca *f*).

mécanique [mekanik] *adj* mecánico(-ca).

mécanisme [mekanism] *nm* mecanismo *m*.

méchamment [meʃamɑ̃] *adv* malvadamente.

méchant, **-e** [meʃɑ̃, ɑ̃t] *adj* *(personne)* malo(-la); *(action)* malvado(-da).

mèche [mɛʃ] *nf* mechón *m*.

méchoui [meʃwi] *nm comida del Norte de África que consiste en asar a la brasa un cordero o una oveja entero.*

mécontent, **-e** [mekɔ̃tɑ̃, ɑ̃t] *adj* descontento(-ta).

médaille [medaj] *nf* medalla *f*.

médaillon [medajɔ̃] *nm* medallón *m*.

médecin [mɛdsɛ̃] *nm* médico *m*.

médecine [mɛdsin] *nf* medicina *f*.

médias [medja] *nmpl* medios *mpl* de comunicación.

médical, **-e**, **-aux** [medikal, o] *adj* médico(-ca).

médicament [medikamɑ̃] *nm* medicina *f*, medicamento *m*.

médiéval, **-e**, **-aux** [medjeval, o] *adj* medieval.

médiocre [medjɔkr] *adj* mediocre.

Méditerranée [mediterane] *nf*: **la (mer) ~** el (mar) Mediterráneo.

méditerranéen, **-enne** [mediteraneɛ̃, ɛn] *adj* mediterráneo(-a).

méduse [medyz] *nf* medusa *f*.

méfier [mefje]: **se méfier** *vp* desconfiar; **se ~ de** desconfiar de.

mégot [mego] *nm* colilla *f*.

meilleur, **-e** [mɛjœr] *adj* mejor. ◆ *nm, f* mejor *mf*.

mélange [melɑ̃ʒ] *nm* mezcla *f*.

mélanger [melɑ̃ʒe] *vt* mezclar.

Melba [mɛlba] *adj inv* → **pêche**.

mêler [mele]: **se mêler** *vp*: **se ~ de qqch** meterse en algo.

mélodie [melɔdi] *nf* melodía *f*.

melon [məlɔ̃] *nm* melón *m*.

membre [mɑ̃br] *nm* miembro *m*.

même [mɛm] *adj (identique)* mismo(-ma); **nous avons les ~s places qu'à l'aller** tenemos los mismos asientos que a la ida.

◆ *pron*: **le/la ~ (que)** el mismo/la misma (que).

◆ *adv* 1. *(sert à renforcer)*: **~ les sandwichs sont chers ici** incluso los bocadillos son caros aquí; **il n'y a ~ pas de cinéma** ni siquiera hay un cine.

2. *(dans des expressions)*: **bon appétit! – vous de ~** ¡qué aproveche! – igualmente; **de ~ que** igual que.

mémé [meme] *nf (fam)* abuelita *f*.

mémoire [memwar] *nf* memoria *f*; **de ~** *(réciter, jouer)* de memoria.

menacer [mənase] *vt* amenazar. ◆ *vi*: **la pluie menace** amenaza lluvia.

ménage [menaʒ] *nm*: **faire le ~** hacer la limpieza.

ménager, **-ère** [menaʒe, ɛr] *adj* doméstico(-ca).

ménagerie [menaʒri] *nf* zoológico *m*.

mendiant, **-e** [mɑ̃djɑ̃, ɑ̃t] *nm, f* mendigo *m* (-ga *f*). ◆ *nm (gâteau) galleta de frutos secos (almendras, avellanas, higos y pasas)*.

mendier [mɑ̃dje] *vi* mendigar.

mener [məne] *vt* llevar; *(diriger)* dirigir. ◆ *vi* ir ganando.

mensonge [mɑ̃sɔ̃ʒ] *nm* mentira *f*.

mensuel, **-elle** [mɑ̃sɥɛl] *adj* mensual. ◆ *nm* revista *f* mensual.

mensurations [mɑ̃syrasjɔ̃] *nfpl* medidas *fpl*.

mental, **-e**, **-aux** [mɑtal, o] *adj* mental.

mentalité [mɑ̃talite] *nf* mentalidad *f*.

menteur, **-euse** [mɑ̃tœr, øz] *nm,f* mentiroso *m* (-sa *f*).

menthe [mɑ̃t] *nf (feuilles, plante)* hierbabuena *f; (essence)* menta *f;* ~ **à l'eau** *refresco compuesto de jarabe de menta con agua.*

mentir [mɑ̃tir] *vi* mentir.

menton [mɑ̃tɔ̃] *nm* barbilla *f*.

menu, **-e** [məny] *adj* menudo(-da). ◆ *nm* menú *m;* ~ **gastronomique** menú gastronómico; ~ **touristique** menú turístico.

mépriser [meprize] *vt* despreciar.

mer [mɛr] *nf* mar *m* OU *f;* **en** ~ en alta mar; **la** ~ **du Nord** el mar del Norte.

merci [mɛrsi] *excl* ¡gracias!; ~ **beaucoup!** ¡muchas gracias!

mercredi [mɛrkrədi] *nm* miércoles *m inv,* → **samedi**.

merde [mɛrd] *excl (vulg)* ¡mierda!

mère [mɛr] *nf* madre *f*.

merguez [mɛrgɛz] *nf salchicha picante de vaca u oveja típica del Norte de África.*

méridional, **-e**, **-aux** [meridjɔnal, o] *adj* meridional.

meringue [mərɛ̃g] *nf* merengue *m*.

mérite [merit] *nm* mérito *m;* **avoir du** ~ tener mérito.

mériter [merite] *vt* merecer.

merlan [mɛrlɑ̃] *nm* pescadilla *f*.

merlu [mɛrly] *nm* merluza *f*.

merveille [mɛrvɛj] *nf* maravilla *f; (beignet) buñuelo del sur de Francia que se come tradicionalmente durante carnaval.*

merveilleux, **-euse** [mɛrvɛjø, øz] *adj* maravilloso (-sa).

mes → **mon**.

mesdames → **madame**.

mesdemoiselles → **mademoiselle**.

message [mɛsaʒ] *nm* mensaje *m*.

messe [mɛs] *nf* misa *f*.

messieurs → **monsieur**.

mesure [məzyr] *nf* medida *f;* **sur** ~ a (la) medida.

mesurer [məzyre] *vt* medir; **il mesure 2 mètres** mide 2 metros.

met, *etc* → **mettre**.

métal, **-aux** [metal, o] *nm*

metal *m*.

métallique [metalik] *adj* metálico(-ca).

météo [meteo] *nf*: **la ~**, le bulletin ~ el tiempo; **~ marine** meteorología *f* marítima.

méthode [metɔd] *nf* método *m*.

méticuleux, **-euse** [metikylø, øz] *adj* meticuloso (-sa).

métier [metje] *nm* oficio *m*.

métis, **-isse** [metis] *nm, f* mestizo *m* (-za *f*).

mètre [mɛtr] *nm* metro *m*.

métro [metro] *nm* metro *m*; **~ aérien** metro aéreo.

metteur [metœr] *nm*: **~ en scène** director *m*.

mettre [mɛtr] *vt* 1. *(gén)* poner; **~ le chauffage** poner la calefacción; **~ le contact** dar al contacto; **~ qqn en colère** poner furioso(-sa).

2. *(vêtement)* ponerse; **~ qqch à qqn** poner algo a alguien.

3. *(temps)* tardar; **nous avons mis deux heures par l'autoroute** hemos tardado dos horas por la autopista.

❑ **se mettre** *vp* ponerse; **se ~ debout** ponerse de pie; **se ~ au lit** meterse en la cama; **se ~ en colère** ponerse furioso(-sa); **se ~ d'accord** ponerse de acuerdo; **se ~ à faire qqch** ponerse a hacer algo; **se ~ au travail** ponerse a trabajar.

meuble [mœbl] *nm* mueble *m*.

meubler [mœble] *vt* amueblar.

meule [møl] *nf (de foin)* hacina *f*.

meunière [mønjɛr] *nf* → **sole**.

meurt [mœr] → **mourir**.

meurtre [mœrtr] *nm* asesinato *m*.

meurtrir [mœrtrir] *vt* magullar.

Mexique [mɛksik] *nm*: **le ~** México.

mi- [mi] *préf* medio, media; **à la ~mars** a mediados de marzo; **à ~chemin** a medio camino.

miauler [mjole] *vi* maullar.

miche [miʃ] *nf* hogaza *f*.

Michelin [miʃlɛ̃] *n*: **guide ~** guía *f* turística Michelín.

micro [mikro] *nm* micro *m*.

microbe [mikrɔb] *nm* microbio *m*.

micro-ondes [mikrɔɔ̃d] *nm inv*: **(four à)** ~ (horno) microondas *m inv*.

micro-ordinateur, **-s** [mikrɔɔrdinatœr] *nm* microordenador *m*.

microprocesseur [mikrɔprɔsesœr] *nm* microprocesador *m*.

microscope [mikrɔskɔp] *nm* microscopio *m*.

midi [midi] *nm* mediodía *m*; **à** ~ *(à 12h)* a las doce; *(à l'heure du déjeuner)* a mediodía; **le Midi** el Mediodía *(el Sur de Francia)*.

mie [mi] *nf* miga *f*.

miel [mjɛl] *nm* miel *f*.

mien [mjɛ̃]: **le mien** (*f* **la mienne** [lamjɛn], *mpl* **les miens** [lemjɛ̃], *fpl* **les miennes** [lemjɛn]) *pron* el mío (la mía).

miette [mjɛt] *nf* miga *f*.

mieux [mjø] *adv* mejor. ◆ *adj* mejor; **aller** ~ *(malade)* estar mejor; *(situation)* mejorar; **de** ~ **en** ~ cada vez mejor; **c'est le** ~ **des deux/de tous** *(le plus beau)* es el más guapo de los dos/de todos.

mignon, **-onne** [miɲɔ̃, ɔn] *adj (joli)* lindo(-da); *(gentil)* majo(-ja).

migraine [migrɛn] *nf* jaqueca *f*.

milieu, **-x** [miljø] *nm* centro *m*; **au** ~ **(de)** en medio (de).

militaire [militɛr] *adj & nm* militar.

milk-shake, **-s** [milkʃɛk] *nm* batido *m*.

mille [mil] *num* mil, → **six**.

mille-feuille, **-s** [milfœj] *nm* milhojas *m inv*.

milliard [miljar] *nm*: **un** ~ **de** mil millones de.

millier [milje] *nm* millar *m*; **des** ~**s de** miles de.

millilitre [mililitr] *nm* mililitro *m*.

millimètre [milimɛtr] *nm* milímetro *m*.

million [miljɔ̃] *nm* millón *m*.

mimer [mime] *vt (action)* hacer mímica; *(personne)* imitar.

minable [minabl] *adj (fam)* ruin.

mince [mɛ̃s] *adj* delgado (-da). ◆ *excl* ¡córcholis!

mine [min] *nf* mina *f*; **avoir bonne/mauvaise** ~ tener buena/mala cara.

minéral, **-e**, **-aux** [mineral,

o] *adj & nm* mineral.

minéralogique [mineralɔʒik] *adj* → **plaque**.

mineur, -e [minœr] *adj* menor. ◆ *nm* minero *m*.

miniature [minjatyr] *adj* en miniatura. ◆ *nf* miniatura *f*.

minibar [minibar] *nm (de train)* bar *m*; *(d'hôtel)* minibar *m*.

minijupe [miniʒyp] *nf* minifalda *f*.

minimum [minimɔm] *adj* mínimo(-ma). ◆ *nm* mínimo *m*; **au ~** como mínimo.

ministre [ministr] *nm* ministro *m*.

Minitel® [minitɛl] *nm red francesa de videotex*.

minorité [minɔrite] *nf* minoría *f*.

Minorque [minɔrk] *n* Menorca.

minuit [minɥi] *nm* medianoche *f*.

minuscule [minyskyl] *adj* minúsculo(-la).

minute [minyt] *nf* minuto *m*.

minuterie [minytri] *nf* temporizador *m*

minutieux, -euse [minysjø, øz] *adj* minucioso(-sa).

miracle [mirakl] *nm* milagro *m*.

miroir [mirwar] *nm* espejo *m*.

mis, -e [mi, miz] *pp* → **mettre**.

misérable [mizerabl] *adj* miserable.

misère [mizɛr] *nf* miseria *f*.

mistral [mistral] *nm* mistral *m*.

mitaine [mitɛn] *nf* mitón *m*.

mite [mit] *nf* polilla *f*.

mi-temps [mitɑ̃] *nf inv (pause)* descanso *m*; *(période)* parte *f*; **travailler à ~** trabajar media jornada.

mitraillette [mitrajɛt] *nf* metralleta *f*.

mixer [mikse] *vt* triturar.

mixe(u)r [miksœr] *nm* batidora *f*.

mixte [mikst] *adj* mixto(-ta).

ml *(abr de millilitre)* ml.

Mlle *(abr de mademoiselle)* Srta.

mm *(abr de millimètre)* mm.

Mme *(abr de madame)* Sra.

mobile [mɔbil] *adj* móvil.

mobilier [mɔbilje] *nm* mobiliario *m*.

Mobylette® [mɔbilɛt] *nf* = mobylette® *f*.

mocassin [mɔkasɛ̃] *nm* mocasín *m*.

moche [mɔʃ] *adj (fam) (laid)* feo(-a); *(choquant)* chungo (-ga).

mode [mɔd] *nf* moda *f*. ♦ *nm* modo *m*; **à la ~** de moda; **~ d'emploi** modo de empleo.

modèle [mɔdɛl] *nm* modelo *m*; **~ réduit** modelo reducido.

modélisme [mɔdelism] *nm* modelismo *m*.

modem [mɔdɛm] *nm* módem *m*.

modéré, -e [mɔdere] *adj* moderado(-da).

moderne [mɔdɛrn] *adj* moderno(-na).

moderniser [mɔdɛrnize] *vt* modernizar.

modeste [mɔdɛst] *adj (humble)* modesto(-ta); *(pauvre)* humilde.

modifier [mɔdifje] *vt* modificar.

modulation [mɔdylasjɔ̃] *nf*: **~ de fréquence** frecuencia *f* modulada.

moelle [mwal] *nf* médula *f*.

moelleux, -euse [mwalø, øz] *adj (lit)* mullido(-da); *(gâteau)* esponjoso(-sa).

mohair [mɔɛr] *nm* mohair *m*.

moi [mwa] *pron* **1.** *(objet direct ou indirect)* me; **regarde-~** mírame; **donne-le-~** dámelo.
2. *(après prép)* mí; **c'est pour ~** es para mí.
3. *(après comparaison, pour insister)* yo; **il est comme ~** es como yo; **~ je crois que...** yo creo que...; **il est à ~** es mío; **je vais le faire ~-même** voy a hacerlo yo mismo; **je le fais pour ~-même** lo hago para mí.

moine [mwan] *nm* monje *m*.

moins [mwɛ̃] *adv* menos; **~ ancien (que)** menos antiguo (que); **c'est la nourriture qui coûte le ~** la comida es lo que menos cuesta; **la ville la ~ intéressante que nous ayons visitée** la ciudad menos interesante que hemos visitado; **le ~ possible** lo menos posible; **~ de viande/de travail** menos carne/trabajo; **~ de la moitié** menos de la mitad; **au ~** por lo menos; **de** OU **en ~** menos; **de ~ en ~** cada vez menos; **~ tu y penseras, mieux ça ira** cuanto menos pienses en ello, mejor irá todo.

◆ *prép* 1. *(pour indiquer l'heure, soustraire)*: **nous partirons à 3 heures ~ le quart** saldremos a las tres menos cuarto.

2. *(pour indiquer la température)*: **il fait ~ 2°** hace dos grados bajo cero.

mois [mwa] *nm* mes *m*, **au ~ de...** en el mes de...

moisi, -e [mwazi] *adj* mohoso(-sa). ◆ *nm* moho *m*.

moisir [mwazir] *vi* enmohecer.

moite [mwat] *adj* húmedo(-da).

moitié [mwatje] *nf* mitad *f*; **la ~ de** la mitad de; **à ~** a medias, por la mitad; **à ~ prix** a mitad de precio; **à ~ plein** medio lleno.

moka [mɔka] *nm (gâteau)* pastel *m* de moca.

molle → **mou**.

mollet [mɔlɛ] *nm* pantorrilla *f*.

molletonné, -e [mɔltɔne] *adj* acolchado(-da).

mollusque [mɔlysk] *nm* molusco *m*.

moment [mɔmɑ̃] *nm* momento *m*; **c'est le ~ de...** es el momento de...; **au ~ où** cuando; **en ce ~** en estos momentos; **pour le ~** de momento.

mon [mɔ̃] (*f* **ma** [ma], *pl* **mes** [me]) *adj* mi; **ma maison** mi casa; **mes chats** mis gatos.

Monaco [mɔnako] *n* Mónaco.

monastère [mɔnastɛr] *nm* monasterio *m*.

monde [mɔ̃d] *nm* mundo *m*; **il y a du** OU **beaucoup de ~** hay mucha gente; **tout le ~** todo el mundo.

mondial, -e, -aux [mɔ̃djal] *adj* mundial.

moniteur, -trice [mɔnitœr, tris] *nm, f* monitor *m* (-ra *f*).

monnaie [mɔnɛ] *nf (pièces)* suelto *m*; **la ~ de 100F** el cambio de 100 francos; **faire de la ~** cambiar dinero; **rendre la ~** dar la vuelta.

monotone [mɔnɔtɔn] *adj* monótono(-na).

monsieur [məsjø] (*pl* **messieurs** [mesjø]) *nm* señor *m*; **~ X** el señor X; **bonjour ~/messieurs!** ¡buenos días!

monstre [mɔ̃str] *nm* monstruo *m*.

mont [mɔ̃] *nm* monte *m*; **le ~ Blanc** el Mont Blanc; **le Mont-Saint-Michel** el Monte San Miguel.

montagne [mɔ̃taɲ] *nf* montaña *f*; **à la ~** en la montaña; **~s russes** montaña rusa.

montagneux, **-euse** [mɔ̃taɲø, øz] *adj* montañoso (-sa).

montant, **-e** [mɔ̃tɑ̃, ɑ̃t] *adj* *(marée)* creciente; *(col)* alto(-ta). ◆ *nm (somme)* importe *m*.

montée [mɔ̃te] *nf* subida *f*.

monter [mɔ̃te] *vi (aux être)* subir. ◆ *vt (aux avoir)*: **ça monte!** *(route)* ¡vaya cuesta!; **~ à bord (d'un avion)** subir a bordo (de un avión); **~ en voiture** subir al coche. ❑ **se monter à** *vp + prép (s'élever à)* ascender a.

montre [mɔ̃tr] *nf* reloj *m*.

montrer [mɔ̃tre] *vt (désigner)* enseñar; *(exposer, prouver)* mostrar; **~ qqch à qqn** enseñar algo a alguien; **~ qqn/qqch du doigt** señalar a alguien/algo con el dedo.

monture [mɔ̃tyr] *nf* montura *f*.

monument [mɔnymɑ̃] *nm* monumento *m*.

moquer [mɔke]: **se moquer de** *vp + prép (plaisanter)* burlarse de; *(ignorer)* traerle a uno sin cuidado; **je m'en moque** (eso) me trae sin cuidado.

moques [mɔk] *nfpl (Belg) rodajas de una masa elaborada con clavo cocinadas al horno.*

moquette [mɔkɛt] *nf* moqueta *f*.

moral, **-e**, **-aux** [mɔral, o] *nm* moral *f*; **avoir le ~** tener la moral alta.

morale [mɔral] *nf (valeurs)* moral *f*.

morceau, **-x** [mɔrso] *nm* *(partie)* trozo *m*; *(de musique)* fragmento *m*; **~ de sucre** terrón *m* de azúcar.

mordre [mɔrdr] *vt* morder.

morille [mɔrij] *nf* colmenilla *f*.

morsure [mɔrsyr] *nf* mordedura *f*.

mort, **-e** [mɔr, mɔrt] *pp* → **mourir**. ◆ *adj* muerto(-ta); *(hors d'usage)* acabado(-da). ◆ *nm, f* muerto *m* (-ta *f*). ◆ *nf* muerte *f*; **être ~ de peur** estar muerto de miedo.

mortel, **-elle** [mɔrtɛl] *adj* mortal.

morue [mɔry] *nf* bacalao *m*.

mosaïque [mɔzaik] *nf* mosaico *m*.

Moscou [mɔsku] *n* Moscú.

mosquée [mɔske] *nf* mezquita *f*.

mot [mo] *nm* palabra *f*; *(message)* nota *f*; **~s croisés** crucigramas *mpl*.

motard [mɔtar] *nm* motorista *m*.

moteur [mɔtœr] *nm* motor *m*.

motif [mɔtif] *nm* motivo *m*.

motivé, -e [mɔtive] *adj* estimulado(-da).

moto [mɔto] *nf* moto *f*.

motte [mɔt] *nf* terrón *m*; *(de beurre)* pella *f*.

mou, molle [mu, mɔl] *adj* *(sans consistance)* blando(-da); *(sans énergie)* flojo(-ja).

mouche [muʃ] *nf* mosca *f*.

moucher [muʃe]: **se moucher** *vp* sonarse.

mouchoir [muʃwar] *nm* pañuelo *m*; **~ en papier** pañuelo de papel.

moue [mu] *nf* mohín *m*; **faire la ~** hacer pucheros.

mouette [mwɛt] *nf* gaviota *f*.

moufle [mufl] *nf* manopla *f*.

mouillé, -e [muje] *adj* mojado(-da).

mouiller [muje] *vt* mojar. ❑ **se mouiller** *vp* mojarse.

moulant, -e [mulɑ̃, ɑ̃t] *adj* ceñido(-da).

moule[1] [mul] *nm* molde *m*; **~ à gâteau** molde.

moule[2] [mul] *nf* mejillón *m*; **~s marinière** mejillones a la marinera.

mouler [mule] *vt* *(suj: vêtement)* ceñir.

moulin [mulɛ̃] *nm* molino *m*; **~ à vent** molino de viento.

moulinet [mulinɛ] *nm* *(de canne à pêche)* carrete *m*.

moulu, -e [muly] *adj* molido(-da).

mourant, -e [murɑ̃, ɑ̃t] *adj* moribundo(-da).

mourir [murir] *vi* morir; **~ de faim** morirse de hambre; **~ d'envie de** morirse de ganas de.

mousse [mus] *nf* *(bulles)* espuma *f*; **~ à raser** espuma de afeitar; **~ au chocolat** mousse de chocolate.

mousseline [muslin] *adj inv*: **purée** OU **pommes ~** *puré de patatas muy ligero*; **sauce ~** *salsa* *a base de yemas, mantequilla y nata montada para acompañar pescado o verdura.*

mousser [muse] *vi* hacer espuma.

mousseux, **-euse** [musø, øz] *adj* espumoso(-sa); *(chocolat)* cremoso(-sa). ◆ *nm*: **du (vin)** ~ (vino) espumoso *m*.

moustache [mustaʃ] *nf* bigote *m*.

moustachu, **-e** [mustaʃy] *adj* bigotudo(-da).

moustique [mustik] *nm* mosquito *m*.

moutarde [mutard] *nf* mostaza *f*.

mouton [mutɔ̃] *nm (animal)* oveja *f*; *(CULIN)* cordero *m*.

mouvement [muvmɑ̃] *nm* movimiento *m*.

moyen, **-enne** [mwajɛ̃, ɛn] *adj (intermédiaire, passable)* mediano(-na); *(température, salaire, prix)* medio(-dia). ◆ *nm* medio *m*; **au ~ de** por medio de; **~ de transport** medio de transporte; **avoir les ~s de faire qqch** *(financièrement)* tener medios suficientes para hacer algo.

moyenne [mwajɛn] *nf* media *f*; **en ~** por término medio.

muet, **muette** [mɥɛ, ɛt] *adj* mudo(-da).

muguet [mygɛ] *nm* muguete *m*.

multicolore [myltikɔlɔr] *adj* multicolor.

multiplication [myltiplikasjɔ̃] *nf* multiplicación *f*.

multiplier [myltiplije] *vt* multiplicar; **2 multiplié par 9** 2 multiplicado por 9.

multipropriété [myltiprɔprijete] *nf vivienda en copropiedad de la que puede disfrutar cada copropietario durante cierto tiempo.*

municipal, **-e**, **-aux** [mynisipal, o] *adj* municipal.

munir [mynir]: **se munir de** *vp + prép* proveerse de.

mur [myr] *nm (intérieur)* pared *f*, muro *m*; *(extérieur)* tapia *f*; **faire le ~** escaparse.

mûr, **-e** [myr] *adj (fruit)* maduro(-ra).

muraille [myraj] *nf* muralla *f*.

mural, **-e**, **-aux** [myral, o] *adj* mural.

Murcie [myrsi] *nf* Murcia.

mûre [myr] *nf* mora *f*.

mûrir [myrir] *vi (fruit)* madurar.

murmurer [myrmyre] *vi* murmurar.

muscade [myskad] *nf*: **(noix)** ~ nuez *f* moscada.

muscat [myska] *nm* moscatel *f*.

muscle [myskl] *nm* músculo *m*.

musclé, -e [myskle] *adj* musculoso(-sa).

musculation [myskylasjɔ̃] *nf*: **faire de la** ~ hacer musculación.

museau, -x [myzo] *nm* hocico *m*.

musée [myze] *nm* museo *m*.

musical, -e, -aux [myzikal, o] *adj* musical.

music-hall, -s [myzikol] *nm* music-hall *m*.

musicien, -enne [myzisjɛ̃, ɛn] *nm, f* músico *m* (-ca *f*).

musique [myzik] *nf* música *f*; ~ **de chambre** música de cámara; ~ **classique** música clásica; ~ **de film** banda *f* sonora.

musulman, -e [myzylmɑ̃, an] *adj & nm, f* musulmán (-ana).

mutuellement [mytɥɛlmɑ̃] *adv* mutuamente.

myope [mjɔp] *adj* miope.

myrtille [mirtij] *nf* arándano *m*.

mystère [mistɛr] *nm* misterio *m*; **Mystère®** *helado de nata y merengue bañado en chocolate y recubierto con almendras picadas.*

mystérieux, -euse [misterjø, øz] *adj* misterioso(-sa).

N

n' → **ne**.

n° *(abr de numéro)* n°.

N *(abr de nord)* N.

nage [naʒ] *nf*: **en** ~ chorreando de sudor.

nager [naʒe] *vt & vi* nadar.

naïf, naïve [naif, iv] *adj* ingenuo(-nua).

nain, -e [nɛ̃, nɛn] *adj & nm, f* enano(-na).

naissance [nɛsɑ̃s] *nf* nacimiento *m*.

naître [nɛtr] *vi* nacer; **je suis né le... à...** nací el... en...

naïve → **naïf**

nappe [nap] *nf* mantel *m*; *(de pétrole, de brouillard)* capa *f*.

nappé, **-e** [nape] *adj*: **~ de** cubierto de.

narguer [narge] *vt* provocar.

narine [narin] *nf* ventana *f* nasal.

natal, **-e** [natal] *adj* natal.

natation [natasjɔ̃] *nf* natación *f*; **faire de la ~** practicar natación.

nation [nasjɔ̃] *nf* nación *f*.

national, **-e**, **-aux** [nasjɔnal, o] *adj* nacional.

nationale [nasjɔnal] *nf*: **(route) ~** (carretera) nacional *f*.

nationalité [nasjɔnalite] *nf* nacionalidad *f*.

natte [nat] *nf (tresse)* trenza *f*; *(tapis)* estera *f*.

naturaliser [natyralize] *vt* naturalizar.

nature [natyr] *nf* naturaleza *f*. ◆ *adj inv* al natural.

naturel, **-elle** [natyrɛl] *adj* natural.

naturellement [natyrɛlmɑ̃] *adv* naturalmente.

naturiste [natyrist] *nmf* naturista *mf*.

naufrage [nofraʒ] *nm*: **faire ~** naufragar.

nausée [noze] *nf* náusea *f*; **avoir la ~** tener náuseas.

nautique [notik] *adj* náutico(-ca).

naval, **-e** [naval] *adj* naval; **chantier ~** astillero *m*.

navarin [navarɛ̃] *nm carne de cordero estofada con patatas y verdura*.

Navarre [navar] *nf*: **la ~** Navarra.

navette [navɛt] *nf* autobús *m (particular)*; **~ spatiale** lanzadera *f* espacial; **faire la ~ (entre)** ir y venir (entre).

navigation [navigasjɔ̃] *nf* navegación *f*; **~ de plaisance** náutica *f* deportiva.

navire [navir] *nm* nave *f*.

ne [nə] *adv* no, → **jamais, pas, personne, plus, que, rien**.

né, **-e** [ne] *pp* → **naître**.

néanmoins [neɑ̃mwɛ̃] *adv* no obstante.

nécessaire [nesesɛr] *adj* necesario(-ria). ◆ *nm* neceser *m*; **~ de toilette** neceser *m*.

nécessiter [nesesite] *vt* necesitar.

nectarine [nɛktarin] *nf*

nectarina *f.*

néerlandais, **-e** [neɛrlɑ̃dɛ, ɛz] *adj* neerlandés(-esa). ♦ *nm (langue)* neerlandés *m.*

négatif, **-ive** [negatif, iv] *adj* negativo(-va). ♦ *nm* negativo *m.*

négligeable [negliʒabl] *adj* desdeñable.

négliger [negliʒe] *vt* descuidar.

négociations [negɔsjasjɔ̃] *nfpl* negociaciones *fpl.*

neige [nɛʒ] *nf* nieve *f.*

neiger [neʒe] *v impers*: **il neige** nieva.

nénuphar [nenyfar] *nm* nenúfar *m.*

néon [neɔ̃] *nm (tube)* fluorescente *m.*

nerf [nɛr] *nm* nervio *m*; **être à bout de ~s** estar al borde del ataque de nervios.

nerveux, **-euse** [nɛrvø, øz] *adj* nervioso(-sa).

n'est-ce pas [nɛspa] *adv* ¿verdad?

net, **nette** [nɛt] *adj (précis, marqué)* nítido(-da); *(propre)* limpio(-pia); *(prix, salaire)* neto(-ta). ♦ *adv (se casser, s'arrêter)* de golpe.

nettement [nɛtmɑ̃] *adv (clairement)* nítidamente; *(beaucoup)* mucho; *(très)* muy.

nettoyage [netwajaʒ] *nm (ménage)* limpieza *f*; **~ à sec** limpieza en seco.

nettoyer [netwaje] *vt* limpiar; **faire ~ un vêtement** llevar a limpiar una prenda.

neuf, **neuve** [nœf, nœv] *adj* nuevo(-va). ♦ *num* nueve; **quoi de ~?** ¿qué hay de nuevo?, → **six.**

neutre [nøtr] *adj* neutro(-tra).

neuvième [nœvjɛm] *num* noveno(-na), → **sixième.**

neveu, **-x** [nəvø] *nm* sobrino *m.*

nez [ne] *nm* nariz *f*; *(d'un avion)* morro *m.*

NF *(abr de norme française)* norma francesa.

ni [ni] *conj*: **je n'aime ~ la guitare ~ le piano** no me gusta ni la guitarra ni el piano; **~ l'un ~ l'autre ne sont français** ni el uno ni el otro son franceses; **elle n'est ~ mince ~ grosse** no es ni delgada ni gorda.

Nice [nis] *n* Niza

niche [niʃ] *nf (à chien)* caseta *f*; *(dans un mur)* hornacina *f.*

niçoise [niswaz] *adj f* → **salade**.

nid [ni] *nm (d'oiseaux)* nido *m*; *(de guêpes)* avispero *m*; *(de souris)* ratonera *f*.

nid-de-poule [nidpul] (*pl* **nids-de-poule**) *nm* socabón *m*.

nièce [njɛs] *nf* sobrina *f*.

nier [nje] *vt* negar; ~ **que** negar que.

n'importe [nɛ̃pɔrt] → **importer**.

niveau, **-x** [nivo] *nm* nivel *m*; ~ **d'huile** nivel de aceite.

noble [nɔbl] *adj & nmf* noble.

noce [nɔs] *nf* boda *f*; **~s d'or** bodas de oro.

nocif, **-ive** [nɔsif, iv] *adj* nocivo(-va).

nocturne [nɔktyrn] *adj* nocturno(-na). ◆ *nf (d'un magasin)* apertura *f* nocturna.

Noël [nɔɛl] *nm* Navidad *f*. ◆ *nf*: **la** ~ *(jour)* el día de Navidad; *(période)* la Navidad.

nœud [nø] *nm* nudo *m*; *(ruban)* lazo *m*; ~ **papillon** pajarita *f*.

noir, **-e** [nwar] *adj* negro (-gra); *(sombre)* oscuro(-ra). ◆ *nm* negro *m*; *(obscurité)* oscuridad *f*; **il fait ~ dans cette pièce** esta habitación está oscura; **dans le ~** en la oscuridad. ❑ **Noir**, **-e** *nm, f* negro *m* (-gra *f*).

noircir [nwarsir] *vt & vi* ennegrecer.

noisette [nwazɛt] *nf* avellana *f*. ◆ *adj inv (yeux)* pardos; **une ~ de beurre** un poquito de mantequilla.

noix [nwa] *nf* nuez *f*; **une ~ de beurre** un poco de mantequilla; ~ **de cajou** anacardo *m*; ~ **de coco** coco *m*.

nom [nɔ̃] *nm* nombre *m*; ~ **de famille** apellido *m*; ~ **de jeune fille** apellido de soltera.

nombre [nɔ̃br] *nm* número *m*; **un grand ~ de** un gran número de.

nombreux, **-euse** [nɔ̃brø, øz] *adj* numeroso(-sa); **peu ~** poco numeroso.

nombril [nɔ̃bril] *nm* ombligo *m*.

nommer [nɔme]: **se nommer** *vp* llamarse.

non [nɔ̃] *adv* no; **~?** *(exprime la surprise)* ¿no?

nonante [nɔnɑ̃t] *num (Belg & Helv)* noventa, → **six**.

non-fumeur, **-euse**

[nɔ̃fymœr, øz] *nm, f* no fumador *m* (-ra *f*).

nord [nɔr] *adj inv & nm* norte; **le Nord** *(région)* el Norte.

nord-est [nɔrɛst] *adj inv & nm* nordeste; **au ~ (de)** al nordeste (de).

nordique [nɔrdik] *adj* nórdico(-ca); *(Can: du nord canadien) del norte de Canadá.*

nord-ouest [nɔrwɛst] *adj inv & nm* noroeste.

normal, -e, -aux [nɔrmal, o] *adj* normal; **ce n'est pas ~** no es normal.

normalement [nɔrmalmɑ̃] *adv* normalmente.

normand, -e [nɔrmɑ̃, ɑ̃d] *adj* normando(-da).

Normandie [nɔrmɑ̃di] *nf*: **la ~** Normandía.

Norvège [nɔrvɛʒ] *nf*: **la ~** Noruega.

norvégien, -enne [nɔrveʒjɛ̃, ɛn] *adj* noruego(-ga). ◆ *nm (langue)* noruego *m*.

nos → **notre**.

notaire [nɔtɛr] *nm* notario *m* (-ria *f*).

notamment [nɔtamɑ̃] *adv* particularmente.

note [nɔt] *nf* nota *f*.

noter [nɔte] *vt (écrire)* anotar; *(remarquer)* señalar.

notice [nɔtis] *nf (mode d'emploi)* instrucciones *fpl* (de uso).

notion [nɔsjɔ̃] *nf* noción *f*; **avoir des ~s de** tener nociones de.

notre [nɔtr] (*pl* **nos** [no]) *adj* nuestro(-tra); **~ maison** nuestra casa.

nôtre [notr]: **le nôtre** (*f* **la nôtre**, *pl* **les nôtres**) *pron* el nuestro (la nuestra).

nouer [nwe] *vt (cravate)* anudar; *(lacet, cheveux)* atar.

nougat [nuga] *nm* ≈ turrón *m*.

nouilles [nuj] *nfpl* pasta *f*.

nourrir [nurir] *vt* alimentar; *(entretenir)* mantener. ❑ **se nourrir (de)** *vp (+ prép)* alimentarse (de).

nourrissant, -e [nurisɑ̃, ɑ̃t] *adj* nutritivo(-va).

nourriture [nurityr] *nf* comida *f*.

nous [nu] *pron pers (sujet)* nosotros(-tras); *(complément)* nos; **~ sommes sœurs** somos hermanas; **ils ~ regardent** nos miran; **~ ~ sommes parlé** nos hablamos; **~-mêmes**

nosotros mismos.

nouveau, nouvel [nuvo, nuvɛl] (*f* **nouvelle** [nuvɛl], *mpl* **nouveaux** [nuvo]) *adj* & *nm, f* nuevo(-va); **rien de ~** nada nuevo; **à** OU **de ~** de nuevo.

nouveau-né, **-e**, **-s** [nuvone] *nm, f* recién nacido *m* (-da *f*).

nouveauté [nuvote] *nf* novedad *f*.

nouvel → nouveau.

nouvelle [nuvɛl] *nf (information)* noticia *f*; **les ~s** las noticias; **avoir des ~s de qqn** tener noticias de alguien.

Nouvelle-Calédonie [nuvɛlkaledɔni] *nf*: **la ~** Nueva Caledonia.

novembre [nɔvɑ̃br] *nm* noviembre, **→ septembre**.

noyau, **-x** [nwajo] *nm (de fruit)* hueso *m*.

noyer [nwaje] *nm* nogal *m*. ❑ **se noyer** *vp* ahogarse.

nu, **-e** [ny] *adj*: **pieds ~s** descalzo(-za); **tout ~** en cueros; **~-tête** con la cabeza descubierta.

nuage [nɥaʒ] *nm* nube *f*.

nuageux, **-euse** [nɥaʒø, øz] *adj* nublado(-da).

nuance [nɥɑ̃s] *nf* matiz *m*.

nucléaire [nykleɛr] *adj* nuclear.

nudiste [nydist] *nmf* nudista *mf*.

nui [nɥi] *pp* **→ nuire**.

nuire [nɥir]: **nuire à** *v + prép* perjudicar a.

nuit [nɥi] *nf* noche *f*; **il travaille la ~** trabaja por la noche OU de noche; **bonne ~!** ¡buenas noches!; **il fait ~** es de noche; **une ~ blanche** una noche en blanco.

nul, **nulle** [nyl] *adj* pésimo(-ma); *(fam: idiot)* negado(-da); **être ~ en qqch** ser negado para algo; **nulle part** en ninguna parte.

numéro [nymero] *nm* número *m*; **~ d'immatriculation** número de matrícula; **~ de téléphone** número de teléfono.

nu-pieds [nypje] *nm inv* sandalia *f*.

nuque [nyk] *nf* nuca *f*.

nylon [nilɔ̃] *nm* nailon *m*.

O

O *(abr de ouest)* O.
obéir [ɔbeir] *vi* obedecer; **~ à** obedecer a.
obéissant, **-e** [ɔbeisɑ̃, ɑ̃t] *adj* obediente.
obèse [ɔbɛz] *adj* obeso(-sa).
objectif, **-ive** [ɔbʒɛktif, iv] *adj* objetivo(-va). ◆ *nm* objetivo *m*.
objection [ɔbʒɛksjɔ̃] *nf* objeción *f*.
objet [ɔbʒɛ] *nm* objeto *m*; **(bureau des) ~s trouvés** (oficina de) objetos perdidos; **~s de valeur** objetos de valor.
obligatoire [ɔbligatwar] *adj* obligatorio(-ria).
obligé, **-e** [ɔbliʒe] *adj*: **être ~ de faire qqch** estar obligado a hacer algo.
obliger [ɔbliʒe] *vt*: **~ qqn à faire qqch** obligar a alguien a hacer algo.
oblitérer [ɔblitere] *vt* sellar.
obscène [ɔpsɛn] *adj* obsceno(-na).
obscur, **-e** [ɔpskyr] *adj* oscuro(-ra).
observateur, **-trice** [ɔpsɛrvatœr, tris] *adj* observador(-ra).
observation [ɔpsɛrvasjɔ̃] *nf* observación *f*.
observer [ɔpsɛrve] *vt* observar.
obsession [ɔpsesjɔ̃] *nf* obsesión *f*.
obstacle [ɔpstakl] *nm* obstáculo *m*.
obstiné, **-e** [ɔpstine] *adj* obstinado(-da).
obstiner [ɔpstine]: **s'obstiner** *vp* obstinarse; **s'~ à faire qqch** obstinarse en hacer algo.
obtenir [ɔptənir] *vt* obtener.
obtenu, **-e** [ɔptəny] *pp* → **obtenir**.
OC *(abr de ondes courtes)* OC.
occasion [ɔkazjɔ̃] *nf* ocasión *f*; **avoir l'~ de** tener la ocasión de; **d'~** de segunda mano.
occasionnel, **-elle** [ɔkazjɔnɛl] *adj* ocasional.
occidental, **-e**, **-aux** [ɔksidɑ̃tal, o] *adj* occidental.
occupation [ɔkypasjɔ̃] *nf* ocupación *f*.
occupé, **-e** [ɔkype] *adj* ocupado(-da); **ça sonne ~** *(téléphone)* está comunicando.

occuper [ɔkype] *vt* ocupar. ❑ **s'occuper** *vp* entretenerse; **s'~ de** ocuparse de.

occurrence [ɔkyrɑ̃s]: **en l'occurrence** *adv* en este caso.

océan [ɔseɑ̃] *nm* océano *m*.

octane [ɔktan] *nm*: **indice d'~** índice *m* de octanos.

octante [ɔktɑ̃t] *num (Belg & Helv)* ochenta, → **six**.

octobre [ɔktɔbr] *nm* octubre, → **septembre**.

oculiste [ɔkylist] *nmf* oculista *mf*.

odeur [ɔdœr] *nf* olor *m*.

odieux, -euse [ɔdjø, øz] *adj* odioso(-sa).

œil [œj] (*pl* **yeux** [jø]) *nm* ojo *m*; **à l'~** *(fam)* por la cara; **avoir qqn à l'~** *(fam)* no quitar ojo a alguien; **mon ~!** *(fam)* ¡y una porra!

œillet [œjɛ] *nm (fleur)* clavel *m*; *(de chaussure)* ojete *m*.

œuf [œf, *pl* ø] *nm* huevo *m*; **~ à la coque** huevo pasado por agua; **~ dur** huevo duro; **~ de Pâques** huevo de Pascua; **~ sur le plat** huevo frito; **~s brouillés** huevos revueltos; **~s à la neige** *natillas y merengue con caramelo*.

œuvre [œvr] *nf* obra *f*; **~ d'art** obra de arte.

offert, -e [ɔfɛr, ɛrt] *pp* → **offrir**.

office [ɔfis] *nm (organisme)* oficina *f*; **~ de tourisme** oficina de turismo.

officiel, -elle [ɔfisjɛl] *adj* oficial.

officier [ɔfisje] *nm* oficial *m*.

offre [ɔfr] *nf* oferta *f*; **'~ spéciale'** 'oferta especial'; **~s d'emploi** ofertas de empleo.

offrir [ɔfrir] *vt*: **~ qqch à qqn** *(mettre à sa disposition)* ofrecer algo a alguien; *(en cadeau)* regalar algo a alguien.

oie [wa] *nf* oca *f*.

oignon [ɔɲɔ̃] *nm (légume)* cebolla *f*; **petits ~s** cebolletas *fpl*.

oiseau, -x [wazo] *nm* pájaro *m*.

OK [ɔkɛ] *excl* ¡vale!

olive [ɔliv] *nf* aceituna *f*; **~ noire/verte** aceituna negra/verde.

olivier [ɔlivje] *nm* olivo *m*.

omble-chevalier [ɔ̃bləʃəvalje] *nm pescado de carne muy fina del lago Lemán*.

ombre [ɔ̃br] *nf* sombra *f*; **à l'~ (de)** a la sombra (de); **~ à**

paupières sombra de ojos.

omelette [ɔmlɛt] *nf* tortilla *f*; **~ norvégienne** *helado cubierto con un suflé caliente.*

omission [ɔmisjɔ̃] *nf* omisión *f*.

omnibus [ɔmnibys] *adj*: **(train) ~** *tren con parada en todas las estaciones.*

omoplate [ɔmɔplat] *nf* omoplato *m*.

on [ɔ̃] *pron*: **~ m'appelle** alguien me está llamando; **~ ne sait jamais** nunca se sabe; **~ s'en va** nos vamos; **~ frappe** están llamando a la puerta.

oncle [ɔ̃kl] *nm* tío *m*.

onde [ɔ̃d] *nf* onda *f*; **grandes ~s** onda larga; **~s courtes/moyennes** onda corta/media.

ondulé, -e [ɔ̃dyle] *adj* ondulado(-da).

ongle [ɔ̃gl] *nm* uña *f*.

ont [ɔ̃] **→ avoir**.

onze [ɔ̃z] *num* once, **→ six**.

onzième [ɔ̃zjɛm] *num* undécimo(-ma), **→ sixième**.

opaque [ɔpak] *adj* opaco(-ca).

opéra [ɔpera] *nm* ópera *f*.

opérateur, -trice [ɔperatœr, tris] *nm, f (au téléphone)* operador *m* (-ra *f*).

opération [ɔperasjɔ̃] *nf* operación *f*.

opérer [ɔpere] *vt* operar. ◆ *vi* obrar; **se faire ~ (de)** operarse (de).

ophtalmologiste [ɔftalmɔlɔʒist] *nmf* oftalmólogo *m* (-ga *f*).

opinion [ɔpinjɔ̃] *nf* opinión *f*.

opposé, -e [ɔpoze] *adj (inverse)* opuesto(-ta); *(d'en face)* de enfrente. ◆ *nm*: **l'~** lo contrario; **~ à** *(inverse)* opuesto a; *(hostile à)* contrario a; **à l'~ de** *(du côté opposé à)* en el lado opuesto de.

opposer [ɔpoze]: **s'opposer** *vp (s'affronter)* oponerse; **s'~ à** oponerse a.

opposition [ɔpozisjɔ̃] *nf* oposición *f*; **faire ~ à un chèque** suspender el pago de un talón.

opticien, -enne [ɔptisjɛ̃, ɛn] *nm, f* óptico *m* (-ca *f*).

optimiste [ɔptimist] *adj & nmf* optimista.

option [ɔpsjɔ̃] *nf* opción *f*.

or [ɔr] *conj* ahora bien. ◆ *nm* oro *m*; **en ~** de oro.

orage [ɔraʒ] *nm* tormenta *f*.

orageux, -euse [ɔraʒø, øz] *adj* tormentoso(-sa).

oral, -e, -aux [ɔral, o] *adj* & *nm* oral; **'voie ~e'** 'vía oral'.

orange [ɔrɑ̃ʒ] *adj inv* & *nm* naranja. ◆ *nf* naranja *f*.

orangeade [ɔrɑ̃ʒad] *nf* naranjada *f*.

orchestre [ɔrkɛstr] *nm* orquesta *f*; *(au théâtre)* patio *m* de butacas.

orchidée [ɔrkide] *nf* orquídea *f*.

ordinaire [ɔrdinɛr] *adj (normal)* ordinario(-ria); *(banal)* corriente. ◆ *nm (essence)* normal *f*.

ordinateur [ɔrdinatœr] *nm* ordenador *m*.

ordonnance [ɔrdɔnɑ̃s] *nf (médicale)* receta *f*.

ordonné, -e [ɔrdɔne] *adj* ordenado(-da).

ordonner [ɔrdɔne] *vt*: **~ à qqn de faire qqch** ordenar a alguien que haga algo.

ordre [ɔrdr] *nm (commandement, organisation)* orden *f*; **à l'~ de** a la orden de; **mettre de l'~ dans** poner orden en; **dans l'~** en orden.

ordures [ɔrdyr] *nfpl* basura *f*.

oreille [ɔrɛj] *nf* oreja *f*.

oreiller [ɔrɛje] *nm* almohada *f*.

organe [ɔrgan] *nm* órgano *m*.

organisation [ɔrganizasjɔ̃] *nf* organización *f*.

organiser [ɔrganize] *vt* organizar. ❑ **s'organiser** *vp* organizarse.

organisme [ɔrganism] *nm* organismo *m*.

orge [ɔrʒ] *nf* → **sucre**.

orgue [ɔrg] *nm* órgano *m*; **~ de Barbarie** organillo *m*.

orgueilleux, -euse [ɔrgœjø, øz] *adj* orgulloso(-sa).

oriental, -e, -aux [ɔrjɑ̃tal, o] *adj* oriental.

orientation [ɔrjɑ̃tasjɔ̃] *nf* orientación *f*.

orienter [ɔrjɑ̃te]: **s'orienter** *vp* orientarse.

orifice [ɔrifis] *nm* orificio *m*.

originaire [ɔriʒinɛr] *adj*: **~ de** natural de.

original, -e, -aux [ɔriʒinal, o] *adj* original.

origine [ɔriʒin] *nf* origen *m*;

à l'~ al principio; **d'~** de origen.

ORL *nmf (abr de oto-rhino-laryngologiste)* otorrino *mf.*

ornement [ɔrnəmɑ̃] *nm* ornamento *m.*

orner [ɔrne] *vt* adornar; **~ qqch de** adornar algo con OU de.

orphelin, -e [ɔrfəlɛ̃, in] *nm, f* huérfano *m* (-na *f*).

Orsay [ɔrsɛ] *n*: **le musée d'~** *museo parisino dedicado al arte del siglo diecinueve.*

orteil [ɔrtɛj] *nm* dedo *m* del pie; **gros ~** dedo gordo del pie.

orthographe [ɔrtɔgraf] *nf* ortografía *f.*

ortie [ɔrti] *nf* ortiga *f.*

os [ɔs, *pl* o] *nm* hueso *m.*

osciller [ɔsile] *vi* oscilar.

oser [oze] *vt* atreverse; **~ faire qqch** atreverse a hacer algo.

osier [ozje] *nm* mimbre *m.*

otage [ɔtaʒ] *nm* rehén *m*; **prendre en ~** tomar como rehén.

otarie [ɔtari] *nf* león *m* marino.

ôter [ote] *vt* quitar; **~ qqch de qqch** quitar algo de algo; **3 ôté de 10 égale 7** 10 menos 3 igual a 7.

otite [ɔtit] *nf* otitis *f.*

ou [u] *conj* o *(u delante de o)*; **c'est l'un ~ l'autre** uno u otro; **~ bien** o bien; **~... ~** o... o.

où [u] *adv* dónde; **~ habitez-vous?** ¿dónde vive usted?; **d'~ êtes-vous?** ¿de dónde es usted?; **nous ne savons pas ~ dormir/~ aller** no sabemos dónde dormir/adónde ir.

◆ *pron* 1. *(spatial)* donde; **le village ~ j'habite** el pueblo donde vivo; **le pays d'~ je viens** el país de donde vengo. 2. *(temporel)* (en) que; **le jour ~** el día (en) que.

ouate [wat] *nf* guata *f.*

oubli [ubli] *nm* olvido *m.*

oublier [ublije] *vt* olvidar; **~ de faire qqch** olvidar hacer algo.

ouest [wɛst] *adj inv & nm* oeste; **à l'~ (de)** al oeste (de); **l'Ouest** el Oeste.

oui [wi] *adv* sí.

ouïe [wi] *nf* oído *m.* ❑ **ouïes** *nfpl (de poisson)* agallas *fpl*

ouragan [uragɑ̃] *nm* huracán *m.*

ourlet [urlɛ] *nm* dobladillo *m*.

ours [urs] *nm* oso *m*.

outre [utr] *prép* además de; **en ~** además.

outre-mer [utrəmɛr] *adv* en ultramar.

ouvert, -e [uvɛr, ɛrt] *pp* → **ouvrir.** ◆ *adj* abierto(-ta).

ouvertement [uvɛrtəmɑ̃] *adv* abiertamente.

ouverture [uvɛrtyr] *nf* apertura *f*; *(porte, fenêtre)* vano *m*.

ouvrage [uvraʒ] *nm* obra *f*; *(couture, tricot)* labor *f*.

ouvre-boîtes [uvrəbwat] *nm inv* abrelatas *m*.

ouvre-bouteilles [uvrəbutɛj] *nm inv* abrebotellas *m*.

ouvreur, -euse [uvrœr, øz] *nm, f (au cinéma, au théâtre)* acomodador *m* (-ra *f*).

ouvrier, -ère [uvrije, ɛr] *adj & nm, f* obrero(-ra).

ouvrir [uvrir] *vt & vi* abrir. ❑ **s'ouvrir** *vp* abrirse.

ovale [ɔval] *adj* oval.

oxyder [ɔkside]: **s'oxyder** *vp* oxidarse.

oxygène [ɔksiʒɛn] *nm* oxígeno *m*.

oxygénée [ɔksiʒene] *adj f* → **eau.**

ozone [ozɔn] *nm* ozono *m*.

P

pacifique [pasifik] *adj* pacífico(-ca); **l'océan Pacifique, le Pacifique** el océano Pacífico, el Pacífico.

pack [pak] *nm (de bouteilles)* pack *m*.

paella [paela] *nf* paella *f*.

page [paʒ] *nf* página *f*; **les ~s jaunes** las páginas amarillas.

paillasson [pajasɔ̃] *nm* felpudo *m*.

paille [paj] *nf* paja *f*.

pain [pɛ̃] *nm* pan *m*; **~ au chocolat** napolitana *f* de chocolate; **~ doré** *(Can)* torrija *f*; **~ d'épice** = alajú *m*; **~ de mie** pan de molde; **~ aux raisins** caracola *f* con pasas.

pair, -e [pɛr] *adj* par. ◆ *nm*: **jeune fille au ~** chica au pair.

paire [pɛr] *nf* par *m*.

paix [pɛ] *nf* paz *f*; **avoir la ~** estar tranquilo(-la).

palace [palas] *nm* hotel *m* de lujo.

palais [palɛ] *nm (résidence)* palacio *m*; (ANAT) paladar *m*; **Palais de justice** Palacio de justicia.

pâle [pal] *adj* pálido(-da).

palier [palje] *nm (d'escalier)* rellano *m*.

pâlir [palir] *vi* palidecer.

palissade [palisad] *nf* empalizada *f*.

palmarès [palmarɛs] *nm* palmarés *m*.

palme [palm] *nf (de plongée)* aleta *f*.

palmier [palmje] *nm* palmera *f*.

palourde [palurd] *nf* almeja *f*.

palper [palpe] *vt* palpar.

Pampelune [pɑ̃plyn] *n* Pamplona.

pamplemousse [pɑ̃pləmus] *nm* pomelo *m*.

panaché [panaʃe] *nm*: **(demi)** ~ (caña de) clara *f*.

pan-bagnat [pɑ̃baɲa] (*pl* **pans-bagnats**) *nm bocadillo con lechuga, tomates, anchoas, huevo duro, atún y aceite de oliva.*

pancarte [pɑ̃kart] *nf* letrero *m*.

pané, -e [pane] *adj* empanado(-da).

panier [panje] *nm* cesta *f*; *(de basket, point)* canasta *f*; ~ **à provisions** cesta de la compra.

panier-repas [panjerəpa] (*pl* **paniers-repas**) *nm* canasto *m* de comida.

paniquer [panike] *vt* aterrorizar. ♦ *vi* entrarle a uno el pánico.

panne [pan] *nf* avería *f*; **tomber en** ~ tener una avería; **'en ~'** 'averiado'; ~ **d'électricité** OU **de courant** apagón *m*; **avoir une** ~ **d'essence** quedarse sin gasolina.

panneau, -x [pano] *nm (d'indication)* panel *m* (indicador); *(de bois, de verre)* tablero *m*; ~ **de signalisation** señal *f* de tráfico.

panorama [panɔrama] *nm* panorama *m*.

pansement [pɑ̃smɑ̃] *nm*: ~ **adhésif** tirita *f*.

pantalon [pɑ̃talɔ̃] *nm* pantalón *m*.

panthère [pɑ̃tɛr] *nf* pantera *f*.

pantin [pɑ̃tɛ̃] *nm* marioneta *f*.

pantoufle [pɑ̃tufl] *nf* zapatilla *f*.

paon [pɑ̃] *nm* pavo *m* real.

papa [papa] *nm* papá *m*.

pape [pap] *nm* papa *m*.

papet [papɛ] *nm*: **~ vaudois** *guiso preparado a base de puerros y patatas acompañado de salchichas con coles e hígado de cerdo, típico del cantón de Vaud en Suiza.*

papeterie [papɛtri] *nf (magasin)* papelería *f*.

papi [papi] *nm* abuelito *m*.

papier [papje] *nm* papel *m*; **~ aluminium** papel de aluminio OU de plata; **~ cadeau** papel de regalo; **~ d'emballage** papel de embalar; **~ hygiénique** OU **toilette** papel higiénico OU del wáter; **~ à lettres** papel de cartas; **~ peint** papel pintado; **~s (d'identité)** papeles, documentación *f*.

papillon [papijɔ̃] *nm* mariposa *f*.

paquebot [pakbo] *nm* paquebote *m*.

pâquerette [pakrɛt] *nf* margarita *f*.

Pâques [pak] *nm* Semana *f* Santa.

paquet [pakɛ] *nm* paquete *m*; *(de cartes)* baraja *f*; **~-cadeau** paquete para regalo.

par [par] *prép* 1. *(gén)* por; **passer ~** pasar por; **regarder ~ la fenêtre** mirar por la ventana; **~ correspondance** por correspondencia; **faire qqch ~ intérêt/amitié** hacer algo por interés/amistad.

2. *(indique le moyen)* en; **voyager ~ (le) train** viajar en tren.

3. *(distributif)*: **deux comprimés ~ jour** dos comprimidos al día; **150 F ~ personne** 150 francos por persona; **deux ~ deux** de dos en dos.

4. *(dans des expressions)*: **~ endroits** en algunos sitios; **~-ci ~-là** por aquí por acá.

paracétamol [parasetamɔl] *nm* paracetamol *m*.

parachute [paraʃyt] *nm* paracaídas *m inv*.

paradis [paradi] *nm* paraíso *m*.

parages [paraʒ] *nmpl*: **dans les ~** en los alrededores.

paragraphe [paragraf] *nm* párrafo *m*.

paraître [parɛtr] *vi (sembler)* parecer; **il paraît que** parece que.

parallèle [paralɛl] *adj* paralelo(-la). ◆ *nm* paralelo *m*; **~ à** paralelo(-la).

paralyser [paralize] *vt* paralizar.

parapente [parapɑ̃t] *nm* parapente *m*.

parapet [parapɛ] *nm* parapeto *m*.

parapluie [paraplɥi] *nm* paraguas *m inv*.

parasol [parasɔl] *nm* sombrilla *f*.

paravent [paravɑ̃] *nm* pantalla *f*.

parc [park] *nm* parque *m*; **~ d'attractions** parque de atracciones; **~ de stationnement** aparcamiento *m*.

parce que [parsk(ə)] *conj* porque.

parcmètre [parkmɛtr] *nm* parquímetro *m*.

parcourir [parkurir] *vt* recorrer.

parcours [parkur] *nm* recorrido *m*; **~ santé** *recorrido deportivo señalizado en un parque.*

parcouru, -e [parkury] *pp* → **parcourir**.

par-derrière [pardɛrjɛr] *adv* por detrás.

par-dessous [pardəsu] *adv* por debajo. ◆ *prép* bajo.

pardessus [pardəsy] *nm* sobretodo *m*.

par-dessus [pardəsy] *adv* por encima.

par-devant [pardəvɑ̃] *adv* por delante.

pardon [pardɔ̃] *nm*: **demander ~ à qqn** pedir perdón a alguien; **~!** *(pour s'excuser)* ¡perdón!; *(pour appeler)* perdone.

pardonner [pardɔne] *vt* perdonar.

pare-brise [parbriz] *nm inv* parabrisas *m inv*.

pare-chocs [parʃɔk] *nm inv* parachoques *m inv*.

pareil, -eille [parɛj] *adj* igual.

parent, -e [parɑ̃, ɑ̃t] *nm, f* familiar *m*; **les ~s** los padres.

parenthèse [parɑ̃tɛz] *nf* paréntesis *m inv*; **entre ~s** entre paréntesis.

paresseux, -euse [parɛsø, øz] *adj & nm, f* perezoso(-sa).

parfait, -e [parfɛ, ɛt] *adj* perfecto(-ta). ◆ *nm postre hecho a base de nata, generalmente con sabor a café.*

parfois [parfwa] *adv* a veces.

parfum [parfœ̃] *nm (odeur)* olor *m*; *(de toilette)* perfume *m*; *(de glace)* sabor *m*.

parfumer [parfyme] *vt* perfumar. ❑ **se parfumer** *vp* perfumarse.

parfumerie [parfymri] *nf* perfumería *f*.

pari [pari] *nm* apuesta *f*; **faire un ~** hacer una apuesta.

parier [parje] *vt* apostar; **~ sur** apostar por.

Paris [pari] *n* París.

paris-brest [paribrɛst] *nm inv pastel relleno de crema caramelizada y recubierto de almendras ralladas*.

parisien, **-enne** [parizjɛ̃, ɛn] *adj* parisiense. ❑ **Parisien**, **-enne** *nm, f* parisiense *mf*.

parka [parka] *nm* parka *f*.

parking [parkiŋ] *nm* parking *m*.

parlement [parləmɑ̃] *nm* parlamento *m*.

parler [parle] *vt & vi* hablar; **~ à qqn de** hablar a alguien de.

parmesan [parməzɑ̃] *nm* parmesano *m*.

parmi [parmi] *prép* entre.

paroi [parwa] *nf* pared *f*.

parole [parɔl] *nf* palabra *f*; **adresser la ~ à qqn** dirigir la palabra a alguien; **couper la ~ à qqn** quitarle la palabra a alguien. ❑ **paroles** *nfpl (d'une chanson)* letra *f*.

parquet [parkɛ] *nm (plancher)* parqué *m*.

parrain [parɛ̃] *nm* padrino *m*.

part [par] *nf (de gâteau)* pedazo *m*; **à ~** *(sauf)* aparte; **d'une ~..., d'autre ~...** por una parte..., por otra...

partager [partaʒe] *vt* dividir.

partenaire [partənɛr] *nmf* pareja *f*; *(en affaires)* socio *m* (-cia *f*).

parterre [partɛr] *nm (fam: sol)* suelo *m*; *(de fleurs)* parterre *m*; *(au théâtre)* patio *m* de butacas.

parti [parti] *nm* partido *m*.

partial, **-e**, **-aux** [parsjal, o] *adj* parcial.

participer [partisipe]: **participer à** *v + prép* participar en.

particulier, **-ère** [partikylje, ɛr] *adj* particular; **en ~** en particular.

particulièrement [partikyljɛrmɑ̃] *adv* particularmente.

partie [parti] *nf* parte *f*; *(au jeu)* partida *f*; **en ~** en parte; **faire ~ de** formar parte de.

partiellement [parsjɛlmɑ̃] *adv* parcialmente.

partir [partir] *vi* irse; **~ de** *(chemin)* empezar en; **à ~ de** a partir de.

partisan [partizɑ̃] *nm* partidario *m* (-ria *f*). ◆ *adj*: **être ~ de (faire) qqch** ser partidario de (hacer) algo.

partition [partisjɔ̃] *nf (MUS)* partitura *f*.

partout [partu] *adv* en todas partes.

paru, **-e** [pary] *pp* → **paraître**.

parvenir [parvənir]: **parvenir à** *v + prép* llegar a; **~ à faire qqch** conseguir hacer algo.

parvenu, **-e** [parvəny] *pp* → **parvenir**.

pas[1] [pa] *adv* no; **je n'aime ~ les épinards** no me gustan las espinacas; **il n'y a ~ de train pour Madrid aujourd'hui** hoy no hay tren para Madrid; **les passagers sont priés de ne ~ fumer pendant le décollage** se ruega a los señores pasajeros que no fumen durante el despegue; **tu viens ou ~?** ¿vienes o no?; **elle a aimé l'exposition, moi ~** OU **~ moi** a ella le ha gustado la exposición, a mí, no; **~ du tout** en absoluto.

pas[2] [pa] *nm* paso *m*; **à deux ~ de** a dos pasos de; **sur le ~ de la porte** en el umbral de la puerta.

passage [pasaʒ] *nm* paso *m*; *(de livre, de film)* pasaje *m*; **être de ~** estar de paso; **~ clouté** OU **(pour) piétons** paso de cebra OU de peatones; **~ à niveau** paso a nivel; **~ souterrain** paso subterráneo.

passager, **-ère** [pasaʒe, ɛr] *nm, f* pasajero *m* (-ra *f*).

passant, **-e** [pasɑ̃, ɑ̃t] *nm, f* transeunte *m*. ◆ *nm (d'une ceinture)* hebilla *f*; *(d'un vêtement)* trabilla *f*.

passé, **-e** [pase] *adj* pasado(-da). ◆ *nm* pasado *m*.

passeport [paspɔr] *nm* pasaporte *m*.

passer [pase] *vi (aux être)* 1. *(gén)* pasar; **~ par** pasar por; **laisser ~ qqn** dejar pasar a alguien; **~ en seconde** *(vitesse)* meter la segunda.

2. *(à la télé, à la radio, au cinéma)* poner; **ma sœur est passée à la télé** mi hermana ha salido en la tele.

3. *(disparaître)*: **ta douleur est-elle passée?** ¿se te ha pasado el dolor?

◆ *vt (aux avoir)* 1. *(gén)* pasar; **nous avons passé l'après-midi à chercher un hôtel** hemos pasado la tarde buscando un hotel; **~ le bras par la portière** asomar el brazo por la puerta; **~ l'aspirateur** pasar la aspiradora; **~ qqch à qqn** *(objet)* pasar algo a alguien; *(maladie)* pegar; **je vous le passe** *(au téléphone)* se lo paso.

2. *(examen)*: **~ son permis de conduire** examinarse del carné de conducir; **~ un test** presentarse a un test.

3. *(film, disque)* poner.

4. *(vitesse)* meter.

❑ **passer pour** *v + prép* pasar por.

❑ **se passer** *vp* 1. *(arriver)* pasar; **qu'est-ce qui se passe?** ¿qué pasa?

2. *(se dérouler)*: **se ~ bien/mal** ir bien/mal.

❑ **se passer de** *vp + prép* prescindir de.

passerelle [pasrɛl] *nf* pasarela *f*.

passe-temps [pastɑ̃] *nm inv* pasatiempo *m*.

passion [pasjɔ̃] *nf* pasión *f*.

passionnant, -e [pasjɔnɑ̃, ɑ̃t] *adj* apasionante.

passionner [pasjɔne] *vt* apasionar. ❑ **se passionner pour** *vp + prép* apasionarse por.

passoire [paswar] *nf* colador *m*.

pastèque [pastɛk] *nf* sandía *f*.

pasteurisé, -e [pastœrize] *adj* pasteurizado(-da).

pastille [pastij] *nf* pastilla *f*.

pastis [pastis] *nm* anís *m*.

Patagonie [patagɔni] *nf*: **la ~** Patagonia.

patate [patat] *nf* patata *f*; **~s pilées** *(Can)* puré *m* de patatas.

patauger [patoʒe] *vi* chapotear.

pâte [pat] *nf* masa *f*; **~ d'amandes** almendrado *m*; **~ feuilletée** hojaldre *m*. ❑ **pâtes** *nfpl* pasta *f*.

pâté [pate] *nm (charcuterie)*

paté *m*; ~ **chinois** *(Can) especie de gratén de carne picada, patatas y queso cubierto con una capa de maíz*; ~ **de maisons** manzana *f*, cuadra *f (Amér)*; ~ **de sable** flan *m* de arena.

paternel, **-elle** [patɛrnɛl] *adj* paterno(-na).

patience [pasjɑ̃s] *nf* paciencia *f*; *(jeu de cartes)* solitario *m*.

patient, **-e** [pasjɑ̃, ɑ̃t] *adj & nm, f* paciente.

patienter [pasjɑ̃te] *vi* esperar.

patin [patɛ̃] *nm*: **~s à glace** patines *mpl* de hielo; **~s à roulettes** patines *mpl* de ruedas

patiner [patine] *vi* patinar.

patinoire [patinwar] *nf* pista *f* de patinaje.

pâtisserie [patisri] *nf* *(gâteau)* pastel *m*; *(magasin)* pastelería *f*.

pâtissier, **-ère** [patisje, ɛr] *nm, f* pastelero *m* (-ra *f*).

patois [patwa] *nm* habla *f* regional.

patron, **-onne** [patrɔ̃, ɔn] *nm, f* patrón *m* (-ona *f*).

patte [pat] *nf (d'animal)* pata *f*; *(languette)* lengüeta *f*; *(favori)* patilla *f*.

paume [pom] *nf* palma *f*.

paupière [popjɛr] *nf* párpado *m*.

paupiette [popjɛt] *nf* pulpeta *f*.

pause [poz] *nf* pausa *f*; **'pause'** *(sur un lecteur CD, un magnétoscope)* 'pause'.

pauvre [povr] *adj* pobre.

pauvreté [povrəte] *nf* pobreza *f*.

pavé, **-e** [pave] *adj* pavimentado(-da). ♦ *nm* adoquín *m*.

pavillon [pavijɔ̃] *nm (maison individuelle)* chalé *m*.

payant, **-e** [pɛjɑ̃, ɑ̃t] *adj* de pago.

payer [peje] *vt* pagar; ~ **qqch à qqn** *(fam: offrir)* invitar a alguien a algo.

pays [pei] *nm* país *m*; **de ~** *(jambon, fromage)* de la región; **le ~ de Galles** País de Gales.

paysage [peizaʒ] *nm* paisaje *m*.

paysan, **-anne** [peizɑ̃, an] *nm, f* campesino *m* (-na *f*).

Pays-Bas [peiba] *nmpl*: **les ~** los Países Bajos.

PC *nm (ordinateur)* PC *m*.

PCV *nm*: **appeler en ~** llamar a cobro revertido.

péage [peaʒ] *nm* peaje *m*.

peau, -x [po] *nf* piel *f*.

pêche [pɛʃ] *nf (fruit)* melocotón *m*; *(activité)* pesca *f*; **aller à la ~ (à la ligne)** ir de pesca (con caña); **~ en mer** pesca en alta mar; **~ Melba** (copa) melba *f*.

pêcher [peʃe] *vt* pescar. ◆ *nm* melocotonero *m*.

pêcheur, -euse [pɛʃœr, øz] *nm, f* pescador *m* (-ra *f*).

pédale [pedal] *nf* pedal *m*.

pédaler [pedale] *vi* pedalear.

Pédalo® [pedalo] *nm* patín *m (con pedales)*.

pédestre [pedɛstr] *adj* → **randonnée**.

pédiatre [pedjatr] *nmf* pediatra *mf*.

peigne [pɛɲ] *nm* peine *m*; *(pour retenir)* peineta *f*.

peigner [peɲe] *vt* peinar. ❑ **se peigner** *vp* peinarse.

peignoir [pɛɲwar] *nm* bata *f*; **~ de bain** albornoz *m*.

peindre [pɛ̃dr] *vt* pintar; **~ qqch en blanc** pintar algo de blanco.

peine [pɛn] *nf* pena *f*; **avoir de la ~** estar triste; **faire de la ~ à qqn** dar pena a alguien; **ce n'est pas la ~ (de)** no vale la pena; **à ~** apenas.

peiner [pene] *vi* costar trabajo.

peint, -e [pɛ̃, pɛ̃t] *pp* → **peindre**.

peintre [pɛ̃tr] *nm* pintor *m* (-ra *f*).

peinture [pɛ̃tyr] *nf* pintura *f*.

pelage [pəlaʒ] *nm* pelaje *m*.

peler [pəle] *vt* pelar. ◆ *vi* pelarse.

pelle [pɛl] *nf* pala *f*.

pellicule [pelikyl] *nf* película *f*. ❑ **pellicules** *nfpl* caspa *f*.

pelote [pəlɔt] *nf* ovillo *m*.

pelouse [pəluz] *nf* césped *m*; **'~ interdite'** 'prohibido pisar el césped'.

peluche [pəlyʃ] *nf (jouet)* peluche *m*; **animal en ~** animal de peluche.

pelure [pəlyr] *nf* monda *f*.

pencher [pɑ̃ʃe] *vt* inclinar. ◆ *vi* inclinarse. ❑ **se pencher** *vp* inclinarse.

pendant [pɑ̃dɑ̃] *prép* durante; **~ que** mientras.

pendentif [pɑ̃dɑ̃tif] *nm* colgante *m*.

penderie [pɑ̃dri] *nf* ropero *m*.

pendre [pɑ̃dr] *vt (suspendre)* colgar; *(condamné)* ahorcar. ♦ *vi* colgar. ❑ **se pendre** *vp (se tuer)* ahorcarse.

pendule [pɑ̃dyl] *nf* reloj *m* de péndulo.

pénétrer [penetre] *vi*: ~ **dans** penetrar en.

pénible [penibl] *adj* penoso (-sa); *(fam: agaçant)* pesado (-da).

péniche [peniʃ] *nf* chalana *f*.

pénicilline [penisilin] *nf* penicilina *f*.

pénis [penis] *nm* pene *m*.

pense-bête, -s [pɑ̃sbɛt] *nm* señal *f (recordatorio)*.

penser [pɑ̃se] *vt & vi* pensar; **qu'est-ce que tu en penses?** ¿qué te parece?; ~ **faire qqch** pensar hacer algo; ~ **à** pensar en.

pension [pɑ̃sjɔ̃] *nf* pensión *f*; **être en** ~ estar en un internado; ~ **complète** pensión completa; ~ **de famille** casa *f* de huéspedes.

pensionnaire [pɑ̃sjɔnɛr] *nmf* pensionista *mf*.

pente [pɑ̃t] *nf (inclinaison)* pendiente *f*; *(côte)* cuesta *f*; **en** ~ empinado(-da).

Pentecôte [pɑ̃tkot] *nf* Pentecostés *m*.

pépé [pepe] *nm* abuelito *m*.

pépin [pepɛ̃] *nm* pepita *f*; *(fam: ennui)* marrón *m*.

perçant, -e [pɛrsɑ̃, ɑ̃t] *adj* penetrante.

percer [pɛrse] *vt (perforer)* taladrar; *(trou, ouverture)* abrir; *(mystère)* descubrir.

perceuse [pɛrsøz] *nf* taladradora *f*.

perche [pɛrʃ] *nf (tige)* pértiga *f*.

percussions [pɛrkysjɔ̃] *nfpl* instrumentos *mpl* de percusión.

percuter [pɛrkyte] *vt* chocar contra.

perdant, -e [pɛrdɑ̃, ɑ̃t] *nm, f* perdedor *m* (-ra *f*).

perdre [pɛrdr] *vt & vi* perder. ❑ **se perdre** *vp* perderse.

perdu, -e [pɛrdy] *adj* perdido(-da).

père [pɛr] *nm* padre *m*; **le ~ Noël** Papá Noel.

perfectionné, -e [pɛrfɛksjɔne] *adj* perfeccionado (-da).

perfectionner [pɛrfɛksjɔne]

vt perfeccionar. ❑ **se perfectionner** *vp* perfeccionarse.

perforer [pɛrfɔre] *vt* perforar.

performance [pɛrfɔrmɑ̃s] *nf (d'un sportif)* resultado *m*. ❑ **performances** *nfpl (d'un ordinateur, d'une voiture)* prestaciones *fpl*.

perfusion [pɛrfyzjɔ̃] *nf* perfusión *f*.

périmé, -e [perime] *adj* caducado(-da).

période [perjɔd] *nf* periodo *m*, período *m*; ~ **blanche/bleue/rouge** *(TRANSP)* días blancos/azules/rojos.

périphérique [periferik] *adj & nm* periférico; **le (boulevard)** ~ la ronda de circunvalación.

périssable [perisabl] *adj* perecedero(-ra).

perle [pɛrl] *nf* perla *f*.

permanence [pɛrmanɑ̃s] *nf (bureau)* servicio *m* de guardia; **en** ~ permanentemente.

permanent, -e [pɛrmanɑ̃, ɑ̃t] *adj* permanente.

permanente [pɛrmanɑ̃t] *nf* permanente *f*.

permettre [pɛrmɛtr] *vt* permitir; ~ **à qqn de faire qqch** permitir a alguien hacer algo. ❑ **se permettre** *vp*: **pouvoir se ~ (de faire) qqch** poder permitirse (hacer) algo.

permis, -e [pɛrmi, iz] *pp* → **permettre**. ◆ *nm* permiso *m*; ~ **de conduire** carné *m* de conducir; ~ **de pêche** permiso de pesca.

permission [pɛrmisjɔ̃] *nf* permiso *m*; **demander la ~ de faire qqch** pedir permiso para hacer algo.

Pérou [peru] *nm*: **le** ~ (el) Perú.

perpendiculaire [pɛrpɑ̃dikylɛr] *adj* perpendicular.

perpétuel, -elle [pɛrpetɥɛl] *adj* perpetuo(-tua).

perroquet [pɛrɔkɛ] *nm* loro *m*.

perruche [pɛryʃ] *nf* cotorra *f*.

perruque [pɛryk] *nf* peluca *f*.

persécuter [pɛrsekyte] *vt* perseguir.

persévérer [pɛrsevere] *vi* perseverar.

persienne [pɛrsjɛn] *nf* persiana *f*.

persil [pɛrsi] *nm* perejil *m*.

persister [pɛrsiste] *vi* persistir; ~ **à faire qqch** persistir en hacer algo.

personnage [pɛrsɔnaʒ] *nm* personaje *m*.

personnalité [pɛrsɔnalite] *nf* personalidad *f*.

personne [pɛrsɔn] *nf* persona *f*. ◆ *pron* nadie; **il n'y a** ~ no hay nadie; **par** ~ **interposée** por terceras personas; ~ **âgée** persona mayor.

personnel, -elle [pɛrsɔnɛl] *adj* personal. ◆ *nm* personal *m*, plantilla.

personnellement [pɛrsɔnɛlmɑ̃] *adv* personalmente.

perspective [pɛrspɛktiv] *nf* perspectiva *f*.

persuader [pɛrsɥade] *vt* persuadir; ~ **qqn de faire qqch/de qqch** persuadir a alguien para que haga algo/de algo.

perte [pɛrt] *nf* pérdida *f*; ~ **de temps** pérdida de tiempo.

perturber [pɛrtyrbe] *vt* perturbar.

pèse-personne [pɛzpɛrsɔn] *nm inv* báscula *f* de baño.

peser [pəze] *vt* & *vi* pesar; ~ **lourd** pesar mucho.

pessimiste [pesimist] *adj* & *nmf* pesimista.

pétale [petal] *nm* pétalo *m*.

pétanque [petɑ̃k] *nf* petanca *f*.

pétard [petar] *nm* petardo *m*.

péter [pete] *vi* tirarse pedos; *(fam: se casser)* escacharrarse.

pétillant, -e [petijɑ̃, ɑ̃t] *adj* *(vin, eau)* con burbujas; *(yeux)* chispeante.

petit, -e [p(ə) ti, it] *adj* pequeño(-ña); *(en durée)* corto(-ta); ~ **à** ~ poco a poco; ~ **ami** novio *m*; **~e amie** novia *f*; ~ **déjeuner** desayuno *m*; ~ **pain** panecillo *m*; ~ **pois** guisante *m*; ~ **pot** potito *m*; **~es annonces** anuncios *mpl* por palabras.

petite-fille [p(ə) titfij] (*pl* **petites-filles**) *nf* nieta *f*.

petit-fils [p(ə) tifis] (*pl* **petits-fils**) *nm* nieto *m*.

petit-four [p(ə) tifur] (*pl* **petits-fours**) *nm pastelitos dulces o salados que se suelen servir en los bufés.*

petits-enfants [p(ə) tizɑ̃fɑ̃] *nmpl* nietos *mpl*.

petit-suisse [p(ə)tisɥis] (*pl* **petits-suisses**) *nm* petit suisse *m*.

pétrole [petrɔl] *nm* petróleo *m*.

peu [pø] *adv* 1. *(gén)* poco; **j'ai ~ voyagé** he viajado poco; **~ après** poco después; **sous** OU **d'ici ~** dentro de poco; **à ~ près** aproximadamente; **~ à ~** poco a poco. 2. *(avec un nom)*: **~ de gens** poca gente; **~ de temps** poco tiempo; **~ de livres** pocos libros. ◆ *nm*: **un ~** un poco; **un (tout) petit ~** un poquito; **un ~ de** un poco de.

peuplier [pøplije] *nm* álamo *m*.

peur [pœr] *nf* miedo *m*; **faire ~ (à)** asustar (a).

peureux, **-euse** [pœrø, øz] *adj* miedoso(-sa).

peut [pø] → **pouvoir**.

peut-être [pøtɛtr] *adv* quizás; **~ qu'elle ne viendra pas** quizás no venga.

peux [pø] → **pouvoir**.

phare [far] *nm* faro *m*.

pharmacie [farmasi] *nf* farmacia *f*.

pharmacien, **-enne** [farmasjɛ̃, ɛn] *nm, f* farmacéutico *m* (-ca *f*).

phase [faz] *nf* fase *f*.

phénomène [fenɔmɛn] *nm* fenómeno *m*.

philatélie [filateli] *nf* filatelia *f*.

philosophe [filɔzɔf] *nmf* filósofo *m* (-fa *f*).

phoque [fɔk] *nm* foca *f*.

photo [fɔto] *nf (image)* foto *f*; *(art)* fotografía *f*; **prendre qqn/qqch en ~** sacar una foto a alguien/de algo.

photocopie [fɔtɔkɔpi] *nf* fotocopia *f*.

photographe [fɔtɔgraf] *nmf* fotógrafo *m* (-fa *f*).

photographie [fɔtɔgrafi] *nf* fotografía *f*.

photographier [fɔtɔgrafje] *vt* fotografiar.

Photomaton® [fɔtɔmatɔ̃] *nm* fotomatón *m*.

phrase [fraz] *nf* frase *f*.

physique [fizik] *adj* físico(-ca). ◆ *nf* física *f*. ◆ *nm* físico *m*.

pianiste [pjanist] *nmf* pianista *mf*.

piano [pjano] *nm* piano *m*.

pic [pik] *nm (montagne)* pico *m*.

pichet [piʃɛ] *nm* jarra *f*.
picoter [pikɔte] *vt* irritar.
pièce [pjɛs] *nf (argent)* moneda *f*; *(salle)* habitación *f*; *(sur un vêtement)* remiendo *m*; **20 F ~** 20 francos cada uno; **(maillot de bain) une ~** bañador *m*; **~ d'identité** documento *m* de identidad; **~ de rechange** pieza de repuesto; **~ (de théâtre)** obra *f* (de teatro).
pied [pje] *nm* pie *m*; **à ~** a pie, andando; **au ~ de** al pie de; **avoir ~** hacer pie.
piège [pjɛʒ] *nm* trampa *f*.
pierre [pjɛr] *nf* piedra *f*; **~ précieuse** piedra preciosa.
piétiner [pjetine] *vt* pisotear.
piéton, -onne [pjetɔ̃, ɔn] *nm, f* peatón *m* (-ona *f*). ◆ *adj* = **piétonnier**
piétonnier, -ère [pjetɔnje, ɛr] *adj* peatonal.
pieuvre [pjœvr] *nf* pulpo *m*.
pigeon [piʒɔ̃] *nm* paloma *f*.
pile [pil] *nf* pila *f*. ◆ *adv (à l'heure)* en punto; **~ ou face?** ¿cara o cruz?; **s'arrêter ~** pararse en seco; **3 h ~** las 3 en punto.
pilier [pilje] *nm* pilar *m*.
pilote [pilɔt] *nm* piloto *mf*.
piloter [pilɔte] *vt (avion, voiture)* pilotar; *(diriger)* guiar.
pilule [pilyl] *nf (cachet)* pastilla *f*; *(contraception)* píldora *f*; **prendre la ~** tomar la píldora.
piment [pimɑ̃] *nm*: **~ rouge** guindilla *f*.
pin [pɛ̃] *nm* pino *m*.
pince [pɛ̃s] *nf* pinza *f*; **~ à épiler** pinzas de depilar; **~ à linge** pinza de la ropa.
pinceau, -x [pɛ̃so] *nm* pincel *m*.
pincée [pɛ̃se] *nf* pizca *f*.
pincer [pɛ̃se] *vt (serrer)* pellizcar; *(fam: coincer)* pillar.
pingouin [pɛ̃gwɛ̃] *nm* pingüino *m*.
ping-pong [piŋpɔ̃g] *nm* ping-pong *m*.
pin's [pins] *nm inv* pin *m*.
pintade [pɛ̃tad] *nf* pintada *f*.
pinte [pɛ̃t] *nf (Helv: café)* bar *m*.
piocher [pjɔʃe] *vi (aux cartes, aux dominos)* robar.
pion [pjɔ̃] *nm* peón *m*.
pipe [pip] *nf* pipa *f*.
pipi [pipi] *nm*: **faire ~** hacer pis.

piquant, **-e** [pikɑ̃, ɑ̃t] *adj* picante. ◆ *nm* pincho *m*.

pique [pik] *nm* picas *fpl*.

pique-nique, **-s** [piknik] *nm* picnic *m*.

pique-niquer [piknike] *vi* ir de picnic.

piquer [pike] *vt (suj: aiguille, pointe)* pinchar; *(suj: guêpe, moustique, ortie)* picar; *(suj: fumée)* irritar. ◆ *vi* picar.

piquet [pikɛ] *nm* estaca *f*.

piqûre [pikyr] *nf (d'insecte)* picadura *f*; *(MÉD)* pinchazo *m*.

pire [pir] *adj* peor.

piscine [pisin] *nf* piscina *f*.

pistache [pistaʃ] *nf* pistacho *m*.

piste [pist] *nf* pista *f*; *(chemin)* senda *f*; ~ **(d'atterrissage)** pista (de aterrizaje); ~ **cyclable** circuito *m* para bicicletas; ~ **de danse** pista de baile.

pistolet [pistɔlɛ] *nm* pistola *f*.

piston [pistɔ̃] *nm (de moteur)* pistón *m*.

pithiviers [pitivje] *nm hojaldre relleno con crema de almendras*.

pitié [pitje] *nf* piedad *f*, lástima *f*; **avoir ~ de qqn** sentir lástima por alguien; **faire ~ à qqn** dar lástima a alguien.

pitoyable [pitwajabl] *adj (triste)* lastimoso(-sa); *(méprisable)* lamentable.

pittoresque [pitɔrɛsk] *adj* pintoresco(-ca).

pivoter [pivɔte] *vi* girar.

pizza [pidza] *nf* pizza *f*.

pizzeria [pidzerja] *nf* pizzería *f*.

placard [plakar] *nm* armario *m* empotrado.

place [plas] *nf (endroit, espace)* sitio *m*; *(de théâtre)* localidad *f*; *(siège)* asiento *m*; *(d'une ville)* plaza *f*; *(emploi)* colocación *f*; **changer qqch de ~** cambiar algo de sitio; **à la ~ de** en lugar de; **sur ~** *(manger, dormir)* allí (mismo); **~ assise/debout** plaza sentada/de pie.

placer [plase] *vt* colocar; *(argent)* invertir. ❑ **se placer** *vp (se mettre)* colocarse.

plafond [plafɔ̃] *nm (d'une salle)* techo *m*; *(limite)* tope *m*.

plage [plaʒ] *nf* playa *f*; *(de disque)* surco *m*; ~ **arrière** bandeja *f*.

plaie [plɛ] *nf* llaga *f*.

plaindre [plɛ̃dr]: **se plain-**

dre *vp* quejarse; **se ~ de** quejarse de.

plaine [plɛn] *nf* llanura *f*.

plaint, -e [plɛ̃, plɛ̃t] *pp* → **plaindre**.

plainte [plɛ̃t] *nf*: **porter ~** denunciar.

plaire [plɛr] *vi* gustar; **~ à qqn** gustarle a alguien; **il me plaît** me gusta; **s'il vous/te plaît** por favor. ❑ **se plaire** *vp* *(quelque part)* sentirse a gusto.

plaisance [plɛzɑ̃s] *nf* → **navigation, port**.

plaisanter [plɛzɑ̃te] *vi* bromear.

plaisanterie [plɛzɑ̃tri] *nf* broma *f*.

plaisir [plezir] *nm*: **faire ~ à qqn** agradar OU complacer a alguien, **avec ~!** ¡con mucho gusto!

plan [plɑ̃] *nm* *(projet, structure)* plan *m*; *(carte)* mapa *f*; *(niveau)* plano *m*; **~ d'eau** estanque *m*

planche [plɑ̃ʃ] *nf* tabla *f*.

plancher [plɑ̃ʃe] *nm* suelo *m*.

planer [plane] *vi* planear.

planète [planɛt] *nf* planeta *m*.

plante [plɑ̃t] *nf* planta *f*; **~ des pieds** planta de los pies; **~ verte** planta de interior.

planter [plɑ̃te] *vt* *(graines)* plantar; *(enfoncer)* clavar.

plaque [plak] *nf* placa *f*; *(de chocolat)* tableta *f*; *(tache)* mancha *f*; **~ chauffante** placa eléctrica; **~ d'immatriculation** OU **minéralogique** matrícula *f*.

plaqué, -e [plake] *adj*: **~ or/argent** chapado en oro/en plata.

plaquer [plake] *vt* aplastar.

plaquette [plakɛt] *nf* *(de beurre, de chocolat)* pastilla *f*; **~ de frein** pastilla de freno.

plastifié, -e [plastifje] *adj* plastificado(-da).

plastique [plastik] *nm* plástico *m*; **sac en ~** bolsa *f* de plástico.

plat, -e [pla, plat] *adj* plano (-na); *(terrain)* llano(-na); *(eau)* sin gas. ◆ *nm* *(assiette)* fuente *f*; *(de menu)* plato *m*; **à ~** *(pneu)* desinflado(-da); *(batterie)* agotado(-da); **à ~ ventre** boca abajo; **~ du jour** plato del día.

platane [platan] *nm* plátano *m (árbol)*.

plateau, -x [plato] *nm* *(de cuisine)* bandeja *f*; *(plaine)* meseta *f*; ~ **de fromages** tabla *f* de quesos.

platine [platin] *nf*: ~ **cassette** platina *f (de casete)*; ~ **laser** reproductor *m* de discos compactos.

plâtre [platr] *nm (matière)* yeso *m*; (MÉD) escayola *f*.

plausible [plozibl] *adj* plausible.

plein, -e [plɛ̃, plɛn] *adj (rempli)* lleno(-na); *(complet)* completo(-ta). ♦ *nm*: **faire le ~ (d'essence)** llenar el depósito (de gasolina); ~ **de** *(rempli de)* lleno de; *(fam: beaucoup de)* un montón de; **en ~ air** al aire libre; **en ~ milieu** justo en medio; **~s phares** (luces) largas *fpl*; **~e lune** luna *f* llena; **~s pouvoirs** plenos poderes *mpl*.

pleurer [plœre] *vi* llorar.

pleut [plø] → **pleuvoir**.

pleuvoir [pløvwar] *v impers*: **il pleut (à verse)** llueve (a cántaros).

pli [pli] *nm* pliegue *m*; *(d'un pantalon)* raya *f*; **(faux)** ~ arruga *f*.

pliant, -e [plijɑ̃, ɑ̃t] *adj* plegable. ♦ *nm* silla *f* plegable.

plier [plije] *vt* doblar; *(lit, tente)* plegar. ♦ *vi* doblegarse.

plissé, -e [plise] *adj (jupe)* de tablas.

plomb [plɔ̃] *nm (matière, fusible)* plomo *m*; *(de pêche)* plomada *f*; *(de chasse)* perdigón *m*.

plombage [plɔ̃baʒ] *nm* empaste *m*.

plombier [plɔ̃bje] *nm* fontanero *m*.

plombières [plɔ̃bjɛr] *nf* helado *m* de tutti frutti.

plongeant, -e [plɔ̃ʒɑ̃, ɑ̃t] *adj (vue)* de pájaro.

plongée [plɔ̃ʒe] *nf* buceo *m*; ~ **sous-marine** submarinismo *m*.

plongeoir [plɔ̃ʒwar] *nm* trampolín *m (de piscina)*.

plonger [plɔ̃ʒe] *vi* zambullirse. ♦ *vt* hundir.

plu [ply] *pp* → **plaire, pleuvoir**.

pluie [plɥi] *nf* lluvia *f*.

plume [plym] *nf* pluma *f*.

plupart [plypar] *nf*: **la ~ (de)** la mayoría (de); **la ~ du temps** la mayor parte del tiempo.

pluriel [plyrjɛl] *nm* plural *m*.

plus [ply(s)] *adv* más; ~

intéressant (que) más interesante (que); **~ simplement (que)** de forma más sencilla (que); **l'hôtel le ~ confortable où nous ayons logé** el hotel más cómodo donde nos hemos alojado; **le ~... possible** lo más posible; **~ d'argent/de vacances** más dinero/vacaciones; **~ de la moitié** más de la mitad; **je n'en veux ~, merci** no quiero más, gracias; **de ~** *(en supplément)* más; *(d'autre part)* además; **il a deux ans de ~ que moi** tiene dos años más que yo; **de ~ en ~ (de)** cada vez más; **en ~** *(en supplément)* de más; *(d'autre part)* además; **en ~ de** además de; **~ ou moins** más o menos; **~ tu y penseras, pire ce sera** cuanto más pienses en ello, peor será.

◆ *prép* más.

plusieurs [plyzjœr] *adj & pron* varios(-rias).

plutôt [plyto] *adv (de préférence)* más bien; *(assez)* bastante; **~ que (de) faire qqch** en vez de hacer algo.

pluvieux, -euse [plyvjø, øz] *adj* lluvioso(-sa).

PMU *nm quiniela hípica en Francia.*

pneu [pnø] *nm* neumático *m.*

pneumatique [pnømatik] *adj* → **canot, matelas**.

PO *(abr de petites ondes)* OC.

poche [pɔʃ] *nf* bolsillo *m;* **de ~** de bolsillo.

pochette [pɔʃɛt] *nf (de rangement)* sobre *m; (de disque)* carátula *f.*

poème [pɔɛm] *nm* poema *m.*

poésie [pɔezi] *nf* poesía *f.*

poète [pɔɛt] *nm* poeta *m.*

poids [pwa] *nm* peso *m; (de balance)* pesa *f;* **perdre/prendre du ~** adelgazar/engordar; **~ lourd** *(camion)* vehículo *m* pesado.

poignarder [pwaɲarde] *vt* apuñalar.

poignée [pwaɲe] *nf (de porte)* picaporte *m; (de valise)* asa *f; (de sable, de bonbons)* puñado *m.*

poignet [pwaɲɛ] *nm* (ANAT) muñeca *f; (de vêtement)* puño *m.*

poil [pwal] *nm* pelo *m; (sur les jambes)* vello *m;* **à ~** en pelotas.

poilu, -e [pwaly] *adj* peludo(-da).

poinçonner [pwɛ̃sɔne] *vt* picar.

poing [pwɛ̃] *nm* puño *m*.

point [pwɛ̃] *nm* punto *m*; **à ~** *(steak)* en su punto; **au ~** a punto; **au ~** OU **à tel ~ que** hasta tal punto que; **être sur le ~ de faire qqch** estar a punto de hacer algo; **~ de départ** punto de partida; **(au) ~ mort** (en) punto muerto; **~ de repère** punto de referencia; **~s cardinaux** puntos cardinales; **~s (de suture)** puntos (de sutura).

point de vue [pwɛ̃dvy] (*pl* **points de vue**) *nm (endroit)* vista *f*; *(opinion)* punto *m* de vista.

pointe [pwɛ̃t] *nf* punta *f*; **sur la ~ des pieds** de puntillas.

pointu, -e [pwɛ̃ty] *adj* puntiagudo(-da).

pointure [pwɛ̃tyr] *nf* número *m*.

poire [pwar] *nf* pera *f*; **~ Belle-Hélène** *pera en almíbar bañada en chocolate caliente y servida con helado de nata.*

poireau, -x [pwaro] *nm* puerro *m*.

poirier [pwarje] *nm* peral *m*.

pois [pwa] *nm (rond)* lunar *m*; **à ~** de lunares; **~ chiche** garbanzo *m*.

poison [pwazɔ̃] *nm* veneno *m*.

poisson [pwasɔ̃] *nm (animal)* pez *m*; *(mets)* pescado *m*; **faire un ~ d'avril à qqn** = gastar una inocentada a alguien; **~ rouge** pez de colores.

poissonnerie [pwasɔnri] *nf* pescadería *f*.

poissonnier, -ère [pwasɔnje, ɛr] *nm, f* pescadero *m* (-ra *f*).

poitrine [pwatrin] *nf* pecho *m*.

poivre [pwavr] *nm* pimienta *f*.

poivré, -e [pwavre] *adj* picante *(con pimienta)*.

poivrier [pwavrije] *nm (sur la table)* pimentero *m*.

poivrière [pwavrijɛr] *nf* = **poivrier**.

poivron [pwavrɔ̃] *nm* pimiento *m*.

poker [pɔkɛr] *nm* póquer *m*.

pôle [pol] *nm* polo *m*; **~ Nord/Sud** polo Norte/Sur.

poli, -e [pɔli] *adj (bien élevé)* educado(-da).

police [pɔlis] *nf* policía *f*; **~ secours** *policía que se encarga de* *dar los primeros auxilios*

policier, -ère [pɔlisje, ɛr] *adj* policiaco(-ca). ◆ *nm* policía *mf*.

poliment [pɔlimɑ̃] *adv* amablemente.

politicien, -enne [pɔlitisjɛ̃, ɛn] *nm, f* político *m* (-ca *f*).

politique [pɔlitik] *adj & nf* política.

pollué, -e [pɔlɥe] *adj* contaminado(-da).

pollution [pɔlysjɔ̃] *nf* contaminación *f*.

polo [pɔlo] *nm (vêtement)* polo *m*.

Pologne [pɔlɔɲ] *nf*: **la ~** Polonia.

polyester [pɔliɛstɛr] *nm* poliéster *m*.

Polynésie [pɔlinezi] *nf*. **la ~** Polinesia.

pommade [pɔmad] *nf* pomada *f*.

pomme [pɔm] *nf* manzana *f*; *(de douche, d'arrosoir)* alcachofa *f*; **~ de pin** piña *f (de pino)*; **~s dauphine** = croquetas *fpl* de patata; **~s noisettes** bolitas *fpl* de patata.

pomme de terre [pɔmdətɛr] (*pl* **pommes de terre**) *nf* patata *f*.

pommier [pɔmje] *nm* manzano *m*.

pompe [pɔ̃p] *nf* bomba *f*; **~ à essence** surtidor *m* de gasolina; **~ à vélo** bombín *m*.

pompier [pɔ̃pje] *nm* bombero *m*.

pompiste [pɔ̃pist] *nmf* empleado *m* (-da *f*)

pompon [pɔ̃pɔ̃] *nm* pompón *m*.

ponctuel, -elle [pɔ̃ktɥɛl] *adj* puntual.

pondre [pɔ̃dr] *vt* poner.

poney [pɔnɛ] *nm* poney *m*.

pont [pɔ̃] *nm* puente *m*; **faire le ~** hacer puente.

ponton [pɔ̃tɔ̃] *nm* pontón *m*.

pop-corn [pɔpkɔrn] *nm inv* palomitas *fpl*

populaire [pɔpylɛr] *adj* popular.

population [pɔpylasjɔ̃] *nf* población *f*.

porc [pɔr] *nm* cerdo *m*.

porcelaine [pɔrsəlɛn] *nf* porcelana *f*.

porche [pɔrʃ] *nm* porche *m*.

pornographique [pɔrnɔgrafik] *adj* pornográfico(-ca).

port [pɔr] *nm* puerto *m*; ~ **de plaisance** puerto deportivo.

portable [pɔrtabl] *adj* portátil.

portail [pɔrtaj] *nm* portada *f*.

portant, -e [pɔrtɑ̃, ɑ̃t] *adj*: **être bien/mal** ~ tener buena/mala salud.

portatif, -ive [pɔrtatif, iv] *adj* portátil.

porte [pɔrt] *nf* puerta *f*; **mettre qqn à la** ~ poner a alguien de patitas en la calle; ~ **d'embarquement** puerta de embarque; ~ **d'entrée** puerta de entrada.

porte-bagages [pɔrtbagaʒ] *nm inv* portaequipaje *m*.

porte-clefs [pɔrtəkle] = **porte-clés**.

porte-clés [pɔrtəkle] *nm inv* llavero *m*.

portée [pɔrte] *nf*: **à** ~ **de (la) main** al alcance de la mano.

portefeuille [pɔrtəfœj] *nm* cartera *f*.

portemanteau, -x [pɔrtmɑ̃to] *nm* perchero *m*.

porte-monnaie [pɔrtmɔnɛ] *nm inv* monedero *m*.

porter [pɔrte] *vt* llevar; ~ **bonheur/malheur** traer (buena) suerte/mala suerte. ❑ **se porter** *vp*: **se** ~ **bien/mal** encontrarse bien/mal.

porteur, -euse [pɔrtœr, øz] *nm, f (de bagages)* mozo *m* de equipajes.

portier [pɔrtje] *nm* portero *m*.

portière [pɔrtjɛr] *nf* puerta *f*.

portillon [pɔrtijɔ̃] *nm* puerta *f*; ~ **automatique** puerta automática.

portion [pɔrsjɔ̃] *nf* porción *f*.

porto [pɔrto] *nm* (vino de) oporto *m*.

portrait [pɔrtrɛ] *nm* retrato *m*.

portuaire [pɔrtɥɛr] *adj* portuario(-ria).

portugais, -e [pɔrtygɛ, ɛz] *adj* portugués(-esa). ◆ *nm (langue)* portugués *m*.

Portugal [pɔrtygal] *nm*: **le** ~ Portugal.

poser [poze] *vt (objet)* poner; *(question)* hacer; *(problème)* plantear. ◆ *vi* posar. ❑ **se poser** *vp* posarse.

positif, -ive [pozitif, iv] *adj* positivo(-va).

position [pozisjɔ̃] *nf* posición *f*; *(opinion, attitude)* postura *f*.

posologie [pozɔlɔʒi] *nf* posología *f*.

posséder [pɔsede] *vt* poseer.

possibilité [pɔsibilite] *nf* posibilidad *f*; **avoir la ~ de faire qqch** tener la posibilidad de hacer algo.

possible [pɔsibl] *adj* posible; **prends le plus d'argent ~** coge todo el dinero que puedas; **si ~** si es posible; **faire son ~ (pour faire qqch)** hacer todo lo posible (por hacer algo).

postal, -e, -aux [pɔstal, o] *adj* postal.

poste[1] [pɔst] *nm (emploi)* puesto *m*; *(de ligne téléphonique)* extensión *f*; **~ (de police)** comisaría *f*; **~ de radio** radio *f*.

poste[2] [pɔst] *nf* correos *mpl*.

poster[1] [pɔste] *vt* echar al correo.

poster[2] [pɔstɛr] *nm* póster *m*.

postérieur, -e [pɔsterjœr] *adj* posterior. ◆ *nm* trasero *m*.

postillons [pɔstijɔ̃] *nmpl* perdigones *mpl*.

post-scriptum [pɔstskriptɔm] *nm inv* postdata *f*.

pot [po] *nm* tarro *m*, bote *m*; **~ d'échappement** tubo *m* de escape; **~ de fleurs** maceta *f*.

potable [pɔtabl] *adj* → **eau**.

potage [pɔtaʒ] *nm* potaje *m*.

pot-au-feu [pɔtofø] *nm inv* = cocido *m*.

poteau, -x [pɔto] *nm* poste *m*; **~ indicateur** poste indicador.

potentiel, -elle [pɔtɑ̃sjɛl] *adj & nm* potencial.

poterie [pɔtri] *nf (art)* alfarería *f*; *(objet)* cerámica *f*.

potiron [pɔtirɔ̃] *nm* calabaza *f*.

poubelle [pubɛl] *nf* cubo *m* de la basura; **mettre qqch à la ~** tirar algo a la basura.

pouce [pus] *nm* pulgar *m*.

pouding [pudiŋ] *nm* púdin *m*; **~ de cochon** *(Can) pastel preparado con carne e hígado de cerdo picados, cebolla y huevos*.

poudre [pudr] *nf (substance)* polvo *m*; *(maquillage)* polvos *mpl*; *(explosif)* pólvora *f*; **en ~** en polvo.

pouf [puf] *nm* puf *m*.

poulailler [pulaje] *nm* gallinero *m*.

poule [pul] *nf* gallina *f*; **~ au pot** guiso *m* de gallina.

poulet [pulɛ] *nm* pollo *m*; **~ basquaise** *pollo con guarnición a base de tomates, pimientos y ajos*.

pouls [pu] *nm* pulso *m*; **prendre le ~ à qqn** tomar el pulso a alguien.

poumon [pumɔ̃] *nm* pulmón *m*.

poupée [pupe] *nf* muñeca *f*.

pour [pur] *prép* 1. *(gén)* para; **c'est ~ vous** es para usted; **~ rien** *(inutilement)* para nada; *(gratuitement)* sin nada a cambio; **~ faire qqch** para hacer algo; **~ que** para que; **le vol ~ Londres** el vuelo para Londres.
2. *(en raison de)* por.
3. *(à la place de)*: **signe ~ moi** firma por mí.
4. *(en faveur de)*: **être ~ (qqch)** estar a favor (de algo).
5. *(envers)*: **avoir de la sympathie ~ qqn** tener simpatía por alguien.
6. *(exprime la durée)*: **~ longtemps** por mucho tiempo; **~ toujours** para siempre.
7. *(somme)*: **je voudrais ~ 20 F de bonbons** quisiera 20 francos de caramelos; **nous en avons eu ~ 350 F** nos ha salido por 350 francos.
8. *(pour donner son avis)*: **~ moi** *(à mon avis)* para mí.

pourboire [purbwar] *nm* propina *f*.

pourcentage [pursɑ̃taʒ] *nm* porcentaje *m*.

pourquoi [purkwa] *adv* por qué; **c'est ~...** por eso...; **~ pas?** ¿por qué no?

pourra, *etc* → **pouvoir**.

pourrir [purir] *vi* pudrirse.

poursuite [pursɥit] *nf* persecución *f*.

poursuivi, -e [pursɥivi] *pp* → **poursuivre**.

poursuivre [pursɥivr] *vt* *(voleur)* perseguir; *(continuer)* proseguir. ❑ **se poursuivre** *vp* proseguir.

pourtant [purtɑ̃] *adv* sin embargo.

pourvu [purvy]: **pourvu que** *conj (condition)* con tal de que; *(souhait)* ojalá.

pousse-pousse [puspus] *nm inv (Helv: poussette)* cochecito *m* de niño.

pousser [puse] *vt (déplacer)* echar a un lado; *(appuyer sur,* *bousculer)* empujar; *(cri)* dar. ◆ *vi* crecer; **faire ~** hacer crecer.

poussette [puset] *nf* cochecito *m* de niño.

poussière [pusjɛr] *nf* polvo *m*.

poussiéreux, -euse [pusjerø, øz] *adj* polvoriento(-ta).

poutine [putin] *nf (Can) patatas fritas cubiertas de pequeños trozos de queso y de una salsa parecida a la* 'brown sauce'.

poutre [putr] *nf (de toit)* viga *f*; *(de gymnastique)* potro *m*.

pouvoir [puvwar] *nm* poder *m*.

◆ *vt* poder; **~ faire qqch** poder hacer algo; **vous ne pouvez pas stationner ici** no puede aparcar aquí; **pourriez-vous...?** ¿podría...?; **je fais ce que je peux** hago lo que puedo; **je n'en peux plus** no puedo más; **je n'y peux rien** no puedo hacer nada.

❑ **se pouvoir** *vp*: **il se peut que...** puede que...

prairie [preri] *nf* pradera *f*.

praline [pralin] *nf* almendra *f* garrapiñada; *(Belg: chocolat)* bombón *m*.

praliné, -e [praline] *adj* praliné.

pratique [pratik] *adj* práctico(-ca). ◆ *nf* práctica *f*.

pratiquement [pratikmɑ̃] *adv* prácticamente.

pratiquer [pratike] *vt* practicar.

pré [pre] *nm* prado *m*.

précaution [prekosjɔ̃] *nf* precaución *f*; **prendre des ~s** tomar precauciones; **avec ~** con precaución.

précédent, -e [presedɑ̃, ɑ̃t] *adj* precedente.

précéder [presede] *vt* preceder.

précieux, -euse [presjø, øz] *adj (bijou)* precioso(-sa); *(ami, conseils)* preciado(-da).

précipice [presipis] *nm* precipicio *m*.

précipiter [presipite]: **se précipiter** *vp* precipitarse; **se ~ dans/vers/sur** precipitarse en/hacia/sobre.

précis, -e [presi, iz] *adj* preciso(-sa); **à cinq heures ~es** a las cinco en punto.

préciser [presize] *vt* precisar.

prédire [predir] *vt* predecir.

prédit, **-e** [predi, it] *pp* → **prédire**.

préface [prefas] *nf* prefacio *m*.

préfecture [prefɛktyr] *nf* ≃ gobierno *m* civil.

préféré, **-e** [prefere] *adj* & *nm,f* preferido(-da).

préférence [preferɑ̃s] *nf*: **de ~** preferentemente.

préférer [prefere] *vt* preferir; **~ (faire) qqch** preferir (hacer) algo; **je préférerais qu'elle s'en aille** preferiría que se fuera.

préhistorique [preistɔrik] *adj* prehistórico(-ca).

préjugé [preʒyʒe] *nm* prejuicio *m*.

prélever [preləve] *vt (somme, part)* retener; *(sang)* sacar.

premier, **-ère** [prəmje, ɛr] *adj (du début)* primero(-ra). ◆ *nm,f* primero *m* (-ra *f*); **en ~** en primer lugar; **Premier ministre** Primer ministro.

première [prəmjɛr] *nf (SCOL)* ≃ tercero *m* de BUP; *(vitesse: TRANSP)* primera *f*; **voyager en ~ (classe)** viajar en primera (clase).

prenais, *etc* → **prendre**.

prendre [prɑ̃dr] *vt* 1. *(gén)* coger, agarrar *(Amér)*; **quelle route dois-je ~?** ¿qué carretera tengo que coger?
2. *(aller chercher)* recoger.
3. *(enlever)*: **~ qqch à qqn** quitar algo a alguien.
4. *(aliments, boisson)* tomar; **~ un verre** tomar una copa; **~ ses repas** comer.
5. *(attraper, surprendre)* pillar; **il s'est fait ~** lo pillaron.
6. *(air, ton)*: **ne prends pas ton air de martyr** no te hagas la mártir; **ne prends pas ce ton pour me parler** no me hables en ese tono.
7. *(considérer)*: **~ qqn pour** tomar a alguien por.
8. *(notes, mesures)* tomar; *(photo)* hacer.
9. *(poids)* engordar.
10. *(dans des expressions)*: **qu'est-ce qui te prend?** ¿qué te pasa?
◆ *vi (se diriger)*: **prenez à droite** tuerza a la derecha.
❑ **se prendre** *vp* 1. *(se considérer)*: **se ~ pour** tomarse por.
2. *(dans des expressions)*: **s'en ~ à qqn** *(critiquer)* tomarla con alguien.

prenne, *etc* → **prendre**.

prénom [prenɔ̃] *nm* nombre

m (de pila).

préoccupé, -e [preɔkype] *adj* preocupado(-da).

préparatifs [preparatif] *nmpl* preparativos *mpl*.

préparation [preparasjɔ̃] *nf* preparación *f*.

préparer [prepare] *vt* preparar. ❑ **se préparer** *vp* prepararse; *(se laver, s'habiller)* arreglarse.

près [prɛ] *adv*: **de ~** de cerca; **~ de** *(dans l'espace)* cerca de; *(dans le temps)* casi.

présence [prezɑ̃s] *nf* presencia *f*.

présent, -e [prezɑ̃, ɑ̃t] *adj & nm* presente; **à ~ (que)** ahora (que).

présentateur, -trice [prezɑ̃tatœr, tris] *nm, f* presentador *m* (-ra *f*).

présentation [prezɑ̃tasjɔ̃] *nf* presentación *f*. ❑ **présentations** *nfpl*: **faire les ~s** hacer las presentaciones.

présenter [prezɑ̃te] *vt* presentar; **~ qqn à qqn** presentar alguien a alguien. ❑ **se présenter** *vp* presentarse.

préservatif [prezɛrvatif] *nm* preservativo *m*.

président, -e [prezidɑ̃, ɑ̃t] *nm, f* presidente *m* (-ta *f*); **~ de la République** presidente de la república.

presque [prɛsk] *adv* casi; **~ pas de** apenas; **il n'y a ~ pas de neige** apenas hay nieve.

presse [prɛs] *nf (journaux)* prensa *f*; **~ à sensation** prensa sensacionalista.

pressé, -e [prese] *adj (voyageur)* con prisa; *(urgent)* urgente; *(citron, orange)* exprimido(-da).

presse-citron [prɛssitrɔ̃] *nm inv* exprimidor *m*.

presser [prese] *vt (fruit)* exprimir; *(bouton)* apretar. ◆ *vi*: **le temps presse** el tiempo apremia; **rien ne presse** no hay prisa ninguna; **~ qqn de faire qqch** apremiar a alguien para que haga algo. ❑ **se presser** *vp* darse prisa.

pressing [presiŋ] *nm* tintorería *f*.

pression [prɛsjɔ̃] *nf* presión *f*; *(bouton)* automático *m*; **(bière) ~** cerveza de barril.

prestige [prɛstiʒ] *nm* prestigio *m*.

prêt, -e [prɛ, prɛt] *adj* listo(-ta). ◆ *nm* préstamo *m*; **être ~ à faire qqch** estar dispuesto a hacer algo.

prétendre [pretɑ̃dr] *vt*: **~ que** afirmar que; **il prétend tout connaître** pretende saberlo todo.

prétentieux, **-euse** [pretɑ̃sjø, øz] *adj* pretencioso(-sa).

prêter [prete] *vt* prestar; **~ qqch à qqn** prestar algo a alguien.

prétexte [pretɛkst] *nm* pretexto *m*; **sous ~ que** con el pretexto de que.

prêtre [prɛtr] *nm* sacerdote *m*.

preuve [prœv] *nf* prueba *f*; **faire ~ de** dar pruebas de.

prévenir [prevnir] *vt* avisar; **~ contre/en faveur de** prevenir contra/en favor de.

prévenu, **-e** [prevny] *pp* → **prévenir**.

prévision [previzjɔ̃] *nf* previsión *f*; **en ~ de** en previsión de; **~s météo(rologiques)** previsiones meteorológicas.

prévoir [prevwar] *vt* prever.

prévu, **-e** [prevy] *pp* → **prévoir**.

prier [prije] *vi* rezar. ◆ *vt* rezar; **~ qqn de faire qqch** rogar a alguien que haga algo; **suivez-moi, je vous prie** sígame, por favor; **merci – je vous en prie!** gracias – de nada; **je peux fumer? – je t'en prie!** ¿puedo fumar? – por supuesto.

prière [prijɛr] *nf* (RELIG) oración *f*; **'~ de ne pas fumer'** 'se ruega no fumar'.

primaire [primɛr] *adj* primario(-ria).

primeurs [primœr] *nfpl* frutas *fpl* y verduras.

primevère [primvɛr] *nf* prímula *f*.

primitif, **-ive** [primitif, iv] *adj* primitivo(-va).

prince [prɛ̃s] *nm* príncipe *m*.

princesse [prɛ̃sɛs] *nf* princesa *f*.

principal, **-e**, **-aux** [prɛ̃sipal, o] *adj* principal; **le ~** *(l'essentiel)* lo principal.

principalement [prɛ̃sipalmɑ̃] *adv* principalmente.

principe [prɛ̃sip] *nm* principio *m*; **en ~** en principio.

printemps [prɛ̃tɑ̃] *nm* primavera *f*.

priori [priɔri] → **a priori**.

priorité [prijɔrite] *nf* prioridad *f*; **laisser la ~** dejar la prioridad.

pris, -e [pri, iz] *pp* → **prendre**.

prise [priz] *nf*: ~ **de courant** enchufe *m*; ~ **de sang** toma *f* de sangre.

prison [prizɔ̃] *nf* cárcel *f*; **en** ~ en la cárcel.

prisonnier, -ère [prizɔnje, ɛr] *nm, f* prisionero *m* (-ra *f*).

privé, -e [prive] *adj* privado(-da); **en** ~ en privado.

priver [prive]: **se priver** *vp*: **se** ~ **(de qqch)** privarse (de algo).

prix [pri] *nm (d'un produit)* precio *m*; *(récompense)* premio *m*; **à tout** ~ a toda costa.

probable [prɔbabl] *adj* probable.

probablement [prɔbabləmɑ̃] *adv* probablemente.

problème [prɔblɛm] *nm* problema *m*.

procès [prɔsɛ] *nm* proceso *m*.

prochain, -e [prɔʃɛ̃, ɛn] *adj* próximo(-ma); **la semaine ~e** la semana que viene.

proche [prɔʃ] *adj (dans le temps)* próximo(-ma); *(dans l'espace)* cercano(-na); **être** ~ **de** *(lieu, but)* estar cerca de.

procurer [prɔkyre]: **se procurer** *vp* procurarse.

production [prɔdyksjɔ̃] *nf* producción *f*.

produire [prɔdɥir] *vt* producir. ❑ **se produire** *vp* producirse.

produit, -e [prɔdɥi, it] *pp* → **produire**. ◆ *nm* producto *m*; **~s de beauté** productos de belleza.

professeur [prɔfɛsœr] *nm* profesor *m* (-ra *f*); ~ **d'anglais/de piano** profesor de inglés/de piano.

profession [prɔfɛsjɔ̃] *nf* profesión *f*.

professionnel, -elle [prɔfɛsjɔnɛl] *adj & nm, f* profesional.

profil [prɔfil] *nm* perfil *m*; **de** ~ de perfil

profit [prɔfi] *nm (d'une entreprise)* beneficio *m*.

profiter [prɔfite]: **profiter de** *v + prép* aprovechar.

profiterole [prɔfitrɔl] *nf* profiterol *m*.

profond, -e [prɔfɔ̃, ɔ̃d] *adj* profundo(-da).

profondeur [prɔfɔ̃dœr] *nf* profundidad *f*; **à 10 mètres**

de ~ a diez metros de profundidad.

programme [prɔgram] *nm* programa *m*.

progrès [prɔgrɛ] *nm* progreso *m*; **faire des ~** hacer progresos.

progresser [prɔgrese] *vi* avanzar.

progressivement [prɔgresivmɑ̃] *adv* progresivamente.

projecteur [prɔʒɛktœr] *nm* proyector *m*.

projet [prɔʒɛ] *nm* proyecto *m*.

projeter [prɔʒte] *vt* proyectar; **~ de faire qqch** planear hacer algo.

prolongement [prɔlɔ̃ʒmɑ̃] *nm*: **dans le ~ de** en la prolongación de.

prolonger [prɔlɔ̃ʒe] *vt* prolongar. ❑ **se prolonger** *vp* prolongarse.

promenade [prɔmnad] *nf* paseo *m*; **faire une ~** dar un paseo.

promener [prɔmne] *vt* pasear. ❑ **se promener** *vp* pasearse.

promesse [prɔmɛs] *nf* promesa *f*.

promettre [prɔmɛtr] *vt*: **~ qqch à qqn** prometer algo a alguien; **~ à qqn de faire qqch** prometer a alguien hacer algo; **c'est promis** prometido.

promis, -e [prɔmi, iz] *pp* → **promettre**.

promotion [prɔmɔsjɔ̃] *nf* *(dans un emploi)* ascenso *m*; *(COMM)* promoción *f*; **en ~** en oferta.

prononcer [prɔnɔ̃se] *vt* pronunciar. ❑ **se prononcer** *vp* *(mot)* pronunciarse.

prononciation [prɔnɔ̃sjasjɔ̃] *nf* pronunciación *f*.

proportion [prɔpɔrsjɔ̃] *nf* proporción *f*.

proportionnel, -elle [prɔpɔrsjɔnɛl] *adj*: **~ à** proporcional a.

propos [prɔpo] *nmpl* palabras *fpl*. ◆ *nm*: **à ~, ...** a propósito, ...; **à ~ de** a propósito de.

proposer [prɔpoze] *vt* proponer; **~ à qqn de faire qqch** proponer a alguien hacer algo.

proposition [prɔpozisjɔ̃] *nf* proposición *f*.

propre [prɔpr] *adj* *(linge,*

pièce) limpio(-pia); **avec ma ~ voiture** con mi propio coche.

propreté [prɔprəte] *nf* limpieza *f.*

propriétaire [prɔprijetɛr] *nmf* propietario *m* (-ria *f*).

propriété [prɔprijete] *nf* propiedad *f*; **'~ privée'** 'propiedad privada'.

prospectus [prɔspɛktys] *nm* prospecto *m.*

prostituée [prɔstitɥe] *nf* prostituta *f.*

protection [prɔtɛksjɔ̃] *nf* protección *f.*

protéger [prɔteʒe] *vt* proteger. ❑ **se protéger de** *vp + prép* protegerse de.

protestant, -e [prɔtɛstɑ̃, ɑ̃t] *adj & nm, f* protestante.

protester [prɔtɛste] *vi* protestar.

prouver [pruve] *vt* probar.

provenance [prɔvnɑ̃s] *nf*: **en ~ de** procedente de.

provençal, -e, -aux [prɔvɑ̃sal, o] *adj* provenzal.

Provence [prɔvɑ̃s] *nf*: **la ~** la Provenza.

provenir [prɔvnir]; **provenir de** *v + prép* proceder de.

proverbe [prɔvɛrb] *nm* proverbio *m.*

province [prɔvɛ̃s] *nf* región *f*; **en ~** en provincias.

provisions [prɔvizjɔ̃] *nfpl* provisiones *fpl.*

provisoire [prɔvizwar] *adj* provisional.

provoquer [prɔvɔke] *vt* provocar.

proximité [prɔksimite] *nf*: **à ~ (de)** cerca (de).

prudemment [prydamɑ̃] *adv* prudentemente.

prudent, -e [prydɑ̃, ɑ̃t] *adj* prudente.

prune [pryn] *nf* ciruela *f.*

pruneau, -x [pryno] *nm* ciruela *f* pasa.

PS *nm (abr de post-scriptum)* PD.

psychanalyste [psikanalist] *nmf* psicoanalista *mf.*

psychiatre [psikjatr] *nmf* psiquiatra *mf.*

psychologique [psikɔlɔʒik] *adj* psicológico(-ca).

psychologue [psikɔlɔg] *nmf* psicólogo *m* (-ga *f*).

PTT *nfpl antigua denominación de la administración de Correos y Telefónica en Francia.*

pu [py] *pp* → **pouvoir**.
pub [pyb] *nf (fam)* anuncio *m*.
public, **-ique** [pyblik] *adj* público(-ca). ◆ *nm* público *m*; **en ~** en público.
publicité [pyblisite] *nf* publicidad *f*.
publier [pyblije] *vt* publicar.
puce [pys] *nf* pulga *f*; *(INFORM)* chip *m*.
pudding [pudiŋ] = **pouding**.
puer [pɥe] *vi* apestar. ◆ *vt* apestar a.
puéril, **-e** [pɥeril] *adj* pueril.
puis [pɥi] *adv* después.
puisque [pɥiskə] *conj* ya que.
puissance [pɥisɑ̃s] *nf* potencia *f*; *(pouvoir)* poder *m*.
puissant, **-e** [pɥisɑ̃, ɑ̃t] *adj* *(influent)* poderoso(-sa); *(fort)* potente.
puisse, *etc* → **pouvoir**.
puits [pɥi] *nm* pozo *m*.
pull(-over), **-s** [pyl(ɔvɛr)] *nm* jersey *m*.
punaise [pynɛz] *nf (insecte)* chinche *f*; *(clou)* chincheta *f*.
punch[1] [pɔ̃ʃ] *nm (boisson)* ponche *m*.
punch[2] [pœnʃ] *nm (fam: énergie)* marcha *f*.
punir [pynir] *vt* castigar.
punition [pynisjɔ̃] *nf* castigo *m*.
pur, **-e** [pyr] *adj* puro(-ra).
purée [pyre] *nf* puré *m*; **~ (de pommes de terre)** puré (de patatas).
pus [py] *nm* pus *m*.
puzzle [pœzl] *nm* rompecabezas *m*.
PV *nm (abr de procès-verbal)* multa *f*.
pyjama [piʒama] *nm* pijama *m*.
pylône [pilon] *nm* pilón *m*.
pyramide [piramid] *nf* pirámide *f*.
Pyrénées [pirene] *nfpl*: **les ~** los Pirineos.

qu' → **que**.
quai [kɛ] *nm (de port)* muelle *m*; *(de gare)* andén *m*.
qualifié, **-e** [kalifje] *adj* cualificado(-da).

qualifier [kalifje]: **se qualifier** *vp* calificarse.

qualité [kalite] *nf* calidad *f*; **de (bonne)** ~ de (buena) calidad.

quand [kɑ̃] *conj* 1. *(gén)* cuando.

2. *(dans des expressions)*: ~ **même** *(malgré tout)* a pesar de todo; ~ **même!** *(enfin)* ¡por fin!; *(exprime l'indignation)*.

◆ *adv* cuándo; **je me demande ~ il va arriver** me pregunto cuándo va a llegar.

quant [kɑ̃]: **quant à** *prép* en cuanto a.

quantité [kɑ̃tite] *nf* cantidad *f*.

quarantaine [karɑ̃tɛn] *nf* *(isolement)* cuarentena *f*; **une ~ (de)** unos cuarenta; **avoir la ~** tener la cuarentena.

quarante [karɑ̃t] *num* cuarenta, → **six**.

quarantième [karɑ̃tjɛm] *num* cuadragésimo(-ma), → **sixième**.

quart [kar] *nm* cuarto *m*; **cinq heures et ~** las cinco y cuarto; **un ~ d'heure** un cuarto de hora.

quartier [kartje] *nm (d'une ville)* barrio *m*; *(de viande)* trozo *m*; *(d'orange)* gajo *m*.

quasiment [kazimɑ̃] *adv* casi, prácticamente.

quatorze [katɔrz] *num* catorce, → **six**.

quatorzième [katɔrzjɛm] *num* decimocuarto(-ta), → **sixième**.

quatre [katr] *num* cuatro; **à ~ pattes** a cuatro patas, → **six**

quatre-quatre [kat(rə)katr] *nm inv* cuatro *m* por cuatro.

quatre-vingt [katrəvɛ̃] = **quatre-vingts**.

quatre-vingt-dix [katrəvɛ̃dis] *num* noventa, → **six**.

quatre-vingt-dixième [katrəvɛ̃dizjɛm] *num* nonagésimo(-ma), → **sixième**.

quatre-vingtième [katrəvɛ̃tjɛm] *num* octogésimo(-ma), → **sixième**.

quatre-vingts [katrəvɛ̃] *num* ochenta, → **six**.

quatrième [katrijɛm] *num* cuarto(-ta). ◆ *nf (SCOL)* = octavo *m* de EGB; *(vitesse)* cuarta *f*, → **sixième**.

que [kə] *conj* 1. *(introduit une subordonnée)* que; **voulez-vous**

~ je ferme la fenêtre? ¿quiere que cierre la ventana?; **je sais ~ tu es là** sé que estás ahí.

2. *(exprime une restriction)*: **je n'ai qu'une sœur** no tengo más que una hermana.

3. *(dans une comparaison)* → **aussi, autant, même, moins, plus**.

4. *(exprime l'hypothèse)*: **~ nous partions aujourd'hui ou demain...** que nos vayamos hoy o mañana...

◆ *pron relatif* 1. *(désigne une personne)* (al) que, (a la) que; **la personne ~ vous voyez là-bas** la persona que ve allí.

2. *(désigne une chose)* que; **le train ~ nous prenons part dans 10 minutes** el tren que cogemos sale dentro de 10 minutos.

◆ *pron interrogatif* qué; **qu'a-t-il dit?**, qu'est-ce qu'il a dit? ¿qué ha dicho?; **qu'est-ce qui ne va pas?** ¿qué ocurre?

◆ *adv (dans une exclamation)*: **~ c'est beau!**, qu'est-ce ~ c'est beau! ¡qué bonito!

Québec [kebɛk] *nm*: **le ~** Quebec.

québécois, -e [kebekwa, az] *adj* quebequés(-esa).

❑ **Québécois, -e** *nm, f* quebequés *m* (-esa *f*).

quel, quelle [kɛl] *adj* 1. *(interrogatif)* qué; *(parmi plusieurs)* cuál; **~s amis comptez-vous aller voir?** ¿(a) qué amigos vais a ver?; **quelle heure est-il?** ¿qué hora es?

2. *(exclamatif)* qué; **~ beau temps!** ¡qué buen tiempo!

3. *(avec «que»)*: **~ que soit le menu, il est toujours content** sea cual sea el menú, siempre está contento.

◆ *pron (interrogatif)* ¿cuál?; **~ est le plus intéressant des deux musées?** ¿cuál de los dos museos es el más interesante?

quelconque [kɛlkɔ̃k] *adj* cualquiera.

quelque [kɛlk(ə)] *adj (un peu de)* alguno(-na); **dans ~ temps** dentro de algún tiempo.

❑ **quelques** *adj* 1. *(plusieurs)* algunos(-nas); **j'ai ~s lettres à écrire** tengo que escribir algunas cartas.

2. *(dans des expressions)*: **200 F et ~s** 200 francos y pico; **il est midi et ~s** son las doce

y pico.

quelque chose [kɛlkəʃoz] *pron* algo.

quelquefois [kɛlkəfwa] *adv* a veces.

quelque part [kɛlkəpar] *adv* por alguna parte.

quelques-uns, quelques-unes [kɛlkəzœ̃, kɛlkəzyn] *pron* algunos(-nas).

quelqu'un [kɛlkœ̃] *pron* alguien.

quenelle [kənɛl] *nf rulo de pescado o pollo picados con huevos y nata.*

qu'est-ce que [kɛskə] → que.

qu'est-ce qui [kɛski] → que.

question [kɛstjɔ̃] *nf (interrogation)* pregunta *f*; *(sujet)* cuestión *f*; **l'affaire en ~** el asunto en cuestión; **il est ~ de qqch** se trata de algo; **(il n'en est) pas ~!** ¡ni hablar!

questionnaire [kɛstjɔnɛr] *nm* cuestionario *m*.

quête [kɛt] *nf*: **faire la ~** hacer una colecta.

queue [kø] *nf* cola *f*; **faire la ~** hacer cola.

queue-de-cheval [kødʃəval] (*pl* **queues-de-cheval**) *nf* cola *f* de caballo.

qui [ki] *pron relatif* **1.** *(sujet)* que; **les passagers ~ doivent changer d'avion** los pasajeros que tengan que hacer un transbordo; **la route ~ mène à Bordeaux** la carretera que conduce a Burdeos.

2. *(complément d'objet direct, indirect)* quien; **tu vois ~ je veux dire** ves a quien me refiero; **la personne à ~ j'ai parlé** la persona con quien he hablado.

3. *(quiconque)*: **~ que ce soit** quienquiera que sea.

◆ *pron interr* quién; **~ êtes-vous?** ¿quién es usted?; **dites-moi ~ vous demandez** dígame por quién pregunta; **à ~ dois-je m'adresser?** ¿a quién debo dirigirme?

quiche [kiʃ] *nf*: **~ (lorraine)** *pastel salado a base de hojaldre, huevos y trocitos de panceta.*

quille [kij] *nf (de jeu)* bolo *m*; *(d'un bateau)* quilla *f*.

quincaillerie [kɛ̃kajri] *nf (boutique)* ferretería *f*.

quinte [kɛ̃t] *nf*: **~ de toux** ataque *m* de tos.

quinzaine [kɛzɛn] *nf*: **une ~ (de)** una quincena (de).

quinze [kɛ̃z] *num* quince, → **six**.

quinzième [kɛ̃zjɛm] *num* decimoquinto(-ta), → **sixième**.

quitte [kit] *adj*: **être ~ (envers qqn)** estar en paz (con alguien); **~ à y aller en taxi** aunque tengamos que ir en taxi.

quitter [kite] *vt (un lieu)* irse de; *(une personne)* dejar; **ne quittez pas** *(au téléphone)* no cuelgue.

quoi [kwa] *pron interr* **1.** *(gén)* qué; **c'est ~?** *(fam)* ¿qué es?; **je ne sais pas ~ dire** no sé qué decir; **à ~ penses-tu?** ¿en qué piensas?

2.(fam: *exclamatif*): **allez, ~!** ¡venga, hombre!

3. *(dans des expressions)*: **tu viens ou ~?** *(fam)* ¿vienes o qué?; **~ qu'il dise** diga lo que. ◆ *pron relatif (après préposition)*: **sans ~** si no; **ce à ~ je pense** lo que estoy pensando; **avoir de ~ manger/vivre** tener de qué comer/vivir; **merci – il n'y a pas de ~** gracias – no hay de qué.

quoique [kwakə] *conj* aunque.

quotidien, -enne [kɔtidjɛ̃, ɛn] *adj* diario(-ria). ◆ *nm* diario *m*.

R

rabâcher [rabaʃe] *vt* machacar.

rabais [rabɛ] *nm* descuento *m*.

rabat [raba] *nm (de poche)* carterilla *f*; *(d'enveloppe)* solapa *f*.

rabattre [rabatr] *vt (replier)* plegar. ❑ **se rabattre** *vp*: **se ~ sur** *(choisir)* conformarse con.

rabougri, -e [rabugri] *adj* desmedrado(-da).

raccommoder [rakɔmɔde] *vt* zurcir.

raccompagner [rakɔ̃paɲe] *vt* acompañar.

raccourci [rakursi] *nm* atajo *m*.

raccourcir [rakursir] *vt* acortar.

raccrocher [rakrɔʃe] *vi (au téléphone)* colgar.

race [ras] *nf* raza *f*; **de ~** de raza.

racheter [raʃte] *vt* comprar más; ~ **qqch à qqn** comprar algo a alguien.

racine [rasin] *nf* raíz *f*.

raciste [rasist] *adj* racista.

racler [rakle] *vt* raspar. ❑ **se racler** *vp*: **se ~ la gorge** aclararse la garganta.

raclette [raklɛt] *nf plato típico suizo a base de queso fundido.*

raconter [rakɔ̃te] *vt* contar; ~ **qqch à qqn** contar algo a alguien.

radar [radar] *nm* radar *m*.

radiateur [radjatœr] *nm* radiador *m*.

radical, **-e**, **-aux** [radikal, o] *adj* & *nm* radical.

radin, **-e** [radɛ̃, in] *adj* tacaño(-ña).

radio [radjo] *nf* radio *f*; (MÉD) radiografía *f*; **à la ~** en la radio.

radiocassette [radjɔkasɛt] *nf* radiocasete *m*.

radiographie [radjɔgrafi] *nf* radiografía *f*.

radiologue [radjɔlɔg] *nmf* radiólogo *m* (-ga *f*).

radis [radi] *nm* rábano *m*.

radoter [radɔte] *vi* chochear.

radoucir [radusir]: **se radoucir** *vp* suavizarse.

rafale [rafal] *nf* ráfaga *f*.

raffiné, **-e** [rafine] *adj* refinado(-da).

raffoler [rafɔle]: **raffoler de** *v + prép* volverse loco(-ca).

rafraîchir [rafrɛʃir] *vt* refrescar. ❑ **se rafraîchir** *vp* (*boire*) tomar algo fresco; (*temps*) refrescar.

rafraîchissement [rafrɛʃismɑ̃] *nm* refresco *m*.

rage [raʒ] *nf* rabia *f*; ~ **de dents** dolor *m* de muelas.

ragoût [ragu] *nm* ragú *m*.

raide [rɛd] *adj* (*cheveux*) lacio(-cia); (*personne, démarche*) rígido(-da); (*pente*) empinado(-da).

raie [rɛ] *nf* raya *f*.

rails [raj] *nmpl* raíles *mpl*.

raisin [rɛzɛ̃] *nm* uva *f*; **~s secs** uvas pasas.

raison [rɛzɔ̃] *nf* razón *f*; **avoir ~** tener razón; **tu as ~ de venir** haces bien en venir; **en ~ de** con motivo de.

raisonnable [rɛzɔnabl] *adj* razonable.

raisonnement [rɛzɔnmɑ̃] *nm* razonamiento *m*.

raisonner [rezɔne] *vi* razonar.

rajeunir [raʒœnir] *vt (faire paraître plus jeune)* rejuvenecer; *(attribuer un âge moindre)* echar menos años.

rajouter [raʒute] *vt* añadir.

ralenti [ralɑ̃ti] *nm (d'un moteur)* ralentí *m*; *(au cinéma)* cámara *f* lenta.

ralentir [ralɑ̃tir] *vt* ralentizar. ◆ *vi* ir más despacio.

râler [rale] *vi* gruñir.

rallonge [ralɔ̃ʒ] *nf (de table)* larguero *m*; *(électrique)* alargador *m*.

rallonger [ralɔ̃ʒe] *vt* alargar.

rallye [rali] *nm* rally *m*.

ramasser [ramase] *vt* recoger.

rambarde [rɑ̃bard] *nf* barandilla *f* (de protección).

rame [ram] *nf (aviron)* remo *m*; *(de métro)* tren *m*.

ramener [ramne] *vt (raccompagner)* llevar; *(amener de nouveau)* volver a llevar.

ramequin [ramkɛ̃] *nm recipiente de cerámica utilizado para cocinar en el horno*; (CULIN) pastelillo *m* de queso.

ramer [rame] *vi* remar.

ramollir [ramɔlir]: **se ramollir** *vp* ablandarse.

rampe [rɑ̃p] *nf (d'escalier)* barandilla *f*; *(d'accès)* rampa *f*.

ramper [rɑ̃pe] *vi (animal)* reptar; *(persona)* arrastrarse.

rance [rɑ̃s] *adj* rancío(-cía).

rancune [rɑ̃kyn] *nf* rencor *m*; **sans ~!** ¡sin rencor!

randonnée [rɑ̃dɔne] *nf* paseo *m*; **~ pédestre** marcha *f*.

rang [rɑ̃] *nm (rangée)* fila *f*; *(place)* posición *f*; **se mettre en ~s** ponerse en fila.

rangée [rɑ̃ʒe] *nf* fila *f*.

rangement [rɑ̃ʒmɑ̃] *nm (d'une chambre, de vêtements)* arreglo *m*.

ranger [rɑ̃ʒe] *vt* ordenar. ❑ **se ranger** *vp (en voiture)* echarse a un lado.

rapace [rapas] *nm* rapaz *f*.

rapatrier [rapatrije] *vt* repatriar.

râper [rape] *vt* rallar.

rapetisser [raptise] *vi* reducir de tamaño.

rapide [rapid] *adj* rápido(-da).

rapidement [rapidmɑ̃] *adv* rápidamente.

rappel [rapɛl] *nm*: **'rappel'** 'recuerde'.

rappeler [raple] *vt (faire revenir)* llamar; *(au téléphone)* volver a llamar; ~ **qqch à qqn** recordar algo a alguien. ❑ **se rappeler** *vp* acordarse.

rapport [rapɔr] *nm (compte-rendu)* informe *m*; *(point commun)* conexión *f*; *(relation)* relación *f*; **par ~ à** con relación a.

rapporter [rapɔrte] *vt (rendre)* devolver. ◆ *vi (être avantageux)* reportar. ❑ **se rapporter à** *vp + prép* referirse a.

rapprocher [raprɔʃe] *vt* acercar. ❑ **se rapprocher** *vp* acercarse; **se ~ de** *(dans l'espace)* acercarse de.

raquette [rakɛt] *nf* raqueta *f*.

rare [rar] *adj* raro(-ra).

rarement [rarmɑ̃] *adv* raramente.

ras, -e [ra, raz] *adj* raso(-sa). ◆ *adv*: **(à) ~** al raso; **au ~ de** a ras de; **à ~ bord** hasta el borde; **en avoir ~ le bol** estar hasta las narices.

raser [raze]: **se raser** *vp* afeitarse.

rasoir [razwar] *nm* maquinilla *f* de afeitar; ~ **électrique** maquinilla eléctrica.

rassembler [rasɑ̃ble] *vt* juntar. ❑ **se rassembler** *vp* juntarse.

rassis, -e [rasi, iz] *pp* → **rasseoir**. ◆ *adj (pain)* duro(-ra).

rassurer [rasyre] *vt* tranquilizar.

rat [ra] *nm* rata *f*.

ratatouille [ratatuj] *nf* ≃ pisto *m*.

rater [rate] *vt (cible)* fallar; *(examen)* suspender; *(train)* perder. ◆ *vi* fracasar.

ration [rasjɔ̃] *nf* ración *f*.

ratisser [ratise] *vt* pasar el rastrillo.

RATP *nf Compañía de transportes de Paris*, ≃ EMT *f*.

rattraper [ratrape] *vt* atrapar; *(retard)* recuperar. ❑ **se rattraper** *vp (se retenir)* agarrarse; *(d'une erreur)* corregirse; *(sur le temps perdu)* recuperar.

rature [ratyr] *nf* tachadura *f*.

rauque [rok] *adj* ronco(-ca).

ravages [ravaʒ] *nmpl*: **faire des ~** hacer estragos.

ravi, **-e** [ravi] *adj* encantado(-da).
ravin [ravɛ̃] *nm* barranco *m*.
ravioli(s) [ravjɔli] *nmpl* raviolis *mpl*.
ravissant, **-e** [ravisɑ̃, ɑ̃t] *adj* encantador(-ra).
ravitaillement [ravitajmɑ̃] *nm (provisions)* provisiones *fpl*.
ravitailler [ravitaje] *vt* abastecer.
rayé, **-e** [rɛje] *adj (tissu)* de OU a rayas.
rayer [rɛje] *vt (abîmer)* rayar; *(barrer)* tachar.
rayon [rɛjɔ̃] *nm (de soleil, de lumière)* rayo *m*; **~s X** rayos X.
rayonner [rɛjɔne] *vi*: **~ autour de** *(ville)* moverse por los alrededores de.
rayure [rɛjyr] *nf* raya *f*; **à ~s** de rayas.
raz(-)de(-)marée [radmare] *nm inv* maremoto *m*.
réaction [reaksjɔ̃] *nf* reacción *f*.
réagir [reaʒir] *vi* reaccionar.
réalisateur, **-trice** [realizatœr, tris] *nm, f* realizador *m* (-ra *f*).
réaliser [realize] *vt* realizar; *(comprendre)* darse cuenta.
réaliste [realist] *adj* realista.
réalité [realite] *nf* realidad *f*; **en ~** en realidad.
réanimation [reanimasjɔ̃] *nf* reanimación *f*.
rebondir [rəbɔ̃dir] *vi* rebotar.
rebord [rəbɔr] *nm* borde *m*.
reboucher [rəbuʃe] *vt* tapar.
rebrousser [rəbruse] *vt*: **~ chemin** volverse (atras).
récapituler [rekapityle] *vt* recapitular.
récemment [resamɑ̃] *adv* recientemente.
récent, **-e** [resɑ̃, ɑ̃t] *adj* reciente.
récepteur [resɛptœr] *nm* receptor *m*.
réception [resɛpsjɔ̃] *nf* recepción *f*.
réceptionniste [resɛpsjɔnist] *nmf* recepcionista *mf*.
recette [rəsɛt] *nf (de cuisine)* receta *f*.
recevoir [rəsəvwar] *vt* recibir; *(candidat)* aprobar.
rechange [rəʃɑ̃ʒ]: **de rechange** *adj* de recambio.
réchaud [reʃo] *nm* hornillo *m*; **~ à gaz** hornillo de gas.

réchauffer [reʃofe] *vt* calentar. ❑ **se réchauffer** *vp* calentarse; **se ~ les mains** calentarse las manos.

recherche [rəʃɛrʃ] *nf (scientifique)* investigación *m*; **être à la ~ de** estar en busca de.

rechercher [rəʃɛrʃe] *vt* buscar.

rechuter [rəʃyte] *vi* recaer.

récif [resif] *nm* arrecife *m*.

récipient [resipjã] *nm* recipiente *m*.

réciproque [resiprɔk] *adj* recíproco(-ca).

récit [resi] *nm* narración *f*.

réciter [resite] *vt* recitar.

réclamation [reklamasjõ] *nf* reclamación *f*.

réclame [reklam] *nf* reclamo *m*, reclame *m (Amér)*.

réclamer [reklame] *vt & vi* reclamar.

recoin [rəkwɛ̃] *nm* rincón *m*.

recoller [rəkɔle] *vt* volver a pegar.

récolte [rekɔlt] *nf* cosecha *f*.

recommandé, -e [rəkɔmãde] *adj (lettre, paquet)* certificado(-da).

recommander [rəkɔmãde] *vt* recomendar. ❑ **se recommander** *vp (Helv: insister)* insistir.

recommencer [rəkɔmãse] *vt* volver a empezar. ◆ *vi (spectacle)* reanudarse; **~ à faire qqch** volver a hacer algo.

récompense [rekõpãs] *nf* recompensa *f*.

récompenser [rekõpãse] *vt* recompensar.

réconcilier [rekõsilje]: **se réconcilier** *vp* reconciliarse.

réconforter [rekõfɔrte] *vt* reconfortar.

reconnaissant, -e [rəkɔnɛsã, ãt] *adj* agradecido(-da).

reconnaître [rəkɔnɛtr] *vt* reconocer.

reconnu, -e [rəkɔny] *pp* → **reconnaître**.

reconstituer [rəkõstitɥe] *vt* reconstituir.

recopier [rəkɔpje] *vt (brouillon)* pasar a limpio; *(texte)* copiar.

record [rəkɔr] *nm* récord *m*.

recoudre [rəkudr] *vt* coser.

recourbé, -e [rəkurbe] *adj* encorvado(-da).

recouvert, -e [rəkuvɛr, ɛrt] *pp* → **recouvrir**.

recouvrir [rəkuvrir] *vt* recubrir; ~ **qqch de** recubrir algo de.

récréation [rekreasjɔ̃] *nf* recreo *m*.

recruter [rəkryte] *vt* contratar.

rectangle [rɛktɑ̃gl] *nm* rectángulo *m*.

rectangulaire [rɛktɑ̃gylɛr] *adj* rectangular.

rectifier [rɛktifje] *vt* rectificar.

recto [rɛkto] *nm* recto *m*.

reçu, **-e** [rəsy] *pp* → **recevoir**. ◆ *nm* recibo *m*.

recueil [rəkœj] *nm* colección *f*.

recueillir [rəkœjir] *vt* *(rassembler)* reunir; *(accueillir)* recoger.

reculer [rəkyle] *vi* retroceder.

reculons [rəkylɔ̃]: **à reculons** *adv* hacia atrás.

récupérer [rekypere] *vt* recuperar. ◆ *vi* recuperarse.

recycler [rəsikle] *vt* reciclar.

rédaction [redaksjɔ̃] *nf* redacción *f*.

redescendre [rədesɑ̃dr] *vi* volver a bajar.

rédiger [rediʒe] *vt* redactar.

redoubler [rəduble] *vt* *(SCOL)* repetir. ◆ *vi (SCOL)* repetir.

redresser [rədrɛse] *vt* *(relever)* levantar; *(remettre droit)* enderezar. ❑ **se redresser** *vp* enderezarse.

réduction [redyksjɔ̃] *nf* reducción *f*; *(sur un prix)* descuento *m*.

réduire [redɥir] *vt* reducir.

réduit, **-e** [redɥi, it] *pp* → **réduire**. ◆ *adj* reducido(-da).

rééducation [reedykasjɔ̃] *nf* rehabilitación *f*.

réel, **-elle** [reɛl] *adj* real.

réellement [reɛlmɑ̃] *adv* realmente.

réexpédier [reɛkspedje] *vt* reexpedir.

refaire [rəfɛr] *vt* rehacer.

refait, **-e** [rəfɛ, ɛt] *pp* → **refaire**.

réfectoire [refɛktwar] *nm* comedor *m*.

référence [referɑ̃s] *nf*: **faire ~ à** hacer referencia a.

refermer [rəfɛrme] *vt* cerrar. ❑ **se refermer** *vp* cerrarse.

réfléchir [refleʃir] *vt* reflejar. ◆ *vi* reflexionar.

reflet [rəflɛ] *nm* reflejo *m.*

refléter [rəflete] *vt* reflejar. ❑ **se refléter** *vp* reflejarse.

réflexe [reflɛks] *nm* reflejo *m.*

réflexion [reflɛksjɔ̃] *nf* reflexión *f*; *(critique)* reproche *m.*

réforme [refɔrm] *nf* reforma *f.*

refrain [rəfrɛ̃] *nm* estribillo *m.*

réfrigérateur [refriʒeratœr] *nm* frigorífico *m.*

refroidir [rəfrwadir] *vt (aliment)* enfriar. ◆ *vi* enfriarse.

refuge [rəfyʒ] *nm (en montagne)* refugio *m*; *(pour sans-abri)* asilo *m.*

réfugié, -e [refyʒje] *nm, f* refugiado(-da).

refus [rəfy] *nm* negativa *f.*

refuser [rəfyze] *vt* rechazar; **~ de faire qqch** negarse a hacer algo.

régaler [regale]: **se régaler** *vp*: **tu vas te régaler!** ¡te va a encantar!

regard [rəgar] *nm* mirada *f.*

regarder [rəgarde] *vt (observer)* mirar; *(concerner)* incumbir; **ça ne te regarde pas** no te incumbe.

régime [reʒim] *nm* régimen *m*; **être/se mettre au ~** estar/ponerse a régimen.

région [reʒjɔ̃] *nf* región *f.*

régional, -e, -aux [reʒjɔnal, o] *adj* regional.

registre [rəʒistr] *nm* registro *m.*

réglable [reglabl] *adj* regulable.

règle [rɛgl] *nf* regla *f*; **être en ~** estar en regla; **~s du jeu** reglas del juego. ❑ **règles** *nfpl* regla *f inv.*

règlement [rɛgləmɑ̃] *nm (lois)* reglamento *m*; *(paiement)* pago *m.*

régler [regle] *vt (appareil, moteur)* ajustar; *(payer)* pagar; *(problème)* arreglar.

réglisse [reglis] *nf* regaliz *m.*

regret [rəgrɛ] *nm* arrepentimiento *m*; **avoir des ~s de** arrepentirse de.

regretter [rəgrete] *vt (erreur, décision)* arrepentirse; *(personne)* echar de menos; **~ que** sentir que.

regrouper [rəgrupe]: **se regrouper** *vp* agruparse.

régulier, -ère [regylje, ɛr] *adj* regular.

régulièrement [regyljɛrmɑ̃] *adv* regularmente.

rein [rɛ̃] *nm* riñón *m*. ❑ **reins** *nmpl (dos)* riñones *mpl*.

reine [rɛn] *nf* reina *f*.

rejeter [rəʒte] *vt (refuser)* rechazar.

rejoindre [rəʒwɛ̃dr] *vt (personne)* alcanzar; *(lieu)* llegar a.

rejoint, **-e** [rəʒwɛ̃, ɛ̃t] *pp* → **rejoindre**.

relâcher [rəlaʃe] *vt* soltar.

relais [rəlɛ] *nm*: **prendre le ~ (de qqn)** tomar el relevo (de alguien); **~ routier** restaurante *m* de carretera.

relatif, **-ive** [rəlatif, iv] *adj* relativo; **~ à** relativo a.

relation [rəlasjɔ̃] *nf* relación *f*.

relaxer [rəlakse]: **se relaxer** *vp* relajarse.

relayer [rəlɛje]: **se relayer** *vp*: **se ~ (pour faire qqch)** relevarse (para hacer algo).

relevé, **-e** [rəlve] *adj* picante.

relever [rəlve] *vt (mettre droit)* levantar; *(épicer)* condimentar. ❑ **se relever** *vp* levantarse.

relief [rəljɛf] *nm* relieve *m*; **en ~** en relieve.

relier [rəlje] *vt* unir.

religieuse [rəliʒjøz] *nf pastelillo redondo relleno de crema de café o chocolate.*

religieux, **-euse** [rəliʒjø, øz] *adj* religioso(-sa). ◆ *nm, f* fraile *m* (monja *f*).

religion [rəliʒjɔ̃] *nf* religión *f*.

remarquable [rəmarkabl] *adj* notable.

remarque [rəmark] *nf* observación *f*.

remarquer [rəmarke] *vt* notar; **remarque, ...** fíjate, ...; **se faire ~** hacerse notar.

rembourré, **-e** [rɑ̃bure] *adj* relleno(-na).

rembourser [rɑ̃burse] *vt* reembolsar.

remède [rəmɛd] *nm* remedio *m*.

remerciements [rəmɛrsimɑ̃] *nmpl* agradecimientos *mpl*.

remercier [rəmɛrsje] *vt* agradecer; **~ qqn de** OU **pour qqch** agradecer a alguien algo; **je te remercie d'être venu** te agradezco que hayas venido.

remettre [rəmɛtr] *vt (reposer)* volver a poner; *(retarder)* posponer; **~ qqch à qqn**

entregar algo a alguien. ❑ **se remettre** *vp* reponerse; **se ~ à (faire) qqch** volver a (hacer) algo.

remis, -e [rəmi, iz] *pp* → **remettre.**

remise [rəmiz] *nf (rabais)* descuento *m*; **faire une ~ à qqn** hacer un descuento a alguien.

remontée [rəmɔ̃te] *nf*: **~s mécaniques** remontes *mpl* mecánicos.

remonte-pente, -s [rəmɔ̃tpɑ̃t] *nm* telearrastre *m*.

remonter [rəmɔ̃te] *vt (aux avoir) (montre)* dar cuerda a. ◆ *vi (aux être)* volver a subir; **~ à** *(dater de)* remontarse a.

remords [rəmɔr] *nm* remordimiento *m*.

remorquer [rəmɔrke] *vt* remolcar.

remous [rəmu] *nm* remolino *m*.

remparts [rɑ̃par] *nmpl* murallas *fpl*.

remplaçant, -e [rɑ̃plasɑ̃, ɑ̃t] *nm, f* suplente *mf*.

remplacer [rɑ̃plase] *vt (changer)* cambiar; *(prendre la place de)* sustituir.

remplir [rɑ̃plir] *vt (verre, salle)* llenar; *(questionnaire)* rellenar; **~ qqch de** llenar algo de. ❑ **se remplir (de)** *vp (+ prép)* llenarse (de).

remporter [rɑ̃pɔrte] *vt (reprendre)* llevarse; *(gagner)* ganar.

remuer [rəmɥe] *vt (bouger)* menear; *(mélanger)* revolver; *(émouvoir)* trastornar.

rémunérer [remynere] *vt* remunerar.

renard [rənar] *nm* zorro *m*.

rencontre [rɑ̃kɔ̃tr] *nf* encuentro *m*; **aller à la ~ de qqn** salir al encuentro de alguien.

rencontrer [rɑ̃kɔ̃tre] *vt (par hasard)* encontrarse con; *(faire la connaissance de)* conocer; *(équipe adverse)* enfrentarse a. ❑ **se rencontrer** *vp (par hasard)* encontrarse; *(faire connaissance)* conocerse.

rendez-vous [rɑ̃devu] *nm* cita *f*; **~ chez moi à 14h** os espero en casa a las 2; **avoir ~ avec qqn** tener (una) cita con alguien; **donner ~ à qqn** dar cita a alguien; **prendre ~** pedir hora.

rendre [rɑ̃dr] *vt* volver; *(redonner)* devolver. ◆ *vi* devolver. ❑ **se rendre** *vp* rendirse; **se ~ à** *(sout: aller à)* acudir a; **se ~ utile** ser útil; **se ~ malade** ponerse malo(-la).

renfermé, -e [rɑ̃fɛrme] *adj* cerrado(-da). ◆ *nm*: **sentir le ~** oler a cerrado.

renforcer [rɑ̃fɔrse] *vt (consolider)* reforzar; *(fig: certitude, peur)* afianzar.

renifler [rənifle] *vi* sorber.

renommé, -e [rənɔme] *adj* famoso(-sa).

renoncer [rənɔ̃se]: **renoncer à** *v + prép* renunciar a; **~ à faire qqch** renunciar a hacer algo.

renouveler [rənuvle] *vt (changer)* reponer; *(recommencer, prolonger)* renovar. ❑ **se renouveler** *vp* repetirse.

rénover [renɔve] *vt* renovar.

renseignement [rɑ̃sɛɲmɑ̃] *nm* información *f*; **les ~s** información.

renseigner [rɑ̃seɲe]: **se renseigner (sur)** *vp (+ prép)* informarse (de).

rentable [rɑ̃tabl] *adj* rentable.

rentrée [rɑ̃tre] *nf*: **~ (des classes)** vuelta *f* al colegio.

rentrer [rɑ̃tre] *vi (aux être) (entrer)* entrar; *(chez soi)* volver (a casa); *(être contenu)* caber. ◆ *vt (aux avoir)* meter; **~ dans** *(heurter)* estrellarse contra. ❑ **se rentrer dedans** *vp (fam: voitures)* chocar.

renverser [rɑ̃vɛrse] *vt (liquide)* derramar; *(piéton)* atropellar. ❑ **se renverser** *vp* derramarse.

renvoyer [rɑ̃vwaje] *vt (balle, lettre)* devolver; *(élève)* expulsar; *(salarié)* despedir.

répandre [repɑ̃dr] *vt (renverser)* derramar; *(nouvelle)* difundir. ❑ **se répandre** *vp (liquide)* derramarse; *(nouvelle, maladie)* difundirse.

répandu, -e [repɑ̃dy] *adj* corriente.

réparation [reparasjɔ̃] *nf* reparación *f*; **en ~** en reparación.

réparer [repare] *vt* arreglar.

repartir [rəpartir] *vi (rentrer)* volver, regresarse *(Amér)*.

répartir [repartir] *vt* repartir.

repas [rəpa] *nm* comida *f*.

repasser [rəpase] *vt (aux avoir)* planchar.

repêcher [rəpeʃe] *vt (retirer de l'eau)* rescatar.

répercussions [reperkysjɔ̃] *nfpl* repercusiones *fpl.*

repère [rəper] *nm* señal *f.*

repérer [rəpere] *vt* localizar. ❑ **se repérer** *vp* orientarse.

répertoire [repertwar] *nm* *(carnet)* agenda *f*; *(d'un acteur, d'un musicien)* repertorio *m*; *(INFORM)* directorio *m.*

répéter [repete] *vt* repetir; *(rôle, œuvre)* ensayar.

répétition [repetisjɔ̃] *nf* *(dans un texte)* repetición *f*; *(au théâtre)* ensayo *m.*

replier [rəplije] *vt* doblar.

répliquer [replike] *vt & vi* replicar.

répondeur [repɔ̃dœr] *nm*: ~ **(téléphonique** OU **automatique)** contestador *m* (automático).

répondre [repɔ̃dr] *vi* *(à une question, à une lettre)* contestar, *(freins)* responder. ◆ *vt* contestar; ~ **à qqn** contestar a alguien.

réponse [repɔ̃s] *nf* respuesta *f.*

reportage [rəpɔrtaʒ] *nm* reportaje *m.*

reporter [rəpɔrte] *vt* *(date, réunion)* aplazar.

repos [rəpo] *nm* descanso *m.*

reposant, -e [rəpozɑ̃, ɑ̃t] *adj* descansado(-da).

reposer [rəpoze] *vt* volver a poner. ❑ **se reposer** *vp* descansar.

repousser [rəpuse] *vt* *(faire reculer)* empujar; *(retarder)* aplazar. ◆ *vi* volver a crecer.

reprendre [rəprɑ̃dr] *vt* *(revenir chercher)* recoger; *(objet donné)* quitar; *(activité)* reemprender; *(se resservir)* repetir; *(corriger)* corregir; ~ **sa place** volver a su sitio; ~ **son souffle** recobrar la respiración.

représentant, -e [rəprezɑ̃tɑ̃, ɑ̃t] *nm, f* representante *mf*; ~ **(de commerce)** viajante *m.*

représentatif, -ive [rəprezɑ̃tatif, iv] *adj* representativo(-va).

représentation [rəprezɑ̃tasjɔ̃] *nf* representación *f.*

représenter [rəprezɑ̃te] *vt* representar.

repris, -e [rəpri, iz] *pp* → **reprendre**.

repriser [rəprize] *vt* zurcir.

reproche [rəprɔʃ] *nm* reproche *m.*

reprocher [rəprɔʃe] *vt*: ~

qqch à qqn reprochar algo a alguien.

reproduction [rəprɔdyksjɔ̃] *nf* reproducción *f*.

reproduire [rəprɔdɥir] *vt* reproducir. ❑ **se reproduire** *vp* reproducirse.

reproduit, **-e** [rəprɔdɥi, it] *pp* → **reproduire**.

reptile [rɛptil] *nm* reptil *m*.

république [repyblik] *nf* república *f*.

répugnant, **-e** [repyɲɑ̃, ɑ̃t] *adj* repugnante.

réputation [repytasjɔ̃] *nf* reputación *f*.

réputé, **-e** [repyte] *adj* reputado(-da).

requin [rəkɛ̃] *nm* tiburón *m*.

RER *nm red de trenes de cercanías en París*.

réseau, **-x** [rezo] *nm* red *f*.

réservation [rezɛrvasjɔ̃] *nf* reserva *f*.

réserve [rezɛrv] *nf* reserva *f*; **en ~** en reserva.

réservé, **-e** [rezɛrve] *adj* reservado(-da).

réserver [rezɛrve] *vt* reservar.

réservoir [rezɛrvwar] *nm* depósito *m*.

résidence [rezidɑ̃s] *nf* (*sout*: *domicile*) residencia *f*; (*immeuble*) edificio *m* residencial; **~ secondaire** segunda vivienda *f*.

résigner [reziɲe]: **se résigner** *vp* resignarse; **se ~ à (faire) qqch** resignarse a (hacer) algo.

résine [rezin] *nf* resina *f*.

résistant, **-e** [rezistɑ̃, ɑ̃t] *adj* & *nm*, *f* resistente.

résister [reziste]: **résister à** *v + prép* resistir.

résolu, **-e** [rezɔly] *pp* → **résoudre**.

résonner [rezɔne] *vi* resonar.

résoudre [rezudr] *vt* resolver.

respect [rɛspɛ] *nm* respeto *m*.

respecter [rɛspɛkte] *vt* respetar.

respiration [rɛspirasjɔ̃] *nf* respiración *f*.

respirer [rɛspire] *vi* & *vt* respirar.

responsabilité [rɛspɔ̃sabilite] *nf* responsabilidad *f*.

responsable [rɛspɔ̃sabl] *adj* responsable. ◆ *nmf* (*d'une* *administration, d'un magasin)* encargado *m* (-da *f*); **être ~ de** *(coupable de)* ser responsable de; *(chargé de)* ser el encargado (la encargada).

ressemblant, -e [rəsɑ̃blɑ̃, ɑ̃t] *adj* parecido(-da).

ressembler [rəsɑ̃ble]: **ressembler à** *v + prép* parecerse a. ❑ **se ressembler** *vp* parecerse.

ressentir [rəsɑ̃tir] *vt* sentir.

resserrer [rəsere] *vt* apretar.

resservir [rəsɛrvir]: **se resservir** *vp*: **se ~ (de)** volver a servirse.

ressort [rəsɔr] *nm* muelle *m*.

ressortir [rəsɔrtir] *vi (se détacher)* resaltar.

ressortissant, -e [rəsɔrtisɑ̃, ɑ̃t] *nm, f* ciudadano *m* (-na *f*).

ressources [resurs] *nfpl* recursos *mpl*.

restaurant [rɛstɔrɑ̃] *nm* restaurante *m*.

restaurer [rɛstɔre] *vt* restaurar.

reste [rɛst] *nm* resto *m*; **un ~ de** unos restos de; **les ~s** *(d'un repas)* las sobras.

rester [rɛste] *vi (dans un lieu)* quedarse; *(subsister)* quedar; *(continuer à être)* permanecer.

resto [rɛsto] *nm* restaurante *m*.

restreindre [rɛstrɛ̃dr] *vt* restringir.

restreint, -e [rɛstrɛ̃, ɛ̃t] *pp* → **restreindre**. ◆ *adj* limitado(-da).

résultat [rezylta] *nm* resultado *m*.

résumé [rezyme] *nm* resumen *m*; **en ~** en resumen.

résumer [rezyme] *vt* resumir.

rétablir [retablir] *vt* restablecer. ❑ **se rétablir** *vp* restablecerse.

retard [rətar] *nm* retraso *m*; **avoir du ~** retrasarse; **avoir une heure de ~** tener una hora de retraso.

retarder [rətarde] *vi*: **ma montre retarde (de 5 minutes)** mi reloj va (5 minutos) atrasado.

retenir [rətnir] *vt (empêcher de partir, se souvenir)* retener; *(empêcher de tomber)* agarrar; *(empêcher d'agir)* contener; *(réserver)* reservar; **je retiens 1** *(dans une opération)* me llevo 1.

❑ **se retenir** *vp*: **se ~ (à qqch)** agarrarse (a algo); **se ~ (de faire qqch)** contenerse (para no hacer algo).

retenu, -e [rətny] *pp* → **retenir**.

retirer [rətire] *vt* sacar; *(vêtement)* quitarse; *(billet, colis, bagages)* recoger.

retomber [rətɔ̃be] *vi (après un saut, pendre)* caer.

retour [rətur] *nm* vuelta *f*; **au ~** a la vuelta.

retourner [rəturne] *vt (aux avoir) (mettre à l'envers)* dar la vuelta a. ♦ *vi (aux être) (d'où l'on arrive)* volverse; *(aller à nouveau)* volver. ❑ **se retourner** *vp (voiture, bateau)* volcarse; *(tourner la tête)* volverse.

retraite [rətrɛt] *nf (arrêt du travail)* jubilación *f*; **être à la ~** estar jubilado(-da); **prendre sa ~** jubilarse.

rétrécir [retresir] *vi* encoger. ❑ **se rétrécir** *vp* estrecharse.

rétro [retro] *adj inv* anticuado(-da).

rétrograder [retrɔgrade] *vi (automobiliste)* reducir.

retrousser [rətruse] *vt* remangarse.

retrouver [rətruve] *vt (objet perdu)* encontrar; *(personne perdue de vue)* encontrarse (con); *(rejoindre)* reunirse con. ❑ **se retrouver** *vp (se réunir)* reunirse; *(dans une situation)* encontrarse.

rétroviseur [retrɔvizœr] *nm* retrovisor *m*.

réunion [reynjɔ̃] *nf* reunión *f*; **la Réunion** la Reunión.

réunionnais, -e [reynjɔnɛ, ɛz] *adj* reunionense.

réunir [reynir]: **se réunir** *vp* reunirse.

réussi, -e [reysi] *adj (photo)* logrado(-da); **la soirée a été très réussie** la fiesta ha sido todo un éxito.

réussir [reysir] *vt* salirle bien a uno. ♦ *vi (tentative)* salir bien; *(socialement, professionnellement)* triunfar (en la vida); **~ (à) un examen** aprobar un examen; **~ à faire qqch** conseguir hacer algo.

revanche [rəvɑ̃ʃ] *nf* revancha *f*; **en ~** en cambio.

rêve [rɛv] *nm* sueño *m*.

réveil [revɛj] *nm* despertador *m*.

réveiller [reveje] *vt* despertar. ❑ **se réveiller** *vp* despertarse.

réveillon [revɛjɔ̃] *nm (repas du 24 décembre)* cena *f* de Nochebuena; *(repas du 31 décembre)* cena *f* de Nochevieja; *(fête du 31 décembre)* cotillón *m*.

révéler [revele] *vt* revelar. ❑ **se révéler** *vp (s'avérer)* revelarse.

revendre [rəvɑ̃dr] *vt* revender.

revenir [rəvnir] *vi* volver; **~ cher** resultar caro; **ça nous est revenu à 2 000 F** nos salió por 2.000 francos; **ça revient au même** viene a ser lo mismo; **je n'en reviens pas** no consigo creerlo.

revenu, -e [rəvny] *pp* → **revenir**. ◆ *nm* renta *f*.

rêver [reve] *vi (en dormant)* soñar; *(être distrait)* estar en las nubes. ◆ *vt*: **~ que** soñar que; **~ de** soñar con.

réverbère [revɛrbɛr] *nm* farola *f*.

revers [rəvɛr] *nm (de la main)* dorso *m*; *(d'une veste, d'un pantalon)* vuelta *f*.

réversible [revɛrsibl] *adj* reversible.

réviser [revize] *vt (leçons)* repasar; **faire ~ sa voiture** llevar el coche a revisión.

revoir [rəvwar] *vt (retrouver)* volver a ver; *(leçons)* repasar. ❑ **au revoir** *excl* ¡adiós!

révolte [revɔlt] *nf* revuelta *f*.

révolter [revɔlte] *vt* sublevar. ❑ **se révolter** *vp* sublevarse.

révolution [revɔlysjɔ̃] *nf* revolución *f*.

revolver [revɔlvɛr] *nm* revólver *m*.

revue [rəvy] *nf* revista *f*.

rez-de-chaussée [redʃose] *nm inv* planta *f* baja.

Rhin [rɛ̃] *nm*: **le ~** el Rin.

rhinocéros [rinɔserɔs] *nm* rinoceronte *m*.

Rhône [ron] *nm*: **le ~** el Ródano.

rhum [rɔm] *nm* ron *m*.

rhumatismes [rymatism] *nmpl* reumatismo *m*; **avoir des ~** tener reúma.

rhume [rym] *nm* catarro *m*, resfriado *m*; **avoir un ~** tener un catarro; **~ des foins** fiebre *f* del heno.

ri [ri] *pp* → **rire**.

riche [riʃ] *adj* rico(-ca); **~ en** rico(-ca).
richesse [riʃɛs] *nf* riqueza *f.*
ricochet [rikɔʃɛ] *nm*: **faire des ~s** rebotar.
ride [rid] *nf* arruga *f.*
ridé, -e [ride] *adj* arrugado(-da).
rideau, -x [rido] *nm* cortina *f; (au théâtre)* telón *m.*
ridicule [ridikyl] *adj* ridículo(-la).
rien [rjɛ̃] *pron* nada; **je ne fais ~ le dimanche** los dominos no hago nada; **ne... ~** no... nada; **de ~** de nada; **~ d'intéressant** nada interesante; **~ du tout** absolutamente nada; **~ que** sólo (con).
rigoler [rigɔle] *vi (fam: rire)* reírse; *(s'amuser)* pasarlo bomba; *(plaisanter)* bromear.
rigolo, -ote [rigɔlo, ɔt] *adj (fam: amusant)* cachondo (-da); *(bizarre)* curioso(-sa).
rigueur [rigœr]: **à la rigueur** *adv* como mucho.
rillettes [rijɛt] *nfpl especie de paté a base de hebras de carne de cerdo u oca.*
rincer [rɛ̃se] *vt (verre, vaisselle)* enjuagar; *(linge)* aclarar.
ring [riŋ] *nm* ring *m; (Belg: route)* carretera *f* de circunvalación.
rire [rir] *nm* risa *f.* ◆ *vi (de joie)* reír; *(s'amuser)* pasárselo bien; **pour ~** de broma.
ris [ri] *nmpl*: **~ de veau** lechecillas *fpl* de ternera.
risotto [rizɔto] *nm* risotto *m.*
risque [risk] *nm* riesgo *m.*
risqué, -e [riske] *adj* arriesgado(-da).
risquer [riske] *vt (mettre en danger)* arriesgar; *(être exposé à)* correr el riesgo de. ❑ **risquer de** *v + prép (être en danger de)* correr el riesgo de; **il risque de partir** puede que se vaya.
rissolé, -e [risole] *adj* sofrito(-ta).
rivage [rivaʒ] *nm* orilla *f.*
rive [riv] *nf* ribera *f;* **la ~ gauche/droite** *(à Paris) barrios situados respectivamente a la izquierda y a la derecha del río Sena.*
riverain, -e [rivrɛ̃, ɛn] *nm, f*: **'interdit sauf aux ~s'** *paso reservado únicamente a los vecinos de una calle.*
rivière [rivjɛr] *nf* río *m.*
riz [ri] *nm* arroz *m;* **~ canto-**

nais *arroz cantonés.*

RN *nf (abr de route nationale)* N *f.*

robe [rɔb] *nf (vêtement de femme)* vestido *m*; **~ de chambre** bata *f*; **~ du soir** traje *m* de noche.

robinet [rɔbinɛ] *nm* grifo *m.*

robuste [rɔbyst] *adj* robusto(-ta).

rocade [rɔkad] *nf* carretera *f* de circunvalación.

roche [rɔʃ] *nf* roca *f.*

rocher [rɔʃe] *nm* roca *f*; *(au chocolat)* bombón *m.*

rock [rɔk] *nm* rock *m.*

rôder [rode] *vi* rondar.

rœsti [røʃti] *nmpl (Helv) pastel relleno de patatas ralladas dorados en la sartén.*

rognons [rɔɲɔ̃] *nmpl* riñones *mpl.*

roi [rwa] *nm* rey *m*; **les Rois, la fête des Rois** el día de Reyes.

rôle [rol] *nm* papel *m.*

roman, -e [rɔmɑ̃, an] *adj* románico(-ca). ◆ *nm* novela *f.*

romantique [rɔmɑ̃tik] *adj* romántico(-ca).

romarin [rɔmarɛ] *nm* romero *m.*

Rome [rɔm] *n* Roma.

rompre [rɔ̃pr] *vi* romper.

romsteck [rɔmstɛk] *nm* filete *m* de lomo de vaca.

ronces [rɔ̃s] *nfpl* zarzas *fpl.*

rond, -e [rɔ̃, rɔ̃d] *adj* redondo(-da); *(gros)* rechoncho (-cha). ◆ *nm* círculo *m*; **en ~** en corro.

rondelle [rɔ̃dɛl] *nf* rodaja *f.*

rond-point [rɔ̃pwɛ̃] *(pl* **ronds-points**) *nm (en ville)* glorieta *f*; *(sur route)* rotonda *f.*

ronfler [rɔ̃fle] *vi* roncar.

ronger [rɔ̃ʒe] *vt (os)* roer; *(suj: rouille)* corroer. ❑ **se ronger** *vp*: **se ~ les ongles** morderse las uñas.

roquefort [rɔkfɔr] *nm* roquefort *m.*

rosbif [rɔzbif] *nm* redondo *m (de vaca).*

rose [roz] *adj, nm & nf* rosa.

rosé, -e [roze] *adj* rosado(-da). ◆ *nm* rosado *m*, clarete *m.*

rosier [rozje] *nm* rosal *m.*

roter [rote] *vi* eructar.

rôti [roti] *nm* asado *m.*

rôtie [roti] *nf (Can)* tostada *f.*

rotin [rɔtɛ̃] *nm* mimbre *m*.

rôtir [rotir] *vt* asar. ◆ *vi* asarse.

rotule [rɔtyl] *nf* rótula *f*.

roue [ru] *nf* rueda *f*; ~ **de secours** rueda de repuesto; **grande** ~ noria *f*.

rouge [ruʒ] *adj* rojo(-ja); *(de confusion)* colorado(-da). ◆ *nm* rojo *m*; *(vin)* tinto *m*; ~ **à lèvres** lapiz *m* de labio.

rougeole [ruʒɔl] *nf* sarampión *m*.

rougeurs [ruʒœr] *nfpl* manchas *fpl* rojas.

rougir [ruʒir] *vi* ruborizarse.

rouille [ruj] *nf* óxido *m*; *(sauce) salsa con ajo y guindilla que se sirve con la sopa de pescado*.

rouillé, -e [ruje] *adj* oxidado(-da); *(fig: physiquement, intellectuellement)* anquilosado(-da).

rouiller [ruje] *vi* oxidarse.

rouleau, -x [rulo] *nm (de papier, de tissu)* rollo *m*; ~ **de printemps** rollito *m* de primavera.

rouler [rule] *vt* enrollar; *(fam)* timar. ◆ *vi (balle, caillou)* rodar; *(véhicule)* circular; *(automobiliste)* conducir. ❑ **se rouler** *vp (par terre, dans l'herbe)* revolcarse.

roulette [rulɛt] *nf* rueda *f*; **la** ~ *(jeu)* la ruleta.

Roumanie [rumani] *nf*: **la** ~ Rumania.

rousse → **roux**.

rousseur [rusœr] *nf* → **tache**.

route [rut] *nf* carretera *f*; *(itinéraire)* camino *m*; **mettre qqch en** ~ poner algo en marcha; **se mettre en** ~ *(voyageur)* ponerse en camino; '~ **barrée**' 'carretera cortada'.

routier, -ère [rutje, ɛr] *adj (carte)* de carretera; *(transports)* por carretera. ◆ *nm (camionneur)* camionero *m*.

roux, rousse [ru, rus] *adj & nm, f* pelirrojo(-ja).

royal, -e, -aux [rwajal, o] *adj (famille, pouvoir)* real; *(cadeau, pourboire)* regio(-gia).

Royaume-Uni [rwajomyni] *nm*: **le** ~ el Reino Unido.

ruban [rybɑ̃] *nm* cinta *f*; ~ **adhésif** cinta adhesiva.

rubrique [rybrik] *nf (catégorie)* apartado *m*; *(de journal)* sección *f*.

ruche [ryʃ] *nf* colmena *f*.

rude [ryd] *adj (climat)* rigoroso(-sa); *(travail)* penoso (-sa); *(voix)* bronco(-ca).

rudimentaire [rydimɑ̃tɛr] *adj* rudimentario(-ria).

rue [ry] *nf* calle *f.*

ruelle [rɥɛl] *nf* callejón *m.*

ruer [rɥe] *vi* dar coces. ❑ **se ruer** *vp*: **se ~ dans/sur** abalanzarse sobre.

rugby [rygbi] *nm* rugby *m.*

rugueux, **-euse** [rygø, øz] *adj* rugoso(-sa).

ruine [rɥin] *nf* ruina *f*; **en ~** en ruinas; **tomber en ~** estarse derruyendo. ❑ **ruines** *nfpl* ruinas *fpl.*

ruiné, **-e** [rɥine] *adj* arruinado(-da).

ruisseau, **-x** [rɥiso] *nm* arroyo *m.*

rumeur [rymœr] *nf* rumor *m.*

rural, **-e**, **-aux** [ryral, o] *adj* rural.

ruse [ryz] *nf (habileté)* astucia *f*; *(procédé)* ardid *m.*

rusé, **-e** [ryze] *adj* astuto(-ta).

russe [rys] *adj* ruso(-sa). ◆ *nm (langue)* ruso *m.*

Russie [rysi] *nf*: **la ~** Rusia.

rythme [ritm] *nm* ritmo *m.*

S

S *(abr de sud)* S.

sa → **son** *adj.*

sable [sabl] *nm* arena *f.*

sablé, **-e** [sable] *adj*: **pâte ~e** pasta granulenta. ◆ *nm* galleta *f.*

sabot [sabo] *nm (de cheval)* casco *m*; *(de vache)* pezuña *f*; *(chaussure)* zueco *m*; **~ de Denver** cepo *m (para los coches).*

sac [sak] *nm (en papier, en plastique)* bolsa *f*; *(de pommes de terre)* saco *m*; **~ de couchage** saco de dormir; **~ à dos** mochila *f*; **~ à main** bolso *m.*

saccager [sakaʒe] *vt* saquear.

sachant [saʃɑ̃] *ppr* → **savoir**.

sache, *etc* → **savoir**.

sachet [saʃɛ] *nm* bolsa *f*; **~ de thé** bolsita *f* de té.

sacoche [sakɔʃ] *nf (sac)* cartera *f.*

sac-poubelle [sakpubɛl] (*pl* **sacs-poubelle**) *nm* bolsa *f* de basura.

sacré, **-e** [sakre] *adj (temple, texte)* sagrado(-da); *(musique,* *art)* sacro(-cra); *(fam: maudit)* dichoso(-sa).

sacrifier [sakrifje] *vt* sacrificar. ❑ **se sacrifier** *vp* sacrificarse.

safran [safrɑ̃] *nm* azafrán *m*.

sage [saʒ] *adj (obéissant)* bueno(-na).

saignant, -e [sɛɲɑ̃, ɑ̃t] *adj (viande)* poco hecho(-cha).

saigner [seɲe] *vi* sangrar; ~ **du nez** sangrar por la nariz.

sain, -e [sɛ̃, sɛn] *adj* sano(-na); ~ **et sauf** sano y salvo.

saint, -e [sɛ̃, sɛ̃t] *adj & nm, f* santo(-ta); ~ **François** San Francisco.

saint-honoré [sɛ̃tɔnɔre] *nm inv tarta bordeada de bocaditos de nata y crema en el centro.*

Saint-Jacques-de-Compostelle [sɛ̃ʒakdəkɔ̃pɔstɛl] *n* Santiago de Compostela.

Saint-Sébastien [sɛ̃sebastjɛ̃] *n* San Sebastián.

Saint-Sylvestre [sɛ̃silvɛstr] *nf*: **la** ~ Nochevieja *f*.

sais, *etc* → **savoir**.

saisir [sezir] *vt (prendre)* agarrar; *(occasion)* aprovechar; *(comprendre)* coger.

saison [sɛzɔ̃] *nf* estación *f*; *(période)* temporada *f*; **basse/haute** ~ temporada baja/alta.

salade [salad] *nf (verte)* lechuga *f*; *(plat en vinaigrette)* ensalada *f*; **champignons en** ~ ensalada de champiñones; ~ **de fruits** macedonia *f* de frutas; ~ **mêlée** *(Helv)* ensalada mixta; ~ **mixte** ensalada compuesta; ~ **niçoise** *ensaladilla con tomates, patatas, anchoas, huevo.*

saladier [saladje] *nm* ensaladera *f*.

salaire [salɛr] *nm* sueldo *m*.

Salamanque [salamɑ̃k] *n* Salamanca.

salami [salami] *nm* salami *m*.

sale [sal] *adj* sucio(-cia); *(fam: temps)* asqueroso(-sa); *(fam: coup)* malo(-la); *(fam: mentalité)* sucio(-cia).

salé, -e [sale] *adj* salado(-da). ◆ *nm*: **petit ~ aux lentilles** *plato compuesto de lentejas con carne de cerdo en salazón.*

saler [sale] *vt* salar.

saleté [salte] *nf (fam)* porquería *f*.

salière [saljɛr] *nf* salero *m*.

salir [salir] *vt* ensuciar. ❑ **se salir** *vp* ensuciarse.

salissant, -e [salisɑ̃, ɑ̃t] *adj* sucio(-cia).

salive [saliv] *nf* saliva *f*.

salle [sal] *nf* sala *f*; **~ de bains** cuarto *m* de baño; **~ de classe** aula *f*; **~ d'embarquement** sala de embarque; **~ à manger** comedor *m*; **~ d'opération** quirófano *m*.

salon [salɔ̃] *nm* salón *m*; **~ de coiffure** peluquería *f*; **~ de thé** salón de té.

salopette [salɔpɛt] *nf* peto *m*.

saluer [salɥe] *vt* saludar.

salut [saly] *nm* saludo *m*. ◆ *excl (fam: bonjour)* ¡hola!; *(au revoir)* ¡adiós!

samedi [samdi] *nm* sábado *m*; **nous sommes** OU **c'est ~** estamos a OU hoy es sábado; **~ 13 septembre** sábado 13 de septiembre; **nous sommes partis ~** nos fuimos el sábado; **~ matin** el sábado por la mañana; **le ~** los sábados.

SAMU [samy] *nm servicio móvil de urgencias médicas*.

sandale [sɑ̃dal] *nf* sandalia *f*.

sandwich [sɑ̃dwitʃ] *nm* bocadillo *m*.

sang [sɑ̃] *nm* sangre *f*; **en ~** ensangrentado(-da); **se faire du mauvais ~** hacerse mala sangre.

sang-froid [sɑ̃frwa] *nm inv* sangre *f* fría.

sangle [sɑ̃gl] *nf (de valise)* correa *f*; *(de selle)* cincha *f*.

sangloter [sɑ̃glɔte] *vi* sollozar.

sangria [sɑ̃grija] *nf* sangría *f*.

sanguin [sɑ̃gɛ̃] *adj m* → **groupe**.

sanguine [sɑ̃gin] *nf (orange)* sanguina *f*.

Sanisette® [sanizɛt] *nf aseos públicos automáticos*.

sans [sɑ̃] *prép* sin; **~ faire qqch** sin hacer algo; **~ que personne s'en rende compte** sin que nadie se dé cuenta.

santé [sɑ̃te] *nf* salud *f*; **être en bonne/mauvaise ~** tener buena/mala salud; **(à ta) ~!** ¡(a tu) salud!

saoul, -e [su, sul] = **soûl**.

saouler [sule] = **soûler**.

sapin [sapɛ̃] *nm (arbre)* abeto *m*; *(bois)* pino *m*; **~ de Noël** árbol *m* de Navidad.

Saragosse [saragɔs] *n* Zaragoza.

sarcophage [sarkɔfaʒ] *nm* sarcófago *m*.

sardine [sardin] *nf* sardina *f*.

satin [satɛ̃] *nm* raso *m*.

satisfaire [satisfɛr] *vt* satisfacer.

satisfaisant, **-e** [satisfəzɑ̃, ɑ̃t] *adj* satisfactorio(-ria).

satisfait, **-e** [satisfɛ, ɛt] *pp* → **satisfaire**. ◆ *adj* satisfecho(-cha); **être ~ de** estar satisfecho con.

sauce [sos] *nf* salsa *f*; **en ~** con OU en salsa; **~ blanche** *salsa a base de caldo de ternera o de ave*; **~ chasseur** *salsa a base de champiñones, vino blanco y tomate*; **~ madère** *salsa a base de champiñones y madeira*; **~ tartare** salsa tártara; **~ tomate** tomate *m* frito.

saucer [sose] *vt* mojar.

saucisse [sosis] *nf* salchicha *f*; **~ sèche** salchichón *m*.

saucisson [sosisɔ̃] *nm* salchichón *m*.

sauf, **sauve** [sof, sov] *adj* → **sain**. ◆ *prép* salvo.

saule [sol] *nm* sauce *m*; **~ pleureur** sauce llorón.

saumon [somɔ̃] *nm* salmón *m*. ◆ *adj inv*: **(rose) ~** salmón; **~ fumé** salmón ahumado.

sauna [sona] *nm* sauna *f*.

saupoudrer [sopudre] *vt*: **~ qqch de** espolvorear algo con.

saur [sɔr] *adj m* → **hareng**.

saura, *etc* → **savoir**.

saut [so] *nm* salto *m*; **faire un ~ chez qqn** darse una vuelta por casa de alguien; **~ en hauteur** salto de altura; **~ en longueur** salto de longitud.

sauté, **-e** [sote] *adj* salteado(-da). ◆ *nm*: **~ de veau** ternera *f* salteada.

sauter [sote] *vi* saltar; *(exploser)* estallar. ◆ *vt (obstacle)* saltar; *(passage, classe)* saltarse; **faire ~ qqch** *(faire exploser)* hacer saltar algo; *(CULIN)* saltear algo.

sauvage [sovaʒ] *adj & nmf* salvaje.

sauver [sove] *vt* salvar; **~ qqn/qqch de qqch** salvar a alguien/algo de algo. ❑ **se sauver** *vp* escaparse.

savane [savan] *nf* sabana *f*.

savant, **-e** [savɑ̃, ɑ̃t] *adj* sabio(-bia). ◆ *nm, f* científico *m* (-ca *f*).

savarin [savarɛ̃] *nm bizcocho borracho con crema*.

savoir [savwar] *vt* saber;

(leçon) saberse; **~ faire qqch** saber hacer algo; **je n'en sais rien** no tengo ni idea.

savon [savɔ̃] *nm* jabón *m*.

savonnette [savɔnɛt] *nf* pastilla *f* de jabón.

savourer [savure] *vt* saborear.

savoyarde [savwajard] *adj f* → **fondue**.

saxophone [saksɔfɔn] *nm* saxofón *m*.

sbrinz [ʃbrints] *nm* *queso suizo de vaca duro y quebradizo.*

scandale [skɑ̃dal] *nm* escándalo *m*; **faire du** OU **un ~** armar un escándalo OU un follón; **faire ~** causar un escándalo.

scandaleux, -euse [skɑ̃dalø, øz] *adj* escandaloso (-sa).

scandinave [skɑ̃dinav] *adj* escandinavo(-va).

Scandinavie [skɑ̃dinavi] *nf*: **la ~** Escandinavia.

scanner [skanɛr] *nm* escáner *m*.

scène [sɛn] *nf* escena *f*; **faire une ~ (à qqn)** armar un belén (a alguien).

sceptique [sɛptik] *adj* escéptico(-ca).

schéma [ʃema] *nm* esquema *m*.

schublig [ʃublig] *nm* *(Helv)* *variedad de salchicha.*

sciatique [sjatik] *nf* ciática *f*.

scie [si] *nf* sierra *f*.

science [sjɑ̃s] *nf* ciencia *f*; **~s naturelles** ciencias naturales.

science-fiction [sjɑ̃sfiksjɔ̃] *nf* ciencia *f* ficción.

scientifique [sjɑ̃tifik] *adj & nmf* científico(-ca).

scier [sje] *vt* serrar.

sciure [sjyr] *nf* serrín *m*.

scolaire [skɔlɛr] *adj* escolar.

scooter [skutœr] *nm* scooter *m*.

score [skɔr] *nm* tanteo *m*.

scotch [skɔtʃ] *nm* *(whisky)* scotch *m*.

Scotch® [skɔtʃ] *nm* celo *m*.

sculpter [skylte] *vt* esculpir.

sculpture [skyltyr] *nf* escultura *f*.

SDF *nmf (abr de sans domicile fixe)* sin hogar *m inv*.

se [sə] *pron pers* se; **~ faire mal** hacerse daño; **~ battre** pelearse; **ils s'écrivent toutes les semaines** se escriben todas las semanas; **ce pro-**

duit ~ vend bien/partout este producto se vende bien/en todos lados.

séance [seɑ̃s] *nf* sesión *f*.

seau, -x [so] *nm* cubo *m*.

sec, sèche [sɛk, sɛʃ] *adj* seco(-ca); *(whisky)* solo(-la); **à ~** seco(-ca); **d'un coup ~** de un golpe seco.

sèche → **sec**.

sèche-cheveux [sɛʃʃəvø] *nm inv* secador *m* (de pelo).

sèche-linge [sɛʃlɛ̃ʒ] *nm inv* secadora *f* (de ropa).

sécher [seʃe] *vt* secar; *(fam: cours)* fumarse. ◆ *vi* secarse.

séchoir [seʃwar] *nm*: **~ (à cheveux)** secador *m* (de pelo); **~ (à linge)** secadora *f* (de ropa).

second, -e [səgɔ̃, ɔ̃d] *adj* segundo(-da), → **sixième**.

secondaire [səgɔ̃dɛr] *adj* secundario(-ria).

seconde [səgɔ̃d] *nf (unité de temps)* segundo *m*; *(SCOL)* = segundo *m* de BUP; *(vitesse)* segunda *f*; **voyager en ~ (classe)** viajar en segunda (clase).

secouer [səkwe] *vt (agiter)* sacudir.

secouriste [səkurist] *nmf* socorrista *mf*.

secours [səkur] *nm* socorro *m*; **appeler au ~** pedir socorro; **au ~!** ¡socorro!; **~ d'urgence** auxilio *m* de urgencia.

secousse [səkus] *nf* sacudida *f*.

secret, -ète [səkrɛ, ɛt] *adj* secreto(-ta). ◆ *nm* secreto *m*; **en ~** en secreto.

secrétaire [səkretɛr] *nmf* secretario *m* (-ria *f*).

secteur [sɛktœr] *nm* sector *m*; **fonctionner sur ~** funcionar con electricidad.

section [sɛksjɔ̃] *nf* sección *f*; *(de ligne d'autobus)* zona *f*.

sécurité [sekyrite] *nf* seguridad *f*; **la ~ routière** la seguridad vial; **la Sécurité sociale** la Seguridad Social.

séduisant, -e [sedɥizɑ̃, ɑ̃t] *adj* seductor(-ra); *(fig)* atractivo(-va).

segment [sɛgmɑ̃] *nm* segmento *m*.

seigle [sɛgl] *nm* centeno *m*.

sein [sɛ̃] *nm* pecho *m*.

Seine [sɛn] *nf*: **la ~** el Sena.

seize [sɛz] *num* dieciséis, → **six**.

seizième [sɛzjɛm] *num* decimosexto(-ta), → **sixième**.

séjour [seʒur] *nm* estancia *f*; **(salle de) ~** sala *f* de estar.

séjourner [seʒurne] *vi* residir.

sel [sɛl] *nm* sal *f*.

sélectionner [selɛksjɔne] *vt* seleccionar.

self-service, **-s** [sɛlfsɛrvis] *nm (restaurant)* self-service *m*; *(station-service)* estación *f* autoservicio.

selle [sɛl] *nf (de cheval)* silla *f*; *(de vélo)* sillín *m*.

selon [səlɔ̃] *prép* según; **~ que** según que.

semaine [səmɛn] *nf* semana *f*; **en ~** durante la semana.

semblable [sɑ̃blabl] *adj* parecido(-da); **~ à** parecido(-da).

semblant [sɑ̃blɑ̃] *nm*: **faire ~ (de faire qqch)** fingir (hacer algo).

sembler [sɑ̃ble] *vi* parecer; **il me semble que** me parece que.

semelle [səmɛl] *nf* suela *f*; *(intérieure)* plantilla *f*.

semestre [səmɛstr] *nm* semestre *m*.

semoule [səmul] *nf* sémola *f*.

sens [sɑ̃s] *nm* sentido *m*; **en ~ inverse** en sentido contrario; **avoir du bon ~** tener sentido común; **~ giratoire** sentido rotatorio; **~ interdit/unique** dirección *f* prohibida/única.

sensation [sɑ̃sasjɔ̃] *nf* sensación *f*; **faire ~** causar sensación.

sensationnel, **-elle** [sɑ̃sasjɔnɛl] *adj* sensacional.

sensible [sɑ̃sibl] *adj* sensible; **~ à** sensible a.

sentier [sɑ̃tje] *nm* sendero *m*.

sentiment [sɑ̃timɑ̃] *nm* sentimiento *m*.

sentimental, **-e**, **-aux** [sɑ̃timɑ̃tal, o] *adj* sentimental.

sentir [sɑ̃tir] *vt* oler; *(percevoir, ressentir)* sentir; **~ bon/mauvais** oler bien/mal. ❑ **se sentir** *vp*: **se ~ mal** sentirse mal.

séparation [separasjɔ̃] *nf* separación *f*.

séparément [separemɑ̃] *adv* por separado.

séparer [separe] *vt* separar; **~ qqn/qqch de** separar a alguien/algo de. ❑ **se séparer** *vp* separarse.

sept [sɛt] *num* siete, → **six**.

septante [sɛptɑ̃t] *num (Belg & Helv)* setenta, → **six**.

septembre [sɛptɑ̃br] *nm* septiembre; **en ~, au mois de ~** en septiembre, en el mes de septiembre; **le deux ~** el dos de septiembre.

septième [sɛtjɛm] *num* séptimo(-ma), → **sixième**.

sera, *etc* → **être**.

séré [sere] *nm (Helv)* queso *m* fresco.

série [seri] *nf* serie *f*; **~ (télévisée)** serie (televisiva).

sérieusement [serjøzmɑ̃] *adv* seriamente.

sérieux, -euse [serjø, øz] *adj* serio(-ria). ◆ *nm*: **prendre qqch au ~** tomarse algo en serio.

seringue [sərɛ̃g] *nf* jeringa *f*.

serpent [sɛrpɑ̃] *nm* serpiente *f*.

serre [sɛr] *nf* invernadero *m*.

serré, -e [sere] *adj (vêtement)* estrecho(-cha); *(spectateurs, passagers)* apretado(-da).

serrer [sere] *vt* apretar; *(dans ses bras)* abrazar; *(rapprocher)* juntar; **~ la main à qqn** estrechar la mano a alguien; **'serrez à droite'** 'péguese a la derecha'. ❑ **se serrer** *vp* apretarse; **se ~ contre qqn** apretujarse contra alguien.

serrure [seryr] *nf* cerradura *f*.

serrurier [seryrje] *nm* cerrajero *m*.

sers, *etc* → **servir**.

serveur, -euse [sɛrvœr, øz] *nm, f* camarero *m* (-ra *f*).

serviable [sɛrvjabl] *adj* servicial.

service [sɛrvis] *nm* servicio *m*; *(faveur)* favor *m*; **rendre ~ à qqn** hacer un favor a alguien; **être de ~** estar de servicio; **'~ compris/non compris'** 'servicio incluido/no incluido'; **premier/deuxième ~** *(au restaurant)* primer/segundo servicio; **~ militaire** servicio militar.

serviette [sɛrvjɛt] *nf (cartable)* cartera *f*; **~ hygiénique** compresa *f*; **~ (de table)** servilleta *f*; **~ (de toilette)** toalla *f*.

servir [sɛrvir] *vt* servir; *(client)* atender; **~ qqch/qqn** servir algo/a alguien; **qu'est-ce que je vous sers?** ¿qué les sirvo?

◆ *vi* servir; **ça ne sert à rien d'insister** no sirve de nada insistir; **~ (à qqn) de qqch** servir (a alguien) de algo.

❑ **se servir** *vp (de la nourriture, de la boisson)* servirse.

❑ **se servir de** *vp + prép (objet)* utilizar.

ses → son *adj.*

set [sɛt] *nm (SPORT)* set *m*; **~ (de table)** juego *m* de mesa.

seuil [sœj] *nm* umbral *m*.

seul, -e [sœl] *adj* solo(-la).

◆ *nm, f*: **le ~** el único; **un ~** uno solo; **(tout) ~** solo.

seulement [sœlmɑ̃] *adv (uniquement)* sólo; *(mais)* sólo que; **non ~... mais encore** OU **en plus** no sólo... sino que encima OU además.

sévère [sevɛr] *adj* severo(-ra).

Séville [sevij] *n* Sevilla.

sexe [sɛks] *nm* sexo *m*.

sexuel, -elle [sɛksɥɛl] *adj* sexual.

shampo(o)ing *nm* champú *m*; **un ~ et une coupe** lavar y cortar.

short [ʃɔrt] *nm* shorts *mpl*.

si [si] *conj* si; **~ tu veux, on y va** si quieres, nos vamos; **~ j'avais su...** si hubiera sabido...; **(et) ~ on allait à la piscine?** ¿y si fuésemos a la piscina?; **~ seulement tu m'en avais parlé avant!** ¡si me lo hubieras dicho antes!; **dites-moi ~ vous venez** dígame si viene; **~..., c'est que...** si... será que...

◆ *adv* **1.** *(tellement)* tan; **~... que** tan... que; **~ bien que** de modo que.

2. *(oui)* sí.

SIDA [sida] *nm* SIDA *m*.

siècle [sjɛkl] *nm* siglo *m*; **au vingtième ~** en el siglo veinte.

siège [sjɛʒ] *nm* asiento *m*; *(aux élections)* escaño *m*.

sien [sjɛ̃]: **le sien** (*f* **la sienne** [lasjɛn], *mpl* **les siens** [lesjɛ̃], *fpl* **les siennes** [lesjɛn]) *pron* el suyo.

sieste [sjɛst] *nf* siesta *f*; **faire la ~** echarse la siesta.

siffler [sifle] *vt & vi* silbar.

sifflet [siflɛ] *nm (instrument)* silbato *m*; *(au spectacle)* silbido *m*.

signal, -aux [siɲal, o] *nm* señal *f*; **~ d'alarme** señal de alarma.

signaler [siɲale] *vt* señalar.

signalisation [siɲalizasjɔ̃] *nf* señalización *f*.

signature [siɲatyr] *nf* firma *f*.

signe [siɲ] *nm (geste)* seña *f*; *(indice)* señal *f*; *(dessin)* signo *m*; **faire ~ à qqn (de faire qqch)** hacer una seña a alguien (para hacer algo); **c'est bon/mauvais ~** es buena/mala señal.

signer [siɲe] *vt & vi* firmar.

signification [siɲifikasjɔ̃] *nf* significado *m*.

signifier [siɲifje] *vt* significar.

silence [silɑ̃s] *nm* silencio *m*; **en ~** en silencio.

silencieux, -euse [silɑ̃sjø, øz] *adj* silencioso(-sa); *(personne)* callado(-da).

silhouette [silwɛt] *nf* silueta *f*.

similaire [similɛr] *adj* similar.

simple [sɛ̃pl] *adj* sencillo (-lla); *(direct, sans manières)* simple; *(chambre)* individual.

simplement [sɛ̃pləmɑ̃] *adv (sans complication)* sencillamente; *(seulement)* simplemente.

simplifier [sɛ̃plifje] *vt* simplificar.

simultanément [simyltanemɑ̃] *adv* simultáneamente.

sincère [sɛ̃sɛr] *adj* sincero(-ra).

singe [sɛ̃ʒ] *nm* mono *m*.

singulier [sɛ̃gylje] *nm* singular *m*.

sinistre [sinistr] *adj* siniestro(-tra).

sinon [sinɔ̃] *conj (autrement)* si no; *(excepté)* sino.

sinueux, -euse [sinɥø, øz] *adj* sinuoso(-sa).

sinusite [sinyzit] *nf* sinusitis *f*.

sirène [sirɛn] *nf* sirena *f*.

sirop [siro] *nm* jarabe *m*; **~ d'érable/de fruits** jarabe de arce/de frutas.

site [sit] *nm (paysage)* paraje *m*; *(emplacement)* emplazamiento *m*; **~ touristique** emplazamiento turístico.

situation [sitɥasjɔ̃] *nf* situación *f*.

situé, -e [sitɥe] *adj* situado(-da).

situer [sitɥe]: **se situer** *vp* situarse.

six [sis] *adj num & pron num* seis; **le ~ janvier** el seis de enero; **page ~** página seis; **(au) ~ rue Lepic** en el número seis de la calle Lepic; **ils étaient ~** eran seis.

sixième [sizjɛm] *adj num &*

pron num sexto(-ta); ~ **étage** sexta planta. ◆ *nf (SCOL)* = sexto *m* de EGB. ◆ *nm* sexto *m*; **au ~ (étage)** en el sexto.

Skaï® [skaj] *nm* escay *m*.

skateboard [skɛtbɔrd] *nm* monopatín *m*.

ski [ski] *nm* esquí *m*; **faire du ~** esquiar; ~ **alpin/de fond** esquí alpino/de fondo; ~ **nautique** esquí acuático.

skier [skje] *vi* esquiar.

slip [slip] *nm (d'homme)* calzoncillo *m*; *(de femme)* braga *f*; ~ **de bain** bañador *m*.

smoking [smɔkiŋ] *nm* esmoquín *m*.

snack(-bar), -s [snak(bar)] *nm* snack-bar *m*.

SNCF *nf compañía francesa de ferrocarril*, = RENFE *f*.

snob [snɔb] *adj & nmf* esnob.

sobre [sɔbr] *adj (qui ne boit pas)* abstemio(-mia); *(simple)* sobrio(-bria).

sociable [sɔsjabl] *adj* sociable.

social, -e, -aux [sɔsjal, o] *adj* social.

société [sɔsjete] *nf* sociedad *f*.

socquette [sɔkɛt] *nf* calcetín *m* corto.

sœur [sœr] *nf* hermana *f*; *(RELIG)* monja *f*.

soi [swa] *pron* sí mismo(-ma); **en ~** en sí.

soi-disant [swadizɑ̃] *adj inv* supuesto(-ta). ◆ *adv* supuestamente.

soie [swa] *nf* seda *f*.

soif [swaf] *nf* sed *f*; **avoir ~** tener sed; **ça (me) donne ~** (me) da sed.

soigner [swaɲe] *vt (suj: médecin, infirmière)* atender a; *(maladie)* curar; *(travail, présentation)* esmerarse en.

soigneusement [swaɲøzmɑ̃] *adv* cuidadosamente.

soin [swɛ̃] *nm* esmero *m*; **prendre ~ de ses affaires** cuidar sus cosas. ❑ **soins** *nmpl (médicaux, de beauté)* cuidados *mpl*.

soir [swar] *nm* noche *f*; **le ~** por la noche.

soirée [sware] *nf* noche *f*; *(réception)* recepción *f*.

sois, soit [swa] → **être**.

soit [swa] *conj*: **~... ~** o...o.

soixante [swasɑ̃t] *num* sesenta, → **six**.

soixante-dix [swasɑ̃tdis] *num* setenta, → **six**.

soixante-dixième [swasɑ̃tdizjɛm] *num* septuagésimo (-ma), → **sixième**.

soixantième [swasɑ̃tjɛm] *num* sexagésimo(-ma), → **sixième**.

soja [sɔʒa] *nm* soja *f*.

sol [sɔl] *nm* suelo *m*.

soldat [sɔlda] *nm* soldado *m*.

solde [sɔld] *nm* saldo *m*; **en ~** *(article)* rebajado(-da); *(acheter)* en rebajas. ❑ **soldes** *nmpl* rebajas *fpl*.

soldé, -e [sɔlde] *adj* rebajado(-da).

sole [sɔl] *nf* lenguado *m*; **~ meunière** *lenguado preparado en una sartén con mantequilla y limón y servido con su propia salsa*.

soleil [sɔlɛj] *nm* sol *m*; **il fait (du) ~** hace sol; **au ~** al sol; **~ levant/couchant** sol naciente/poniente.

solide [sɔlid] *adj (matériau, construction)* sólido(-da).

solitaire [sɔlitɛr] *adj & nmf* solitario(-ria).

solitude [sɔlityd] *nf* soledad *f*.

soluble [sɔlybl] *adj* soluble.

solution [sɔlysjɔ̃] *nf* solución *f*.

sombre [sɔ̃br] *adj* oscuro(-ra).

sommaire [sɔmɛr] *adj (explication, résumé)* somero(-ra); *(repas, logement)* sencillo(-lla). ◆ *nm* índice *m*.

somme [sɔm] *nf* suma *f*; **en ~** en suma; **~ toute** después de todo.

sommeil [sɔmɛj] *nm* sueño *m*; **avoir ~** tener sueño.

sommelier, -ère [sɔməlje, ɛr] *nm, f* sumiller *mf*.

sommes [sɔm] → **être**.

sommet [sɔmɛ] *nm* cumbre *f*.

somnambule [sɔmnɑ̃byl] *adj & nmf* sonámbulo(-la).

somnifère [sɔmnifɛr] *nm* somnífero *m*.

son[1] [sɔ̃] (*f* **sa** [sa], *pl* **ses** [se]) *adj*: **~**, sa su.

son[2] [sɔ̃] *nm (bruit)* sonido *m*; *(de blé)* salvado *m*; **~ et lumière** espectáculo *m* de luces y sonido.

songer [sɔ̃ʒe]: **songer à** *v + prép (envisager de)* pensar en.

sonner [sɔne] *vi* sonar; *(à la porte)* llamar.

sonnerie [sɔnri] *nf* timbre *m*.

sonnette [sɔnɛt] *nf* timbre *m*; **~ d'alarme** *(dans un train)* señal *f* de alarma.

sonore [sɔnɔr] *adj* sonoro(-ra).

sonorité [sɔnɔrite] *nf* sonoridad *f.*

sont [sɔ̃] → **être**

sorbet [sɔrbɛ] *nm* sorbete *m.*

sorcier, -ère [sɔrsje, ɛr] *nm, f* brujo *m* (-ja *f*).

sort [sɔr] *nm* suerte *f*; **tirer au ~** echar a suertes.

sorte [sɔrt] *nf* especie *f*; **une ~ de** una especie de; **de (telle) ~ que** *(afin que)* de manera que; **en quelque ~** en cierto modo.

sortie [sɔrti] *nf* salida *f*; **'~ de secours'** 'salida de emergencia'; **'~ de voitures'** 'vado permanente'.

sortir [sɔrtir] *vi* salir. ◆ *vt* sacar; **~ de** salir de. ❑ **s'en sortir** *vp* salir adelante.

sou [su] *nm*: **ne plus avoir un ~** no tener ni un duro. ❑ **sous** *nmpl (fam)* pelas *fpl.*

souci [susi] *nm* preocupación *f*; **se faire du ~ (pour)** preocuparse (por).

soucoupe [sukup] *nf* platillo *m.*

soudain, -e [sudɛ, ɛn] *adj* súbito(-ta). ◆ *adv* de repente.

souder [sude] *vt* soldar.

souffert [sufɛr] *pp* → **souffrir**.

souffle [sufl] *nm (respiration)* soplido *m*; *(d'une explosion)* onda *f* expansiva.

soufflé [sufle] *nm* soufflé *m.*

souffler [sufle] *vi* soplar; *(haleter)* respirar.

soufflet [suflɛ] *nm* fuelle *m*

souffrir [sufrir] *vi* sufrir; **~ de** *(maladie)* padecer de; *(chaleur, froid)* pasar.

soufre [sufr] *nm* azufre *m.*

souhait [swɛ] *nm* deseo *m*; **à tes ~s!** ¡Jesús!

souhaiter [swete] *vt*: **~ que** desear que; **~ bonne chance/un bon anniversaire à qqn** desear buena suerte/un feliz cumpleaños a alguien.

soûl, -e [su, sul] *adj* borracho(-cha).

soulager [sulaʒe] *vt* aliviar.

soûler [sule]: **se soûler** *vp* emborracharse.

soulever [sulve] *vt* levantar; *(problème)* plantear.

soulier [sulje] *nm* zapato *m.*

souligner [suliɲe] *vt* subrayar.

soumettre [sumɛtr]: **se soumettre à** *vp + prép (loi, obligation)* someterse a.

soumis, -e [sumi, iz] *pp* → soumettre.

soupape [supap] *nf* válvula *f*.

soupçon [supsɔ̃] *nm* sospecha *f*.

soupçonner [supsɔne] *vt* sospechar.

soupe [sup] *nf* sopa *f*; ~ **à l'oignon** sopa de cebolla; ~ **de légumes** sopa de verduras.

souper [supe] *nm* cena *f*. ♦ *vi* cenar.

soupeser [supəze] *vt* sopesar.

soupière [supjɛr] *nf* sopera *f*.

soupir [supir] *nm* suspiro *m*; **pousser un ~** dar un suspiro.

soupirer [supire] *vi* suspirar.

souple [supl] *adj* flexible.

source [surs] *nf* fuente *f*.

sourcil [sursi] *nm* ceja *f*.

sourd, -e [sur, surd] *adj* sordo(-da).

sourd-muet, sourde-muette [surmɥɛ, surdmɥɛt] (*mpl* **sourds-muets**, *fpl* **sourdes-muettes**) *nm, f* sordomudo *m* (-da *f*).

sourire [surir] *nm* sonrisa *f*. ♦ *vi* sonreír.

souris [suri] *nf* ratón *m*.

sous [su] *prép* bajo, debajo de; ~ **la pluie** bajo la lluvia; ~ **la table** debajo de la mesa; ~ **peu** en breve.

sous-entendu, -s [suzɑ̃tɑ̃dy] *nm* sobrentendido *m*.

sous-estimer [suzɛstime] *vt* subestimar.

sous-louer [sulwe] *vt* subarrendar.

sous-marin, -e, -s [sumarɛ̃, in] *adj* submarino(-na). ♦ *nm* submarino *m*; *(Can) bollo de pan blando y alargado relleno de pastrami, lechuga y queso.*

sous-pull, -s [supyl] *nm* niqui *m*.

sous-sol, -s [susɔl] *nm* sótano *m*.

sous-titre, -s [sutitr] *nm* subtítulo *m*.

soustraction [sustraksjɔ̃] *nf* resta *f*.

sous-vêtements [suvɛtmɑ̃] *nmpl* ropa *f* interior.

soute [sut] *nf (d'un bateau)* pañol *m*; ~ **à bagages** compartimento *m* de equipajes.

soutenir [sutnir] *vt* sostener; ~ **que** sostener que.

souterrain, **-e** [sutɛrɛ̃, ɛn] *adj* subterráneo(-a). ♦ *nm* subterráneo *m*.

soutien-gorge [sutjɛ̃gɔrʒ] (*pl* **soutiens-gorge**) *nm* sujetador *m*.

souvenir [suvnir] *nm* recuerdo *m*. ❑ **se souvenir de** *vp + prép* acordarse de.

souvent [suvɑ̃] *adv (fréquemment)* a menudo; *(généralement)* en general.

souvenu [suvny] *pp* → **souvenir**.

soyons [swajɔ̃] → **être**.

spacieux, **-euse** [spasjø, øz] *adj* espacioso(-sa).

spaghetti(s) [spageti] *nmpl* espaguetis *mpl*.

sparadrap [sparadra] *nm* esparadrapo *m*.

spätzli [ʃpetsli] *nmpl (Helv) trozos pequeños de masa pasados por agua hirviendo; se suelen servir como acompañamiento a la carne.*

spécial, **-e**, **-aux** [spesjal, o] *adj* especial.

spécialisé, **-e** [spesjalize] *adj* especializado(-da).

spécialiste [spesjalist] *nmf* especialista *mf*.

spécialité [spesjalite] *nf* especialidad *f*.

spectacle [spɛktakl] *nm* espectáculo *m*.

spectaculaire [spɛktakylɛr] *adj* espectacular.

spectateur, **-trice** [spɛktatœr, tris] *nm, f* espectador *m* (-ra *f*).

speculoos [spekulos] *nmpl (Belg) pasta con forma de muñeco hecha de azúcar moreno y canela.*

sphère [sfɛr] *nf* esfera *f*.

spirale [spiral] *nf* espiral *f*; *(d'un cahier)* anillas *fpl*; **en** ~ en espiral.

splendide [splɑ̃did] *adj* espléndido(-da).

spontané, **-e** [spɔ̃tane] *adj* espontáneo(-a).

sport [spɔr] *nm* deporte *m*; **~s d'hiver** deportes de invierno.

sportif, **-ive** [spɔrtif, iv] *adj* deportivo(-va). ♦ *nm, f* deportista *mf*.

spot [spɔt] *nm* foco *m*; ~ **publicitaire** anuncio *m*.

square [skwar] *nm* plaza *f* ajardinada.

St *(abr de saint)* Sto., S.

stable [stabl] *adj* estable.

stade [stad] *nm* estadio *m*.

stage [staʒ] *nm* prácticas *fpl*; **faire un ~** hacer unas prácticas.

stand [stɑ̃d] *nm (d'exposition)* estand *m*; *(de fête)* caseta *f*.

standard [stɑ̃dar] *adj inv* estándar. ◆ *nm (téléphonique)* centralita *f*.

star [star] *nf* estrella *f*.

starter [startɛr] *nm* estárter *m*.

station [stasjɔ̃] *nf* estación *f*; *(de radio)* emisora *f*; **~ balnéaire** balneario *m*; **~ de taxis** parada *f* de taxis.

stationnement [stasjɔnmɑ̃] *nm* estacionamiento *m*; **'~ payant'** estacionamiento de pago; **~ bilatéral/unilatéral autorisé** *estacionamiento autorizado respectivamente a los dos lados o a un lado de la calzada.*

stationner [stasjɔne] *vi* estacionar.

station-service [stasjɔ̃sɛrvis] (*pl* **stations-service**) *nf* gasolinera *f*.

statue [staty] *nf* estatua *f*.

statuette [statɥɛt] *nf* estatuilla *f*.

Ste *(abr de sainte)* Sta.

Sté *(abr de société)* Sdad.

steak [stɛk] *nm* filete *m*; **~ frites** filete con patatas (fritas); **~ haché** filete de carne picada; **~ tartare** steak *m* tártaro.

stéréo [stereo] *adj inv* estéreo. ◆ *nf* estereofonía *f*.

stériliser [sterilize] *vt* esterilizar.

steward [stiwart] *nm* auxiliar *m* de vuelo.

stimuler [stimyle] *vt* estimular.

stock [stɔk] *nm* existencias *fpl*; **en ~** en depósito.

stocker [stɔke] *vt* almacenar.

stop [stɔp] *nm (panneau)* stop *m*; *(phare)* luz *f* de freno. ◆ *excl* ¡alto!; **faire du ~** hacer dedo.

store [stɔr] *nm* persiana *f*.

strapontin [strapɔ̃tɛ̃] *nm* traspuntín *m*.

Strasbourg [strasbur] *n* Estrasburgo.

stress [strɛs] *nm* estrés *m inv*.

stressé, **-e** [strɛse] *adj*: **être ~** tener estrés.

strict, **-e** [strikt] *adj* estricto(-ta).

structure [stryktyr] *nf* estructura *f*.

studio [stydjo] *nm* estudio *m*.

stupéfait, **-e** [stypefɛ, ɛt] *adj* estupefacto(-ta).

stupide [stypid] *adj* estúpido(-da).

stupidité [stypidite] *nf* estupidez *f*.

style [stil] *nm* estilo *m*.

stylo [stilo] *nm* boli *m*; ~ **(à) bille** bolígrafo *m*; ~ **(à) plume** pluma *f* estilográfica.

stylo-feutre [stiloføtr] (*pl* **stylos-feutres**) *nm* rotulador *m*.

su, **-e** [sy] *pp* → **savoir**

subir [sybir] *vt* sufrir.

subit, **-e** [sybi, it] *adj* súbito(-ta).

subjectif, **-ive** [sybʒɛktif, iv] *adj* subjetivo(-va).

sublime [syblim] *adj* sublime.

submerger [sybmɛrʒe] *vt* (*suj: eau*) sumergir.

substance [sypstɑ̃s] *nf* sustancia *f*.

substituer [sypstitɥe] *vt*: ~ **qqch à qqch** sustituir algo por algo. ❑ **se substituer à** *vp + prép* sustituir a.

subtil, **-e** [syptil] *adj* sutil.

succéder [syksede]: **succéder à** *v + prép* suceder a. ❑ **se succéder** *vp* sucederse.

succès [syksɛ] *nm* éxito *m*; **avoir du ~** tener éxito.

succulent, **-e** [sykylɑ̃, ɑ̃t] *adj* suculento(-ta).

sucer [syse] *vt* chupar.

sucette [sysɛt] *nf* (*sucrerie*) chupa-chups® *m inv*; (*de bébé*) chupete *m*.

sucre [sykr] *nm* azúcar *m* OU *f*; (*morceau*) azucarillo *m*; ~ **en morceaux** terrones *mpl* de azúcar; ~ **d'orge** garrote *m* (caramelo); ~ **en poudre** azúcar en polvo.

sucré, **-e** [sykre] *adj* azucarado(-da).

sucrer [sykre] *vt* azucarar.

sucreries [sykrəri] *nfpl* golosinas *fpl*.

sucrier [sykrije] *nm* azucarero *m*.

sud [syd] *adj inv* & *nm* sur. ❑ **Sud** *nm* Sur *m*; **au ~ (de)** al sur (de).

sud-est [sydɛst] *adj inv* sudeste. ◆ *nm* sudeste *m*.

sud-ouest [sydwɛst] *adj inv* sudoeste. ◆ *nm* sudoeste *m*.

Suède [sɥɛd] *nf*: **la ~** Suecia.

suédois, **-e** [sɥedwa, az] *adj* sueco(-ca). ◆ *nm (langue)* sueco *m*.

suer [sɥe] *vi* sudar.

sueur [sɥœr] *nf* sudor *m*; **être en ~** estar chorreando de sudor.

suffire [syfir] *vi* bastar; **ça suffit!** ¡ya está bien!; **~ à qqn** bastar a alguien; **il suffit de qqch pour** basta con algo para.

suffisamment [syfizamɑ̃] *adv* bastante; **~ de** bastante.

suffisant, **-e** [syfizɑ̃, ɑ̃t] *adj* suficiente.

suffoquer [syfɔke] *vi* sofocarse.

suggérer [sygʒere] *vt* sugerir; **~ à qqn de faire qqch** sugerir a alguien que haga algo.

suicide [sɥisid] *nm* suicidio *m*.

suicider [sɥiside]: **se suicider** *vp* suicidarse.

suis [sɥi] → **être, suivre**.

suisse [sɥis] *adj* suizo(-za). ❑ **Suisse** *nmf* suizo(-za). ◆ *nf*: **la Suisse** Suiza.

suite [sɥit] *nf (série, succession)* serie *f*; *(d'une histoire, d'un film)* continuación *f*; **~s** repercusiones *fpl*; **à la ~ de** *(à cause de)* a causa de; **par ~ de** por causa de.

suivant, **-e** [sɥivɑ̃, ɑ̃t] *adj & nm, f* siguiente. ◆ *prép* según; **au ~!** ¡(el) siguiente!

suivi, **-e** [sɥivi] *pp* → **suivre**.

suivre [sɥivr] *vt* seguir; **suivi de** seguido de.

sujet [syʒɛ] *nm (thème)* tema *m*; *(GRAMM)* sujeto *m*; *(d'un roi)* súbdito *m*; **au ~ de** a propósito de.

super [sypɛr] *adj inv* guay. ◆ *nm* súper *m*.

superbe [sypɛrb] *adj* espléndido(-da).

supérette [syperɛt] *nf* supermercado *m (pequeño)*.

superficie [sypɛrfisi] *nf* superficie *f*.

superficiel, **-elle** [sypɛrfisjɛl] *adj* superficial.

supérieur, **-e** [syperjœr] *adj* superior. ◆ *nm, f* superior *m* (-ra *f*).

supermarché [sypɛrmarʃe] *nm* supermercado *m*.

superposer [sypɛrpoze] *vt* superponer.

superstitieux, **-euse** [sypɛrstisjø, øz] *adj* supersticioso(-sa).

supplément [syplemɑ̃] *nm* suplemento *m*; **en ~** en suplemento.

supplémentaire [syplemɑ̃tɛr] *adj* suplementario(-ria).

support [sypɔr] *nm* soporte *m*.

supportable [sypɔrtabl] *adj* soportable.

supporter[1] [sypɔrte] *vt* soportar.

supporter[2] [sypɔrtɛr] *nm* hincha *m*.

supposer [sypoze] *vt* suponer.

suppositoire [sypozitwar] *nm* supositorio *m*.

supprimer [syprime] *vt* suprimir.

suprême [syprɛm] *nm*: **~ de volaille** *pechuga de ave con salsa*.

sur [syr] *prép* 1. *(dessus)* en, encima de.

2. *(au-dessus de, au sujet de)* sobre.

3. *(indique la direction)* hacia; **tournez ~ la droite** gire a la derecha.

4. *(indique la distance)* en; **'travaux ~ 10 kilomètres'** 'obras en 10 kilómetros'.

5. *(dans une mesure)* por; **un mètre ~ deux** un metro por dos.

6. *(dans une proportion)*: **9 personnes ~ 10** nueve de cada diez personas; **un jour ~ deux** (uno de) cada dos días.

sûr, -e [syr] *adj* seguro(-ra); **être ~ de/que** estar seguro de/de que.

surcharger [syrʃarʒe] *vt* sobrecargar.

sûrement [syrmɑ̃] *adv* seguramente; **~ pas!** ¡ni hablar!

surestimer [syrɛstime] *vt* sobreestimar.

sûreté [syrte] *nf*: **mettre qqch en ~** poner algo a salvo.

surf [sœrf] *nm* surf *m*.

surface [syrfas] *nf* superficie *f*.

surgelé, -e [syrʒəle] *adj* congelado(-da). ♦ *nm* congelado *m*.

surlendemain [syrlɑ̃dmɛ̃] *nm*: **le ~** a los dos días.

surmené, -e [syrməne] *adj* agotado(-da).

surnom [syrnɔ̃] *nm* apodo *m*.

surplomber [syrplɔ̃be] *vt* dominar.

surplus [syrply] *nm* excedente *m*.

surprenant, **-e** [syrprənɑ̃, ɑ̃t] *adj* sorprendente.

surprendre [syrprɑ̃dr] *vt* sorprender.

surpris, **-e** [syrpri, iz] *pp* → **surprendre**. ◆ *adj* asombrado(-da); **je suis ~ de le voir/qu'il vienne** me sorprende verlo/que venga.

surprise [syrpriz] *nf* sorpresa *f*; **faire une ~ à qqn** dar una sorpresa a alguien.

sursaut [syrso] *nm*: **se réveiller en ~** despertarse de un sobresalto.

sursauter [syrsote] *vi* sobresaltarse.

surtout [syrtu] *adv* sobre todo; **~, fais bien attention!** ¡sobre todo, ten mucho cuidado!

survécu [syrveky] *pp* → **survivre**.

surveiller [syrvɛje] *vt* *(observer)* vigilar; *(prendre soin de)* cuidar.

survêtement [syrvɛtmɑ̃] *nm* chandal *m*.

survivant, **-e** [syrvivɑ̃, ɑ̃t] *nm, f* superviviente *mf*.

survivre [syrvivr] *vi* sobrevivir; **~ à** sobrevivir a.

survoler [syrvɔle] *vt* sobrevolar.

sus [sy(s)]: **en sus** *adv* además.

susceptible [sysɛptibl] *adj* susceptible; **être ~ de faire qqch** ser capaz de hacer algo.

suspect, **-e** [syspɛ, ɛkt] *adj* & *nm, f* sospechoso(-sa).

suspendre [syspɑ̃dr] *vt* *(accrocher)* colgar.

suspension [syspɑ̃sjɔ̃] *nf* *(d'une voiture)* suspensión *f*.

suture [sytyr] *nf* → **point**.

SVP *(abr de s'il vous plaît)* por favor.

sweat-shirt, **-s** [switʃœrt] *nm* sudadera *f*.

syllabe [silab] *nf* sílaba *f*.

symbole [sɛ̃bɔl] *nm* símbolo *m*.

symbolique [sɛ̃bɔlik] *adj* simbólico(-ca).

symétrique [simetrik] *adj* simétrico(-ca).

sympa [sɛ̃pa] *adj (fam) (personne)* majo(-ja); *(endroit, ambiance)* guay.

sympathique [sɛ̃patik] *adj (personne)* simpático(-ca); *(endroit, ambiance)* agradable.

sympathiser [sɛ̃patize] *vi* simpatizar.

symphonie [sɛ̃fɔni] *nf* sinfonía *f*.

symptôme [sɛ̃ptom] *nm* síntoma *m*.

synagogue [sinagɔg] *nf* sinagoga *f*.

syndicat [sɛ̃dika] *nm* sindicato *m*; **~ d'initiative** oficina *f* de turismo.

synonyme [sinɔnim] *nm* sinónimo *m*.

synthétique [sɛ̃tetik] *adj* sintético(-ca). ◆ *nm* sintético *m*.

systématique [sistematik] *adj* sistemático(-ca).

système [sistɛm] *nm* sistema *m*.

T

t' → **te**.

ta → **ton** *adj*.

tabac [taba] *nm* tabaco *m*; *(magasin)* = estanco *m*.

tabagie [tabaʒi] *nf (Can: bureau de tabac)* = estanco *m*.

table [tabl] *nf* mesa *f*; *(tableau)* tabla *f*; **mettre la ~** poner la mesa; **à ~!** ¡a comer!; **~ de chevet** OU **de nuit** mesilla *f* (de noche); **~ à langer** cambiador *m*; **~ d'orientation** plano *m* de orientación; **~ à repasser** tabla de planchar.

tableau, **-x** [tablo] *nm* cuadro *m*; **~ de bord** *(de voiture)* salpicadero *m*; *(d'avion)* cuadro *m* de instrumentos; **~ (noir)** encerado *m*.

tablette [tablɛt] *nf*: **~ de chocolat** tableta *f* de chocolate.

tablier [tablije] *nm* delantal *m*.

taboulé [tabule] *nm ensalada de sémola, tomate, cebolla, menta y limón*.

tabouret [taburɛ] *nm* taburete *m*.

tache [taʃ] *nf* mancha *f*; **~s de rousseur** pecas *fpl*.

tacher [taʃe] *vt* manchar.

tâcher [taʃe]: **tâcher de** *v + prép* procurar.

tact [takt] *nm* tacto *m*.

tagine [taʒin] *nm comida del Norte de África que consiste en carne con verduras estofada en un recipiente de barro*.

taie [tɛ] *nf*: **~ d'oreiller**

funda *f* (de almohada).

taille [taj] *nf (dimension)* tamaño *m*; *(mensuration)* talla *f*; *(partie du corps)* cintura *f*.

tailler [taje] *vt (arbre)* talar; *(tissu)* cortar; *(crayon)* sacar punta a.

tailleur [tajœr] *nm (couturier)* sastre *m*; *(vêtement)* traje *m* de chaqueta.

taire [tɛr]: **se taire** *vp (arrêter de parler)* callarse.

talc [talk] *nm* talco *m*.

talent [talɑ̃] *nm* talento *m*.

talon [talɔ̃] *nm* talón *m*; *(d'une chaussure)* tacón *m*.

talus [taly] *nm* talud *m*.

tambour [tɑ̃bur] *nm* tambor *m*.

Tamise [tamiz] *nf*: **la ~** el Támesis.

tampon [tɑ̃pɔ̃] *nm (cachet)* tampón *m*; *(de tissu)* paño *m*; **~ (hygiénique)** tampón *m*.

tamponneuse [tɑ̃pɔnøz] *adj f* → **auto**.

tandem [tɑ̃dɛm] *nm (vélo)* tándem *m*.

tandis [tɑ̃di]: **tandis que** *conj* mientras que.

tango [tɑ̃go] *nm* tango *m*.

tant [tɑ̃] *adv* **1.** *(tellement)* tanto; **~ de... (que)** tanto(-ta).
2. *(autant)*: **~ que** tanto como.
3. *(temporel)*: **~ que nous resterons ici** mientras estemos aqui.
4. *(dans des expressions)*: **en ~ que** como; **~ mieux** tanto mejor; **~ pis** ¡qué se le va a hacer!; **~ pis pour lui** peor para él.

tante [tɑ̃t] *nf* tía *f*.

tantôt [tɑ̃to] *adv*: **~... ~...** unas veces... otras...

tape [tap] *nf* palmada *f*.

tapenade [tapənad] *nf condimento a base de aceitunas, anchoas, alcaparras, trituradas con aceite de oliva y hierbas aromáticas*.

taper [tape] *vt* golpear; *(code)* teclear; **~ (qqch) à la machine** escribir (algo) a máquina.

tapis [tapi] *nm* alfombra *f*; **~ roulant** *(de marchandises)* cinta *f* transportadora; *(de voyageurs)* cinta *f* mecánica; **~ de sol** *lona que cubre el suelo de una tienda de campaña*.

tapisser [tapise] *vt* tapizar.

tapisserie [tapisri] *nf (à l'aiguille)* tapicería *f*; *(papier* *peint)* empapelado *m*; *(arts décoratifs)* tapiz *m*.

taquiner [takine] *vt* pinchar.

tarama [tarama] *nm crema a base de huevas de pescado, miga de pan, aceite de oliva y limón*.

tard [tar] *adv* tarde; **plus ~** más tarde; **à plus ~!** ¡hasta la vista!

tarder [tarde] *vi*: **elle ne va pas ~ (à arriver)** no va a tardar (en llegar); **il me tarde de partir** estoy impaciente por irme.

tarif [tarif] *nm* tarifa *f*; **~ plein** tarifa normal; **~ réduit** tarifa reducida.

tarot [taro] *nm juego de naipes que se practica con el tarot*.

tartare [tartar] *adj* → **sauce, steak**.

tarte [tart] *nf* tarta *f*; **~ aux fraises** tarta de fresas; **~ au maton** *(Belg) tarta elaborada con leche fermentada y almendras*; **~ au sucre** *(Belg) tarta recubierta de azúcar glaseada*; **~ Tatin** *tarta de manzana con caramelo por encima*.

tartelette [tartəlɛt] *nf* tartita *f*.

tartine [tartin] *nf* rebanada *f* de pan *(con mantequilla o mermelada)*.

tartiner [tartine] *vt* untar; **fromage/pâte à ~** queso/crema de untar.

tas [ta] *nm* montón *m*; **un** OU **des ~ de** un montón OU montones de.

tasse [tas] *nf* taza *f*; **~ à café/thé** taza de café/de té *(vajilla)*.

tasser [tase] *vt* apretujar.

tâter [tate] *vt* tentar.

tatouage [tatwaʒ] *nm* tatuaje *m*.

taureau, **-x** [tɔro] *nm* toro *m*.

taverne [tavɛrn] *nf (Can: café)* bar *m*.

taxe [taks] *nf* impuesto *m*; **toutes ~s comprises** = IVA incluido.

taxi [taksi] *nm* taxi *m*.

te [tə] *pron* te.

technique [tɛknik] *adj* técnico(-ca). ◆ *nf* técnica *f*.

technologie [tɛknɔlɔʒi] *nf* tecnología *f*.

tee-shirt, **-s** [tiʃœrt] *nm* camiseta *f*.

teindre [tɛ̃dr] *vt* teñir; **se**

faire ~ (les cheveux) teñirse (el pelo).

teint, -e [tɛ̃, tɛ̃t] *pp* → **teindre**. ◆ *nm* tez *f*.

teinte [tɛ̃t] *nf* matiz *m*.

teinture [tɛ̃tyr] *nf* tinte *m*.

teinturerie [tɛ̃tyrri] *nf* tintorería *f*.

tel, telle [tɛl] *adj (semblable)* semejante; *(si grand)* tal; **~ que** como; **~ quel** tal cual.

tél. *(abr de téléphone)* tel.

télé [tele] *nf (fam)* tele *f*; **à la ~** en la tele.

télécabine [telekabin] *nf* telecabina *f*.

Télécarte® [telekart] *nf* tarjeta *f* de teléfono.

télécommande [telekɔmɑ̃d] *nf* mando *m* a distancia.

télécopieur [telekɔpjœr] *nm* (tele)fax *m inv (aparato)*.

téléfilm [telefilm] *nm* telefilme *m*.

télégramme [telegram] *nm* telegrama *m*.

téléguidé, -e [telegide] *adj* teledirigido(-da).

téléphérique [teleferik] *nm* teleférico *m*.

téléphone [telefɔn] *nm* teléfono *m*; **au ~** al teléfono; **~ mobile** teléfono *m* móvil; **~ sans fil** teléfono inalámbrico; **~ de voiture** teléfono de coche.

téléphoner [telefɔne] *vi* llamar por teléfono; **~ à qqn** llamar a alguien por teléfono.

téléphonique [telefɔnik] *adj* → **cabine, carte**.

télésiège [telesjɛʒ] *nm* telesilla *m*.

téléski [teleski] *nm* telesquí *m*.

téléviseur [televizœr] *nm* televisor *m*.

télévision [televizjɔ̃] *nf* televisión *f*; **à la ~** en la televisión.

télex [telɛks] *nm inv* télex *m inv*.

telle → **tel**.

tellement [tɛlmɑ̃] *adv (tant)* tanto; *(si)* tan; **~ de** tanto(-ta); **pas ~** no mucho.

témoigner [temwaɲe] *vi* testificar.

témoin [temwɛ̃] *nm* testigo *m*.

tempe [tɑ̃p] *nf* sien *f*.

tempérament [tɑ̃peramɑ̃] *nm* temperamento *m*.

température [tɑ̃peratyr] *nf* temperatura *f.*

tempête [tɑ̃pɛt] *nf* tempestad *f.*

temple [tɑ̃pl] *nm* templo *m.*

temporaire [tɑ̃pɔrɛr] *adj* temporal.

temps [tɑ̃] *nm* tiempo *m*; **avoir le ~ de faire qqch** tener tiempo de hacer algo; **à ~** a tiempo; **de ~ en ~** de vez en cuando; **en même ~** al mismo tiempo.

tenailles [tɔnaj] *nfpl* tenazas *fpl.*

tendance [tɑ̃dɑ̃s] *nf* tendencia *f*; **avoir ~ à** tener tendencia a.

tendre [tɑ̃dr] *adj* tierno (-na). ◆ *vt (corde)* tensar; *(bras)* tender; **~ qqch à qqn** tender algo a alguien.

tendresse [tɑ̃drɛs] *nf* ternura *f.*

tendu, -e [tɑ̃dy] *adj* tenso (-sa).

tenir [tɔnir] *vt* 1. *(à la main, dans ses bras)* sujetar.

2. *(garder)* mantener.

3. *(promesse, engagement)* cumplir.

4. *(magasin, bar)* llevar.

5. *(dans des expressions)*: **tiens!** ¡toma!; **tenez!** ¡tenga!; **tiens!** *(exprime la surprise)* ¡anda!

◆ *vi* 1. *(résister)* resistir; **la neige n'a pas tenu** la nieve no ha cuajado.

2. *(rester)* mantenerse; **~ debout** *(objet, personne)* tenerse de pie; **ne plus ~ debout** *(personne)* no tenerse en pie; **ne pas ~ en place** no estarse quieto(-ta).

3. *(être contenu)* caber.

❑ **tenir à** *v + prép (être attaché à)* apegarse a; **~ à faire qqch** querer hacer algo.

❑ **se tenir** *vp* 1. *(s'accrocher)* agarrarse; **se ~ à** agarrarse a.

2. *(être, rester)* permanecer; **se ~ droit/debout/assis** mantenerse derecho/de pie/sentado.

3. *(se comporter)*: **bien/mal se ~** portarse bien/mal.

tennis [tenis] *nm* tenis *m.* ◆ *nmpl* zapatillas *fpl* de deporte; **~ de table** tenis de mesa.

tension [tɑ̃sjɔ̃] *nf* tensión *f.*

tentative [tɑ̃tativ] *nf* tentativa *f*

tente [tɑ̃t] *nf* tienda *f* (de campaña).

tenter [tɑ̃te] *vt* *(essayer)*

intentar; *(attirer)* tentar; ~ **de faire qqch** intentar hacer algo.

tenu, -e [təny] *pp* → **tenir**.

tenue [təny] *nf* ropa *f*; ~ **de soirée** traje *m* de noche.

ter [tɛr] *adv indica que hay tres números iguales en una calle.*

terme [tɛrm] *nm* término *m*.

terminal, -aux [tɛrminal, o] *nm (d'aéroport)* terminal *f*; *(INFORM)* terminal *m*.

terminale [tɛrminal] *nf (SCOL)* = COU *m*.

terminer [tɛrmine] *vt* terminar. ❑ **se terminer** *vp* terminarse.

terminus [tɛrminys] *nm* terminal *f*.

terne [tɛrn] *adj* apagado (-da).

terrain [tɛrɛ̃] *nm (emplacement)* solar *m*; **tout** ~ todoterreno *m*; ~ **de camping** camping *m*; ~ **de foot** campo *m* de fútbol.

terrasse [tɛras] *nf* terraza *f*.

terre [tɛr] *nf* tierra *f*; *(argile)* barro *m*; **la Terre** la Tierra; **par** ~ *(tomber)* al suelo; *(s'asseoir)* en el suelo.

Terre de Feu [tɛrdəfø] *nf*: **la** ~ la Tierra del Fuego.

terre-plein, -s [tɛrplɛ̃] *nm*: ~ **central** mediana *f*.

terrible [tɛribl] *adj* terrible; **pas** ~ *(fam)* nada del otro mundo.

terrifier [tɛrifje] *vt* aterrar.

terrine [tɛrin] *nf (récipient)* tarrina *f*; *(CULIN) paté de carne, pescado o verdura.*

terroriser [tɛrɔrize] *vt* aterrorizar.

terroriste [tɛrɔrist] *nmf* terrorista *mf*.

tes → **ton** *adj*.

test [tɛst] *nm* test *m*.

tester [tɛste] *vt* probar.

tétanos [tetanos] *nm* tétanos *m inv*.

tête [tɛt] *nf* cabeza *f*; *(visage)* cara *f*; **de** ~ *(wagon)* de cabeza; **faire la** ~ poner cara larga; ~ **de veau** *preparación de las partes comestibles de la cabeza de ternera.*

tête-à-queue [tɛtakø] *nm inv* trompo *m*.

tétine [tetin] *nf (de biberon)* tetina *f*; *(sucette)* chupete *m*.

têtu, -e [tety] *adj* testarudo(-da).

texte [tɛkst] *nm* texto *m*.

TGV *nm* = AVE *m*.

thé [te] *nm* té *m*; ~ **au citron** té con limón; ~ **au lait** té con leche; ~ **nature** té solo.

théâtre [teatr] *nm* teatro *m*.

théière [tejɛr] *nf* tetera *f*.

thème [tɛm] *nm* tema *m*.

théorie [teɔri] *nf* teoría *f*.

théoriquement [teɔrikmɑ̃] *adv* teóricamente.

thermomètre [tɛrmɔmɛtr] *nm* termómetro *m*.

Thermos® [tɛrmos] *nf*: **(bouteille)** ~ termo *m*.

thon [tɔ̃] *nm* atún *m*.

thym [tɛ̃] *nm* tomillo *m*.

tibia [tibja] *nm* tibia *f*.

tic [tik] *nm (mouvement)* tic *m*.

ticket [tikɛ] *nm* tique *m*, billete *m*; ~ **de caisse** tique de caja; ~ **de métro** billete de metro.

tiède [tjɛd] *adj* tibio(-bia).

tien [tjɛ̃]: **le tien** (*f* **la tienne** [latjɛn], *mpl* **les tiens** [letjɛ̃], *fpl* **les tiennes** [letjɛn]) *pron* el tuyo; **la tienne** la tuya; **à la tienne!** ¡salud!

tiendra, *etc* → **tenir**.

tienne, *etc* → **tenir, tien**.

tiens, *etc* → **tenir, tien**.

tiercé [tjɛrse] *nm* = quiniela *f* hípica.

tiers [tjɛr] *nm* tercio *m*.

tige [tiʒ] *nf (de plante)* tallo *m*.

tigre [tigr] *nm* tigre *m*.

tilleul [tijœl] *nm (tisane)* tila *f*.

tilsit [tilsit] *nm queso suizo blando de vaca, de color amarillo, sabor fuertemente afrutado y con pequeños agujeros.*

timbale [tɛ̃bal] *nf* (CULIN) timbal *m*.

timbre(-poste) [tɛ̃br(əpɔst)] (*pl* **timbres(-poste)**) *nm* sello *m*.

timide [timid] *adj* tímido(-da).

tirage [tiraʒ] *nm (d'une loterie)* sorteo *m*.

tire-bouchon, -s [tirbuʃɔ̃] *nm* sacacorchos *m inv*.

tirelire [tirlir] *nf* hucha *f*.

tirer [tire] *vt* 1. *(gén)* sacar; *(élastique)* estirar; *(rideau)* correr; ~ **une conclusion de qqch** sacar una conclusión de algo; ~ **la langue à qqn** sacar la lengua a alguien.

2. *(remorquer)* tirar de.

3. *(trait)* trazar.

4. *(avec une arme)* tirar.

◆ *vi* 1. *(avec une arme à feu)* disparar; ~ **sur** disparar sobre.

2. *(vers soi, vers le bas etc)*: ~ **sur qqch** tirar de algo.
3. *(SPORT)* tirar.
❑ **s'en tirer** *vp* salir adelante.

tirette [tirɛt] *nf (Belg: fermeture)* cremallera *f.*

tiroir [tirwar] *nm* cajón *m.*

tisane [tizan] *nf* tisana *f.*

tissu [tisy] *nm* tejido *m.*

titre [titr] *nm* título *m; (de journal)* titular *m;* ~ **de transport** billete *m.*

toast [tost] *nm (pain)* tostada *f;* **porter un ~ à qqn** brindar por alguien.

toboggan [tɔbɔgɑ̃] *nm* tobogán *m.*

toc [tɔk] *nm* chatarra *f;* **en ~** de chatarra.

toi [twa] *pron (objet direct, après prép)* ti; *(après comparaison, pour insister)* tú; **regarde-~ dans la glace** mírate en el espejo; **lève-~** levántate; **~-même** *(sujet)* tú mismo; *(objet)* ti mismo.

toile [twal] *nf (tableau)* lienzo *m;* ~ **d'araignée** tela de araña.

toilette [twalɛt] *nf:* **faire sa ~** asearse. ❑ **toilettes** *nfpl* servicios *mpl.*

toit [twa] *nm* tejado *m.*

Tolède [tɔlɛd] *n* Toledo.

tomate [tɔmat] *nf* tomate *m;* **~s farcies** tomates rellenos.

tombe [tɔ̃b] *nf* tumba *f.*

tombée [tɔ̃be] *nf:* **à la ~ de la nuit** al anochecer.

tomber [tɔ̃be] *vi* caer; *(date, fête)* caer en; **ça tombe bien!** ¡qué bien!; **la nuit tombe** está anocheciendo; **laisser ~** abandonar; **~ malade** ponerse enfermo(-ma).

tomme [tɔm] *nf:* ~ **vaudoise** *(Helv) queso blando de vaca, blanco y suave.*

ton[1] [tɔ̃] (*f* **ta** [ta], *pl* **tes** [te]) *adj* tu.

ton[2] [tɔ̃] *nm* tono *m.*

tonalité [tɔnalite] *nf (au téléphone)* línea *f (sonido).*

tondeuse [tɔ̃døz] *nf:* ~ **(à gazon)** cortacésped *m.*

tondre [tɔ̃dr] *vt (gazon)* cortar; *(cheveux)* rapar.

tongs [tɔ̃g] *nfpl* chanclas *fpl* (de dedo).

tonne [tɔn] *nf* tonelada *f.*

tonneau, -x [tɔno] *nm* tonel *m.*

tonnerre [tɔnɛr] *nm* trueno *m;* **coup de ~** trueno *m.*

tonus [tɔnys] *nm* tono *m*.

torche [tɔrʃ] *nf* antorcha *f*; **~ électrique** linterna *f*.

torchon [tɔrʃɔ̃] *nm* trapo *m*.

tordre [tɔrdr] *vt* retorcer; *(plier)* torcer. ❑ **se tordre** *vp*: **se ~ la cheville** torcerse el tobillo; **se ~ de rire** partirse de risa.

torrent [tɔrɑ̃] *nm* torrente *m*; **il pleut à ~s** llueve a cántaros.

torse [tɔrs] *nm* torso *m*; **~ nu** a pecho descubierto.

tort [tɔr] *nm*: **avoir ~ (de faire qqch)** equivocarse (en hacer algo); **donner ~ à qqn** quitarle la razón a alguien; **être dans son ~**, **être en ~** tener la culpa.

torticolis [tɔrtikɔli] *nm* tortícolis *f inv*.

tortue [tɔrty] *nf* tortuga *f*.

torturer [tɔrtyre] *vt (prisonnier)* torturar; *(moralement)* atormentar.

tôt [to] *adv (de bonne heure)* temprano; *(vite)* pronto; **~ ou tard** tarde o temprano.

total, **-e**, **-aux** [tɔtal, o] *adj & nm* total.

totalement [tɔtalmɑ̃] *adv* totalmente.

touche [tuʃ] *nf* tecla *f*.

toucher [tuʃe] *vt* tocar; *(cible)* dar en; *(émouvoir)* conmover. ◆ *vi*: **~ à** *(objet)* tocar; *(nourriture)* probar. ❑ **se toucher** *vp (être en contact)* tocarse.

toujours [tuʒur] *adv (tout le temps)* siempre; *(encore)* todavía, aún; **pour ~** para siempre.

Toulouse [tuluz] *n* Tolosa.

tour[1] [tur] *nm* vuelta *f*; **faire un ~** dar una vuelta; **faire le ~ de qqch** dar la vuelta a algo; **c'est ton ~ (de faire qqch)** te toca (hacer algo); **à ~ de rôle** por turnos.

tour[2] [tur] *nf* torre *f*; **la Tour Eiffel** la Torre Eiffel.

tourisme [turism] *nm* turismo *m*; **faire du ~** hacer turismo.

touriste [turist] *nmf* turista *mf*.

touristique [turistik] *adj* turístico(-ca).

tournant [turnɑ̃] *nm* curva *f*.

tourne-disque, **-s** [turnədisk] *nm* tocadiscos *m*.

tournedos [turnədo] *nm* solomillo grueso de ternera; **~**

Rossini *filete grueso de ternera con foie gras y salsa de trufas.*

tourner [turne] *vt* girar; *(page)* pasar; *(tête, regard)* volver; *(film)* rodar. ◆ *vi* girar; *(route)* torcer; *(moteur, machine)* marchar; **tournez à gauche/droite** girar a la izquierda/derecha; **~ autour de** girar alrededor de; **j'ai la tête qui tourne** me da vueltas la cabeza. ❑ **se tourner** *vp* volverse; **se ~ vers** *(dans l'espace)* volverse hacia; *(fig: activité)* pasarse a.

tournesol [turnəsɔl] *nm* girasol *m*.

tournevis [turnəvis] *nm* destornillador *m*.

tourniquet [turnikɛ] *nm (du métro)* molinete *m*.

tourte [turt] *nf especie de empanada.*

tourtière [turtjɛr] *nf (Can) pastel elaborado con carne de vaca picada y cebolla.*

tous → **tout**.

Toussaint [tusɛ̃] *nf*: **la ~** (el día de Todos) los Santos.

tousser [tuse] *vi* toser.

tout, **-e** [tu, tut] (*mpl* **tous** [tus], *fpl* **toutes** [tut]) *adj* 1. *(avec un substantif)* todo(-da); **~ le vin** todo el vino; **~e la journée** todo el día; **~e sa famille** toda su familia; **~es les maisons** todas las casas; **à ~e heure** a cualquier hora.

2. *(avec un pronom démonstratif)* todo; **~ ça** OU **cela** todo eso.

◆ *pron* 1. *(gén)* todo; **je t'ai ~ dit** te lo he dicho todo; **ce sera ~?** *(dans un magasin)* ¿algo más?; **en ~** en total; **il est capable de ~** es capaz de cualquier cosa.

2. *(au pluriel: tout le monde)*: **ils voulaient tous la voir** todos querían verla.

◆ *adv* 1. *(très, complètement)* muy; **~ jeune** muy joven; **~ près** muy cerca; **~ en haut** arriba del todo.

2. *(avec un gérondif)*: **~ en marchant** mientras andaba.

3. *(dans des expressions)*: **~ à coup** de repente; **~ à fait** por supuesto, claro; **~ à l'heure** *(avant)* hace un rato; *(après)* dentro de un rato; **~ de suite** en seguida.

tout(-)terrain, **-s** [tutɛrɛ̃] *adj* todo terreno.

toux [tu] *nf* tos *f*.

toxique [tɔksik] *adj*

tóxico(-ca).

tracasser [trakase] *vt* preocupar. ❑ **se tracasser** *vp* preocuparse.

trace [tras] *nf* huella *f*.

tracer [trase] *vt* trazar.

tracteur [traktœr] *nm* tractor *m*.

tradition [tradisjɔ̃] *nf* tradición *f*.

traditionnel, -elle [tradisjɔnɛl] *adj* tradicional.

traduction [tradyksjɔ̃] *nf* traducción *f*.

traduire [tradɥir] *vt* traducir.

trafic [trafik] *nm* tráfico *m*.

train [trɛ̃] *nm* tren *m*; **être en ~ de faire qqch** estar haciendo algo; **~ d'atterrissage** tren de aterrizaje; **~ de banlieue** tren de cercanías; **~ rapide** tren rápido.

traîner [trene] *vt* arrastrar. ◆ *vi (par terre)* estar por en medio; *(s'attarder)* entretenerse; *(être en désordre)* estar desperdigado(-da). ❑ **se traîner** *vp* arrastrarse.

trait [trɛ] *nm* trazo *m*. ❑ **traits** *nmpl (du visage)* rasgos *mpl*.

traitement [trɛtmɑ̃] *nm* *(MÉD)* tratamiento *m*; **~ de texte** tratamiento de textos.

traiter [trete] *vt* tratar; **~ qqn de** tratar a alguien de. ❑ **traiter de** *v + prép (suj: livre, exposé)* tratar de.

traiteur [trɛtœr] *nm comercio que vende platos preparados individuales o para banquetes*.

trajet [traʒɛ] *nm* trayecto *m*.

tramway [tramwɛ] *nm* tranvía *m*.

tranchant, -e [trɑ̃ʃɑ̃, ɑ̃t] *adj* cortante. ◆ *nm* filo *m*.

tranche [trɑ̃ʃ] *nf* loncha *f*; *(d'un livre)* canto *m*.

trancher [trɑ̃ʃe] *vt* cortar.

tranquille [trɑ̃kil] *adj* tranquilo(-la); **laisser qqch/qqn ~** dejar algo/a alguien tranquilo.

tranquillisant [trɑ̃kilizɑ̃] *nm* tranquilizante *m*.

transaction [trɑ̃zaksjɔ̃] *nf* transacción *f*.

transférer [trɑ̃sfere] *vt* transferir.

transformer [trɑ̃sfɔrme] *vt* transformar; **~ qqch en qqch** transformar algo en algo. ❑ **se transformer** *vp* transformarse; **se ~ en qqch** transformarse en algo.

transfusion [trɑ̃sfyzjɔ̃] *nf*: **~ (sanguine)** transfusión *f* (de sangre).

transit [trɑ̃zit] *nm*: **passagers en ~** pasajeros *mpl* en tránsito.

transmettre [trɑ̃smɛtr] *vt*: **~ qqch à qqn** transmitir algo a alguien.

transmis, **-e** [trɑ̃smi, iz] *pp* → **transmettre**.

transparent, **-e** [trɑ̃sparɑ̃, ɑ̃t] *adj* transparente.

transpercer [trɑ̃spɛrse] *vt* traspasar.

transpiration [trɑ̃spirasjɔ̃] *nf* sudor *m*.

transpirer [trɑ̃spire] *vi* sudar.

transport [trɑ̃spɔr] *nm* transporte *m*; **les ~s (en commun)** los transportes públicos.

transporter [trɑ̃spɔrte] *vt* transportar.

trappe [trap] *nf* trampa *f*.

travail, **-aux** [travaj, o] *nm* trabajo *m*. ❑ **travaux** *nmpl (ménagers, agricoles)* labores *fpl*; *(de construction)* obras *fpl*; **'travaux'** 'obras'.

travailler [travaje] *vi & vt* trabajar.

traveller's check, **-s** [travlœrʃɛk] *nm* cheque *m* de viaje.

traveller's cheque, **-s** [travlœrʃɛk] = **traveller's check**.

travers [travɛr] *nm*: **à ~** a través; **de ~** de través; *(marcher)* de lado; *(regarder)* de soslayo; *(avaler)* atragantarse; **en ~ (de)** atravesado(-da).

traverser [travɛrse] *vt* atravesar.

traversin [travɛrsɛ̃] *nm* travesaño *m (almohada)*.

trébucher [trebyʃe] *vi* tropezar.

trèfle [trɛfl] *nm* trébol *m*.

treize [trɛz] *num* trece, → **six**.

treizième [trɛzjɛm] *num* decimotercero(-ra), → **sixième**.

tremblement [trɑ̃bləmɑ̃] *nm*: **~ de terre** terremoto *m*; **~s** temblores *mpl*.

trembler [trɑ̃ble] *vi* temblar; **~ de peur/froid** temblar de miedo/de frío.

trempé, **-e** [trɑ̃pe] *adj* empapado(-da).

tremper [trɑ̃pe] *vt* mojar.

◆ *vi* estar en remojo; **faire ~ qqch** poner en remojo.

trente [trɑ̃t] *num* treinta, → **six**.

trentième [trɑ̃tjɛm] *num* trigésimo(-ma), → **sixième**.

très [trɛ] *adv* muy; **~ peur/faim** mucho miedo/ mucha hambre; **~ malade** muy enfermo(-ma); **~ bien** muy bien.

trésor [trezɔr] *nm* tesoro *m*.

tresse [trɛs] *nf* trenza *f*; *(Helv) pan con forma de trenza, típico de la ciudad de Berna.*

tri [tri] *nm*: **faire un ~ parmi** hacer una selección entre.

triangle [trijɑ̃gl] *nm* triángulo *m*.

tribunal, -aux [tribynal, o] *nm* tribunal *m*.

tricher [triʃe] *vi (au jeu)* hacer trampas; *(à un examen)* copiar.

tricot [triko] *nm (pull)* jersey *m*; **~ de corps** camiseta *f*.

tricoter [trikɔte] *vt* tejer. ◆ *vi* hacer punto; **~ un pull** hacer un jersey de punto.

trier [trije] *vt (sélectionner)* seleccionar; *(classer)* clasificar.

trimestre [trimɛstr] *nm* trimestre *m*.

trinquer [trɛ̃ke] *vi* brindar.

triomphe [trijɔ̃f] *nm* triunfo *m*.

tripes [trip] *nfpl (CULIN)* callos *mpl*.

triple [tripl] *adj* triple. ◆ *nm*: **le ~ (de)** el triple (de).

tripler [triple] *vt* triplicar. ◆ *vi* triplicarse.

tripoter [tripɔte] *vt* manosear.

triste [trist] *adj* triste.

trognon [trɔɲɔ̃] *nm* corazón *m*.

trois [trwa] *num* tres, → **six**.

troisième [trwazjɛm] *num* tercero(-ra). ◆ *nf (SCOL)* = primero *m* de BUP; *(vitesse)* tercera *f*, → **sixième**.

trombone [trɔ̃bɔn] *nm (agrafe)* clip *m*.

trompe [trɔ̃p] *nf* trompa *f*.

tromper [trɔ̃pe] *vt* engañar. ❑ **se tromper** *vp* equivocarse; **se ~ de** equivocarse de.

trompette [trɔ̃pɛt] *nf* trompeta *f*.

tronc [trɔ̃] *nm*: **~ (d'arbre)** tronco *m* (de árbol).

trop [tro] *adv* demasiado, ~

de demasiado(-da); **de** OU **en** ~ de más.

trottoir [trɔtwar] *nm* acera *f*.

trou [tru] *nm* agujero *m*; **avoir un ~ de mémoire** fallarle a alguien la memoria.

trouble [trubl] *adj (eau)* turbio(-bia); *(image)* borroso (-sa). ◆ *adv*: **voir ~** ver borroso.

trouer [true] *vt* agujerear.

trouille [truj] *nf (fam)*: **avoir la ~** tener canguelo.

troupeau, **-x** [trupo] *nm* rebaño *m*.

trousse [trus] *nf* estuche *m*; **~ de secours** botiquín *m*; **~ de toilette** bolsa *f* de aseo.

trousseau, **-x** [truso] *nm (de clefs)* manojo *m* de llaves.

trouver [truve] *vt* encontrar; **je trouve que** creo que. ❑ **se trouver** *vp* encontrarse; **se ~ mal** encontrarse mal.

truc [tryk] *nm (fam: objet)* chisme *m*; *(astuce)* truco *m*.

truffe [tryf] *nf* trufa *f*; **~ (en chocolat)** trufa (de chocolate).

truite [trɥit] *nf* trucha *f*.

T-shirt [tiʃœrt] = **tee-shirt**.

TTC *adj (abr de toutes taxes comprises)* = IVA incluido.

tu[1] [ty] *pron* tú.

tu[2], **-e** [ty] *pp* → **taire**.

tuba [tyba] *nm (de plongeur)* tubo *m (de buceo)*.

tube [tyb] *nm* tubo *m*; *(fam: musique)* éxito *m*.

tuer [tɥe] *vt* matar. ❑ **se tuer** *vp* matarse.

tuile [tɥil] *nf* teja *f*; **~ aux amandes** teja con almendras.

tulipe [tylip] *nf* tulipán *m*.

tunique [tynik] *nf* túnica *f*.

Tunisie [tynizi] *nf*: **la ~** Túnez.

tunisien, **-enne** [tynizjɛ̃, ɛn] *adj* tunecino(-na).

tunnel [tynɛl] *nm* túnel *m*; **le ~ sous la Manche** el túnel de la Mancha.

turbot [tyrbo] *nm* rodaballo *m*.

turbulences [tyrbylɑ̃s] *nfpl* turbulencias *fpl*.

turbulent, **-e** [tyrbylɑ̃, ɑ̃t] *adj* revoltoso(-sa).

turc, **turque** [tyrk] *adj* turco(-ca).

Turquie [tyrki] *nf*: **la ~** Turquía.

tutoyer [tytwaje] *vt* tutear.

tuyau, **-x** [tɥijo] *nm* tubo *m*;

~ **d'échappement** tubo de escape.

TV *(abr de télévision)* tele *f.*

TVA *nf (abr de taxe sur la valeur ajoutée)* = IVA *m.*

tympan [tɛ̃pɑ̃] *nm* tímpano *m.*

type [tip] *nm* tipo *m.*

typique [tipik] *adj* típico(-ca).

U

ulcère [ylsɛr] *nm* úlcera *f.*

un, **une** [œ̃, yn] (*pl* **des** [dɛ]) *article indéfini* un (una).

◆ *pron* uno (una); **(l')** ~ **de mes amis/des plus intéressants** uno de mis amigos/de los más interesantes; **l'~ l'autre** el uno al otro; **l'~..., l'autre** uno..., el otro; **les ~s..., les autres** unos..., otros; **l'~ ou l'autre** uno u otro.

◆ *num* uno, → **six.**

uni, **-e** [yni] *adj (tissu, couleur)* liso(-sa).

uniforme [unifɔrm] *adj* & *nm* uniforme.

unilatéral, **-e**, **-aux** [yni lateral, o] *adj* → **stationnement**.

union [ynjɔ̃] *nf* unión *f*; **l'Union européenne** la Unión europea.

unique [ynik] *adj* único(-ca).

uniquement [ynikmɑ̃] *adv* únicamente.

unir [ynir] *vt* unir. ❑ **s'unir** *vp* unirse.

unité [ynite] *nf* unidad *f*; **à l'~** por unidad.

univers [ynivɛr] *nm* universo *m.*

université [ynivɛrsite] *nf* universidad *f.*

urbain, **-e** [yrbɛ̃, ɛn] *adj* urbano(-na).

urgence [yrʒɑ̃s] *nf* urgencia *f*; **(service des) ~s** (servicio de) urgencias.

urgent, **-e** [yrʒɑ̃, ɑ̃t] *adj* urgente.

uriner [yrine] *vi* orinar.

urinoir [yrinwar] *nm* urinario *m.*

urticaire [yrtikɛr] *nf* urticaria *f.*

usage [yzaʒ] *nm* uso *m*; **'~ externe'** 'uso tópico'.

usagé, **-e** [yzaʒe] *adj* usado(-da).

usé, **-e** [yze] *adj* gastado(-da).

user [yze]: **s'user** *vp* estropearse.

usine [yzin] *nf* fábrica *f*.

ustensile [ystɑ̃sil] *nm* utensilio *m*.

utile [ytil] *adj* útil.

utiliser [ytilize] *vt* utilizar.

UV *nmpl (abr de ultraviolets)* UVA *mpl*.

V

va [va] → **aller**.

vacances [vakɑ̃s] *nfpl* vacaciones *fpl*; **être/partir en ~** estar/irse de vacaciones.

vacancier, **-ère** [vakɑ̃sje, ɛr] *nm, f persona que está de vacaciones; (d'été)* veraneante *mf*.

vacciner [vaksine] *vt*: **~ qqn contre** vacunar a alguien contra.

vache [vaʃ] *nf* vaca *f*. ◆ *adj (fam)*: **il est ~** es un cerdo.

vachement [vaʃmɑ̃] *adv* tope; **c'est ~ bien** está tope guay.

vacherin [vaʃrɛ̃] *nm (gâteau) tarta helada con nata y merengue; (Helv) queso blando de la región de Friburgo*.

va-et-vient [vaevjɛ̃] *nm inv*: **faire le ~ entre** hacer la ida y vuelta entre.

vague [vag] *adj* vago(-ga). ◆ *nf* ola *f*.

vaguement [vagmɑ̃] *adv* vagamente.

vaille, *etc* → **valoir**.

vainqueur [vɛ̃kœr] *nm* vencedor *m* (-ra *f*).

vais [vɛ] → **aller**.

vaisselle [vɛsɛl] *nf* vajilla *f*; **faire la ~** fregar los platos.

valable [valabl] *adj* válido(-da).

valait, *etc* → **valoir**.

Valence [valɑ̃s] *n* Valencia.

valent [val] → **valoir**.

valet [valɛ] *nm (aux cartes)* = sota *f*.

valeur [valœr] *nf* valor *m*.

valider [valide] *vt* validar.

validité [validite] *nf*: **date limite de ~** fecha *f* límite de validez.

valise [valiz] *nf* maleta *f*; **faire ses ~s** hacer las maletas.

vallée [vale] *nf* valle *m*.

valoir [valwar] *vi* valer. ◆ *v impers*: **il vaut mieux que tu restes** más vale que te quedes; **ça vaut combien?** ¿cuánto vale?

valse [vals] *nf* vals *m*.

valu [valy] *pp* → **valoir**.

vanille [vanij] *nf* vainilla *f*.

vanter [vɑ̃te]: **se vanter** *vp* alardear.

vapeur [vapœr] *nf* vapor *m*; **à ~** *(fer, bateau)* de vapor; **(à la) ~** *(CULIN)* al vapor.

vaporisateur [vaporizatœr] *nm* vaporizador *m*.

varappe [varap] *nf* escalada *f*.

variable [varjabl] *adj* variable.

varicelle [varisɛl] *nf* varicela *f*.

varié, -e [varje] *adj* variado(-da); **hors-d'œuvre ~s** entremeses variados.

vas [va] → **aller**.

vase [vaz] *nf* cieno *m*. ◆ *nm* jarrón *m*.

vaudra, *etc* → **valoir**.

vaut [vo] → **valoir**.

veau, -x [vo] *nm (animal)* ternero *m*; *(CULIN)* ternera *f*.

vécu, -e [veky] *pp* → **vivre**.

vedette [vədɛt] *nf (célébrité)* estrella *f*; *(bateau)* lancha *f* (motora).

végétal, -e, -aux [veʒetal, o] *adj & nm* vegetal.

végétarien, -enne [veʒetarjɛ̃, ɛn] *adj & nm, f* vegetariano(-na).

végétation [veʒetasjɔ̃] *nf* vegetación *f*.

véhicule [veikyl] *nm* vehículo *m*.

veille [vɛj] *nf* víspera *f*.

veiller [veje] *vi* velar; **~ à faire qqch** cerciorarse de hacer algo.

veilleur [vejœr] *nm*: **~ de nuit** vigilante *m* nocturno.

veilleuse [vejøz] *nf (lampe)* lamparilla *f* de noche.

veine [vɛn] *nf* vena *f*; **avoir de la ~** *(fam)* tener potra.

vélo [velo] *nm* bici *f*; **faire du ~** montar en bici; **~ de course** bici de carreras; **~ tout terrain** bici de montaña.

vélomoteur [velɔmɔtœr] *nm* velomotor *m*.

velours [vəlur] *nm* terciopelo *m*; **~ côtelé** pana *f*.

velouté [vəlute] *nm*: **~ d'asperge** crema *f* de espárragos.

vendanges [vɑ̃dɑ̃ʒ] *nfpl* vendimia *f*.

vendeur, -euse [vɑ̃dœr, øz] *nm,f* vendedor *m* (-ra *f*).

vendre [vɑ̃dr] *vt* vender; **~ qqch à qqn** vender algo a alguien; **'à ~'** 'se vende'.

vendredi [vɑ̃drədi] *nm* viernes *m*, → **samedi**.

vénéneux, -euse [venenø, øz] *adj* venenoso(-sa).

venger [vɑ̃ʒe]: **se venger** *vp* vengarse.

venimeux, -euse [vənimø, øz] *adj* venenoso(-sa).

venir [vənir] *vi* venir; **~ de** venir de.

Venise [vəniz] *n* Venecia.

vent [vɑ̃] *nm* viento *m*.

vente [vɑ̃t] *nf* venta *f*; **être/mettre qqch en ~** estar/poner algo en venta.

ventilateur [vɑ̃tilatœr] *nm* ventilador *m*.

ventre [vɑ̃tr] *nm* barriga *f*.

venu, -e [vəny] *pp* → **venir**.

ver [vɛr] *nm* gusano *m*; **~ de terre** lombriz *f* (de tierra).

véranda [verɑ̃da] *nf* mirador *m*.

verbe [vɛrb] *nm* verbo *m*.

verdure [vɛrdyr] *nf* verdor *m*.

verglas [vɛrgla] *nm* hielo *m*.

vérifier [verifje] *vt* comprobar.

véritable [veritabl] *adj* verdadero(-ra).

vérité [verite] *nf* verdad *f*; **dire la ~** decir la verdad.

vermicelle [vɛrmisɛl] *nm* fideo *m*.

verni, -e [vɛrni] *adj (meuble)* barnizado(-da); *(chaussure)* de charol.

vernis [vɛrni] *nm* barniz *m*; **~ à ongles** esmalte *m* de uñas.

verra, *etc* → **voir**.

verre [vɛr] *nm* vaso *m*; *(matière)* cristal *m*; **boire** OU **prendre un ~** tomar una copa; **~s de contact** lentes *mpl* de contacto.

verrouiller [vɛruje] *vt* echar el pestillo.

vers [vɛr] *nm* verso *m*. ◆ *prép* hacia.

versant [vɛrsɑ̃] *nm* ladera *f*.

verse [vɛrs]: **à verse** *adv*: **pleuvoir à ~** llover a cántaros.

versement [vɛrsəmɑ̃] *nm* *(d'argent)* pago *m*; *(à la banque)* ingreso *m*.

verser [vɛrse] *vt (liquide)* echar; *(argent)* pagar; *(à la banque)* ingresar.

version [vɛrsjɔ̃] *nf* versión *f*; **(en) ~ française** (en) versión francesa.

verso [vɛrso] *nm* reverso *m*.

vert, -e [vɛr, vɛrt] *adj & nm* verde.

vertébrale [vɛrtebral] *adj f* → **colonne**.

vertèbre [vɛrtɛbr] *nf* vértebra *f*.

vertical, -e, -aux [vɛrtikal, o] *adj* vertical.

vertige [vɛrtiʒ] *nm*: **avoir le ~** tener vértigo.

veste [vɛst] *nf* chaqueta *f*, saco *m (Amér)*.

vestiaire [vɛstjɛr] *nm (d'un musée, d'un théâtre)* guardarropa *m*; *(d'une piscine)* vestuario *m*.

vestiges [vɛstiʒ] *nmpl* vestigios *mpl*.

veston [vɛstɔ̃] *nm* americana *f*.

vêtements [vɛtmɑ̃] *nmpl* ropa *f*.

vétérinaire [veterinɛr] *nmf* veterinario *m* (-ria *f*).

veuf, veuve [vœf, vœv] *adj & nm, f* viudo(-da).

veuille, *etc* → **vouloir**.

veuve → **veuf**.

veux [vø] → **vouloir**.

vexer [vɛkse] *vt* ofender. ❑ **se vexer** *vp* molestarse.

viande [vjɑ̃d] *nf* carne *f*; **~ séchée des Grisons** *carne de vaca en salazón, curada y prensada*.

vibrer [vibre] *vi* vibrar.

vice versa [vis(e) vɛrsa] *adv* viceversa.

victime [viktim] *nf* víctima *f*.

victoire [viktwar] *nf* victoria *f*.

vidange [vidɑ̃ʒ] *nf (d'une auto)* cambio *m* de aceite.

vide [vid] *adj* vacío(-a). ◆ *nm* vacío *m*; **sous ~** al vacío.

vidéo [video] *adj inv* de vídeo. ◆ *nf* vídeo *m*.

vide-poches [vidpɔʃ] *nm inv (dans une voiture)* guantera *f*.

vider [vide] *vt* vaciar; *(poulet, poisson)* limpiar. ❑ **se vider** *vp* vaciarse.

vie [vi] *nf* vida *f*; **en ~** con vida; **être en ~** estar vivo(-va).

vieil → **vieux**.

vieillard [vjɛjar] *nm*

anciano *m*.

vieille → **vieux**.

vieillir [vjejir] *vi* envejecer. ♦ *vt*: **ça le vieillit** *(en apparence)* lo envejece.

viendra, *etc* → **venir**.

viens, *etc* → **venir**.

vierge [vjɛrʒ] *adj* virgen.

vieux, vieil [vjø, vjɛj] *(f* **vieille** [vjɛj], *mpl* **vieux** [vjø]) *adj* viejo(-ja).

vif, vive [vif, viv] *adj (esprit, couleur)* vivo(-va); *(regard)* intenso(-sa).

vigne [viɲ] *nf (plante)* vid *f*; *(terrain)* viñedo *m*.

vignette [viɲɛt] *nf (automobile) pegatina en el coche que certifica el pago del impuesto de circulación*.

vignoble [viɲɔbl] *nm* viñedo *m*.

vilain, -e [vilɛ̃, ɛn] *adj (méchant)* malo(-la); *(laid)* feo(-a).

villa [vila] *nf* mansión *f*.

village [vilaʒ] *nm* pueblo *m*.

ville [vil] *nf* ciudad *f*; **aller en ~** ir a la ciudad.

vin [vɛ̃] *nm* vino *m*; **~ blanc** vino blanco; **~ doux** vino dulce; **~ rosé** vino rosado; **~ rouge** vino tinto; **~ de table** vino de mesa.

vinaigre [vinɛgr] *nm* vinagre *m*.

vinaigrette [vinɛgrɛt] *nf* vinagreta *f*.

vingt [vɛ̃] *num* veinte, → **six**.

vingtaine [vɛ̃tɛn] *nf*: **une ~ (de)** una veintena (de).

vingtième [vɛ̃tjɛm] *num* vigésimo(-ma), → **sixième**.

viol [vjɔl] *nm* violación *f*.

violence [vjɔlɑ̃s] *nf* violencia *f*.

violent, -e [vjɔlɑ̃, ɑ̃t] *adj* violento(-ta).

violet, -ette [vjɔlɛ, ɛt] *adj & nm* violeta.

violette [vjɔlɛt] *nf* violeta *f*.

violon [vjɔlɔ̃] *nm* violín *m*.

vipère [vipɛr] *nf* víbora *f*.

virage [viraʒ] *nm (sur la route)* curva *f*; *(en voiture, à ski)* giro *m*.

virement [virmɑ̃] *nm (sur un compte)* transferencia *f*.

virgule [virgyl] *nf* coma *f*.

virus [virys] *nm* virus *m*.

vis [vis] *nf* tornillo *m*.

visa [viza] *nm* visado *m*, visa *f (Amér)*.

visage [vizaʒ] *nm* cara *f*.

vis-à-vis [vizavi]: **vis-à-vis de** *prép* con respecto a.

viser [vize] *vt (cible)* apuntar; *(concerner)* concernir.

visibilité [vizibilite] *nf* visibilidad *f*.

visible [vizibl] *adj* visible.

visière [vizjɛr] *nf* visera *f*.

visite [vizit] *nf* visita *f*; **rendre ~ à qqn** hacer una visita a alguien; **~ guidée** visita comentada.

visiter [vizite] *vt* visitar.

visqueux, -euse [viskø, øz] *adj* viscoso(-sa).

visser [vise] *vt* enroscar.

vitamine [vitamin] *nf* vitamina *f*.

vite [vit] *adv* deprisa.

vitesse [vitɛs] *nf* velocidad *f*; **à toute ~** a toda velocidad.

vitrail, -aux [vitraj, o] *nm* vidriera *f*.

vitre [vitr] *nf* cristal *m*.

vitré, -e [vitre] *adj* acristalado(-da).

vitrine [vitrin] *nf* escaparate *m*; **faire les ~s** ir a ver escaparates.

vivant, -e [vivɑ̃, ɑ̃t] *adj* vivo(-va).

vive [viv] → **vif**. ♦ *excl* ¡viva!

vivement [vivmɑ̃] *excl*: **~ demain!** ¡que llegue pronto mañana!

vivre [vivr] *vi & vt* vivir.

vocabulaire [vɔkabylɛr] *nm* vocabulario *m*.

vodka [vɔdka] *nf* vodka *m*.

vœu, -x [vø] *nm*: **meilleurs ~x** con mis/nuestros mejores deseos.

voici [vwasi] *prép*: **~ votre clef** aquí está su llave; **~ ma fille** ésta es mi hija; **le ~** aquí está.

voie [vwa] *nf* vía *f*; **'par ~ orale'** 'por vía oral'; **~ ferrée** vía férrea; **~ sans issue** callejón *m* sin salida.

voilà [vwala] *prép*: **~ ce qui s'est passé** eso es lo que pasó; **~ Pierre** aquí viene Pierre.

voile [vwal] *nm* velo *m*. ♦ *nf* vela *f*.

voilier [vwalje] *nm* velero *m*.

voir [vwar] *vt* ver; **ça n'a rien à ~ (avec)** no tiene nada que ver (con); **faire ~ qqch à qqn** enseñar algo a alguien. ❑ **se voir** *vp (se rencontrer)* verse.

voisin, -e [vwazɛ̃, in] *adj & nm, f* vecino(-na).

voiture [vwatyr] *nf* coche

m, carro *m* *(Amér)*; *(wagon)* vagón *m*.

voix [vwa] *nf (organe)* voz *f*; *(vote)* voto *m*; **à ~ basse** en voz baja; **à ~ haute** en voz alta.

vol [vɔl] *nm (en avion)* vuelo *m*; *(délit)* robo *m*; **~ régulier** vuelo regular.

volant [vɔlɑ̃] *nm* volante *m*; **à ~s** *(jupe)* de volantes.

vol-au-vent [vɔlovɑ̃] *nm inv* volován *m*.

volcan [vɔlkɑ̃] *nm* volcán *m*.

voler [vɔle] *vt* robar. ◆ *vi* volar; *(commettre un vol)* robar.

volet [vɔlɛ] *nm (de fenêtre)* persiana *f*.

voleur, -euse [vɔlœr, øz] *nm,f* ladrón *m* (-ona *f*).

volley(-ball) [vɔlɛ(bol)] *nm* voleibol *m*.

volontairement [vɔlɔ̃tɛrmɑ̃] *adv* voluntariamente.

volontiers [vɔlɔ̃tje] *adv* con mucho gusto.

volt [vɔlt] *nm* voltio *m*.

volume [vɔlym] *nm* volumen *m*.

vomir [vɔmir] *vi & vt* vomitar.

vont [vɔ̃] → **aller**.

vos → **votre**.

voter [vɔte] *vi* votar.

votre [vɔtr] (*pl* **vos** [vo]) *adj (collectif)* vuestro(-tra); *(de vouvoiement)* su.

vôtre [votr]: **le vôtre** (*f* **la vôtre**, *pl* **les vôtres**) *pron (collectif)* el vuestro (la vuestra); *(de vouvoiement)* el suyo (la suya); **à la ~!** ¡salud!

voudra, *etc* → **vouloir**.

vouloir [vulwar] *vt* 1. *(gén)* querer; **~ que** querer que; **je voudrais...** quisiera...; **que me voulez-vous?** ¿qué quiere de mi?

2. *(accepter)*: **je veux bien** de acuerdo; **veuillez vous asseoir** tome asiento por favor.

3. *(dans des expressions)*: **en ~ à qqn** estar resentido(-da); **~ dire** querer decir.

voulu, -e [vuly] *pp* → **vouloir**.

vous [vu] *pron* 1. *(collectif)* vosotros(-tras).

2. *(sujet singulier pour vouvoyer)* usted; **~-même** usted mismo(-ma).

3. *(sujet pl pour vouvoyer)* ustedes; **~-mêmes** ustedes mismos(-mas).

4. *(complément pl collectif, réfléchi)* os; **dépêchez-~!** ¡daos prisa!

5. *(complément singulier pour vouvoyer)* le (la).

6. *(complément pl pour vouvoyer)* les (las).

7. *(complément indirect singulier pour vouvoyer)* se; **il ~ l'a donné** se lo ha dado.

voûte [vut] *nf* bóveda *f*.

vouvoyer [vuvwaje] *vt* tratar de usted.

voyage [vwajaʒ] *nm* viaje *m*; **bon ~!** ¡buen viaje!; **partir en ~** irse de viaje; **~ organisé** viaje organizado.

voyager [vwajaʒe] *vi* viajar.

voyant, -e [vwajɑ̃, ɑ̃t] *adj* vistoso(-sa). ♦ *nm*: **~ lumineux** indicador *m* luminoso.

voyelle [vwajɛl] *nf* vocal *f*.

voyons [vwajɔ̃] → **voir**.

voyou [vwaju] *nm* golfo *m*.

vrai, -e [vrɛ] *adj (exact)* cierto(-ta); *(véritable)* auténtico (-ca).

vraiment [vrɛmɑ̃] *adv* realmente.

VTT *nm (abr de vélo tout terrain)* bicicleta *f* de montaña.

vu, -e [vy] *pp* → **voir**. ♦ *prép* dado(-da); **~ que** dado que.

vue [vy] *nf* vista *f*; **avec ~ sur** con vistas a; **connaître qqn de ~** conocer a alguien de vista; **à ~ d'œil** a simple vista.

vulgaire [vylgɛr] *adj* vulgar.

wagon [vagɔ̃] *nm* vagón *m*.

wagon-lit [vagɔ̃li] *(pl* **wagons-lits***)* *nm* coche *m* cama.

wagon-restaurant [vagɔrɛstɔrɑ̃] *(pl* **wagons-restaurants***)* *nm* vagón *m* restaurante.

Walkman® [wɔkman] *nm* walkman *m*.

wallon, -onne [walɔ̃, ɔn] *adj* valón(-ona).

Washington [waʃiŋtɔn] *n* Washington.

waterzooï [watɛrzɔj] *nm (Belg) especialidad flamenca a base de pollo o de pescado y verduras preparada con una salsa con nata.*

W-C [vese] *nmpl* WC *m*.

week-end, **-s** [wikɛnd] *nm* fin *m* de semana; **bon ~!** ¡buen fin de semana!

western [wɛstɛrn] *nm* película *f* del oeste.

whisky [wiski] *nm* whisky *m*.

y [i] *adv* **1.** *(indique le lieu)*: **nous y resterons une semaine** nos quedaremos (allí) una semana; **j'y vais demain** voy mañana.

2. *(dedans)*: **mets-y du sel** pon sal.

◆ *pron*: **que veux-tu que j'y fasse?** ¿qué quieres que yo le haga?; **pensez-y** piense en ello; **n'y comptez pas** no cuente con ello, → **aller, avoir**.

yacht [jot] *nm* yate *m*.

yaourt [jaurt] *nm* yogur *m*.

yeux → **œil**.

yoga [jɔga] *nm* yoga *m*.

yoghourt [jɔgurt] = **yaourt**.

Yougoslavie [jugɔslavi] *nf*: **la ~** Yugoslavia.

zapper [zape] *vi* hacer zapping.

zèbre [zɛbr] *nm* cebra *f*.

zéro [zero] *nm* cero *m*.

zigzaguer [zigzage] *vi* zigzaguear.

zone [zon] *nf* zona *f*; **~ piétonne** OU **piétonnière** zona peatonal.

zoo [zo(o)] *nm* zoo *m*.

zut [zyt] *excl* ¡ostras!

ESPAÑOL-FRANCÉS

ESPAGNOL-FRANÇAIS

a *prep* 1. *(gen)* à; **a las siete** à sept heures; **a la salida del cine** à la sortie du cinéma; **llegó a África/a Japón** il est arrivé en Afrique/au Japon; **está a cien kilómetros** c'est à cent kilomètres; **dáselo a Juan** donne-le à Juan; **¿a cuánto están las peras?** à combien sont les poires?; **ganaron por tres a cero** ils ont gagné trois à zéro.

2. *(periodo de tiempo)*. **al mes de casados** au bout d'un mois de mariage.

3. *(frecuencia, cantidad)* par; **cuarenta horas a la semana** quarante heures par semaine.

4. *(con complemento directo)*: **quiere a su hijo/gato** il aime son fils/chat.

5. *(modo)* à, en; **a escondidas** en cachette.

6. *(finalidad)* pour, à; **aprender a nadar** apprendre à nager.

7. *(mandato)*: **¡a comer!** à table!

8. *(en el momento de)*: **al llegar me encontré la casa vacía** en arrivant j'ai trouvé la maison vide.

abad, -esa *m, f* abbé *m* (abbesse *f*).

abadía *f* abbaye *f*.

abajo *adv (de situación)* en dessous; *(de dirección)* en bas; **más ~** plus bas; **ir para ~** descendre; **el piso de ~** l'appartement du dessous.

abalear *vt (Amér)* tirer sur.

abandonar *vt* abandonner; *(lugar)* quitter; *(obligaciones)* négliger.

abanico *m* éventail *m*.

abarcar *vt (incluir)* comprendre; *(ver)* embrasser du regard.

abarrotes *mpl (Amér)*

épicerie *f*.

abastecer *vt* approvisionner. ❑ **abastecerse de** *v + prep* s'approvisionner en.

abatido, **-da** *adj (desanimado)* abattu(-e).

abdicar *vi* abdiquer.

abdomen *m* abdomen *m*.

abecedario *m* alphabet *m*.

abeja *f* abeille *f*.

abejorro *m* bourdon *m*.

abeto *m* sapin *m*.

abierto, **-ta** *adj* ouvert(-e).

ablandar *vt (materia)* ramollir.

abofetear *vt* gifler.

abogado, **-da** *m, f* avocat *m* (-e *f*).

abolir *vt* abolir.

abollar *vt* cabosser.

abono *m (del metro, autobús)* carte *f* d'abonnement; *(para tierra)* engrais *m*.

abordar *vt* aborder.

aborrecer *vt* avoir en horreur.

aborto *m (intencionado)* avortement *m*; *(espontáneo)* fausse couche *f*.

abrasar *vt* brûler.

abrazadera *f* anneau *m*.

abrazar *vt* serrer dans ses bras. ❑ **abrazarse** *vpr* s'étreindre.

abrazo *m* accolade *f*.

abrebotellas *m inv* ouvre-bouteilles *m inv*.

abrelatas *m inv* ouvre-boîtes *m inv*.

abreviar *vt* abréger.

abridor *m (abrebotellas)* décapsuleur *m*; *(abrelatas)* ouvre-boîte *m*.

abrigar *vt* couvrir. ❑ **abrigarse** *vpr* se couvrir.

abrigo *m* manteau *m*; **al ~ de** à l'abri de.

abril *m* avril *m*, → **setiembre**.

abrillantar *vt* faire briller.

abrir *vt* ouvrir; *(alas)* déployer; *(agujero)* percer. ◆ *vi* ouvrir.

abrocharse *vpr (camisa, abrigo)* boutonner; *(cinturón)* attacher; **abróchense los cinturones** attachez votre ceinture.

ábside *m* abside *f*.

absoluto, **-ta** *adj* absolu(-e); **en ~** pas du tout.

absolver *vt*: **~ a alguien (de)** *(RELIG)* absoudre qqn (de);

(DER) acquitter qqn (de).

absorbente *adj (material)* absorbant(-e).

absorber *vt (líquido)* absorber.

abstemio, **-mia** *m, f*: **es un ~** il ne boit pas d'alcool.

abstenerse: **abstenerse de** *v + prep* s'abstenir de.

abstinencia *f* abstinence *f*; **hacer ~** faire abstinence.

abstracto, **-ta** *adj* abstrait(-e).

absurdo, **-da** *adj* absurde.

abuelo, **-la** *m, f (familiar)* grand-père *m* (grand-mère *f*); *(fam: anciano)* pépé *m* (mémé *f*).

abultar *vi* prendre de la place.

abundancia *f* abondance *f*.

aburrido, **-da** *adj* ennuyeux(-euse); **estar ~** *(harto)* en avoir assez.

aburrir *vt* ennuyer. ❑ **aburrirse** *vpr* s'ennuyer.

abusar: **abusar de** *v + prep* abuser de.

abusivo, **-va** *adj (precio)* abusif(-ive); *(Amér: descarado)* effronté(-e), *(Amér: que abusa)*: **es ~** c'est un profiteur.

abuso *m* abus *m*.

acá *adv* ici. ◆ *pron (Amér)*: **~ es mi hermana María** voici ma sœur María.

acabar *vt* 1. *(concluir)* finir.
2. *(provisiones)* épuiser.
◆ *vi* 1. *(gen)* finir; **~ bien/mal** finir bien/mal; **~ en** finir en; **esta palabra acaba en n** ce mot finit en n.
2. *(haber ocurrido recientemente)*: **acabo de llegar** je viens d'arriver.
3. *(volverse)* devenir; **acabó loco** il est devenu fou.
❑ **acabarse** *vpr (agotarse)*: **se acabó el petróleo** il n'y a plus de pétrole.

academia *f (escuela)* école *f*; *(de ciencias, arte)* académie *f*.

académico, **-ca** *adj* académique; *(curso)* scolaire.

acalorarse *vpr (por un esfuerzo)* avoir chaud; *(excitarse)* s'échauffer.

acampar *vi* camper.

acantilado *m* falaise *f*.

acaparar *vt* accaparer.

acápite *m (Amér)* paragraphe *m*.

acariciar *vt* caresser.

acaso *adv* peut-être; **por si ~** au cas où.

acatarrarse *vpr* s'enrhumer.

acceder *vi*: **~ a** *(lugar)* accéder à. ❑ **acceder a** *v + prep (petición)* consentir à.

acceso *m (a un lugar)* accès *m*; *(a poder)* accession *f*; **'~ pasajeros'** 'accès à bord'.

accesorio *m (de coche)* accessoire *m*; *(de cocina)* ustensile *m*.

accidente *m* accident *m*; **por ~** par hasard; **~ geográfico** accident de terrain; **~ laboral** accident du travail.

acción *f (acto)* action *f*; *(hecho)* acte *m*. ❑ **acciones** *fpl (en bolsa)* actions *fpl*.

acechar *vt* guetter.

aceite *m* huile *f*; **~ de girasol/de oliva** huile de tournesol/d'olive.

aceituna *f* olive *f*; **~s rellenas** olives farcies *(d'anchois ou de poivrons)*.

acelerador *m* accélérateur *m*.

acelerar *vt & vi* accélérer.

acelga *f* bette *f*.

acento *m* accent *m*.

acentuar *vt* accentuer.

aceptar *vt* accepter.

acera *f* trottoir *m*.

acerca: **acerca de** *prep* au sujet de.

acercar *vt (aproximar)* approcher. ❑ **acercarse** *vpr (día, fecha)* approcher; *(persona, animal)* s'approcher; **~se a** *(lugar)* approcher de; *(persona, animal)* s'approcher de.

acero *m* acier *m*.

acertado, **-da** *adj (respuesta)* bon (bonne).

acertar *vt (respuesta, solución)* trouver. ❑ **acertar con** *v + prep (hallar)* trouver. ❑ **acertar en** *v + prep (dar en)* atteindre.

acertijo *m* devinette *f*.

achinado, **-da** *adj (Amér)* d'origine indienne.

ácido, **-da** *adj & m* acide.

aclamar *vt* acclamer.

aclarar *vt (ropa, platos)* rincer. ◆ *v impers*: **está aclarando** le temps se lève. ◆ *vpr* s'acclimater.

acoger *vt* accueillir.

acomodador, **-ra** *m, f* ouvreur *m* (-euse *f*).

acomodarse *vpr (aposen-*

tarse) s'installer.

acompañar *vt (hacer compañía)* accompagner; *(adjuntar)* joindre; **le acompaño en el sentimiento** je vous présente mes condoléances.

acondicionado, -da *adj* aménagé(-e).

acondicionar *vt* aménager.

aconsejable *adj* recommandé(-e).

aconsejar *vt* conseiller.

acontecimiento *m* événement *m*.

acoplar *vt (encajar)* ajuster; *(adaptar)* adapter.

acordar *vt (decidir)* décider. ❑ **acordarse** *vpr (recordar)* se souvenir.

acordeón *m* accordéon *m*.

acortar *vt (en tiempo)* écourter; *(en espacio)* raccourcir.

acosar *vt (perseguir)* traquer; *(molestar)* harceler.

acostar *vt* coucher. ❑ **acostarse** *vpr* se coucher; **~se con alguien** *(fam)* coucher avec qqn.

acostumbrar *vi*: **~ a** avoir l'habitude de. ❑ **acostumbrarse** *vpr*: **~se a** s'habituer à.

acreditar *vt (con documentos)* certifier.

acróbata *mf* acrobate *mf*.

acta *f (de una reunión)* compte-rendu *m*.

actitud *f* attitude *f*.

actividad *f* activité *f*. ❑ **actividades** *fpl (tareas)* devoirs *mpl*.

acto *m* acte *m*; **~ seguido** là-dessus; **en el ~** sur-le-champ.

actor, -triz *m, f* acteur *m* (-trice *f*).

actual *adj* actuel(-elle).

actualidad *f* actualité *f*; **de ~** d'actualité; **en la ~** à l'heure actuelle.

actuar *vi* agir; *(en cine, teatro, etc)* jouer.

acuarela *f* aquarelle *f*.

acuario *m* aquarium *m*.

acudir *vi* faire appel à; **~ a** *(un lugar)* se rendre à.

acueducto *m* aqueduc *m*.

acuerdo *m* accord *m*; **de ~** d'accord; **estar de ~** être d'accord; **ponerse de ~** se mettre d'accord.

acumular *vt* accumuler.

acusar *vt*: **~ a alguien de** accuser qqn de.

acústica *f* acoustique *f*.

adaptarse: **adaptarse a** *v + prep* s'adapter à.

adecuar *vt* adapter.

adelantado, **-da** *adj (trabajo, tarea)* avancé(-e); *(alumno)* en avance; *(pago)* anticipé (-e); **ir ~** *(reloj)* avancer; **por ~** d'avance.

adelantamiento *m (de persona, vehículo)* dépassement *m*.

adelantar *vt* avancer; *(sobrepasar)* dépasser. ◆ *vi (reloj)* avancer.

adelante *adv*: **más ~** *(en tiempo)* plus tard; *(en espacio)* plus loin. ◆ *interj (siga)* en avant!; *(pase)* entrez!; **en ~** dorénavant.

adelgazar *vt (kilos)* perdre. ◆ *vi* maigrir.

además *adv* en plus.

adentro *adv* dedans, à l'intérieur.

adherente *adj* adhésif (-ive).

adherir *vt* coller. ❑ **adherirse a** *v + prep* adhérer à.

adicto, **-ta** *adj* dépendant (-e); **~ a** *(partidario)* partisan de; *(las drogas)* dépendant de.

adiós *interj* au revoir!

adivinanza *f* devinette *f*.

adivinar *vt* deviner.

adjuntar *vt* joindre.

administración *f* administration *f*. ❑ **Administración** *f*: **la Administración** l'Administration.

administrar *vt* administrer; *(organizar)* gérer.

administrativo, **-va** *adj* administratif(-ive). ◆ *m, f* employé *m* (-e *f*).

admirar *vt* admirer.

admitir *vt* admettre.

adolescente *adj & mf* adolescent(-e).

adonde *adv* où.

adónde *adv* où; **¿~ vas?** où vas-tu?

adoptar *vt* adopter.

adoquín *m* pavé *m*.

adorar *vt* adorer.

adornar *vt* décorer.

adosado, **-da** *adj* adossé (-e).

adquirir *vt* acquérir.

aduana *f* douane *f*.

adúltero, **-ra** *adj* adultère.

adulto, **-ta** *adj & m, f* adulte.

adversario, **-ria** *m, f* adversaire *mf.*

advertir *vt (avisar)* avertir; *(notar)* remarquer.

aéreo, **-a** *adj* aérien(-enne).

aeromoza *f (Amér)* hôtesse *f* de l'air.

aeropuerto *m* aéroport *m.*

aerosol *m* aérosol *m.*

afán *m (deseo)* désir *m; (en el trabajo)* ardeur *f.*

afectado, **-da** *adj* affecté(-e); **~ de** o **por** *(enfermedad)* atteint de.

afectar *vt* affecter; *(concernir)* concerner. ❑ **afectarse** *vpr:* **~se por** o **con** *(impresionarse)* être affecté(-e).

afecto *m* affection *f.*

afeitarse *vpr* se raser.

afeminado, **-da** *adj* efféminé(-e).

afiche *m (Amér)* affiche *f*

afición *f* goût *m; (partidarios)* supporters *mpl.*

aficionado, **-da** *adj* amateur.

aficionarse: **aficionarse a** *v + prep (interesarse por)* se passionner pour.

afilar *vt* aiguiser.

afín *adj (gustos, ideas)* commun(-e).

afinar *vt (instrumento)* accorder; *(tiro, puntería)* ajuster.

afirmar *vt* affirmer.

afligir *vt* affliger. ❑ **afligirse** *vpr* être affligé(-e).

aflojar *vt (cuerda)* donner du mou; *(nudo)* desserrer.

afluencia *f* affluence *f.*

afluente *m* affluent *m.*

afónico, **-ca** *adj* aphone.

aforo *m (de un local)* nombre *m* de places.

afortunadamente *adv* heureusement.

afortunado, **-da** *adj (con suerte)* chanceux(-euse).

África *s* Afrique *f.*

africano, **-na** *adj* africain(-e).

afuera *adv* dehors. ❑ **afueras** *fpl:* **las ~s** la banlieue.

agacharse *vpr* se baisser.

agarrar *vt* saisir; *(fam: enfermedad)* attraper. ❑ **agarrarse** *vpr (pelearse)* s'accrocher. ❑ **agarrarse a** *v + prep (oportunidad)* saisir

agencia *f* agence *f*; **~ de viajes** agence de voyages.
agenda *f* agenda *m*; *(actividades)* programme *m*.
agente *mf* agent *m*; **~ de policía** agent de police.
ágil *adj (movimiento)* agile; *(mente)* vif (vive).
agitar *vt* agiter.
agobiar *vt (suj: problema, trabajo)* accabler; *(suj: persona)* angoisser.
agosto *m* août *m*, → **setiembre**.
agotado, **-da** *adj* épuisé(-e).
agotar *vt* épuiser. ❑ **agotarse** *vpr (cansarse)* s'épuiser; *(acabarse)* être épuisé(-e).
agradable *adj* agréable.
agradecer *vt*: **~ (algo) a alguien** remercier qqn (de qqch).
agredir *vt* agresser.
agregado, **-da** *adj* ajouté(-e). ♦ *m, f (en embajada)* attaché *m* (-e *f*).
agregar *vt* ajouter.
agresivo, **-va** *adj* agressif(-ive).
agricultor, **-ra** *m, f* agriculteur *m* (-trice *f*).
agricultura *f* agriculture *f*.
agridulce *adj* aigre-doux (aigre-douce).
agrio, **-gria** *adj (sabor)* aigre; *(carácter)* âpre.
agrupación *f* groupe *m*.
agrupar *vt* grouper.
agua *f (líquido)* eau *f*; *(lluvia)* pluie *f*; **~ corriente** eau courante; **~ de colonia** eau de Cologne; **~ mineral** eau minérale; **~ mineral con/sin gas** eau gazeuse/plate; **~ potable** eau potable.
aguacate *m* avocat *m*.
aguacero *m* averse *f*.
aguamiel *f (Amér) eau mélangée à du sucre de canne.*
aguanieve *f* neige *f* fondue.
aguantar *vt* supporter. ♦ *vi (durar)* résister; **no ~** *(aborrecer)* ne pas supporter. ❑ **aguantarse** *vpr (contenerse)* se retenir; *(resignarse)* faire avec.
aguardar *vt & vi* attendre.
aguardiente *m* eau-de-vie *f*.
aguarrás *m* white-spirit *m*.
agudo, **-da** *adj* aigu(-uë).
águila *f* aigle *m*.
aguinaldo *m* étrennes *fpl*.
aguja *f* aiguille *f*; *(de pelo)*

pique *f*; **~ hipodérmica** seringue *f* hypodermique.

agujero *m* trou *m*.

agujetas *fpl* courbatures *fpl*.

ahí *adv* là; **~ viene** le voilà; **de ~ que** d'où le fait que; **por ~** par là.

ahijado, -da *m, f (de un padrino)* filleul *m* (-e *f*).

ahogado, -da *adj* étouffé(-e). ◆ *m, f* noyé *m* (-e *f*).

ahogarse *vpr (en agua)* se noyer; *(asfixiarse)* s'étouffer; *(sofocarse)* s'étrangler.

ahora *adv* maintenant; **por ~** pour le moment; **~ bien** cela dit; **~ mismo** tout de suite.

ahorcar *vt* pendre.

ahorita *adv (Amér)* tout de suite.

ahorrar *vt (dinero, energía, esfuerzos)* économiser; *(en el banco)* épargner; *(disgustos)* éviter.

ahorro *m (de energía)* économie *f*; *(de tiempo)* gain *m*. ❑ **ahorros** *mpl* économies *fpl*.

ahumado, -da *adj* fumé(-e).

aire *m* air *m*; *(gracia, garbo)* allure *f*; **al ~** à l'air; **al ~ libre** à l'air libre; **darse ~s** se donner de grands airs; **~ acondicionado** air conditionné.

airoso, -sa *adj (garboso)* gracieux(-euse).

aislar *vt* isoler. ❑ **aislarse** *vpr* s'isoler.

ajedrez *m* échecs *mpl*.

ajeno, -na *adj* d'autrui; **~ a** étranger à.

ajetreo *m* agitation *f*.

ají *m (Amér)* piment *m*; **ponerse como un ~** *(fam)* piquer un fard.

ajiaco *m (Amér) ragoût aux piments.*

ajillo *m*: **al ~** *avec une sauce à base d'huile, d'ail et de piment.*

ajo *m* ail *m*.

ajustado, -da *adj (precio)* raisonnable; *(ropa)* moulant (-e).

ajustar *vt (encajar)* ajuster; *(precios, condiciones)* négocier. ❑ **ajustarse a** *v + prep* s'adapter à.

al → **a, el**.

ala *f* aile *f*; *(de sombrero)* bord *m*.

alabanza *f* louange *f*.

alabar *vt* vanter.

alacena *f* placard *m* à provisions.

alambre *m (de metal)* fil *m* de fer; *(Amér) brochette de viande ou de poisson avec des légumes.*

alameda *f* promenade *f (bordée d'arbres).*

álamo *m* peuplier *m.*

alardear: **alardear de** *v + prep* se targuer de.

alargar *vt (falda, pantalón)* rallonger; *(situación)* prolonger.

alarma *f* alarme *f*; **dar la (voz de) ~** donner l'alerte.

alarmar *vt* alarmer.

alba *f* aube *f.*

albañil *m* maçon *m.*

albaricoque *m* abricot *m.*

alberca *f (Amér)* piscine *f.*

albergar *vt (personas)* héberger.

albergue *m* refuge *m*; **~ juvenil** auberge *f* de jeunesse.

albornoz (*pl* **-ces**) *m* peignoir *m* (de bain).

alborotado, -da *adj (persona)* affolé(-e); *(cabello)* ébouriffé(-e).

alborotar *vt* affoler. ◆ *vi* chahuter.

albufera *f* marécage *m (du Levant espagnol).*

álbum *m* album *m*; **~ de fotos** album photos.

alcachofa *f (planta)* artichaut *m*; **~s con jamón** *cœurs d'artichauts sautés au jambon.*

alcalde, -desa *m, f* maire *m.*

alcaldía *f (cargo)* mairie *f.*

alcance *m* portée *f*; **a su ~** à sa portée; **dar ~ a alguien** rattraper qqn.

alcantarilla *f* égout *m.*

alcanzar *vt* rattraper; *(autobús, tren)* attraper; *(meta, cima)* atteindre; **~ a** arriver à.

alcaparra *f* câpre *f.*

alcayata *f (clavo)* piton *m.*

alcázar *m* alcazar *m.*

alcohol *m* alcool *m.*

alcohólico, -ca *adj (persona)* alcoolique; *(bebida)* alcoolisé(-e).

alcornoque *m* chêne-liège *m.*

aldea *f* hameau *m.*

alebestrarse *vpr (Amér) (ponerse nervioso)* s'énerver; *(enojarse)* se fâcher.

alegrar *vt (persona)* faire

plaisir à; *(fiesta)* égayer. ❑ **alegrarse** *vpr*: **~se de** être content(-e); **~se por** se réjouir de.

alegre *adj* gai(-e); *(cara, expresión)* joyeux(-euse).

alegría *f* joie *f*.

alejarse *vpr*: **~se de** s'éloigner de.

alemán, -ana *adj* allemand(-e) ◆ *m (lengua)* allemand *m*.

Alemania *s* Allemagne *f*.

alergia *f* allergie *f*.

alero *m* auvent *m*.

alerta *f* alerte *f*. ◆ *interj* alerte! ◆ *adv*: **estar ~** être sur ses gardes; **~ roja** alerte maximum.

aleta *f (de pez)* nageoire *f*; *(de automóvil, nariz)* aile *f*. ❑ **aletas** *fpl (para nadar)* palmes *fpl*.

alevín *m (de pez)* alevin *m*; *(en deportes)* poussin *m*.

alfabetizar *vt (personas)* alphabétiser; *(palabras, letras)* classer par ordre alphabétique.

alfabeto *m* alphabet *m*.

alfarero, -ra *m, f* potier *m* (ère *f*).

alfiler *m* épingle *f*; **~ de gancho** *(Amér)* épingle de nourrice.

alfombra *f* tapis *m*.

alfombrilla *f (de coche)* tapis *m* de sol; *(felpudo)* paillasson *m*; *(de baño)* tapis *m* de bain.

alga *f* algue *f*.

algo *pron* quelque chose. ◆ *adv* un peu; **¿busca usted ~?** cherchez-vous quelque chose?

algodón *m* coton *m*; **de ~** en coton.

alguien *pron* quelqu'un.

alguno, -na *adj (indeterminado)* un (une); *(ninguno)* aucun(-e); **algún día** un jour; **sin duda alguna** sans aucun doute.

◆ *pron (alguien)* quelqu'un; **~s no vinieron** certains ne sont pas venus.

alhaja *f (joya)* bijou *m*; *(objeto)* joyau *m*.

aliarse: **aliarse con** *v + prep* s'allier à O avec.

alicates *mpl* pince *f*.

aliciente *m* encouragement *m*.

aliento *m* haleine *f*; **tener**

mal ~ avoir mauvaise haleine.

aligerar *vt (peso)* alléger.

alijo *m* marchandise *f* de contrebande.

alimentar *vt (persona, animal)* nourrir.

alimento *m* aliment *m*.

alinear *vt* aligner. ❑ **alinearse** *vpr* s'aligner.

alioli *m* aïoli *m*.

aliviar *vt (dolor, enfermedad)* soulager.

allá *adv (de espacio)* là-bas; *(de tiempo)* autrefois.

allí *adv* là; **está ~** il est là-bas.

alma *f* âme *f*.

almacén *m* magasin *m*. ❑ **almacenes** *mpl* grands magasins *mpl*.

almejas *fpl* palourdes *fpl*; **~ a la marinera** palourdes (à la) marinière.

almendra *f* amande *f*.

almendrado *m petit gâteau aux amandes.*

almendro *m* amandier *m*.

almíbar *m* sirop *m*.

almidonar *vt* amidonner.

almirante *m* amiral *m*.

almohada *f* oreiller *m*.

almohadilla *f* petit coussin *m*.

almorranas *fpl* hémorroïdes *fpl*.

almorzar *vi (al mediodía)* déjeuner.

almuerzo *m (al mediodía)* déjeuner *m*.

aló *interj (Amér)* allô!

alocado, -da *adj (niño)* agité(-e); *(decisión)* irréfléchi (-e).

alojamiento *m* logement *m*.

alojar *vt* loger. ❑ **alojarse** *vpr* loger.

alondra *f* alouette *f*.

alpargata *f* espadrille *f*.

Alpes *mpl*: **los ~** les Alpes.

alpinismo *m* alpinisme *m*.

alpiste *m* alpiste *m*.

alquilar *vt* louer; **'se alquila'** 'à louer'.

alquiler *m* location *f*; *(precio)* loyer *m*; **~ de coches** location de voitures.

alquitrán *m* goudron *m*.

alrededor *adv*: **~ (de)** *(en torno a)* autour (de); *(aproximadamente)* environ. ❑ **alrededores** *mpl*: **los ~es** les environs.

f; *(inquietud)* anxiété *f*.

ansiedad *f* anxiété *f*.

ansioso, -sa *adj* anxieux (-euse).

ante[1] *prep* devant.

ante[2] *m (piel)* daim *m*.

anteanoche *adv* avant-hier soir.

anteayer *adv* avant-hier.

antebrazo *m* avant-bras *m*.

antecedentes *mpl*: **tener ~ (penales)** avoir un casier judiciaire.

anteceder *vt* précéder.

antemano: **de antemano** *adv* d'avance.

antena *f* antenne *f*.

anteojos *mpl (Amér)* lunettes *fpl*.

antepasados *mpl* ancêtres *mpl*.

anterior *adj* précédent(-e).

antes *adv* 1. *(gen)* avant; **¿quién ha llamado ~?** qui a appelé tout à l'heure?; **lo ~ posible** dès que possible; **~ de venir** avant de venir; **el hotel está ~ del cruce** l'hôtel est avant le carrefour; **yo la vi ~** c'est moi qui l'ai vu le premier. 2. *(expresa preferencia)*: **iría a la cárcel ~ que mentir** j'irais en prison plutôt que de mentir. ◆ *adj*: **llegó el día ~** il est arrivé la veille.

antibiótico *m* antibiotique *m*.

anticiclón *m* anticyclone *m*.

anticipar *vt (noticias)* dire à l'avance; *(fecha, pago)* avancer.

anticipo *m (de dinero)* avance *f*.

anticonceptivo *m* contraceptif *m*.

anticuado, -da *adj (ropa, música)* démodé(-e); *(persona)* vieux jeu.

anticuario *m* antiquaire *mf*.

antier *adv (Amér: fam)* avant-hier.

antifaz (*pl* **-ces**) *m* loup *m (masque)*.

antigüedad *f (época)* antiquité *f*; *(en el trabajo)* ancienneté *f*. ❑ **antigüedades** *fpl* antiquités *fpl*.

antiguo, -gua *adj (viejo)* ancien(-enne); *(pasado de moda)* démodé(-e).

antílope *m* antilope *f*.
antipatía *f* antipathie *f*.
antipático, -ca *adj* antipathique.
antirrobo *adj & m* antivol.
antitérmico *m* fébrifuge *m*.
antojitos *mpl* *(Amér)* amuse-gueule *mpl*.
antojo *m (capricho)* envie *f*.
antología *f* anthologie *f*.
antorcha *f* torche *f*.
antro *m (despec: local)* boui-boui *m*.
anual *adj* annuel(-elle).
anular *m* annulaire *m*. ◆ *vt* annuler; *(personalidad)* étouffer.
anunciar *vt* annoncer; *(en publicidad)* faire de la publicité pour.
anzuelo *m* hameçon *m*.
añadir *vt* ajouter.
añicos *mpl*: **hacer ~** réduire en miettes.
año *m* année *f*; **hace ~s** il y a des années; **tiene tres ~s** elle a trois ans; **~ nuevo** nouvel an *m*.
añorar *vt* regretter.
aorta *f* aorte *f*.
apadrinar *vt (en bautizo)* être le parrain de; *(proteger, ayudar)* parrainer.
apagado, -da *adj (luz, fuego)* éteint(-e); *(persona)* effacé (-e); *(color)* terne; *(sonido)* étouffé(-e).
apagar *vt* éteindre. ❑ **apagarse** *vpr* s'éteindre.
apaisado, -da *adj* à l'italienne *(format)*.
apañarse *vpr* se débrouiller.
apapachar *vt (Amér)* câliner.
aparador *m* buffet *m*.
aparato *m* appareil *m*; *(de radio, televisión)* poste *m*.
aparcamiento *m (lugar)* parking *m*; *(hueco)* place *f*; **'~ público'** 'parking public'.
aparcar *vt (vehículo)* garer; **'no ~'** ne pas stationner; **'~ en batería'** se garer en épi.
aparecer *vi (de forma repentina)* apparaître; *(lo perdido)* réapparaître.
aparejador, -ra *m, f* métreur *m* (-euse *f*).
aparejo *m* gréement *m*.
aparentar *vt* feindre.
aparente *adj (fingido)* apparent(-e); *(vistoso)* voyant(-e).

apariencia *f* apparence *f*; **en ~** en apparence; **guardar las ~s** sauver les apparences.

apartado, -da *adj* écarté (-e). ◆ *m (de libro, ley)* alinéa *m*; **~ de correos** boîte *f* postale.

apartamento *m* appartement *m*.

apartar *vt (separar)* séparer; *(alejar)* écarter. ❑ **apartarse** *vpr* s'écarter; **~se de** s'écarter de.

aparte *adv* à part; *(además)* en plus. ◆ *adj* à part; **~ de** *(además de)* en plus de.

apasionar *vi* passionner. ❑ **apasionarse** *vpr (excitarse)* s'emporter. ❑ **apasionarse por** *v + prep (aficionarse a)* se passionner pour.

apdo. *(abrev de apartado)* BP.

apego *m*: **tener ~ a** être attaché(-e).

apellido *m* nom *m* de famille.

apenado, -da *adj (Amér)* gêné(-e).

apenar *vt* peiner.

apenas *adv* à peine.

apéndice *m* appendice *m*.

apendicitis *f inv* appendicite *f*.

aperitivo *m (bebida)* apéritif *m*; *(comida)* amuse-gueule *m*.

apestar *vi* puer.

apetecer *vi*: **me apetece un café/salir** j'ai envie d'un café/de sortir.

apetito *m* appétit *m*.

apiñarse *vpr* s'entasser.

apio *m* céleri *m*.

aplanar *vt* aplanir.

aplastar *vt (chafar)* écraser.

aplaudir *vt & vi* applaudir.

aplauso *m* applaudissement *m*.

aplazar *vt* reporter.

aplicar *vt* appliquer. ❑ **aplicarse** *vpr*: **~ en** s'appliquer à.

aplique *m* applique *f*.

aplomo *m* aplomb *m*.

apoderarse: **apoderarse de** *v + prep* s'emparer de.

apodo *m* surnom *m*.

apogeo *m* apogée *m*; **estar en su ~** être à son apogée.

aportar *vt* apporter.

aposta *adv* exprès.

apostar *vt & vi* parier. ❑ **apostar por** *v + prep* parier sur.

apóstol *m* apôtre *m*.

apoyar *vt* appuyer; *(animar)*

soutenir. ❑ **apoyarse** *vpr*: **~se en** s'appuyer sur.

apreciar *vt* apprécier; *(percibir)* distinguer.

aprecio *m* estime *f*.

apremiar *vt & vi* presser.

aprender *vt* apprendre; **~ a** apprendre à.

aprendiz *(pl* **-ces)** *m* apprenti *m*.

aprendizaje *m* apprentissage *m*.

aprensión *f (miedo)* appréhension *f*; *(escrúpulo)* dégoût *m*.

aprensivo, **-va** *adj (miedoso)* craintif(-ive); *(escrupuloso)* délicat(-e).

apresurarse *vpr* se dépêcher; **~ a** se dépêcher de.

apretar *vt* serrer; *(presionar)* appuyer sur. ◆ *vi (calor, hambre)* redoubler. ❑ **apretarse** *vpr* se serrer; **~se el cinturón** se serrer la ceinture.

apretujar *vt (fam)* tasser.

aprisa *adv* vite.

aprobado *m* mention *f* passable.

aprobar *vt (asignatura, examen)* réussir; *(ley, norma)* adopter; *(decisión, comportamiento)* approuver.

apropiado, **-da** *adj* approprié(-e).

apropiarse: **apropiarse de** *v + prep* s'approprier.

aprovechar *vt (oferta, tiempo)* profiter de; *(espacio)* gagner; *(lo inservible)* récupérer. ◆ *vi*: **¡que aproveche!** bon appétit! ❑ **aprovecharse de** *v + prep* profiter de.

aproximación *f (acercamiento)* rapprochement *m*; *(en cálculo)* approximation *f*.

aproximadamente *adv* approximativement.

aproximar *vt* approcher.

apto, **-ta** *adj*: **~ para** apte à.

apuesta *f* pari *m*.

apuesto, **-ta** *adj* élégant (-e).

apunarse *vpr (Amér)* avoir le mal des montagnes.

apuntador, **-ra** *m, f (de teatro)* souffleur *m* (-euse *f*).

apuntar *vt (escribir)* noter; *(inscribir)* inscrire; *(con arma)* viser; *(con el dedo)* montrer. ❑ **apuntarse** *vpr (inscribirse)* s'inscrire. ❑ **apuntarse a** *v + prep (participar en)* se joindre à.

apuñalar *vt* poignarder.

apurar *vt (agotar)* épuiser; *(preocupar)* inquiéter. ❑ **apurarse** *vpr (darse prisa)* se dépêcher.

apuro *m (dificultad)* ennui *m*; *(escasez económica)* gêne *f*; **dar ~** *(dar vergüenza)* gêner; **estar en ~s** avoir des ennuis.

aquel, **aquella** *adj* ce (cette); **aquella casa** cette maison; **~ año** cette année-là.

aquél, **aquélla** *pron* celui-là (celle-là); **~ que** celui qui.

aquello *pron neutro* cela.

aquellos, **-llas** *adj pl* ces.

aquéllos, **-llas** *pron pl* ceux-là (celles-là).

aquí *adv* ici; **~ arriba** en haut; **~ dentro** dedans.

árabe *adj* arabe. ◆ *m (lengua)* arabe *m*.

arado *m* charrue *f*.

arandela *f (de tornillo)* rondelle *f*.

araña *f* araignée *f*.

arañar *vt* griffer.

arañazo *m* égratignure *f*.

arar *vt* labourer.

árbitro *m* arbitre *m*.

árbol *m* arbre *m*; **~ de Navidad** sapin *m* ○ arbre de Noël.

arbusto *m* arbuste *m*.

arca *f* coffre *m*.

arcada *f (en monumentos)* arcade *f*.

arcángel *m* archange *m*.

arcén *m* bas-côté *m*.

archipiélago *m* archipel *m*.

archivar *vt* classer.

archivo *m* archives *fpl*.

arcilla *f* argile *f*.

arco *m* arc *m*; *(Amér: en deporte)* but *m*; **~ iris** arc-en-ciel *m*; **~ de triunfo** arc de triomphe.

arder *vi* brûler.

ardilla *f* écureuil *m*.

área *f (zona)* zone *f*; *(medida)* are *m*; *(en geometría)* surface *f*; **'~ de descanso'** 'aire de repos'; **'~ de recreo'** 'aire de jeux'.

arena *f* sable *m*; **~s movedizas** sables mouvants.

arenque *m* hareng *m*.

aretes *mpl (Amér)* boucles *fpl* d'oreille.

Argentina *s* Argentine *f*.

argentino, **-na** *adj* argentin(-e).

argolla *f (Amér: fam)*

alliance *f*.

argot *m* argot *m*.

argumento *m (razonamiento)* argument *m*; *(de novela, película)* thème *m*.

aria *f* aria *f*.

árido, -da *adj* aride.

arista *f* arête *f*.

aristócrata *mf* aristocrate *mf*.

aritmética *f* arithmétique *f*.

arlequín *m* arlequin *m*.

arma *f* arme *f*.

armadillo *m* tatou *m*.

armadura *f (coraza)* armure *f*.

armar *vt (ejército, arma)* armer; *(mueble, tienda)* monter.

armario *m* armoire *f*.

armazón *f* armature *f*.

armisticio *m* armistice *m*.

armonía *f* harmonie *f*.

armónica *f* harmonica *m*.

aro *m (anilla)* anneau *m*; *(juguete)* cerceau *m*.

aroma *m* arôme *m*.

arpa *f* harpe *f*.

arqueología *f* archéologie *f*.

arquero *m (Amér)* gardien *m* de but.

arquitecto, -ta *m, f* architecte *mf*.

arquitectura *f* architecture *f*.

arraigar *vi (planta, árbol)* pousser; *(costumbre, vicio)* s'ancrer.

arrancar *vt* arracher; *(motor)* faire démarrer.

arranque *m (ímpetu)* accès *m*.

arrastrar *vt (por el suelo)* traîner; *(convencer)* entraîner.

arrebatar *vt (quitar)* arracher.

arrebato *m (de ira, locura)* accès *m*.

arreglar *vt* arranger; *(ordenar)* ranger. ❑ **arreglarse** *vpr* s'arranger; **arreglárselas** se débrouiller.

arreglo *m (reparación)* réparation *f*; *(acuerdo)* arrangement *m*.

arrendatario, -ria *m, f* locataire *mf*.

arrepentirse: **arrepentirse de** *v + prep* se repentir de.

arrestar *vt* arrêter.

arriba *adv (posición)* au-dessus; *(dirección)* en haut. ◆ *interj*: **¡~ las manos!** haut les mains!; **de ~ abajo** *(detenidamente)* du début à la fin; *(con desdén)* de la tête aux pieds; **más ~** plus haut; **ir para ~** monter.

arriesgar *vt* risquer. ❑ **arriesgarse** *vpr*: **~se a** se risquer à.

arrimar *vt* approcher.

arrodillarse *vpr* s'agenouiller.

arrogante *adj* arrogant(-e).

arrojar *vt (lanzar)* jeter; *(vomitar)* rendre.

arroyo *m* ruisseau *m*.

arroz *m* riz *m*; **~ a la cubana** *riz blanc accompagné de sauce tomate et d'un œuf au plat*; **~ chaufa** *(Amér)* = riz cantonnais; **~ con leche** riz au lait; **~ negro** *riz cuit dans l'encre de seiche*.

arruga *f (en piel)* ride *f*; *(en tejido)* pli *m*.

arruinar *vt* ruiner.

arsénico *m* arsenic *m*.

arte *m o f* art *m*; **por ~ de magia** comme par enchantement. ❑ **artes** *fpl* arts *mpl*.

artefacto *m* appareil *m*.

arteria *f* artère *f*.

artesanía *f* artisanat *m*; **de ~** artisanal(-e).

ártico *adj* arctique. ❑ **Ártico** *m*: **el Ártico** l'Arctique.

articular *vt* articuler.

articulista *mf* journaliste *mf*.

artículo *m* article *m*; **~s de consumo** biens *mpl* de consommation; **~s de lujo** articles de luxe.

artificial *adj (no natural)* artificiel(-elle); *(falso)* affecté(-e).

artificio *m (dispositivo)* dispositif *m*; *(artimaña)* artifice *m*.

artista *mf* artiste *mf*.

arveja *f (Amér)* petit pois *m*.

arzobispo *m* archevêque *m*.

as *m* as *m*.

asa *f* anse *f (poignée)*.

asado, -da *adj* grillé(-e). ◆ *m* rôti *m*; **carne asada** viande *f* grillée; **pollo ~** poulet *m* rôti.

asador *m (varilla)* broche *f*; *(restaurante)* grill *m*.

asaltar *vt (banco, tienda)* attaquer; *(persona)* assaillir.

asalto *m (a banco, tienda)*

hold-up *m*; *(en boxeo, judo)* round *m*.

asamblea *f* assemblée *f*.

asar *vt* rôtir.

ascender *vt (empleado)* promouvoir. ❑ **ascender a** *v + prep (suj: cantidad)* s'élever à.

ascenso *m (de sueldo)* augmentation *f*; *(de puesto)* avancement *m*.

ascensor *m* ascenseur *m*.

asco *m* dégoût *m*; **ser un ~** *(fam)* être nul (nulle); **dar ~** dégoûter; **¡qué asco!** c'est dégoutant!

ascua *f* charbon *m* ardent.

asear *vt* nettoyer. ❑ **asearse** *vpr* faire sa toilette.

asegurar *vt* assurer; *(cuerda, nudo)* resserrer. ❑ **asegurarse de** *v + prep*: **~se de que** s'assurer que.

aseo *m (limpieza)* toilette *f*; *(habitación)* salle *f* d'eau.

asesino, -na *adj* assassin(-e). ◆ *m, f* assassin *m*.

asesor, -ra *m, f* conseiller *m* (-ère *f*).

asfalto *m* asphalte *m*.

asfixia *f* asphyxie *f*.

asfixiar *vt (ahogar)* asphyxier; *(agobiar)* étouffer. ❑ **asfixiarse** *vpr (ahogarse)* s'asphyxier; *(agobiarse)* étouffer.

así *adv* ainsi, comme cela. ◆ *adj inv* pareil(-eille); **~ de grande** grand(-e); **~ como** *(del mismo modo)* comme; **~ es** c'est ça; **~ y todo** malgré tout.

Asia *s* Asie *f*.

asiático, -ca *adj* asiatique. ◆ *m, f* Asiatique *mf*.

asiento *m (mueble)* siège *m*; *(plaza sentada)* place *f*.

asignatura *f* matière *f (d'enseignement)*.

asilo *m (para ancianos)* hospice *m*; **~ político** asile *m* politique.

asimilar *vt (conocimientos)* assimiler; *(cambio, situación)* accepter.

asistir *vt (enfermo)* soigner. ❑ **asistir a** *v + prep (clase, espectáculo)* assister à.

asma *f* asthme *m*.

asno, -na *m, f* âne *m* (ânesse *f*).

asociación *f* association *f*; **~ de ideas** association d'idées.

asociar *vt* associer. ❑ **asociarse a** *v + prep (club, institu-*

ción) s'inscrire à. ❑ **asociarse con** *v + prep* s'associer avec.

asolar *vt* dévaster.

asomar *vi (mostrarse)* apparaître. ❑ **asomarse** *vpr*: **~se a** *(ventana, balcón)* se pencher à.

asombrar *vt* stupéfier. ❑ **asombrarse de** *v + prep* s'étonner de.

asorocharse *vpr (Amér)* avoir le mal des montagnes.

aspa *f (de molino)* aile *f*; *(de hélice)* pale *f*.

aspecto *m* aspect *m*.

áspero, **-ra** *adj (al tacto)* rugueux(-euse); *(fruto, voz)* âpre.

aspiradora *f* aspirateur *m*.

aspirar *vt* aspirer. ❑ **aspirar a** *v + prep* aspirer à.

asqueroso, **-sa** *adj* répugnant(-e).

asta *f (de lanza, bandera)* hampe *f*; *(de toro)* corne *f*; *(de ciervo)* bois *m*.

asterisco *m* astérisque *m*.

astillero *m* chantier *m* naval.

astro *m* astre *m*.

astrología *f* astrologie *f*.

astronauta *mf* astronaute *m*.

astronomía *f* astronomie *f*.

astuto, **-ta** *adj (listo)* astucieux(-euse); *(taimado)* rusé (-e).

asumir *vt* assumer.

asunto *m (tema)* sujet *m*; *(negocio)* affaire *f*.

asustar *vt* faire peur à. ❑ **asustarse** *vpr* avoir peur.

atacar *vt* attaquer.

atajo *m (camino)* raccourci *m*; *(despec: pandilla)* bande *f*; **un ~ de** une bande de.

ataque *m* attaque *f*; **~ al corazón** crise *f* cardiaque; **~ de nervios** crise *f* de nerfs; **~ de risa** fou rire *m*; **~ de tos** quinte *f* de toux.

atar *vt* attacher.

atardecer *m*: **al ~** à la tombée du jour.

atareado, **-da** *adj* occupé (-e).

atasco *m* embouteillage *m*.

ataúd *m* cercueil *m*.

ate *m (Amér)* gelée *f* de coing.

ateísmo *m* athéisme *m*.

atención *f* attention *f*; **~ al cliente** service *m* clients.

atender *vt (solicitud, petición)*

accéder à; *(negocio, clientes)* s'occuper de; *(enfermo)* soigner. ◆ *vi (escuchar)* être attentif(-ive).

atentado *m* attentat *m*.

ateo, -a *m, f* athée *mf*.

aterrizar *vi* atterrir.

aterrorizar *vt* terroriser.

atestiguar *vt* témoigner.

ático *m appartement situé au dernier étage d'un immeuble.*

atinar *vi (dar en el blanco)* viser juste; *(acertar)* trouver.

Atlántico *m*: **el ~** l'Atlantique.

atlas *m inv* atlas *m*.

atleta *mf* athlète *mf*.

atletismo *m* athlétisme *m*.

atmósfera *f* atmosphère *f*.

atole *m (Amér) boisson à base de farine de maïs.*

atolondrarse *vpr* être étourdi(-e).

átomo *m* atome *m*.

atónito, -ta *adj* sans voix.

atontado, -da *adj (aturdido)* étourdi(-e); *(tonto)* abruti(-e).

atorado, -da *adj (Amér: atascado)* bouché(-e); *(agitado, nervioso)* nerveux(-euse).

atorar *vt (Amér: bloquear)* boucher. ❑ **atorarse** *vpr (Amér: atascarse)* se boucher; *(atragantarse)* s'étrangler.

atracador, -ra *m, f (ladrón)* voleur *m* (-euse *f*).

atracar *vt (banco, tienda)* attaquer; *(persona)* agresser. ◆ *vi (barco)* accoster.

atracción *f* attraction *f*. ❑ **atracciones** *fpl (espectáculos)* attractions *fpl*.

atraco *m* hold-up *m inv*.

atractivo, -va *adj* attrayant(-e). ◆ *m (cualidades)* attrait *m*; *(de persona)* charme *m*.

atraer *vt* attirer. ◆ *vi (gustar)* plaire.

atragantarse *vpr* s'étrangler.

atrapar *vt* attraper.

atrás *adv (en el espacio)* derrière; *(en movimiento)* en arrière; *(en el tiempo)* plus tôt, avant.

atrasado, -da *adj* en retard; **ir ~** *(reloj)* retarder.

atrasar *vt (llegada, reloj)* retarder; *(proyecto, cita)* reporter. ◆ *vi* retarder. ❑ **atrasarse** *vpr (persona)* être en retard; *(tren, proyecto etc)* prendre du retard.

atraso *m* retard *m*. ❑ **atra-**

sos *mpl (de dinero)* arriérés *mpl*.

atravesar *vt* traverser.

atreverse *vpr*: ~ **a** oser.

atrevido, -da *adj (osado)* osé(-e); *(insolente)* effronté(-e); *(valiente)* intrépide.

atribuir *vt* attribuer.

atropellar *vt (suj: vehículo)* renverser; *(suj: persona)* bousculer.

ATS *mf (abrev de Ayudante Técnico Sanitario)* infirmier *m* (-ère *f*).

atún *m* thon *m*; ~ **en aceite** thon à l'huile.

audaz (*pl* **-ces**) *adj* audacieux(-euse).

audiencia *f* audience *f*.

auditor *m* (FIN) audit *m*.

auditorio *m (público)* auditoire *m*; *(local)* auditorium *m*.

auge *m* essor *m*; **en** ~ en plein essor.

aula *f* salle *f* de cours.

aullido *m* hurlement *m*.

aumento *m (de sueldo, peso)* augmentation *f*; *(en óptica)* grossissement *m*.

aun *adv (incluso)* même. ◆ *conj (aunque)* bien que; ~ **así** même ainsi.

aún *adv* encore.

aunque *conj* bien que.

aureola *f* auréole *f*.

auricular *m (de teléfono)* écouteur *m*. ❑ **auriculares** *mpl (de radio, casete, TV)* casque *m*.

ausencia *f* absence *f*.

austero, -ra *adj* austère.

Australia *s* Australie *f*.

australiano, -na *adj* australien(-enne). ◆ *m, f* Australien *m* (-enne *f*).

Austria *s* Autriche *f*.

austríaco, -ca *adj* autrichien(-enne).

auténtico, -ca *adj (veraz)* authentique; *(verdadero)* vrai (-e); *(piel)* véritable.

auto *m* auto *f*.

autobús *m* autobus *m*.

autocar *m* autocar *m*; ~ **de línea** autocar interurbain.

autoescuela *f* auto-école *f*.

autógrafo *m* autographe *m*.

automático, -ca *adj (máquina, arma)* automatique; *(gesto, comportamiento)* mécanique.

automóvil *m* automobile *f*.

autonomía *f (autosuficiencia)*

autonomie *f*; *(autogobierno)* communauté *f* autonome.

autopista *f* autoroute *f*; **~ de peaje** autoroute à péage.

autopsia *f* autopsie *f*.

autor, -ra *m, f* auteur *m*.

autoridad *f* autorité *f*; **la ~** *(la policía)* les autorités.

autorizar *vt* autoriser.

autoservicio *m* self-service *m*.

autostop *m* auto-stop *m*; **hacer ~** faire de l'auto-stop.

autovía *f* route *f* à quatre voies.

auxiliar *adj* auxiliaire. ◆ *mf* *(ayudante)* assistant *m* (-e *f*). ◆ *vt* *(socorrer)* assister; **~ administrativo** employé *m* (-e *f*); **~ de vuelo** steward *m* (hôtesse de l'air *f*).

auxilio *m* secours *m*. ◆ *interj* au secours!; **primeros ~s** premiers secours.

aval *m* *(persona)* garant *m*; *(documento)* aval *m*.

avalancha *f* avalanche *f*.

avalar *vt* *(crédito)* avaliser; *(propuesta, idea)* donner son aval à.

avance *m* *(de tecnología, ciencia)* progrès *m*; *(de película)* bande-annonce *f*; **~ informativo** flash *m* d'information.

avanzar *vi* avancer.

avaro, -ra *adj* avare.

avda *(abrev de avenida)* Av.

ave *f* oiseau *m*.

AVE *m* *(abrev de Alta Velocidad Española)* = TGV *m*.

avellana *f* noisette *f*.

avena *f* avoine *f*.

avenida *f* avenue *f*.

aventar *vt* *(Amér)* jeter.

aventón *m* *(Amér)*: **dar un ~ a alguien** déposer qqn *(en voiture)*.

aventura *f* aventure *f*.

avergonzarse: **avergonzarse de** *v + prep* avoir honte de.

avería *f* panne *f*.

averiguar *vt* *(indagar)* chercher à savoir; *(enterarse)* découvrir.

aversión *f* aversion *f*.

avestruz (*pl* **-ces**) *m* autruche *f*.

avión *m* avion *m*.

avioneta *f* avion *m* de tourisme.

avisar *vt* appeler. ❑ **avisar de** *v + prep* *(comunicar)* informer de; *(prevenir)* prévenir de.

avispa *f* guêpe *f*.

axila *f* aisselle *f*.

ayer *adv* hier; **~ noche** hier soir; **~ por la mañana** hier matin.

ayuda *f* aide *f*.

ayudante *mf* assistant *m* (-e *f*).

ayudar *vt* aider.

ayunar *vi* jeûner.

ayuntamiento *m* *(corporación)* municipalité *f*; *(edificio)* mairie *f*.

azada *f* houe *f*.

azafata *f* hôtesse *f*; **~ de vuelo** hôtesse de l'air.

azafrán *m* safran *m*.

azar *m* hasard *m*.

azotea *f* terrasse *f* *(d'un immeuble)*.

azúcar *m o f* sucre *m*.

azucarero *m* sucrier *m*.

azucena *f* lis *m*.

azufre *m* soufre *m*.

azul *adj* bleu(-e). ◆ *m* bleu *m*; **~ marino** bleu marine.

azulejo *m* azulejo *m*.

azuloso, -sa *adj* *(Amér)* bleuté(-e).

B

baba *f* bave *f*.

babero *m* bavoir *m*.

babor *m* bâbord *m*.

babosa *f* limace *f*.

baca *f* galerie *f* *(de voiture)*.

bacalao *m* morue *f*; **~ al pil-pil** *morue frite avec une sauce à l'ail et au persil*; **~ a la llauna** *morue en sauce cuite dans un moule métallique*; **~ a la vizcaína** *morue au four avec des tomates, des oignons, des poivrons et du piment*; **~ con sanfaina** *morue préparée avec une sorte de ratatouille*.

bacán *adj* *(Amér)* élégant(-e). ◆ *m* *(Amér)* dandy *m*.

bacinica *f* *(Amér)* pot *m* de chambre.

bádminton *m* badminton *m*.

bafle *m* baffle *m*.

bahía *f* baie *f*.

bailar *vt* danser. ◆ *vi* *(danzar)* danser; *(prenda)* être trop grand(-e); *(no encajar)* jouer.

baile *m* *(danza)* danse *f*; *(fiesta)* bal *m*.

baja *f (por enfermedad)* arrêt *m* maladie; *(de asociación, club etc)* renvoi *m*; **dar de ~** renvoyer; **estar de ~** être en arrêt o congé maladie.

bajar *vt* baisser; *(escalera)* descendre.

bajío *m (Amér)* basse terre *f*.

bajo, -ja *adj* bas (basse); *(persona)* petit(-e); *(sonido)* grave. ◆ *adv (hablar)* bas. ◆ *prep* sous.

bala *f* balle *f (d'arme)*.

balacear *vt (Amér)* blesser par balle.

balacera *f (Amér)* fusillade *f*.

balada *f* ballade *f*.

balance *m* bilan *m*.

balancín *m* rocking-chair *m*.

balanza *f* balance *f*.

balar *vi* bêler.

balcón *m* balcon *m*.

balde *m* seau *m*; **de ~** gratis; **en ~** en vain.

Baleares *fpl*: **las (islas) ~** les Baléares.

balido *m* bêlement *m*.

ballena *f* baleine *f*.

ballet [ba'le] *m* ballet *m*.

balneario *m* station *f* thermale.

balón *m* ballon *m*.

balsa *f (embarcación)* radeau *m*; *(de agua)* réservoir *m*.

bálsamo *m* baume *m*.

bambú *m* bambou *m*.

banca *f* banque *f*; *(profesión)* secteur *m* bancaire.

banco *m (para dinero)* banque *f*; *(para sentarse)* banc *m*.

banda *f (cinta, grupo)* bande *f*.

bandeja *f* plateau *m*.

bandera *f* drapeau *m*.

banderilla *f (en toros)* banderille *f*.

bandido *m (ladrón, asesino)* bandit *m*; *(fam: pillo)* coquin *m* (-e *f*).

bando *m (partido)* camp *m*.

banjo *m* banjo *m*.

banquero *m* banquier *m*.

banqueta *f* banquette *f*.

bañador *m* maillot *m* de bain.

bañar *vt* baigner. ❑ **bañarse** *vpr (en el baño)* prendre un bain.

baño *m* bain *m*; *(espacio, habitación)* salle *f* de bains; *(capa)* couche *f*.

bar *m* bar *m*.

baraja *f* jeu *m* de cartes.

barajar *vt (naipes)* battre; *(posibilidades)* envisager; *(datos, números)* brasser.

barandilla *f (de escalera)* rampe *f*; *(de balcón)* balustrade *f*.

baratija *f* babiole *f*.

barato, -ta *adj & adv* bon marché.

barba *f* barbe *f*; **por ~** par tête de pipe.

barbacoa *f* barbecue *m*; **a la ~** au barbecue.

barbaridad *f (crueldad)* atrocité *f*; *(disparate)* ineptie *f*.

bárbaro, -ra *adj (cruel)* barbare; *(fam: estupendo)* super.

barbero *m* coiffeur *m* (pour hommes).

barbilla *f* menton *m*.

barbudo, -da *adj* barbu (-e).

barca *f* barque *f*; **~ de pesca** bateau *m* de pêche.

barcaza *f* bac *m*.

Barcelona *s* Barcelone.

barco *m* bateau *m*; **~ de vapor/de vela** bateau à vapeur/à voile.

barítono *m* baryton *m*.

barman *m* barman *m*.

barniz (*pl* **-ces**) *m* vernis *m*.

barómetro *m* baromètre *m*.

barquillo *m* gaufre *f*.

barra *f (listón alargado)* barre *f*; *(de bar, café, restaurante)* comptoir *m*; *(helado, hielo)* bloc *m*; **~ de labios** rouge *m* à lèvres; **~ libre** *boisson à volonté*; **~ de pan** = baguette *f*.

barraca *f (chabola)* baraque *f*; *(para feria)* stand *m*.

barranco *m* précipice *m*.

barreño *m* bassine *f*.

barrer *vt* balayer.

barrera *f* barrière *f*; *(en toros) barrière qui sépare l'arène des gradins*.

barriga *f* ventre *m*.

barril *m (para bebidas)* tonneau *m*; *(de petróleo)* baril *m*.

barrio *m (de población)* quartier *m*; *(Amér)* bidonville *m*; **~ chino** quartier chaud; **~ comercial** quartier commerçant.

barro *m (fango)* boue *f*; *(en cerámica)* argile *f*.

barroco, -ca *adj (en arte)* baroque; *(recargado)* rococo.

bártulos *mpl* affaires *fpl*.

barullo *m (fam)* bazar *m*.

basarse: **basarse en** *v + prep* se baser sur.

báscula *f* bascule *f*.

base *f* base *f*; **a ~ de** *(mediante)* à force de.

basta *interj* ça suffit!

bastante *adv* assez de. ◆ *adj* assez de.

bastar *vi* suffire; **~ (con)** suffire. ❑ **bastarse** *vpr*: **me basto solo para hacerlo** je peux le faire tout seul.

bastardo, **-da** *adj* bâtard (-e).

bastidores *mpl* coulisses *fpl*.

basto, **-ta** *adj (vulgar, bruto)* grossier(-ère); *(rugoso)* rugueux(-euse).

bastón *m (para andar)* canne *f*; *(de mando)* bâton *m*.

basura *f* ordures *fpl*.

bata *f (de casa)* robe *f* de chambre; *(de trabajo)* blouse *f*.

batalla *f* bataille *f*; **de ~** *(para cada día)* de tous les jours.

batería *f* batterie *f*; **~ de cocina** batterie de cuisine.

batido *m* milk-shake *m*.

batín *m* veste *f* d'intérieur.

batir *vt (huevos, récord)* battre; *(nata)* fouetter.

batuta *f* baguette *f* de chef d'orchestre.

baúl *m (caja)* malle *f*; *(Amér)* coffre *m (de voiture)*.

bautizar *vt* baptiser.

bayeta *f* lavette *f (carré de tissu-éponge)*.

bayoneta *f* baïonnette *f*.

bazar *m* bazar *m*.

beato, **-ta** *adj (santo)* bienheureux(-euse); *(piadoso)* dévot(-e).

beba *f (Amér: fam)* bébé *m (fille)*.

bebé *m* bébé *m*.

beber *vt* & *vi* boire.

bebida *f* boisson *f*.

bebido, **-da** *adj* ivre.

bebito, **-ta** *m, f (Amér)* bébé *m*.

beca *f* bourse *f (d'étudiant)*.

becerro, **-rra** *m, f* veau *m* (génisse *f*).

begonia *f* bégonia *m*.

beige [beiʃ] *adj inv* beige.

belén *m (de Navidad)* crèche *f*.

belga *adj* belge.

Bélgica *s* Belgique *f*.

bélico, **-ca** *adj* de guerre.

belleza *f* beauté *f.*

bello, -lla *adj* beau (belle).

bellota *f* gland *m.*

bendecir *vt* bénir.

beneficiar *vt* profiter à. ❑ **beneficiarse de** *v + prep* profiter de.

beneficio *m (bien)* bienfait *m; (ganancia)* bénéfice *m.*

bengala *f* feu *m* de Bengale.

berberechos *mpl* coques *fpl.*

berenjena *f* aubergine *f.*

berrinche *m (fam: llanto infantil)* colère *f; (disgusto)* rogne *f.*

berza *f* chou *m.*

besar *vt* embrasser.

beso *m* baiser *m.*

bestia *adj (bruto)* brut(-e); *(ignorante)* crétin(-e). ◆ *mf* brute *f.* ◆ *f (animal)* bête *f.*

besugo *m* daurade *f.*

betún *m* cirage *m.*

biberón *m* biberon *m.*

Biblia *f* Bible *f.*

biblioteca *f* bibliothèque *f.*

bicarbonato *m* bicarbonate *m.*

bicho *m (animal pequeño)* bestiole *f; (pillo)* peste *f.*

bicicleta *f* bicyclette *f.*

bidé *m* bidet *m.*

bidón *m* bidon *m.*

bien *adv* 1. *(gen)* bien; **habla ~ inglés** il parle bien anglais; **estar ~** *(de aspecto, calidad)* être bien; *(de salud)* aller bien.
2. *(suficiente)*: **¡ya está ~!** ça suffit!
3. *(de manera agradable)* bon.
4. *(vale, de acuerdo)* bon, d'accord; **¡está ~!** d'accord!
◆ *adj inv*: **gente ~** des gens bien.
◆ *conj*: **~ ... ~** soit ... soit; **entrega el vale ~ a mi padre, ~ a mi madre** donne le reçu soit à mon père, soit à ma mère; **más ~** plutôt.
◆ *m* bien *m; (calificación)* mention *f* assez bien.
❑ **bienes** *mpl (patrimonio)* biens *mpl.*

bienestar *m* bien-être *m.*

bienvenida *f* bienvenue *f.*

bife *m (Amér)* bifteck *m.*

bifocal *adj* bifocal(-e).

bigote *m* moustache *f.*

bigudí *m* bigoudi *m.*

bilingüe *adj* bilingue.

billar *m* billard *m.*

billete *m* billet *m;* **~ de ida y**

vuelta *(billet)* aller-retour *m*; **~ sencillo** aller *m* simple.

billetero *m* portefeuille *m*.

billón *m* billion *m*.

bingo *m* *(juego)* bingo *m*; *(sala)* salle *f* de bingo.

biografía *f* biographie *f*.

biología *f* biologie *f*.

bioquímica *f* biochimie *f*.

biquini *m* bikini *m*.

birlar *vt* *(fam)* faucher.

birria *f* *(fam: persona)* nullité *f*; *(cosa)* camelote *f*; *(Amér: carne)* viande *f*.

bisabuelo, **-la** *m, f* arrière-grand-père *m* (arrière-grand-mère *f*).

biscuit *m* petit gâteau *m*.

bisnieto, **-ta** *m, f* arrière-petit-fils *m* (arrière-petite-fille *f*).

bisonte *m* bison *m*.

bistec *m* bifteck *m*; **~ de ternera** escalope *f* de veau; **~ a la plancha** bifteck grillé.

bisturí *m* bistouri *m*.

bisutería *f* bijoux *mpl* fantaisie.

bíter *m* bitter *m*.

bizco, **-ca** *adj*: **es ~** il louche.

bizcocho *m* ≃ génoise *f*.

blanco, **-ca** *adj* blanc (blanche). ◆ *m, f* Blanc *m* (Blanche *f*). ◆ *m* *(color)* blanc *m*; *(diana)* cible *f*; *(objetivo)* but *m*; **dar en el ~** mettre dans le mille.

blando, **-da** *adj* *(cama, cera etc)* mou (molle); *(carne)* tendre.

blindar *vt* blinder.

bloc *m* *(de notas)* bloc-notes *m*; *(de dibujo)* bloc *m* à dessin.

bloque *m* bloc *m*.

bloquear *vt* bloquer.

bloqueo *m* *(mental)* blocage *m*; *(económico, financiero)* embargo *m*.

blusa *f* chemisier *m*.

bluyines *mpl* *(Amér)* jean *m*.

bobada *f* bêtise *f*.

bobina *f* bobine *f*.

bobo, **-ba** *adj* *(tonto)* idiot(-e); *(ingenuo)* niais(-e).

boca *f* bouche *f*; **~ a ~** bouche-à-bouche *m inv*; **~ de incendios** bouche d'incendie; **~ de metro** bouche de métro.

bocacalle *f* rue *f*.

bocadillo *m* sandwich *m*.

bocado *m* *(comida)* bouchée *f*; *(mordisco)* morsure *f*.

boceto *m (de cuadro, dibujo, edificio)* esquisse *f*; *(de texto)* ébauche *f*.

bochorno *m (calor)* chaleur *f* étouffante; *(vergüenza)* honte *f*.

bocina *f (de coche)* Klaxon® *m*; *(Amér: de teléfono)* écouteur *m*.

boda *f* mariage *m*.

bodega *f* cave *f* à vin; *(bar)* bar *m* à vin; *(Amér)* épicerie *f*.

bodegón *m* nature *f* morte.

bofetada *f* gifle *f*.

bogavante *m* homard *m*.

bohemio, -mia *adj (persona)* bohème; *(vida)* de bohème.

bohío *m (Amér)* cabane *f*.

boicot *(pl* **boicots***)* *m* boycott *m*; **hacer el ~** boycotter.

boina *f* béret *m*.

bola *f* boule *f*, *(fam: mentira)* bobard *m*; *(Amér: fam: rumor)* rumeur *f*; *(Amér: fam: lío)* bazar *m*; **hacerse ~s** *(Amér: fam)* s'embrouiller.

bolera *f* bowling *m*.

bolero *m* boléro *m*.

boletería *f (Amér)* guichet *m*.

boletín *m* bulletin *m*.

boleto *m (Amér)* billet *m*.

bolígrafo *m* stylo-bille *m*.

Bolivia *s* Bolivie *f*.

boliviano, -na *adj* bolivien (-enne).

bollo *m* pain *m* au lait.

bolos *mpl* quilles *fpl*.

bolsa *f (de plástico, papel, tela)* sac *m*; *(en economía)* bourse *f*.

bolsillo *m* poche *f*.

bolso *m* sac *m* (à main).

boludez *f (Amér: vulg)* connerie *f*.

boludo, -da *m, f (Amér: vulg)* con *m* (conne *f*).

bomba *f (explosivo)* bombe *f*; *(máquina)* pompe *f*.

bombardear *vt* bombarder.

bombero *m* pompier *m*.

bombilla *f* ampoule *f* (électrique).

bombo *m (de lotería, rifa, sorteo)* sphère *f*; *(tambor)* grosse caisse *f*.

bombón *m* chocolat *m*; **ser un ~** être joli(-e).

bombona *f* bonbonne *f*; **~ de butano** bouteille *f* de gaz.

bonanza *f (de tiempo, mar)* calme *m*; *(prosperidad)* prospérité *f*.

bondad *f* bonté *f*.
bonificar *vt* faire une remise à.
bonito, **-ta** *adj (persona, cosa)* joli(-e); *(cantidad)* bon (bonne). ◆ *m* thon *m*; ~ **con tomate** thon à la tomate.
bono *m (vale)* bon *m* d'achat.
bonobús *m coupon d'autobus valable pour dix trajets*.
bonoloto *f* = loto *m*.
boquerones *mpl* anchois *mpl (frais)*.
boquete *m* brèche *f*.
boquilla *f (para cigarrillo)* fume-cigarette *m inv*; *(de flauta, trompeta etc)* embouchure *f*.
borda *f* bord *m*.
bordar *vt (en costura)* broder; *(actuación, interpretación)* parfaire.
borde *m* bord *m*. ◆ *adj (fam)* emmerdant(-e); **al ~ de** au bord de.
bordillo *m* bordure *f*.
bordo *m*: **a ~ (de)** à bord (de).
borla *f (adorno)* pompon *m*; *(para maquillaje)* houppe *f*.
borrachera *f*: **coger una ~** se soûler.
borracho, **-cha** *adj* soûl(-e). ◆ *m, f* ivrogne *mf*.
borrador *m (boceto)* brouillon *m*; *(de pizarra)* brosse *f*.
borrar *vt (hacer desaparecer)* effacer; *(de lista)* rayer.
borrasca *f* tempête *f*.
borrón *m (de tinta etc)* pâté *m*.
bosque *m* bois *m*; *(grande)* forêt *f*.
bostezar *vi* bâiller.
bostezo *m* bâillement *m*.
bota *f (calzado)* botte *f*; *(de vino)* gourde *f (en peau)*.
botana *f (Amér)* amuse-gueule *m*.
botánica *f* botanique *f*.
botar *vt (pelota)* faire rebondir; *(Amér: tirar)* jeter; *(Amér: echar)* renvoyer. ◆ *vi* rebondir.
bote *m (recipiente)* pot *m*; *(embarcación)* canot *m*; *(salto)* bond *m*.
botella *f* bouteille *f*.
botijo *m* cruche *f*.
botín *m (calzado)* bottine *f*; *(tras un robo, atraco)* butin *m*.
botiquín *m* trousse *f* à pharmacie.

botón *m* bouton *m*. ❑ **botones** *m inv (en un hotel)* groom *m*.
bóveda *f* voûte *f*.
boxeo *m* boxe *f*.
boya *f* bouée *f*.
bragas *fpl* culotte *f*.
bragueta *f* braguette *f*.
bramar *vi* mugir.
brandada *f*: ~ **de bacalao** brandade *f* de morue.
brasa *f* braise *f*; **a la ~** au barbecue.
brasero *m* brasero *m*.
brasier *m (Amér)* soutien-gorge *m*.
Brasil *s* Brésil *m*.
brasilero, -ra *adj (Amér)* brésilien(-enne).
bravo, -va *adj (toro)* sauvage.
braza *f* brasse *f*.
brazalete *m* bracelet *m*.
brazo *m* bras *m*; ~ **de gitano** = gâteau *m* roulé.
brecha *f (abertura)* brèche *f*; *(herida)* blessure *f*.
brécol *m* brocoli *m*.
breve *adj* bref (brève).
brezo *m* bruyère *f*.
bricolaje *m* bricolage *m*.
brida *f* bride *f*.
brigada *f (de obreros, salvamento)* équipe *f*; *(de la policía)* brigade *f*.
brillantina *f* brillantine *f*.
brillo *m* éclat *m*.
brilloso, -sa *adj (Amér)* brillant(-e).
brindar *vi* trinquer. ◆ *vt* offrir; ~ **por** porter un toast à
brisa *f* brise *f*.
británico, -ca *adj* britannique.
brizna *f* brin *m*.
broca *f* foret *m*.
brocal *m* margelle *f*.
brocha *f (para pintar)* brosse *f*; *(para afeitarse)* blaireau *m*.
broche *m (joya)* broche *f*; *(de vestido)* agrafe *f*.
broma *f* plaisanterie *f*.
bronca *f* bagarre *f*.
bronce *m* bronze *m*.
broncearse *vpr* se faire bronzer.
bronquios *mpl* bronches *fpl*.
brotar *vi (plantas)* pousser; *(sangre, agua)* jaillir.
brote *m (de planta)* pousse *f*;

(de enfermedad) premiers signes *mpl*.

brujo, -ja *m, f* sorcier *m* (-ère *f*).

brújula *f* boussole *f*.

brusquedad *f (imprevisión)* soudaineté *f*; *(grosería)* brusquerie *f*.

brutalidad *f (brusquedad)* brutalité *f*; *(fam: estupidez)* bêtise *f*.

bruto, -ta *adj (ignorante)* bête; *(violento)* brutal(-e); *(rudo)* rustre; *(peso, precio, sueldo)* brut(-e).

bucear *vi* faire de la plongée.

buche *m (de ave)* jabot *m*; *(de líquido)* gorgée *f*.

bucle *m* boucle *f*.

bueno, -na (*compar & superl* **mejor**) *adj* bon (bonne). ◆ *adv* bon, d'accord. ◆ *interj (Amér: al teléfono)* allô!; **¡buenas!** bonjour!; **¡buen día!** *(Amér)* bonjour!; **¡buenas noches!** bonsoir!; **¡buenas (tardes)!** bonjour!

buey *m* bœuf *m*; **~ de mar** tourteau *m*.

búfalo *m* buffle *m*.

bufanda *f* écharpe *f*.

bufete *m* cabinet *m* (d'avocat).

buhardilla *f (desván)* mansarde *f*; *(ventana)* lucarne *f*.

búho *m* hibou *m*.

buitre *m* vautour *m*.

bujía *f* bougie *f*.

Bulgaria *s* Bulgarie *f*.

bulla *f* raffut *m*.

bullicio *m* brouhaha *m*.

bulto *m (volumen)* volume *m*; *(paquete)* paquet *m*; *(en superficie, piel)* bosse *f*; **'(un solo) ~ de mano'** '(un seul) bagage à main'.

buñuelo *m* beignet *m*; **~s de viento** pets-de-nonne *mpl*; **~s de bacalao** beignets de morue.

buque *m* navire *m*.

burbuja *f (de gas, aire)* bulle *f*.

burdel *m* bordel *m*.

burguesía *f* bourgeoisie *f*.

burla *f* moquerie *f*.

burlar *vt* déjouer. ❑ **burlarse de** *v + prep* se moquer de.

buró *m (Amér)* table *f* de nuit.

burrada *f (dicho)* ânerie *f*; *(hecho)* bêtise *f*.

burro, **-rra** *m,f (animal)* âne *m* (ânesse *f*), *(persona tonta)* âne *m*.

buscar *vt* chercher.

busto *m* buste *m*.

butaca *f* fauteuil *m*.

butano *m* butane *m*.

buzo *m (persona)* plongeur *m*; *(traje)* bleu *m* de travail.

buzón *m* boîte *f* aux lettres.

C

c/ *(abrev de calle)* r; *abrev* = **cuenta**.

cabales *mpl*: **no estar en sus ~** ne pas avoir toute sa tête.

cabalgar *vi* chevaucher.

cabalgata *f* défilé *m*.

caballa *f* maquereau *m*.

caballería *f (cuerpo militar)* cavalerie *f*; *(animal)* monture *f*.

caballero *m (hombre, cortés)* gentleman *m*; **'~s'** *(en aseos, probadores etc)* 'messieurs'.

caballete *m (para mesa, tabla)* tréteau *m*; *(para cuadro, pizarra)* chevalet *m*.

caballito *m*: **~ de mar** hippocampe *m*; **~ de totora** *(Amér)* petit canoë indien. ❑ **caballitos** *mpl* chevaux *mpl* de bois.

caballo *m (animal)* cheval *m*.

cabaña *f* cabane *f*.

cabaret *m* cabaret *m*.

cabecear *vi (negando, afirmando)* hocher la tête; *(durmiéndose)* dodeliner de la tête.

cabecera *f (de la cama)* chevet *m*; *(en un periódico)* manchette *f*; *(lugar de preferencia)* place *f* d'honneur.

cabecilla *mf* meneur *m* (-euse *f*).

cabellera *f* chevelure *f*.

cabello *m* cheveu *m*; *(cabellera)* cheveux *mpl*; **~ de ángel** cheveu d'ange.

caber *vi (haber espacio para)* rentrer, tenir; *(pasar por, entrar)* rentrer; **no me cabe el vestido** cette robe est trop petite pour moi.

cabestrillo *m*: **en ~** en écharpe.

cabeza *f* tête *f*; *(de grupo, familia)* chef *m*; **~ de ajos** tête d'ail; **~ de familia** chef *m* de famille; **~ rapada** skinhead *m*.

cabida *f*: **tener ~ para** avoir une capacité de.

cabina *f* cabine *f*.

cable *m* câble *m*.

cabo *m (en geografía)* cap *m*; *(cuerda)* cordage *m*; *(militar)* caporal *m*; **al ~ de** au bout de; **de ~ a rabo** d'un bout à l'autre; **llevar algo a ~** mener qqch à bien.

cabra *f* chèvre *f*.

cabrear *vt (vulg)* foutre en rogne.

cabrito *m* chevreau *m*.

cabrón *m (vulg)* salaud *m*.

caca *f (fam: excremento)* caca *m*; *(suciedad)* cochonnerie *f*.

cacahuete *m* cacahouète *f*.

cacao *m (chocolate)* cacao *m*.

cacarear *vi* caqueter.

cacerola *f* fait-tout *m inv*.

cachalote *m* cachalot *m*.

cacharro *m (de cocina)* ustensile *m*; *(fam: trasto)* machin *m*.

cachear *vt* fouiller *(une personne)*.

cachete *m (moflete)* joue *f*; *(golpe)* gifle *f*.

cachivache *m* truc *m*.

cacho *m (fam: trozo)* bout *m*; *(Amér: cuerno)* corne *f*.

cachondeo *m (fam)* rigolade *f*.

cachorro, -rra *m, f (de perro)* chiot *m*; *(de mamífero)* petit *m*.

cacique *m* cacique *m*.

cactus *m* cactus *m*.

cada *adj (para distribuir)* chaque; *(en frecuencia)* tous; **~ dos días** tous les deux jours; *(en progresión)*: **~ vez más** de plus en plus.

cadáver *m* cadavre *m*.

cadena *f* chaîne *f*; *(sucesión)* enchaînement *m*; **en ~** en chaîne.

cadera *f* hanche *f*.

cadete *m* cadet *m*.

caducar *vi* se périmer.

caducidad *f (de producto, alimento)* péremption *f*; *(de ley, documento)* expiration *f*.

caer *vi* tomber; **me cae bien** je l'aime bien. ❑ **caer en** *v + prep*: **cae en domingo** ça tombe un dimanche; **~ en la cuenta** comprendre.

café *m* café *m*; **~ con leche** café au lait; **~ molido** café moulu; **~ solo** café noir; **~ cortado** café noisette.

cafebrería *f établissement fulsant à la fois fonction de café et de librairie.*

cagar *vi (vulg)* chier. ◆ *vt (vulg: estropear)* foutre en l'air.

caimán *m* caïman *m*.

caja *f* caisse *f*; *(recipiente)* boîte *f*; **~ de ahorros** caisse d'épargne; **~ de herramientas** boîte à outils; **~ rápida** caisse express; **~ registradora** caisse enregistreuse; **~ fuerte** coffre-fort *m*.

cajero, -ra *m, f* caissier *m* (-ère *f*); **~ automático** distributeur *m* automatique de billets.

cajetilla *f (de cigarrillos)* paquet *m*. ◆ *m (Amér: despec)* dandy *m*.

cajón *m* tiroir *m*.

cajuela *f (Amér)* coffre *m*.

cal *f* chaux *f*.

cala *f* crique *f*.

calabacín *m* courgette *f*; **~ relleno** courgette farcie.

calabaza *f* potiron *m*.

calabozo *m* cachot *m*.

calamar *m* calmar *m*; **~es a la plancha** calmars grillés; **~es a la romana** beignets *mpl* de calmars; **~es en su tinta** calmars cuits dans leur encre.

calambre *m (de un músculo)* crampe *f*.

calamidad *f* calamité *f*.

calar *vt (suj: lluvia, frío, humedad)* transpercer. ❑ **calarse** *vpr (mojarse)* se faire tremper; *(suj: vehículo)* caler; *(sombrero)* enfoncer.

calato, -ta *adj (Amér)* nu(-e).

calaveras *fpl (Amér)* feux *mpl* arrière.

calcar *vt* décalquer.

calcetín *m* chaussette *f*.

calcio *m* calcium *m*.

cálculo *m* calcul *m*.

caldera *f* chaudière *f*.

calderilla *f* petite monnaie *f*.

caldo *m* bouillon *m*; **~ gallego** *soupe à base de haricots, de chou et de pommes de terre.*

calefacción *f* chauffage *m*.

calendario *m* calendrier *m*.

calentar *vt (agua, leche, comida)* faire chauffer.

calesitas *fpl (Amér)* manège *m (de chevaux de bois)*.

calibre *m (diámetro)* calibre *m*; *(importancia)* importance *f*.

calidad *f* qualité *f*.

caliente *adj* chaud(-e); **en ~** à chaud.

calificar *vt (trabajo, examen)* noter; **~ a alguien de** qualifier qqn de.

caligrafía *f* calligraphie *f*.

cáliz, **-ces** *m* calice *m*.

callado, **-da** *adj (sin hablar)* silencieux(-euse).

callar *vi (dejar de hablar)* se taire.

calle *f* rue *f*; **~ abajo/arriba** en remontant/en descendant la rue.

callejero, **-ra** *adj* de rue. ◆ *m* plan *m*.

callejón *m* ruelle *f*; **~ sin salida** impasse *f*.

callo *m (de manos)* durillon *m*; *(de pies)* cor *m*. ❑ **callos** *mpl* tripes *fpl*; **~s a la madrileña** *tripes accommodées dans une sauce à base de tomates, oignons, piment et chorizo*.

calma *f* calme *m*.

calmado, **-da** *adj (tranquilo, sosegado)* calmé(-e); *(mar)* calme.

calmar *vt* calmer.

calor *m o f* chaleur *f*.

caloría *f* calorie *f*.

calumniar *vt* calomnier.

caluroso, **-sa** *adj (día, lugar)* chaud(-e); *(persona, acogida)* chaleureux(-euse).

calvario *m* calvaire *m*.

calvo, **-va** *adj & m, f* chauve.

calzada *f* chaussée *f*; **'~ irregular'** 'chaussée déformée'.

calzado *m* chaussure *f*.

calzador *m* chausse-pied *m inv*.

calzar *vt* chausser.

calzoncillos *mpl* slip *m*; *(short)* caleçon *m*.

calzones *mpl (Amér)* slip *m*.

cama *f* lit *m*.

camaleón *m* caméléon *m*.

cámara[1] *f (para filmar)* caméra *f*; *(de diputados, senadores)* chambre *f*; *(de neumático)* chambre *f* à air; **~ fotográfica** appareil *m* photo; **~ de vídeo** Caméscope® *m*.

cámara[2] *m* cadreur *m* (-euse *f*).

camarada *mf* camarade *mf*.

camarero, **-ra** *m, f* serveur *m* (-euse *f*).

camarón *m* petite crevette *f*.

camarote *m* cabine *f*.

cambiar *vt (transformar)*

changer; *(intercambiar)* échanger.

cambio *m (transformación)* changement *m*; *(intercambio)* échange *m*; *(moneda pequeña)* monnaie *f*; *(valor de moneda)* change *m*; **en ~** en revanche; **~ de marchas** changement de vitesses; **'~ (de moneda)'** 'change'; **'~ de sentido'** *panneau routier signalant qu'il est possible de faire demi-tour*.

camello *m* chameau *m*.

camellón *m (Amér)* terre-plein *m* central.

camerino *m* loge *f (de théâtre)*.

camilla *f* civière *f*.

camillero, -ra *m, f* brancardier *m*.

caminar *vi* marcher.

camino *m* chemin *m*.

camión *m (de mercancías)* camion *m*; *(Amér: autobús)* bus *m*.

camisa *f* chemise *f*.

camiseta *f (ropa interior)* tricot *m* de corps; *(de verano)* tee-shirt *m*.

camisola *f (Amér)* chemisier *m*; *(camisón)* chemise *f* de nuit.

camisón *m* chemise *f* de nuit.

camomila *f* camomille *f*.

camorra *f* bagarre *f*.

campamento *m* campement *m*.

campana *f (de iglesia)* cloche *f*; *(de chimenea)* hotte *f*; **~ extractora** hotte aspirante.

campanario *m* clocher *m*.

campaña *f* campagne *f*.

campeón, -ona *m, f* champion *m* (-onne *f*).

campera *f (Amér)* blouson *m*.

campesino, -na *m, f* paysan *m* (-anne *f*).

campo *m (de cultivo)* champ *m*; *(campiña)* campagne *f*; *(materia, actividad)* domaine *m*.

campus *m* campus *m*.

camuflar *vt* camoufler.

cana *f* cheveu *m* blanc.

Canadá *m*: **(el) ~** (le) Canada.

canadiense *adj* canadien (-enne).

canal *m* canal *m*; *(de televisión)* chaîne *f*; *(de desagüe)* conduite *f*.

canalla *mf* canaille *f*.

Canarias *fpl*: **(las islas)**

Canarias les (îles) Canaries.

canario, -ria *adj* canarien (-enne). ◆ *m, f* Canarien *m* (-enne *f*). ◆ *m (pájaro)* canari *m*.

canasta *f* panier *m*; *(en naipes)* canasta *f*.

canastilla *f* layette *f*.

cancelar *vt* annuler; *(cuenta, deuda)* solder.

cáncer *m* cancer *m*.

cancha *f (de fútbol, golf)* terrain *m*; *(de tenis)* court *m*.

canciller *m* chancelier *m*; *(Amér)* ministre *m* des Affaires Étrangères.

canción *f* chanson *f*.

cancionero *m (de canciones)* recueil *m* de chansons; *(de poemas)* recueil *m* de poésies.

candado *m* cadenas *m*.

candela *f (Amér)* chandelle *f*.

candelabro *m* candélabre *m*.

candidato, -ta *m, f* candidat *m* (-e *f*).

candil *m (Amér)* lustre *m*.

candilejas *fpl* feux *mpl* de la rampe.

caneca *f (Amér)* poubelle *f*.

canela *f* cannelle *f*.

canelones *mpl* cannelloni *mpl*.

cangrejo *m* crabe *m*.

canguro *m (animal)* kangourou *m*. ◆ *mf (persona)* baby-sitter *mf*.

caníbal *mf* cannibale *mf*.

canica *f* bille *f*. ❑ **canicas** *fpl (juego)* billes *fpl*.

canijo, -ja *adj* malingre.

canilla *f (Amér) (grifo)* robinet *m*; *(fam: pierna)* quille *f*.

canjear *vt* échanger.

canoa *f* canoë *m*.

canon *m (norma)* canon *m*.

cansado, -da *adj (fatigado)* fatigué(-e); *(aburrido)* fatigant(-e).

cansador, -ra *adj (Amér) (que cansa)* fatigant(-e); *(que aburre)* ennuyeux(-euse).

cansancio *m* fatigue *f*.

cansar *vt* fatiguer. ❑ **cansarse** *vpr* se fatiguer.

cantábrico, -ca *adj* cantabrique. ❑ **Cantábrico** *m*: **el Cantábrico** le golfe de Gascogne.

cantante *mf* chanteur *m* (-euse *f*).

cantar *vt (canción)* chanter.

cántaro *m* cruche *f*; **llover a**

~s pleuvoir des cordes.

cante *m*. ~ **flamenco** chant *m* flamenco; ~ **jondo** *âme du chant flamenco*.

cantera *f (de piedra)* carrière *f*; *(de profesionales)* vivier *m*.

cántico *m* cantique *m*.

cantidad *f* quantité *f*; *(importe)* somme *f*. ◆ *adv (fam)* vachement; **en** ~ énormément.

cantimplora *f* gourde *f*.

cantina *f* cafétéria *f*.

canto *m (arte, canción)* chant *m*; *(de cuchillo)* dos *m*; *(de moneda, libro)* tranche *f*; *(piedra)* caillou *m*.

caña *f (tallo)* tige *f*; *(de cerveza)* demi *m*; ~ **de azúcar** canne *f* à sucre; ~ **de pescar** canne *f* à pêche.

cáñamo *m* chanvre *m*.

cañaveral *m endroit où poussent des roseaux*; *(plantación)* plantation *f* de canne à sucre.

cañería *f* canalisation *f*.

caño *m (de fuente)* jet *m*; *(tubo)* tuyau *m*; *(Amér)* robinet *m*.

cañón *m* canon *m*; *(entre montañas)* canyon *m*.

caoba *f* acajou *m*.

caos *m inv* chaos *m*.

capa *f* couche *f*; *(prenda)* cape *f*.

caparazón *m* carapace *f*.

capataz (*pl* **-ces**) *mf* contremaître *m*.

capaz (*pl* **-ces**) *adj* capable; **ser** ~ **de** être capable de.

capazo *m* cabas *m*.

capellán *m* aumônier *m*.

capicúa *adj inv* palindrome.

capilar *adj* & *m* capillaire.

capilla *f* chapelle *f*.

capital *adj* capital(-e). ◆ *m* capital *m*. ◆ *f* capitale *f*.

capitalismo *m* capitalisme *m*.

capitán, **-ana** *m, f* capitaine *m*.

capitel *m* chapiteau *m*.

capítulo *m* chapitre *m*.

capó *m* capot *m*.

capón *m (animal)* chapon *m*.

capota *f* capote *f*.

capote *m (de torero)* cape *f*.

capricho *m* caprice *m*; **darse un** ~ se faire un petit plaisir.

captar *vt (sonido, rumor)* capter; *(explicación, idea)* saisir.

capturar *vt* capturer.

capucha *f (de prenda de vestir)* capuche *f*.

capuchino, -na *adj & m, f* capucin(-e). ◆ *m* capuccino *m*.

capullo *m (de flor)* bouton *m*; *(de gusano)* cocon *m*.

cara *f (rostro)* visage *m*, figure *f*; *(apariencia)* mine *f*; *(lado)* face *f*.

carabela *f* caravelle *f*.

carabina *f (arma)* carabine *f*; *(fam: persona)* chaperon *m*.

caracol *m (animal)* escargot *m*; *(del oído)* limaçon *m*; **~es a la llauna** *escargots sautés avec de l'ail et du persil*.

caracola *f* conque *f*.

carácter *m* caractère *m*.

característica *f* caractéristique *f*.

caracterizar *vt (identificar)* caractériser; *(representar)* incarner.

caradura *adj inv (fam)* gonflé(-e).

carajillo *m café mélangé de cognac, d'anis ou de rhum*.

caramba *interj (expresa sorpresa)* ça alors!; *(expresa enfado)* zut alors!

carambola *f (en billar)* carambolage *m*.

caramelo *m (golosina)* bonbon *m*; *(azúcar fundido)* caramel *m*.

caravana *f (en carretera)* bouchon *m*; *(remolque)* caravane *f*; **hacer ~** rouler à la queue leu leu.

carbón *m* charbon *m*.

carboncillo *m* fusain *m*.

carbono *m* carbone *m*.

carburador *m* carburateur *m*.

carburante *m* carburant *m*.

carcajada *f* éclat *m* de rire.

cárcel *f* prison *f*.

carcoma *f* vrillette *f*.

cardenal *m (en religión)* cardinal *m*; *(morado)* bleu *m*.

cardinal *adj* cardinal(-e).

cardo *m (planta)* chardon *m*.

carecer: **carecer de** *v + prep* manquer de.

careta *f* masque *m*.

carey *m (tortuga)* caret *m*; *(material)* écaille *f*.

carga *f* charge *f*; *(mercancía)* cargaison *f*; **'~ y descarga'** 'livraisons'.

cargador, -ra *m, f (persona)* débardeur *m*. ◆ *m (de arma,* *batería)* chargeur *m*.

cargar *vt* charger; *(factura, letra, deudas)* faire payer; ~ **algo de** remplir qqch de. ❑ **cargar con** *v + prep (paquete)* porter; *(responsabilidad, consecuencia)* assumer; *(persona)* supporter. ❑ **cargarse** *vpr (fam: estropear)* bousiller; *(fam: matar)* zigouiller; *(fam: suspender)* recaler; *(ambiente)* devenir étouffant(-e).

cargo *m (empleo, función)* poste *m*; *(en cuenta)* débit *m*; **a ~ de** à la charge de; **hacerse ~ de** *(responsabilizarse)* se charger de; *(comprender)* se rendre compte de.

cargosear *vt (Amér)* agacer.

cargoso, -sa *adj (Amér)* agaçant(-e).

cariado, -da *adj* carié(-e).

Caribe *m*: **el ~** la Caraïbe.

caribeño, -ña *adj* caraïbe.

caricatura *f* caricature *f*.

caricia *f* caresse *f*.

caridad *f* charité *f*.

caries *f inv* carie *f*.

cariño *m (afecto)* affection *f*; *(cuidado)* soin *m*; *(apelativo)* chéri *m* (-e *f*).

carisma *m* charisme *m*.

cariz *m* tournure *f*.

carnal *adj (deseo)* charnel (-elle); *(pariente)* au premier degré.

Carnaval *m* carnaval *m*.

carne *f (alimento)* viande *f*; *(de persona, fruta)* chair *f*; **~ picada** viande hachée; **~ de gallina** chair de poule.

carné *m (de club, asociación, partido)* carte *f*; **~ de conducir** permis *m* de conduire.

carnear *vt (Amér) (matar a las reses)* abattre; *(fig: matar)* tuer.

carnero *m* mouton *m*.

carnicero, -ra *m, f* boucher *m* (-ère *f*).

carnitas *fpl (Amér) viande marinée et grillée garnissant les 'tacos').*

caro, -ra *adj* cher (chère). ◆ *adv* cher.

carpa *f (de circo)* chapiteau *m*; *(para fiestas)* tente *f*; *(pez)* carpe *f*.

carpeta *f* chemise *f (dossier)*.

carpintero *m* menuisier *m*.

carrera *f (competición)* course *f*; *(estudios)* études *fpl* (univertaires).

carrete *m (de fotografías)* pellicule *f*; *(de hilo)* bobine *f*; *(para* *pescar)* moulinet *m*.

carretera *f* route *f*; ~ **de cuota** *(Amér)* autoroute *f*.

carril *m (de carretera, autopista)* voie *f*; *(de tren)* rail *m*.

carro *m (carruaje)* chariot *m*; *(Amér)* voiture *f*; ~ **de la compra** caddie *m*; ~ **comedor** *(Amér)* wagon-restaurant *m*.

carrocería *f* carrosserie *f*.

carroña *f* charogne *f*.

carroza *f* carrosse *m*.

carruaje *m* voiture *f (hippomobile)*.

carrusel *m* manège *m*.

carta *f (escrito)* lettre *f*; *(de restaurante, de la baraja)* carte *f*.

cartabón *m* équerre *f*.

cartel *m* affiche *f*.

cartelera *f (en periódico)* rubrique *f* des spectacles; *(tablón)* porte-affiche *m*.

cartera *f (para dinero)* portefeuille *m*; *(para documentos, libros)* porte-documents *m*; *(de colegial)* cartable *m*.

cartero, **-ra** *m, f* facteur *m* (-trice *f*).

cartón *m* carton *m*; *(de cigarrillos)* cartouche *f*.

cartucho *m* cartouche *f*.

cartulina *f* bristol *m*.

casa *f* maison *f*; ~ **de campo** maison de campagne; ~ **de huéspedes** pension *f* de famille.

casar *vt* marier.

cascabel *m* grelot *m*.

cascada *f* cascade *f*.

cascado, **-da** *adj (vaso)* fêlé(-e); *(fam: estropeado)* nase.

cascanueces *m inv* casse-noix *m inv*.

cascar *vt (romper)* casser; *(fam: golpear)* cogner.

cáscara *f (de huevo, frutos secos)* coquille *f*; *(de plátanos)* peau *f*; *(de naranja)* écorce *f*.

casco *m (para la cabeza)* casque *m*; *(envase)* bouteille *f* vide; ~ **antiguo** vieille ville *f*; ~ **urbano** centre-ville *m*.

caserío *m* maison *f* de campagne.

caserita *f (Amér)* maîtresse *f* de maison.

casero, **-ra** *adj (comida)* maison; *(persona)* casanier(-ère). ◆ *m, f* propriétaire *mf*.

casete *m (aparato)* magnétophone *m*. ◆ *m o f (cinta)* cassette *f*.

casi *adv* presque.

casilla *f (de impreso, tablero)* case *f*; *(de mueble, caja, armario etc)* casier *m*; **~ de correos** *(Amér)* boîte *f* postale.

casino *m* casino *m*.

caso *m* cas *m*; *(en derecho)* affaire *f*; **hacer ~** prêter attention; **ser un ~** *(fam)* être un cas; **no venir al ~** être hors de propos.

caspa *f* pellicules *fpl (de cheveux)*.

casquete *m (gorra)* calotte *f*; **~ polar** calotte glaciaire.

casta *f (linaje)* lignée *f*; *(raza)* race *f*.

castaña *f (fruto, golpe)* châtaigne *f*.

castaño, -ña *adj (color)* châtain. ◆ *m (árbol)* châtaigner *m*.

castañuelas *fpl* castagnettes *fpl*.

castidad *f* chasteté *f*.

castigar *vt* punir.

castigo *m* punition *f*.

castillo *m* château *m*.

castor *m* castor *m*.

castrar *vt* castrer.

casualidad *f* hasard *m*.

catacumbas *fpl* catacombes *fpl*.

catálogo *m* catalogue *m*.

Cataluña *s* Catalogne *f*.

catamarán *m* catamaran *m*.

catar *vt* goûter.

cataratas *fpl (de agua)* chutes *fpl*; *(en los ojos)* cataracte *f*.

catarro *m* rhume *m*.

catástrofe *f* catastrophe *f*.

catear *vt (fam)* recaler.

catecismo *m* catéchisme *m*.

catedral *f* cathédrale *f*.

catedrático, -ca *m, f* ≃ professeur *m* agrégé.

categoría *f* catégorie *f*.

catequesis *f inv* catéchèse *f*.

catire, -ra *adj (Amér)* blond(-e).

católico, -ca *adj & m, f* catholique.

catorce *núm* quatorze, → **seis**.

catre *m (fam)* pieu *m*.

cauce *m (de río)* lit *m*.

caucho *m* caoutchouc *m*.

caudal *m (de un río)* débit *m*.

caudillo *m* caudillo *m*.

causa *f* cause *f*.

causante *m (Amér)* contribuable *m*.

cáustico, **-ca** *adj* caustique.

cautela *f* précaution *f*; **con ~** avec précaution.

cautivar *vt* charmer.

cautiverio *m* captivité *f*; **en ~** en captivité.

cautivo, **-va** *adj* & *m, f* captif(-ive).

cauto, **-ta** *adj* prudent(-e).

cava *f* cave *f*. ◆ *m vin catalan fabriqué selon la méthode champenoise*; **al ~** au *'cava'*; **~ brut** *'cava'*.

cavar *vt* creuser.

caverna *f* caverne *f*.

caviar *m* caviar *m*.

cavidad *f* cavité *f*.

cavilar *vi* réfléchir.

caza *f (actividad)* chasse *f*; *(presa)* gibier *m*.

cazadora *f* blouson *m*.

cazar *vt* chasser.

cazo *m (cucharón)* louche *f*; *(vasija)* casserole *f*.

cazuela *f* casserole *f* en terre cuite; **a la ~** à la casserole.

cazurro, **-rra** *adj (torpe)* abruti(-e).

CE *f (abrev de Comunidad Europea)* CE *f*.

cebar *vt* gaver. ❑ **cebarse en** *v + prep* s'acharner sur.

cebo *m* appât *m*.

cebolla *f* oignon *m*.

cebolleta *f* ciboulette *f*.

cebra *f* zèbre *m*.

cecear *vi* zézayer.

ceder *vt* & *vi* céder; **'ceda el paso'** 'cédez le passage'.

cedilla *f* cédille *f*.

cedro *m* cèdre *m*.

cédula *f* certificat *m*; **~ de identidad** *(Amér)* carte *f* d'identité.

ceguera *f* cécité *f*.

ceja *f* sourcil *m*.

celda *f* cellule *f (pièce)*.

celdilla *f (de panal)* alvéole *f*.

celebrar *vt (cumpleaños, acontecimiento)* fêter; *(asamblea, reunión)* tenir; *(misa)* célébrer.

celebridad *f* célébrité *f*.

celeste *adj* céleste.

celo *m (cinta adhesiva)* Scotch® *m*; *(en el trabajo)* zèle *m*; **estar en ~** *(hembra)* être en chaleur; *(macho)* être en rut. ❑ **celos** *mpl* jalousie *f*; **tener ~s** être jaloux(-ouse).

celofán® *m* Cellophane® *f*.

célula *f* cellule *f*.

celulitis *f inv* cellulite *f.*
cementerio *m* cimetière *m;* ~ **de coches** casse *f.*
cemento *m* ciment *m.*
cena *f* dîner *m.*
cenar *vi* dîner.
cencerro *m* sonnaille *f;* **estar como un** ~ *(fam)* avoir un grain.
cenefa *f* liseré *m.*
cenicero *m* cendrier *m.*
ceniza *f* cendre *f.* ❑ **cenizas** *fpl (restos mortales)* cendres *fpl.*
censo *m* recensement *m;* ~ **electoral** listes *fpl* électorales.
censor *m* censeur *m.*
censurar *vt (película, libro)* censurer; *(conducta, actitud)* blâmer.
centena *f* centaine *f.*
centenar *m* centaine *f;* **un** ~ **de** une centaine de.
centeno *m* seigle *m.*
centésimo, -ma *núm* centième, → **sexto.**
centígrado, -da *adj* centigrade.
centímetro *m* centimètre *m.*
céntimo *m* centime *m;* **no tener un** ~ ne pas avoir un sou.
centinela *mf* sentinelle *f.*
centollo *m* araignée *f* de mer.
central *adj (posición)* central(-e); *(principal)* principal(-e). ◆ *f (oficina)* maison *f* mère.
centralismo *m* centralisme *m.*
centralita *f* standard *m* (téléphonique).
centrar *vt (cuadro, mueble)* centrer; *(miradas, atención)* attirer. ❑ **centrarse en** *v + prep (trabajo, lectura)* se concentrer sur.
centrifugar *vt* centrifuger.
centro *m* centre *m;* ~ **comercial** centre commercial; ~ **turístico** site *m* touristique; ~ **urbano** centre-ville *m.*
centuria *f* siècle *m.*
ceñido, -da *adj (vestido, falda)* moulant(-e).
ceñir *vt (ajustar)* serrer. ❑ **ceñirse a** *v + prep* s'en tenir à.
ceño *m:* **fruncir el** ~ froncer les sourcils.
cepa *f* cep *m.*
cepillar *vt* brosser.
cepillo *m* brosse *f.*

cepo *m (de animales)* piège *m*; *(de coches)* sabot *m*.

cera *f* cire *f*.

cerámica *f* céramique *f*.

cerca *f* clôture *f*. ♦ *adv* près; **la Navidad está ~** Noël est proche.

cercanías *fpl (alrededores)* environs *mpl*.

cerco *m (de vallas)* clôture *f*.

cerda *f (de cepillo)* soie *f*, → **cerdo**.

cerdo, **-da** *m, f (animal)* porc *m* (truie *f*); *(despec: persona)* porc *m*. ♦ *adj (despec: persona)* cochon. ♦ *m (carne)* porc *m*.

cereal *m* céréale *f*. ❑ **cereales** *mpl (para desayuno)* céréales *fpl*.

cerebro *m* cerveau *m*; **~ electrónico** ordinateur *m*.

ceremonia *f* cérémonie *f*.

cereza *f* cerise *f*.

cerezo *m* cerisier *m*.

cerilla *f* allumette *f*.

cerillo *m (Amér)* allumette *f*.

cero *núm & m* zéro, → **seis**.

cerquillo *m (Amér)* frange *f (de cheveux)*.

cerrada *f (Amér)* impasse *f*.

cerrado, **-da** *adj (espacio, local)* fermé(-e); *(acento, habla)* prononcé(-e); **'~ por vacaciones'** 'fermé pour congés'.

cerradura *f* serrure *f*.

cerrajería *f* serrurerie *f*.

cerrar *vt* fermer; *(acto, debate)* clore; *(paso, acceso)* barrer; *(pacto, trato)* conclure.

cerro *m* colline *f*.

cerrojo *m* verrou *m*.

certamen *m* concours *m*.

certidumbre *f* certitude *f*.

certificado, **-da** *adj (carta, paquete)* recommandé(-e).

cerveza *f* bière *f*; **~ sin alcohol** bière sans alcool; **~ negra** bière brune.

cesar *vi* cesser. ♦ *vt*: **~ a alguien de** démettre qqn de; **(no) ~ de** (ne pas) cesser de; **sin ~** sans cesse.

cesárea *f* césarienne *f*.

cesión *f* cession *f*.

césped *m* pelouse *f*.

cesta *f* panier *m*.

cesto *m* corbeille *f*.

cetro *m* sceptre *m*.

cg *(abrev de centigramo)* cg.

chabacano, **-na** *adj* vulgaire. ♦ *m (Amér: fruto)* abricot *m*; *(árbol)* abricotier *m*.

chabola *f* baraque *f*.

chacarero, **-ra** *m, f (Amér)*

(agricultor) fermier *m* (-ère *f*); *(hablador)* bavard *m* (-e *f*).

chacolí *m vin léger du Pays basque.*

chacra *f (Amér)* ferme *f*.

chafar *vt (aplastar)* écraser.

chal *m* châle *m*.

chalado, -da *adj (fam)* dingue.

chalé *m* pavillon *m*.

chaleco *m* gilet *m*.

chamaco, -ca *m, f (Amér)* gamin *m* (-e *f*).

chamba *f (Amér: fam)* boulot *m*.

champiñón *m* champignon *m* de Paris.

champú *m* shampooing *m*.

champurrado *m (Amér) boisson à base de farine de maïs.*

chamuscarse *vpr* roussir.

chamusquina *f* roussi *m*.

chance *f (Amér)* possibilité *f*, occasion *f*.

chanchada *f (Amér) (fig: grosería)* grossièreté *f*; *(porquería)* cochonnerie *f*.

chancho *m (Amér)* cochon *m*.

chancleta *f* tong *f*.

chanclo *m (de madera)* sabot *m*; *(de goma)* caoutchouc *m* *(enfilé sur les chaussures)*.

chándal *m* survêtement *m*.

changarro *m (Amér)* petit magasin *m*.

chantaje *m* chantage *m*.

chapa *f (de metal, madera etc)* plaque *f*; *(de botella)* capsule *f*; *(Amér)* serrure *f*.

chaparrón *m* averse *f*.

chapucería *f* travail *m* bâclé.

chapuza *f* travail *m* mal fait.

chaqueta *f* veste *f*.

chaquetón *m* trois-quarts *m*.

charca *f* mare *f*.

charco *m* flaque *f* (d'eau).

charcutería *f* charcuterie *f* *(magasin)*.

charla *f (conversación)* discussion *f*; *(conferencia)* exposé *m*.

charlar *vi* bavarder.

charola *f (Amér)* plateau *m*.

charro *adj (Amér)* typique des cavaliers mexicains. ♦ *m (Amér)* cavalier *m* mexicain.

chasco *m (decepción)* déception *f*; *(broma)* tour *m*.

chasis *m inv* châssis *m*.

chatarra *f* ferraille *f*.

chato, -ta *adj (persona)* au nez camus; *(nariz)* aplati(-e). ◆ *m (de vino)* petit verre *m*.

chau *interj (Amér)* ciao!

chaucha *f (Amér) (patata)* pomme de terre *f* nouvelle; *(vaina)* cosse *f*; *(moneda)* petite monnaie *f*.

chavo, -va *m, f (Amér: fam)* mec *m* (nana *f*).

che *interj (Amér)* eh!

chef [tʃef] *m* chef *m*.

cheque *m* chèque *m*; ~ **de viaje** chèque de voyage, traveller's cheque *m*.

chequeo *m (médico)* bilan *m* de santé.

chequera *f (Amér)* carnet *m* de chèques.

chévere *adj (Amér: fam)* super.

chica *f (criada)* bonne *f*, → chico.

chicha *f (Amér: bebida) boisson alcoolisée à base de maïs.*

chícharo *m (Amér)* petit pois *m*.

chicharrones *mpl* = rillons *mpl*.

chiche *m (Amér: chuchería)* bibelot *m*. ◆ *f (fam: teta)* néné *m*.

chichón *m* bosse *f*.

chicle *m* chewing-gum *m*.

chico, -ca *adj* petit(-e). ◆ *m, f* garçon *m* (fille *f*).

chicote *m (Amér) (látigo)* fouet *m*; *(colilla)* mégot *m*.

chifa *m (Amér) restaurant chinois.*

chiflar *vi (fam: silbar)* siffler; *(Amér: aves)* chanter.

chiflido *m (Amér)* sifflement *m*.

Chile *s* Chili *m*.

chileno, -na *adj* chilien.

chillar *vi* crier.

chimenea *f* cheminée *f*.

chimpancé *m* chimpanzé *m*.

china *f (piedra)* caillou *m*; *(Amér: criada)* bonne *f*.

China *f*: **(la)** ~ (la) Chine.

chinche *f* punaise *f (insecte)*.

chincheta *f* punaise *f (clou)*.

chingado, -da *adj (Amér: vulg)* foutu(-e).

chingar *vt (Amér: vulg)* baiser.

chino, -na *adj* chinois(-e). ◆ *m (lengua)* chinois *m*.

chip *m (en informática)* puce *f*.

chipirón *m* petit calamar *m*; **chipirones en su tinta** *cala-*

mars dans une sauce faite avec leur encre.

chirimoya *f* anone *f.*

chisme *m (habladuría)* commérage *m; (fam: objeto, aparato)* truc *m.*

chispa *f (de fuego, electricidad)* étincelle *f; (gracia, ingenio)* esprit *m; (pizca)* pincée *f.*

chiste *m* histoire *f* drôle.

chistorra *f saucisson typique d'Aragon et de Navarre.*

chistoso, **-sa** *adj* drôle.

chivato, **-ta** *m, f (fam)* mouchard *m* (-e *f*). ◆ *m (Amér: hombre)* ponte *m; (Amér: aprendiz)* apprenti *m.*

chocar *vi (coche, camión)* se heurter; *(sorprender)* choquer.

choclo *m (Amér)* maïs *m.*

chocolate *m* chocolat *m.*

chófer *m* chauffeur *m.*

chollo *m (fam)* occase *f.*

chompa *f (Amér)* pull *m.*

chongo *m (Amér)* chignon *m.*

chopo *m* peuplier *m* noir.

choque *m (colisión)* choc *m.*

chorizo *m (embutido)* chorizo *m; (fam: ladrón)* voleur *m.*

choro *m (Amér)* moule *f.*

chorro *m* jet *m*; **a ~s** à flots.

choto, **-ta** *m, f* chevreau *m* (chevrette *f*).

choza *f* hutte *f.*

chubasco *m* averse *f.*

chúcaro, **-ra** *adj (Amér)* sauvage.

chuchería *f (golosina)* friandise *f; (trivialidad)* babiole *f.*

chueco, **-ca** *adj (Amér) (torcido)* tordu(-e); *(patizambo)* qui a les jambes arquées.

chuleta *f (de examen)* antisèche *f;* **~ de cerdo/de ternera** côte *f* de porc/de veau.

chuletón *m* côte *f* de bœuf.

chulo, **-la** *adj (engreído)* crâneur(-euse).

chumbera *f* figuier *m* de Barbarie.

chupado, **-da** *adj (fig: flaco)* squelettique; *(fam: fácil)* fastoche.

chupar *vt (caramelo, fruta)* sucer; *(suj: esponja, papel)* absorber; *(arruinar)* soutirer.

chupe *m (Amér)* ragoût *m;* **~ de camarones** *soupe épaisse à base de pommes de terre et de crevettes.*

chupete *m* tétine *f.*

chupito *m (de licor)* gorgée *f.*

churrasco *m* grillade *f.*

churro *m long beignet cylindrique; (fam: chapuza)* truc *m* mal foutu.

chusma *f* racaille *f*.

chutar *vt* shooter.

Cía *(abrev de compañía)* Cie.

cicatriz (*pl* **-ces**) *f* cicatrice *f*.

ciclismo *m* cyclisme *m*.

ciclo *m* cycle *m*.

ciclomotor *m* cyclomoteur *m*.

ciclón *m* cyclone *m*.

ciego, -ga *m, f* aveugle *mf*.

cielo *m* ciel *m; (de casa, habitación etc)* plafond *m*.

ciempiés *m inv* mille-pattes *m inv*.

cien *núm* cent, → **ciento**.

ciencia *f* science *f*.

ciento *núm* cent; **por ~** pour cent.

cierre *m* fermeture *f; (de negociación, trato)* conclusion *f; (de actividad, acto)* clôture *f*.

cierto, -ta *adj* certain(-e); **por ~** au fait.

ciervo, -va *m, f* cerf *m* (biche *f*).

CIF *m code d'identification fiscale attribué à toute personne physique ou morale ayant des activités commerciales*.

cifra *f* chiffre *m*.

cigala *f* langoustine *f*.

cigarra *f* cigale *f*.

cigarrillo *m* cigarette *f*.

cigarro *m (cigarrillo)* cigarette *f; (habano)* cigare *m*.

cigüeña *f* cigogne *f*.

cilindro *m* cylindre *m*.

cima *f* cime *f*.

cimientos *mpl (de edificio)* fondations *fpl; (principio, raíz)* bases *fpl*.

cinco *núm* cinq, → **seis**.

cincuenta *núm* cinquante, → **seis**.

cine *m* cinéma *m*.

cínico, -ca *adj* cynique.

cinta *f (de tela)* ruban *m; (de imagen, sonido)* cassette *f; (para medir)* mètre *m* ruban.

cintura *f (de persona)* taille *f; (de vestido)* ceinture *f*.

cinturón *m* ceinture *f*; **~ de seguridad** ceinture de sécurité.

cipote, -ta *m, f (Amér) (muchacho)* gamin *m* (-e *f*).

ciprés *m* cyprès *m*.

circo *m* cirque *m*.

circuito *m* circuit *m*.

circulación *f* circulation *f*.
círculo *m* cercle *m*; ~ **polar** cercle polaire.
circunferencia *f* circonférence *f*.
circunstancial *adj* fortuit (-e).
circunstancias *fpl* circonstances *fpl*.
cirio *m* cierge *m*.
cirrosis *f inv* cirrhose *f*.
ciruela *f* prune *f*.
ciruelo *m* prunier *m*.
cirugía *f* chirurgie *f*.
cisma *m* schisme *m*.
cisne *m* cygne *m*.
cisterna *f* citerne *f*.
cita *f* rendez-vous *m*; *(nota)* citation *f*.
citación *f (de juez)* citation *f*.
citar *vt* citer. ❑ **citarse** *vpr* se donner rendez-vous.
ciudad *f* ville *f*.
ciudadanía *f* citoyenneté *f*.
cívico, -ca *adj* civique.
civil *adj* civil(-e).
civilización *f* civilisation *f*.
cl *(abrev de centilitro)* cl.
clan *m* clan *m*.
clara *f (de huevo)* blanc *m*
claraboya *f* lucarne *f*.
clarear *vt* éclaircir. ◆ *vi (día)* poindre, *(cielo)* s'éclaircir; **al ~ el día** au point du jour.
clarinete *m* clarinette *f*.
claro, -ra *adj* clair(-e). ◆ *m* clairière *f*. ◆ *adv (hablar)* clairement. ◆ *interj* bien sûr!
clase *f* classe *f*; *(variedad, tipo)* sorte *f*; *(enseñanza, lección)* cours *m*; **de primera ~** de première catégorie; ~ **media** classe moyenne; ~ **preferente** classe affaires; ~ **turista** classe loisirs.
clásico, -ca *adj* classique.
clasificar *vt* classer. ❑ **clasificarse** *vpr (en competición)* se qualifier.
claudicar *vi* abandonner.
claustro *m* cloître *m*.
cláusula *f* clause *f*.
clausura *f* clôture *f*.
clausurar *vt (acto, curso, celebración)* clôturer; *(local, establecimiento)* fermer.
clavar *vt (clavo, palo)* planter; *(sujetar)* clouer.
clave *f (explicación, solución)* clef *f*; *(de acceso)* code *m*. ◆ *adj inv* clef.
clavel *m* œillet *m*.
clavícula *f* clavicule *f*.

clavija *f (de enchufe, teléfono)* fiche *f.*

clavo *m (para sujetar)* clou *m; (especia)* clou *m* de girofle.

claxon *m* Klaxon® *m.*

cleptomanía *f* kleptomanie *f.*

clérigo *m* prêtre *m.*

clero *m* clergé *m.*

cliché *m* cliché *m.*

cliente *mf* client *m* (-e *f*).

clima *m* climat *m.*

clímax *m inv* point *m* culminant.

clínica *f* clinique *f.*

clip *m (para papeles)* trombone *m; (para pelo)* pince *f.*

cloaca *f* égout *m.*

cloro *m* chlore *m.*

club *m* club *m.*

cm *(abrev de centímetro)* cm.

coacción *f* pression *f.*

coartada *f* alibi *m.*

coba *f*: **dar ~ a alguien** *(fam)* lécher les bottes de qqn.

cobarde *adj* & *mf* lâche.

cobertizo *m* auvent *m.*

cobija *f (Amér)* couverture *f.*

cobra *f* cobra *m.*

cobrador, -ra *m, f* encaisseur *m.*

cobrar *vt (dinero)* toucher; *(importancia)* prendre.

cobre *m* cuivre *m*; **no tener un ~** *(Amér)* ne pas avoir un sou.

cobro *m* encaissement *m*; **a ~ revertido** en PCV.

coca *f (planta)* coca *f; (fam: cocaína)* coke *f.*

cocaína *f* cocaïne *f.*

cocer *vt* cuire. ◆ *vi (hervir)* bouillir.

cochayuyo *m (Amér) algue comestible de couleur noire.*

coche *m* voiture *f*; **~ cama** wagon-lit *m*; **~ de alquiler** voiture de location; **~ restaurante** wagon-restaurant *m.*

cochinillo *m*: **~ asado** cochon *m* de lait rôti.

cochino, -na *adj* dégoûtant(-e). ◆ *m, f (animal)* cochon *m* (truie *f*).

cocido, -da *adj* cuit(-e). ◆ *m pot-au-feu aux pois chiches*; **~ madrileño** *pot-au-feu aux pois chiches et aux vermicelles.*

cocina *f* cuisine *f*; *(aparato)* cuisinière *f.*

coco *m (fruto)* noix *f* de coco; *(árbol)* cocotier *m.*

cocodrilo *m* crocodile *m*.
cóctel *m* cocktail *m*.
coctelera *f* shaker *m*.
codiciar *vt* convoiter.
código *m* code *m*.
codo *m* coude *m*.
codorniz (*pl* **-ces**) *f* caille *f*.
coexistir: **coexistir con** *v + prep* coexister avec.
cofia *f* coiffe *f*.
cofradía *f* (*no religiosa*) corporation *f*; (*religiosa*) confrérie *f*.
cofre *m* coffre *m*.
coger *vt* (*objeto, tren, etc*) prendre; (*animal, enfermedad*) attraper; (*frutos*) cueillir; (*Amér: vulg*) baiser.
cogollos *mpl* cœurs *mpl* de laitue.
cogote *m* nuque *f*.
cohabitar *vi* (*pareja*) vivre ensemble.
coherente *adj* cohérent(-e).
cohete *m* fusée *f*.
coima *f* (*Amér: fam*) pot-de-vin *m*.
coincidencia *f* coïncidence *f*.
coito *m* coït *m*.
cojín *m* coussin *m*.
cojo, -ja *adj* (*persona*) boiteux(-euse); (*mueble*) bancal (-e).
cojudo, -da *adj* (*Amér: fam*) con (conne).
col *f* chou *m*.
cola *f* queue *f*; (*de vestido*) traîne *f*; (*para pegar*) colle *f*; **hacer ~** faire la queue.
colaborar *vi*: **~ en** collaborer à.
colada *f* lessive *f*.
colado, -da *adj*: **estar ~ por** (*fam*) en pincer pour.
colador *m* passoire *f*.
colar *vt* (*líquido*) filtrer; (*lo falso, lo ilegal etc*) passer. ◆ *vi* (*mentira*) prendre. ❑ **colarse** *vpr* (*fam: en cine, metro etc*) se faufiler; (*equivocarse*) se planter; (*en una cola*) resquiller.
colcha *f* couvre-lit *m*.
colchón *m* matelas *m*.
colchoneta *f* (*de playa*) matelas *m* pneumatique.
colección *f* collection *f*.
colecta *f* collecte *f*.
colega *mf* collègue *mf*.
colegiado, -da *m, f* (DEP) arbitre *m*.
colegio *m* (*de estudiantes*)

école *f*; *(de médicos)* ordre *m*.

cólera *m* choléra *m*. ◆ *f* colère *f*.

coleta *f* couette *f*.

colgador *m* étendoir *m*.

colgar *vt* pendre; *(ropa mojada)* étendre; *(cuadro)* accrocher; **~ (el teléfono)** raccrocher (le téléphone).

coliflor *f* chou-fleur *m*.

colilla *f* mégot *m*.

colina *f* colline *f*.

collar *m* collier *m*.

collarín *m* minerve *f*.

colmado *m* épicerie *f*.

colmena *f* ruche *f*.

colmillo *m* *(de persona)* canine *f*; *(de elefante)* défense *f*; *(de perro)* croc *m*.

colmo *m* comble *m*.

colocación *f* *(situación)* emplacement *m*; *(empleo)* place *f*.

colocar *vt* placer. ❑ **colocarse** *vpr* *(fam: con drogas)* se défoncer; *(con alcohol)* se bourrer.

Colombia *s* Colombie *f*.

colombiano, -na *adj* colombien(-enne).

colonia *f* *(grupo de personas, territorio)* colonie *f*; *(perfume)* eau *f* de Cologne; *(Amér: barrio)* quartier *m*; **~ proletaria** *(Amér)* bidonville *m*; *(para niños)* colonie de vacances.

colono *m* colon *m* *(personne)*.

coloquial *adj* parlé(-e) *(langue)*.

coloquio *m* colloque *m*.

color *m* couleur *f*.

colorado, -da *adj* rouge; **ponerse ~** rougir.

colorete *m* fard *m* à joues.

colosal *adj* colossal(-e).

columna *f* colonne *f*; **~ vertebral** colonne vertébrale.

columpio *m* balançoire *f*.

coma *f* virgule *f*. ◆ *m* coma *m*.

comadreja *f* belette *f*.

comadrona *f* sage-femme *f*.

comandante *mf* commandant *m*.

comando *m* commando *m*.

comarca *f* région *f*.

comba *f* corde *f* à sauter.

combate *m* combat *m*.

combatir *vi* & *vt* combattre.

combinación *f* combinaison *f*.

combinado *m* cocktail *m*.

combinar *vt* combiner.

combustible *m* combustible *m*.

comecocos *m inv* casse-tête *m*.

comedia *f* comédie *f*.

comedor *m* salle *f* à manger.

comentar *vt* commenter.

comentario *m* commentaire *m*.

comenzar *vt* & *vi* commencer; ~ **a** commencer à.

comer *vt* manger. ◆ *vi* manger; *(al mediodía)* déjeuner.

comercial *adj* commercial(-e).

comercio *m* commerce *m*.

cometa *m* comète *f*. ◆ *f* cerf-volant *m*.

cometer *vt* commettre.

cómic *m* bande *f* dessinée.

comicios *mpl (formal)* élections *fpl*.

cómico, -ca *adj* & *m, f* comique.

comida *f (alimento)* nourriture *f*; *(almuerzo, cena)* repas *m*; ~ **rápida** restauration *f* rapide; ~ **casera** cuisine *f* familiale; ~**s para llevar** plats *mpl* à emporter.

comillas *fpl* guillemets *mpl*.

comilona *f (fam)* gueuleton *m*.

comino *m* cumin *m*; **me importa un ~** *(fam)* je m'en fiche complètement.

comisaría *f* commissariat *m*.

comisario, -ria *m, f* commissaire *m*.

comisión *f* commission *f*.

comité *m* comité *m*.

comitiva *f* cortège *m*.

como *adv* comme; *(aproximadamente)* à peu près; **es tan alto ~ yo** il est aussi grand que moi; ~ **si** comme si.
◆ *conj (ya que)* comme; *(si)* si; ~ **no llegabas nos fuimos** comme tu n'arrivais pas, nous sommes partis; **¡~ vuelvas a hacerlo!** si jamais tu recommences!

cómo *adv* comment; *(exclamativo)* comme; **¿~ te llamas?** comment t'appelles-tu?; **¡~ pasa el tiempo!** comme le temps passe vite!; **¿~?** comment?; **¡~ no!** bien sûr!

cómoda *f* commode *f*.

comodidad *f*: **con ~**

confortablement.

comodín *m (en juegos)* joker *m*.

comodón, -ona *adj (fam)* flemmard(-e).

compa *mf (Amér: fam)* copain *m* (copine *f*).

compadecer *vt* avoir pitié de. ❑ **compadecerse de** *v + prep*: **~se de alguien** plaindre qqn.

compadreo *m (Amér: fam)* camaraderie *f*.

compaginar *vt*: **~ algo con** concilier qqch avec.

compañero, -ra *m, f (de juego, clase)* camarade *mf*; *(de trabajo)* collègue *mf*; *(amigo)* ami *m* (-e *f*).

compañía *f* compagnie *f*.

comparar *vt* comparer.

compartimiento *m* compartiment *m*.

compartir *vt* partager.

compás *m (instrumento)* compas *m*; *(ritmo)* mesure *f*.

compasión *f* compassion *f*.

compatible *adj* compatible.

compatriota *mf* compatriote *mf*.

compenetrarse *vpr* bien s'entendre.

compensar *vt* compenser.

competencia *f (rivalidad)* concurrence *f*; *(incumbencia)* ressort *m*; *(aptitud)* compétence *f*.

competente *adj* compétent(-e).

competición *f* compétition *f*.

competir *vi (rivalizar)* être en compétition.

complacer *vt* faire plaisir à. ❑ **complacerse** *vpr*: **~se en** avoir plaisir à.

complejo, -ja *adj* complexe. ◆ *m* complexe *m*.

complemento *m* complément *m*.

completamente *adv* complètement.

completo, -ta *adj* complet(-ète); **por ~** complètement; **'completo'** 'complet'.

complexión *f* constitution *f (physique)*.

complicado, -da *adj* compliqué(-e).

complicar *vt* compliquer.

cómplice *mf* complice *mf*.

complot *m* complot *m*.

componente *m* composant *m*; *(de un grupo)* membre *m*.

componer *vt (obra literaria, musical)* composer; *(lo roto, desordenado)* arranger. ❑ **componerse de** *v + prep* se composer de.

comportamiento *m* comportement *m*.

comportar *vt* impliquer. ❑ **comportarse** *vpr* se conduire.

compostura *f (buena educación)* tenue *f*.

compota *f* compote *f*.

compra *f* achat *m*; **hacer la ~** faire son marché; **ir de ~s** faire des courses.

comprar *vt* acheter.

comprender *vt* comprendre.

compresa *f (para higiene femenina)* serviette *f* hygiénique; *(para uso médico)* compresse *f*.

comprimir *vt* comprimer.

comprobar *vt* vérifier.

comprometer *vt (poner en peligro)* compromettre; *(hacer responsable)* impliquer. ❑ **comprometerse** *vpr (novios)* se fiancer; **~se a** s'engager à; **~se con** s'engager envers.

comprometido, **-da** *adj (asunto)* délicat(-e); *(con una idea)* engagé(-e).

compromiso *m (obligación)* engagement *m*; *(acuerdo)* compromis *m*; *(apuro)* embarras *m*; **sin ~** sans engagement.

compuerta *f* vanne *f*.

compungido, **-da** *adj* contrit(-e).

comulgar *vi* communier ❑ **comulgar con** *v + prep (ideas, sentimientos)* partager.

común *adj* commun(-e).

comuna *f* communauté *f*.

comunicado, **-da** *adj* communiqué(-e). ◆ *m* communiqué *m*; **bien/mal ~** *(pueblo, ciudad etc)* bien/mal desservi.

comunicar *vt* communiquer. ◆ *vi (teléfono)* être occupé(-e).

comunidad *f (grupo)* communauté *f*; **~ autónoma** communauté autonome *(nom donné à chacune des 17 régions d'Espagne, dotées d'un gouvernement propre)*; **Comunidad Europea** Communauté Européenne.

comunión *f* communion *f*.

comunismo *m* communisme *m*.

con *prep* 1. *(gen)* avec; **lo ha conseguido ~ su esfuerzo** il y est parvenu grâce à ses efforts; **le robaron la cartera ~ varios documentos** on lui a volé son attaché-case qui contenait plusieurs documents.

2. *(a pesar de)* bien que; **~ todo iremos a su casa** malgré tout nous irons chez lui.

3. *(condición)* si; **~ salir a las cinco será suficiente** si nous partons à cinq heures, ça ira.

4. *(en locuciones)*: **~ (tal) que** du moment que.

conato *m (de agresión)* tentative *f*; *(de incendio)* début *m*.

cóncavo, -va *adj* concave.

concebir *vt* concevoir; **no ~** *(no entender)* ne pas arriver à comprendre.

conceder *vt (dar)* accorder; *(asentir)* admettre.

concejal, -la *m, f* conseiller municipal *m* (conseillère municipale *f*).

concentrar *vt (interés, atención)* concentrer; *(lo desunido)* rassembler. ❑ **concentrarse** *vpr*: **~se en** *(estudio, trabajo)* se concentrer sur; *(lugar)* se rassembler dans.

concepción *f* conception *f*.

concepto *m* concept *m*; **tener en gran ~ a alguien** avoir une haute idée de qqn; **en ~ de** au titre de; **bajo ningún ~** en aucun cas.

concernir: **concernir a** *v + prep* concerner.

concertar *vt* convenir de.

concesión *f* concession *f*; *(de premio)* remise *f*.

concha *f (caparazón)* coquille *f*; *(material)* écaille *f*.

conchudo, -da *adj (Amér: vulg)* con (conne).

conciencia *f* conscience *f*; **a ~** consciencieusement.

concierto *m (composición musical)* concerto *m*; *(actuación musical)* concert *m*; *(convenio)* accord *m*.

conciliar *vt (poner de acuerdo)* réconcilier; *(sueño)* trouver.

conciso, -sa *adj* concis(-e).

concluir *vt (acabar)* terminer; *(deducir)* conclure.

conclusión *f* conclusion *f*.

concordancia *f* concordance *f*.

concordar *vt* mettre d'accord. ◆ *vi (género, número)* s'accorder; ~ **con** *(coincidir con)* concorder avec.

concretar *vt (especificar)* préciser; *(reducir)* résumer.

concreto, -ta *adj* concret (-ète). ◆ *m*: ~ **armado** *(Amér)* béton *m* armé.

concubina *f* concubine *f*.

concurrencia *f (público)* assistance *f*; *(de hechos)* coïncidence *f*.

concursar *vi* concourir.

concurso *m* concours *m*.

condado *m (territorio)* comté *m*.

conde, -desa *m, f* comte *m* (comtesse *f*).

condecoración *f (insignia)* décoration *f*; *(acto)* remise *f* de décoration.

condena *f* condamnation *f*.

condenar *vt* condamner.

condensar *vt* condenser.

condición *f* condition *f*; *(modo de ser)* naturel *m*. ❑ **condiciones** *fpl* conditions *fpl*; **estar en buenas/malas condiciones** être en bon/mauvais état.

condicional *adj* conditionnel(-elle).

condimento *m* condiment *m*.

condominio *m (Amér)* immeuble *m* en copropriété.

conducir *vt & vi* conduire.

conducta *f* conduite *f*.

conducto *m (tubo)* conduit *m*; *(vía)* voie *f*.

conectar *vt (cables, piezas)* raccorder; *(radio, televisión)* brancher. ❑ **conectar con** *v + prep* prendre contact avec.

conejera *f* terrier *m*.

conejo, -ja *m, f* lapin *m* (-e *f*).

conexión *f* liaison *f*.

confección *f* confection *f*. ❑ **confecciones** *fpl (tienda)* prêt-à-porter *m*.

confederación *f* confédération *f*.

conferencia *f (disertación)* conférence *f*; *(por teléfono)* communication *f* (longue distance).

confesar *vt (delito, crimen)* avouer; *(pecados)* confesser. ❑ **confesarse** *vpr* se confesser.

confeti *m* confetti *m*.

confianza *f* confiance *f*; **tener mucha ~ con alguien** bien connaître qqn.

confiar *vt* confier. ❑ **confiar en** *v + prep* avoir confiance en; ~ **en que** espérer que. ❑ **confiarse** *vpr (despreocuparse)* être (trop) sûr(-e).

confidencia *f* confidence *f*.

confidente *mf (de un secreto)* confident *m* (-e *f*); *(de la policía)* indicateur *m* (-trice *f*).

configurar *vt* configurer.

confirmar *vt* confirmer.

confiscar *vt* confisquer.

confitería *f* confiserie *f (magasin)*.

confitura *f* confiture *f*.

conflicto *m* conflit *m*.

confluencia *f (de ríos)* confluent *m*; *(de calles)* croisement *m*.

confluir: **confluir en** *v + prep* converger vers.

conformarse: **conformarse con** *v + prep* se contenter de.

conforme *adj* d'accord. ♦ *adv (como)* tel que (telle que); *(a medida que)* à mesure que; ~ **a** conformément à; ~ **con** d'accord avec.

conformidad *f*: **dar su ~** donner son accord.

confort *m* confort *m*.

confundir *vt (no distinguir)* confondre; *(liar)* embrouiller; ~ **algo/ a alguien con** confondre qqch/qqn avec. ❑ **confundirse** *vpr (equivocarse)* se tromper. ❑ **confundirse con** *v + prep (mezclarse con)* se confondre avec.

congelado, -da *adj (alimentos, productos)* surgelé(-e); *(persona)* congelé(-e). ❑ **congelados** *mpl* surgelés *mpl*.

congelar *vt (líquido)* congeler; *(alimentos)* surgeler. ❑ **congelarse** *vpr (persona)* geler.

congeniar: **congeniar con** *v + prep* sympathiser avec.

congénito, -ta *adj* congénital(-e).

congestión *f* congestion *f*.

conglomerado *m (de madera)* aggloméré *m*.

congregar *vt* rassembler.

congreso *m* congrès *m*; ~ **de diputados** = Chambre *f* des députés.

conjetura *f* conjecture *f*.

conjugación *f (de verbos)* conjugaison *f*; *(de colores, estilos)* combinaison *f*.

conjunción *f* conjonction *f*.

conjuntivitis *f inv* conjonctivite *f*.

conjunto *m* ensemble *m*; *(de rock)* groupe *m*; **en ~** dans l'ensemble.

conmemorar *vt* commémorer.

conmigo *pron* avec moi.

conmoción *f (perturbación)* commotion *f*; **~ cerebral** commotion *f* cérébrale.

conmover *vt* émouvoir.

conmutador *m (de electricidad)* commutateur *m*; *(Amér)* standard *m* téléphonique.

cono *m* cône *m*.

conocer *vt* connaître; *(distinguir)* reconnaître. ❑ **conocerse** *vpr* se connaître.

conocido, -da *adj* connu(-e). ◆ *m, f* connaissance *f*.

conque *conj* alors.

conquista *f* conquête *f*.

conquistador, -ra *m, f (de país)* conquistador *m*; *(persona seductora)* séducteur *m* (-trice *f*).

conquistar *vt* conquérir.

consagrar *vt* consacrer; *(obispo, rey)* sacrer.

consciente *adj* conscient (-e); **ser ~ de** être conscient(-e).

consecuencia *f* conséquence *f*; **en ~** en conséquence; **a ~ de** à la suite de.

conseguir *vt* obtenir.

consejo *m* conseil *m*.

consenso *m* consensus *m*.

consentido, -da *adj* gâté(-e) *(enfant)*.

consentir *vt* permettre.

conserje *m* concierge *mf*.

conserva *f* conserve *f*; **en ~** en conserve.

conservar *vt* conserver. ❑ **conservarse** *vpr (persona)* être bien conservé(-e); *(alimentos, productos)* se conserver.

conservatorio *m* conservatoire *m*.

considerable *adj* considérable.

consideración *f* considération *f*; **de ~** important(-e).

consigna *f* consigne *f*; **en ~** à la consigne.

consigo *pron (con él, con ella)* avec lui (avec elle); *(con usted)* avec vous; *(con uno mismo)* avec soi.

consiguiente: **por consiguiente** *adv* par conséquent.

consistencia *f* consistance *f*.

consistir: **consistir en** *v + prep (componerse de)* consister en; *(estar fundado en)* reposer sur.

consistorio *m (ayuntamiento)* hôtel *m* de ville.

consola *f* console *f*.

consolar *vt* consoler. ❑ **consolarse** *vpr* se consoler.

consolidar *vt* consolider.

consomé *m* bouillon *m* de viande; **~ al jerez** bouillon de viande au Xérès.

consonante *f* consonne *f*.

consorcio *m* consortium *m*.

consorte *mf* conjoint *m* (-e *f*).

conspirar *vi* conspirer.

constante *adj* constant(-e). ◆ *f* constante *f*; **~ vitales** fonctions *fpl* vitales.

constar: **constar de** *v + prep* être constitué(-e). ❑ **constar en** *v + prep* figurer dans; **me consta que** je suis certain(-e); **que conste que ...** notez que ....

constelación *f* constellation *f*.

constipado *m* rhume *m*.

constiparse *vpr* s'enrhumer.

constitución *f* constitution *f*.

constituir *vt* constituer.

construcción *f* construction *f*.

constructora *f* entreprise *f* du bâtiment.

construir *vt* construire.

consuelo *m* consolation *f*.

cónsul *mf* consul *m*.

consulta *f* consultation *f*; **~ (médica)** cabinet *m* médical.

consultar *vt* consulter.

consultorio *m (de médico)* cabinet *m* (médical); *(de revista etc)* courrier *m* des lecteurs.

consumición *f* consommation *f*; **'~ obligatoria'** 'consommation obligatoire'.

consumir *vt (gastar)* consommer; *(acabar totalmente)* dilapider. ◆ *vi (gastar)* consommer. ❑ **consumirse** *vpr (extinguirse)* se consumer; *(ali-*

mentos) se consommer.

consumo *m* consommation *f.*

contable *mf* comptable *mf.*

contacto *m* contact *m.*

contador, **-ra** *m, f (Amér)* bailleur *m* de fonds; *(contable)* comptable *mf.* ◆ *m (de luz, gas, teléfono)* compteur *m.*

contagio *m (de enfermedad)* transmission *f*; **por ~** par contagion.

container *m (de mercancías)* conteneur *m*; *(de basuras)* benne *f* à ordures.

contaminar *vt* polluer. ❑ **contaminarse** *vpr* être pollué(-e).

contar *vt* compter; *(explicar)* raconter. ◆ *vi* compter. ❑ **contar con** *v + prep* compter sur.

contemplaciones *fpl*: **sin ~** sans ménagement.

contemplar *vt* contempler.

contemporáneo, **-a** *adj* contemporain(-e).

contenedor *m* conteneur *m*; **~ de basura** benne *f* à ordures.

contener *vt* contenir; *(respiración, risa)* retenir. ❑ **contenerse** *vpr* se retenir.

contento, **-ta** *adj* content (-e).

contestación *f* réponse *f.*

contestador *m*: **~ automático** répondeur *m* (téléphonique).

contestar *vt* répondre à. ◆ *vi* répondre.

contexto *m* contexte *m.*

contigo *pron* avec toi.

contiguo, **-gua** *adj* contigu (-uë).

continente *m* continent *m.*

continuamente *adv* continuellement.

continuar *vt (proseguir)* continuer. ◆ *vi* continuer; *(permanecer)* être toujours *(au même endroit)*; *(extenderse)* continuer.

contorno *m* contour *m.*

contra *prep* contre. ◆ *m* contre *m.*

contrabajo *m* contrebasse *f.*

contrabando *m* contrebande *f.*

contracorriente *f* contre-courant *m*; **a ~** à contre-courant.

contradecir *vt* contredire. ❑ **contradecirse** *vpr* se contredire.

contraer *vt* contracter; ~ **matrimonio** contracter mariage.

contraindicado, -da *adj* contre-indiqué(-e).

contraluz *m* contre-jour *m*; **a** ~ à contre-jour.

contrapartida *f* contrepartie *f*; **en** ~ en contrepartie.

contrapelo *m*: **a** ~ *(acariciar)* à rebrousse-poil; *(actuar)* à contrecœur.

contrapeso *m* contrepoids *m*.

contrario, -ria *adj* contraire; *(opuesto)* opposé (-e). ◆ *m, f* adversaire *mf*. ◆ *m* contraire *m*; **al** o **por el** ~ au contraire; **llevar la contraria a alguien** contredire qqn.

contraseña *f (señal)* signe *m*; *(palabra, frase)* mot *m* de passe.

contrastar *vt (comparar)* comparer; *(comprobar)* éprouver.

contraste *m* contraste *m*.

contratar *vt (persona)* embaucher.

contratiempo *m* contretemps *m*.

contrato *m* contrat *m*.

contribuir *vi*: ~ **a** contribuer à; ~ **con** *(suma)* donner une participation de.

contrincante *mf* adversaire *mf*.

control *m* contrôle *m*; ~ **de pasaportes** contrôle des passeports.

convalidar *vt (estudios)* obtenir une équivalence pour.

convencer *vt* convaincre. ❑ **convencerse de** *v + prep* se convaincre de.

convención *f* convention *f*.

conveniente *adj (beneficioso, pertinente)* bon (bonne); *(correcto)* convenable.

convenio *m* convention *f*.

convenir *vt* convenir de. ◆ *vi* convenir.

convento *m* couvent *m*.

conversación *f* conversation *f*; **dar** ~ **a alguien** faire la conversation à qqn.

conversar *vi* converser.

convertir *vt* convertir; ~ **algo en** transformer qqch en. ❑ **convertirse** *vpr*: **~se a** *(religión, ideología)* se convertir à; ~se en *(transformarse en)* devenir.

convicción *f* conviction *f*.

convincente *adj* convaincant(-e).

convivencia *f* vie *f* en commun.

convivir: **convivir con** *v + prep* vivre avec.

convocar *vt* convoquer.

convulsión *f* convulsion *f*; *(fig)* agitation *f*.

cónyuge *mf* conjoint *m* (-e *f*).

coñac *m* cognac *m*.

cooperar *vi* coopérer.

cooperativa *f* coopérative *f*.

coordinar *vt* coordonner.

copa *f (para beber)* verre *m* (à pied); *(trofeo)* coupe *f*; *(de árbol)* cime *f*.

copia *f* copie *f*.

copiar *vt* copier.

copiloto *m* copilote *mf*.

copla *f (estrofa)* couplet *m*; *(canción)* chanson *f*.

copo *m* flocon *m*.

coquetear *vi* flirter.

coqueto, **-ta** *adj* coquet (-ette); *(frívolo)* aguicheur (-euse).

coraje *m (valor)* courage *m*; **dar ~** *(enfadar)* mettre en colère.

coral *m* corail *m*. ◆ *f* chorale *f*.

coraza *f* cuirasse *f*.

corazón *m* cœur *m*. ❑ **corazones** *mpl (de la baraja)* cœur *m*.

corbata *f* cravate *f*.

corchete *m (cierre)* agrafe *f*; *(signo)* crochet *m*.

corcho *m (material)* liège *m*; *(tapón)* bouchon *m*.

cordel *m* ficelle *f*.

cordero, **-ra** *m, f (animal)* agneau *m* (agnelle *f*). ◆ *m (carne)* agneau *m*; **~ asado** agneau rôti.

cordial *adj* cordial(-e).

cordillera *f* cordillère *f*.

cordón *m (de zapato)* lacet *m*; *(cable eléctrico)* fil *m*; **~ umbilical** cordon *m* ombilical.

coreografía *f* chorégraphie *f*.

corista *mf* choriste *mf*.

cornada *f* coup *m* de corne.

cornamenta *f* cornes *fpl*.

córnea *f* cornée *f*.

corneja *f* corneille *f*.

córner *m* corner *m*.

cornete *m (de helado)* cornet *m*.

cornisa *f* corniche *f*.

coro *m* chœur *m*; **a ~** en chœur.

corona *f* couronne *f*; *(fig: trono)* Couronne *f*.

coronel *m* colonel *m*.

corpulento, -ta *adj* corpulent(-e).

Corpus *m* Fête-Dieu *f*.

corral *m (para animales)* cour *f* (de ferme); *(de aves)* basse-cour *f*.

correa *f (de bolso)* bandoulière *f*; *(de reloj)* courroie *f*; *(de animal)* laisse *f*.

corrección *f* correction *f*.

corredor, -ra *m, f (en deporte)* coureur *m* (-euse *f*); *(intermediario)* courtier *m* (-ère *f*). ◆ *m (pasillo)* corridor *m*.

corregir *vt* corriger. ❑ **corregirse** *vpr* se corriger.

correo *m (correspondencia)* courrier *m*; **~ aéreo** poste *f* aérienne; **~ certificado** courrier recommandé; **~ urgente** pli *m* urgent. ❑ **Correos** *m inv* Poste *f*; **'Correos y Telégrafos'** ≃ La Poste.

correr *vi* courir; *(río)* couler; *(tiempo)* passer. ◆ *vt (desplazar)* pousser; *(deslizar)* tirer; **dejar ~** laisser courir. ❑ **correrse** *vpr (pintura, colores)* couler.

correspondencia *f* correspondance *f*.

corresponder *vi* correspondre; *(incumbir)* revenir.

corresponsal *mf* correspondant *m* (-e *f*) *(d'un journal)*.

corrida *f* corrida *f*.

corriente *adj* courant(-e); *(común)* ordinaire. ◆ *f* courant *m*; **estar al ~ de algo** être au courant de qqch; **~ (eléctrica)** courant (électrique).

corro *m* ronde *f*.

corrupción *f* corruption *f*.

corsé *m* corset *m*.

corsetería *f* boutique *f* de lingerie féminine.

cortado, -da *adj (salsa)* tourné(-e); *(labios, manos)* gercé(-e); *(persona)* timide. ◆ *m* noisette *f (café)*.

cortante *adj (cuchilla)* tranchant(-e); *(persona)* cassant(-e).

cortar *vt* couper; *(calle)* barrer; *(conversación)* interrompre; *(labios, piel)* gercer. ❑ **cortarse** *vpr (herirse)* se couper; *(avergonzarse)* se troubler; *(leche, salsa)* tourner.

corte *m* coupure *f*; *(raja en tela)* déchirure *f*; *(vergüenza)* honte *f*.

Cortes *fpl*: **Las ~** *le Parlement espagnol*.

cortés *adj* courtois(-e).

cortesía *f* politesse *f*.

corteza *f (de árbol)* écorce *f*; *(de pan, queso)* croûte *f*.

cortijo *m* ferme *f (andalouse)*.

cortina *f* rideau *m*.

corto, -ta *adj (breve)* court(-e); *(fam: tonto)* simplet(-ette).

cortometraje *m* court-métrage *m*.

cosa *f* chose *f*; **eso es ~ mía** cela ne regarde que moi; **como si tal ~** comme si de rien n'était.

coscorrón *m* coup *m* sur la tête.

cosecha *f* récolte *f*.

coser *vt & vi* coudre.

cosmos *m* cosmos *m*.

cosquillas *fpl* chatouilles *fpl*.

costa *f* côte *f*; **a ~ de** aux dépens de.

costado *m* flanc *m*.

costar *vi* coûter.

Costa Rica *s* Costa Rica *m*.

costarriqueño, -ña *adj* costaricien(-enne).

coste *m* coût *m*.

costilla *f* côte *f*; **~s de cordero** côtelettes *fpl* d'agneau.

costo *m* coût *m*.

costra *f* croûte *f*.

costumbre *f* habitude *f*.

costura *f* couture *f*.

costurera *f* couturière *f*.

costurero *m* corbeille *f* à ouvrage.

cota *f* cote *f (sur une carte)*.

cotilla *mf (fam)* commère *f*.

cotilleo *m (fam)* potin *m*.

cotillón *m* cotillon *m*.

cotización *f (de la moneda)* cours *m*.

cotizar *vt (en Bolsa)* coter; *(cuota)* cotiser.

coto *m* réserve *f*; **~ (privado) de caza** chasse *f* gardée.

cotorra *f* perruche *f*; *(fam: charlatán)* pie *f*.

coz *f* ruade *f*.

cráneo *m* crâne *m*.
cráter *m* cratère *m*.
crawl [krol] *m* crawl *m*.
crear *vt* créer.
crecer *vi (persona)* grandir; *(luna, interés)* croître; *(río)* grossir; *(planta)* pousser.
credencial *f* laissez-passer *m*.
crédito *m (préstamo)* crédit *m*; *(confianza)* confiance *f*.
credo *m* credo *m*.
creer *vt* croire; **¡ya lo creo!** je pense bien! ❑ **creer en** *v + prep* croire en.
creído, **-da** *adj* prétentieux(-euse).
crema *f* crème *f*; **~ de belleza** crème de beauté; **~ pastelera** crème pâtissière; **~ catalana** crème renversée; **~ de cangrejos** velouté *m* de crabes; **~ de gambas** velouté *m* de crevettes; **~ de marisco** velouté *m* de fruits de mer.
cremallera *f* fermeture *f* Éclair®.
crepe [krep] *f* crêpe *f*.
cresta *f* crête *f*.
cretino, **-na** *adj* crétin(-e).
cría *f (de ganado)* élevage *m*; *(hijo de animal)* petit *m*, → **crío**.
criado, **-da** *m, f* domestique *mf*.
criar *vt* élever. ◆ *vi (tener crías)* avoir des petits.
criatura *f* créature *f*; *(niño)* enfant *m*.
crimen *m* crime *m*.
crío, **-a** *m, f* gamin *m* (-e *f*).
criollo, **-lla** *m, f* créole *mf*.
crisis *f inv* crise *f*.
cristal *m* verre *m*.
cristalería *f (tienda)* vitrerie *f*; *(objetos)* verrerie *f*.
cristalino, **-na** *adj* cristallin(-e). ◆ *m* cristallin *m*.
cristiano, **-na** *adj & m, f* chrétien(-enne).
Cristo *m* Christ *m*.
criterio *m (regla, norma)* critère *m*; *(juicio)* avis *m*.
crítica *f* critique *f*.
criticar *vt* critiquer.
croar *vi* coasser.
cromo *m (estampa)* image *f*.
crónica *f* chronique *f*.
cronómetro *m* chronomètre *m*.
croqueta *f* croquette *f*.
croquis *m inv* croquis *m*.

cruce *m (de calles, caminos)* croisement *m*; *(en el teléfono)* interférence *f*.

crucero *m (en barco)* croisière *f*.

crucifijo *m* crucifix *m*.

crucigrama *m* mots croisés *mpl*.

crudo, -da *adj (alimento)* cru(-e); *(novela, película)* dur(-e).

cruel *adj* cruel(-elle).

crujido *m* craquement *m*.

crujiente *adj* croustillant(-e).

crustáceo *m* crustacé *m*.

cruz *f* croix *f*; *(de moneda)* pile *f*; *(fig: carga)* calvaire *m*.

cruzada *f* croisade *f*.

cruzar *vt (calle)* traverser. ❑ **cruzarse** *vpr*: **~se de brazos** *(fig)* se croiser les bras. ❑ **cruzarse con** *v + prep*: **~se con alguien** croiser qqn.

cuaderno *m* cahier *m*.

cuadra *f* écurie *f*; *(Amér: esquina)* coin *m*; *(Amér: de casas)* pâté *m* de maisons.

cuadrado, -da *adj* carré (-e). ◆ *m* carré *m*.

cuadrilla *f (de trabajadores)* équipe *f*; *(de maleantes)* bande *f*.

cuadro *m (cuadrado)* carré *m*; *(pintura)* tableau *m*; **a** ○ **de ~s** à carreaux.

cuajada *f* caillé *m*; **~ con miel** caillé avec du miel.

cual *pron*: **el/la ~** lequel/laquelle; **lo ~** *(sujeto)* ce qui; *(complemento)* ce que; **sea ~ sea** quel (quelle).

cuál *pron (interrogativo)* quel (quelle); *(especificando)* lequel (laquelle); **¿~ es la diferencia?** quelle est la différence?

cualidad *f* qualité *f*.

cualquier *adj* → **cualquiera**.

cualquiera *adj* n'importe quel (n'importe quelle); **en cualquier lugar** n'importe où. ◆ *pron* n'importe qui. ◆ *mf* moins que rien *mf*.

cuando *adv & prep* quand; **~ la guerra** pendant la guerre; **de ~ en ~, de vez en ~** de temps en temps.

cuándo *adv* quand; **¿~ vendrás?** quand viendras-tu?

cuanto, -ta *adj* **1.** *(todo)* tout le (toute la).

2. *(compara cantidades)*: **cuantas más mentiras digas, menos te creerán** plus tu raconteras de mensonges,

moins on te croira.
◆ *pron* 1. *(de personas)* tous ceux qui (toutes celles qui). 2. *(todo lo que)* tout ce que. 3. *(en locuciones)*: ~ **antes** le plus vite possible; **en** ~ dès que; **en** ~ **a** en ce qui concerne.

cuánto, -ta *adj (interrogativo)* combien de; *(exclamativo)* que de. ◆ *pron (interrogativo)* combien; **unos ~s** quelques-uns.

cuarenta *núm* quarante, → **seis**.

cuaresma *f* carême *m*.

cuartel *m* caserne *f*.

cuartelazo *m (Amér)* putsch *m*.

cuarteto *m* quatuor *m*.

cuartilla *f* feuille *f* (de papier).

cuarto, -ta *núm* quatrième. ◆ *m (habitación)* chambre *f*; *(parte)* quart *m*; ~ **de baño** salle *f* de bains; ~ **de hora** quart d'heure; **un** ~ **de kilo** une demi-livre, → **sexto**.

cuarzo *m* quartz *m*.

cuate, -ta *m, f (Amér: fam)* copain *m* (copine *f*).

cuatro *núm* quatre, → **seis**.

cuatrocientos, -tas *núm* quatre cents, → **seiscientos**.

Cuba *s* Cuba.

cubano, -na *adj* cubain(-e).

cubertería *f* ménagère *f (couverts)*.

cubeta *f* cuvette *f*; *(Amér)* seau *m*.

cúbico, -ca *adj* cubique.

cubierta *f (de libro)* couverture *f*; *(de barco)* pont *m*.

cubierto, -ta *adj* couvert (-e). ◆ *m* couvert *m*. ◆ *f* toiture *f*; **a** ~ à l'abri.

cubito *m*: ~ **de hielo** glaçon *m*.

cúbito *m* cubitus *m*.

cubo *m (recipiente)* seau *m*; *(en geometría, matemáticas)* cube *m*; ~ **de la basura** poubelle *f*.

cucaracha *f* cafard *m*.

cuchara *f* cuillère *f*.

cucharón *m* louche *f*.

cuchilla *f* lame *f*.

cuchillo *m* couteau *m*.

cuclillas *fpl*: **en** ~ accroupi(-e).

cucurucho *m* cornet *m*.

cuello *m* cou *m*; *(de camisa)* col *m*.

cuenca *f* bassin *m*.

cuenta *f* compte *m*; *(factura)* note *f*; *(de collar)* perle *f*; **caer en la ~** comprendre; **darse ~ de** se rendre compte de; **tener en ~ algo** tenir compte de qqch.

cuento *m (relato)* conte *m*; *(mentira)* histoire *f*.

cuerda *f* corde *f*; *(del reloj)* ressort *m*; **~s vocales** cordes vocales.

cuerno *m (de animal)* corne *f*.

cuero *m* cuir *m*.

cuerpo *m* corps *m*.

cuervo *m* corbeau *m*.

cuesta *f* côte *f*; **ir ~ arriba** monter (la côte); **a ~s** sur le dos.

cuestión *f* question *f*.

cueva *f* grotte *f*.

cuidado *m (esmero)* soin *m*; *(vigilancia)* attention *f*. ◆ *interj* attention!; **~ con** attention à; **un golpe de ~** un vilain coup; **estar al ~ de** s'occuper de; **tener ~** faire attention.

cuidar *vt* prendre soin de. ◆ *vi*: **~ de** *(asistir)* soigner. ❑ **cuidarse** *vpr* se ménager. ❑ **cuidarse de** *v + prep* s'occuper de.

culata *f* culasse *f*.

culebra *f* couleuvre *f*.

culo *m* cul *m*.

culpa *f* faute *f*; **tiene la ~** c'est de sa faute.

culpar *vt* accuser.

cultivar *vt* cultiver.

culto, -ta *adj (persona)* cultivé(-e); *(estilo, lenguaje)* soutenu(-e). ◆ *m* culte *m*.

cultura *f* culture *f*.

culturismo *m* musculation *f*.

cumbre *f* sommet *m*.

cumpleaños *m inv* anniversaire *m*.

cumplido *m* compliment *m*.

cumplir *vt (ley, reglamento)* respecter; *(orden)* exécuter; *(años)* avoir; *(condena)* purger; *(promesa)* tenir. ◆ *vi (plazo)* expirer; **~ con** *(deber)* remplir; *(palabra)* tenir.

cuna *f* berceau *m*.

cuneta *f (de calle)* caniveau *m*; *(de carretera)* fossé *m*.

cuña *f (calza)* cale *f*; *(en radio, televisión)* message *m* publicitaire.

cuñado, -da *m, f* beau-frère *m* (belle-sœur *f*).

cupón *m (de sorteo, lotería)*

billet *m*.

cúpula *f* coupole *f*.

cura[1] *m* curé *m*.

cura[2] *f (restablecimiento)* guérison *f*; *(tratamiento)* cure *f*; **~ de reposo** cure de repos.

curar *vt (enfermedo, herida)* soigner; *(carne, pescado)* faire sécher; *(pieles)* tanner. ❑ **curarse** *vpr*: **~se (de)** guérir (de).

curioso, -sa *adj & m, f* curieux(-euse).

curita *f (Amér)* pansement *m* adhésif.

cursi *adj (prenda)* de mauvais goût; *(persona)* maniéré(-e).

cursillo *m (curso breve)* stage *m*; *(de conferencias)* cycle *m* de conférences.

curso *m* cours *m*; *(año académico)* année *f* scolaire; *(grupo de alumnos)* promotion *f*; **en ~** en cours.

cursor *m* curseur *m*.

curva *f* courbe *f*; *(de camino, carretera)* virage *m*.

custodia *f* garde *f*.

cutis *m inv* peau *f* (du visage).

cutre *adj (fam: lugar)* craignos; *(tacaño)* radin(-e).

cuy *m (Amér)* cochon *m* d'Inde.

cuyo, -ya *adj* dont le (dont la).

D

D. *abrev* = **don**.

dado *m* dé *m*.

daga *f* dague *f*.

dalia *f* dahlia *m*.

dama *f* dame *f*.

danza *f* danse *f*.

danzar *vt & vi* danser.

dañar *vt* endommager.

daño *m (dolor)* mal *m*; *(perjuicio)* dégât *m*; **hacer ~** faire mal.

dar *vt* 1. *(gen)* donner; **dame ese libro** donne-moi ce livre; **me dio un consejo de amigo** il m'a donné un conseil d'ami; **da clases/conferencias en la universidad** il donne des cours/conférences à l'université; **van a ~ una fiesta para su aniversario** ils vont donner une fête pour son anniversaire.

2. *(beneficios, intereses)* rapporter.

3. *(suj: reloj)* sonner.

4. *(encender)* allumer.

5. *(en cine, televisión)* passer.

6. *(provocar)*: **me da vergüenza/pena** cela me fait honte/de la peine.

7. *(decir)*: **me dio las gracias/los buenos días** il m'a dit merci/bonjour.

8. *(expresa acción)*: **~ un grito** pousser un cri; **~ un susto a alguien** faire peur à qqn; **~ un empujón a alguien** bousculer qqn.

9. *(considerar)*: **~ algo/a alguien por** considérer qqch/qqn comme; **le dieron por muerto** on l'a tenu pour mort.

10. *(en locuciones)*: **~ de sí** *(ropa)* se détendre; *(zapato)* se faire.

◆ *vi* 1. *(golpear en)*: **le dieron en la cabeza** ils l'ont frappé à la tête.

2. *(sobrevenir)*: **le dieron varios ataques al corazón** il a eu plusieurs crises cardiaques.

3. *(estar orientado)*: **~ a** *(ventana, balcón)* donner sur; *(puerta)* ouvrir sur.

4. *(proporcionar)*: **~ de comer a alguien** donner à manger à qqn.

5. *(alcanzar)*: **~ en el blanco** mettre dans le mille; **el sol le da en la cara** il a le soleil dans les yeux.

6. *(en locuciones)*: **~ que pensar** donner à penser; **da igual** o **lo mismo** ce n'est pas grave; **¡qué más da!** qu'est-ce que ça fait!

❏ **dar a** *v + prep (llave de paso)* ouvrir.

❏ **dar con** *v + prep (encontrar)* trouver.

❏ **darse** *vpr* 1. *(suceder)* arriver.

2. *(golpearse)* se cogner.

3. *(tener aptitud)*: **se me dan bien/mal las matemáticas** je suis bon/mauvais en mathématiques.

4. *(en locuciones)*: **~se prisa** se dépêcher; **~se por** *(considerarse)* se considérer.

❏ **darse a** *v + prep (entregarse)* s'adonner à.

dardo *m* dard *m*. ❏ **dardos** *mpl (juego)* fléchettes *fpl*.

dátil *m* datte *f*.

dato *m* donnée *f*; **~s personales** *nom, prénom, adresse … d'une personne*.

dcha. *(abrev de derecha)* dr.

d. de J.-C. *(abrev de después de Jesucristo)* ap. J.-C.

de *prep* 1. *(gen)* de; **el coche ~ mi padre** la voiture de mon père; **bebió un gran vaso ~ agua** il a bu un grand verre d'eau; **háblame ~ ti** parle-moi de toi; **una bici ~ carreras** un vélo de course; **soy ~ Madrid** je suis de Madrid; **vengo ~ mi casa** je viens de chez moi; **morirse ~ frío** mourir de froid; **el mejor ~ todos** le meilleur de tous; **más/menos ~** plus/moins de.
2. *(materia)* en; **un reloj ~ oro** une montre en or.
3. *(en descripciones)*: **~ fácil manejo** facile à utiliser; **la señora ~ verde** la dame en vert.
4. *(en calidad de)* comme; **trabaja ~ bombero** il travaille comme pompier.
5. *(tiempo)*: **trabaja ~ noche y duerme ~ día** il travaille la nuit et dort le jour.
6. *(después de adj y antes de infinitivo)* à; **fácil ~ hacer** facile à faire.

debajo *adv* dessous; **~ de** sous.

debate *m* débat *m*.

deber *vt* 1. *(gen)* devoir; **nos debemos ir a casa a las diez** nous devons rentrer à la maison à dix heures; **me debes doce mil pesetas** tu me dois douze mille pesetas.
2. *(en locuciones)*: **debido a** à cause de.
◆ *m* devoir *m*.
❑ **deber de** *v + prep (expresa suposición)* devoir; **debe de tener más de sesenta años** il doit avoir plus de soixante ans.
❑ **deberse a** *v + prep (ser consecuencia)* être dû (due) à; *(dedicarse)* se devoir à.
❑ **deberes** *mpl (trabajo escolar)* devoirs *mpl*.

débil *adj* faible.

debut *m* débuts *mpl*.

década *f* décennie *f*.

decadencia *f* décadence *f*.

decaer *vi (fuerza, energía)* décliner; *(ánimos, esperanzas)* faiblir.

decano, -na *m, f* doyen *m* (-enne *f*).

decena *f* dizaine *f*.

decente *adj (honesto)* décent(-e); *(adecuado)* convenable; *(limpio)* propre.

decepción *f* déception *f*.

decidir *vt (acordar)* décider (de); *(determinar)* décider de. ❑ **decidirse** *vpr*: **~se a** se décider à.

decimal *adj* décimal(-e).

décimo, **-ma** *núm* dixième. ◆ *m* dixième *m*, → **sexto**.

decir *vt* dire; **¿diga, ¿dígame?** *(al teléfono)* allô!; **es ~** c'est-à-dire; **se dice que ...** on dit que ...

decisión *f* décision *f*.

declaración *f* déclaration *f*; *(testimonio)* déposition *f*; **prestar ~** témoigner; **tomar ~** recueillir une déposition; **~ de renta** déclaration de revenus.

declarar *vt* déclarer; *(testimoniar)* témoigner. ❑ **declararse** *vpr* se déclarer; *(en el amor)* faire une déclaration (d'amour).

declinar *vt* & *vi* décliner.

decorado *m* décor *m*.

decorar *vt (casa, habitación)* décorer; *(escenario)* monter le décor de.

decreto *m* décret *m*.

dedal *m* dé *m* (à coudre).

dedicar *vt (tiempo, dinero, energía)* consacrer; *(obra)* dédier. ❑ **dedicarse a** *v + prep* se consacrer à; **se dedica a la pintura** il est peintre.

dedo *m* doigt *m*; **~ anular** annulaire *m*; **~ corazón** majeur *m*; **~ índice** index *m*; **~ meñique** petit doigt *m*; **~ gordo** pouce *m*.

deducir *vt* déduire.

defecto *m* défaut *m*.

defender *vt* défendre. ❑ **defenderse** *vpr* se défendre; **~se de** se défendre contre.

defensa *f* défense *f*.

deficiente *adj* déficient(-e).

déficit *m inv (en economía)* déficit *m*; *(escasez)* manque *m*.

definir *vt* définir. ❑ **definirse** *vpr (fig: en postura, ideas)* prendre position.

deformar *vt* déformer.

defraudar *vt (decepcionar)* décevoir; *(estafar)* frauder.

defunción *f (formal)* décès *m*.

degenerar *vi* dégénérer.

degustación *f* dégustation *f*.

dejadez *f* laisser-aller *m*.

dejar *vt* 1. *(colocar, poner)* laisser; **deja el abrigo en la percha** laisse ton manteau sur le porte-manteau; **deja un poco de café para mí** laisse-moi un peu de café; **¡déjame! que tengo trabajo** laisse-moi (tranquille), j'ai du travail; **le dejaré la llave a la portera** je laisserai la clef à la concierge; **'dejen salir antes de entrar'** 'laissez sortir avant d'entrer'.

2. *(prestar)* prêter.

3. *(abandonar)* quitter; **dejó a su familia** il a quitté sa famille; **ha dejado sus estudios** il a abandonné ses études.

4. *(omitir)* oublier; **~ algo por o sin hacer** ne pas faire qqch.

5. *(esperar)*: **~ que** attendre que.

6. *(en locuciones)*: **~ algo/a alguien aparte** laisser qqch/qqn de côté; **~ algo/a alguien atrás** laisser qqch/qqn derrière soi.

◆ *vi* 1. *(parar)*: **~ de** arrêter de.

2. *(olvidar)*: **no ~ de** ne pas oublier de.

❑ **dejarse** *vpr* 1. *(olvidarse)*: **~se algo en algún sitio** laisser o oublier qqch quelque part.

2. *(descuidarse, abandonarse)* se laisser aller.

3. *(en locuciones)*: **~se llevar por** se laisser influencer par; **~se ver** se montrer.

❑ **dejarse de** *v + prep*: **¡déjate de cuentos!** arrête de raconter des histoires!

del → **de**, **el**.

delantal *m* tablier *m*.

delante *adv* devant; **~ de** devant; **por delante de** devant.

delantera *f (de coche, avión)* avant *m*.

delantero, **-ra** *adj* avant. ◆ *m (en deporte)* avant *m*.

delatar *vt (persona)* dénoncer; *(suj: gesto, acto)* trahir.

delegación *f (oficina)* agence *f*; *(representación)* délégation *f*.

deletrear *vt* épeler.

delfín *m* dauphin *m*.

delgado, **-da** *adj (flaco)* maigre; *(fino)* mince.

deliberar *vt* délibérer.

delicado, **-da** *adj* délicat(-e).

delicia *f* délice *m*.

delincuencia *f* délinquance *f*.

delirar *vi* délirer.

delirio *m* délire *m*.

delito *m* délit *m*.

delta *m* delta *m*.

demanda *f* demande *f*; *(en un juicio)* action *f* en justice.

demás *adj*: **las ~ personas** les autres personnes. ♦ *pron*: **los ~**, las ~ les autres; **lo ~** le reste; **por lo ~** à part ça.

demasiado, **-da** *adj* trop de; **~ pan** trop de pain. ♦ *adv* trop; **come ~** il mange trop.

demencia *f* démence *f*.

democracia *f* démocratie *f*.

demoledor, **-ra** *adj* *(máquina, aparato)* de démolition; *(argumento)* écrasant(-e); *(crítica)* virulent(-e).

demonio *m* démon *m*; **¿qué ~s está haciendo?** bon sang, qu'est-ce qu'il fait?

demora *f* retard *m*.

demostrar *vt* *(probar)* démontrer; *(indicar)* montrer.

denominación *f*: **~ de origen** appellation *f* d'origine.

densidad *f* densité *f*.

dentadura *f* dentition *f*; **~ postiza** dentier *m*.

dentífrico *m* dentifrice *m*.

dentista *mf* dentiste *mf*.

dentro *adv* *(en el interior)* dedans, à l'intérieur; **~ de** dans; **~ de un año** dans un an.

denunciar *vt* dénoncer.

departamento *m* *(de armario, maleta)* compartiment *m*; *(de empresa, organismo)* département *m*.

dependencia *f* *(subordinación)* dépendance *f*; *(sección, departamento)* service *m*.

depender: **depender de** *v + prep* dépendre de.

dependiente, **-ta** *m, f* vendeur *m* (-euse *f*).

depilarse *vpr* s'épiler.

depilatorio, **-ria** *adj* dépilatoire.

deporte *m* sport *m*.

deportivo, **-va** *adj* *(zapatillas, pantalón)* de sport; *(competición, prueba)* sportif(-ive); *(persona)* fair-play. ♦ *m* voiture *f* de sport.

depósito *m* dépôt *m*; *(recipiente)* réservoir *m*; **~ de agua** citerne *f*; **~ de gasolina** réservoir d'essence.

depresión *f* dépression *f*.

deprimir *vt* déprimer. ❑ **deprimirse** *vpr* être déprimé(-e).

deprisa *adv* vite.

depuradora *f* épurateur *m*.

derecha *f* droite *f*; **la ~** la droite; *(mano derecha)* la main droite; **a la ~** à droite.

derecho, **-cha** *adj* droit(-e). ◆ *m* droit *m*; *(de tela, prenda)* endroit *m*. ◆ *adv* droit; **todo ~** tout droit; **¡no hay ~!** ce n'est pas juste!; **del ~** à l'endroit.

derivar: **derivar de** *v + prep* dériver de.

dermoprotector, **-ra** *adj* dermoprotecteur(-trice).

derramar *vt* répandre.

derrame *m* écoulement *m*.

derrapar *vi* déraper.

derretir *vt* faire fondre. ❑ **derretirse** *vpr* fondre.

derribar *vt* *(casa, muro)* abattre.

derrochar *vt* *(dinero)* gaspiller.

derroche *m* *(de dinero)* gaspillage *m*.

derrota *f* défaite *f*.

derrumbar *vt* démolir. ❑ **derrumbarse** *vpr* s'effondrer.

desabrocharse *vpr* se déboutonner.

desacuerdo *m* désaccord *m*.

desafiar *vt* *(persona)* défier; *(elementos, peligros)* affronter.

desafinar *vi* *(persona)* chanter faux; *(instrumento)* être désaccordé(-e).

desafío *m* défi *m*.

desafortunado, **-da** *adj* *(sin suerte)* malchanceux (-euse); *(inoportuno)* malheureux(-euse).

desagradable *adj* désagréable.

desagradecido, **-da** *adj* ingrat(-e).

desagüe *m* tuyau *m* d'écoulement.

desahogarse *vpr* *(hablar)* s'épancher; *(aliviarse)* se défouler.

desajuste *m*: **~ horario** décalage *m* horaire.

desaliñado, **-da** *adj* négligé(-e).

desalojar *vt* (faire) évacuer; **~ a alguien de** déloger qqn de.

desamparado, **-da** *adj* abandonné(-e).

desangrarse *vpr* saigner abondamment.
desanimar *vt* décourager.
desaparecer *vi* disparaître.
desapercibido, -da *adj*: **pasar ~** passer inaperçu.
desaprovechar *vt (tiempo, ocasión)* perdre; *(comida, tela)* gaspiller.
desarmador *m (Amér)* tournevis *m*.
desarrollar *vt* développer. ❑ **desarrollarse** *vpr* se développer; *(suceder, ocurrir)* se dérouler.
desarrollo *m* développement *m*; *(de una persona)* croissance *f*.
desastre *m (desgracia, fracaso)* désastre *m*; *(persona)* calamité *f*.
desatar *vt* détacher; *(sentimiento)* déchaîner.
desatino *m* bêtise *f*.
desayunar *vi* prendre son petit déjeuner.
desayuno *m* petit déjeuner *m*.
desbaratar *vt* faire échouer.
desbordarse *vpr (río, lago)* déborder.
descabellado, -da *adj* insensé(-e).
descafeinado *adj m & m* décaféiné.
descalificar *vt (jugador)* disqualifier; *(desacreditar)* discréditer.
descalzarse *vpr* se déchausser.
descalzo, -za *adj* pieds nus.
descampado *m* terrain *m* vague.
descansar *vi* se reposer.
descansillo *m* palier *m* *(d'escalier)*.
descanso *m (reposo)* repos *m*; *(pausa)* pause *f*; *(en espectáculo)* entracte *m*.
descapotable *m* décapotable *f*.
descarado, -da *adj* effronté(-e).
descarga *f* déchargement *m*; **~ eléctrica** décharge *f* électrique.
descargar *vt* décharger. ❑ **descargarse** *vpr (batería, encendedor)* se décharger.
descaro *m* effronterie *f*.
descarrilar *vi* dérailler.
descartar *vt* écarter.

descender *vi (bajar)* descendre; *(disminuir)* baisser.

descifrar *vt* déchiffrer.

descolgar *vt & vi* décrocher.

descomponer *vt* décomposer; *(Amér)* abîmer. ❑ **descomponerse** *vpr* se décomposer; *(Amér)* tomber en panne.

descomposición *f* décomposition *f*; ~ **(de vientre)** dérangement *m* intestinal.

desconcertar *vt* déconcerter.

desconfiar: **desconfiar de** *v + prep* ne pas avoir confiance en.

descongelar *vt (alimentos, bebidas)* décongeler.

descongestionarse *vpr (tráfico)* se débloquer; *(nariz)* se déboucher.

desconocer *vt (no conocer)* ne pas connaître; *(no saber)* ignorer.

desconsiderado, -da *adj* grossier(-ère).

desconsolado, -da *adj* triste.

descontar *vt* déduire.

describir *vt* décrire.

descuartizar *vt* dépecer.

descubierto, -ta *adj (sin tapar)* découvert(-e); *(sin nubes)* dégagé(-e); **al ~** *(al aire libre)* en plein air.

descubrir *vt* découvrir; *(inventar)* inventer.

descuento *m (rebaja)* remise *f*.

descuerar *vt (Amér: fig)* dénigrer.

descuidar *vt* négliger. ❑ **descuidarse** *vpr* ne pas faire attention.

descuido *m (imprudencia)* inattention *f*; *(error)* négligence *f*.

desde *prep (en el tiempo)* depuis; *(en el espacio)* de; **~ el lunes** depuis lundi; **~ luego** bien sûr; **~ que** depuis que.

desdén *m* dédain *m*.

desdicha *f* malheur *m*.

desdoblar *vt* déplier.

desear *vt* désirer; **te deseo mucha suerte** je te souhaite bonne chance.

desechable *adj* jetable.

desembarcar *vi* débarquer.

desembocadura *f (de río)* embouchure *f*.

desembocar: **desembo-**

car en *v + prep (río)* se jeter dans; *(calle, situación)* déboucher sur.

desempeñar *vt (papel)* jouer; *(funciones)* exercer.

desempleo *m* chômage *m*.

desencadenar *vt (provocar)* déchaîner. ❑ **desencadenarse** *vpr* se déchaîner.

desencajarse *vpr (piezas)* se déboîter; *(rostro)* se décomposer.

desencanto *m* désenchantement *m*.

desenchufar *vt* débrancher.

desenfadado, -da *adj* décontracté(-e).

desengañarse *vpr* se détromper.

desenlace *m* dénouement *m*.

desenredar *vt* démêler

desentenderse: **desentenderse de** *v + prep (obligaciones, actividades)* négliger.

desenvolver *vt (paquete, regalo)* défaire. ❑ **desenvolverse** *vpr (persona)* se débrouiller.

deseo *m* désir *m*.

desesperarse *vpr* se désespérer.

desfachatez *f* toupet *m*.

desfallecer *vi* défaillir.

desfigurarse *vpr* se décomposer *(visage)*.

desfiladero *m* défilé *m (en montagne)*.

desfile *m* défilé *m*.

desgana *f (falta de apetito)* manque *m* d'appétit; **con ~** sans entrain.

desgastar *vt* user.

desgracia *f (suerte contraria)* malchance *f*; *(suceso trágico)* malheur *m*; **por ~** malheureusement.

desgraciado, -da *m, f* pauvre homme *m* (pauvre femme *f*).

deshacer *vt* défaire; *(destruir)* détruire. ❑ **deshacerse de** *v + prep* se défaire o se débarrasser de.

deshecho, -cha *adj (sin hacer)* défait(-e); *(estropeado)* cassé(-e); *(triste, abatido)* abattu(-e).

desheredar *vt* déshériter.

deshidratarse *vpr* se déshydrater.

deshielo *m* dégel *m*.

deshonesto, -ta *adj* malhonnête.

deshonra *f* déshonneur *m*.

deshuesar *vt (carne)* désosser; *(fruta)* dénoyauter.

desierto, **-ta** *adj* désert (-e). ◆ *m* désert *m*.

designar *vt (persona)* désigner; *(lugar)* choisir.

desigualdad *f* inégalité *f*.

desilusionar *vt* décevoir.

desinfectar *vt* désinfecter.

desinflar *vt* dégonfler.

desinterés *m* manque *m* d'intérêt.

desinteresado, **-da** *adj* désintéressé(-e).

desistir: **desistir de** *v + prep*: ~ **de (hacer) algo** renoncer à (faire) qqch.

deslizar *vt (hacer pasar)* glisser. ❑ **deslizarse** *vpr (resbalar)* glisser.

deslumbrar *vt* éblouir.

desmaquillarse *vpr* se démaquiller.

desmayarse *vpr* s'évanouir.

desmentir *vt* démentir.

desmontar *vt (estructura, aparato)* démonter. ◆ *vi*: ~ **de** *(del caballo)* descendre de.

desmoralizar *vt* démoraliser.

desnatado, **-da** *adj* écrémé(-e).

desnivel *m* déséquilibre *m*.

desnudar *vt* déshabiller. ❑ **desnudarse** *vpr* se déshabiller.

desobedecer *vt* désobéir.

desodorante *m* déodorant *m*.

desorden *m* désordre *m*.

desordenar *vt* déranger.

desorientar *vt* désorienter. ❑ **desorientarse** *vpr (perderse)* se perdre; *(confundirse)* être désorienté(-e).

despachar *vt (vender)* vendre; *(despedir)* congédier.

despacho *m* bureau *m*; ~ **de billetes** guichet *m*.

despacio *adv* lentement. ◆ *interj* doucement!

despecho *m* dépit *m*.

despectivo, **-va** *adj* méprisant(-e).

despedida *f* adieux *mpl*.

despedir *vt (decir adiós)* dire au revoir à; *(del trabajo)* renvoyer.

despegar *vt & vi* décoller.

despeinarse *vpr* se décoiffer.

despejado, **-da** *adj* dégagé (-e).

despejarse *vpr (cielo, día)* se dégager; *(persona)* se réveiller.

despensa *f* garde-manger *m*.

despeñadero *m* précipice *m*.

desperdicio *m* gaspillage *m*. ❑ **desperdicios** *mpl (basura)* déchets *mpl*.

desperfecto *m* dégât *m*.

despertador *m* réveil *m*.

despertar *vt (persona)* réveiller; *(interés, sospecha)* éveiller; *(admiración)* susciter. ❑ **despertarse** *vpr* se réveiller.

despido *m* licenciement *m*.

despierto, **-ta** *adj* éveillé(-e).

despistado, **-da** *adj* tête en l'air.

despistarse *vpr (desorientarse)* s'égarer; *(distraerse)* avoir un moment d'inattention.

despiste *m (olvido)* étourderie *f*; *(error)* faute *f* d'étourderie.

desplazarse *vpr* se déplacer.

desplegar *vt (mapa, periódico)* déplier; *(cualidad, alas, bandera)* déployer.

despojos *mpl (de animal)* abats *mpl*; *(de persona)* dépouille *f* mortelle; *(sobras)* restes *mpl*.

despreciar *vt (persona, cosa)* mépriser; *(posibilidad, propuesta)* rejeter.

desprecio *m* mépris *m*.

desprender *vt (desenganchar)* détacher; *(olor)* dégager. ❑ **desprenderse** *vpr* se détacher. ❑ **desprenderse de** *v + prep (deshacerse de)* se détacher de; *(deducirse de)* se dégager de.

despreocuparse: **despreocuparse de** *v + prep* se désintéresser de.

desprevenido, **-da** *adj*: **coger** ~ prendre au dépourvu.

después *adv* **1.** *(en el tiempo)* après.

2. *(en espacio, lista)* ensuite.

3. *(en locuciones)*: **~ de todo** après tout.

◆ *adj*: **vino años ~** il est venu des années plus tard.

destacar *vt (realzar)*

souligner. ◆ *vi (resaltar)* ressortir.

destapar *vt (caja, botella etc)* ouvrir.

destello *m (de luz)* éclat *m*.

destemplado, **-da** *adj (persona)* fiévreux(-euse).

desteñir *vt* ternir; *(suj: ropa)* déteindre sur. ◆ *vi* déteindre.

destierro *m* exil *m*.

destilar *vt* distiller.

destinar *vt* destiner; **~ a alguien a** affecter qqn à.

destino *m (azar)* destin *m*; *(de viaje)* destination *f*; *(finalidad)* usage *m*; *(trabajo)* affectation *f*; **con ~ a** à destination de.

destornillador *m* tournevis *m*.

destrozar *vt (objeto)* mettre en pièces; *(plan, proyecto)* détruire; *(persona)* briser.

destruir *vt* détruire; *(plan, proyecto)* démolir.

desvalijar *vt* dévaliser.

desván *m* grenier *m*.

desvanecimiento *m* évanouissement *m*.

desvariar *vi* délirer.

desvelar *vt (persona)* empêcher de dormir; *(secreto, misterio)* dévoiler.

desventaja *f* désavantage *m*.

desvergonzado, **-da** *adj* effronté(-e).

desviar *vt* détourner. ❑ **desviarse** *vpr*: **~se de** *(camino)* dévier de; *(tema)* s'éloigner de.

detalle *m (pormenor, minucia)* détail *m*; *(delicadeza)* attention *f*; **al ~** *(minuciosamente)* en détail.

detallista *adj* méticuleux (-euse).

detectar *vt* détecter.

detective *mf* détective *mf*.

detener *vt* arrêter.

detergente *m (para la ropa)* lessive *f*.

determinar *vt (fijar)* déterminer; *(causar, motivar)* être à l'origine de.

detestar *vt* détester.

detrás *adv (en el espacio)* derrière; *(en el orden)* après.

deuda *f* dette *f*; **contraer ~s** avoir des dettes.

devaluación *f* dévaluation *f*.

devaluar *vt* dévaluer.

devoción *f* dévotion *f*.

devolución *f (de dinero)* remboursement *m*; *(de objetos)* retour *m* à l'expéditeur.

devolver *vt & vi* rendre; **'devuelve cambio'** 'cet appareil rend la monnaie'.

devorar *vt* dévorer.

devoto, -ta *adj (en religión)* dévot(-e).

dg *(abrev de decigramo)* dg.

DGT *f abrev* = **Dirección General del Tráfico**.

día *m* jour *m*; *(espacio de tiempo)* journée *f*; **es de ~** il fait jour; **al ~ siguiente** le lendemain; **del ~** frais (fraîche) *(légumes)*; **por ~** par jour; **~ azul** jour bleu; **~ del espectador** *jour où le prix des places de cinéma est réduit*; **~ festivo/laborable** jour férié/ouvrable; **~ de los inocentes** = 1er; **~ libre** jour de congé.

diabetes *f inv* diabète *m*.

diablo *m* diable *m*.

diablura *f* diablerie *f*.

diabólico, -ca *adj* diabolique.

diadema *f* serre-tête *m*.

diagnóstico *m* diagnostic *m*.

diálogo *m* dialogue *m*.

diamante *m* diamant *m*. ❑ **diamantes** *mpl (palo de la baraja)* carreau *m*.

diana *f* centre *m* de la cible.

diapositiva *f* diapositive *f*.

diario, -ria *adj* quotidien (-enne). ◆ *m* journal *m*; **a ~** tous les jours.

diarrea *f* diarrhée *f*.

dibujar *vt* dessiner.

dibujo *m* dessin *m*; **~s animados** dessins animés.

diccionario *m* dictionnaire *m*.

dicha *f* bonheur *m*.

dicho, -cha *pp* → **decir**. ◆ *m* dicton *m*. ◆ *adj*: **~ y hecho** aussitôt dit aussitôt fait; **mejor ~** ou plutôt.

diciembre *m* décembre *m*, → **setiembre**.

dictado *m* dictée *f*.

dictadura *f* dictature *f*.

dictar *vt (texto)* dicter; *(decreto, ley)* promulguer.

diecinueve *núm* dix-neuf, → **seis**.

dieciocho *núm* dix-huit, → **seis**.

dieciséis *núm* seize, → **seis**.

diecisiete *núm* dix-sept, → **seis**.

diente *m* dent *f*; ~ **de ajo** gousse *f* d'ail.

diéresis *f inv* tréma *m*.

diesel *m* diesel *m*.

diestro, **-tra** *adj (de la derecha)* droit(-e); *(experto)* adroit(-e). ◆ *m (torero)* torero *m*.

dieta *f* régime *m*. ❑ **dietas** *fpl* frais *mpl*.

dietética *f* diététique *f*.

diez *núm* dix, → **seis**.

diferencia *f* différence *f*.

diferente *adj* différent(-e). ◆ *adv* différemment.

diferido, **-da** *adj* différé (-e); **en** ~ en différé.

difícil *adj* difficile.

dificultad *f* difficulté *f*.

difundir *vt* diffuser; *(noticia)* répandre.

difunto, **-ta** *m, f* défunt *m* (-e *f*).

digestión *f* digestion *f*; **hacer la** ~ digérer.

digital *adj (de los dedos)* digital(-e); *(en electrónica)* numérique.

dígito *m* chiffre *m*.

dignarse *vpr*: ~ **hacer algo** daigner faire qqch.

dignidad *f* dignité *f*.

digno, **-na** *adj* digne.

diluvio *m* déluge *m*.

dimensión *f* dimension *f*.

diminuto, **-ta** *adj* tout petit (toute petite).

dimitir *vi* démissionner; ~ **de** démissionner de.

dinámico, **-ca** *adj* dynamique.

dinamita *f* dynamite *f*.

dinastía *f* dynastie *f*.

dinero *m* argent *m*; ~ **de bolsillo** argent de poche; ~ **suelto** monnaie *f*.

dios *m* dieu *m*. ❑ **Dios** *m* Dieu *m*; **como Dios manda** comme il faut; **¡Dios mío!** mon Dieu!; **¡por Dios!** je t'en/vous en prie!

diploma *m* diplôme *m*.

diplomacia *f* diplomatie *f*.

diplomatura *f* = licence *f (diplôme)*.

diptongo *m* diphtongue *f*.

diputado, **-da** *m, f* député *m*.

dique *m* digue *f*.

dirección *f* direction *f*; *(domicilio)* adresse *f*; ~ **asistida** direction assistée; **Dirección General de Tráfico** *organisme dépendant du ministère de* *l'Intérieur espagnol chargé de la circulation routière.*

direccionales *mpl (Amér)* clignotants *mpl.*

directa *f* cinquième vitesse *f.*

directo, **-ta** *adj* direct(-e); **en ~** en direct.

director, **-ra** *m, f* directeur *m* (-trice *f*).

dirigir *vt* diriger; *(destinar)* adresser; *(obra de teatro)* mettre en scène; *(guiar, orientar)* guider; *(película)* réaliser; **~ la palabra a alguien** adresser la parole à qqn. ❑ **dirigirse** *vpr*: **~se a** *(ir, marchar hacia)* se diriger vers; *(hablar a)* s'adresser à.

discar *vt (Amér)* composer *(un numéro de téléphone).*

disciplina *f* discipline *f.*

discípulo, **-la** *m, f* disciple *mf.*

disco *m* disque *m; (semáforo)* feu *m*; **~ compacto** disque compact.

discoteca *f* discothèque *f.*

discreción *f* discrétion *f.*

discrepancia *f* divergence *f.*

discreto, **-ta** *adj* discret (-ète).

discriminar *vt* discriminer.

disculpa *f* excuse *f.*

disculpar *vt* excuser. ❑ **disculparse** *vpr* s'excuser; **~se por algo** s'excuser de qqch.

discurso *m* discours *m.*

discusión *f* discussion *f.*

discutible *adj* discutable.

discutir *vt (debatir)* discuter de; *(contradecir)* discuter. ◆ *vi (reñir)* se disputer.

disecar *vt* disséquer.

diseñar *vt* dessiner.

diseño *m* design *m*; **de ~** design.

disfraz (*pl* **-ces**) *m* déguisement *m.*

disfrutar *vi* s'amuser. ❑ **disfrutar de** *v + prep (vacaciones)* profiter de; *(ventajas)* bénéficier de; *(buena salud)* jouir de.

disgusto *m* contrariété *f.*

disimular *vt* dissimuler. ◆ *vi* faire comme si de rien n'était.

disminuir *vt* diminuer.

disolvente *m* dissolvant *m.*

disolver *vt* dissoudre.

disparar *vt (arma)* décharger. ◆ *vi* tirer. ❑ **dispararse** *vpr (actuar precipitadamente)* s'em-

porter; *(precios)* s'envoler.
disparate *m* bêtise *f*.
disparo *m* coup *m* de feu.
dispensar *vt*: ~ **a alguien de** dispenser qqn de.
dispersar *vt* disperser.
disponer *vt (colocar)* disposer; *(preparar)* préparer; *(establecer)* établir. ❑ **disponer de** *v + prep* disposer de. ❑ **disponerse** *vpr*: **~se a** s'apprêter à.
disposición *f* disposition *f*; **a ~ de** à la disposition de.
dispositivo *m* dispositif *m*.
disputa *f* dispute *f*.
disquete [dis'kete] *m* disquette *f*.
distancia *f* distance *f*.
distanciarse *vpr* s'éloigner.
distinción *f* distinction *f*.
distinguir *vt* distinguer.
distintivo *m* badge *m*.
distinto, **-ta** *adj* différent (-e).
distraer *vt* distraire. ❑ **distraerse** *vpr (descuidarse)* se déconcentrer; *(no prestar atención)* être distrait(-e); *(entretenerse)* se distraire.
distribuir *vt* distribuer.
distrito *m* district *m*; ~ **postal** code *m* postal.
disturbio *m* troubles *mpl*.
diurno, **-na** *adj* diurne.
diván *m* divan *m*.
diversión *f* distraction *f*.
diverso, **-sa** *adj* divers(-e).
divertido, **-da** *adj* amusant(-e).
divertirse *vpr* s'amuser.
dividir *vt* diviser; *(repartir)* partager.
divino, **-na** *adj* divin(-e).
divisas *fpl* devises *fpl*.
división *f* division *f*.
divorciarse *vpr* divorcer.
divorcio *m* divorce *m*.
divulgar *vt* divulguer.
DNI *m (abrev de documento nacional de identidad)* = carte *f* nationale d'identité.
dobladillo *m* ourlet *m*.
doblaje *m* doublage *m*.
doblar *vt* doubler; *(plegar, flexionar)* plier; ~ **la esquina** tourner au coin de la rue.
doble *adj* double. ◆ *m* double *m*; **el ~ (de)** deux fois plus (que). ❑ **dobles** *mpl (en tenis)* double *m*.
doce *núm* douze, → **seis**.
docena *f* douzaine *f*.

dócil *adj* docile.

doctor, -ra *m,f* docteur *m*.

doctorado *m* doctorat *m*.

doctrina *f* doctrine *f*.

documentación *f* papiers *mpl*; **~ del coche** papiers de la voiture.

documento *m* document *m*.

dogma *m* dogme *m*.

dólar *m* dollar *m*.

doler *vi (sentir dolor, daño)* faire mal; *(causar pena)* faire de la peine; **me duele la pierna** j'ai mal à la jambe.

dolor *m (daño)* douleur *f*; *(pena)* peine *f*; **tener ~ de** avoir mal à; **~ de cabeza** mal *m* de tête.

domar *vt* dompter.

domesticar *vt* domestiquer.

doméstico, -ca *adj (de la casa)* ménager(-ère); *(animal)* domestique.

domicilio *m* domicile *m*; **a ~** à domicile.

dominar *vt* dominer; *(pasiones, incendio, idioma)* maîtriser. ◆ *vi* dominer. ❑ **dominarse** *vpr* se dominer.

domingo *m* dimanche *m*; **~ de Pascua** dimanche de Pâques; **~ de Ramos** dimanche des Rameaux, → **sábado**.

dominical *adj* dominical (-e).

dominio *m (autoridad)* domination *f*; *(de una lengua)* maîtrise *f*.

dominó *m* dominos *mpl*.

don *m* don *m*; **~ Luis García** monsieur Luis García.

donante *mf* donneur *m* (-euse *f*).

donativo *m* don *m*.

donde *adv* où; **de/desde ~** d'où; **por ~** par où.

◆ *pron*: **ésta es la casa ~ nací** c'est la maison où je suis né; **de/desde ~** d'où; **ése es el camino por ~ pasamos** c'est le chemin par lequel nous sommes passés.

dónde *adv (interrogativo)* où; **¿de/desde ~?** d'où?; **¿por ~?** par où?

doping ['dopin] *m* dopage *m*.

dorado, -da *adj (color)* doré(-e); *(de oro)* d'or.

dormir *vi* dormir. ◆ *vt* endormir. ❑ **dormirse** *vpr (persona)* s'endormir; *(parte* *del cuerpo)* s'engourdir.

dormitorio *m* chambre *f* (à coucher).

dorso *m* dos *m*; **~ de la mano** dos de la main.

dos *núm* deux; **cada ~ por tres** à tout bout de champ, → **seis.**

doscientos *núm* deux cents, → **seiscientos.**

dosis *f inv* dose *f*.

dotar *vt* doter.

Dr. *(abrev de doctor)* Dr.

Dra. *(abrev de doctora)* Dr.

dragón *m* dragon *m*.

drama *m* drame *m*.

droga *f* drogue *f*.

droguería *f* droguerie *f*.

dto. *abrev* = **descuento.**

ducha *f* douche *f*; **darse una ~** prendre une douche.

duda *f* doute *m*; **sin ~** sans doute.

dudar *vi* douter. ❑ **dudar de** *v + prep* douter de.

duelo *m* duel *m*; *(pena)* deuil *m*.

duende *m (de cuentos infantiles)* lutin *m*; *(gracia, encanto)* charme *m*; **tener ~** avoir du charme.

dueño, -ña *m, f* propriétaire *mf*.

dulce *adj* doux (douce); *(azucarado)* sucré(-e). ◆ *m (pastel)* gâteau *m*; *(golosina)* bonbon *m*.

duna *f* dune *f*.

dúo *m* duo *m*.

dúplex *m inv* duplex *m*.

duplicar *vt (cantidad)* doubler.

durante *adv* pendant.

durar *vi* durer.

durazno *m (Amér)* pêche *f*.

duro, -ra *adj* dur(-e). ◆ *m (moneda)* pièce de cinq pesetas. ◆ *adv* dur.

E

ébano *m* ébène *f*.

ebrio, -bria *adj (formal)* ivre.

echar *vt* 1. *(tirar)* lancer; *(red, basura etc)* jeter. 2. *(añadir, accionar)* mettre; **echa sal a la sopa, está sosa** mets du sel dans la soupe, elle est fade; **~ la llave/el cerrojo** fermer à clé/le verrou.

3. *(decir)*: **nos echó un discurso al llegar** en arrivant il nous a fait un discours.

4. *(enviar)* poster.

5. *(expulsar)* renvoyer; **lo echaron del colegio** il s'est fait renvoyer du collège; **la han echado a la calle** ils l'ont mis à la porte.

6. *(vapor, chispas)* faire; **~ humo** fumer.

7. *(calcular)*: **¿cuántos años me echas?** quel âge me donnes-tu?

8. *(fam: en televisión, cine)* passer; **¿qué echan esta noche en la tele?** qu'est-ce qu'il y a ce soir à la télé?

9. *(en locuciones)*: **~ abajo** *(edificio)* abattre; **te echo de menos** tu me manques.

◆ *vi (empezar)*: **~ a** se mettre à.

❑ **echarse** *vpr (lanzarse)* se jeter; *(acostarse)* s'allonger; **~se a** *(empezar a)* se mettre à.

eclipse *m* éclipse *f*.

eco *m* écho *m*.

ecología *f* écologie *f*.

economía *f* économie *f*. ❑ **economías** *fpl (ahorros)* économies *fpl*.

económico, -ca *adj* économique.

ecosistema *m* écosystème *m*.

ecu *m* écu *m*.

ecuación *f* équation *f*.

ecuador *m* équateur *m*.

Ecuador *m*: **(el) ~** l'Équateur.

ecuatoriano, -na *adj* équatorien(-enne).

edad *f* âge *m*; **la Edad Media** le Moyen Âge.

edición *f* édition *f*.

edificar *vt* construire.

edificio *m* bâtiment *m*.

editar *vt* éditer.

editorial *f* maison *f* d'édition.

edredón *m* édredon *m*.

educación *f* éducation *f*.

educado, -da *adj* poli(-e); **bien/mal ~** bien/mal élevé.

educar *vt* éduquer; *(hijos)* élever.

efectivo *m*: **en ~** en espèces.

efecto *m* effet *m*; **en ~** en effet; **~s personales** effets personnels; **~s secundarios** effets secondaires.

efectuar *vt* effectuer.

eficaz (*pl* **-ces**) *adj* efficace.

eficiente *adj* efficace.

egoísmo *m* égoïsme *m*.

egreso *m (Amér)* diplôme *m*.

ej. *(abrev de ejemplo)* ex.

eje *m* axe *m*.

ejecutar *vt* exécuter.

ejecutivo, -va *m, f (de empresa)* cadre *m*.

ejemplar *adj & m* exemplaire.

ejemplo *m* exemple *m*; **poner un ~** donner un exemple; **por ~** par exemple.

ejercer *vt* exercer.

ejercicio *m* exercice *m*.

ejército *m* armée *f*.

ejote *m (Amér)* haricot *m* vert.

el, la (*mpl* **los**, *fpl* **las**) *art*
1. *(gen)* le (la).
2. *(indica pertenencia)*: **se rompió la pierna** il s'est cassé la jambe.
3. *(con días de la semana)*: **vuelven ~ sábado** ils reviennent samedi prochain.
4. *(en locuciones)*: **~ de** celui de; **~ que** *(sujeto)* celui qui; *(complemento)* celui que.

él, ella (*mpl* **ellos**, *fpl* **ellas**) *pron* 1. *(sujeto, predicado)* il (elle).
2. *(complemento)* lui (elle); **voy a ir de vacaciones con ellos** je vais partir en vacances avec eux.
3. *(posesivo)*: **de ~/ella** à lui/elle.

elaborar *vt* élaborer.

elástico, -ca *adj* élastique. ❑ **elásticos** *mpl (para pantalones)* bretelles *fpl*.

elección *f (de regalo, vestido etc)* choix *m*; *(de presidente, jefe etc)* élection *f*. ❑ **elecciones** *fpl* élections *fpl*.

electricidad *f* électricité *f*.

electrodoméstico *m* appareil *m* électroménager.

electrónica *f* électronique *f*.

elefante *m* éléphant *m*.

elegante *adj* élégant(-e).

elegir *vt (escoger)* choisir; *(en votación)* élire.

elemento *m* élément *m*. ❑ **elementos** *mpl (fuerzas de la naturaleza)* éléments *mpl*.

elevación *f* élévation *f*.

elevado, -da *adj* élevé(-e).

elevador *m (Amér)* ascenseur *m*.

elevar *vt* élever.

eliminar *vt* éliminer.
élite *f* élite *f*.
ella → **él**.
ello *pron neutro* cela.
ellos, ellas *pron pl (sujeto)* ils, elles; *(complemento)* eux, elles; **de ~/ellas** à eux/elles; **díselo a ~** dis-le-leur.
elocuente *adj* éloquent(-e).
elogiar *vt* faire l'éloge de.
elogio *m* éloge *m*.
elote *m (Amér)* épi *m* de maïs.
eludir *vt (pregunta)* éluder; *(obligaciones, compromisos)* se soustraire à.
emanciparse *vpr* s'émanciper.
embajada *f* ambassade *f*.
embalar *vt* emballer. ❑ **embalarse** *vpr* s'emballer.
embarazada *adj f*: **estar ~** être enceinte.
embarazo *m (de mujer)* grossesse *f*; *(turbación)* embarras *m*.
embarcadero *m* embarcadère *m*.
embarcar *vi* embarquer. ❑ **embarcarse** *vpr (pasajeros)* s'embarquer; **~se en algo** se lancer dans qqch.
embargo *m (de bienes)* saisie *f*; **sin ~** cependant.
embarque *m* embarquement *m*.
embestir *vt* charger *(attaquer)*.
emborracharse *vpr* se soûler.
emboscada *f* embuscade *f*.
embotellado, -da *adj (vino, licor etc)* en bouteille; *(calle, circulación)* embouteillé(-e).
embrague *m* embrayage *m*.
embrión *m* embryon *m*.
embromar *vt (Amér)* casser les pieds à.
embrujar *vt* ensorceler.
embudo *m* entonnoir *m*.
embustero, -ra *m, f* menteur *m* (-euse *f*).
embutidos *mpl* charcuterie *f*.
emergencia *f* urgence *f*.
emigrante *mf* émigrant *m* (-e *f*).
emigrar *vi (persona, pueblo)* émigrer; *(animal)* migrer.
emisión *f* émission *f*.
emisora *f* station *f (de radio)*.
emitir *vt* émettre.
emoción *f* émotion *f*.

emocionante *adj* émouvant(-e).

emocionarse *vpr* être ému(-e).

empacho *m* indigestion *f*.

empanada *f sorte de tourte à la viande ou au poisson;* **~ gallega** *tourte au thon.*

empanadilla *f chausson fourré à la viande ou au thon.*

empañarse *vpr* être embué(-e).

empapar *vt* tremper. ❑ **empaparse** *vpr* être trempé(-e).

empapelar *vt* tapisser.

empaquetar *vt* emballer.

empaste *m* plombage *m*.

empatar *vi* être à égalité. ◆ *vt (Amér)* emboîter.

empeñar *vt* mettre en gage. ❑ **empeñarse** *vpr (endeudarse)* s'endetter. ❑ **empeñarse en** *v + prep (insistir en)* s'obstiner à.

empeño *m (constancia)* acharnement *m*.

empeorar *vt* aggraver. ◆ *vi* empirer.

emperador, -triz *m, f* empereur *m* (impératrice *f*). ◆ *m (pez)* espadon *m*.

empezar *vt & vi* commencer; **~ a** commencer à.

empinado, -da *adj* escarpé (-e).

emplear *vt* employer.

emplomar *vt (Amér)* plomber.

empotrado, -da *adj* encastré(-e); **armario ~** placard *m*.

emprender *vt* entreprendre.

empresa *f* entreprise *f*.

empresario, -ria *m, f* chef *m* d'entreprise.

empujar *vt* pousser.

empujón *m* grand coup *m*; **a empujones** *(bruscamente)* en bousculant.

en *prep* 1. *(en el interior)* dans.

2. *(sobre la superficie)* sur.

3. *(en un punto concreto)* à; **~ casa/el trabajo** à la maison/au travail.

4. *(tiempo)* en, à; **llegará ~ mayo/Navidades** il arrivera en mai/à Noël.

5. *(medio de transporte)* en; **ir ~ coche/tren/avión/barco** aller en voiture/train/avion/bateau.

6. *(modo)* en, à.

7. *(precio)*: **te lo dejo ~ 5.000 pesetas** je te le laisse à 5 000 pesetas.
8. *(tema, cualidad)* en; **es un experto ~ la materia** c'est un expert en la matière.

enaguas *fpl* jupon *m*.

enamorarse *vpr*: **~ (de)** tomber amoureux(-euse).

enano, -na *adj* & *m, f* nain(-e).

encadenar *vt* enchaîner.

encajar *vt (meter)* emboîter; *(aceptar)* encaisser. ◆ *vi (caber)* s'emboîter; *(cuadrar)*: **~ con** cadrer avec.

encaje *m* dentelle *f*.

encamotarse *vpr (Amér: fam)* s'amouracher.

encantado, -da *adj (satisfecho)* enchanté(-e); *(casa, lugar)* hanté(-e); *(persona)* ensorcelé(-e); *(fam: distraído)* distrait(-e). ◆ *interj (saludo)* enchanté(-e)

encantar *vt (hechizar)* ensorceler; **~le a alguien algo** adorer qqch; **¡me encanta!** j'adore! ❑ **encantarse** *vpr* avoir un moment de distraction.

encapotado, -da *adj (cielo)* couvert(-e).

encaramarse: **encaramarse a** *v + prep* se percher sur.

encarar *vt* affronter. ❑ **encararse** *vpr*: **~se con** tenir tête à.

encarcelar *vt* emprisonner.

encargado, -da *m, f* gérant *m* (-e *f*).

encargar *vt (pedir)* commander; **~ a alguien algo** *(poner al cuidado)* charger qqn de qqch. ❑ **encargarse de** *v + prep* se charger de.

encargo *m (pedido)* commande *f*; *(tarea)* mission *f*; *(recado)* commission *f*.

encariñarse: **encariñarse con** *v + prep* s'attacher à.

encendedor *m* briquet *m*.

encender *vt* allumer.

encendido *m* allumage *m*.

encerrar *vt (meter dentro)* enfermer; *(contener)* renfermer.

enchilarse *vpr (Amér) (fam: con chile)* avoir la bouche en feu; *(enfadarse)* se fâcher.

enchinar *vt (Amér)* friser.

enchufar *vt (aparato eléctrico)* brancher; *(fam: a una persona)* pistonner.

encía *f* gencive *f*.

enciclopedia *f* encyclopédie *f*.

encierro *m (de personas)* réclusion *f*; *(de toros)* course de taureaux lâchés dans les rues avant d'être conduits au toril.

encima *adv (arriba)* au-dessus; *(además)* en plus; *(sobre sí)* sur soi; ~ **de** *(sobre)* sur; *(en lugar superior)* au-dessus de; **por** ~ superficiellement; **por** ~ **de todo** par-dessus tout; **no llevo dinero** ~ je n'ai pas d'argent sur moi.

encimera *f* plan *m* de travail.

encina *f* chêne *m* vert.

encoger *vt (miembro)* contracter. ♦ *vi (tejido)* rétrécir. ❑ **encogerse** *vpr (tejido, ropa)* rétrécir; **~se de hombros** hausser les épaules.

encolar *vt* coller.

encontrar *vt* trouver; ~ **trabajo** trouver du travail. ❑ **encontrarse** *vpr (coincidir)* se rencontrer; *(hallarse)* se trouver; **~se con alguien** rencontrer qqn; **~se cansado** se sentir fatigué.

encrucijada *f* carrefour *m*.

encuadernar *vt* relier.

encuentro *m* rencontre *f*.

encuesta *f* sondage *m* (d'opinion).

endeudado, -da *adj* endetté(-e).

endivia *f* endive *f*; **~s al roquefort** endives au roquefort.

enemigo, -ga *m, f* ennemi *m* (-e *f*); ~ **de** ennemi de.

energía *f* énergie *f*.

enero *m* janvier *m*, → **setiembre**.

enfadarse *vpr* se fâcher.

enfermar *vi* tomber malade. ❑ **enfermarse** *vpr (Amér)* tomber malade.

enfermería *f* infirmerie *f*.

enfermizo, -za *adj (de poca salud)* maladif(-ive); *(obsesivo)* malsain(-e).

enfermo, -ma *adj* & *m, f* malade; **ponerse** ~ tomber malade.

enfocar *vt (luz, foco)* braquer; *(cámara fotográfica, de vídeo)* faire la mise au point sur.

enfrentarse *vpr* s'affronter; ~ **a** *(oponerse a)* tenir tête à.

enfrente *adv* en face; ~ **de**

en face de.

enfriarse *vpr (comida, bebida)* refroidir; *(relación)* se refroidir; *(resfriarse)* prendre froid.

enganche *m (Amér)* acompte *m; (mecanismo, pieza)* crochet *m; (trenes, caballos)* attelage *m;* **de ~** *(Amér)* en acompte.

engañar *vt* tromper. ❑ **engañarse** *vpr (ilusionarse)* se leurrer; *(equivocarse)* se tromper.

engendrar *vt* engendrer.

englobar *vt* englober.

engordar *vi* grossir; *(alimento)* faire grossir.

engorde *f (Amér)*: **(carne) de ~** *viande de bêtes qui ont été engraissées.*

engranaje *m* engrenage *m.*

engrasar *vt* graisser. ❑ **engrasarse** *vpr (motor)* s'encrasser.

enhorabuena *f* félicitations *fpl.* ◆ *interj* félicitations!; **dar la ~ a alguien** féliciter qqn.

enigma *m* énigme *f.*

enjabonar *vt* savonner.

enjuagar *vt* rincer. ❑ **enjuagarse** *vpr* se rincer.

enlace *m (de trenes)* correspondance *f; (de carreteras)* échangeur *m.*

enmudecer *vi (por enfermedad)* devenir muet(-ette); *(por disgusto, susto etc)* rester muet(-ette).

enojo *m* colère *f.*

enorme *adj* énorme.

enredadera *f* plante *f* grimpante.

enredar *vt (lana, hilo, pelo)* emmêler; *(engañar)* embrouiller; **~ a alguien en** entraîner qqn dans.

enrojecer *vt & vi* rougir.

enrollar *vt* enrouler. ❑ **enrollarse** *vpr (fam)* avoir la langue bien pendue; **~se con alguien** *(ligar)* sortir avec qqn.

ensaimada *f gâteau brioché typique de Majorque.*

ensalada *f* salade *f;* **~ catalana** *salade verte accompagnée de tomates, d'oignons et de charcuterie;* **~ de lechuga** ○ **verde** salade verte; **~ mixta** *salade verte accompagnée de tomates;* **~ del tiempo** *salade verte accompagnée de tomates, carottes et oignons;* **~ variada** salade composée.

ensaladilla *f*: ~ **(rusa)** salade *f* russe.

ensanchar *vt* élargir.

ensayar *vt (espectáculo)* répéter; *(mecanismo, invento)* tester.

enseguida *adv* tout de suite.

enseñanza *f* enseignement *m*.

enseñar *vt* montrer; *(en escuela, universidad)* enseigner.

ensopar *vt (Amér)* tremper.

ensuciar *vt* salir. ❑ **ensuciarse** *vpr* se salir.

entender *vt* comprendre; *(opinar)* penser. ◆ *vi* comprendre. ❑ **entender de** *v + prep* s'y connaître en. ❑ **entenderse** *vpr (comprenderse)* se comprendre; *(llegar a un acuerdo)* s'entendre.

enterarse: **enterarse de** *v + prep*: ~ **de algo** *(noticia, suceso)* apprendre qqch.

entero, **-ra** *adj* entier(-ère); *(firme)* fort(-e).

enterrar *vt* enterrer.

entidad *f (asociación)* organisme *m*; *(en filosofía)* entité *f*.

entierro *m* enterrement *m*.

entlo *abrev* = **entresuelo**.

entonces *adv* alors; **desde ~** depuis; **en** o **por aquel ~** en ce temps-là.

entrada *f (lugar)* entrée *f*; *(de espectáculo)* place *f*; *(anticipo)* apport *m* initial; **'~ libre'** 'entrée libre'; **'~ por la otra puerta'** entrez par l'autre porte; **de ~** d'emblée.

entrantes *mpl (entremeses)* entrées *fpl*.

entrañas *fpl* entrailles *fpl*.

entrar *vi* 1. *(gen)*: **la pelota entró por la ventana** le ballon est entré par la fenêtre; **entró en el partido en abril** il est entré au parti en avril; **la consumición no entra** la boisson n'est pas comprise; **esto no entraba en mis cálculos** ceci n'entrait pas dans mes calculs.

2. *(caber)*: **este anillo no te entra** cette bague est trop petite pour toi.

3. *(entender)*: **no le entra la geometría** la géométrie, ça ne rentre pas; **no me entra que aún lo quieras** je n'arrive pas à comprendre que tu l'aimes encore.

4. *(estado físico o de ánimo)*: **me está entrando frío** je com-

mence à avoir froid; **me entraron ganas de hablar** j'ai eu envie de parler.

5. *(cantidad)*: **¿cuántas peras entran en un kilo?** il faut combien de poires pour faire un kilo?

6. *(AUTOM)* passer; **no entra la quinta** la cinquième ne passe pas.

7. *(empezar)*: ~ **a** commencer à.

entre *prep* 1. *(gen)* entre.

2. *(en medio de)* parmi; **estaba ~ los asistentes** il était parmi les personnes présentes.

3. *(participación, cooperación)*: ~ **tú y yo lo consiguiremos** à nous deux nous y arriverons; ~ **nosotros** *(en confianza)* entre nous.

entreabierto, -ta *adj* entrouvert(-e).

entreacto *m* entracte *m*.

entrecejo *m*. **fruncir el** ~ froncer les sourcils.

entrecot *m* entrecôte *f*; ~ **a la pimienta verde** entrecôte au poivre vert; ~ **al roquefort** entrecôte au roquefort.

entrega *f (de premio, llaves)* remise *f*; *(de pedido)* livraison *f*; *(dedicación)* dévouement *m*.

entregar *vt (dar)* remettre. ❑ **entregarse a** *v + prep (rendirse)* se livrer à; *(abandonarse a)* s'abandonner à; *(dedicarse a)* se consacrer à; *(bebida)* s'adonner à.

entrelazar *vt* entrelacer.

entremeses *mpl* hors-d'œuvre *m inv*.

entrenar *vt* entraîner. ❑ **entrenarse** *vpr* s'entraîner.

entresuelo *m* entresol *m*.

entretanto *adv* entre-temps.

entretecho *m (Amér)* grenier *m*.

entretenido, -da *adj (divertido)* distrayant(-e); *(que requiere atención)* prenant(-e).

entretiempo *m*: **de** ~ de demi-saison.

entreverar *vt (Amér)* entremêler. ❑ **entreverarse** *vpr (Amér)* s'entremêler.

entrevero *m (Amér)* confusion *f*.

entrevista *f (reunión)* entretien *m*; *(en radio, TV)* interview *f*.

entristecer *vt* attrister. ❑ **entristecerse** *vpr* s'attrister.

entrometerse *vpr* s'immiscer.

entusiasmar *vi* enthousiasmer. ❑ **entusiasmarse** *vpr* s'enthousiasmer.

envase *m (recipiente)* emballage *m*; ~ **sin retorno** bouteille *f* non consignée.

envejecer *vi* vieillir.

envenenar *vt* empoisonner.

enviar *vt* envoyer; ~ **algo por correo** envoyer qqch par la poste.

envidia *f* envie *f*.

envidiar *vt* envier.

envío *m (acción)* envoi *m*; *(paquete)* colis *m*.

envolver *vt* envelopper.

enyesar *vt* plâtrer.

epidemia *f* épidémie *f*.

episodio *m* épisode *m*.

época *f* époque *f*.

equilibrar *vt* équilibrer.

equilibrio *m* équilibre *m*.

equipaje *m* bagages *mpl*; ~ **de mano** bagage *m* à main.

equipo *m (de personas)* équipe *f*; *(de objetos, prendas)* matériel *m*; *(de música)* chaîne *f* (hi-fi).

equitación *f* équitation *f*.

equivaler: **equivaler a** *v* + *prep* équivaloir à.

equivocado, **-da** *adj*: **estar** ~ se tromper.

equivocarse *vpr* se tromper; ~ **de** se tromper de.

era *f* ère *f*; *(del campo)* aire *f*.

erguido, **-da** *adj (cabeza, persona)* dressé(-e).

erizo *m* hérisson *m*.

ermita *f* ermitage *m*.

erótico, **-ca** *adj* érotique.

errar *vi (equivocarse)* se tromper.

error *m* erreur *f*.

eructar *vi* éructer.

eructo *m* rot *m*.

erupción *f* éruption *f*.

esbelto, **-ta** *adj* svelte.

escabeche *m*: **en** ~ mariné (-e).

escala *f* échelle *f*; *(de barco, avión)* escale *f*.

escalar *vt (montaña, pico)* escalader; *(posiciones)* grimper.

escalera *f (de casa, edificio)* escalier *m*; *(portátil)* échelle *f*; ~ **de caracol** escalier en colimaçon; ~ **mecánica** escalier mécanique. ❑ **escaleras** *fpl* escaliers *mpl*.

escalerilla *f* passerelle *f*.
escalofrío *m* frisson *m*.
escalón *m* marche *f*.
escalope *m* escalope *f*.
escalopín *m*: **escalopines de ternera** petites escalopes *fpl* de veau.
escama *f* écaille *f*.
escándalo *m* *(alboroto)* tapage *m*; *(inmoralidad)* scandale *m*.
escapar *vi* s'échapper; **~ de** *(encierro)* s'échapper de; *(peligro)* échapper à. ❑ **escaparse** *vpr* *(persona)* s'échapper; *(líquido, gas)* fuir.
escaparate *m* vitrine *f*.
escape *m* *(de líquido, gas)* fuite *f*; **a ~** à toute vitesse.
escarabajo *m* scarabée *m*.
escarbar *vt* *(tierra)* gratter.
escarcha *f* givre *m*.
escarmentar *vt* donner une leçon à. ◆ *vi* tirer la leçon *(d'une expérience)*.
escarola *f* frisée *f*.
escaso, -sa *adj* *(poco frecuente)* rare; *(recursos, comida)* maigre; **un metro ~** à peine un mètre; **andar ~ de dinero** avoir peu d'argent.
escayola *f* plâtre *m*.
escena *f* scène *f*.
escenario *m* *(de teatro)* scène *f*; *(fig: de un suceso)* théâtre *m*.
escéptico, -ca *adj* sceptique.
esclavo, -va *m, f* esclave *mf*.
esclusa *f* écluse *f*.
escoba *f* balai *m*.
escobilla *f* *(escoba)* balayette *f*; *(Amér: cepillo)* brosse *f*.
escocer *vi* *(piel)* brûler.
escoger *vt* choisir.
escolar *adj* scolaire. ◆ *mf* écolier *m* (-ère *f*).
escollo *m* écueil *m*.
escolta *f* escorte *f*.
escombros *mpl* gravats *mpl*.
esconder *vt* cacher. ❑ **esconderse** *vpr* se cacher.
escondidas: **a escondidas** *adv* en cachette.
escondite *m* *(lugar)* cachette *f*; *(juego)* cache-cache *m inv*.
escopeta *f* fusil *m* *(de chasse)*.
escorpión *m* scorpion *m*.
escotado, -da *adj* décolleté(-e).

escote *m* décolleté *m*.

escribir *vt & vi* écrire. ❑ **escribirse** *vpr* s'écrire.

escrito *m* écrit *m*.

escritor, -ra *m, f* écrivain *m*.

escritorio *m (mueble)* secrétaire *m*.

escrúpulo *m* scrupule *m*. ❑ **escrúpulos** *mpl*: **tener ~s** *(manías)* faire le délicat (la délicate).

escuadra *f (en dibujo)* équerre *f*; *(de barcos)* escadre *f*.

escuchar *vt & vi* écouter.

escudo *m (arma defensiva)* bouclier *m*; *(emblema)* blason *m*.

escuela *f* école *f*; **~ pública/privada** école publique/privée; **~ universitaria** institut *m* universitaire.

escultura *f* sculpture *f*.

escupir *vt & vi* cracher.

escurrir *vt (platos etc)* égoutter; *(ropa)* essorer. ◆ *vi (suelo)* être glissant(-e). ❑ **escurrirse** *vpr (deslizarse)* glisser.

ese, esa (*mpl* **esos**, *fpl* **esas**) *adj* ce (cette).

ése, ésa (*mpl* **ésos**, *fpl* **ésas**) *pron* celui-là (celle-là).

esencia *f* essence *f*.

esencial *adj* essentiel(-elle).

esfera *f (en geometría)* sphère *f*; *(del reloj)* cadran *m*.

esfuerzo *m* effort *m*.

esgrima *f* escrime *f*.

esguince *m* entorse *f*.

eslálom *m* slalom *m*.

eslip (*pl* **eslips**) *m* slip *m*.

esmalte *m* émail *m*; **~ de uñas** vernis *m* à ongles.

esmeralda *f* émeraude *f*.

esmoquin *m* smoking *m*.

esnob (*pl* **esnobs**) *mf* snob *mf*.

eso *pron neutro* cela; **a ~ de las tres** vers trois heures.

esos, esas → **ese**.

ésos, ésas → **ése**.

espacial *adj* spatial(-e).

espacio *m* espace *m*.

espada *f* épée *f*.

espaguetis *mpl* spaghettis *mpl*.

espalda *f (de persona, animal)* dos *m*; *(en natación)* dos *m* crawlé. ❑ **espaldas** *fpl*: **cubrirse las ~s** protéger ses arrières; **a ~s de** à l'insu de.

espantoso, -sa *adj* épouvantable; *(muy feo)* affreux (-euse).

España *s* Espagne *f*.

español, -la *adj* espagnol (-e). ◆ *m, f* Espagnol *m* (-e *f*). ◆ *m (lengua)* espagnol *m*.

esparadrapo *m* sparadrap *m*.

espárrago *m* asperge *f*; **~s trigueros** asperges vertes.

espasmo *m* spasme *m*.

especia *f* épice *f*.

especial *adj* spécial(-e).

especialista *mf* spécialiste *mf*.

especializarse: **especializarse en** *v + prep* se spécialiser en.

especialmente *adv* spécialement.

especie *f* espèce *f*; **en ~** en nature; **~ protegida** espèce protégée.

espectáculo *m* spectacle *m*.

espectador, -ra *m, f* spectateur *m* (-trice *f*).

especulación *f* spéculation *f*.

espejismo *m* mirage *m*.

espejo *m* glace *f*, miroir *m*.

espera *f* attente *f*.

esperanza *f* espoir *m*.

esperar *vt & vi* attendre; **¡eso espero!** j'espère bien!; **~ que** *(confiar)* espérer que. ❑ **esperarse** *vpr* s'attendre.

espeso, -sa *adj* épais (-aisse).

espía *mf* espion *m* (-onne *f*).

espiga *f* épi *m*.

espina *f (de planta)* épine *f*; *(de pez)* arête *f*.

espinacas *fpl* épinards *mpl*.

espinilla *f (de la pierna)* tibia *m*; *(en la piel)* point *m* noir.

espiral *f* spirale *f*.

espirar *vi* expirer.

espiritismo *m* spiritisme *m*.

espíritu *m* esprit *m*.

espléndido, -da *adj (magnífico)* splendide; *(generoso)* prodigue.

esponja *f* éponge *f*.

espontáneo, -a *adj* spontané(-e). ◆ *m, f (en toros) spectateur qui saute dans l'arène pour toréer.*

esposas *fpl* menottes *fpl*.

esposo, -sa *m, f* époux *m* (-ouse *f*).

espray *m* spray *m*.

esprint *m* sprint *m*.

espuma *f* mousse *f*; ~ **para el pelo** mousse coiffante.

esquash *m* squash *m*.

esqueleto *m* squelette *m*.

esquema *m* schéma *m*.

esquí *m* ski *m*; ~ **acuático** ski nautique.

esquimal *adj* esquimau (-aude).

esquina *f* coin *m*.

esquivar *vt* esquiver.

estable *adj* stable.

establecimiento *m* établissement *m*.

establo *m* étable *f*.

estaca *f* pieu *m*.

estación *f* *(de tren, autobús)* gare *f*; *(del año, temporada)* saison *f*; '~ **de servicio**' 'station-service'.

estacionamiento *m* stationnement *m*; '~ **limitado**' 'stationnement limité'; '~ **indebido**' 'stationnement interdit'.

estacionar *vt* stationner; '**no** ~' ne pas stationner. ❑ **estacionarse** *vpr* stationner.

estadio *m* *(de deporte)* stade *m*.

estadística *f* statistique *f*.

estado *m* état *m*; **estar en** ~ être enceinte; **en buen/mal** ~ être en bon/mauvais état; ~ **civil** état civil; ~ **de salud** état de santé. ❑ **Estado** *m* État *m*; **el Estado** l'État.

Estados Unidos *mpl*: **(los)** ~ (les) États-Unis *mpl*.

estafa *f* escroquerie *f*.

estalactita *f* stalactite *f*.

estalagmita *f* stalagmite *f*.

estallar *vi* *(bomba)* exploser; *(guerra, revolución)* éclater.

estampado, **-da** *adj* imprimé(-e). ◆ *m* imprimé *m*.

estampida *f* débandade *f*.

estampilla *f* *(Amér: sello)* timbre *m*; *(cromo)* cachet *m*.

estancarse *vpr* *(agua, río)* stagner; *(mecanismo)* se bloquer.

estancia *f* *(cuarto)* pièce *f*; *(tiempo)* séjour *m*; *(Amér)* ferme *f* d'élevage.

estanco *m* bureau *m* de tabac.

estándar *adj* standard.

estanque *m* étang *m*.

estante *m* étagère *f* *(planche)*.

estantería *f* étagère *f* *(meuble)*.

estaño *m* étain *m*.

estar *vi* 1. *(gen)* être; **¿está Juan?** est-ce que Juan est là?; **hoy estamos a martes 13 de julio** nous sommes le mardi 13 juillet; **estamos a 20 grados** il fait 20 degrés.

2. *(quedarse)* rester.

3. *(hallarse listo)* être prêt(-e).

4. *(expresa duración)*: **estoy pintando** je suis en train de peindre; **estuvieron trabajando día y noche** ils ont travaillé jour et nuit.

5. *(faltar)*: **esto está por hacer** ceci est à faire.

6. *(hallarse a punto de)*: **estuve por darle una bofetada** j'ai failli le gifler.

◆ *v copulativo* 1. *(expresa cualidad, estado)* être, aller; **¿cómo estás?** comment vas tu?; **esta calle está sucia** cette rue est sale; **~ bien/mal** aller bien/mal; **estoy sin dinero** je suis sans argent; **están de viaje** ils sont en voyage; **~ en paro** être au chômage.

2. *(sentar)*: **el traje te está muy bien** le costume te va très bien.

3. *(consistir)*: **el problema está en la fecha** c'est la date qui pose problème.

4. *(en locuciones)*: **¿estamos?** prêts?

❑ **estarse** *vpr (permanecer)* rester; **estate quieto** reste tranquille.

estatal *adj* d'État; **un organismo ~** un organisme d'État.

estatua *f* statue *f*.

estatura *f* stature *f*.

estatus *m* statut *m* social.

este[1], **esta** *(mpl* **estos**, *fpl* **estas**) *adj* ce (cette); **me han regalado ~ reloj** on m'a offert cette montre; **esta mañana ha llovido** ce matin il a plu.

este[2] *m* est *m*. ❑ **Este** *m*: **el Este** l'Est *m*.

éste, **ésta** *(mpl* **éstos**, *fpl* **éstas**) *pron* celui-ci (celle-ci).

estera *f* natte *f (en paille)*.

estéreo *adj* stéréo. ◆ *m* stéréo *f*.

estéril *adj* stérile.

esternón *m* sternum *m*.

estética *f* esthétique *f*.

estiércol *m* fumier *m*.

estilo *m* style *m*; *(de natación)* nage *f*; **algo por el ~** quelque chose comme ça.

estilográfica *f* stylo *m* plume.

estimado, **-da** *adj*

estimé(-e).

estimular *vt* stimuler.

estímulo *m (aliciente)* stimulant *m*; *(ánimo)* stimulation *f*.

estirado, -da *adj* hautain (-e).

estirar *vt (cable, cuerda)* tendre; *(brazos, piernas)* étirer. ◆ *vi*: ~ **de** tirer sur. ❑ **estirarse** *vpr* s'étirer.

esto *pron neutro* ceci, ça.

estofado *m* ragoût *m*.

estómago *m* estomac *m*.

estorbar *vt* gêner. ◆ *vi (obstaculizar)* bloquer le passage; *(molestar)* gêner.

estornudar *vi* éternuer.

estos, estas → **este**.

éstos, éstas → **éste**.

estrangular *vt* étrangler.

estrategia *f* stratégie *f*.

estrechar *vt (calle, ropa)* rétrécir; *(mano)* serrer; *(amistad, relación)* resserrer. ❑ **estrecharse** *vpr* se serrer.

estrecho, -cha *adj* étroit (-e). ◆ *m* détroit *m*; **estar ~** *(en un lugar)* être à l'étroit.

estrella *f (astro)* étoile *f*; *(de cine)* vedette *f*; **~ de mar** étoile de mer; **~ fugaz** étoile filante.

estrellarse *vpr*: **~ (contra algo)** s'écraser (contre qqch).

estremecerse: **estremecerse de** *v + prep* trembler de.

estrenar *vt (ropa, coche etc)* étrenner; *(en el teatro)* donner la première; *(en el cine)* projeter pour la première fois.

estreñimiento *m* constipation *f*.

estrés *m* stress *m inv*.

estría *f* strie *f*.

estribillo *m* refrain *m*.

estribo *m (del jinete)* étrier *m*; *(del automóvil)* marchepied *m*; **perder los ~s** *(fig)* perdre les pédales.

estribor *m* tribord *m*.

estrofa *f* strophe *f*.

estropajo *m* tampon *m* à récurer.

estropear *vt (máquina, aparato, comida)* abîmer. ❑ **estropearse** *vpr (dañarse)* s'abîmer; *(máquina, aparato)* tomber en panne.

estructura *f* structure *f*.

estuario *m* estuaire *m*.

estuche *m* étui *m*.

estudiar *vt (asignatura)* apprendre; *(asunto, problema)* étudier. ♦ *vi* étudier; ~ **medicina** faire des études de médecine.

estudio *m (para un examen)* travail *m; (análisis, investigación)* étude *f; (de artista)* atelier *m; (piso)* studio *m.* ❑ **estudios** *mpl (de radio, televisión)* studios *mpl; (enseñanza)* études *fpl.*

estufa *f* poêle *m.*

estupendo, -da *adj* formidable. ♦ *interj* formidable!

estupidez *f (calidad)* stupidité *f; (acto)* bêtise *f.*

etapa *f* étape *f.*

etc. *(abrev de etcétera)* etc.

eternidad *f* éternité *f.*

eterno, -na *adj (perpetuo)* éternel(-elle); *(que dura mucho)* interminable.

ético, -ca *adj* éthique.

etiqueta *f* étiquette *f;* **de ~** *(cena)* habillé(-e); *(traje)* de soirée.

étnico, -ca *adj* ethnique.

eucalipto *m* eucalyptus *m.*

eufórico, -ca *adj* euphorique.

Europa *s* Europe *f.*

europeo, -a *adj* européen (-enne).

Euskadi *s* Euskadi *m (Pays basque).*

euskera *adj* basque. ♦ *m (lengua)* euskera *m.*

eutanasia *f* euthanasie *f.*

evacuar *vt* évacuer.

evaluar *vt* évaluer.

evangelio *m* évangile *m.*

evaporarse *vpr* s'évaporer.

evasión *f* évasion *f;* **~ de capitales** fuite *f* des capitaux.

eventual *adj* éventuel (-elle); *(trabajo, ingresos)* occasionnel(-elle).

eventualidad *f (posibilidad)* éventualité *f; (de situación)* précarité *f.*

evidencia *f (seguridad)* évidence *f; (prueba)* preuve *f;* **poner a alguien en ~** tourner qqn en ridicule.

evitar *vt* éviter.

evocar *vt* évoquer.

evolución *f* évolution *f.*

evolucionar *vi* évoluer.

exactamente *adv* exactement.

exacto, -ta *adj* exact(-e).

exageración *f* exagération *f.*

exagerar *vt & vi* exagérer.

examen *m* examen *m.*

examinar *vt (alumno)* faire passer un examen à; *(analizar)* examiner. ❑ **examinarse** *vpr* passer un examen; **~se de** passer une épreuve de.

excavación *f (en arqueología)* fouille *f*.

exceder *vt* dépasser. ❑ **excederse** *vpr* dépasser les bornes.

excelencia *f* excellence *f*; **por ~** par excellence.

excelente *adj* excellent(-e).

excéntrico, **-ca** *m, f* excentrique *mf*.

excepción *f* exception *f*; **a o con ~ de** à l'exception de.

excepto *adv* excepté; **~ festivos** sauf les jours fériés.

exceso *m (abuso)* excès *m*; *(excedente)* excédent *m*; **~ de equipaje** excédent de bagages; **~ de peso** excès de poids; **~ de velocidad** excès de vitesse.

excitar *vt* exciter. ❑ **excitarse** *vpr* s'exciter.

exclamación *f* exclamation *f*.

excluir *vt* exclure.

exclusiva *f*: **en ~** en exclusivité.

excursión *f* excursion *f*; **ir de ~** partir en excursion; **'excursiones'** 'excursions'.

excusa *f* excuse *f*.

exhaustivo, **-va** *adj* exhaustif(-ive).

exhibir *vt (documentos, modelos)* présenter; *(cuadros)* exposer; *(película)* projeter.

exigente *adj* exigeant(-e).

exilio *m* exil *m*.

existencia *f* existence *f*. ❑ **existencias** *fpl (mercancías)* stocks *mpl*.

existir *vi* exister; **existen muchas posibilidades** il y a beaucoup de possibilités.

éxito *m* succès *m*; *(canción)* tube *m*; **tener ~** avoir du succès.

exitoso, **-sa** *m, f (Amér)*: **es un ~** il réussit tout ce qu'il fait.

exótico, **-ca** *adj* exotique.

expedir *vt (paquete, mercancía etc)* expédier; *(pasaporte, certificado etc)* délivrer.

expendedor, **-ra** *m, f* vendeur *m* (-euse *f*); **~ automático** distributeur *m* automatique.

expendedora *f*: **'~ de bi-**

lletes' 'distributeur automatique de billets', → expendedor.

experiencia *f* expérience *f*.

experimentar *vt* expérimenter; *(sensación, sentimiento)* éprouver.

expirar *vi (formal)* expirer.

explicación *f* explication *f*.

explicar *vt* expliquer; *(asignatura)* enseigner. ❑ **explicarse** *vpr* s'expliquer.

explícito, **-ta** *adj* explicite.

explorar *vt (terreno, lugar)* explorer; *(paciente)* examiner.

explosión *f* explosion *f*.

explotar *vi* exploser. ◆ *vt* exploiter.

exponer *vt* exposer; *(arriesgar)* risquer. ❑ **exponerse a** *v + prep* s'exposer à.

exportar *vt* exporter.

exposición *f (de pinturas etc)* exposition *f*; *(de tema, asunto)* exposé *m*; ~ **de arte** exposition artistique.

expositor, **-ra** *m, f (persona)* exposant *m* (-e *f*). ◆ *m (mueble)* présentoir *m*.

exprés *adj* express.

expresión *f* expression *f*.

expreso, **-sa** *adj (claro)* exprès(esse); *(tren)* express ◆ *m (tren)* express *m*.

exprimidor *m* presse-agrume *m*.

exprimir *vt (limón, naranja)* presser.

expuesto, **-ta** *adj* exposé (-e); *(arriesgado)* dangereux (-euse); **estar ~ a** être exposé à.

expulsar *vt* expulser.

exquisitez *f (cualidad)* délicatesse *f*; *(comida)* délice *m*.

éxtasis *m inv* extase *f*.

extender *vt* étendre; *(certificado, cheque)* établir. ❑ **extenderse** *vpr* s'étendre; *(durar)* se prolonger.

extensión *f (en espacio)* étendue *f*; *(en tiempo)* durée *f*; *(alcance)* portée *f*.

exterior *adj* extérieur(-e). ◆ *m* extérieur *m*.

externo, **-na** *adj & m, f* externe.

extintor *m* extincteur *m*.

extirpar *vt (formal: quiste)* extirper; *(formal: muela)* extraire.

extra *adj (calidad, producto)* supérieur(-e). ◆ *m (de dinero)* bonus *m*; *(de menú)* supplément *m*.

extracción *f* extraction *f*.

extradición *f* extradition *f*.

extraer *vt (muela, diente)* arracher; *(petróleo)* extraire.

extranjero, **-ra** *adj & m, f* étranger *m* (-ère *f*). ◆ *m* étranger *m*; **vivir en el ~** vivre à l'étranger.

extrañar *vt (sorprender)* étonner.

extraño, **-ña** *adj (raro)* étrange; *(no propio)* étranger (-ère). ◆ *m, f* étranger *m* (-ère *f*).

extraordinario, **-ria** *adj* extraordinaire.

extraterrestre *mf* extraterrestre *mf*.

extravagante *adj* extravagant(-e).

extraviar *vt* égarer. ❑ **extraviarse** *vpr* s'égarer.

extremar *vt* redoubler de.

extremidades *fpl* extrémités *fpl*.

extremo, **-ma** *adj (último)* extrême. ◆ *m (final)* extrémité *f*.

extrovertido, **-da** *adj* extraverti(-e).

F

fabada *f*: **~ (asturiana)** *plat typique des Asturies comparable au cassoulet.*

fábrica *f* usine *f*.

fábula *f* fable *f*.

faceta *f* facette *f*.

fachada *f* façade *f*.

fácil *adj* facile; *(persona)* facile à vivre; **es ~ que vengamos** il est probable que nous venions.

facilidad *f* facilité *f*; **tener ~ para** avoir la possibilité de.

factor *m* facteur *m*.

factura *f* facture *f*.

facturación *f (de equipaje)* enregistrement *m*.

facturar *vt (equipaje)* enregistrer.

facultad *f* faculté *f*; **~ de ciencias/letras** faculté de sciences/lettres.

faena *f (tarea, trabajo)* travail *m*; *(en los toros) série de passes exécutées avec la muleta par le torero.*

faisán *m* faisan *m*.

faja *f (ropa interior)* gaine *f*;

(para cintura) ceinture *f*.

falda *f (prenda)* jupe *f*; *(de montaña)* flanc *m*.

falla *f (de terreno)* faille *f*; *(defecto)* défaut *m*; *(en Valencia) grande figure en carton-pâte brûlée lors des fêtes de la Saint-Joseph.* ❑ **Fallas** *fpl fêtes de la Saint-Joseph à Valence.*

fallar *vi (memoria)* défaillir; *(corazón, motor)* lâcher.

fallo *m (equivocación)* erreur *f*; *(omisión)* défaillance *f*.

falsedad *f* fausseté *f*; *(mentira)* mensonge *m*.

falso, -sa *adj* faux (fausse).

falta *f (carencia, necesidad)* manque *m*; *(error, infracción)* faute *f*; *(de asistencia, puntualidad)* absence *f*; **echar en ~** *(persona, cosa)* regretter; *(lo desaparecido)* remarquer l'absence de; **hace ~ pan** il faut du pain; **~ de educación** manque d'éducation.

faltar *vi* manquer; *(estar ausente)* être absent(-e); *(quedar)* rester; **~ a clase** manquer la classe; **¡no faltaba más!** il ne manquait plus que ça!; **falta una semana para Navidad** il reste une semaine jusqu'à Noël.

fama *f (reputación)* réputation *f*; *(popularidad)* célébrité *f*.

familia *f* famille *f*; **~ numerosa** famille nombreuse.

familiar *adj (de familia)* familial(-e). ◆ *mf* parent *m* (-e *f*).

famoso, -sa *adj* célèbre.

fanatismo *m* fanatisme *m*.

fandango *m (baile, danza)* fandango *m*; *(fam: juerga)* raffut *m*.

fanfarrón, -ona *adj* fanfaron(-onne).

fantasía *f (imaginación)* fantaisie *f*; *(imagen, ilusión)* chimère *f*.

fantasma *m (aparición)* fantôme *m*.

fantástico, -ca *adj* fantastique.

farmacia *f* pharmacie *f*; **'~ de guardia'** 'pharmacie de garde'.

faro *m* phare *m*.

farola *f* réverbère *m*.

farsa *f* farce *f*.

farsante *adj (impostor)* comédien(-enne); *(hipócrita)* hypocrite.

fascismo *m* fascisme *m*.

fase *f* phase *f*.

fastidiar *vt* ennuyer.

fatal *adj* fatal(-e); *(muy malo)* très mauvais(-e).

fatalidad *f (desgracia)* malchance *f*; *(destino, suerte)* fatalité *f*.

fatiga *f* fatigue *f*.

fauna *f* faune *f*.

favor *m (ayuda)* service *m*; **hacer un ~** rendre un service; **pedir un ~** demander un service; **por ~** s'il te plaît, s'il vous plaît.

favorecer *vt (quedar bien)* avantager; *(beneficiar)* favoriser.

fax *m* fax *m*.

fayuquero *m (Amér)* contrebandier *m*.

fe *f* foi *f*; **de buena/mala ~** de bonne/mauvaise foi.

febrero *m* février *m*, → **setiembre**.

fecha *f* date *f*; **~ de caducidad** *(de alimentos)* date limite de consommation; *(de pasaporte)* date d'expiration; **~ de nacimiento** date de naissance.

fechar *vt* dater.

fecundo, **-da** *adj* fécond(-e).

federación *f* fédération *f*.

felicidad *f* bonheur *m*. ❑ **felicidades** *interj (para congratular)* félicitations!

felicitación *f (tarjeta)* carte *f* de vœux.

feligrés, **-esa** *m, f* paroissien *m* (-enne *f*).

feliz *adj* heureux(-euse); **¡felices Pascuas!** joyeuses pâques!; **¡~ Año Nuevo!** bonne année!

felpudo *m* paillasson *m*.

feminismo *m* féminisme *m*.

fémur *m* fémur *m*.

fenómeno *m* phénomène *m*.

feo, **-a** *adj (rostro, decoración)* laid(-e); *(actitud, tiempo, nariz)* vilain(-e); *(asunto)* sale.

féretro *m* cercueil *m*.

feria *f (mercado)* foire *f*; *(de atracciones)* fête *f* foraine; *(exposición)* salon *m*; **~ del libro** salon du livre; **~ de muestras** foire exposition. ❑ **ferias** *fpl* fêtes *fpl*.

fermentación *f* fermentation *f*.

feroz (*pl* **-ces**) *adj (animal)*

féroce.

ferretería *f* quincaillerie *f.*

ferrocarril *m* chemin *m* de fer.

fértil *adj* fertile.

festival *m* festival *m.*

festividad *f* fête *f.*

festivo, -va *adj (traje, ambiente)* de fête; *(día)* férié(-e).

feto *m* fœtus *m.*

fiambre *m* charcuterie *f.*

fiambrera *f (de metal)* gamelle *f; (de plástico)* ≈ Tupperware® *m.*

fianza *f* caution *f.*

fiar *vt (vender a crédito)* faire crédit à; *(hacerse responsable)* se porter garant(-e). ❑ **fiarse de** *v + prep* faire confiance à.

fibra *f* fibre *f.*

ficción *f* fiction *f.*

ficha *f (de datos)* fiche *f; (de casino, parchís etc)* jeton *m; (de dominó)* domino *m.*

fichar *vt (datos)* mettre sur fiche; *(empleado)* engager; *(delincuente)* ficher.

ficticio, -cia *adj* fictif(-ive).

fideos *mpl* vermicelles *mpl.*

fiebre *f* fièvre *f.*

fiel *adj & m* fidèle.

fieltro *m* feutre *m (tissu).*

fiera *f (animal)* bête *f* féroce; *(persona)* brute *f.*

fiero, -ra *adj* féroce.

fierro *m (Amér)* fer *m.*

fiesta *f* fête *f; (día de descanso)* jour *m* férié; ~ **mayor** *fête du saint patron dans une localité;* ~ **patrias** *fête nationale.*

figura *f (forma exterior)* silhouette *f; (representación)* figure *f.*

figurar *vt (representar)* représenter; *(simular)* feindre. ◆ *vi (constar)* figurer; *(ser importante)* être en vue. ❑ **figurarse** *vpr* imaginer.

fijador *m*: ~ **de pelo** *(espray)* spray *m* fixant; *(crema)* gel *m.*

fijar *vt* fixer. ❑ **fijarse** *vpr (prestar atención)* faire attention.

fila *f (hilera)* rang *m; (cola)* file *f.*

filatelia *f* philatélie *f.*

filete *m* filet *m; (de carne)* bifteck *m;* ~ **de ternera** escalope *f* de veau; ~ **de lenguado** filet de sole.

filial *adj* filial(-e). ◆ *f* filiale *f.*

filmar *vt & vi* filmer.

filoso, -sa *adj (Amér)* aiguisé(-e).

filosofía *f* philosophie *f.*

filtrar *vt* filtrer.

filtro *m* filtre *m; (pócima)* philtre *m;* **~ solar** filtre solaire.

fin *m* fin *f;* **a ~es de** à la fin de; **en ~** *(en resumen)* enfin; **por ~** *(por último)* enfin; **~ de semana** week-end *m;* **'~ zona de estacionamiento'** 'fin de stationnement autorisé'; **a ~ de que** afin que.

final *adj* final(-e). ◆ *m* fin *f.* ◆ *f* finale *f.*

financiar *vt* financer.

financista *mf (Amér)* financier *m.*

finanzas *fpl (mundo)* finance *f; (dinero)* finances *fpl.*

finca *f (de campo)* propriété *f.*

finger *m* passerelle *f (pour les avions).*

fingir *vt* feindre.

fino, -na *adj* fin(-e); *(refinado)* raffiné(-e). ◆ *m (vino) xérès très sec;* **finas hierbas** fines herbes *fpl.*

firmar *vt* signer.

firme *adj* ferme; *(bien sujeto)* stable.

fiscal *adj (inspección, impuesto)* fiscal(-e); *(abogado)* du ministère public.

física *f* physique *f,* → **físico.**

físico, -ca *adj* physique. ◆ *m (aspecto exterior)* physique *m.*

fisioterapeuta *mf* physiothérapeute *mf.*

fisonomía *f* physionomie *f.*

flaco, -ca *adj* maigre.

flamenco, -ca *adj (de Flandes)* flamand(-e). ◆ *m (lengua)* flamand *m; (ave)* flamant *m; (cante andaluz)* flamenco *m.*

flan *m* flan *m;* **~ con nata** *crème renversée servie avec de la chantilly.*

flash [flaʃ] *m* flash *m.*

flauta *f* flûte *f.*

flecha *f* flèche *f.*

fleco *m* frange *f (de tissu).*

flemón *m* phlegmon *m.*

flequillo *m* frange *f (de cheveux).*

flexible *adj (material)* flexible; *(persona, carácter)* souple.

flojo, -ja *adj (cuerda, nudo)* lâche; *(carácter, persona)* faible.

flor *f* fleur *f.*

flora *f* flore *f.*

florecer *vi (planta)* fleurir.

florero *m* vase *m.*

florista *mf* fleuriste *mf*.

flota *f* flotte *f*.

flotador *m* flotteur *m*; *(para nadar)* bouée *f*.

flotar *vi* flotter.

fluido, -da *adj* & *m* fluide.

flúor *m* fluor *m*.

FM *f (abrev de frecuencia modulada)* FM *f*.

foca *f* phoque *m*.

foco *m (lámpara)* projecteur *m*; *(de lente, infección)* foyer *m*; *(Amér)* ampoule *f*.

folclore *m* folklore *m*.

folio *m* feuille *f (de papier)*.

follaje *m* feuillage *m*.

folleto *m* brochure *f*.

fomentar *vt* développer.

fonda *f* auberge *f*.

fondo *m* fond *m*; **a ~** à fond; **al ~ de** au fond de. ❑ **fondos** *mpl (dinero)* fonds *mpl*.

fono *m (Amér)* écouteur *m (de téléphone)*.

fontanero, -ra *m, f* plombier *m*.

footing ['futin] *m* footing *m*.

forastero, -ra *m, f* étranger *m* (-ère *f*).

forestal *adj* forestier(-ère).

forma *f* forme *f*; *(modo, manera)* façon *f*; **en ~ de** en forme de; **estar en ~** être en forme. ❑ **formas** *fpl (modales)* formes *fpl*.

formación *f* formation *f*.

formal *adj (análisis)* formel (-elle); *(persona, empresa)* sérieux(-euse).

formalidad *f (seriedad)* sérieux *m*; *(requisito)* formalité *f*

fórmula *f* formule *f*.

formular *vt (en química)* rédiger la formule de; *(expresar)* formuler.

formulario *m* formulaire *m*.

forrar *vt (libro, mueble)* couvrir; *(ropa)* doubler.

fortaleza *f (fuerza)* force *f*; *(recinto)* forteresse *f*.

fortuna *f (riqueza)* fortune *f*; *(suerte)* chance *f*.

forzado, -da *adj* forcé(-e).

forzar *vt* forcer.

fósforo *m* allumette *f*

fósil *m* fossile *m*.

foso *m (de castillo)* fossé *m*; *(de teatro)* fosse *f* d'orchestre.

foto *f (fam)* photo *f*.

fotocopia *f* photocopie *f*.

fotografía *f* photographie *f*.

fotomatón *m* Photomaton® *m*.

fra. *abrev* = **factura**.

fracaso *m* échec *m*.

fractura *f* fracture *f*.

frágil *adj* fragile.

fragmento *m* fragment *m*.

fraile *m* frère *m (religieux)*.

frambuesa *f* framboise *f*.

francamente *adv* franchement.

francés, **-esa** *adj* français (-e). ◆ *m, f* Français *m* (-e *f*). ◆ *m (lengua)* français *m*.

Francia *s* France *f*.

franco, **-ca** *adj* franc (franche). ◆ *m* franc *m*.

franela *f* flanelle *f*.

franja *f (de adorno)* frange *f*; *(banda)* bande *f*.

franqueo *m* affranchissement *m*.

frasco *m* flacon *m*.

frase *f* phrase *f*.

fraude *m* fraude *f*.

frazada *f (Amér)* couverture *f*; ~ **eléctrica** couverture chauffante.

frecuencia *f* fréquence *f*.

frecuente *adj* fréquent(-e).

fregadero *m* évier *m*.

fregado, **-da** *adj (Amér: fam)* enquiquinant(-e).

fregar *vt (limpiar)* laver; *(frotar)* frotter; *(Amér: fam: molestar)* enquiquiner.

fregona *f (utensilio)* balai-serpillière *m*; *(despec: mujer)* bonniche *f*.

freír *vt* faire frire.

frenar *vi* freiner.

frenazo *m* coup *m* de frein.

freno *m* frein *m*; ~ **de mano** frein à main; ~ **de urgencia** signal *m* d'alarme *(dans un train)*.

frente[1] *m (en guerra)* front *m*; *(de manifestación, marcha)* tête *f*.

frente[2] *f (de la cara)* front *m*; **de** ~ *(de cara)* de face.

fresa *f* fraise *f*.

fresco, **-ca** *adj* frais (fraîche); *(desvergonzado)* sans gêne; *(tejido, ropa)* léger(-ère).

fresón *m* fraise *f (de serre)*.

fricandó *m ragoût catalan fait avec du veau, de l'ail, de l'oignon et des tomates*.

frigorífico *m* réfrigérateur *m*.

frijol *m (Amér)* haricot *m*.

frío, -a *adj* froid(-e). ♦ *m* froid *m*.

fritada *f* friture *f*; ~ **de pescado** friture de poissons.

frito, -ta *adj* frit(-e).

frontera *f* frontière *f*.

frontón *m (juego)* pelote *f* basque; *(de edificio)* fronton *m*.

frotar *vt* frotter.

fruncir *vt* froncer.

frustración *f* frustration *f*; *(decepción)* déception *f*.

frustrarse *vpr* être frustré(-e); *(desilusionarse)* être déçu(-e).

fruta *f* fruit *m*.

frutería *f* marchand *m* de fruits *(magasin)*.

frutilla *f (Amér)* fraise *f*.

fruto *m* fruit *m*; **~s secos** fruits secs.

fuego *m* feu *m*. ♦ *interj (MIL)* feu!; *(incendie)* au feu!; **¿tienes ~?** tu as du feu?; **~s artificiales** feu d'artifice.

fuelle *m* soufflet *m*.

fuente *f (en la calle)* fontaine *f*; *(recipiente)* plat *m*.

fuera *adv* dehors. ♦ *interj* dehors!; **tu hermano está ~** ton frère n'est pas là; **por ~** à l'extérieur; **~ de** en dehors de; **'~ de servicio'** 'hors service'.

fueraborda *m* hors-bord *m*.

fuerte *adj* fort(-e); *(resistente)* solide; *(intenso, violento)* violent(-e). ♦ *adv (con fuerza)* fort.

fuerza *f* force *f*; **a la ~** de force; **por ~** *(por obligación)* de force; *(por necesidad)* forcément.

fuga *f* fuite *f*.

fugarse *vpr* s'évader.

fugaz (*pl* **-ces**) *adj* fugace.

fulana *f* prostituée *f*, → **fulano**.

fulano, -na *m, f (nombre desconocido)* Machin *m* (Machine *f*); **un ~** un type.

fumador, -ra *m, f* fumeur *m* (-euse *f*); **'~es'** 'fumeurs', **'no ~es'** 'non fumeurs'.

fumar *vt* & *vi* fumer; **'no ~'** 'interdiction de fumer'.

función *f* fonction *f*; *(de teatro)* représentation *f*; *(de cine)* séance *f*.

funcionar *vi* fonctionner.

funcionario, -ria *m, f* fonctionnaire *mf*.

funda *f* étui *m*.

fundamento *m (base)* fondement *m*. ❑ **fundamentos** *mpl (conocimientos)* bases *fpl*.

fundar *vt* fonder.

fundir *vt (derretir)* fondre; *(unir)* unir. ❑ **fundirse** *vpr* fondre.

funeral *m* funérailles *fpl*.

fungir *vi (Amér)*: ~ **de** faire office de.

funicular *m (por tierra)* funiculaire *m*.

furgón *m* fourgon *m*.

furgoneta *f* fourgonnette *f*.

furia *f* fureur *f*.

furor *m* fureur *f*.

fusible *m* fusible *m*.

fusil *m* fusil *m (de guerre)*.

fusilar *vt* fusiller.

fusión *m* fusion *f*.

fustán *m (Amér)* jupon *m*.

fútbol *m* football *m*; ~ **sala** football en salle.

futbolín *m* baby-foot *m inv*.

futuro, **-ra** *adj* futur(-e). ◆ *m (porvenir)* avenir *m*.

G

g *(abrev de gramo)* g.

g/ *abrev* = **giro**.

gabán *m* pardessus *m*.

gabardina *f* gabardine *f*.

gabinete *m* cabinet *m*.

gafas *fpl* lunettes *fpl*; ~ **de sol** lunettes de soleil.

gaita *f* cornemuse *f*.

gala *f* gala *m*; **de** ~ de gala.

galán *m (hombre atractivo)* bel homme *m*; *(actor)* jeune premier *m*.

galaxia *f* galaxie *f*.

galería *f* galerie *f*; ~ **de arte** galerie d'art. ❑ **galerías** *fpl (tiendas)* galerie *f* marchande.

Galicia *s* Galice *f*.

gallego, **-ga** *adj* galicien (-enne). ◆ *m (lengua)* galicien *m*.

galleta *f* biscuit *m*.

gallina *f* poule *f*.

gallo *m (ave)* coq *m*; *(pescado)* limande *f*; *(nota falsa)* canard *m*.

galope *m* galop *m*.

gama *f* gamme *f*.

gamba *f* crevette *f*; **~s al**

ajillo crevettes à l'ail; **~s a la plancha** crevettes grillées.

gamonal *m (Amér)* riche propriétaire *m* terrien.

gamuza *f (para limpiar)* peau *f* de chamois; *(animal)* chamois *m*.

gana *f*. **~ (de)** envie *f* (de); **de buena ~** volontiers. ❑ **ganas** *fpl (deseo)* envie *f*; *(hambre)* appétit *m*; **tener ~s de** avoir envie de.

ganadería *f* élevage *m*; *(reses)* cheptel *m*.

ganado *m* bétail *m*.

ganador, -ra *m, f* gagnant *m* (-e *f*).

ganancias *fpl* bénéfices *mpl*.

ganar *vt* gagner. ◆ *vi (ser vencedor)* gagner. ❑ **ganarse** *vpr*: **~se algo** *(conseguir)* gagner qqch; **~se la vida** gagner sa vie.

ganchillo *m* crochet *m*.

gancho *m* crochet *m*; *(Amér: percha)* cintre *m*.

ganga *f (artículo barato)* affaire *f*.

garaje *m* garage *m*.

garantía *f* garantie *f*.

garbanzo *m* pois *m* chiche.

garfio *m* crochet *m*.

garganta *f* gorge *f*.

gargantilla *f* ras-du-cou *m (collier)*.

gárgaras *fpl* gargarismes *mpl*.

garra *f* griffe *f*.

garrafa *f* carafe *f*.

garrapata *f* tique *f*.

garúa *f (Amér)* bruine *f*.

gas *m* gaz *m*. ❑ **gases** *mpl (del estómago)* gaz *mpl*.

gasa *f* gaze *f*.

gaseosa *f* limonade *f*.

gasfitero *m (Amér)* plombier *m*.

gasóleo *m* gazole *m*.

gasolina *f* essence *f*.

gasolinera *f* pompe *f* à essence.

gastar *vt (dinero)* dépenser; *(colonia, crema etc)* utiliser; *(provisiones)* finir. ❑ **gastarse** *vpr (consumirse)* s'user; **¿qué número gastas?** tu fais du combien?

gasto *m* dépense *f*.

gastritis *f inv* gastrite *f*.

gastronomía *f* gastronomie *f*.

gatear *vi* marcher à quatre pattes.

gatillo *m* gâchette *f.*

gato, -ta *m, f* chat *m* (chatte *f*). ◆ *m (aparato)* cric *m.*

gauchada *f (Amér: fig)* service *m.*

gaucho *m* gaucho *m.*

gavilán *m* épervier *m.*

gaviota *f* mouette *f.*

gazpacho *m*: ~ **(andaluz)** gaspacho *m.*

gel *m* gel *m (pour le bain).*

gelatina *f* gélatine *f; (postre)* gelée *f.*

gemelo, -la *adj & m, f* jumeau(-elle). ❑ **gemelos** *mpl (botones)* boutons *mpl* de manchette; *(anteojos)* jumelles *fpl.*

gemido *m* gémissement *m.*

gemir *vi* gémir.

generación *f* génération *f.*

general *adj* général(-e). ◆ *m* général *m*; **en ~** en général.

género *m* genre *m; (mercancía)* marchandise *f;* **'~s de punto'** *(tienda)* bonneterie *f.*

generoso, -sa *adj* généreux(-euse); *(comida, ración)* copieux(-euse).

genio *m (carácter)* caractère *m; (mal carácter)* mauvais caractère *m; (persona inteligente, ser fabuloso)* génie *m.*

genitales *mpl* organes *mpl* génitaux.

gente *f* gens *mpl.*

genuino, -na *adj (auténtico)* authentique; *(piel)* véritable.

geografía *f* géographie *f.*

geometría *f* géométrie *f.*

geranio *m* géranium *m.*

gerente *mf* gérant *m* (-e *f*).

germen *m* germe *m.*

gestión *f (de asunto)* démarche *f; (de empresa)* gestion *f.*

gesto *m* geste *m; (mueca)* grimace *f.*

Gibraltar *s* Gibraltar.

gigante, -ta *adj & m, f* géant(-e). ◆ *m (ser fabuloso)* géant *m.*

gimnasia *f* gymnastique *f.*

gin tonic [zin'tonik] *m* gin tonic *m.*

ginebra *f* gin *m.*

ginecólogo, -ga *m, f* gynécologue *mf.*

gira *f* tournée *f.*

girar *vt (cambiar el sentido de)* tourner; *(dinero)* virer; *(letra)* tirer. ◆ *vi* tourner.

girasol *m* tournesol *m.*

giro *m (movimiento circular)*

tour *m*; *(curva)* virage *m*; *(de dinero)* virement *m*; ~ **postal** = mandat *m*; ~ **urgente** mandat *m* en urgent.

gitano, **-na** *adj* gitan(-e).

glaciar *m* glacier *m*.

gladiolo *m* glaïeul *m*.

glándula *f* glande *f*.

global *adj* global(-e).

globo *m* globe *m*; *(para jugar, volar)* ballon *m*.

glóbulo *m* globule *m*.

gloria *f* gloire *f*; *(placer)* plaisir *m*.

glorieta *f (plaza)* rond-point *m*; *(de jardín)* tonnelle *f*.

glotón, **-ona** *adj* glouton (-onne).

gobernar *vt* gouverner.

gobierno *m (de nave)* gouvernail *m*; *(grupo)* gouvernement *m*.

goce *m* jouissance *f*.

gol *m* but *m (en sport)*.

goleador, **-ra** *m*, *f* buteur *m*.

golf *m* golf *m*.

golfo, **-fa** *m*, *f* voyou *m*. ◆ *m (en geografía)* golfe *m*.

golondrina *f* hirondelle *f*.

golosina *f* friandise *f*.

goloso, **-sa** *adj* gourmand (-e).

golpe *m* coup *m*; *(con coche)* accrochage *m*; **de** ~ tout d'un coup; ~ **bajo** coup bas.

golpear *vt* & *vi* frapper.

goma *f (sustancia viscosa)* gomme *f*; *(caucho)* caoutchouc *m*; *(banda elástica)* élastique *m*; ~ **de borrar** gomme.

gomero *m (Amér)* gommier *m*.

gomina *f* gomina *f*.

góndola *f (Amér)* autobus *m*.

gordo, **-da** *adj* & *m*, *f* gros (grosse). ◆ *m*: **el** ~ *(de la lotería)* le gros lot.

gorila *m* gorille *m*.

gorra *f* casquette *f*; **de** ~ *(fam)* à l'œil.

gorrión *m* moineau *m*.

gorro *m* bonnet *m*.

gota *f* goutte *f*. ❑ **gotas** *fpl (MED)* gouttes *fpl*.

gotera *f (filtración)* gouttière *f*; *(grieta)* fuite *f*; *(mancha)* tache *f* d'humidité.

gótico, **-ca** *adj* & *m* gothique.

gozar *vi* éprouver du plaisir. ❑ **gozar de** *v + prep* jouir de.

gr *abrev* = **grado**.

grabado *m* gravure *f*.

grabar *vt* graver; *(canción, voz, imágenes)* enregistrer.

gracia *f (atractivo)* charme *m*; *(humor)* drôlerie *f*; **hacer ~** faire rire. ❑ **gracias** *fpl* merci *m*; **dar las ~s a** remercier.

gracioso, **-sa** *adj (que da risa)* drôle; *(con encanto)* gracieux(-euse).

grada *f (de estadio, plaza de toros)* gradin *m*; *(peldaño)* marche *f*.

grado *m (medida, fase)* degré *m*; *(de enseñanza)* niveau *m*; *(del ejército)* grade *m*.

graduado, **-da** *adj (persona)* diplômé(-e); *(regla, termómetro etc)* gradué(-e). ◆ *m (título)* diplôme *m*; **~ en** diplômé en.

graduar *vt (calefacción, calentador)* régler; *(regla, termómetro)* graduer. ❑ **graduarse** *vpr (estudiante)* obtenir son diplôme.

grafía *f* graphie *f*.

gráfico, **-ca** *adj (con dibujos, fotos)* graphique. ◆ *m (dibujo)* graphique *m*.

gragea *f* dragée *f*.

gramática *f* grammaire *f*.

gramo *m* gramme *m*.

gran *adj* → **grande**.

granada *f* grenade *f*.

granadilla *f (Amér)* fruit *m* de la passion.

granate *adj inv & m* grenat.

Gran Bretaña *s* Grande-Bretagne *f*.

grande *adj* grand(-e). ◆ *m (noble)* grand *m*; **me va ~** *(vestido, zapato)* c'est trop grand; **~s almacenes** grands magasins *mpl*.

grandeza *f* grandeur *f*.

granel: **a granel** *adv (a peso)* en vrac; *(en abundancia)* à foison.

granero *m* grenier *m* *(grange)*.

granito *m* granit *m*.

granizado *m boisson glacée à base de jus de fruit*.

granizar *v impers* grêler.

granja *f* ferme *f*.

grano *m* grain *m*; *(de la piel)* bouton *m*.

granuja *mf* canaille *f*.

grapar *vt* agrafer.

grasa *f* graisse *f*.

gratinado *m* gratin *m*.

gratis *adv* gratis.

gratitud *f* gratitude *f*.

gratuito, **-ta** *adj* gratuit(-e).

grave *adj* grave.
gravilla *f* gravillon *m*.
Grecia *s* Grèce *f*.
greña *f* tignasse *f*.
griego, -ga *adj* grec (grecque). ◆ *m (lengua)* grec *m*.
grieta *f (de pared, techo)* fissure *f*; *(de piel)* crevasse *f*.
grifero, -ra *m, f (Amér)* pompiste *mf*.
grifo *m* robinet *m*; *(Amér)* station-service *f*.
grilla *f (Amér: fam)* cabale *f*.
grillo *m* grillon *m*.
gripa *f (Amér)* grippe *f*.
gripe *f* grippe *f*.
gris *adj* gris(-e). ◆ *m* gris *m*.
gritar *vi* crier.
grito *m* cri *m*.
grosella *f* groseille *f*; *(bebida)* sirop *m* de groseille.
grosero, -ra *adj* grossier (-ère).
grosor *m* épaisseur *f*.
grotesco, -ca *adj* grotesque.
grúa *f (máquina)* grue *f*; *(vehículo)* dépanneuse *f*.
grueso, -sa *adj* gros (grosse).
gruñido *m* grognement *m*.
grupa *f* croupe *f*.
grupo *m* groupe *m*; **~ sanguíneo** groupe sanguin.
gruta *f* grotte *f*.
guaca *f (Amér)* tombeau *m* précolombien.
guacal *m (Amér)* calebasse *f*.
guacamole *m (Amér) purée d'avocat épicée typique du Mexique.*
guachimán *m (Amér)* gardien *m*.
guacho, -cha *adj (Amér: huérfano)* orphelin(-e); *(solitario)* solitaire. ◆ *m, f (Amér)* bâtard *m* (-e *f*).
guaco *m (Amér)* poterie *f* précolombienne.
guagua *f (Amér) (autobús)* bus *m*; *(bebé)* bébé *m*.
guaiño *m (Amér) chanson mélancolique indigène.*
guajiro, -ra *m, f (Amér)* paysan *m* (-anne *f*) *(cubain)*.
guante *m* gant *m*.
guapo, -pa *adj (persona)* beau (belle).
guardabarros *m inv* garde-boue *m inv*.
guardacoches *m inv* gardien *m* (-enne *f*).

guardaespaldas *m inv* garde *m* du corps.

guardameta *m* gardien *m* de but.

guardar *vt (en un lugar)* ranger; *(conservar, cuidar)* garder; *(cumplir)* observer. ❑ **guardarse** *vpr*: **~se de** se garder de.

guardarropa *m (de local)* vestiaire *m*; *(armario)* armoire *f*.

guardería *f* crèche *f (pour enfants)*.

guardia *mf (policía)* agent *m*. ◆ *f* garde *f*; **~ civil** ≃ gendarme *m*; **~ de seguridad** vigile *m*; **~ municipal** o **urbano** policier *m* municipal; **de ~** de garde. ❑ **Guardia Civil** *f* Garde *f* civile, ≃ gendarmerie *f*.

guarnición *f (de comida)* garniture *f*; *(del ejército)* garnison *f*.

guarro, **-rra** *adj (despec)* dégoûtant(-e).

guasca *f (Amér: látigo)* fouet *m*.

Guatemala *s* Guatemala *m*.

guatemalteco, **-ca** *adj* guatémaltèque.

güero, **-ra** *adj (Amér: fam)* blond(-e).

guerra *f* guerre *f*.

guerrilla *f (grupo)* groupe *m* de guérilleros; *(estrategia)* guérilla *f*.

guía *mf (persona)* guide *m*. ◆ *f (libro, indicación)* guide *m*; **~ telefónica** annuaire *m*; **~ turística** guide touristique.

guiar *vt* guider; *(coche, vehículo)* conduire. ❑ **guiarse por** *v + prep* se guider à.

guijarro *m* caillou *m*.

guinda *f* griotte *f*.

guindilla *f* piment *m* rouge.

guiñar *vt*: **~ un ojo** faire un clin d'œil.

guiñol *m* guignol *m*.

guión *m (argumento)* scénario *m*.

guiri *mf (fam)* étranger *m* (-ère *f*).

guisado *m* ragoût *m*.

guisante *m* petit pois *m*; **~s con jamón** o **salteados** *petits pois cuisinés avec des dés de jambon de pays*.

guiso *m* ragoût *m*.

guitarra *f* guitare *f*.

gusano *m* ver *m*.

gustar *vi* plaire; **me gusta la pintura** j'aime la peinture.

gusto *m* goût *m*; *(placer)* plaisir *m*; **a ~** *(cómodamente)* à son aise; **al ~** *(filete, entrecot)* à votre goût.

h. *(abrev de hora)* h.

ha. *(abrev de hectárea)* ha.

haba *f* fève *f*; **~s a la catalana** *fèves cuisinées avec des lardons, des saucisses et du vin.*

habano *m* havane *m*.

haber *v aux* 1. *(en tiempos compuestos)* avoir.
2. *(expresa reproche)*: **¡~lo dicho!** tu aurais pu le dire!
◆ *v impers* 1. *(gen)* avoir; **¿qué hay hoy para comer?** qu'est-ce qu'on mange aujourd'hui?; **el jueves no habrá reparto** il n'y aura pas de livraison le jeudi.
2. *(expresa obligación)*: **hay que cuidar a los enfermos** il faut soigner les malades.
3. *(en locuciones)*: **habérselas con alguien** se bagarrer avec qqn; **no hay de qué** il n'y a pas de quoi.
◆ *m (en cuentas, contabilidad)* crédit *m*.
❑ **haber de** *v + prep (estar obligado)* devoir.

habichuela *f* haricot *m*.

hábil *adj* habile; **día ~** jour *m* ouvrable.

habiloso, -sa *adj (Amér)* intelligent(-e).

habitación *f (cuarto)* pièce *f*; *(dormitorio)* chambre *f*; **~ doble/individual** chambre double/simple.

habitar *vi & vt* habiter.

hábito *m (costumbre)* habitude *f*; *(traje)* habit *m*.

habitual *adj* habituel(-elle).

hablador, -ra *adj* bavard(-e).

hablar *vi* parler. ◆ *vt (saber)* parler; *(tratar)* parler de; **~ de** parler de; **~ por teléfono** parler au téléphone. ❑ **hablarse** *vpr* se parler.

hacer *vt* 1. *(gen)* faire; **~ planes/un vestido** faire des projets/une robe; **hicimos muchas fotografías del viaje** nous avons fait beaucoup de photos du voyage; **he hecho la cama** j'ai fait mon lit; **me**

hizo daño/reír il m'a fait mal/rire.

2. *(construir)* construire; **han hecho un edificio nuevo** ils ont construit un nouveau bâtiment.

3. *(dar aspecto)*: **este traje te hace más delgado** ce costume t'amincit.

4. *(en cine y teatro)*: **~ el papel de** jouer le rôle de.

◆ *vi* 1. *(gen)* faire.

2. *(trabajar)*: **hace de cajera** elle travaille comme caissière.

3. *(aparentar)*: **haz como si no lo vieras** fais comme si tu ne le voyais pas.

◆ *v impers* 1. *(tiempo meteorológico)* faire; **hace frío/calor** il fait froid/chaud.

2. *(tiempo transcurrido)*: **hace una semana** il y a une semaine.

❑ **hacerse** *vpr* 1. *(convertirse)* devenir; **~se viejo** se faire vieux.

2. *(cocerse)* cuire.

3. *(resultar)*: **se está haciendo tarde** il se fait tard.

4. *(mostrarse)*: **intenta ~se el simpático** il essaye de se rendre sympathique.

❑ **hacerse a** *v + prep (acostumbrarse)* se faire à.

❑ **hacerse con** *v + prep (apropiarse)*: **se hizo con el poder** il a pris le pouvoir.

hacha *f* hache *f*.

hachís *m* haschisch *m*.

hacia *prep* vers; **~ abajo/arriba** vers le bas/le haut; **~ aquí/allí** par ici/là; **~ atrás/adelante** en arrière/avant; **~ las tres** vers trois heures.

hacienda *f (finca)* exploitation *f* agricole; *(bienes)* fortune *f*.

hada *f* fée *f*.

hala *interj (para dar prisa)* allez!; *(expresa contrariedad)* allons donc!

halago *m* flatterie *f*.

halcón *m* faucon *m*.

hallar *vt* trouver. ❑ **hallarse** *vpr* se trouver.

halógeno, -na *adj* halogène.

hamaca *f* hamac *m*.

hambre *f* faim *f*; **tener ~** avoir faim.

hamburguesa *f* hamburger *m*.

hamburguesería *f* fast-food *m*.

hámster ['xamster] *m* hamster *m*.

hangar *m* hangar *m*.

harina *f* farine *f*.

hartar *vt (atiborrar)* gaver; *(cansar)* fatiguer. ❑ **hartarse de** *v + prep (cansarse de)* en avoir assez de.

hasta *prep* jusqu'à. ◆ *adv (incluso)* même; ~ **luego** au revoir; ~ **pronto** à bientôt.

haya *f* hêtre *m*.

hazaña *f* exploit *m*.

hebilla *f* boucle *f (de ceinture, chaussure etc)*.

hebra *f (de hilo, especias)* brin *m*; *(en legumbres)* fil *m*.

hebreo, -a *adj* hébreu. ◆ *m (lengua)* hébreu *m*.

hechizo *m* envoûtement *m*.

hecho, -cha *adj* cuit(-e). ◆ *m* fait *m*; **muy** ~ bien cuit; **poco** ~ saignant; ~ **de** fait de; **de** ~ de fait.

hectárea *f* hectare *m*.

helada *f* gelée *f*.

helado, -da *adj* glacé(-e). ◆ *m* glace *f*.

helar *v impers & vt* geler. ❑ **helarse** *vpr (congelarse)* geler; *(pasar frío)* se geler.

hélice *f* hélice *f*.

helicóptero *m* hélicoptère *m*.

hembra *f (animal)* femelle *f*; *(de enchufe)* prise *f* femelle.

hemorragia *f* hémorragie *f*.

heno *m* foin *m*.

hepatitis *f inv* hépatite *f*.

herboristería *f* herboristerie *f*.

heredar *vt* hériter de.

hereje *mf* hérétique *mf*.

herida *f* blessure *f*, → **herido**.

herido, -da *adj & m, f* blessé(-e).

herir *vt* blesser. ❑ **herirse** *vpr* se blesser.

hermanastro, -tra *m, f* demi-frère *m* (demi-sœur *f*).

hermano, -na *m, f* frère *m* (sœur *f*).

hermético, -ca *adj* hermétique.

héroe *m* héros *m*.

heroína *f* héroïne *f*.

heroísmo *m* héroïsme *m*.

herradura *f* fer *m* à cheval.

herramienta *f* outil *m*.

herrería *f (taller)* forge *f*.

hervir *vt* faire bouillir. ◆ *vi* *(líquido)* bouillir.

hidratante *adj* hydratant (-e).

hiedra *f* lierre *m*.

hielo *m* glace *f*.

hiena *f* hyène *f*.

hierba *f* herbe *f*.

hierbabuena *f* menthe *f*.

hierro *m* fer *m*.

hígado *m* foie *m*.

higiénico, -ca *adj* hygiénique.

higo *m* figue *f*.

hijastro, -tra *m, f* beau-fils *m* (belle-fille *f*) *(d'un premier mariage)*.

hijo, -ja *m, f* fils *m* (fille *f*). ❑ **hijos** *mpl* enfants *mpl*.

hilera *f* rangée *f*.

hilo *m* fil *m*; *(de voz, agua)* filet *m*.

hilvanar *vt* faufiler.

hincapié *m*: **hacer ~ en** mettre l'accent sur.

hincha *mf* supporter *m*.

hinchar *vt* *(inflar)* gonfler; *(exagerar)* grossir. ❑ **hincharse** *vpr* *(parte del cuerpo)* enfler.

hinchazón *f* enflure *f*.

hipermercado *m* hypermarché *m*.

hipertensión *f* hypertension *f*.

hípica *f* hippisme *m*.

hipnotizar *vt* hypnotiser.

hipo *m* hoquet *m*.

hipócrita *adj* hypocrite.

hipódromo *m* hippodrome *m*.

hipopótamo *m* hippopotame *m*.

hipoteca *f* hypothèque *f*.

hipótesis *f inv* hypothèse *f*.

hispánico, -ca *adj* hispanique.

hispano, -na *adj* *(en España)* espagnol(-e); *(en Estados Unidos)* hispanique.

Hispanoamérica *s* Amérique *f* latine.

hispanoamericano, -na *adj* hispano-américain(-e).

histeria *f* hystérie *f*.

historia *f* histoire *f*.

historieta *f* *(relato)* petite histoire *f*; *(cuento con dibujos)* bande *f* dessinée.

hocico *m* museau *m*.

hogar *m* foyer *m*.

hoguera *f* bûcher *m*; *(de fiesta)* feu *m* de joie.

hoja *f* feuille *f*; *(de cuchillo)*

lame *f*; ~ **de afeitar** lame *f* de rasoir.

hojalata *f* fer-blanc *m*.

hojaldre *m* pâte *f* feuilletée.

hola *interj* bonjour!

holgado, **-da** *adj (ropa)* ample; *(vida, situación)* aisé(-e).

holgazán, **-ana** *adj* fainéant(-e).

hombre *m* homme *m*. ◆ *interj (sorpresa)* tiens!

hombrera *f* épaulette *f*.

hombro *m* épaule *f*.

homenaje *m* hommage *m*; **en** ~ en hommage.

homeopatía *f* homéopathie *f*.

homicidio *m* homicide *m*.

homosexual *mf* homosexuel *m* (-elle *f*).

hondo, **-da** *adj* profond(-e).

Honduras s Honduras *m*.

hondureño, **-ña** *adj* hondurien(-enne).

honesto, **-ta** *adj* honnête.

hongo *m* champignon *m*.

honor *m* honneur *m*; **en** ~ **de** en l'honneur de.

honra *f* honneur *m*.

honrado, **-da** *adj* honnête.

hora *f* heure *f*; **¿a qué ~?** à quelle heure?; **¿qué ~ es?** quelle heure est-il?; **pedir ~ para** prendre rendez-vous pour; ~ **punta** heure de pointe.

horario *m* horaire *m*; '~ **comercial**' 'heures d'ouverture'.

horca *f (en agricultura)* fourche *f*.

horchata *f* ~ sirop *m* d'orgeat.

horizontal *adj* horizontal (-e).

horizonte *m* horizon *m*.

horma *f (molde)* forme *f*; *(utensilio)* embauchoir *m*.

hormiga *f* fourmi *f*.

hormigón *m* béton *m*.

hormigonera *f* bétonnière *f*.

hormiguero *m* fourmilière *f*.

hormona *f* hormone *f*.

hornear *vt* enfourner.

horno *m* four *m*; **al** ~ au four.

horóscopo *m* horoscope *m*.

horquilla *f* épingle *f* à cheveux.

horrible *adj* horrible.

horror *m* horreur *f.*
horrorizar *vt* horrifier.
horroroso, -sa *adj* horrible.
hortaliza *f* légume *m.*
hortensia *f* hortensia *m.*
hortera *adj* de mauvais goût.
hospedarse *vpr* loger.
hospital *m* hôpital *m.*
hospitalidad *f* hospitalité *f.*
hostal *m* hôtel *m.*
hostelería *f* hôtellerie *f.*
hostia *f (en religión)* ostie *f.* ◆ *interj (vulg)* putain!
hostil *adj* hostile.
hotel *m* hôtel *m*; ~ **de lujo** hôtel de luxe.
hoy *adv* aujourd'hui; ~ **en día,** ~ **por** ~ de nos jours.
hoyo *m* trou *m.*
hoz *f* faucille *f.*
huachafo, -fa *adj (Amér)* de mauvais goût.
huachinango *m (Amér)* pagre *m.*
hucha *f* tirelire *f.*
hueco, -ca *adj (vacío)* creux(-euse). ◆ *m (agujero)* place *f*; *(de tiempo)* creux *m.*
huelga *f* grève *f.*
huella *f* trace *f*; **~s dactilares** empreintes *fpl* digitales.
huérfano, -na *m, f* orphelin *m* (-e *f*).
huerta *f (huerto grande)* plaine *f* maraîchère; *(de árboles frutales)* verger *m.*
huerto *m* jardin *m* potager.
hueso *m* os *m*; *(de una fruta)* noyau *m.*
huésped, -da *m, f* hôte *m* (hôtesse *f*).
huevada *f (Amér: fam)* bêtise *f.*
huevear *vi (Amér: fam)* faire l'imbécile.
huevo *m* œuf *m*; ~ **de la copa** o **tibio** *(Amér)* œuf à la coque; ~ **frito** œuf frit; **~s revueltos** œufs brouillés; **~s al plato** *œufs cuits au four*; ~ **pasado por agua** œuf à la coque; ~ **duro** œuf dur.
huevón *m (Amér: vulg)* couillon *m.*
huir *vi* s'enfuir.
humano, -na *adj* humain (-e). ◆ *m* humain *m.*
humareda *f* nuage *m* de fumée.
humedad *f* humidité *f.*

húmedo, **-da** *adj* humide.
humilde *adj* humble.
humillar *vt* humilier.
humo *m* fumée *f*.
humor *m* humeur *f*; *(gracia)* humour *m*; **mal/buen ~** mauvaise/bonne humeur.
humorista *mf* comique *m*.
hundir *vt (barco)* couler; *(persona)* anéantir ❑ **hundirse** *vpr (barco)* couler; *(edificio, techo, persona)* s'effondrer.
huracán *m* ouragan *m*.
hurtadillas: **a hurtadillas** *adv* en cachette.
hurto *m* larcin *m*.

I

ibérico, **-ca** *adj* ibérique.
Ibiza *s* Ibiza.
iceberg *m* iceberg *m*.
ICONA *m organisme espagnol pour la protection de la nature*, = SNPN *f*.
ida *f* aller *m*; **billete de ~ y vuelta** billet *m* aller-retour.
idea *f* idée *f*; **ni ~** aucune idée.
ideal *adj* idéal(-e). ◆ *m* idéal *m*.
idéntico, **-ca** *adj* identique.
identidad *f* identité *f*.
identificar *vt* identifier. ❑ **identificarse** *vpr* montrer ses papiers d'identité.
ideología *f* idéologie *f*.
idilio *m* idylle *f*.
idioma *m* langue *f*.
idiota *adj* idiot(-e).
ídolo *m* idole *f*.
idóneo, **-a** *adj* adéquat(-e).
iglesia *f* église *f*.
ignorancia *f* ignorance *f*.
ignorante *adj* ignorant(-e).
igual *adj (semejante)* pareil (-eille); *(constante)* égal(-e). ◆ *adv* de la même façon; **me da ~** cela m'est égal; **es ~** ça ne fait rien.
igualdad *f* égalité *f*.
igualmente *adv* également; **¡que te diviertas mucho! – ~** amuse-toi bien! – toi aussi!
ilegal *adj* illégal(-e).
ilegítimo, **-ma** *adj* illégitime.
ileso, **-sa** *adj* indemne.
iluminación *f (alumbrado)* éclairage *m*.

iluminar *vt* illuminer; *(dar luz a)* éclairer.

ilusión *f (alegría)* plaisir *m*; *(esperanza)* espoir *m*; **hacerse ilusiones** se faire des illusions.

ilustración *f* illustration *f*.

ilustre *adj* illustre.

imagen *f* image *f*; *(escultura)* statue *f*; *(descripción)* portrait *m*.

imaginación *f* imagination *f*.

imán *m* aimant *m*.

imbécil *adj* imbécile.

imitación *f* imitation *f*.

imitar *vt* imiter.

impaciente *adj* impatient (-e); ~ **por** impatient(-e).

impar *adj* impair(-e).

imparcial *adj* impartial(-e).

impasible *adj* impassible.

impecable *adj* impeccable.

impedir *vt* empêcher.

imperdible *m* épingle *f* à nourrice.

imperdonable *adj* impardonnable.

imperio *m* empire *m*.

impermeable *adj* & *m* imperméable.

impertinente *adj* impertinent(-e).

ímpetu *m (energía)* énergie *f*; *(rapidez)* force *f*.

implicar *vt* impliquer.

implícito, **-ta** *adj* implicite.

imponer *vt* imposer. ◆ *vi* en imposer.

importación *f* importation *f*.

importancia *f* importance *f*.

importante *adj* important(-e).

importar *vt* & *vi* importer; **no importa** ce n'est pas grave; **¿a ti que te importa?** qu'est-ce que ça peut te faire?

importe *m* montant *m*; '~ **del billete**' 'prix du billet'.

imposible *adj* & *m* impossible. ◆ *interj* impossible!

impostor, **-ra** *m, f* imposteur *m*.

impotente *adj* impuissant (-e).

impregnar *vt* imprégner.

imprenta *f* imprimerie *f*.

imprescindible *adj* indispensable.

impresión *f* impression *f*.

impresionar *vi* impressionner.

impreso *m* imprimé *m*.

impresora *f* imprimante *f*.

imprevisto *m* imprévu *m*.

imprimir *vt* imprimer.

improvisar *vt* improviser.

imprudente *adj* imprudent(-e).

impuesto *m* impôt *m*.

impulsar *vt* pousser.

impulso *m (empuje)* impulsion *f*; *(estímulo)* élan *m*.

inaceptable *adj* inacceptable.

inadmisible *adj* inadmissible.

inaguantable *adj* insupportable.

inaugurar *vt* inaugurer.

incapacidad *f* incapacité *f*.

incapaz (*pl* **-ces**) *adj* incapable; **ser ~ de** être incapable de.

incendio *m* incendie *m*.

incentivo *m* incitation *f*.

incidente *m* incident *m*.

incinerar *vt* incinérer.

incitar *vt* inciter.

inclinarse *vpr* se pencher; **~ por** *(preferir)* pencher pour; *(decidirse por)* être tenté(-e).

incluido, -da *adj* inclus(-e).

inclusive *adv* y compris.

incluso *adv* même; **~ nos invitaron a cenar** ils nous ont même invités à dîner.

incógnita *f (enigma)* mystère *m*.

incoloro, -ra *adj* incolore.

incómodo, -da *adj* inconfortable.

incomparable *adj* incomparable.

incompetente *adj* incompétent(-e).

incomprensible *adj* incompréhensible.

incomunicado, -da *adj* isolé(-e).

incondicional *adj* inconditionnel(-elle).

inconfundible *adj* reconnaissable entre tous (toutes).

inconsciente *adj* inconscient(-e).

inconveniente *m* inconvénient *m*.

incorporación *f* incorporation *f*.

incorporar *vt (agregar)* incorporer. ❑ **incorporarse** *vpr (levantarse)* se redresser; **~se a** *(equipo, grupo)* intégrer;

(trabajo) commencer.

incorrecto, **-ta** *adj* incorrect(-e).

increíble *adj* incroyable.

incremento *m* accroissement *m*.

incubar *vt* couver.

inculto, **-ta** *adj (persona)* inculte.

incumbir *vi* incomber.

incurable *adj* incurable.

indecente *adj* indécent(-e).

indeciso, **-sa** *adj* indécis (-e).

indefenso, **-sa** *adj* sans défense.

indefinido, **-da** *adj* indéfini(-e).

indemnizar *vt* indemniser.

independizarse: **independizarse de** *v + prep* devenir indépendant(-e).

indicación *f (señal)* signe *m*. ❑ **indicaciones** *fpl (instrucciones)* indications *fpl*.

indicador *m* indicateur *m*; **~ de dirección** clignotant *m*.

indicar *vt* indiquer.

índice *m (dedo)* index *m*; *(de libro)* table *f* des matières; *(de natalidad, mortalidad)* taux *m*; *(de precios, en matemáticas)* indice *m*.

indicio *m* indice *m*.

indiferencia *f* indifférence *f*.

indígena *mf* indigène *mf*.

indigestión *f* indigestion *f*.

indignación *f* indignation *f*.

indio, **-dia** *adj* indien (-enne).

indirecta *f* sous-entendu *m*.

indirecto, **-ta** *adj* indirect(-e).

indiscreto, **-ta** *adj* indiscret(-ète).

indispensable *adj* indispensable.

indispuesto, **-ta** *adj* indisposé(-e).

individual *adj* individuel (-elle).

individuo *m* individu *m*.

índole *f* nature *f*.

Indonesia *s* Indonésie *f*.

indumentaria *f* tenue *f*.

industria *f (actividad)* industrie *f*; *(fábrica)* usine *f*.

inédito, **-ta** *adj* inédit(-e).

inepto, **-ta** *adj* inepte.

inesperado, **-da** *adj* inespéré(-e).

inestable *adj* instable.
inevitable *adj* inévitable.
infalible *adj* infaillible.
infancia *f* enfance *f*.
infanta *f* infante *f*.
infantería *f* infanterie *f*.
infantil *adj (literatura, sonrisa)* enfantin(-e); *(enfermedad, persona)* infantile.
infarto *m* infarctus *m*.
infección *f* infection *f*.
infelicidad *f* malheur *m*.
infeliz (*pl* **-ces**) *adj & mf* malheureux(-euse).
inferior *adj* inférieur(-e).
infiel *adj & mf* infidèle.
infierno *m* enfer *m*.
infinito, **-ta** *adj* infini(-e). ◆ *m* infini *m*.
inflación *f* inflation *f*.
inflar *vt* gonfler. ❑ **inflarse de** *v + prep (comida)* se gaver de.
inflexible *adj* inflexible.
influencia *f* influence *f*; **tener ~** avoir de l'influence.
influir: **influir en** *v + prep* avoir de l'influence sur.
información *f* information *f*; **'información'** 'accueil'.
informal *adj (persona)* peu sérieux(-euse); *(traje, lenguaje)* décontracté(-e).
informar *vt* informer.
informática *f* informatique *f*, → **informático**.
informático, **-ca** *m*, *f* informaticien *m* (-enne *f*).
informativo *m* informations *fpl*.
informe *m* rapport *m*.
infracción *f* infraction *f*.
infusión *f* infusion *f*.
ingeniería *f* génie *m (science)*.
ingenio *m (agudeza)* ingéniosité *f*.
ingenuo, **-nua** *adj* ingénu (-e).
Inglaterra *s* Angleterre *f*.
ingle *f* aine *f*.
inglés, **-esa** *adj* anglais(-e). ◆ *m (lengua)* anglais *m*.
ingrato, **-ta** *adj* ingrat(-e).
ingrediente *m* ingrédient *m*.
ingresar *vt (dinero)* déposer. ◆ *vi*: **~ (en)** être admis(-e).
ingreso *m (de dinero)* dépôt *m*; *(en hospital, escuela etc)* admission *f*.
inhalar *vt* inhaler.
inhibición *f* inhibition *f*.

iniciar *vt* commencer. ❑ **iniciarse en** *v + prep* s'initier à.

iniciativa *f* initiative *f*; **tener ~** faire preuve d'initiative.

inicio *m* début *m*.

injerto *m* greffe *f*.

injusticia *f* injustice *f*.

injusto, **-ta** *adj* injuste.

inmaduro, **-ra** *adj (fruto)* pas mûr(-e); *(muchacho)* immature.

inmediatamente *adv* immédiatement.

inmediato, **-ta** *adj (instantáneo)* immédiat(-e); *(contiguo)* voisin(-e); **de ~** immédiatement.

inmenso, **-sa** *adj* immense.

inmigración *f* immigration *f*.

inmobiliaria *f* société *f* immobilière.

inmoral *adj* immoral(-e).

inmortal *adj* immortel (-elle).

inmóvil *adj* immobile.

inmunidad *f* immunité *f*.

innato, **-ta** *adj* inné(-e).

inocentada *f* = poisson *m* d'avril.

inocente *adj & mf* innocent(-e).

inofensivo, **-va** *adj* inoffensif(-ive).

inolvidable *adj* inoubliable.

inoportuno, **-na** *adj* inopportun(-e).

inoxidable *adj* inoxydable.

inquietarse *vpr* s'inquiéter.

inquietud *f* inquiétude *f*.

inquilino, **-na** *m, f* locataire *mf*.

insaciable *adj* insatiable.

insalubre *adj* insalubre.

insatisfecho, **-cha** *adj* insatisfait(-e).

inscribir: **inscribirse en** *v + prep* s'inscrire à.

insecticida *m* insecticide *m*.

insecto *m* insecte *m*.

inseguridad *f (falta de confianza)* manque *m* d'assurance; *(peligro)* insécurité *f*.

insensato, **-ta** *adj* stupide.

insensible *adj* insensible.

inseparable *adj* inséparable.

insertar *vt* insérer.

inservible *adj* inutilisable.

insignificante *adj* insignifiant(-e).

insinuar *vt* insinuer. ❑ **insinuarse** *vpr (persona)* faire des avances.

insípido, -da *adj* insipide.

insistir *vi* insister; **~ en** insister sur.

insolación *f* insolation *f*.

insolente *adj* insolent(-e).

insólito, -ta *adj* insolite.

insomnio *m* insomnie *f*.

insoportable *adj* insupportable.

inspector, -ra *m, f* inspecteur *m* (-trice *f*).

inspiración *f* inspiration *f*.

inspirar *vt* inspirer. ❑ **inspirarse en** *v + prep* s'inspirer de.

instalación *f* installation *f*. ❑ **instalaciones** *fpl (edificios)* équipements *mpl*; **instalaciones deportivas** équipements sportifs.

instantánea *f* instantané *m*.

instante *m* instant *m*; **al ~** à l'instant.

instinto *m* instinct *m*.

institución *f* institution *f* ❑ **instituciones** *fpl* institutions *fpl*.

instituto *m (centro de enseñanza)* lycée *m*; *(centro cultural, de investigación)* institut *m*.

institutriz (*pl* **-ces**) *f* institutrice *f*.

instrucción *f* instruction *f*. ❑ **instrucciones** *fpl (de máquina)* mode *m* d'emploi.

instrumento *m* instrument *m*.

insuficiente *adj* insuffisant(-e).

insultante *adj* insultant (-e).

insultar *vt* insulter.

insulto *m* insulte *f*.

intacto, -ta *adj* intact(-e).

integrarse: **integrarse en** *v + prep* s'intégrer dans.

íntegro, -gra *adj (cosa)* intégral(-e); *(persona)* intègre.

intelectual *mf* intellectuel *m* (-elle *f*).

inteligencia *f* intelligence *f*.

intemperie *f*: **a la ~** à la belle étoile.

intención *f* intention *f*; **con la ~ de** dans l'intention de; **tener la ~ de** avoir l'intention de.

intencionado, **-da** *adj* intentionné(-e).

intenso, **-sa** *adj* intense.

intentar *vt* essayer.

intento *m (tentativa)* tentative *f*; *(propósito)* intention *f*.

intercalar *vt* intercaler.

intercambio *m* échange *m*.

interceder: **interceder por** *v + prep* intercéder en faveur de.

interés *m* intérêt *m*. ❑ **intereses** *mpl (dinero, aspiraciones)* intérêts *mpl*.

interesante *adj* intéressant(-e).

interesar *vi* intéresser. ❑ **interesarse en** *v + prep* s'intéresser à. ❑ **interesarse por** *v + prep* s'intéresser à.

interferencia *f* interférence *f*.

interino, **-na** *adj (trabajador)* intérimaire.

interior *adj* intérieur(-e); *(piso)* sur cour. ◆ *m* intérieur *m*.

interlocutor, **-ra** *m, f* interlocuteur *m* (-trice *f*).

intermedio, **-dia** *adj* intermédiaire. ◆ *m (de espectáculo)* intermède *m*.

intermitente *m* clignotant *m*.

internacional *adj* international(-e).

interponerse *vpr* s'interposer.

interpretar *vt* interpréter.

intérprete *mf* interprète *mf*.

interrogación *f* interrogation *f*.

interrogante *m o f* interrogation *f*.

interrumpir *vt* interrompre.

interruptor *m* interrupteur *m*.

interurbano, **-na** *adj* interurbain(-e).

intervalo *m* intervalle *m*.

intervenir *vt (en medicina)* opérer; *(confiscar)* saisir. ◆ *vi* intervenir.

interviú *f* interview *m* o f.

intestino *m* intestin *m*.

intimidad *f* intimité *f*.

íntimo, **-ma** *adj* intime.

intocable *adj* intouchable.

intolerante *adj* intolérant (-e).

intoxicación *f* intoxication *f*; ~ **alimenticia** intoxication alimentaire.

intranquilo, -la *adj* *(nervioso)* agité(-e); *(preocupado)* inquiet(-ète).

intransigente *adj* intransigeant(-e).

intransitable *adj* impraticable.

intrigar *vt & vi* intriguer.

introducir *vt* introduire; '**~ monedas**' 'insérer la monnaie'.

introvertido, -da *adj* introverti(-e).

intruso, -sa *m, f* intrus *m* (-e *f*).

intuición *f* intuition *f*.

inundación *f* inondation *f*.

inútil *adj* inutile.

invadir *vt* envahir.

inválido, -da *m, f* invalide *mf*.

invasión *f* invasion *f*.

invención *f* invention *f*.

inventar *vt* inventer.

inventario *m* inventaire *m*.

invento *m* invention *f*.

invernadero *m* serre *f*.

inversionista *mf* *(Amér)* investisseur *m* (-euse *f*).

inverso, -sa *adj* inverse; **a la inversa** à l'inverse.

invertir *vt* *(dinero)* investir; *(tiempo)* consacrer; *(orden)* inverser.

investigar *vt* *(delito, crimen)* enquêter sur; *(en ciencia)* faire des recherches sur.

invierno *m* hiver *m*, **en ~** en hiver.

invisible *adj* invisible.

invitación *f* invitation *f*.

invitar *vt* inviter.

involucrar *vt* impliquer. ❑ **involucrarse en** *v + prep* être impliqué(-e).

invulnerable *adj* invulnérable.

inyección *f* *(acción)* injection *f*; *(medicamento)* piqûre *f*.

ir *vi* 1. *(desplazarse)* aller; **iremos en coche/en tren/andando** nous irons en voiture/en train/à pied; **¿cómo te va?** comment ça va?

2. *(funcionar)* marcher; **tu coche va muy bien** ta voiture marche très bien.

3. *(vestir)* être; **~ de azul/en camiseta/con corbata** être en bleu/en tee-shirt/en cravate.

4. *(tener aspecto físico)*: **iba hecho un pordiosero** on aurait dit un mendiant; **tal como voy no puedo entrar** je

ne peux pas entrer habillé comme ça.

5. *(expresa duración gradual)*: **voy mejorando mi estilo** j'améliore mon style peu à peu.

6. *(sentar, convenir)* aller; **le irían bien unas vacaciones** des vacances lui feraient du bien.

7. *(en locuciones)*: **¡qué va!** *(fam)* tu parles!; **vamos, no te preocupes** allez, ne t'inquiète pas; **¿vamos bien a Madrid?** pour Madrid, c'est la bonne route?

❑ **ir a** *v + prep (expresa intención, opinión)*: **voy a decírselo a mi padre** je vais le dire à mon père.

❑ **ir de** *v + prep (tratar de)*: **la película va de vampiros** c'est un film sur les vampires.

❑ **ir por** *v + prep* 1. *(buscar)* aller chercher.

2. *(alcanzar)* en être à; **voy por la mitad del libro** j'en suis à la moitié du livre.

❑ **irse** *vpr* 1. *(marcharse)* partir; **¡vete!** va-t'en!

2. *(gastarse, desaparecer)* s'en aller.

ira *f* colère *f*.

Irlanda *s* Irlande *f*; **~ del Norte** Irlande du Nord.

irlandés, -esa *adj* irlandais (-e).

ironía *f* ironie *f*.

IRPF *m (abrev de Impuesto sobre la Renta de las Personas Físicas) impôt sur le revenu des personnes physiques en Espagne.*

irracional *adj* irrationnel (-elle).

irregular *adj* irrégulier (-ère).

irresistible *adj* irrésistible.

irresponsable *adj* irresponsable.

irreversible *adj* irréversible.

irritar *vt* irriter. ❑ **irritarse** *vpr* s'irriter.

isla *f* île *f*.

islam *m* islam *m*.

islote *m* îlot *m*.

Italia *s* Italie *f*.

italiano, -na *adj* italien (-enne). ◆ *m (lengua)* italien *m*.

itinerario *m* itinéraire *m*.

IVA *m (abrev de impuesto sobre el valor añadido)* ≈ TVA *f*.

izda *(abrev de izquierda)* gche.

izquierda *f*: **la ~** *(mano*

izquierda) la main gauche; *(lado izquierdo)* la gauche; **a la ~** à gauche.

izquierdo, **-da** *adj* gauche.

J

jabalí *m* sanglier *m*.

jabón *m* savon *m*.

jacal *m (Amér)* hutte *f*.

jade *m* jade *m*.

jadear *vi* haleter.

jaiba *f (Amér)* crabe *m*.

jalea *f* gelée *f*; **~ real** gelée royale.

jaleo *m (barullo)* raffut *m*; *(lío)* histoire *f*.

jamás *adv* jamais.

jamón *m* jambon *m*; **~ de bellota** *jambon de pays de qualité supérieure*; **~ de jabugo** *jambon de pays de qualité supérieure provenant de la région de Huelva*; **~ serrano** jambon de montagne; **~ (de) York** jambon blanc.

jarabe *m* sirop *m*.

jardín *m* jardin *m*; **~ botánico** jardin botanique; **~ público** jardin public.

jardinero, **-ra** *m, f* jardinier *m* (-ère *f*); **ternera a la jardinera** veau jardinière.

jarra *f* carafe *f*; **en ~s** les poings sur les hanches.

jarro *m* pichet *m*.

jarrón *m* vase *m*.

jaula *f* cage *f*.

jazmín *m* jasmin *m*

jazz [ʒas] *m* jazz *m*.

jefatura *f (lugar)* direction *f*; *(cargo)* direction *f*; **~ de policía** = commissariat *m* de police.

jefe, **-fa** *m, f* chef *m*.

jerez *m* xérès *m*.

jeringuilla *f* seringue *f*.

jersey *m* pull-over *m*.

Jesucristo *s* Jésus-Christ.

jesús *interj (después de estornudo)* à tes/vos souhaits!; *(de asombro)* ça alors!

jícama *f (Amér)* tubercule *m*.

jinete *m* cavalier *m*.

jirafa *f* girafe *f*.

jirón *m (Amér)* avenue *f*.

jitomate *m (Amér)* tomate *f*.

jornada *f (de obrero, trabajador etc)* journée *f* ◇ temps *m* de travail; *(de viaje, trayecto etc)* trajet *m*.

jota *f* jota *f*.

joven *adj* jeune. ◆ *mf* jeune homme *m* (jeune fille *f*).

joya *f* bijou *m*.

joyería *f* bijouterie *f*, joaillerie *f*.

joyero, **-ra** *m, f* bijoutier *m* (-ère *f*), joaillier *m* (-ère *f*). ◆ *m* coffret *m* à bijoux.

jubilación *f* retraite *f*.

judaísmo *m* judaïsme *m*.

judía *f* haricot *m*; ~ **tierna** o **verde** haricot vert, → **judío**.

judío, **-a** *adj* juif (juive).

judo ['ʒuðo] *m* judo *m*.

juego *m* jeu *m*; *(de té, de café)* service *m*; *(de cama)* parure *f*; **hacer** ~ être assorti(-e); ~ **de azar** jeu de hasard; ~ **de manos** tour *m* de passe-passe.

juerga *f* bringue *f*.

jueves *m* jeudi *m*; ~ **Santo** jeudi saint, → **sábado**.

juez (*pl* **-ces**) *mf* juge *m*.

jugar *vi* jouer. ◆ *vt (partido, partida)* faire. ❑ **jugar a** *v + prep* jouer à. ❑ **jugar con** *v + prep* jouer avec. ❑ **jugarse** *vpr (arriesgar)* jouer; *(apostar)* parier.

jugo *m (líquido)* jus *m*; *(interés)* substance *f*.

jugoso, **-sa** *adj (fruta)* juteux(-euse); *(sabroso)* savoureux(-euse).

juguete *m* jouet *m*.

juicio *m* jugement *m*; **a mi** ~ à mon sens.

julio *m* juillet *m*, → **setiembre**.

junio *m* juin *m*, → **setiembre**.

junta *f (grupo de personas)* assemblée *f*; *(sesión)* séance *f*.

juntar *vt (aproximar)* joindre; *(reunir)* réunir; *(acumular)* rassembler. ❑ **juntarse** *vpr (aproximarse)* se rejoindre.

junto, **-ta** *adj* ensemble. ◆ *adv (a la vez)* en même temps; ~ **a** près de; **todo** ~ ensemble.

jurado *m* jury *m*.

jurar *vt & vi* jurer.

justicia *f* justice *f*.

justificación *f* justification *f*.

justo, **-ta** *adj* juste. ◆ *adv* juste.

juventud *f* jeunesse *f*.

juzgado *m* tribunal *m*; *(territorio)* juridiction *f*.

juzgar *vt* juger.

K

karaoke *m* karaoké *m*.
kárate *m* karaté *m*.
kg *(abrev de kilogramo)* kg.
kilo *m* kilo *m*; **un cuarto de ~ de** une demi-livre de.
kilómetro *m* kilomètre *m*.
kimono *m* kimono *m*.
kiwi *m* kiwi *m*.
km *(abrev de kilómetro)* km.
KO *m (abrev de knock-out)* KO.

L

l *(abrev de litro)* l.
la → **el**, **lo**.
laberinto *m* labyrinthe *m*.
labio *m* lèvre *f*.
laborable *adj (día)* ouvrable. ◆ *m* jour *m* ouvrable; **'sólo ~s'** 'fermé les dimanches et jours fériés'.
laboral *adj* de travail.
laboratorio *m* laboratoire *m*; **~ fotográfico** labo *m* photo.
labrar *vt (tierra)* cultiver; *(madera, piedra)* travailler.
laca *f* laque *f*.
lacio, -cia *adj (cabello)* raide.
lacón *m épaule de porc salée*; **~ con grelos** *épaule de porc salée accompagnée de feuilles de navet*.
ladera *f* versant *m*.
lado *m* côté *m*; *(de disco, moneda)* face *f*; *(sitio)* endroit *m*; **al ~ de** à côté de; **de ~** de côté.
ladrar *vi* aboyer.
ladrillo *m* brique *f*.
ladrón, -ona *m, f (persona)* voleur *m* (-euse *f*). ◆ *m (enchufe)* prise *f* multiple.
lagartija *f* (petit) lézard *m*.
lagarto *m* lézard *m*.
lago *m* lac *m*.
lágrima *f* larme *f*.
laguna *f (de agua)* lagune *f*.
lamentar *vt* regretter.
lamer *vt* lécher.
lámina *f (de madera, metal etc)* lame *f*; *(estampa)* planche *f*.
lámpara *f* lampe *f*.
lampista *m* plombier *m*.
lana *f* laine *f*; *(Amér: fam)* fric *m*.
lancha *f* chaloupe *f*; ~

motora vedette *f*.

langosta *f (crustáceo)* langouste *f*; *(insecto)* sauterelle *f*.

langostino *m* grosse crevette *f*; **~s a la plancha** crevettes grillées; **~s al ajillo** crevettes à l'ail.

lanza *f* lance *f*.

lanzar *vt* lancer. ❑ **lanzarse** *vpr*: **~se a** *(mar, agua etc)* se jeter à; **~se sobre** *(precipitarse)* se précipiter sur.

lapa *f* patelle *f*.

lápiz (*pl* **-ces**) *m* crayon *m*; **~ de labios** rouge *m* à lèvres; **~ de ojos** crayon pour les yeux.

largo, -ga *adj* long (longue). ◆ *m* longueur *f*; **a la larga** à la longue; **a lo ~ de** *(playa, carretera etc)* le long de; *(en el transcurso de)* tout au long de; **de ~ recorrido** *(tren)* grandes lignes.

lástima *f (compasión)* peine *f*; *(disgusto, pena)* dommage *m*; **¡qué ~!** quel dommage!

lata *f (envase)* boîte *f* (de conserve); **ser una ~** *(fam: ser un aburrimiento)* être la barbe; *(fam: ser un estorbo)* être casse-pieds; **~ de conserva** boîte de conserve.

latido *m* battement *m* *(du cœur)*.

látigo *m* fouet *m*.

latín *m* latin *m*.

laurel *m* laurier *m*.

lava *f* lave *f*.

lavabo *m (cuarto de baño)* toilettes *fpl*; *(pila)* lavabo *m*.

lavadero *m* lavoir *m*.

lavado *m* lavage *m*; **~ automático** lavage automatique.

lavadora *f* lave-linge *m*.

lavanda *f* lavande *f*.

lavandería *f* blanchisserie *f*.

lavaplatos *m* lave-vaisselle *m*.

lavar *vt* laver; **~ la ropa** faire la lessive. ❑ **lavarse** *vpr* se laver.

lavavajillas *m inv (máquina)* lave-vaisselle *m inv*; *(detergente)* liquide *m* vaisselle.

laxante *m* laxatif *m*.

lazo *m* nœud *m*.

le (*pl* **les**) *pron (a él, ella)* lui; *(a usted, ustedes)* vous.

leal *adj* loyal(-e).

lección *f* leçon *f*.

lechal *adj* de lait *(agneau, cochon)*.

leche *f* lait *m*; **~ condensada**

lait concentré; ~ **desnatada** o **descremada** lait écrémé; ~ **frita** *dessert à base de lait, de Maïzena®*; ~ **limpiadora** lait démaquillant.

lecho *m* lit *m*.

lechuga *f* laitue *f*.

lechuza *f* chouette *f*.

lectura *f* lecture *f*.

leer *vt & vi* lire.

legal *adj* légal(-e).

legislación *f* législation *f*.

legítimo, -ma *adj (legal)* légitime; *(auténtico)* authentique.

legumbre *f* légume *m* sec.

lejía *f* eau *f* de Javel.

lejos *adv* loin; ~ **de** loin de; **a lo** ~ au loin; **de** ~ de loin.

lencería *f (ropa interior)* lingerie *f*; *(tienda)* boutique *f* de lingerie.

lengua *f* langue *f*.

lenguado *m* sole *f*; ~ **menier** sole meunière.

lenguaje *m* langage *m*.

lengüeta *f (de zapato)* languette *f*.

lente *m o f (en óptica)* lentille *f*. ❑ **lentes** *mpl (gafas)* lunettes *fpl*.

lenteja *f* lentille *f*; **~s estofadas** lentilles à l'étouffée.

lento, -ta *adj* lent(-e).

leña *f (para fuego)* bois *m (de chauffage)*.

leñador, -ra *m, f* bûcheron *m* (-onne *f*).

león, -ona *m, f* lion *m* (lionne *f*).

leopardo *m* léopard *m*.

leotardos *mpl* collant *m (épais)*.

lépero, -ra *adj (Amér) (grosero)* grossier(-ère); *(astuto)* rusé(-e).

lesbiana *f* lesbienne *f*.

lesión *f* lésion *f*.

letra *f (signo)* lettre *f*; *(de persona)* écriture *f*; *(de canción)* paroles *fpl*.

letrero *m* écriteau *m*.

levantar *vt (mano, brazo, prohibición)* lever; *(caja, peso, persona)* soulever; *(poner derecho)* relever; *(edificar)* élever. ❑ **levantarse** *vpr* se lever; *(sublevarse)* se soulever.

levante *m (este)* levant *m*; *(viento)* vent *m* d'est. ❑ **Levante** *m*: **el Levante** le Levant *(région d'Espagne)*.

ley *f* loi *f*.

leyenda *f* légende *f*.

liar *vt (atar)* lier; *(fam: complicar)* embrouiller. ❑ **liarse** *vpr (enredarse)* s'embrouiller.

libélula *f* libellule *f.*

libertad *f* liberté *f.*

libra *f* livre *f;* ~ **esterlina** livre sterling.

librar ❑ **librarse de** *v + prep (peligro)* échapper à; *(obligación)* se dispenser de.

libre *adj* libre; ~ **de** *(impuestos)* exonéré(-e); *(obligación)* dégagé(-e); **'libre'** *(taxi)* libre.

librería *f (establecimiento)* librairie *f; (mueble)* bibliothèque *f.*

librero *m (Amér)* bibliothèque *f.*

libreta *f* carnet *m.*

libro *m* livre *m;* ~ **de reclamaciones** livre des réclamations.

licencia *f* permission *f.*

licenciarse *vpr (en universidad) obtenir le diplôme de fin du second cycle de l'enseignement supérieur; (de servicio militar)* être libéré(-e).

licor *m* liqueur *f.*

licuadora *f* mixer *m.*

líder *mf* leader *m.*

lidia *f (de toro)* combat *m.*

liebre *f* lièvre *m.*

lienzo *m* toile *f.*

liga *f (para medias)* jarretière *f.*

ligar *vt* lier. ◆ *vi (fam)* draguer.

ligero, -ra *adj* léger(-ère); **a la ligera** à la légère.

light *adj (comida)* allégé(-e); *(bebida, cigarrillo)* light.

ligue *m (fam)* passade *f.*

liguero *m* porte-jarretelles *m.*

lija *f* papier *m* de verre.

lila *adj inv & f* lilas.

lima *f* lime *f;* ~ **para uñas** lime à ongles.

límite *m* limite *f.*

limón *m* citron *m.*

limonada *f* citronnade *f.*

limosna *f* aumône *f.*

limpiabotas *m inv* cireur *m* de chaussures.

limpiacristales *m inv (detergente)* produit *m* pour les vitres. ◆ *mf (persona)* laveur *m* (-euse *f*).

limpiaparabrisas *m inv* essuie-glace *m.*

limpiar *vt* nettoyer; ~ **la casa** faire le ménage.

limpieza *f (cualidad)* propreté *f*; *(acción)* nettoyage *m*; **hacer la ~** faire le ménage.

limpio, -pia *adj (sin suciedad)* propre; *(pulcro)* soigneux (-euse); *(puro)* pur(-e); *(dinero)* net (nette).

linaje *m* lignage *m*.

lindo, -da *adj* joli(-e); **de lo ~** *(mucho)* joliment.

línea *f* ligne *f*; *(hilera)* rangée *f*.

lingote *m* lingot *m*.

lino *m* lin *m*.

linterna *f* lampe *f* de poche.

lío *m (embrollo)* histoire *f*; **hacerse un ~** s'embrouiller; **meterse en un ~** se mettre dans une sale histoire.

lionesa *f* = profiterole *f*.

liquidación *f* liquidation *f*; **'~ total'** 'liquidation totale'.

líquido *m* liquide *m*.

lira *f (moneda)* lire *f*.

lirio *m* iris *m*.

liso, -sa *adj (superficie)* lisse; *(vestido, color)* uni(-e); *(pelo)* raide. ◆ *m, f (Amér)* effronté *m* (-e *f*).

lista *f* liste *f*; *(de tela)* bande *f*; **~ de correos** poste *f* restante; **~ de espera** liste d'attente; **~ de vinos** carte *f* des vins.

listín *m* répertoire *m*; **~ telefónico** annuaire *m* téléphonique.

listo, -ta *adj (inteligente)* intelligent(-e). ◆ *interj* ça y est!

lisura *f (Amér)* sans-gêne *m*.

litera *f (de tren, barco)* couchette *f*. ❑ **literas** *fpl (mueble)* lits *mpl* superposés.

literatura *f* littérature *f*.

litro *m* litre *m*.

llaga *f* plaie *f*.

llama *f (de fuego)* flamme *f*; *(animal)* lama *m*.

llamada *f* appel *m*; **~ a cobro revertido** appel en PCV; **~ interurbana** communication *f* interurbaine; **~ telefónica** appel téléphonique.

llamar *vt* appeler. ◆ *vi (a la puerta)* frapper; *(al timbre)* sonner; **~ por teléfono** téléphoner. ❑ **llamarse** *vpr* s'appeler.

llano, -na *adj (superficie, terreno)* plat(-e). ◆ *m* plaine *f*.

llanta *f* jante *f*; *(Amér)* pneu *m*.

llanura *f* plaine *f*.

llave *f* clef *f*; **~ de contacto** clef de contact; **~ de paso** robinet *m* d'arrêt; **~ inglesa** clef anglaise; **~ maestra** passe-partout *m*.

llegada *f* arrivée *f*. ❑ **llegadas** *fpl* arrivées *fpl*; **'~s internacionales'** arrivées internationales.

llegar *vi* arriver; *(ser suficiente)* suffire. ❑ **llegar a** *v + prep* atteindre; *(posición)* devenir. ❑ **llegar de** *v + prep* rentrer de.

llenar *vt* remplir. ❑ **llenarse** *vpr (lugar)* se remplir; *(hartarse)* se gaver. ❑ **llenarse de** *v + prep (cubrirse)* se couvrir de.

lleno, -na *adj* plein(-e).

llevar *vt* **1.** *(transportar)* transporter.

2. *(acompañar)* emmener.

3. *(prenda)* porter.

4. *(coche)* conduire.

5. *(conducir)*: **~ a alguien a** conduire qqn à.

6. *(ocuparse, dirigir)*: **lleva la contabilidad** il tient la comptabilité.

7. *(tener)* avoir; **~ el pelo largo** avoir les cheveux longs.

8. *(soportar)* supporter; **lleva mal la soledad** il supporte mal la solitude.

9. *(pasarse tiempo)*: **lleva tres semanas de viaje** cela fait trois semaines qu'il est en voyage.

10. *(ocupar tiempo)* prendre.

11. *(sobrepasar)*: **te llevo seis puntos** j'ai six points de plus que toi.

◆ *vi (conducir)* mener.

❑ **llevarse** *vpr* **1.** *(coger)* prendre.

2. *(premio)* remporter.

3. *(recibir)* avoir; **¡me llevé un susto!** j'ai eu une de ces peurs!

4. *(estar de moda)* se porter.

5. *(entenderse)*: **~se bien/mal (con)** s'entendre bien/mal (avec).

llorar *vi & vt* pleurer.

llover *v impers & vi* pleuvoir.

llovizna *f* bruine *f*.

lluvia *f* pluie *f*.

lo, la *(mpl* **los**, *fpl* **las**) *pron (a él, ellos)* le (la); *(a usted, a ustedes)* vous. ◆ *art*: **~ mejor** le mieux; **~ peor** le pire. ◆ *pron neutro*: **siento ~ de ayer** je regrette ce qui s'est passé hier.

lobo, -ba *m, f* loup *m* (louve *f*).

local *adj* local(-e). ◆ *m* local *m*.

localidad *f (pueblo, ciudad)* localité *f*; *(asiento, entrada)* place *f*.

localizar *vt* localiser. ❑ **localizarse** *vpr* être localisé(-e).

loción *f* lotion *f*; ~ **bronceadora** lait *m* solaire.

loco, -ca *adj & m, f* fou (folle); ~ **por** fou de; **volver ~ a alguien** rendre qqn fou.

locomotora *f* locomotive *f*.

locura *f* folie *f*.

locutor, -ra *m, f* présentateur *m* (-trice *f*).

locutorio *m*: ~ **(telefónico)** cabines *fpl* téléphoniques.

lodo *m* boue *f*.

lógica *f* logique *f*.

lógico, -ca *adj (razonable)* logique; *(natural)* normal(-e).

logrado, -da *adj* réussi(-e).

lograr *vt* obtenir.

lombriz (*pl* **-ces**) *f* ver *m* de terre.

lomo *m (de animal)* dos *m*; *(carne)* échine *f*; ~ **de cerdo** échine de porc; ~ **embuchado** rôti *m* de porc farci; ~ **ibérico** *gros saucisson d'échine de porc fumée*; **~s de merluza** filets *mpl* de colin.

lona *f* toile *f* de bâche.

loncha *f (de queso, embutido)* tranche *f*.

lonche *m (Amér)* déjeuner *m* léger.

Londres *s* Londres.

longaniza *f* saucisse *f*.

longitud *f* longueur *f*.

loro *m* perroquet *m*.

lote *m* lot *m*.

lotería *f* loterie *f*; ~ **primitiva** = loto *m*.

loza *f (material)* faïence *f*; *(vajilla)* vaisselle *f*.

ltda. *(abrev de limitada)* SARL *f*.

lubina *f* loup *m* de mer.

lubricante *m* lubrifiant *m*.

lucha *f* lutte *f*; ~ **libre** lutte libre.

luchar *vi* lutter.

luciérnaga *f* ver *m* luisant.

lucir *vt (valor, ingenio)* faire preuve de; *(llevar puesto)* porter. ◆ *vi (brillar)* briller; *(Amér: verse bien)* aller bien. ❑

lucirse *vpr (quedar bien)* briller; *(exhibirse)* se montrer.

lucro *m* gain *m*.

luego *adv (después)* ensuite; *(Amér: pronto)* tôt. ◆ *conj* donc; **desde ~** *(sin duda)* bien sûr; **luego, luego** *(Amér: inmediatamente después)* tout de suite.

lugar *m (sitio)* lieu *m*; *(posición)* place *f*; *(localidad)* endroit *m*; **tener ~** avoir lieu; **en ~ de** au lieu de.

lujo *m* luxe *m*; **de ~** de luxe.

lumbago *m* lumbago *m*.

luna *f* lune *f*; *(de vidrio)* glace *f*.

lunar *adj* lunaire. ◆ *m* grain *m* de beauté. ❑ **lunares** *mpl (estampado)* pois *mpl*.

lunes *m inv* lundi *m*, → **sábado**.

luneta *f (de coche)* lunette *f* arrière; **~ térmica** dégivreur *m*.

lupa *f* loupe *f*.

lustrabotas *m inv (Amér)* cireur *m* de chaussures.

lustrador *m (Amér)* cireur *m* de chaussures.

luto *m* deuil *m*.

luz (*pl* **-ces**) *f* lumière *f*; *(electricidad)* électricité *f*; **dar a ~** accoucher, mettre au monde. ❑ **luces** *fpl (de coche)* feux *mpl*.

M

m *(abrev de metro)* m.

macana *f (Amér) (garrote)* gourdin *m*; *(fig: disparate)* bêtise *f*.

macanudo *adj (Amér: fam)* super.

macarrones *mpl* macaronis *mpl*.

macedonia *f* macédoine *f*; **~ de frutas** salade *f* de fruits.

maceta *f* pot *m (de fleurs)*.

machacar *vt (aplastar)* piler.

machista *mf* machiste *mf*.

macho *adj* mâle; *(hombre)* macho. ◆ *m* mâle *m*.

macizo, -za *adj (sólido)* massif(-ive). ◆ *m* massif *m*.

macramé *m* macramé *m*.

macuto *m* sac *m* à dos.

madeja *f* pelote *f*.

madera *f* bois *m*; **de ~** en bois.

madrastra *f* belle-mère *f*

(marâtre).

madre *f* mère *f*; **¡~ mía!** mon Dieu!

madreselva *f* chèvrefeuille *m*.

Madrid *s* Madrid.

madriguera *f* tanière *f*.

madrileño, -ña *adj* madrilène.

madrina *f* marraine *f*.

madrugada *f (noche)* matin *m*; *(amanecer)* aube *f*.

madurar *vt & vi* mûrir.

madurez *f* maturité *f*; *(edad adulta)* âge *m* mûr.

maduro, -ra *adj* mûr(-e); *(proyecto, plan, idea)* mûrement réfléchi(-e).

maestro, -tra *m, f (de escuela)* maître *m* (maîtresse *f*).

mafia *f* mafia *f*.

magdalena *f* madeleine *f*.

magia *f* magie *f*.

mágico, -ca *adj* magique.

magnético, -ca *adj* magnétique.

magnífico, -ca *adj* magnifique.

magnolia *f* magnolia *m*.

mago, -ga *m, f (en espectáculo)* magicien *m* (-enne *f*); *(personaje fantástico)* enchanteur *m* (-eresse *f*).

magro, -gra *adj* maigre *(viande)*.

maguey *m (Amér)* agave *m*.

maíz *m* maïs *m*.

majo, -ja *adj (agradable)* gentil(-ille); *(bonito)* mignon (-onne).

mal *m* mal *m* ◆ *adv* mal. ◆ *adj* → **malo**; **el ~** le mal; **encontrarse ~** se sentir mal; **saber ~** avoir mauvais goût; **sentar ~** *(ropa)* aller mal; *(actitud)* ne pas plaire à; **ir de ~ en peor** aller de mal en pis.

malcriar *vt* gâter *(les enfants)*.

maldad *f* méchanceté *f*.

maldito, -ta *adj* maudit (-e).

malecón *m (muralla)* terre-plein *m*; *(rompeolas)* jetée *f*.

malentendido *m* malentendu *m*.

malestar *m (inquietud)* malaise *m*; *(dolor)* douleur *f*.

maleta *f* valise *f*.

maletero *m (de coche)* coffre *m*.

maletín *m* mallette *f*.

malgastar *vt* gaspiller.

malicia *f (maldad)* méchanceté *f; (astucia)* malice *f.*

malla *f (tejido)* maille *f.* ❑ **mallas** *fpl (prenda)* caleçon *m (de femme).*

Mallorca *s* Majorque.

malo, -la *(compar* **peor**, *superl* **el peor**) *adj* mauvais (-e); *(inclinado al mal)* méchant (-e); *(travieso)* vilain(-e); **estar ~** *(estar enfermo)* être malade; **por las malas** de force.

malograr *vt (Amér)* abîmer.

malpensado, -da *m, f*: **ser un ~** avoir l'esprit mal tourné.

maltratar *vt (persona)* maltraiter; *(objeto)* abîmer.

mamá *f (fam)* maman *f*; **~ grande** *(Amér)* grand-mère *f.*

mamadera *f (Amér) (biberón)* biberon *m; (tetilla)* tétine *f.*

mamar *vt & vi* téter.

mamey *m (Amér) (árbol)* sapotier *m; (fruto)* sapote *f.*

mamífero *m* mammifère *m.*

mamita *f (Amér)* maman *f.*

mampara *f (de ducha)* paredouche *m; (de habitación)* cloison *f.*

manada *f* troupeau *m.*

manantial *m* source *f.*

mancha *f* tache *f.*

manchar *vt* tacher.

manco, -ca *adj* manchot (-e).

mancuerna *f (Amér)* bouton *m* de manchette.

mandar *vt (ordenar)* ordonner; *(dirigir)* commander; *(enviar)* envoyer; **¡mande?** *(Amér)* pardon?

mandarina *f* mandarine *f.*

mandíbula *f* mâchoire *f.*

mando *m (autoridad)* commandement *m; (jefe)* cadre *m; (instrumento)* commande *f*; **~ a distancia** télécommande *f.*

manejar *vt (herramienta, aparato)* manier; *(dinero)* brasser; *(Amér)* conduire.

manera *f* manière *f*; **de cualquier ~** *(mal)* n'importe comment; *(de todos modos)* de toute façon; **de esta ~** comme ça; **de ~ que** de telle sorte que.

manga *f* manche *f.*

mango *m (asa)* manche *m; (fruto)* mangue *f; (árbol)* manguier *m.*

manguera *f* tuyau *m* d'arrosage.

maní *m (Amér)* cacahouète *f.*
manía *f* manie *f*; **cogerle ~ a alguien** prendre qqn en grippe.
manicomio *m* asile *m (d'aliénés).*
manicura *f* manucure *f*; **hacerse la ~** se faire les ongles.
manifestar *vt* manifester.
manillar *m* guidon *m*
maniobra *f* manœuvre *f.*
maniquí *m & mf* mannequin *m.*
manito *m (Amér: fam)* pote *m.*
manivela *f* manivelle *f.*
mano *f* main *f*; *(capa)* couche *f.* ◆ *m (Amér: fam)* pote *m*; **a ~** *(sin máquina)* à la main; *(cerca)* sous la main; **de segunda ~** d'occasion; **dar la ~ a alguien** serrer la main à qqn; **echar una ~ a alguien** donner un coup de main à qqn; **a ~ derecha/izquierda** à droite/gauche.
manopla *f* moufle *f.*
manosear *vt* tripoter.
mansión *f* demeure *f*, ≃ hôtel *m* particulier.
manso, -sa *adj (animal)* docile; *(persona)* paisible.
manta *f* couverture *f.*
manteca *f*: **~ de cacao** beurre de cacao.
mantecado *m (de Navidad) petit gâteau fait de pâte sablée au saindoux que l'on mange à Noël*; *(sorbete)* crème *f* glacée.
mantel *m* nappe *f.*
mantelería *f* linge *m* de table.
mantener *vt* maintenir; *(conservar)* conserver; *(sujetar)* soutenir; *(sustentar, tener)* entretenir; *(promesa, palabra)* tenir. ❑ **mantenerse** *vpr*: **~se (de** o **con)** vivre (de); **~se en pie** tenir debout; **~se joven** rester jeune.
mantequilla *f* beurre *m.*
mantilla *f* mantille *f.*
mantón *m* châle *m.*
manual *adj* manuel(-elle). ◆ *m* manuel *m.*
manzana *f (fruto)* pomme *f*; *(de casas)* pâté *m* de maisons; **~ al horno** pomme au four.
manzanilla *f (infusión)* camomille *f*; *(vino)* manzanilla *m.*
mañana *f* matin *m.* ◆ *m (futuro)* lendemain *m.* ◆ *adv*

(día siguiente) demain; **a las dos de la ~** à deux heures du matin; **por la ~** le matin; **~ por la ~** demain matin.

mañanitas *fpl (Amér) chant populaire mexicain à l'occasion d'un anniversaire.*

mapa *m* carte *f (plan)*.

maqueta *f* maquette *f*.

maquillaje *m* maquillage *m*.

máquina *f* machine *f*; *(locomotora)* locomotive *f*; *(Amér)* voiture *f*; **a ~** à la machine; **~ de afeitar** rasoir *m* électrique; **~ fotográfica** appareil *m* photo.

maquinilla *f* rasoir *m* (électrique).

mar *m o f* mer *f*.

maracas *fpl* maracas *fpl*.

maratón *m* marathon *m*.

maravilla *f (cosa extraordinaria)* merveille *f*; *(impresión)* émerveillement *m*.

marca *f* marque *f*; *(en deporte)* score *m*; **~ registrada** marque déposée.

marcador *m (panel)* tableau *m* d'affichage; *(rotulador)* marqueur *m*.

marcar *vt* marquer; *(número de teléfono)* composer; *(pelo)* faire un brushing.

marcha *f (partida)* départ *m*; *(de vehículo)* vitesse *f*; **poner en ~** mettre en marche.

marcharse *vpr* s'en aller.

marchitarse *vpr* se faner.

marco *m* cadre *m*; *(de puerta, ventana)* encadrement *m*.

marea *f* marée *f*; **~ negra** marée noire.

mareado, -da *adj*: **estar ~** avoir mal au cœur.

marejada *f* houle *f*.

marejadilla *f* houle *f* moyenne.

maremoto *m* raz *m* de marée.

mareo *m* mal *m* au cœur; *(en barco)* mal *m* de mer.

marfil *m* ivoire *m*.

margarina *f* margarine *f*.

margarita *f* marguerite *f*.

margen *m* marge *f*; *(de camino, río)* rive *f*.

marginado, -da *m, f* marginal *m* (-e *f*).

mariachis *mpl orchestre de musiciens mexicains.*

marido *m* mari *m*.

marihuana *f* marijuana *f*.

marina *f* marine *f*.

marinero, -ra *adj (pueblo)* de marins; **a la marinera** *(almejas, mejillones)* (à la) marinière.

marino *m* marin *m*.

marioneta *f* marionnette *f*. ❑ **marionetas** *fpl (teatro)* marionnettes *fpl*.

mariposa *f* papillon *m*.

mariquita *f* coccinelle *f*.

mariscada *f* = plateau *m* de fruits de mer.

marisco *m* fruits *mpl* de mer.

marisma *f* marais *m (du littoral)*.

mármol *m* marbre *m*.

marqués, -esa *m, f* marquis *m* (-e *f*).

marrano, -na *adj (sucio)* cochon(-onne). ◆ *m, f (cerdo)* cochon *m* (truie *f*).

marrón *adj* marron.

marroquí *adj* marocain(-e).

Marruecos *s* Maroc *m*.

martes *m inv* mardi *m*, → **sábado**.

martillo *m* marteau *m*.

mártir *mf* martyr *m* (-e *f*).

marzo *m* mars *m*, → **setiembre**.

más *adv* 1. *(gen)* plus; ~ **de/que** plus de/que; **de** ~ de o en trop; **el/la** ~ le/la plus.
2. *(en frases negativas)*: **no quiero** ~ je n'en veux plus.
3. *(con pron interrogativo o indefinido)*: **¿quién/qué ~?** qui/quoi d'autre?; **no vino nadie ~** personne d'autre n'est venu.
4. *(indica intensidad)*: **¡qué día ~ bonito!** quelle belle journée!; **¡es ~ tonto!** qu'est-ce qu'il est bête!
5. *(indica preferencia)* mieux.
6. *(en locuciones)*: **dijo poco ~ al respecto** il n'a pas dit grand-chose à ce sujet; **~ o menos** plus ou moins; **por ~ que lo intente no lo conseguirá** il aura beau essayer, il n'y arrivera pas; **¿qué ~ da?** qu'est-ce que ça peut faire?
◆ *m inv (en matemáticas)* plus *m*; **tuvo sus ~ y sus menos** il y a eu des hauts et des bas.

masa *f* masse *f*, *(de pan, bizcocho)* pâte *f*; *(Amér)* petit gâteau *m*.

masaje *m* massage *m*.

mascar *vt* mâcher.

máscara *f* masque *m*.

mascarilla *f* masque *m*.

mascota *f* mascotte *f*.

masticar *vt* mastiquer.

mástil *m* mât *m*.

matadero *m* abattoir *m*.

matador *m* matador *m*.

matambre *m (Amér)* plat *m* de côtes.

matamoscas *m inv* papier *m* tue-mouches.

matanza *f (de personas, animales)* tuerie *f*; *(de cerdo)* abattage *m*.

matar *vt* tuer; *(brillo, color)* ternir. ❑ **matarse** *vpr* se tuer.

matarratas *m inv (insecticida)* mort-aux-rats *f*.

matasellos *m inv* cachet *m*.

mate *adj* mat(-e). ◆ *m (planta, infusión)* maté *m*.

matemáticas *fpl* mathématiques *fpl*.

materia *f* matière *f*; ~ **prima** matière première.

material *adj (de materia)* matériel(-elle). ◆ *m (componente)* matériau *m*.

maternidad *f* maternité *f*.

materno, -na *adj* maternel(-elle).

matinal *adj* matinal(-e).

matiz (*pl* **-ces**) *m* nuance *f*.

matizar *vt* nuancer.

matorral *m (lugar)* fourré *m*; *(arbusto)* buisson *m*.

matrícula *f (documento)* certificat *m* d'inscription; *(de vehículo)* immatriculation *f*.

matrimonio *m (pareja)* couple *m*; *(ceremonia)* mariage *m*.

maullido *m* miaulement *m*.

máxima *f (temperatura)* température *f* maximale.

máximo, -ma *adj* maximal(-e). ◆ *m* maximum *m*; **como** ~ au maximum.

maya *adj* maya.

mayo *m* mai *m*, → **setiembre**.

mayonesa *f* mayonnaise *f*.

mayor *adj (en edad)* plus âgé(-e); *(en tamaño)* plus grand(-e); *(en importancia, calidad)* supérieur(-e). ◆ *mf*: **el/la** ~ *(en edad)* le plus âgé/la plus âgée; *(en tamaño, importancia)* le plus grand/la plus grande; **al por** ~ en gros; **la** ~ **parte** la majorité; ~ **de edad** majeur(-e).

mayoreo *m (Amér)* vente *f* en gros.

mayoría *f* majorité *f*.

mayúscula *f* majuscule *f*.

mazapán *m* massepain *m*.

mazo *m (de madera)* maillet *m*; *(de cartas)* paquet *m*.

me *pron* me; *(en imperativo)* moi, me.

mecánica *f* mécanique *f*.

mecanismo *m* mécanisme *m*.

mecedora *f* fauteuil *m* à bascule.

mecer *vt* bercer.

mecha *f* mèche *f*; *(de tocino)* lardon *m*.

mechero *m* briquet *m*.

mechón *m* mèche *f*.

medalla *f* médaille *f*.

medallón *m* médaillon *m*; **medallones de rape** médaillons de lotte; **medallones de solomillo** tournedos *mpl*.

media *f (calcetín)* chaussette *f*. ❑ **medias** *fpl* bas *mpl*.

mediado, -da *adj*: **a ~s de** vers le milieu de.

mediano, -na *adj* moyen (-enne).

medianoche *f* minuit *m*.

mediante *prep* grâce à.

mediar *vi (transcurrir)* s'écouler; *(interceder)* intercéder.

medicamento *m* médicament *m*.

medicina *f* médecine *f*; *(medicamento)* médicament *m*.

médico, -ca *m, f* médecin *m*; **~ de guardia** médecin de garde.

medida *f* mesure *f*; **tomar ~s** prendre des mesures; **~s de seguridad** mesures de sécurité; **a ~ que** au fur et à mesure que.

medieval *adj* médiéval(-e).

medio, -dia *adj* moyen (-enne); *(a la mitad)* demi(-e). ◆ *m* milieu *m*; *(mitad)* moitié *f*; *(manera, modo)* moyen *m*. ◆ *adv (no del todo)* à moitié; **~ ambiente** environnement *m*; **media hora** demi-heure *f*; **~ kilo (de)** une livre (de); **media pensión** demi-pension *f*. ❑ **medios** *mpl* moyens *mpl*.

mediocre *adj* médiocre.

mediodía *m* midi *m*.

medir *vt* mesurer.

meditar *vt & vi* méditer.

mediterráneo, -a *adj* méditerranéen(-enne). ❑ **Mediterráneo** *m*: **el (mar) Mediterráneo** la (mer) Méditerranée.

médium *mf inv* médium *mf*.

medusa *f* méduse *f*.

megáfono *m* haut-parleur *m*.

mejilla *f* joue *f*.

mejillón *m* moule *f*; **mejillones a la marinera** moules (à la) marinière.

mejor *adj* meilleur(-e). ◆ *adv* mieux. ◆ *interj* tant mieux!; **a lo ~** peut-être.

mejora *f* amélioration *f*.

mejorar *vt* améliorer; *(superar)* être meilleur(-e). ◆ *vi (enfermo)* aller mieux; *(tiempo, clima)* s'améliorer.

mejoría *f* amélioration *f*.

melancolía *f* mélancolie *f*.

melena *f (de persona)* longue chevelure *f*; *(de león)* crinière *f*.

mellizo, -za *adj* jumeau (-elle). ❑ **mellizos** *mpl* jumeaux *mpl*.

melocotón *m* pêche *f*; **~ en almíbar** pêche au sirop.

melodía *f* mélodie *f*.

melodrama *m* mélodrame *m*.

melón *m* melon *m*; **~ con jamón** melon et jambon de pays.

membrillo *m* coing *m*.

memoria *f* mémoire *f*; *(recuerdo)* souvenir *m*; **de ~** par cœur. ❑ **memorias** *mpl* Mémoires *mpl*.

menaje *m (de cocina)* ustensiles *mpl*.

mención *f* mention *f*.

mencionar *vt* mentionner.

mendigo, -ga *m, f* mendiant *m* (-e *f*).

menestra *f*: **~ de verduras** jardinière *f* de légumes.

menor *adj (en edad)* plus jeune; *(en tamaño)* plus petit(-e); *(en importancia)* inférieur(-e); *(en calidad)* mineur(-e). ◆ *mf (persona)* mineur *m* (-e *f*); **el/la ~** *(en edad)* le/la plus jeune; *(en tamaño)* le plus petit/la plus petite; *(en importancia)* le/la moindre; **~ de edad** mineur *m* (-e *f*).

Menorca *s* Minorque.

menos *adv* **1.** *(comparativo)*: **~ de/que** moins de/que; **de ~** en moins.

2. *(superlativo)*: **el/la/lo ~** le/la/le moins.

3. *(en matemáticas, horas)* moins; **son las cuatro ~ diez** il est quatre heures moins dix.

4. *(excepto)* sauf; **acudieron todos ~ él** ils sont tous venus sauf lui.

5. *(en locuciones)*: **a ~ que** à moins que; **al/por lo ~** au moins; **un poco ~** un peu moins; **¡~ mal!** heureusement!

menosprecio *m* mépris *m*.

mensaje *m* message *m*.

mensajero, **-ra** *m, f (de paquetes, cartas)* coursier *m* (-ère *f*); *(de comunicados)* messager *m* (-ère *f*).

menstruación *f* menstruation *f*.

menta *f* menthe *f*; **a la ~** à la menthe.

mente *f* esprit *m*.

mentir *vi* mentir.

mentira *f* mensonge *m*.

menú *m* menu *m*; **~ de degustación** menu dégustation; **~ del día** menu du jour.

menudeo *m (Amér)* vente *f* au détail.

menudo, **-da** *adj (persona)* menu(-e); *(objeto, cosa)* petit(-e); **a ~** souvent.

meñique *m* petit doigt *m*.

mercadillo *m* marché *m*.

mercado *m* marché *m*.

mercancía *f* marchandise *f*.

mercería *f* mercerie *f*.

merecer *vt* mériter. ❑ **merecerse** *vpr* mériter.

merendero *m* buvette *f*.

merengue *m* meringue *f*.

meridional *adj* méridional (-e).

merienda *f (de media tarde)* goûter *m*; *(para excursión)* pique-nique *m*.

mérito *m* mérite *m*.

merluza *f* colin *m*; **~ a la plancha** colin grillé; **~ a la romana** colin à la romaine; **~ a la vasca** colin en sauce avec un œuf poché.

mermelada *f* confiture *f*.

mero *m* mérou *m*; **~ a la plancha** mérou grillé.

mes *m* mois *m*; **en el ~ de** au mois de.

mesa *f* table *f*; **poner/quitar la ~** mettre/débarrasser la table.

mesero, **-ra** *m, f (Amér)* serveur *m* (-euse *f*).

meseta *f* plateau *m (relief)*.

mesilla *f*: **~ de noche** table *f* de nuit.

mesón *m* auberge *f*.

mestizo, **-za** *m, f* métis *m* (-isse *f*).

meta *f* but *m*; *(de carrera)* ligne *f* d'arrivée.

metal *m* métal *m*.

metálico, -ca *adj* métallique. ◆ *m (dinero)* liquide *m*; **en ~** en liquide.

meteorología *f* météorologie *f*.

meter *vt* 1. *(introducir)* mettre.

2. *(hacer participar)*: **me ha metido en la asociación** il m'a fait entrer dans l'association.

3. *(causar)*: **~ miedo a alguien** faire peur à qqn.

4. *(en locuciones)*: **~ la pata** *(fam)* faire une gaffe.

❑ **meterse** *vpr* 1. *(entrar)* entrer.

2. *(estar)*: **¿dónde se ha metido?** où est-il passé?

3. *(en locuciones)*: **~se en** *(entrometerse)* se mêler de; *(mezclarse con)* être mêlé(-e).

❑ **meterse con** *v + prep*: **~se con alguien** *(atacar, molestar)* s'en prendre à qqn.

método *m* méthode *f*.

metro *m* mètre *m*; *(transporte)* métro *m*.

metrópoli *f* métropole *f*.

mexicano, -na *adj* mexicain(-e).

México *s* Mexique *m*.

mezclar *vt* mélanger; *(en negocio, asunto)* mêler. ❑ **mezclarse en** *v + prep (asunto)* se mêler de.

mezquino, -na *adj* mesquin(-e).

mezquita *f* mosquée *f*.

mg *(abrev de miligramo)* mg.

mi (*pl* **mis**) *adj* mon (ma); **~s libros** mes livres.

mí *pron* moi; **¡a ~ qué!** et alors!; **por ~ …** en ce qui me concerne …

mico *m* ouistiti *m*.

microbio *m* microbe *m*.

micrófono *m* microphone *m*.

microondas *m inv* micro-ondes *m inv*.

miedo *m* peur *f*; **tener ~ de** avoir peur de.

miel *f* miel *m*.

miembro *m* membre *m*.

mientras *conj (hasta que)* tant que; *(a la vez)* pendant que; **~ que** alors que; **~ (tanto)** pendant ce temps.

miércoles *m inv* mercredi *m*, → **sábado**.

mierda *f* merde *f*.

miga *f (de pan)* mie *f*; *(trocito*

pequeño) miette *f.* ◻ **migas** *fpl (guiso) pain émietté, imbibé de lait et frit.*

migaja *f* miette *f.*

mil *núm* mille, → **seis**.

milagro *m* miracle *m*; **de ~** par miracle.

milanesa *f*: **a la ~** à la milanaise.

milenio *m* millénaire *m.*

milésimo, -ma *adj* millième.

mili *f (fam)* service *m* (militaire).

miligramo *m* milligramme *m.*

mililitro *m* millilitre *m.*

milímetro *m* millimètre *m.*

milla *f (en tierra)* mile *m*; *(en mar)* mille *m* (marin).

millar *m* millier *m.*

millón *núm* million *m*, → **seis**.

mimado, -da *adj* gâté(-e).

mímica *f*: **expresarse con ~** s'exprimer par gestes.

mimosa *f* mimosa *m.*

min *(abrev de minuto)* min.

mina *f* mine *f.*

mineral *adj* minéral(-e) ◆ *m (sustancia)* minerai *m.*

minero, -ra *m, f* mineur *m.*

miniatura *f* miniature *f.*

minifalda *f* minijupe *f.*

mínimo, -ma *adj* minime. ◆ *m* minimum *m*; **como ~** au minimum.

ministerio *m* ministère *m.*

minoría *f* minorité *f.*

minucioso, -sa *adj* minutieux(-euse).

minúscula *f* minuscule *f.*

minusválido, -da *m, f* handicapé *m* (-e *f*).

minutero *m* aiguille *f* des minutes.

minuto *m* minute *f.*

mío, mía *adj* à moi. ◆ *pron*: **el ~/la mía** le mien/la mienne.

miopía *f* myopie *f.*

mirada *f* regard *m.*

mirador *m (lugar)* belvédère *m*; *(balcón cerrado)* bow-window *m.*

mirar *vt* regarder; *(vigilar)* faire attention à.

mirilla *f* judas *m (de porte).*

mirlo *m* merle *m.*

mirón, -ona *m, f* curieux *m* (-euse *f*).

misa *f* messe *f*; **~ del gallo** messe de minuit.

miseria *f* misère *f.*

misericordia *f* miséricorde *f*.

misil *m* missile *m*.

misión *f* mission *f*.

mismo, -ma *adj* même. ◆ *pron* même; **el ~** le même; **la misma** la même; **ahora ~** tout de suite; **lo ~ (que)** la même chose (que); **me da lo ~** ça m'est égal.

misterio *m* mystère *m*.

mitad *f (parte)* moitié *f*; *(centro, medio)* milieu *m*.

mitin *m* meeting *m*.

mito *m* mythe *m*.

mitote *m (Amér: fam)* grabuge *m*; **armar un ~** ficher la pagaille.

mixto, -ta *adj* mixte. ◆ *m sandwich de pain de mie au jambon et au fromage*.

ml *(abrev de mililitro)* ml.

mm *(abrev de milímetro)* mm.

mobiliario *m* mobilier *m*.

mocasín *m* mocassin *m*.

mochila *f* sac *m* à dos.

mocho *m* balai *m* espagnol.

mochuelo *m* hibou *m*.

moco *m* morve *f*.

moda *f* mode *f*; **a la ~** à la mode; **estar de ~** être à la mode.

modelo *m* modèle *m*. ◆ *mf (de artista)* modèle *m*; *(de moda)* mannequin *m*.

modernismo *m (arte)* art *m* nouveau.

moderno, -na *adj* moderne.

modestia *f* modestie *f*.

modificar *vt* modifier.

modisto, -ta *m, f* grand couturier *m*.

modo *m* façon *f*; **de ~ que** alors; **de ningún ~** en aucune façon; **de todos ~s** de toute façon; **en cierto ~** d'une certaine façon.

moflete *m* bonne joue *f*.

moho *m* moisissure *f*.

mojar *vt* mouiller; *(pan)* tremper. ❑ **mojarse** *vpr* se mouiller.

molde *m* moule *m*.

moldeado *m* mise *f* en plis.

moldear *vt (fundir)* mouler; *(dar forma)* modeler; **~ el pelo** faire une mise en plis.

mole *m (Amér) sauce épicée à base de tomates, d'ail, d'épices et parfois de chocolat qui accompagne le poulet ou le riz*.

molestar *vt (incordiar)* déranger; *(disgustar)* ennuyer.

❏ **molestarse** *vpr (enfadarse, ofenderse)* se vexer; *(darse trabajo)* se déranger.

molestia *f (fastidio)* gêne *f*; *(dolor)* douleur *f* légère.

molino *m* moulin *m*.

molusco *m* mollusque *m*.

momento *m* moment *m*; **hace un ~** il y a un moment; **de ~, por el ~** pour le moment; **al ~** à l'instant; **de un ~ a otro** d'un moment à l'autre; **¡un ~!** un instant!

momia *f* momie *f*.

mona: **mona de Pascua** *f gâteau vendu à Pâques,* → **mono**.

monada *f*: **es una ~** *(persona)* elle est mignonne; *(cosa)* c'est mignon.

monaguillo *m* enfant *m* de chœur.

monarca *m* monarque *m*.

monasterio *m* monastère *m*.

Moncloa *f*: **la ~** *siège de la présidence du gouvernement espagnol.*

moneda *f* pièce *f* (de monnaie); **~ de duro** pièce de cinq pesetas.

monedero *m* porte-monnaie *m*.

monitor, -ra *m, f* moniteur *m* (-trice *f*).

monja *f* religieuse *f*.

monje *m* moine *m*.

mono, -na *adj* mignon (-onne). ◆ *m, f* singe *m* (guenon *f*). ◆ *m (traje)* bleu *m* de travail.

monopatín *m* planche *f* à roulettes.

monopolio *m* monopole *m*.

monótono, -na *adj* monotone.

monstruo *m* monstre *m*.

montacargas *m inv* monte-charge *m*.

montaje *m (de máquina, película)* montage *m*; *(de espectáculo)* mise *f* en scène; *(estafa)* coup *m* monté.

montaña *f* montagne *f*; **~ rusa** montagnes russes.

montar *vt* monter; *(nata)* fouetter. ◆ *vi* monter; **~ a caballo** monter à cheval; **~ en bicicleta** faire du vélo.

monte *m* montagne *f*.

montera *f (de torero)* toque *f*.

montón *m* tas *m*.

montura *f* monture *f*.

monumento *m* monument *m*.

moño *m* chignon *m*.

moqueta *f* moquette *f*.

mora *f* mûre *f*, → **moro**.

morado, **-da** *adj* violet(-ette). ◆ *m (color)* violet *m*; *(herida)* bleu *m*.

moral *adj* moral(-e). ◆ *f (principios, conducta)* morale *f*; *(ánimo)* moral *m*.

moralista *mf* moraliste *mf*.

morcilla *f* boudin *m* (noir).

morder *vt* mordre.

mordida *f (Amér: fam)* bakchich *m*.

mordisco *m (acto, herida)* morsure *f*; *(trozo)* bouchée *f*.

moreno, **-na** *adj (por el sol)* bronzé(-e); *(piel, pelo)* brun(-e).

morir *vi* mourir.

moro, **-ra** *adj (despec)* arabe.

morocho, **-cha** *adj (Amér) (fam: robusto)* costaud(-e); *(moreno)* brun(-e).

morralla *f (Amér)* petite monnaie *f*.

morro *m (de animal)* museau *m*.

morsa *f* morse *m (animal)*.

mortadela *f* mortadelle *f*.

mortal *adj* mortel(-elle).

mosaico *m* mosaïque *f*.

mosca *f* mouche *f*.

moscatel *m* muscat *m (vin doux)*.

mosquito *m* moustique *m*.

mostaza *f* moutarde *f*.

mostrador *m* comptoir *m*; **'~ de facturación'** 'enregistrement' *(dans les aéroports)*.

mostrar *vt* montrer.

motel *m* motel *m*.

motivar *vt* motiver.

motivo *m* motif *m*; **con ~ de** *(a causa de)* en raison de; *(para celebrar)* à l'occasion de.

moto *f* moto *f*; **~ acuática** scooter *m* des mers.

motocicleta *f* motocyclette *f*.

motor *m* moteur *m*.

motora *f* bateau *m* à moteur.

mountain bike *f* VTT *m*.

mousse *f* mousse *f*; **~ de chocolate/de limón** mousse au chocolat/au citron.

mover *vt* déplacer; *(hacer funcionar)* faire marcher. ❑ **moverse** *vpr (desplazarse)* bouger.

movida *f (fam)* ambiance *f*

movido, -da *adj (día)* chargé(-e); *(niño)* remuant (-e).

mozo, -za *m, f* jeune homme *m* (jeune fille *f*). ◆ *m (de estación)* porteur *m*; *(camarero)* serveur *m*.

mucamo, -ma *m, f (Amér)* domestique *mf*.

muchachada *f (Amér)* bande *f* d'enfants.

muchacho, -cha *m, f* garçon *m* (fille *f*).

muchedumbre *f* foule *f*.

mucho, -cha *adj* beaucoup de. ◆ *adv* beaucoup; *(indica frecuencia)* souvent. ◆ *pron*: **~s piensan que ...** beaucoup de gens pensent que ...; **~ gusto** *(saludo)* enchanté(-e); **¡con ~ gusto!** avec plaisir!; **ni ~ menos** loin de là; **por ~ que lo intente** il a beau essayer; **~ ruido** beaucoup de bruit.

mudar *vi*: **~ de piel/plumas** muer. ❑ **mudarse** *vpr (de casa)* déménager; *(de ropa)* se changer.

mudéjar *adj* mudéjar(-e). ◆ *m* mudéjar *m*.

mudo, -da *adj & m, f* muet(-ette).

mueble *m* meuble *m*.

mueca *f* grimace *f*.

muela *f* dent *f*; *(diente molar)* molaire *f*.

muelle *m* ressort *m*; *(de puerto)* quai *m*.

muerte *f* mort *f*.

muerto, -ta *adj & m, f* mort(-e); **~ de** mort de.

muestra *f (de mercancía)* échantillon *m*; *(de cariño, simpatía)* marque *f*; *(exposición)* exposition *f*; *(de cansancio)* signe *m*.

mugido *m* mugissement *m*.

mujer *f* femme *f*.

mulato, -ta *m, f* mulâtre *mf*.

muleta *f* béquille *f*; *(de torero)* muleta *f*.

mulo, -la *m, f* mulet *m* (mule *f*).

multa *f* amende *f*.

multicine *m* cinéma *m* multisalles.

múltiple *adj* multiple.

multiplicación *f* multiplication *f*.

multitud *f* multitude *f*.

mundial *adj* mondial(-e).

mundo *m* monde *m*; **todo el ~** tout le monde.

munición *f* munition *f*.
municipio *m (territorio)* commune *f*; *(organismo)* municipalité *f*.
muñeca *f (de la mano)* poignet *m*.
muñeco, **-ca** *m, f* poupée *f*.
muñeira *f danse populaire de Galice*.
mural *m* peinture *f* murale.
muralla *f* muraille *f*.
murciélago *m* chauve-souris *f*.
músculo *m* muscle *m*.
museo *m* musée *m*.
musgo *m* mousse *f*.
música *f* musique *f*.
muslo *m* cuisse *f*; ~ **de pollo** cuisse de poulet.
musulmán, **-ana** *adj & m, f* musulman(-e).
mutilado, **-da** *m, f* mutilé *m* (-e *f*).
mutua *f* mutuelle *f*.
muy *adv* très.

N

n° *(abrev de número)* n°.
nabo *m* navet *m*.
nacer *vi* naître; *(arroyo, río)* prendre sa source.
nación *f* nation *f*.
nacionalidad *f* nationalité *f*.
nada *pron* rien. ◆ *adv (en absoluto)* pas du tout; **de ~** de rien; **no quiero ~ más** je ne veux rien d'autre.
nadar *vi* nager.
nadie *pron* personne; **no llamó ~** personne n'a appelé; **~ me lo dijo** personne ne me l'a dit.
nailon® ['nailon] *m* Nylon® *m*.
naipe *m* carte *f (à jouer)*.
nalga *f* fesse *f*.
nana *f* berceuse *f*.
naranja *f, adj inv & m* orange; **~ exprimida** orange *f* pressée.
nariz (*pl* **-ces**) *f* nez *m*.
narración *f* narration *f*.
nata *f* crème *f*; **~ montada** crème fouettée.

natación *f* natation *f*.

natillas *fpl* crème *f* *(entremets)*.

natural *adj* naturel(-elle); **~ de** originaire de.

naturaleza *f* nature *f*; **por ~** par nature.

naufragar *vi* faire naufrage.

náuseas *fpl* nausées *fpl*; **tener ~s** avoir des nausées.

náutico, **-ca** *adj* nautique.

navaja *f* couteau *m* *(à lame pliante)*.

nave *f (barco)* vaisseau *m*; *(de iglesia)* nef *f*.

navegar *vi* naviguer.

Navidad *s* Noël *m*; **¡Feliz ~!** joyeux Noël! ❑ **Navidades** *fpl (vacaciones)* vacances *fpl* de Noël; *(fiestas)* fêtes *fpl* de Noël.

nazareno *m* pénitent *m*.

neblina *f* brume *f*.

necedad *f* sottise *f*.

neceser *m* nécessaire *m (de toilette)*.

necesidad *f* besoin *m*; **de primera ~** de première nécessité. ❑ **necesidades** *fpl*: **hacer sus ~es** faire ses besoins.

necesitar *vt* avoir besoin de.

necio, **-cia** *adj* idiot(-e).

nécora *f* étrille *f*.

negación *f* négation *f*.

negado, **-da** *adj* inepte

negar *vt (desmentir)* nier; *(denegar)* refuser. ❑ **negarse** *vpr* refuser; **~se a** refuser de.

negativa *f* refus *m*.

negociar *vt* négocier. ◆ *vi (comerciar)* faire du commerce.

negocio *m* affaire *f*; *(local)* commerce *m*.

negro, **-gra** *adj* noir(-e); *(fig)* sombre. ◆ *m (color)* noir *m*.

nene, **-na** *m, f (fam)* bébé *m*.

nervio *m* nerf *m*. ❑ **nervios** *mpl* nerfs *mpl*.

nervioso, **-sa** *adj* nerveux(-euse); *(irritado)* énervé(-e).

neto, **-ta** *adj* net (nette).

neumático *m* pneu *m*.

neurosis *f* névrose *f*.

neutro, **-tra** *adj* neutre.

nevada *f* chute *f* de neige.

nevar *v impers* neiger.

nevera *f* réfrigérateur *m*.

ni *conj* ni; **no es alto ~ bajo** il n'est ni grand ni petit; **~ ...**

~ ni … ni; **~ mañana ~ pasado** ni demain ni après-demain; **no me quedaré ~ un minuto más** je ne resterai pas une minute de plus; **~ siquiera lo ha probado** il n'y a même pas goûté. ◆ *adv* même pas; **está tan atareado que ~ come** il est tellement occupé qu'il ne mange même pas.

Nicaragua *s* Nicaragua *m*.

nicaragüense *adj* nicaraguayen(-enne).

nido *m* nid *m*.

niebla *f* brouillard *m*.

nieto, -ta *m, f* petit-fils *m* (petite-fille *f*).

nieve *f* neige *f*.

NIF *m (abrev de número de identificación fiscal) numéro d'identification attribué à toute personne physique en Espagne*.

ningún *adj* → **ninguno**.

ninguno, -na *adj & pron* aucun(-e); **en ninguna parte** nulle part; **ningún libro** aucun livre.

niña *f (del ojo)* pupille *f*, → **niño**.

niñera *f* nourrice *f*.

niño, -ña *m, f* petit garçon *m* (petite fille *f*).

níquel *m* nickel *m*.

níspero *m (árbol)* néflier *m*; *(fruto)* nèfle *f*.

nítido, -da *adj* net (nette).

nitrógeno *m* azote *m*.

nivel *m* niveau *m*; **al ~ de** au niveau de; **~ de vida** niveau de vie.

no *adv* non; **¡cómo ~!** bien sûr!; **¡eso sí que ~!** certainement pas!

noble *adj & mf* noble.

noche *f* nuit *f*; *(atardecer)* soir; **por la ~** la nuit, le soir; **de la ~** du soir; **esta ~ no ceno en casa** ce soir je ne dîne pas à la maison; **de ~** la nuit; **es de ~** il fait nuit; **ayer por la ~** hier soir.

Nochebuena *f* nuit *f* de Noël.

nochero *m (Amér) (vigilante nocturno)* veilleur *m* de nuit; *(trasnochador)* noctambule *mf*; *(mesita de noche)* table *f* de nuit.

Nochevieja *f* nuit *f* de la Saint-Sylvestre.

noción *f* notion *f*. ❑ **nociones** *fpl*: **tener nociones de …** avoir des notions de …

nocturno, -na *adj* nocturne.

nogal *m* noyer *m*.
nómada *mf* nomade *mf*.
nombrar *vt* nommer.
nombre *m* nom *m*; **~ de pila** nom de baptême; **¿~ y apellidos?** nom, prénom?; **en ~ de** au nom de.
nomeolvides *m* myosotis *m*.
nopal *m (Amér)* nopal *m*.
noria *f (para agua)* noria *f*; *(de feria)* grande roue *f*.
norma *f (reglamento)* règle *f*; *(de industria)* norme *f*.
normal *adj* normal(-e).
noroeste *m* nord-ouest *m*.
norte *m* nord *m*.
nos *pron* nous.
nosotros, -tras *pron* nous; **entre ~** entre nous.
nostalgia *f* nostalgie *f*.
nota *f* note *f*; **tomar ~** prendre note.
notable *adj* remarquable.
notar *vt (darse cuenta de)* remarquer; *(sentir)* sentir.
notario, -ria *m, f* notaire *m*.
noticia *f* nouvelle *f*. ❑ **noticias** *fpl (telediario)* informations *fpl*.
novatada *f* bizutage *m*.
novato, -ta *m, f* novice *mf*.
novecientos, -tas *núm* neuf cents, → **seis**.
novedad *f* nouveauté *f*; **'~es'** *(en tienda)* 'nouveautés'.
novela *f* roman *m*; **~ de aventuras** roman d'aventures; **~ policíaca** roman policier; **~ rosa** roman à l'eau de rose.
noveno, -na *núm* neuvième, → **sexto**.
noventa *núm* quatre-vingt-dix, → **seis**.
noviazgo *m (relaciones)* fiançailles *fpl*.
noviembre *m* novembre *m*, → **setiembre**.
novillada *f* course de jeunes taureaux.
novillo, -lla *m, f* jeune taureau *m* (génisse *f*).
novio, -via *m, f (prometido)* fiancé *m* (-e *f*); *(compañero)* copain *m* (copine *f*). ❑ **novios** *mpl (recién casados)* jeunes mariés *mpl*.
nubarrón *m* gros nuage *m*.
nube *f* nuage *m*.
nubosidad *f* nébulosité *f*.
nuca *f* nuque *f*.
nuclear *adj* nucléaire.
núcleo *m* noyau *m*.

nudillos *mpl* jointures *fpl (des doigts)*.

nudista *mf* nudiste *mf*.

nudo *m* nœud *m*.

nuera *f* belle-fille *f*.

nuestro, **-tra** *adj* notre. ◆ *pron*: **el ~** le nôtre; **la nuestra** la nôtre.

nueve *núm* neuf, → **seis**.

nuevo, **-va** *adj* nouveau (-elle); *(poco usado)* neuf (neuve); **de ~** de O à nouveau.

nuez (*pl* **-ces**) *f* noix *f*; *(del cuello)* pomme *f* d'Adam.

nulo, **-la** *adj* nul (nulle).

núm. *(abrev de número)* n°.

numerado, **-da** *adj* numéroté(-e).

número *m* numéro *m*; *(cifra, cantidad)* nombre *m*; *(ropa)* taille *f*; *(zapatos)* pointure *f*; **~ de teléfono** numéro de téléphone.

numeroso, **-sa** *adj* nombreux(-euse).

nunca *adv* jamais; **no llama ~** il n'appelle jamais; **~ jamás** O **más** jamais plus.

nupcias *fpl* noces *fpl*.

nutria *f* loutre *f*.

nutrición *f* nutrition *f*.

nutritivo, **-va** *adj* nutritif (-ive).

ñandú *m* nandou *m*.

ñato, **-ta** *adj* *(Amér)* aplati(-e).

ñoñería *f* niaiserie *f*.

ñoño, **-ña** *adj* *(remilgado)* cucul; *(quejica)* geignard(-e).

ñoqui *m* gnocchi *m*.

ñudo: **al ñudo** *adv* *(Amér)* pour rien.

o *conj* ou; **~ sea** autrement dit.

oasis *m inv* oasis *f*.

obedecer *vt* obéir à. ❑ **obedecer a** *v + prep* obéir à.

obeso, **-sa** *adj* obèse.

obispo *m* évêque *m*.

objetivo, **-va** *adj* objectif(-ive). ◆ *m* objectif *m*.

objeto *m* objet *m*; **con ~ de** dans le but de; **'~s perdidos'** 'objets trouvés'.

obligar *vt* obliger. ❑ **obligarse a** *v + prep (comprometerse a)* s'obliger à; *(moral-*

mente) s'engager à

obra *f* œuvre *f*; *(edificio en construcción)* chantier *m*; **~ de teatro** pièce de théâtre. ❑ **obras** *fpl (reformas)* travaux *mpl*.

obrero, **-ra** *m, f* ouvrier *m* (-ère *f*).

obsequio *m* cadeau *m*.

observar *vt* observer. ◆ *vi (comentar)* remarquer.

observatorio *m* observatoire *m*.

obsesionar *vt* obséder. ❑ **obsesionarse** *vpr*: **~se con** être obsédé(-e).

obstáculo *m* obstacle *m*.

obstante: **no obstante** *conj* néanmoins.

obstruir *vt* obstruer; *(dificultar)* empêcher. ❑ **obstruirse** *vpr* se boucher.

obtener *vt* obtenir.

obvio, **-via** *adj* évident(-e).

oca *f* oie *f*; *(juego)* jeu *m* de l'oie.

ocasión *f* occasion *f*; **de ~** d'occasion.

occidente *m* occident *m*.

océano *m* océan *m*.

ochenta *núm* quatre-vingts, → **seis**.

ocho *núm* huit, → **seis**.

ochocientos, **-tas** *núm* huit cents, → **seis**.

ocio *m* loisirs *mpl*.

ocre *adj inv* ocre.

octavo, **-va** *núm* huitième, → **sexto**.

octubre *m* octobre *m*, → **setiembre**.

oculista *mf* oculiste *mf*.

ocultar *vt* cacher.

oculto, **-ta** *adj* caché(-e).

ocupado, **-da** *adj* occupé (-e); **'ocupado'** *(taxi)* 'occupé'.

ocupar *vt* occuper; *(dar empleo)* employer. ❑ **ocuparse de** *v + prep* s'occuper de.

ocurrir *vi* arriver. ❑ **ocurrirse** *vpr*: **no se me ocurre ninguna solución** je ne vois aucune solution.

odiar *vt* haïr.

odio *m* haine *f*.

oeste *m* ouest *m*.

oferta *f* offre *f*; *(rebaja)* promotion *f*.

oficina *f* bureau *m*; **~ de correos** bureau de poste; **~ de objetos perdidos** bureau des objets trouvés; **~ de turismo** office *m* du tourisme.

oficio *m* métier *m*.

ofrecer *vt* offrir. ❑ **ofrecerse** *vpr*: **~se a hacer algo** s'offrir à faire qqch.

ogro *m* ogre *m*.

oído *m (sentido)* ouïe *f*; *(órgano)* oreille *f*; **al ~** à l'oreille.

oír *vt* entendre; *(atender)* écouter; **¡oiga!** allô!

ojal *m* boutonnière *f*.

ojalá *interj*: **¡~ lo haga!** pourvu qu'il le fasse!

ojeras *fpl* cernes *mpl*.

ojo *m* œil *m*; *(de aguja)* chas *m*; *(de cerradura)* trou *m*. ◆ *interj (expresa advertencia)* attention!

okupa *mf (fam)* squatter *m*.

ola *f* vague *f*; *(de enfermedad)* épidémie *f*.

ole *interj* olé!

oleaje *m* houle *f*.

óleo *m* huile *f*.

oler *vt & vi* sentir; **~ bien/mal** sentir bon/mauvais.

olfato *m* odorat *m*; *(astucia)* flair *m*.

oliva *f* olive *f*.

olivo *m* olivier *m*.

olla *f* marmite *f*.

olor *m* odeur *f*; **~ a** odeur de.

olvidar *vt* oublier. ❑ **olvidarse de** *v + prep*: **~se de hacer algo** oublier de faire qqch.

ombligo *m* nombril *m*.

once *núm* onze, → **seis**.

ONCE *f association espagnole d'aide aux aveugles et aux handicapés, qui organise une loterie.*

onda *f* onde *f*; *(de pelo, tela)* ondulation *f*.

ONU *f* ONU *f*.

opción *f* choix *m*; **tener ~ a** *(tener derecho a)* avoir droit à.

ópera *f* opéra *m*.

operación *f* opération *f*; **~ retorno/salida** opération retours/grands départs.

operador, -ra *m, f (de teléfonos)* opérateur *m* (-trice *f*).

operar *vt* opérer.

opinar *vt* penser. ◆ *vi* donner son opinion.

opinión *f* opinion *f*; **la ~ pública** l'opinion publique.

oponer *vt* opposer. ❑ **oponerse** *vpr* s'opposer. ❑ **oponerse a** *v + prep* s'opposer à.

oportunidad *f* occasion *f*; **'~es'** 'bonnes affaires'.

oposición *f* opposition *f*;

(resistencia) résistance *f*.

oprimir *vt (apretar)* appuyer sur; *(reprimir)* opprimer.

optar: **optar a** *v + prep (aspirar a)* aspirer à. ❑ **optar por** *v + prep* opter pour.

óptica *f (ciencia)* optique *f*; *(establecimiento)* opticien *m*.

optimismo *m* optimisme *m*.

opuesto, **-ta** *adj* opposé (-e); **~ a** opposé à.

oración *f (rezo)* prière *f*.

orador, **-ra** *m, f* orateur *m* (-trice *f*).

oral *adj* oral(-e).

órale *interj (Amér) (ánimo)* allez!; *(consentimiento)* d'accord!

orca *f* orque *f*.

orden[1] *m* ordre *m*; **en ~** en ordre.

orden[2] *f* ordre *m*.

ordenador *m* ordinateur *m*.

ordenar *vt* ordonner; *(habitación, armario)* ranger.

ordeñar *vt* traire.

ordinario, **-ria** *adj (habitual)* ordinaire; *(basto, grosero)* grossier(-ère).

orégano *m* origan *m*.

oreja *f* oreille *f*.

organización *f* organisation *f*; *(conjunto de personas)* organisateurs *mpl*.

órgano *m (de ser vivo)* organe *m*; *(instrumento musical)* orgue *m*.

orgullo *m (vanidad)* orgueil *m*; *(satisfacción)* fierté *f*.

oriental *adj* oriental(-e).

orientar *vt* orienter.

oriente *m* est *m*.

orificio *m* orifice *m*.

origen *m* origine *f*.

original *adj (único, extraño)* original(-e); *(inicial)* originel (-elle).

orilla *f (de río, lago)* rive *f*; *(de mar)* rivage *m*; *(de camino, tela)* bord *m*; *(de bosque)* lisière *f*.

orillarse *vpr (Amér)* s'écarter.

orina *f* urine *f*.

orinal *m* pot *m* de chambre.

oro *m* or *m*.

orquesta *f* orchestre *m*; *(lugar)* fosse *f* d'orchestre.

orquídea *f* orchidée *f*.

ortiga *f* ortie *f*.

ortodoxo, **-xa** *adj* orthodoxe.

oruga *f* chenille *f*.

os *pron* vous.

oscilar *vi* osciller; ~ **entre** osciller entre.

oscuro, **-ra** *adj* sombre; *(color)* foncé(-e); *(confuso)* obscur(-e); **a oscuras** dans le noir.

oso, **osa** *m, f* ours *m* (ourse *f*); ~ **hormiguero** fourmilier *m*.

ossobuco *m* osso-buco *m inv*.

ostra *f* huître *f*.

OTAN *f* OTAN *f*.

otoño *m* automne *m*.

otorrino, **-na** *m, f (fam)* oto-rhino *mf*.

otro, **otra** *adj* autre. ◆ *pron* un autre (une autre); **el** ~, la otra l'autre; **el** ~ **día** l'autre jour; **dame** ~ donne-m'en un autre; ~**s prefieren la playa** d'autres préfèrent la plage.

ovalado, **-da** *adj* ovale.

ovario *m* ovaire *m*.

oveja *f* brebis *f*.

ovni ['ofni] *m* ovni *m*.

óxido *m (en química)* oxyde *m*; *(de metales)* rouille *f*.

oxígeno *m* oxygène *m*.

ozono *m* ozone *m*.

P

p. *(abrev de página)* p.

pabellón *m* pavillon *m*; *(tienda de campaña)* tente *f*.

pacer *vi* paître.

pachamama *f (Amér)* terre *f* (nourricière).

pacharán *m liqueur à base d'airelles*.

paciencia *f* patience *f*.

paciente *adj* & *mf* patient(-e).

pacífico, **-ca** *adj* pacifique. ❑ **Pacífico** *m*: **el Pacífico** le Pacifique.

pack *m* pack *m*.

pacto *m* pacte *m*.

padecer *vt (enfermedad)* souffrir de; *(soportar)* subir. ◆ *vi* souffrir; ~ **de** souffrir de.

padrastro *m (pariente)* beau-père *m (second mari de la mère)*.

padre *m* père *m*. ◆ *adj (Amér: fam)* super; **estar** ~ *(Amér: fam)* être super. ❑ **padres** *mpl* parents *mpl*.

padrino *m (de boda)* témoin *m*; *(de bautizo)* parrain *m*. ❑

padrinos *mpl* parrains *mpl*.

padrísimo *adj (Amér: fam)* génial(-e).

padrote *m (Amér: fam)* maquereau *m*.

paella *f* paella *f*.

pág. *(abrev de página)* p.

pagar *vt* payer. ◆ *vi* payer; **'pague en caja antes de retirar su vehículo'** 'payez à la caisse avant de reprendre votre véhicule'.

página *f* page *f*.

paila *f (Amér) (sartén)* poêle *f*; *(charco pequeño) bassin naturel dans une rivière*.

país *m* pays *m*.

paisaje *m* paysage *m*.

País Vasco *m*: **el ~** le Pays basque.

paja *f* paille *f*; *(fig: relleno)* remplissage *m*.

pajarita *f* nœud *m* papillon.

pájaro *m* oiseau *m*.

paje *m* page *m*.

pala *f* pelle *f*; *(raqueta)* raquette *f*; *(de remo, hacha)* pale *f*.

palabra *f* parole *f*; **de ~** *(hablando)* de vive voix. ❑ **palabras** *fpl (palabrería)* discours *m*.

palacio *m* palais *m*; **~ municipal** *(Amér)* hôtel *m* de ville.

paladar *m* palais *m*.

paladear *vt* savourer.

palanca *f* levier *m*; **~ de cambios** levier (de changement) de vitesse.

palangana *f* bassine *f*.

palco *m* loge *f (de théâtre)*.

paletilla *f (omóplato)* omoplate *f*; **~ de cordero** épaule *f* d'agneau.

pálido, -da *adj* pâle.

palillo *m (para dientes)* curedents *m inv*.

paliza *f* raclée *f*; *(fam: rollo)* plaie *f*; **el viaje ha sido una ~** le voyage a été crevant.

palma *f (de mano)* paume *f*. ❑ **palmas** *fpl (aplausos)* applaudissements *mpl*; **dar ~s** frapper dans ses mains *(au rythme de la musique)*.

palmada *f* tape *f*; **dar ~s** frapper dans ses mains.

palmera *f* palmier *m*.

palmitos *mpl* cœurs *mpl* de palmier.

palo *m* bâton *m*; *(en naipes)* couleur *f*.

paloma *f* pigeon *m*.

palomitas *fpl* pop-corn *m inv*.

palpitar *vi* palpiter.

palta *f (Amér)* avocat *m (fruit)*.

pamela *f* capeline *f*.

pampa *f* pampa *f*.

pan *m* pain *m*; **~ dulce** *(Amér)* viennoiserie *f*; **~ de molde** pain de mie; **~ de muerto** *(Amér) sorte de grand pain au lait que l'on mange à la Toussaint*; **~ rallado** chapelure *f*; **~ con tomate** *tranche de pain frottée d'ail et de tomate et arrosée d'huile d'olive*; **~ tostado** pain grillé.

panadería *f* boulangerie *f*.

panal *m (de colmena)* rayon *m*.

Panamá *s* Panamá *m*.

panameño, -ña *adj* panaméen(-enne).

pancarta *f* pancarte *f*.

pandereta *f* tambour *m* de basque.

panecillo *m* petit pain *m*.

panel *m* panneau *m*.

pánico *m* panique *f*.

panorama *m (paisaje)* panorama *m*; *(situación)* situation *f*.

pantaletas *fpl (Amér)* culotte *f*.

pantalla *f (de cine, televisión)* écran *m*; *(de lámpara)* abat-jour *m*.

pantalones *mpl* pantalon *m*; **~ cortos** culottes *fpl* courtes.

pantano *m (embalse)* retenue *f* d'eau; *(ciénaga)* marais *m*.

pantimedias *fpl (Amér)* collants *mpl*.

pantys *mpl* collant *m*.

pañal *m* couche *f* (culotte).

paño *m (trapo)* chiffon *m*; *(tejido)* drap *m*.

pañuelo *m (para limpiarse)* mouchoir *m*; *(de adorno)* foulard *m*.

Papa *m*: **el ~** le pape.

papá *m (fam)* papa *m*; **~ grande** *(Amér)* grand-père *m*. ❑ **papás** *mpl (fam)* parents *mpl*.

papachador, -ra *adj (Amér)* caressant(-e).

papachar *vt (Amér)* cajoler.

papagayo *m* perroquet *m*.

papalote *m (Amér)* cerf-volant *m*.

papel *m* papier *m*; *(de actor,*

función) rôle *m*; **~ higiénico** papier toilette; **~ pintado** papier peint. ❑ **papeles** *mpl (documentos)* papiers *mpl*.

papeleo *m* paperasserie *f*.

papelera *f* corbeille *f* à papier; *(fábrica)* papeterie *f*.

paperas *fpl* oreillons *mpl*.

papilla *f (alimento)* bouillie *f*.

paquete *m* paquet *m*.

par *adj* pair(-e). ◆ *m* paire *f*; **abierto de ~ en ~** grand ouvert; **sin ~** hors pair; **un ~ de ...** quelques ...

para *prep* 1. *(gen)* pour; **este agua no es buena ~ beber** cette eau n'est pas bonne à boire; **lo he comprado ~ ti** je l'ai acheté pour toi; **está muy espabilado ~ su edad** il est très éveillé pour son âge.

2. *(dirección)*: **vete ~ casa** rentre à la maison.

3. *(tiempo)*: **lo tendré acabado ~ mañana** je l'aurai fini (d'ici) demain.

4. *(inminencia, propósito)*: **la comida está lista ~ servir** le repas est prêt à être servi.

parabólica *f* antenne *f* parabolique.

parabrisas *m inv* pare-brise *m inv*.

paracaídas *m inv* parachute *m*.

parachoques *m inv* pare-chocs *m inv*.

parada *f* arrêt *m*; **~ de autobús** arrêt d'autobus; **~ de taxis** station *f* de taxis, → **parado**.

parado, -da *adj (coche, máquina etc)* arrêté(-e); *(desempleado)* au chômage; *(tímido)* indolent(-e). ◆ *m, f* chômeur *m* (-euse *f*).

paradoja *f* paradoxe *m*.

parador *m (mesón)* relais *m*; **~ nacional** *monument historique ou bâtiment situé dans un site remarquable et aménagé en hôtel*.

paraguas *m inv* parapluie *m*.

Paraguay *s* Paraguay *m*.

paraguayo, -ya *adj* paraguayen(-enne).

paraíso *m* paradis *m*.

paraje *m* contrée *f*.

paralelo, -la *adj & m* parallèle.

parálisis *f inv* paralysie *f*.

parapente *m* parapente *m*.

parar *vt* arrêter. ◆ *vi (detenerse)* s'arrêter; *(Amér: levantar)* lever; **'para en todas las**

estaciones' s'arrête dans toutes les gares; **sin ~** sans arrêt.

pararrayos *m inv* paratonnerre *m*.

parasol *m* parasol *m*.

parchís *m inv* ≃ petits chevaux *mpl*.

parcial *adj* partiel(-elle).

parecer *m (opinión)* avis *m*. ◆ *v copulativo (tener aspecto de)* avoir l'air. ◆ *v impers* sembler; **pareces cansado** tu as l'air fatigué. ❑ **parecerse** *vpr* se ressembler; **~se a** ressembler à.

parecido, -da *adj*: **~ (a)** *(semejante (a))* semblable (à). ◆ *m* ressemblance *f*.

pared *f* mur *m*.

pareja *f (par)* paire *f*; *(de casados, novios)* couple *m*; *(compañero)* partenaire *mf*.

parentesco *m (en familia)* lien *m* de parenté; *(conexión)* parenté *f*.

paréntesis *m inv* parenthèse *f*.

pariente, -ta *m, f* parent *m* (-e *f*).

parking ['parkin] *m* parking *m*.

parlamento *m* parlement *m*.

paro *m (desempleo)* chômage *m*; *(parada)* arrêt *m*.

parpadear *vi* cligner des yeux.

párpado *m* paupière *f*.

parque *m* parc *m*; **~ acuático** parc aquatique; **~ de atracciones** parc d'attractions; **~ infantil** terrain *m* de jeux; **~ nacional** parc national.

parqué *m* parquet *m*.

parquear *vt (Amér)* garer.

parquímetro *m* parcmètre *m*.

parra *f* treille *f*.

párrafo *m* paragraphe *m*.

parrilla *f* gril *m*; *(Amér: baca del coche)* galerie *f*; **a la ~** au gril.

parrillada *f* grillade *f*; **~ de carne** *assortiment de viandes grillées*; **~ de pescado** *assortiment de poissons grillés*.

parroquia *f* paroisse *f*.

parte *f* partie *f*; *(sitio)* part *f*; *(lado, cara)* côté *m*. ◆ *m* rapport *m*; **¿de ~ de quién?** c'est de la part de qui?; **en otra ~** autre part; **en ~** en partie; **en**

○ **por todas ~s** partout; **por otra ~** d'autre part.

participación *f (colaboración)* participation *f*; *(de boda, bautizo etc)* faire-part *m*; *(en lotería)* billet *m*.

participar *vi* participer; **~ en** participer à.

partícula *f* particule *f*.

particular *adj* particulier; *(privado)* privé(-e).

partida *f (en el juego)* partie *f*; *(marcha)* départ *m*; *(certificado)* acte *m*.

partidario, -ria *m, f* partisan *m*; **~ de** partisan de.

partido *m (en política)* parti *m*; *(en deporte)* match *m*.

partir *vt (dividir)* partager; *(romper)* casser; *(cortar)* couper; **a ~ de** à partir de. ❑ **partir de** *v + prep (tomar como base)* partir de.

partitura *f* partition *f*.

parto *m* accouchement *m*.

parvulario *m* école *f* maternelle.

pasa *f* raisin *m* sec.

pasada *f*: **de ~** *(de paso)* en passant.

pasado, -da *adj (semana, mes etc)* dernier(-ère); *(fruta)* blet (blette). ◆ *m* passé *m*; **~ de moda** démodé(-e); **~ mañana** après-demain.

pasaje *m (de avión, barco)* billet *m*; *(calle, parte)* passage *m*; **'~ particular'** 'passage privé'.

pasajero, -ra *adj & m, f* passager(-ère); **'~s sin equipaje'** 'passagers sans bagages'.

pasaporte *m* passeport *m*.

pasar *vt* **1.** *(gen)* passer; **¿me pasas la sal?** tu me passes le sel?; **me has pasado el catarro** tu m'as passé ton rhume; **pasó dos años en Roma** il a passé deux ans à Rome; **~ una película** passer un film; **no pases el semáforo en rojo** ne passe pas au rouge.

2. *(admitir)* tolérer; **no podemos ~ esta actitud** nous ne pouvons tolérer cette attitude.

3. *(rebasar, adelantar)* dépasser.

4. *(padecer)*: **está pasando una depresión** elle fait une dépression.

5. *(aprobar)* réussir; **ya he pasado el examen** j'ai réussi l'examen.

6. *(en locuciones)*: **~ lista** faire l'appel; **~ visita** examiner (les malades).

◆ *vi* 1. *(ir)* passer; **déjame más sitio que no paso** fais-moi de la place, je ne peux pas passer; **pasaré por mi oficina/por tu casa** je passerai à mon bureau/chez toi; **el tiempo pasa muy deprisa** le temps passe très vite; **pasó por mi lado** il est passé à côté de moi; **me ha visto pero ha pasado de largo** il m'a vu mais est passé sans s'arrêter; **~ a** *(cambiar de acción, tema)* passer à.

2. *(entrar)* entrer; **'no pasar'** 'entrée interdite'; **¡pase!** entrez!

3. *(suceder)* se passer, arriver; **¿qué te pasa?** qu'est-ce qui t'arrive?; **pase lo que pase** quoi qu'il arrive.

4. *(divertirse)*: **~lo bien** bien s'amuser.

5. *(fam: prescindir)*: **paso de ir al cine** je n'ai aucune envie d'aller au cinéma.

6. *(tolerar)*: **~ por algo** supporter qqch.

❑ **pasarse** *vpr* 1. *(gen)* passer.

2. *(comida)* se gâter.

3. *(olvidarse)*: **se me pasó decírtelo** j'ai oublié de te le dire.

4. *(no fijarse)*: **no se le pasa nada** rien ne lui échappe.

pasarela *f (de barco)* passerelle *f*; *(para modelos)* podium *m*.

pasatiempo *m* passe-temps *m*.

Pascua *f (fiesta cristiana)* Pâques *m*; *(fiesta judía)* Pâque *f*. ❑ **Pascuas** *fpl (Navidad)* Noël *m*.

pase *m (permiso)* laissez-passer *m*; *(en corrida de toros)* passe *f*.

pasear *vt* promener. ◆ *vi* se promener.

paseíllo *m tour d'honneur du torero et de ses assistants avant de commencer à toréer.*

paseo *m* promenade *f*.

pasillo *m* couloir *m*.

pasión *f* passion *f*.

pasivo, -va *adj* passif(-ive).

paso *m* pas *m*; *(acción de pasar, camino)* passage *m*; **de ~** au passage; **a dos ~s** à deux pas; **~ de cebra** passage clouté; **~ a nivel** passage à niveau; **~ de peatones** passage (pour) piétons; **~ subterráneo** passage souterrain.

pasodoble *m* paso doble *m inv*.

pasta *f (macarrones, espaguetti etc)* pâtes *fpl*; *(para pastelería)* pâte *f*; *(pastelillo)* petit gâteau *m* sec; ~ **de dientes** dentifrice *m*.

pastel *m (tarta)* gâteau *m*.

pastelería *f* pâtisserie *f*.

pastilla *f (medicamento)* pilule *f*; ~ **de jabón** savonnette *f*.

pastor, **-ra** *m, f* berger *m* (-ère *f*). ◆ *m (sacerdote)* pasteur *m*.

pata *f* patte *f*; *(de mueble)* pied *m*. ◆ *m (Amér)* pote *m*; **meter la** ~ *(fam)* faire une gaffe; ~ **negra** *jambon de pays de qualité supérieure*, → **pato**.

patada *f* coup *m* de pied.

patata *f* pomme de terre *f*; *(de bolsa)* chips *fpl*, ~**s fritas** frites *fpl*.

paté *m* pâté *m*.

paterno, **-na** *adj* paternel (-elle).

patilla *f (de barba)* favori *m*; *(de gafas)* branche *f*.

patín *m* patin *m*; *(juguete)* trottinette *f*; ~ **de pedales** pédalo *m*; ~ **de vela** catamaran *m*.

patinaje *m* patinage *m*.

patinar *vi* patiner; *(fam: equivocarse)* gaffer.

patinete *m* trottinette *f*.

patio *m (de casa)* cour *f*; *(de escuela)* cour *f* (de récréation); ~ **de butacas** orchestre *m (au théâtre)*.

pato, **-ta** *m, f* canard *m* (cane *f*); ~ **a la naranja** canard à l'orange; ~ **confitado** confit *m* de canard.

patoso, **-sa** *adj* pataud(-e).

patria *f* patrie *f*.

patriota *mf* patriote *mf*.

patrocinador, **-ra** *m, f* sponsor *m*.

patrón, **-ona** *m, f* patron *m* (-onne *f*).

patrulla *f* patrouille *f*; ~ **urbana** îlotiers *mpl*.

pausa *f* pause *f*.

pauta *f* règle *f*.

pavimento *m* revêtement *m*.

pavo, **-va** *m, f* dindon *m* (dinde *f*); ~ **real** paon *m*.

payaso, **-sa** *m, f* clown *m*.

paz (*pl* **-ces**) *f* paix *f*; **dejar en** ~ laisser tranquille; **hacer las paces** faire la paix.

PC *m (abrev de personal computer)* PC *m*.

peaje *m* péage *m*.

peatón *m* piéton *m* (-onne *f*).

peca *f* tache *f* de rousseur.

pecado *m* péché *m*.

pecar *vi* pécher.

pecera *f* aquarium *m*.

pecho *m* *(en anatomía)* poitrine *f*; *(de animal)* poitrail *m*; *(mama)* sein *m*; **el ~** les seins.

pechuga *f (de ave)* blanc *m*.

pedagogía *f* pédagogie *f*.

pedal *m* pédale *f*.

pedante *adj* pédant(-e).

pedazo *m* morceau *m*.

pedestal *m* piédestal *m*.

pediatra *mf* pédiatre *mf*.

pedido *m* commande *f*.

pedir *vt* demander; *(en restaurante, bar)* commander. ◆ *vi (mendigar)* mendier; **~ disculpas** faire des excuses.

pedo *m* pet *m*.

pedrisco *m* grêle *f*.

pega *f (inconveniente)* difficulté *f*; *(pegamento)* colle *f*.

pegamento *m* colle *f*.

pegar *vt (adherir, arrimar)* coller; *(golpear)* frapper; *(contagiar)* passer. ◆ *vi (sol)* taper; **~ con algo** *(armonizar)* aller avec qqch. ❑ **pegarse** *vpr (chocar)* se cogner; *(adherirse)* coller; *(pelearse)* se battre; *(a una persona)* coller.

peinar *vt* peigner. ❑ **peinarse** *vpr* se coiffer.

peine *m* peigne *m*.

peineta *f* peigne *m (de mantille)*.

p.ej. *(abrev de por ejemplo)* p. ex.

peladilla *f* dragée *f*.

pelar *vt (patatas)* éplucher; *(fruta)* peler; *(ave)* plumer; *(pelo)* tondre. ❑ **pelarse** *vpr*: **~se de frío** peler de froid.

peldaño *m* marche *f (d'escalier)*.

pelea *f* bagarre *f*.

pelear *vi* se battre. ❑ **pelearse** *vpr* se disputer.

peletería *f* fourreur *m*.

pelícano *m* pélican *m*.

película *f (en cine)* film *m*; *(piel)* pellicule *f*.

peligro *m* danger *m*.

pelirrojo, -ja *adj* roux (rousse).

pellejo *m* peau *f*.

pellizco *m* pincement *m*.

pelo *m* poil *m*; *(de persona)* cheveux *mpl*; **tomar el ~ a alguien** *(fam)* se payer la tête de qqn; ~ **rizado** cheveux frisés.

pelota *f (balón)* ballon *m*; *(pequeña)* balle *f*.

pelotón *m (de gente)* foule *f*; *(de soldados)* peloton *m*.

pelotudo, -da *adj (Amér: fam)* crétin(-e).

peluca *f* perruque *f*.

peludo, -da *adj* poilu(-e).

peluquería *f (local)* salon *m* de coiffure; *(oficio)* coiffure *f*.

pena *f* peine *f*; *(Amér: vergüenza)* honte *f*; **valer la ~** valoir la peine; **¡qué ~!** quel dommage!

penalti *m* penalty *m*.

pendiente *adj (por hacer)* en suspens. ◆ *m (adorno)* boucle *f* d'oreille. ◆ *f (cuesta)* pente *f*.

pene *m* pénis *m*.

penetrar: **penetrar en** *v + prep* pénétrer dans; *(perforar)* pénétrer.

penicilina *f* pénicilline *f*.

península *f* péninsule *f*.

penitencia *f* pénitence *f*.

penoso, -sa *adj (lamentable)* affligeant(-e); *(dificultoso)* pénible; *(Amér: vergonzoso)* honteux(-euse).

pensar *vt (meditar)* penser à; *(opinar, tener la intención de)* penser; *(idear)* réfléchir à. ◆ *vi* penser; ~ **en** penser à; ~ **sobre** réfléchir sur.

pensión *f (casa de huéspedes)* pension *f*; *(paga)* retraite *f*; **media ~** demi-pension *f*; ~ **completa** pension complète.

peña *f (piedra)* rocher *m*; *(de amigos)* bande *f*; *(asociación)* club *m*.

peñasco *m* rocher *m*.

peón *m (obrero)* manœuvre *m*.

peonza *f* toupie *f*.

peor *adj*: ~ **(que)** pire (que). ◆ *adv*: **es todavía ~** c'est encore pire.
◆ *mf*: **el/la ~** le/la pire.

pepino *m* concombre *m*.

pepita *f (de fruta)* pépin *m*; *(de metal)* pépite *f*.

pepito *m (de carne) petit sandwich chaud à la viande*.

pequeño, -ña *adj* petit(-e).

pera *f* poire *f*.

percebe *m* pouce-pied *m*.

percha *f* cintre *m*.

perchero *m* portemanteau *m*.

percibir *vt* percevoir.

perder *vt* perdre; *(tren, opor-*

tunidad) rater. ♦ *vi*: **echarse a ~** *(fam)* s'abîmer.

perdigón *m* plomb *m (de chasse)*.

perdiz (*pl* **-ces**) *f* perdrix *f*.

perdón *m* pardon *m*. ♦ *interj* pardon!

perdonar *vt (obligación, castigo)* faire grâce (de); *(ofensa)* pardonner.

peregrinación *f* pèlerinage *m*.

perejil *m* persil *m*.

pereza *f* paresse *f*; **me da ~ salir** je n'ai pas envie de sortir.

perfectamente *adv* parfaitement.

perfecto, -ta *adj* parfait (-e).

perfil *m* profil *m*; **de ~** de profil.

perforación *f* perforation *f*.

perfume *m* parfum *m*.

perfumería *f* parfumerie *f*; **'~-cosmética'** 'parfums et produits de beauté'.

pérgola *f* pergola *f*.

periferia *f* périphérie *f*.

periódico, -ca *adj* périodique. ♦ *m* journal *m*.

periodista *mf* journaliste *mf*.

periodo *m (espacio de tiempo)* période *f*; *(menstruación)* règles *fpl*.

periquito *m* perruche *f*.

peritaje *m* expertise *f*.

perito, -ta *m, f (experto)* expert *m*.

perjudicar *vt* nuire à.

perjuicio *m (material)* dégât *m*; *(moral)* préjudice *m*.

perla *f* perle *f*; **ir de ~s** tomber à point nommé.

permanecer *vi* rester; **~ en** rester à.

permanente *adj* permanent(-e). ♦ *f* permanente *f*.

permiso *m* permission *f*; **~ de conducir** permis *m* de conduire.

pero *conj* mais.

perpendicular *adj* & *f* perpendiculaire; **~ a** perpendiculaire à.

perrito *m*: **~ caliente** hot dog *m*.

perro, -rra *m, f* chien *m* (chienne *f*).

perseguir *vt (seguir)* poursuivre; *(querer lograr)* rechercher.

persiana *f* persienne *f*.

persona *f* personne *f*.

personaje *m* personnage *m*.

personal *adj* personnel (-elle). ◆ *m (empleados)* personnel *m*; **'sólo ~ autorizado'** 'réservé aux personnes autorisées'.

personalidad *f* personnalité *f*.

perspectiva *f* perspective *f*; *(punto de vista)* point *m* de vue.

pertenecer *vi* appartenir.

pertenencias *fpl* biens *mpl*.

pértiga *f* perche *f*.

Perú *m*: **(el) ~** (le) Pérou.

peruano, -na *adj* péruvien(-enne).

pesa *f* poids *m*. ❑ **pesas** *fpl (en gimnasia)* haltères *mpl*.

pesadilla *f* cauchemar *m*.

pesado, -da *adj* lourd(-e); *(agotador)* pénible; *(aburrido)* ennuyeux(-euse).

pésame *m*: **dar el ~** présenter ses condoléances.

pesar *m* chagrin *m*. ◆ *vi* & *vt* peser; **a ~ de** malgré.

pesca *f* pêche *f*.

pescadería *f* poissonnerie *f*.

pescadilla *f* merlan *m*.

pescadito *m*: **~ frito** petite friture *f*.

pescado *m* poisson *m*.

pescar *vt* pêcher; *(fam: pillar)* attraper.

pesebre *m (establo)* mangeoire *f*; *(belén)* crèche *f*.

pesero *m (Amér)* minibus *m (pour le transport en commun)*.

peseta *f* peseta *f*.

pesimista *adj* pessimiste.

pésimo, -ma *adj* très mauvais(-e).

peso *m* poids *m*; *(moneda)* peso *m*.

pestañas *fpl* cils *mpl*.

peste *f* puanteur *f*; *(enfermedad)* peste *f*.

pestillo *m* verrou *m*.

pétalo *m* pétale *m*.

petanca *f* pétanque *f*.

petardo *m* pétard *m*.

peto *m* salopette *f*.

petróleo *m* pétrole *m*.

petunia *f* pétunia *m*.

peúco *m* chausson *m (de bébé)*.

pez (*pl* **-ces**) *m* poisson *m*; ~

espada espadon *m*.

pezón *m* mamelon *m*.

pezuña *f* sabot *m* *(d'animal)*.

piano *m* piano *m*; ~ **bar** piano-bar *m*.

piar *vi* piailler.

pibe, **-ba** *m, f (Amér: fam: hombre)* mec *m* (nana *f*); *(niño)* gamin *m* (-e *f*).

picadora *f* hachoir *m*.

picantería *f (Amér) petit restaurant où l'on sert des amuse-gueules piquants*.

picar *vt* piquer; *(suj: réptil, pez)* mordre; *(comida)* hacher; *(billet)* poinçonner. ◆ *vi (comer un poco)* grignoter; *(sal, pimienta, pimiento)* piquer; *(la piel)* démanger; *(sol)* taper. ❑ **picarse** *vpr (vino)* se piquer; *(muela)* se carier; *(fam: enfadarse)* se vexer.

pícaro, **-ra** *adj* malin (-igne).

picas *fpl (palo de la baraja)* pique *m*.

pichincha *f (Amér: fam)* occase *f*.

pichón *m* pigeonneau *m*.

picnic *m* pique-nique *m*.

pico *m* pic *m*; *(de ave)* bec *m*; **y ~** et quelques.

picoso, **-sa** *adj (Amér)* piquant(-e).

pie *m* pied *m*; **a ~** à pied; **en ~** debout; **estar de ~** être debout; **~s de cerdo** pieds de cochon.

piedad *f* pitié *f*.

piedra *f* pierre *f*; *(en el riñón)* calcul *m*; **~ preciosa** pierre précieuse.

piel *f* peau *f*; *(cuero)* cuir *m*; *(pelo)* fourrure *f*.

pierna *f* jambe *f*; *(de animal)* patte *f*; **~ de cordero** gigot *m* d'agneau.

pieza *f* pièce *f*; **~ de recambio** pièce détachée.

pijama *m* pyjama *m*.

pila *f* pile *f*; *(fregadero)* évier *m*.

pilar *m* pilier *m*.

píldora *f* pilule *f*.

pillar *vt (fam: agarrar)* attraper; *(atropellar)* renverser; *(fam: sorprender)* surprendre. ❑ **pillarse** *vpr* se coincer.

piloto *mf* pilote *m*. ◆ *m (luz de coche)* feu *m*; **~ automático** pilote automatique.

pimienta *f* poivre *m*; **a la ~ verde** au poivre vert.

pimiento *m* piment *m*; **~s del piquillo** *poivrons rouges que l'on mange grillés.*

pin *m* pin's *m inv.*

pincel *m* pinceau *m*.

pinchar *vt* piquer. ❑ **pincharse** *vpr* se piquer.

pinchazo *m (en la piel)* piqûre *f*; *(de rueda)* crevaison *f*.

pinche *adj (Amér: fam)* satané(-e).

pincho *m (espina)* épine *f*; *(varilla)* brochette *f*; **~ moruno** brochette *f* de viande.

pingüino *m* pingouin *m*.

pino *m* pin *m*.

pintado, -da *adj (coloreado)* peint(-e); *(maquillado)* maquillé(-e); **'recién ~'** 'peinture fraîche'.

pintalabios *m inv* rouge *m* à lèvres.

pintar *vt (con colores)* peindre. ❑ **pintarse** *vpr (maquillarse)* se maquiller.

pintoresco, -ca *adj* pittoresque.

pintura *f* peinture *f*.

pinzas *fpl (de tender ropa)* pinces *fpl* à linge; *(pliegue)* pinces *fpl*; *(instrumento, de cangrejo)* pinces *fpl*.

piña *f (del pino)* pomme *f* de pin; **~ en almíbar** ananas au sirop; **~ natural** ananas au naturel.

piñata *f récipient que les enfants brisent à coups de bâton pour y récupérer des friandises.*

piñón *m* pignon *m*.

piojo *m* pou *m*

pipa *f (de fumar)* pipe *f*; *(semilla)* pépin *m*.

pipí *m (fam)* pipi *m*.

pique *m (fam)* dispute *f*.

piragua *f* pirogue *f*.

piragüismo *m* canoë-kayak *m (discipline)*.

pirámide *f* pyramide *f*.

piraña *f* piranha *m*.

pirata *adj* & *m* pirate.

Pirineos *mpl*: **los ~** les Pyrénées.

piropo *m* compliment *m*.

pirueta *f* pirouette *f*.

pisar *vt* marcher sur; *(acelerador, freno)* appuyer sur.

piscina *f* piscine *f*.

pisco *m (Amér) eau-de-vie fabriquée à Pisco, au Pérou*; **~ sour** *(Amér) cocktail à base d'eau-de-vie de Pisco et de citron vert.*

piso *m* appartement *m*; *(de*

un edificio) étage *m*; *(Amér: fam)* piston *m*.

pista *f* piste *f*.

pistacho *m* pistache *f*.

pistola *f* pistolet *m*.

pistolero *m* bandit *m*.

pitar *vi (tocar el pito)* siffler; *(del coche)* klaxonner.

pitillo *m* cigarette *f*.

pito *m* sifflet *m*.

pitón *m (del toro)* corne *f*; *(de botijo, jarra)* bec *m* (verseur); *(serpiente)* python *m*.

pizarra *f (encerado)* tableau *m*; *(roca)* ardoise *f*.

pizza ['pitsa] *f* pizza *f*.

placa *f* plaque *f*.

placer *m* plaisir *m*.

plan *m* plan *m*.

plancha *f (de madera etc)* planche *f*; *(para planchar)* fer *m* à repasser; *(para cocinar)* gril *m*; **a la ~** grillé(-e).

planchar *vt* repasser.

planeta *m* planète *f*.

plano, **-na** *adj* plat(-e). ◆ *m* plan *m*.

planta *f (vegetal, del pie)* plante *f*; *(en arquitectura)* plan *m*; *(piso)* étage *m*; **~ baja** rez-de-chaussée *m inv*.

plantar *vt* planter. ❑ **plantarse** *vpr* se planter.

plantear *vt (plan, proyecto)* présenter; *(problema, cuestión)* poser. ❑ **plantearse** *vpr (problema, cuestión)* se poser; *(posibilidad, cambio)* envisager.

plantilla *f (de zapato)* semelle *f*.

plástico, **-ca** *adj & m* plastique; **de ~** en plastique.

plata *f (metal, Amér)* argent *m*.

plataforma *f* plate-forme *f*.

plátano *m (árbol)* bananier *m*; *(fruta)* banane *f*.

platea *f* parterre *m (au théâtre)*.

plateresco, **-ca** *adj* plateresque.

platicar *vi (Amér)* converser.

platillo *m (plato pequeño)* soucoupe *f*.

plato *m (recipiente)* assiette *f*; *(comida)* plat *m*; **~ combinado** plat garni; **~ principal** plat principal; **~ del día** plat du jour; **~s caseros** plats maison.

platudo, **-da** *adj (Amér: fam)* friqué(-e).

playa *f* plage *f*; **~ de esta-**

cionamiento *(Amér)* parking *m*.

playeras *fpl* tennis *mpl*.

plaza *f* place *f*; **~ de toros** arènes *fpl*.

plazo *m* délai *m*; *(pago)* versement *m*; **a corto/largo ~** à court/long terme; **a ~s** à crédit.

plegable *adj* pliant(-e).

pleito *m* procès *m*.

pleno, -na *adj* plein(-e).

pliegue *m* pli *m*.

plomero *m (Amér)* plombier *m*.

plomo *m* plomb *m*.

pluma *f* plume *f*; **~ estilográfica** stylo *m* (à) plume.

plumero *m (para el polvo)* plumeau *m*; *(adorno)* plumet *m*.

plumilla *f* plume *f (de stylo)*.

plumón *m (de ave)* duvet *m*; *(anorak)* doudoune *f*.

plural *adj* pluriel(-elle).

plusmarca *f* record *m*.

p.m. *(abrev de post meridiem)* p.m.

PM *f (abrev de policía militar) police militaire espagnole*.

p.n. *(abrev de peso neto)* poids *m* net.

p.o. *(abrev de por orden)* pour *(dans un contrat)*.

población *f (habitantes)* population *f*; *(ciudad)* localité *f*.

poblado, -da *adj* peuplé (-e). ◆ *m* village *m*.

pobre *adj* pauvre; *(escaso)* faible. ◆ *mf* pauvre *mf*.

pochismo *m (Amér fam) espagnol que parlent les Mexicains vivant en Californie*.

pocho, -cha *adj (fruta)* blet (blette); *(Amér: fam)* américanisé(-e) *(se dit des Mexicains)*; *(enfermo)* patraque.

pocilga *f* porcherie *f*.

poco, -ca *adj* peu de. ◆ *pron* peu; **un ~ (de)** un peu (de). ◆ *adv (con escasez)* peu; *(tiempo corto)*: **dentro de ~** bientôt; **hace ~** il y a peu de temps; **~ a ~** peu à peu; **por ~ me caigo** j'ai failli tomber.

poda *f* élagage *m*.

poder *m* 1. *(gen)* pouvoir *m*; **estar en el/hacerse con el ~** être au/prendre le pouvoir.

2. *(posesión)* possession; **estar en ~ de alguien** être entre les mains de qqn.

◆ *v aux* pouvoir; **es tonto a más no ~** il est complètement idiot; **no ~ más** n'en plus pouvoir; **¿se puede?** je peux?

◆ *v impers (ser posible)*: **puede ser que llueva** il se peut qu'il pleuve.

◆ *vt (tener más fuerza)* battre; **no hay quien me pueda** je suis le plus fort.

❑ **poder con** *v + prep* 1. *(enfermedad, rival)* vaincre.

2. *(soportar)*: **no ~ con algo/alguien** ne pas supporter qqch/qqn.

podio *m* podium *m*.

podrido, -da *adj* pourri (-e).

poesía *f* poésie *f*.

polea *f* poulie *f*.

polémico, -ca *adj* polémique.

polen *m* pollen *m*.

polichinela *m* polichinelle *m*.

policía *f* police *f*. ◆ *mf* policier *m* (femme policier *f*); **~ municipal** o **urbana** police municipale; **~ nacional** police nationale.

polideportivo *m* club *m* omnisports.

polígono *m* polygone *m*.

político, -ca *adj* politique. ◆ *m, f* homme *m* politique.

póliza *f (de seguros)* police *f*; *(sello)* timbre *m* fiscal.

pollera *f (Amér)* jupe *f*.

pollito *m* poussin *m*.

pollo *m* poulet *m*; **~ a la plancha** poulet grillé; **~ al ajillo/al curry** poulet à l'ail/au curry; **~ asado** poulet rôti.

polo *m (de una pila)* pôle *m*; *(helado)* glace *f*; *(jersey, juego)* polo *m*.

pololo, -la *m, f (Amér) (persona pesada)* casse-pieds *m inv*. ◆ *m (Amér: galán)* séducteur *m*.

Polo Norte *m*: **el ~** le pôle Nord.

Polo Sur *m*: **el ~** le pôle Sud.

polución *f* pollution *f*.

polvera *f* poudrier *m*.

polvo *m* poussière *f*. ❑ **polvos** *mpl (en cosmética, medicina)* poudre *f*; **~s de talco** talc *m*.

pólvora *f* poudre *f*.

polvorón *m petit gâteau fait de pâte sablée que l'on mange à Noël.*

pomada *f* pommade *f*.

pomelo *m* pamplemousse *m*.

pomo *m (de puerta, cajón)* bouton *m*; *(de espada)* pommeau *m*.

pómulo *m* pommette *f*.

ponchar *vt (Amér)* crever *(pneu)*. ❑ **poncharse** *vpr (Amér)* crever.

poner *vt* 1. *(gen)* mettre; **pon la radio** mets la radio; **pongamos que** mettons o admettons que; **~ en marcha** mettre en marche.

2. *(hacer estar de cierta manera)*: **me has puesto colorado** tu m'as fait rougir; **lo puso triste** ça l'a rendu triste.

3. *(telegrama, fax)* envoyer; **~ una conferencia** faire un appel à l'étranger; **¿me pones con Juan?** tu me passes Juan?

4. *(llamar)* appeler; **le pusieron Mario** ils l'ont appelé Mario.

5. *(instalar)* installer; **han puesto su casa con mucho gusto** ils ont arrangé leur maison avec beaucoup de goût.

6. *(contribuir)*: **ya ha puesto su parte del regalo** il a déjà participé au cadeau.

7. *(aplicar facultad)*: **no pone ningún interés** il ne s'intéresse pas du tout.

8. *(en cine, teatro)* donner.

9. *(escribir, decir)*: **no sé qué pone ahí** je ne sais pas ce qui est écrit là.

◆ *vi (ave)* pondre.

❑ **ponerse** *vpr* 1. *(colocarse)* se mettre.

2. *(ropa, gafas, maquillaje)* mettre.

3. *(estar de cierta manera)*: **me puse muy contenta** j'étais toute contente; **se puso rojo** il est devenu tout rouge.

4. *(de salud)*: **~se malo** o **enfermo** tomber malade; **~se bien** se rétablir.

5. *(suj: astro)* se coucher.

popa *f* poupe *f*.

popular *adj* populaire.

póquer *m* poker *m*.

por *prep* 1. *(causa)* à cause de.

2. *(finalidad)* pour; **lo hizo ~ ella** il l'a fait pour elle.

3. *(medio, agente)* par; **~ mensajero/fax** par coursier/fax; **el récord fue batido ~ el atleta** le record a été battu par l'athlète.

4. *(tiempo aproximado)*: **~ abril**

en avril.

5. *(tiempo concreto)*: **~ la mañana/tarde/noche** le matin/ l'après-midi/la nuit.

6. *(aproximadamente en)*: **está ~ ahí** il est quelque part par là.

7. *(a cambio)*: **cambió el coche ~ la moto** il a échangé sa voiture contre une moto.

8. *(distribución)*: **cien pesetas ~ unidad** cinq pesetas pièce; **20 km ~ hora** 20 km à l'heure.

porcelana *f* porcelaine *f*.

porcentaje *m* pourcentage *m*.

porche *m* porche *m*.

porción *f* portion *f*.

pornografía *f* pornographie *f*.

porque *conj* parce que.

porqué *m*: **el ~ de ...** le pourquoi de ...

porrón *m récipient en verre pour boire le vin à la régalade*.

portada *f* couverture *f*.

portador, -ra *m, f* porteur *m* (-euse *f*); **al ~** au porteur.

portaequipajes *m inv* coffre *m* à bagages.

portal *m* entrée *f*.

portalámparas *m inv* douille *f*.

portarse *vpr* se comporter; **los niños se portaron bien** les enfants se sont bien tenus.

portátil *adj* portable.

portavoz (*pl* **-ces**) *mf* porte-parole *mf inv*.

portero, -ra *m, f (conserje)* gardien *m* (-enne *f*); *(en deporte)* gardien *m* de but; **~ electrónico** interphone *m*.

Portugal *s* Portugal *m*.

portugués, -esa *adj* portugais(-e). ◆ *m (lengua)* portugais *m*.

porvenir *m* avenir *m*.

posada *f* auberge *f*.

posavasos *m inv* dessous *m* de verre.

pose *f* pose *f*.

poseer *vt* posséder.

posibilidad *f*: **hay ~es de que ...** il est possible que ...

posible *adj* possible.

posición *f* position *f*; *(condición social, económica)* situation *f*.

positivo, -va *adj* positif (-ive). ◆ *m (en fotografía)* positif *m*.

posmoderno, -na *adj* postmoderne.

poso *m* dépôt *m (d'un liquide)*.
postal *f* carte *f* postale.
poste *m* poteau *m*.
póster *m* poster *m*.
posterior *adj (en tiempo)* postérieur(-e); *(en orden)* suivant(-e); *(en espacio)* de derrière.
postre *m* dessert *m*; ~ **de la casa** dessert maison.
postura *f (colocación, posición)* posture *f*; *(actitud)* attitude *f*.
potable *adj* potable.
potaje *m plat de légumes secs*; ~ **de garbanzos** *ragoût de pois chiches*.
potencia *f* puissance *f*.
potenciar *vt (fig)* favoriser.
potrillo *m (Amér)* coupe *f*.
potro, **-tra** *m, f (caballo)* poulain *m*.
pozo *m* puits *m*.
practicante *mf (en religión)* pratiquant *m* (-e *f*); ~ **(ambulatorio)** aide-soignant *m* (-e *f*).
practicar *vt (profesión)* exercer; *(deporte)* pratiquer.
práctico, **-ca** *adj* pratique.
pradera *f* prairie *f*.
prado *m* pré *m*.
pral. *abrev* = **principal**.
precaución *f* précaution *f*.
precintado, **-da** *adj* scellé(-e).
precio *m* prix *m*; ~ **fijo** prix fixe; ~ **de coste** prix de revient; **¿que ~ tiene?** combien ça coûte?
precioso, **-sa** *adj (valioso)* précieux(-euse); *(bonito)* ravissant(-e).
precipicio *m* précipice *m*.
precipitarse *vpr* se précipiter.
precisamente *adv* précisément.
preciso, **-sa** *adj* précis(-e); **es ~ que ...** il faut que ...
precoz *adj* précoce.
predicar *vt* prêcher.
predominar *vi* prédominer.
preferencia *f (inclinación)* préférence *f*; *(prioridad)* priorité *f*.
preferir *vt* préférer.
prefijo *m (de teléfono)* indicatif *m*.
pregón *m* discours *m*.
pregonero *m* crieur *m* public.
pregunta *f* question *f*; **hacer una ~** poser une

question.
preguntar *vt* demander; *(lección)* interroger sur. ❑ **preguntar por** *v + prep*: **~ por alguien** demander des nouvelles de qqn. ❑ **preguntarse** *vpr* se demander.
prejuicio *m* préjugé *m*.
premio *m* prix *m*; *(en lotería, rifa)* lot *m*; **~ gordo** gros lot.
premisa *f* hypothèse *f*.
prenatal *adj* prénatal(-e).
prenda *f (vestido)* vêtement *m*.
prensa *f* presse *f*; **la ~** la presse.
preocupado, **-da** *adj*: **estar ~** être inquiet.
preocupar *vt* inquiéter. ❑ **preocuparse de** *v + prep (encargarse de)* veiller à. ❑ **preocuparse por** *v + prep* s'inquiéter de.
preparar *vt* préparer.
preparatoria *f en Amérique latine, fin du second cycle des études secondaires.*
presa *f (de un animal)* proie *f*; *(embalse)* barrage *m*, → **preso**.
presbiterio *m* chœur *m (d'une église)*.
prescindir: **prescindir de** *v + prep* se passer de.
presencia *f* présence *f*; *(aspecto)* allure *f*.
presenciar *vt* assister à.
presentable *adj* présentable.
presentación *f* présentation *f*; *(aspecto)* aspect *m*.
presentar *vt* présenter. ❑ **presentarse** *vpr* se présenter; **~se a** se présenter à.
presente *adj* présent(-e); **tener algo ~** se rappeler qqch.
presentimiento *m* pressentiment *m*.
preservativo *m* préservatif *m*.
presidencia *f (cargo, lugar)* présidence *f*; *(persona)* président *m*.
presidente, **-ta** *m, f* président *m* (-e *f*).
presión *f* pression *f*; **~ sanguínea** pression artérielle.
preso, **-sa** *m, f* prisonnier *m* (-ère *f*).
préstamo *m* prêt *m*.
prestar *vt* prêter; *(declaración)* faire. ❑ **prestarse a** *v + prep (ofrecerse*

a) offrir de; *(dar motivo a)* prêter à.

prestigio *m* prestige *m*.

presumido, **-da** *adj* prétentieux(-euse).

presumir *vt* présumer. ❑ **presumir de** *v + prep*: **presume de listo** il se croit intelligent.

presupuesto *m* budget *m*.

pretender *vt (intentar)* vouloir; *(hacer creer)* prétendre.

pretexto *m* prétexte *m*.

prever *vt* prévoir.

previo, **-via** *adj* préalable.

previsor, **-ra** *adj* prévoyant(-e).

primario, **-ria** *adj* primaire.

primavera *f* printemps *m*.

primer *núm* → **primero**.

primera *f* première *f*, → **primero**.

primero, **-ra** *núm* & *m, f* premier(-ère). ◆ *adv* d'abord; **lo** ~ le plus important; **primera clase** première classe; **~s auxilios** premiers soins; **a ~s de** au début de, → **sexto**.

primo, **-ma** *m, f* cousin *m* (-e *f*); *(fam: bobo)* poire *f*.

primogénito, **-ta** *m, f* aîné *m* (-e *f*).

princesa *f* princesse *f*.

principal *adj (más importante)* principal(-e). ◆ *m (piso)* étage situé entre l'entresol et le premier étage.

príncipe *m* prince *m*.

principio *m* début *m*; *(causa, origen)* origine *f*; *(norma)* principe *m*; **a ~s de** au début de; **al** ~ au début; **en** ~ en principe; **por** ~ par principe.

pringoso, **-sa** *adj* graisseux(-euse).

prioridad *f* priorité *f*.

prisa *f* hâte *f*; **darse** ~ se dépêcher; **tener** ~ être pressé(-e).

prisión *f* prison *f*.

prisma *m* prisme *m*.

prismáticos *mpl* jumelles *fpl*.

privado, **-da** *adj* privé(-e).

privar *vt* priver. ❑ **privarse de** *v + prep* se priver de.

privilegio *m* privilège *m*.

proa *f* proue *f*.

probable *adj* probable.

probador *m* cabine *f* d'essayage.

probar *vt* prouver; *(ensayar)* essayer; *(comida, bebida)* goûter. ◆ *vi (intentar)* essayer. ❑ **probarse** *vpr* essayer.

problema *m* problème *m*.

procedencia *f (origen, fuente)* origine *f*; *(de un tren, barco)* provenance *f*.

proceder *m (comportamiento)* comportement *m*. ◆ *vi (actuar)* agir. ❑ **proceder de** *v + prep (provenir de)* provenir de; *(de un lugar)* venir de.

procesado, -da *m, f* accusé *m* (-e *f*).

procesar *vt (enjuiciar)* poursuivre.

procesión *f* procession *f*.

proceso *m (evolución)* processus *m*; *(método)* procédé *m*.

proclamar *vt* proclamer.

procurar *vt* s'efforcer de.

producir *vt* produire.

producto *m* produit *m*; *(resultado)* fruit *m*.

profecía *f* prophétie *f*.

profesión *f* profession *f*.

profesionista *mf (Amér)* professionnel *m* (-elle *f*).

profesor, -ra *m, f* professeur *m*.

profeta *m* prophète *m*.

profundo, -da *adj* profond(-e).

programa *m* programme *m*; *(en televisión)* émission *f*.

programación *f (en televisión, radio)* programme *m*; *(en informática)* programmation *f*.

progreso *m* progrès *m*.

prohibido, -da *adj* interdit(-e); '**~ aparcar**' 'stationnement interdit'; '**~ el paso**' 'interdiction d'entrer'; '**~ el paso a personas ajenas a la obra**' 'chantier interdit au public'; '**~ fijar carteles**' 'défense d'afficher'; '**~ fumar**' 'défense de fumer'; '**prohibida la entrada**' 'entrée interdite'.

prohibir *vt* interdire.

prójimo *m* prochain *m*.

prólogo *m* préface *f*.

prolongar *vt* prolonger.

promedio *m* moyenne *f*.

prometer *vt & vi* promettre. ❑ **prometerse** *vpr (para casarse)* se fiancer.

prometido, -da *m, f* fiancé *m* (-e *f*).

promoción *f* promotion *f*.

promocionar *vt* promouvoir. ❑ **promocionarse** *vpr (persona)* se faire valoir.

promotor, **-ra** *m, f* promoteur *m* (-trice *f*).

pronóstico *m* pronostic *m*; **~ del tiempo** prévisions *fpl* météorologiques.

pronto *adv (temprano)* tôt; *(rápidamente)* vite; **de ~** soudain; **tan ~ como** dès que.

pronunciar *vt* prononcer.

propaganda *f* propagande *f*.

propenso, **-sa** *adj*: **ser ~ a** être sujet à.

propicio, **-cia** *adj* propice.

propiedad *f* propriété *f*.

propina *f* pourboire *f*.

propio, **-pia** *adj (de propiedad, peculiar)* propre; **tiene coche ~** il a sa propre voiture; **el ~ director** le directeur lui-même.

proponer *vt* proposer.

proporcionado, **-da** *adj* proportionné(-e).

proporcionar *vt* fournir; *(ser causa de)* causer.

propósito *m (intención)* intention *f*; *(objetivo)* but *m*; **a ~** exprès; **a ~ de** à propos de.

propuesta *f* proposition *f*.

prórroga *f* prorogation *f*; *(en deporte)* prolongation *f*.

prosa *f* prose *f*.

prospecto *m* prospectus *m*; *(de medicamento)* notice *f*.

próspero, **-ra** *adj* prospère.

prostíbulo *m* maison *f* close.

prostituta *f* prostituée *f*.

protagonista *mf* protagoniste *mf*.

proteger *vt* protéger.

protesta *f* protestation *f*.

protestante *mf* protestant *m* (-e *f*).

protestar *vi* protester.

protocolo *m* protocole *m*.

provecho *m* profit *m*; **¡buen ~!** bon appétit!

provenir: **provenir de** *v + prep* provenir de.

proverbio *m* proverbe *m*.

provincia *f* province *f*.

provisional *adj* provisoire.

provocar *vt* provoquer; *(incitar)* inciter; **¿te provoca ir al cine?** *(Amér)* ça te dit d'aller au cinéma?

próximo, **-ma** *adj (cercano)* proche; *(siguiente)* prochain

(-e); **'próximas llegadas'** prochaines arrivées.

proyecto *m* projet *m*.

proyector *m* projecteur *m*.

prudente *adj* prudent(-e).

prueba *f (testimonio)* preuve *f*; *(ensayo)* essai *m*; *(competición, examen)* épreuve *f*.

psicoanálisis *m* psychanalyse *f*.

psicología *f* psychologie *f*.

psicópata *mf* psychopathe *mf*.

psiquiatra *mf* psychiatre *mf*.

psíquico, **-ca** *adj* psychique.

pta. *(abrev de peseta)* pta.

púa *f (pincho)* piquant *m*; *(de peine)* dent *f*.

pubertad *f* puberté *f*.

pubis *m* pubis *m*.

publicación *f* publication *f*.

publicar *vt* publier.

publicidad *f* publicité *f*.

público, **-ca** *adj* public (-ique). ◆ *m* public *m*; **en ~** en public.

pucha *interj (Amér)* punaise!

pucho *m (Amér)* mégot *m*.

pudor *m (recato)* pudeur *f*; *(timidez)* timidité *f*.

pudrir *vt* pourrir. ❑ **pudrirse** *vpr* pourrir.

pueblo *m* peuple *m*; *(localidad)* village *m*.

puente *m* pont *m*; *(en los dientes)* bridge *m*; **hacer ~** faire le pont; **~ aéreo** pont aérien.

puerco, **-ca** *adj* dégoûtant(-e). ◆ *m, f (cerdo)* porc *m* (truie *f*); *(persona)* cochon *m* (-onne *f*).

puerro *m* poireau *m*.

puerta *f* porte *f*; **~ de embarque** porte d'embarquement; **~ principal** entrée *f* principale.

puerto *m (de mar)* port *m*; *(de montaña)* col *m*; **~ deportivo** port de plaisance.

Puerto Rico *s* Porto Rico *m*.

pues *conj (de causa)* car; **¡~ claro!** mais bien sûr.

puesta *f*: **~ de sol** coucher *m* de soleil.

puesto, **-ta** *adj (elegante)* bien habillé(-e). ◆ *m* poste *m*; *(posición)* place *f*; *(tienda pequeña)* étal *m*; **~ que** puisque.

pulga *f* puce *f*.

pulgar *m* pouce *m*.

pulir vt polir; *(perfeccionar)* peaufiner.

pulmón *m* poumon *m*.

pulmonía *f* pneumonie *f*.

pulpa *f (de fruta, planta)* pulpe *f*; *(carne)* chair *f*.

pulpo *m* poulpe *m*; ~ **a la gallega** *poulpes préparés avec une sauce piquante*.

pulque *m (Amér)* pulque *m*.

pulsar vt appuyer sur.

pulsera *f* bracelet *m*.

pulso *m* pouls *m*.

puma *m* puma *m*.

punta *f* pointe *f*; *(extremo)* bout *m*; **en la ~ de la lengua** sur le bout de la langue.

puntapié *m* coup *m* de pied.

puntera *f* bout *m* *(d'une chaussure)*.

puntería *f* adresse *f (au tir)*.

puntiagudo, -da *adj* pointu(-e).

puntilla *f* dentelle *f* rapportée.

punto *m* point *m*; **a ~ de** sur le point de; **en ~** *(hora)* pile; **~ de encuentro** point de rencontre; **~ de vista** point de vue.

puntual *adj* ponctuel(-elle).

puntualizar vt préciser.

puntuar vt *(texto)* ponctuer; *(examen)* noter.

puñado *m* poignée *f*.

puñal *m* poignard *m*.

puñetazo *m* coup *m* de poing.

puño *m (mano cerrada)* poing *m*; *(de camisa)* poignet *m*; *(de arma)* crosse *f*; *(de paraguas)* poignée *f*.

pupitre *m* pupitre *m*.

puré *m* purée *f*; **~ de patatas** purée de pommes de terre.

puritano, -na *adj* puritain(-e).

puro, -ra *adj* pur(-e). ◆ *m* cigare *m*.

puta *f (vulg)* pute *f*.

PVP *m (abrev de precio venta al público)* ppv.

pza. *(abrev de plaza)* Pl, pl.

Q

que *pron* 1. *(sujeto)* qui. 2. *(complemento directo)* que. 3. *(complemento indirecto)*: **la persona de la ~ te hablo es**

médico la personne dont je te parle est médecin.

4. *(complemento circunstancial)*: **la playa a la ~ fui es preciosa** la plage où je suis allé est très belle; **la mujer con la ~ hablas es mi novia** la femme avec laquelle tu parles est ma fiancée.

◆ *conj* 1. *(gen)* que.

2. *(expresa causa)*: **hemos de esperar ~ todavía no es la hora** il faut attendre, ce n'est pas encore l'heure.

3. *(expresa disyunción)*: **quieras ~ no, harás lo que yo te mande** que tu le veuilles ou non, tu feras ce que je dis.

4. *(expresa hipótesis)*: **~ no quieres, pues no pasa nada** si tu ne veux pas, ce n'est pas grave; *(en oraciones exclamativas)*: **¡~ te diviertas!** amuse-toi bien!; **¡~ sí/no!** mais si/non!

qué *adj (interrogativo)* quel (quelle). ◆ *pron (interrogativo)* que. ◆ *adv (exclamativo)* que; **¿~?** quoi?; **¿por ~ (...)?** pourquoi (...)?

quebrar *vt* casser. ◆ *vi (arruinarse)* faire faillite.

quedar *vi* rester; *(sentar)* aller; *(estar situado)* se trouver; **~ en ridículo** se ridiculiser; **~ bien/mal con alguien** faire bonne/mauvaise impression à qqn. ❑ **quedar con** *v + prep (citarse)* prendre rendez-vous avec. ❑ **quedar en** *v + prep (acordar)* convenir de. ❑ **quedarse** *vpr (permanecer)* rester; *(llegar a ser)* devenir; *(retener)* garder; *(adquirir)* prendre. ❑ **quedarse con** *v + prep (preferir)* choisir.

quejarse *vpr* se plaindre; **~ por** o **de** se plaindre de.

quejido *m* gémissement *m*.

quemar *vt* & *vi* brûler. ❑ **quemarse** *vpr* se brûler; *(por el sol)* prendre un coup de soleil.

querer *m* amour *m*.

◆ *vt* 1. *(desear)* vouloir.

2. *(amar)* aimer.

◆ *vi* 1. *(apetecer)* vouloir.

2. *(en locuciones)*: **lo hizo queriendo** il l'a fait exprès; **sin ~** sans faire exprès.

queso *m* fromage *m*; **~ de bola** fromage de Hollande; **~ manchego** *fromage de brebis de la Manche*; **~ rallado** fromage râpé.

quiebra *f* faillite *f*.

quien *pron relativo (sujeto)* qui; *(complemento)* que. ◆ *pron indef (sujeto)* celui qui (celle qui); *(complemento)* celui que (celle que).

quién *pron (interrogativo)* qui; **¡~ pudiera verlo!** si seulement je pouvais le voir!; **¿~ es?** *(en la puerta)* qui est là?; *(al teléfono)* qui est à l'appareil?

quieto, -ta *adj* tranquille; *(inactivo)* calme.

quilla *f* quille *f*.

quilo *m* = **kilo**.

química *f* chimie *f*.

quince *núm* quinze; **~ días** quinze jours, → **seis**.

quincena *f* quinzaine *f*.

quiniela *f* ≃ loto *m* sportif.

quinientos, -tas *núm* cinq cents, → **seis**

quinto, -ta *núm* cinquième. ◆ *m (parte)* cinquième *m*; *(recluta)* appelé *m*, → **sexto**.

quiosco *m* kiosque *m*.

quirófano *m* bloc *m* opératoire.

quisquilloso, -sa *adj* pointilleux(-euse).

quitamanchas *m inv* détachant *m*.

quitar *vt* enlever; *(robar)* prendre. ❑ **quitarse** *vpr (apartarse)* se pousser; **~se la ropa** se déshabiller.

quizá(s) *adv* peut-être.

R

rábano *m* radis *m*.

rabia *f* rage *f*.

rabieta *f* colère *f*.

rabioso, -sa *adj (perro)* enragé(-e); *(violento)* furieux (-euse).

rabo *m* queue *f*.

racha *f (de viento, aire)* rafale *f*.

racial *adj* racial(-e)

racimo *m (de uvas)* grappe *f*.

ración *f (de comida)* ration *f*; *(asignación)* part *f*.

racismo *m* racisme *m*.

radar *m* radar *m*.

radiador *m* radiateur *m*.

radiante *adj* radieux (-euse).

radiar *vt (irradiar)* irradier, *(en la radio)* radiodiffuser.

radical *adj* radical(-e).

radio *f* radio *f*. ◆ *m* rayon *m*.

radiocasete *m* radiocassette *f*.

radiodespertador *m* radioréveil *m*.

radiografía *f* radiographie *f*.

radionovela *f* feuilleton *m* radiodiffusé.

radiorreloj *m* radioréveil *m*.

radiotaxi *m* radio-taxi *m*.

ráfaga *f* rafale *f*; *(de luces)* appel *m* de phares.

rafting *m* raft *m*.

raíl *m* rail *m*.

raíz *f* racine *f*; *(causa)* origine *f*; **a ~ de** à la suite de.

raja *f* fissure *f*; *(de melón, sandía)* tranche *f*.

rajatabla: **a rajatabla** *adv* à la lettre.

rallador *m* râpe *f*.

rallar *vt* râper.

rama *f* branche *f*.

ramada *f (Amér)* auvent *m*.

ramo *m (de flores)* bouquet *m*; *(de una actividad)* branche *f*.

rampa *f (para subir y bajar)* rampe *f*; *(pendiente)* côte *f*.

rana *f* grenouille *f*.

ranchera *f (Amér) chanson populaire mexicaine*.

rancho *m (granja)* ranch *m*; *(comida)* gamelle *f*.

rancio, -cia *adj (pasado)* rance; *(vino)* aigre.

ranura *f* rainure *f*.

rape *m* lotte *f*; **~ a la marinera** lotte marinière; **~ a la plancha** lotte grillée.

rapidez *f* rapidité *f*.

rápido, -da *adj & m* rapide. ◆ *adv* rapidement. ❑ **rápidos** *mpl* rapides *mpl*.

raptar *vt* enlever.

raqueta *f* raquette *f*.

raro, -ra *adj* bizarre; *(poco frecuente, escaso)* rare.

rascacielos *m inv* gratte-ciel *m inv*.

rascar *vt* gratter.

rasgar *vt* déchirer.

rasgo *m* trait *m*.

raso, -sa *adj (superficie)* plat(-e); *(cucharada)* ras(-e). ◆ *m* satin *m*; **al ~** *(al aire libre)* à la belle étoile.

rastrillo *m* râteau *m*.

rastro *m* trace *f*; *(mercadillo)* marché *m* aux puces.

rata *f* rat *m*.

ratero, -ra *m, f* chapardeur

m (-euse *f*).

rato *m* moment *m*; **a ~s** par moments.

ratón *m* souris *f*.

rattán *m (Amér)* rotin *m*.

raya *f* raie *f*; *(estampado)* rayure *f*; *(de pantalón)* pli *m*.

rayo *m* rayon *m*; *(de tormenta)* foudre *f*; **~s X** rayons X.

raza *f* race *f*; **de ~** de race.

razón *f* raison *f*; *(argumento)* argument *m*; **dar la ~ a alguien** donner raison à qqn; **tener ~** avoir raison.

reaccionar *vi* réagir.

reactor *m* réacteur *m*; *(avión)* avion *m* à réaction.

real *adj* réel(-elle); *(de rey)* royal(-e).

realeza *f* royauté *f*.

realidad *f* réalité *f*; **en ~** en réalité.

realismo *m* réalisme *m*.

realizar *vt* réaliser.

realmente *adv* réellement.

realquilar *vt* sous-louer.

reanimación *f (de fuerzas, energía)* regain *m*; *(de enfermo)* réanimation *f*.

rebaja *f (de precio)* réduction *f*. ❑ **rebajas** *fpl* soldes *mpl*.

rebajar *vt (precio)* réduire; *(altura, nivel etc)* abaisser; *(humillar)* rabaisser.

rebanada *f* tranche *f (de pain)*.

rebaño *m* troupeau *m*.

rebelarse *vpr* se rebeller.

rebelde *adj* & *mf* rebelle.

rebelión *f* rébellion *f*.

rebozado, -da *adj (carne, pescado) enrobé de pâte à frire*.

recado *m (mensaje)* message *m*.

recaer *vi (en enfermedad)* faire une rechute; *(en vicio, error)* retomber.

recalcar *vt* insister sur.

recámara *f (Amér)* chambre *f*.

recamarera *f (Amér)* femme *f* de ménage.

recambio *m* pièce *f* de rechange.

recargar *vt* recharger.

recato *m (pudor)* pudeur *f*; *(prudencia)* prudence *f*.

recepción *f* réception *f*.

recesión *f* récession *f*.

receta *f* recette *f*; **~ (médica)** ordonnance *f*.

recetar *vt* prescrire.

rechazar *vt* rejeter; *(repeler)* repousser.

recibidor *m* entrée *f*.

recibir *vt (tomar)* recevoir; *(dar la bienvenida a)* accueillir.

recibo *m* reçu *m*.

reciclar *vt* recycler.

recién *adv*: ~ **hecho** fait récemment; ~ **nacido** nouveau-né; '~ **pintado**' 'peinture fraîche'.

reciente *adj* récent(-e).

recinto *m* enceinte *f*.

recipiente *m* récipient *m*.

recital *m* récital *m*.

recitar *vt* réciter.

reclamación *f* réclamation *f*; **'reclamaciones y quejas'** 'réclamations'.

recobrar *vt (salud)* recouvrer; *(joya, cartera etc)* récupérer; ~ **el conocimiento** reprendre connaissance. ❑ **recobrarse de** *v + prep (enfermedad)* se remettre de.

recogedor *m* pelle *f (à poussière)*.

recoger *vt (del suelo)* ramasser; *(guardar)* ranger; *(reunir)* réunir; *(recolectar)* récolter; ~ **a alguien** *(ir a buscar)* passer prendre qqn; *(acoger)* recueillir qqn. ❑ **recogerse** *vpr (acostarse)* aller se coucher; *(retirarse)* se retirer.

recomendar *vt* recommander.

recompensa *f* récompense *f*.

reconocer *vt* reconnaître; *(agradecer)* être reconnaissant(-e); *(en medicina)* examiner.

récord ['rekor] *m* record *m*.

recordar *vt* se rappeler; ~ **a** rappeler.

recorrido *m* parcours *m*; **trenes de largo** ~ grandes lignes *fpl*.

recortar *vt (tela, pelo)* couper; *(papel)* découper.

recostarse *vpr* s'allonger.

recreo *m (diversión)* loisir *m*.

recta *f* droite *f*.

rectángulo *m* rectangle *m*.

recto, -ta *adj* droit(-e). ◆ *adv*: **todo** ~ tout droit.

rector, -ra *m, f* recteur *m*.

recuerdo *m* souvenir *m*. ❑ **recuerdos** *mpl*: **dale ~s** salue-le de ma part.

recuperación *f* récupération *f*; *(de enfermedad)* guérison *f*; *(después de accidente)* rééducation *f*.

recurso *m (medio)* recours

m; (reclamación) pourvoi *m.* ❑ **recursos** *mpl* ressources *fpl.*

red *f (de pescar, en deporte)* filet *m; (de pelo)* résille *f; (de carreteras, conductos)* réseau *m; (de tiendas)* chaîne *f.*

redactar *vt* rédiger.

redil *m* enclos *m.*

redondo, -da *adj* rond(-e).

reducir *vt* réduire; *(tropas, rebeldes)* soumettre. ❑ **reducirse a** *v + prep* se réduire à.

reembolso *m* remboursement *m;* **contra ~** contre remboursement.

reemplazar *vt* remplacer.

reestreno *m* reprise *f.*

refacción *f (Amér)* réparation *f.*

refaccionar *vt (Amér)* réparer.

referencia *f* référence *f; (nota)* renvoi *m.* ❑ **referencias** *fpl (informes)* références *fpl.*

referéndum *m* référendum *m.*

referente *adj:* **~ a algo** concernant qqch.

referirse: **referirse a** *v + prep (aludir a)* parler de.

refinería *f* raffinerie *f.*

reflector *m* réflecteur *m.*

reflejo, -ja *adj* réflexe. ◆ *m* reflet *m; (del organismo)* réflexe *m;* **hacerse ~s** *(en peluquería)* se faire faire un balayage.

reflexionar *vi* réfléchir.

reformar *vt (casa, edificio)* rénover; *(ley, proyecto)* réformer; *(educar)* rééduquer. ❑ **reformarse** *vpr (corregirse)* changer *(de comportement).*

reforzar *vt* renforcer.

refrán *m* proverbe *m.*

refresco *m* rafraîchissement *m.*

refrigerado, -da *adj* climatisé(-e).

refugio *m* refuge *m; (de guerra)* abri *m.*

regadera *f (para plantas)* arrosoir *m; (Amér: ducha)* douche *f.*

regadío *m* terres *fpl* irrigables.

regalar *vt* offrir.

regaliz *(pl* **-ces***)* *m* réglisse *f.*

regalo *m* cadeau *m.*

regar *vt* arroser.

regata *f* régate *f; (canal)* rigole *f.*

regatear *vt (precio)* marchander; *(en fútbol)* dribbler.

regenerar *vt (cosa)* régénérer; *(persona)* transformer. ❑ **regenerarse** *vpr (persona)* se transformer.

regente *m (Amér)* maire *m*.

régimen *m* régime *m*.

región *f* région *f*.

registrar *vt (inspeccionar, cachear)* fouiller; *(en lista, registro)* enregistrer; *(grabar)* enregistrer.

registro *m* registre *m*; *(inspección)* fouille *f*; ~ **civil** état *m* civil.

regla *f* règle *f*; *(menstruación)* règles *fpl*; **en** ~ en règle; **por** ~ **general** en règle générale.

regresar *vt (Amér)* rendre. ♦ *vi* revenir. ❑ **regresarse** *vpr (Amér)* revenir.

regular *adj* régulier(-ère); *(mediocre)* moyen(-enne). ♦ *vt* réglementer. ♦ *adv* comme ci comme ça.

rehabilitar *vt (local, casa)* réhabiliter; *(persona)* rééduquer.

rehén *mf* otage *m*.

rehogar *vt* faire revenir.

reina *f* reine *f*; *(en naipes)* ≃ dame *f*.

reinar *vi* régner.

reincorporar *vt* réintégrer. ❑ **reincorporarse a** *v + prep (trabajo)* reprendre.

reino *m (territorio)* royaume *m*; *(en biología)* règne *m*.

reintegro *m (pago)* remboursement *m*; *(en lotería)* remboursement *m* du billet.

reír *vi* rire. ❑ **reírse de** *v + prep* rire de; *(burlarse de)* se moquer de.

reivindicar *vt* revendiquer.

reja *f* grille *f*.

rejilla *f (para abertura)* grillage *m*; *(de horno)* grille *f*; *(de silla)* cannage *m*.

rejuvenecer *vt & vi* rajeunir.

relación *f (nexo)* rapport *m*; *(trato)* relation *f*. ❑ **relaciones** *fpl* relations *fpl*; *(noviazgo)* relation *f* amoureuse.

relacionar *vt* relier. ❑ **relacionarse** *vpr* être lié(-e); **~se con alguien** fréquenter qqn.

relajar *vt (piernas, músculos)* décontracter; *(persona)* détendre.

relajo *m (Amér: fam)* raffut *m*.

relámpago *m* éclair *m*.

relatar *vt (historia)* raconter; *(suceso)* relater.

relativo, -va *adj* relatif (-ive); ~ **a** *(referente a)* concernant.

relevo *m (sustitución)* relève *f*.

relieve *m* relief *m*.

religión *f* religion *f*.

relinchar *vi* hennir.

rellano *m* palier *m*.

relleno, -na *adj (muy lleno)* rempli(-e); *(persona)* enveloppé(-e). ◆ *m (de almohada, colchón etc)* bourrage *m*; *(de pastel)* garniture *f*; *(de pollo)* farce *f*.

reloj *m* horloge *f*; ~ **de arena** sablier *m*; ~ **(de pared)** pendule *f*; ~ **(de pulsera)** montre-bracelet *f*.

remar *vi* ramer.

remediar *vt (solucionar)* remédier à.

remedio *m (solución)* solution *f*; *(auxilio)* aide *f*; *(para enfermedad)* remède *m*; **no queda más** ~ il n'y a pas d'autre solution.

remendar *vt* rapiécer.

remezón *m (Amér)* tremblement *m* de terre.

remite *m nom et adresse de l'expéditeur*.

remitente *mf* expéditeur *m* (-trice *f*).

remo *m* rame *f*.

remojar *vt* faire tremper.

remolacha *f* betterave *f*.

remolcador *m (embarcación)* remorqueur *m*; *(camión)* dépanneuse *f*.

remontar *vt (pendiente, cuesta)* gravir; *(río)* remonter. ❑ **remontarse a** *v + prep* remonter à.

remordimiento *m* remords *m*.

remoto, -ta *adj (lejano)* lointain(-e); *(improbable)* minime.

remover *vt* remuer.

remuneración *f* rémunération *f*.

renacuajo *m* têtard *m*.

rencor *m* rancune *f*.

rendición *f* reddition *f*.

rendir *vt (homenaje, culto)* rendre. ❑ **rendirse** *vpr* se rendre.

RENFE *f chemins de fer espagnols*, ≃ SNCF *f*.

reno *m* renne *m*.

renovar *vt (decoración, local)*

rénover; *(contrato, vestuario)* renouveler; *(carné, pasaporte)* faire renouveler.

renta *f (alquiler)* loyer *m*; *(ingresos)* revenu *m*; *(beneficio)* rente *f*.

rentar *vt (Amér)* louer.

renunciar: **renunciar a** *v + prep*: **~ a algo** *(prescindir de)* renoncer à qqch.

reñir *vt (reprender)* gronder. ◆ *vi (pelearse)* se disputer.

reo, -a *m, f* inculpé *m* (-e *f*).

reparar *vt* réparer. ❑ **reparar en** *v + prep*: **~ en algo** remarquer qqch.

repartir *vt (dividir)* partager; *(distribuir)* distribuer.

reparto *m (de bienes, dinero etc)* partage *m*; *(de mercancías, periódicos etc)* livraison *f*; *(de actores)* distribution *f*.

repasar *vt (revisar)* passer en revue; *(releer)* réviser; *(remendar)* recoudre.

repelente *adj (repugnante)* repoussant(-e).

repente: **de repente** *adv* tout à coup.

repertorio *m* répertoire *m*.

repetición *f* répétition *f*.

repetir *vt (hacer de nuevo)* refaire; *(decir de nuevo)* répéter. ◆ *vi (sabor)* donner des renvois; **~ algo** *(comida, bebida)* reprendre de qqch.

réplica *f* réplique *f*.

replicar *vt & vi* répliquer.

repoblar *vt* repeupler.

reponer *vt (colocar de nuevo)* remettre; *(sustituir)* remplacer. ❑ **reponerse** *vpr (recuperarse)* se remettre.

reportaje *m* reportage *m*.

reportar *vt (Amér)* informer de. ❑ **reportarse** *vpr (Amér)* se présenter.

reporte *m (Amér)* information *f*.

reposera *f (Amér)* chaise *f* longue.

reposo *m* repos *m*.

repostería *f* pâtisserie *f*.

representante *mf (de actor, cantante etc)* agent *m*; *(vendedor)* représentant *m* (-e *f*).

representar *vt* représenter; *(obra de teatro)* jouer; *(edad)* faire.

reprimir *vt (sublevación, huelga)* réprimer; *(lágrimas, risa)* retenir. ❑ **reprimirse** *vpr* se retenir.

reprochar *vt* reprocher.

reproche *m* reproche *m*.
reproducir *vt* reproduire.
reptar *vi* ramper.
reptil *m* reptile *m*.
república *f* république *f*.
República Dominicana *f*: **la ~** la République Dominicaine.
repuesto *m* pièce *f* de rechange; **de ~** de rechange.
repugnar *vt* répugner.
reputación *f* réputation *f*.
requerir *vt* exiger.
requesón *m* fromage *m* frais.
resaca *f* *(fam: de borrachera)* gueule *f* de bois; *(del mar)* ressac *m*.
resbalada *f* *(Amér)* glissade *f*.
resbalar *vi* glisser; *(equivocarse)* se tromper. ❑ **resbalarse** *vpr* glisser.
rescatar *vt* délivrer.
rescate *m* sauvetage *m*, *(dinero)* rançon *f*.
resentimiento *m* ressentiment *m*.
reserva[1] *f* réserve *f*; *(de habitación, asiento etc)* réservation *f*; **'~s hoteles y pensiones'** réservations d'hôtels; **~ natural** réserve naturelle.
reserva[2] *m* *(vino)*: **un ~ del 91** un millésime 91.
reservado, -da *adj* réservé(-e). ◆ *m* compartiment *m* réservé.
resfriado, -da *adj* enrhumé(-e). ◆ *m* rhume *m*.
resfriarse *vpr* s'enrhumer.
resfrío *m* *(Amér)* rhume *m*.
resguardo *m* reçu *m*.
residencia *f* résidence *f*; *(lugar)* lieu *m* de résidence; *(pensión)* hôtel *m*.
residuo *m* résidu *m*. ❑ **residuos** *mpl* *(desperdicios)* déchets *mpl*.
resignarse *vpr* se résigner.
resistir *vt* résister à; *(dolor, enfermedad)* supporter. ❑ **resistirse a** *v + prep* se refuser à.
resolver *vt* résoudre.
resonancia *f* résonance *f*; *(repercusión)* retentissement *m*.
resorte *m* ressort *m*.
respaldo *m* *(de asiento)* dossier *m*.
respecto *m*: **~ a** au sujet de; **al ~** à ce sujet.
respeto *m* respect *m*.
respirar *vi* respirer.

respiro *m* répit *m*; **darse un ~** souffler.

resplandor *m* éclat *m*.

responder *vt* répondre à. ◆ *vi* répondre; *(reaccionar)* réagir. ❑ **responder de** *v + prep (responsabilizarse de)* répondre de. ❑ **responder por** *v + prep (avalar a)* répondre de.

responsable *adj* responsable; **~ de** responsable de.

respuesta *f* réponse *f*.

restar *vt (quitar)* enlever; *(en matemáticas)* soustraire.

restaurante *m* restaurant *m*.

restaurar *vt* restaurer.

resto *m* reste *m*. ❑ **restos** *mpl* restes *mpl*.

restricción *f* restriction *f*.

resucitar *vt* & *vi* ressusciter.

resuelto, **-ta** *adj* résolu(-e).

resultado *m* résultat *m*.

resultar *vi (ser, acabar en)* être; *(tener éxito)* réussir.

resumen *m* résumé *m*.

retablo *m* retable *m*.

retal *m* coupon *m (de tissu)*.

retención *f (de tráfico)* embouteillage *m*.

retirado, **-da** *adj (apartado)* retiré(-e); *(jubilado)* retraité(-e).

retirar *vt* retirer. ❑ **retirarse** *vpr (jubilarse)* prendre sa retraite.

reto *m* défi *m*.

retocar *vt (fotografía, pintura)* retoucher; *(trabajo)* mettre la dernière main à.

retorcer *vt* tordre. ❑ **retorcerse de** *v + prep (dolor, risa)* se tordre de.

retórica *f* rhétorique *f*.

retornable *adj* consigné (-e).

retorno *m* retour *m*.

retransmisión *f* retransmission *f*.

retrasar *vt (viaje)* repousser; *(cita, reloj)* retarder; *(hacer más lento)* ralentir. ❑ **retrasarse** *vpr* être en retard; *(reloj)* retarder.

retraso *m* retard *m*; **con ~** en retard; **llevar ~** être en retard.

retratar *vt (fotografiar)* photographier; *(dibujar, pintar)* faire le portrait de; *(describir)* dépeindre.

retrato *m* portrait *m*.

retrete *m* toilettes *fpl*.

retroceder *vi* reculer.

retrovisor *m* rétroviseur *m*.
reuma *m o f* rhumatisme *m*.
reunión *f* réunion *f*.
revancha *f* revanche *f*.
revelado *m* développement *m (en photographie)*; **~ en color/blanco y negro** tirage *m* couleur/ noir et blanc.
revelar *vt (secreto, noticia etc)* révéler; *(fotografía)* développer.
reventar *vt (romper)* faire éclater.
reventón *m (de rueda)* éclatement *m*.
reverencia *f* révérence *f*.
reversible *adj* réversible.
revés *m* revers *m*; **al ~** *(en orden contrario)* à l'envers; *(al contrario)* au contraire.
revisar *vt (corregir)* réviser; *(coche)* faire réviser.
revisor, -ra *m, f (en tren, autobús)* contrôleur *m* (-euse *f*).
revista *f* revue *f*.
revolcarse *vpr* se rouler.
revoltillo *m (desorden)* fouillis *m*; *(plato) œufs brouillés aux champignons, à l'ail, etc.*
revoltoso, -sa *adj* turbulent(-e).
revolución *f* révolution *f*; *(en mecánica)* tour *m*.
revólver *m* revolver *m*.
revuelta *f* révolte *f*.
revuelto, -ta *adj (desordenado)* sens dessus dessous; *(alborotado)* troublé(-e); *(mar)* agité(-e). ◆ *m œufs brouillés accompagnés d'un autre ingrédient.*
rey *m* roi *m*. ❑ **Reyes** *mpl (fiestas)* Épiphanie *f*; **los Reyes Magos** les Rois mages.
rezar *vi* prier.
ría *f* ria *f*.
riachuelo *m* ruisseau *m*.
riada *f* inondation *f*.
ribera *f* rive *f*; *(de mar)* rivage *m*.
ribete *m (de vestido, zapato etc)* liseré *m*; *(añadido)* touche *f*.
rico, -ca *adj* riche; *(sabroso)* délicieux(-euse).
ridículo, -la *adj* ridicule. ◆ *m* ridicule *m*; **hacer el ~** se ridiculiser.
riego *m (de tierra)* arrosage *m*; *(de campos)* irrigation *f*.
rienda *f* rêne *f*.
riesgo *m* risque *m*; **a todo ~**

tous risques.

rifar *vt* tirer au sort.

rigidez *f (de palo, tela etc)* rigidité *f*; *(de carácter, norma)* rigueur *f*.

riguroso, -sa *adj* rigoureux (-euse); *(severo)* rigide.

rímel *m* Rimmel® *m*.

rincón *m* coin *m*; *(lugar apartado)* recoin *m*.

ring *m* ring *m*.

rinoceronte *m* rhinocéros *m*.

riña *f (discusión)* dispute *f*; *(pelea)* bagarre *f*.

riñón *m* rein *m*. ❑ **riñones** *mpl (parte del cuerpo)* reins *mpl*; **~es al jerez** *(guiso)* rognons *m* au xérès.

riñonera *f* banane *f (sac)*.

río *m (con desembocadura en mar)* fleuve *m*; *(con desembocadura en río)* rivière *f*.

rioja *m vin de la région espagnole de la Rioja*.

risa *f* rire *m*.

ristra *f* chapelet *m*.

ritmo *m* rythme *m*.

rito *m* rite *m*.

rival *mf* rival *m* (-e *f*).

rizado, -da *adj (pelo)* frisé(-e); *(papel, tela etc)* crêpé(-e); *(mar)* moutonneux(-euse).

rizo *m* boucle *f*.

robar *vt* voler.

roble *m* chêne *m*.

robo *m* vol *m*.

robot *m* robot *m*.

roca *f* roche *f*.

roce *m* frottement *m*; *(trato)* fréquentation *f*; *(discusión)* heurt *m*.

rociar *vt* asperger.

rocío *m* rosée *f*.

rodaballo *m* turbot *m*.

rodar *vt (película)* tourner; *(vehículo)* roder. ◆ *vi* rouler; *(caerse)* dégringoler; *(deambular)* errer.

rodear *vt* entourer; *(con tropas, policías)* cerner; *(dar la vuelta a)* faire le tour de. ❑ **rodearse de** *v + prep* s'entourer de.

rodeo *m* détour *m*; *(espectáculo)* rodéo *m*; **dar ~s** *(fig)* tergiverser.

rodilla *f* genou *m*; **de ~s** à genoux.

rodillo *m* rouleau *m*.

roer *vt* ronger.

rogar *vt*: **~ a alguien que haga algo** prier qqn de

faire qqch.

rojo, **-ja** *adj* rouge. ◆ *m, f (en política)* rouge *mf*. ◆ *m (color)* rouge *m*.

rollito *m* rouleau *m (de primtemps)*.

rollo *m (cilindro)* rouleau *m*; *(película fotográfica)* pellicule *f*.

romana *f*: **a la ~** à la romaine.

románico, **-ca** *adj* roman(-e). ◆ *m* roman *m*.

romano, **-na** *adj* romain(-e).

rombo *m* losange *m*.

romería *f* pèlerinage *m*; *(fiesta popular)* fête *f* patronale.

romero *m* romarin *m*.

rompecabezas *m inv (juego)* puzzle *m*; *(asunto complicado)* casse-tête *m inv*.

rompeolas *m inv* brise-lames *m inv*.

romper *vt* casser; *(rasgar)* déchirer; *(hábito, relación, silencio)* rompre; *(monotonía, amistad)* briser. ◆ *vi (olas)* se briser; **~ con** rompre avec.

ron *m* rhum *m*.

roncar *vi* ronfler.

ronco, **-ca** *adj* enroué(-e).

ronda *f (paseo)* promenade *f*; *(camino)* boulevard *m* périphérique; *(vigilancia)* ronde *f*.

rondín *m (Amér) (vigilante)* gardien *m*; *(instrumento)* harmonica *m*.

ronquido *m* ronflement *m*.

ronroneo *m* ronronnement *m*.

ropa *f* vêtements *mpl*; **~ blanca** linge *m* blanc; **~ interior** sous-vêtements *mpl*; **~ sucia** linge *m* sale.

roquefort [roke'for] *m* roquefort *m*; **al ~** au roquefort.

rosa *f & adj inv* rose.

rosal *m* rosier *m*.

rosario *m (oración)* rosaire *m*; *(objeto)* chapelet *m*.

rosetón *m* rosace *f*.

rosquilla *f petite pâtisserie sèche en forme d'anneau*.

rostro *m* visage *m*.

roto, **-ta** *adj* cassé(-e). ◆ *m (en ropa)* accroc *m*.

rotonda *f (plaza)* rond-point *m*; *(edificio)* rotonde *f*.

rotulador *m* feutre *m*.

rótulo *m* écriteau *m*.

rozar *vt* frôler. ❑ **rozarse** *vpr*

(desgastarse) s'user.

Rte. *(abrev de remitente)* exp.

rubí *m* rubis *m*.

rubio, -bia *adj* blond(-e).

ruborizarse *vpr* rougir.

rudimentario, -ria *adj* rudimentaire.

rudo, -da *adj (descortés, basto)* grossier(-ère); *(violento)* rude.

rueda *f* roue *f*; *(corro)* cercle *m*; **~ de prensa** conférence *f* de presse; **~ de repuesto** o **de recambio** roue de secours.

ruedo *m (plaza de toros)* arène *f*; *(límite exterior)* bord *m (circulaire)*.

ruego *m* prière *f (demande)*.

rugido *m* rugissement *m*.

rugoso, -sa *adj (aspero)* rugueux(-euse); *(con arrugas)* fripé(-e).

ruido *m* bruit *m*.

ruin *adj (malo)* vil(-e); *(avaro)* avare.

ruina *f* ruine *f*. ❑ **ruinas** *fpl* ruines *fpl*.

ruiseñor *m* rossignol *m*.

ruleta *f* roulette *f*.

rulo *m (objeto)* bigoudi *m*; *(rizo)* boucle *f (de cheveux)*.

ruma *f (Amér)* tas *m*.

rumba *f* rumba *f*.

rumbo *m* cap *m*; **~ a** en direction de.

rumor *m (chisme)* rumeur *f*; *(ruido)* brouhaha *m*.

rumorearse *vpr*: **se rumorea que ...** le bruit court que ...

ruptura *f* rupture *f*.

rural *adj* rural(-e).

ruta *f (itinerario)* route *f*.

rutina *f* routine *f*.

S

s *(abrev de segundo)* s.

S *(abrev de San)* St.

SA *f (abrev de sociedad anónima)* SA *f*.

sábado *m* samedi *m*; **cada ~, todos los ~s** tous les samedis; **caer en ~** tomber un samedi; **el próximo ~, el ~ que viene** samedi prochain; **el ~ por la mañana/tarde/noche** samedi matin/après-midi/soir; **este ~** *(pasado)* samedi dernier; *(próximo)* samedi prochain; **los ~s** le samedi.

sábana *f* drap *m*.

sabañón *m* engelure *f*.

saber *m* savoir *m*. ◆ *vt* savoir; *(entender de)* s'y connaître en. ◆ *vi (Amér: soler)* avoir l'habitude de; ~ **bien/mal** *(alimento, bebida)* avoir bon/mauvais goût; ~ **mal a alguien** *(disgustar)* ne pas plaire à qqn. ❑ **saber a** *v + prep (tener sabor de)* avoir un goût de.

sabiduría *f (conocimiento)* savoir *m*; *(prudencia)* sagesse *f*.

sable *m* sabre *m*.

sabor *m* goût *m*.

sabotaje *m* sabotage *m*.

sacacorchos *m inv* tire-bouchon *m*.

sacapuntas *m inv* taille-crayon *m*.

sacar *vt* sortir; *(conseguir, obtener)* obtenir; *(premio)* gagner; *(copia, foto)* faire. ◆ *vi (en tenis)* servir; ~ **billetes/entradas** prendre des billets; ~ **brillo** faire briller; ~ **dinero** retirer de l'argent; ~ **la lengua** tirer la langue. ❑ **sacarse** *vpr (carné, permiso)* passer.

sacarina *f* saccharine *f*.

sacerdote *m* prêtre *m*.

saciar *vt* assouvir; ~ **la sed** étancher sa soif.

saco *m* sac *m*; *(Amér)* veste *f*; ~ **de dormir** sac de couchage.

sacramento *m* sacrement *m*.

sacrificar *vt* sacrifier; *(para el consumo)* abattre. ❑ **sacrificarse** *vpr* se sacrifier; **~se por** se sacrifier pour.

sacudir *vt* secouer.

safari *m (expedición)* safari *m*; *(parque zoológico)* parc *m* animalier.

sagrado, -da *adj* sacré(-e).

sal *f* sel *m*; *(fig: gracia)* piquant *m*. ❑ **sales** *fpl (de baño)* sels *mpl*.

sala *f* salle *f*; ~ **de espera** salle d'attente; ~ **de estar** salle de séjour; ~ **de fiestas** salle de bal; ~ **de juegos** salle de jeux.

salamandra *f* salamandre *f*.

salar *vt* saler.

salario *m* salaire *m*.

salchicha *f* saucisse *f*.

salchichón *m* saucisson *m*.

saldo *m* solde *m*.

salero *m* salière *f*; *(gracia)* charme *m*.

salida *f* sortie *f*; *(en transporte, deporte)* départ *m*; *(de productos)* débouchés *mpl*; **'~ sin compra'** 'sortie sans achat'; **~ de socorro** O **emergencia** sortie de secours; **~s internacionales** *(de tren, avión)* départs internationaux.

salir *vi* 1. *(gen)* sortir.
2. *(marcharse)* partir.
3. *(resultar)*: **ha salido muy estudioso** il est très studieux; **salió elegida mejor actriz del año** elle a été élue meilleure actrice de l'année.
4. *(resolver)*: **este problema no me sale** je n'arrive pas à résoudre ce problème.
5. *(proceder)*: **el vino sale de la uva** le raisin donne le vin.
6. *(sol)* se lever.
7. *(dientes, plantas)* pousser.
8. *(publicación)* paraître.
9. *(en imagen, prensa)*: **¡qué bien sales en la foto!** tu es très bien sur la photo!; **mi vecina salió en la tele** ma voisine est passée à la télé.
10. *(en locuciones)*: **~ adelante** *(persona, empresa)* s'en sortir.

❑ **salirse** *vpr* 1. *(marcharse)*: **~se (de)** sortir (de).
2. *(rebosar)* déborder.
3. *(desviarse)*: **~se de** *(vía)* dérailler; **el coche se salió de la carretera** la voiture a quitté la route.

saliva *f* salive *f*.

salmón *m* saumon *m*; **~ ahumado/fresco** saumon fumé/frais.

salmonete *m* rouget *m*.

salón *m* salon *m*; *(de edificio público)* salle *f*; **~ del automóvil** salon de l'automobile; **~ recreativo** salle de jeux.

salpicadero *m* tableau *m* de bord.

salpicar *vt* éclabousser.

salpicón *m* *morceaux de viande ou de poisson assaisonnés d'oignon, d'huile et de vinaigre*; **~ de marisco** *'salpicón')*.

salpimentar *vt* saupoudrer de sel et de poivre.

salsa *f* sauce *f*; *(gracia)* attrait *m*; *(baile, música)* salsa *f*; **~ bechamel** sauce béchamel; **~ rosa** sauce cocktail; **~ de tomate** sauce tomate; **~ verde** ≃ sauce tartare.

salsera *f* saucière *f*.

saltamontes *m inv* sauterelle *f*.

saltar *vi* sauter; *(levantarse)* bondir; *(desprenderse)* tomber. ◆ *vt (obstáculo)* sauter; *(espacio)* sauter dessus. ❑ **saltarse** *vpr (omitir)* sauter; *(no respetar)* ignorer; *(semáforo)* brûler.

salteado, -da *adj* sauté(-e); **la falda tiene lunares** [illegible]**s** la jupe est parsemée de pois.

saltear *vt (asaltar)* attaquer; *(CULIN)* faire sauter.

salto *m* saut *m*; *(en el tiempo)* bond *m*; **~ de agua** chute *f* d'eau; **~ de cama** saut-de-lit *m*.

salud *f* santé *f*; **¡(a tu) ~!** (à ta) santé!

saludar *vt* saluer.

saludo *m* salut *m*. ❑ **saludos** *mpl (recuerdos)* bonjour *m*.

salvación *f (RELIG)* salut *m*; **no tener ~** *(enfermo)* être perdu(-e).

Salvador *m*: **El ~** le Salvador.

salvadoreño, -ña *adj* salvadorien(-enne).

salvaje *adj* sauvage.

salvamanteles *m inv* dessous-de-plat *m inv*.

salvar *vt* sauver; *(obstáculo)* franchir; *(distancia)* parcourir. ❑ **salvarse** *vpr (persona)* réchapper de.

salvavidas *m inv* bouée *f* de sauvetage.

salvo *adv* sauf; **a ~** à l'abri.

san *adj* → **santo**.

sanatorio *m* clinique *f*.

sanción *f* sanction *f*.

sancochado *m (Amér) plat de viande, de banane plantain et de manioc*.

sancochar *vt (Amér) faire une cuisine peu relevée*.

sandalia *f* sandale *f*.

sandía *f* pastèque *f*.

sandwich ['sanwitʃ] *m* sandwich *m (de pain de mie)*.

sanfermines *mpl fête patronale de Pampelune, célèbre pour ses courses de taureaux*.

sangrar *vi* saigner.

sangre *f* sang *m*; **~ azul** sang bleu; **~ fría** sang-froid *m*.

sangría *f* saignée *f*; *(bebida)* sangria *f*.

sangriento, -ta *adj (con sangre)* sanglant(-e); *(cruel)* sanguinaire.

sanidad *f (higiene)* hygiène *f*; *(servicios de salud)* secteur *m* médical.

sanitario, **-ria** *adj* sanitaire. ❑ **sanitarios** *mpl* sanitaires *mpl*.

sano, **-na** *adj* sain(-e); *(sin daño)* intact(-e); **~ y salvo** sain et sauf.

santo, **-ta** *adj & m, f* saint(-e). ◆ *m (de persona)* fête *f*.

santuario *m* sanctuaire *m*.

sapo *m* crapaud *m*.

saque *m (inicio)* coup *m* d'envoi; *(en tenis)* service *m*.

saquear *vt (ciudad, tienda)* mettre à sac.

sarampión *m* rougeole *f*.

sarcástico, **-ca** *adj* sarcastique.

sardina *f* sardine *f*; **~s a la plancha** sardines grillées.

sargento *m* sergent *m*.

sarna *f* gale *f*.

sarpullido *m* éruption *f* cutanée.

sarro *m* tartre *m*.

sartén *f* poêle *f*.

sastre *m* tailleur *m*.

satélite *m* satellite *m*.

sátira *f* satire *f*.

satisfacer *vt* satisfaire.

satisfecho, **-cha** *adj (complacido)* satisfait(-e); *(harto)* repu(-e).

sauce *m* saule *m*.

sauna *f* sauna *m*.

sazonar *vt* assaisonner.

se *pron* 1. *(reflexivo, recíproco)* se; **el niño ~ lava los dientes** le petit se lave les dents; **siénte~** asseyez-vous; **~ quieren** ils s'aiment.
2. *(en construcción pasiva)*: **~ ha suspendido la reunión** la réunion a été suspendue.
3. *(en construcción impersonal)* on; **'~ habla inglés'** on parle anglais; **'~ prohíbe fumar'** 'interdiction de fumer'.
4. *(a él, ella)* lui.
5. *(a ellos, ellas)*: **~ lo dije pero no me creyeron** je le leur ai dit mais ils ne m'ont pas cru.
6. *(a usted, ustedes)* vous.

secador *m* séchoir *m*; **~ de cabello** sèche-cheveux *m*.

secadora *f (de ropa)* sèche-linge *m*.

secar *vt (dejar seco)* sécher; *(enjugar)* essuyer. ❑ **secarse** *vpr (ropa, cabello, superficie)* sécher.

sección *f* section *f*.

secretaría *f* secrétariat *m*.

secretario, **-ria** *m, f* secrétaire *mf*.

secreto, **-ta** *adj* secret (-ète). ◆ *m* secret *m*; **en ~** en secret.

secta *f* secte *f*.

sector *m* secteur *m*.

secuestro *m (de persona)* enlèvement *m*; *(de avión)* détournement *m*.

secundario, **-ria** *adj* secondaire.

sed *f* soif *f*.

seda *f* soie *f*.

sedante *m* sédatif *m*.

sede *f* siège *m*.

seductor, **-ra** *adj* séduisant(-e). ◆ *m, f* séducteur *m* (-trice *f*).

segar *vt (cereal)* moissonner; *(hierba)* faucher.

seguido, **-da** *adj (continuo)* continu(-e); *(consecutivo)* de suite, d'affilée. ◆ *adv (en línea recta)* tout droit; **en seguida** tout de suite; **todo ~** tout droit.

seguir *vt* suivre; *(reanudar)* poursuivre. ◆ *vi* continuer.

según *prep* selon. ◆ *adv (como)* comme; *(a medida que)* (au fur et) à mesure que; **~ yo/tú** selon moi/toi.

segunda *f (velocidad)* seconde *f*, → **segundo**.

segundero *m* trotteuse *f (d'une montre)*.

segundo, **-da** *núm* deuxième, second(-e). ◆ *m (de tiempo)* seconde *f*, → **sexto**.

seguramente *adv (con seguridad)* sûrement; *(probablemente)* probablement.

seguridad *f* sécurité *f*. ❑ **Seguridad Social** *f* Sécurité *f* sociale.

seguro, **-ra** *adj* sûr(-e). ◆ *m (de coche, vida, casa)* assurance *f*. ◆ *adv* sûrement; **estar ~** *(sin temor)* être tranquille; *(cierto, confiado)* être sûr.

seis *adj inv & m* six. ◆ *mpl* six. ◆ *fpl*: **las ~** six heures; **doscientos ~** deux cent six; **treinta y ~** trente-six; **de ~ en ~** six par six; **empatados a ~** six partout; **los ~** les six; **~ a cero** six à zéro.

seiscientos *núm* six cents, → **seis**.

selección *f* sélection *f*.

selecto, **-ta** *adj* de choix.

self-service *m* self-service *m*.

sello *m (de correos)* timbre *m*;

(tampón) tampon *m*.

selva *f* forêt *f* vierge.

semáforo *m* feu *m* (de signalisation).

semana *f* semaine *f*. ❑ **Semana Santa** *f* semaine *f* sainte.

sembrar *vt* semer.

semejante *adj (parecido)* semblable; *(tal)* pareil(-eille).

semejanza *f* ressemblance *f*.

semen *m* sperme *m*.

semestre *m* semestre *m*.

semidesnatado, **-da** *adj (leche)* demi-écrémé(-e); *(yogur)* à 50% de matières grasses.

semilla *f* graine *f*.

sémola *f* semoule *f*.

Senado *m*: **el ~** le Sénat.

sencillo, **-lla** *adj* simple. ◆ *m (Amér: monedas)* petite monnaie *f*.

sendero *m* sentier *m*.

sensación *f* sensation *f*; **causar ~** faire sensation.

sensato, **-ta** *adj* sensé(-e).

sensible *adj* sensible.

sensual *adj* sensuel(-elle).

sentado, **-da** *adj* réfléchi(-e); **dar por ~** considérer comme acquis.

sentar *vt* asseoir. ◆ *vi*: **~ bien/mal a alguien** *(comida, bebida)* réussir/ne pas réussir à qqn; *(ropa, zapatos, joyas)* aller bien/mal à qqn; *(dicho, hecho, broma)* plaire/déplaire à qqn. ❑ **sentarse** *vpr* s'asseoir.

sentencia *f* sentence *f*.

sentenciar *vt* condamner.

sentido *m* sens *m*; *(entendimiento)* raison *f*; **~ común** sens commun.

sentimiento *m* sentiment *m*; *(pena)* douleur *f*.

sentir *vt (percibir, apreciar)* sentir; *(miedo, dolor)* avoir; *(alegría, tristeza)* éprouver; *(lamentar)* regretter; **lo siento** *(disculpa)* je suis désolé(-e); *(pésame)* toutes mes condoléances. ❑ **sentirse** *vpr* se sentir; **~se bien/mal** se sentir bien/mal.

seña *f* signe *m*. ❑ **señas** *fpl (domicilio)* adresse *f*, coordonnées *fpl*; *(características)* signes *mpl*; **~s personales** *(rasgos físicos)* signes particuliers.

señal *f (distintivo)* insigne *m*; *(signo, indicio)* signe *m*; *(aviso, orden)* signal *m*; *(de teléfono)* tonalité *f*; **~ de tráfico** panneau *m* de signalisation.

señalado, **-da** *adj* important(-e).

señalar *vt (poner marca, nombrar)* signaler; *(con la mano, dedo)* montrer; *(lugar, precio, fecha)* fixer.

señor, **-ra** *adj (gran)* beau (belle). ♦ *m* monsieur *m*; *(dueño)* maître *m*; *(caballero)* gentleman *m*.

señora *f* dame *f*; *(tratamiento)* madame *f*; *(esposa)* femme *f*; *(dueña)* maîtresse *f*.

señorita *f (tratamiento)* mademoiselle *f*; *(mujer soltera)* demoiselle *f*; *(maestra)* maîtresse *f*.

señorito, **-ta** *adj (despec: refinado)*: **es muy ~** il aime bien se faire servir. ♦ *m (hijo del amo)* fils *m* de la famille.

separar *vt* séparer; *(apartar)* éloigner. ❑ **separarse** *vpr* se séparer.

sepia *f* seiche *f*; **~ a la plancha** seiche grillée.

septiembre *m* = **setiembre**.

séptimo, **-ma** *núm* septième, → **sexto**.

sepulcro *m* tombeau *m*.

sequía *f* sécheresse *f*.

ser *m* être *m*; **~ humano/vivo** être humain/vivant.

♦ *v aux (forma la voz pasiva)* être.

♦ *v copulativo* être; **mi abrigo es rojo** mon manteau est rouge; **son estudiantes** ils sont étudiants; **el gato es un mamífero** le chat est un mammifère; **~ de** *(estar hecho de)* être en; *(ser originario de)* être de; *(pertenecer a)* être à; *(formar parte de)* être membre de; **eres como tu padre** tu es comme ton père.

♦ *vi* **1.** *(suceder, ocurrir)* avoir lieu; **el eclipse fue ayer** l'éclipse a eu lieu hier.

2. *(haber, existir)* être; **¿cuánto es?** c'est combien?; **hoy es martes** aujourd'hui on est mardi; **¿qué hora es?** quelle heure est-il?

3. *(causar)*: **el negocio fue su ruina** cette affaire a causé sa perte.

4. *(en locuciones)*: **a no ~ que** à moins que; **como sea** coûte que coûte; **o sea** c'est-à-dire.

♦ *v impers (expresión de tiempo)*: **es de día/de noche** il fait jour/nuit; **es muy tarde** il est très tard.

❑ **ser para** *v + prep (servir, adecuarse)*: **este trapo es para limpiar los cristales** ce chiffon sert à nettoyer les vitres; **este libro no es para los niños** ce n'est pas un livre pour les enfants.

sereno, **-na** *adj (persona)* serein(-e); *(tiempo)* clair(-e); *(mar)* calme.

serie *f* série *f*.

serio, **-ria** *adj* sérieux (-euse); *(sin adornos)* strict(-e); **en ~** sérieusement; **tomar en ~** prendre au sérieux.

sermón *m* sermon *m*.

serpentina *f* serpentin *m*.

serpiente *f* serpent *m*.

serrar *vt* scier.

serrín *m* sciure *f*.

servicio *m* service *m*; *(criados)* domestiques *mpl*; **~s mínimos** service minimum; **~ público** service public; **~ de revelado rápido** développement *m* rapide; **~ urgente** service urgent. ❑ **servicios** *mpl* toilettes *fpl*.

servilleta *f* serviette *f* (de table).

servir *vt* servir; *(ser útil a)* être utile à. ◆ *vi* servir; *(ropa, zapatos)* aller; **~ de algo** servir à qqch. ❑ **servirse** *vpr* se servir; **sírvase usted mismo** servez-vous.

sesenta *núm* soixante, → **seis**.

sesión *f* séance *f*; *(de teatro)* représentation *f*; **un cine de ~ continua** un cinéma permanent.

sesos *mpl (de animal)* cervelle *f*; *(de persona)* jugeote *f*.

seta *f* champignon *m*; **~s al ajillo/con gambas** champignons à l'ail/aux crevettes.

setecientos, **-tas** *núm* sept cents, → **seis**.

setenta *núm* soixante-dix, → **seis**.

setiembre *m* septembre *m*; **a principios/mediados/finales de ~** début/à la mi-/fin septembre; **el pasado/próximo (mes de) ~** en septembre dernier/prochain; **en ~** en septembre; **este (mes de) ~** *(pasado)* en septembre dernier; *(próximo)* en septembre prochain; **para ~** en septembre; **el nueve de ~** le neuf septembre.

seto *m* haie *f*.

severo, **-ra** *adj* sévère.

sevillanas *fpl (baile)* danse

populaire andalouse.

sexo *m* sexe *m*.

sexto, -ta *adj & m, f* sixième. ◆ *m (fracción)* sixième *m*; **~ (de E.G.B.)** = sixième *f*; **el ~** le sixième; **la sexta** la sixième; **capítulo ~** chapitre six; **el ~ día** le sixième jour; **en ~ lugar, en sexta posición** en sixième position; **la sexta parte** un sixième.

show ['ʃow] *m* show *m*.

si *conj* si.

sí (*pl* **síes**) *adv (afirmación)* oui. ◆ *pron (él)* lui; *(ella)* elle; *(ellos)* eux; *(ellas)* elles; *(usted, ustedes)* vous. ◆ *m* approbation *f*.

sida *m* sida *m*.

sidecar *m* side-car *m*.

sidra *f* cidre *m*.

siega *f* moisson *f*.

siembra *f* semailles *fpl*.

siempre *adv* toujours; *(Amér: con toda seguridad)* vraiment; **desde ~** depuis toujours.

sien *f* tempe *f*.

sierra *f (herramienta)* scie *f*; *(de montañas)* chaîne *f*.

siesta *f* sieste *f*; **echar una ~** faire la sieste.

siete *núm* sept, → **seis**. ◆ *f*: **¡la gran ~!** *(admiración: Amér: fam)* ouah!; *(enfado)* purée!

sifón *m (botella)* siphon *m*; *(agua con gas)* eau *f* de Seltz.

siglas *fpl* sigles *mpl*.

siglo *m* siècle *m*.

significar *vt* signifier.

signo *m* signe *m*.

siguiente *adj & mf* suivant(-e); **el ~** le suivant.

silbar *vi & vt* siffler.

silbato *m* sifflet *m*.

silbido *m* sifflement *m*.

silenciador *m* silencieux *m*.

silencio *m* silence *m*.

silla *f* chaise *f*; **~ de montar** selle *f*; **~ de ruedas** fauteuil *m* roulant.

sillín *m* selle *f (de bicyclette etc)*.

sillón *m* fauteuil *m*.

silueta *f* silhouette *f*.

silvestre *adj (planta)* sauvage.

símbolo *m* symbole *m*.

simétrico, -ca *adj* symétrique.

similar *adj* semblable.

similitud *f* similitude *f*.

simpático, **-ca** *adj* sympathique.

simple *adj* simple; *(ingenuo)* simplet(-ette).

simular *vt* simuler.

simultáneo, **-a** *adj* simultané(-e).

sin *prep* sans.

sincero, **-ra** *adj* sincère.

sincronizar *vt* synchroniser.

sindicato *m* syndicat *m*.

sinfonía *f* symphonie *f*.

singular *adj* singulier(-ère); *(único)* unique. ◆ *m* singulier *m*.

siniestro, **-tra** *adj* sinistre.

sino *conj (para contraponer)* mais; *(excepto)* sauf.

síntesis *f* synthèse *f*.

sintético, **-ca** *adj* synthétique.

síntoma *m* symptôme *m*.

sintonía *f (música)* indicatif *m*; *(de estación de radio)* fréquence *f*.

sinvergüenza *mf (estafador)* crapule *f*; *(descarado)* effronté *m* (-e *f*).

siquiera *adv* au moins; **ni ~** même pas.

sirena *f* sirène *f*.

sirviente, **-ta** *m, f* domestique *mf*.

sisa *f (de vestido)* emmanchure *f*.

sistema *m* système *m*; **por ~** systématiquement.

sitiar *vt* assiéger.

sitio *m (lugar)* endroit *m*; *(espacio)* place *f*; *(Amér: de taxis)* station *f*; **en otro ~** ailleurs; **hacer ~** faire de la place.

situar *vt (colocar)* placer; *(localizar)* situer. ❑ **situarse** *vpr* se placer.

skin head *mf* skinhead *mf*.

SL *f (abrev de sociedad limitada)* SARL *f*.

s/n *(abrev de sin número) dans la formulation d'une adresse, symbole indiquant qu'il n'y a pas de numéro.*

sobaco *m* aisselle *f*.

soberbia *f* orgueil *m*.

soborno *m* corruption *f*.

sobrar *vi* rester; *(estar de más)* être de trop.

sobras *fpl (de comida)* restes *mpl*.

sobrasada *f saucisson pimenté typique de Majorque.*

sobre[1] *prep* 1. *(gen)* sur; ~

todo surtout.

2. *(por encima de)* au-dessus de.

3. *(alrededor)* vers.

sobre[2] *m* enveloppe *f*.

sobreático *m* = chambre *f* de bonne.

sobrecarga *f* surcharge *f*.

sobredosis *f inv* overdose *f*.

sobremesa *f temps passé à bavarder à table après le repas.*

sobrenombre *m* surnom *m*.

sobrepasar *vt* dépasser.

sobreponer *vt* superposer. ❑ **sobreponerse a** *v + prep (no dejarse abatir por)* surmonter.

sobresalir *vi (en altura)* dépasser; *(en importancia)* se distinguer.

sobresalto *m* sursaut *m*.

sobrevivir *vi* survivre.

sobrevolar *vt* survoler.

sobrino, -na *m, f* neveu *m* (nièce *f*).

sobrio, -bria *adj* sobre.

sociedad *f* société *f*.

socio, -cia *m, f (de club, asociación)* membre *m*; *(de negocio)* associé *m* (-e *f*).

sociología *f* sociologie *f*.

socorrer *vt* secourir.

socorro *m* secours *m*. ◆ *interj* au secours!

soda *f* soda *m*.

sofá *m* canapé *m*.

sofisticado, -da *adj* sophistiqué(-e).

sofocante *adj (calor, ambiente)* étouffant(-e).

sofoco *m (ahogo)* étouffement *m*; *(vergüenza)* honte *f*.

sofrito *m friture d'oignons et de tomates.*

sol *m* soleil *m*; *(de plaza de toros) place côté soleil dans l'arène.*

solamente *adv* seulement.

solapa *f (de vestido, chaqueta)* revers *m*; *(de libro)* rabat *m*.

solar *adj (del sol)* solaire. ◆ *m (terreno)* terrain *m* vague.

solárium *m* solarium *m*.

soldado *m* soldat *m*.

soldar *vt* souder.

soleado, -da *adj* ensoleillé (-e).

soledad *f* solitude *f*; *(tristeza)* tristesse *f*.

solemne *adj* solennel(-elle); *(grande)* grandiose.

soler *vi*: **suele cenar tarde** en général il dîne tard.

solfeo *m* solfège *m*.

solicitud *f* demande *f*.

solidaridad *f* solidarité *f*.

sólido, **-da** *adj* & *m* solide.

solista *mf* soliste *mf*.

solitario, **-ria** *adj* & *m*, *f* solitaire.

sollozo *m* sanglot *m*.

solo, **-la** *adj* seul(-e); *(vacío)* désert(-e); **a solas** tout seul (toute seule); **un café ~** un café noir.

sólo *adv* seulement.

solomillo *m* filet *m*; **~ a la parrilla** filet grillé.

soltar *vt* lâcher; *(dejar libre)* libérer.

soltero, **-ra** *adj* & *m*, *f* célibataire.

soltura *f* aisance *f*.

solución *f* solution *f*.

solucionar *vt* résoudre.

sombra *f* ombre *f*; *(de plaza de toros) place côté ombre dans l'arène*; **a la ~** à l'ombre; **dar ~** donner de l'ombre.

sombrero *m* chapeau *m*.

sombrilla *f* parasol *m*.

someter *vt* soumettre.

somier *m* sommier *m*.

somnífero *m* somnifère *m*.

sonajero *m* hochet *m*.

sonar *vi (teléfono, timbre)* sonner; *(ser conocido)* dire quelque chose. ❑ **sonar a** *v + prep (parecer)* avoir l'air. ❑ **sonarse** *vpr (nariz)* se moucher.

sonido *m* son *m*.

sonoro, **-ra** *adj* sonore.

sonreír *vi* sourire.

sonrisa *f* sourire *m*.

sonrojarse *vpr* rougir.

soñar *vi* & *vt* rêver; **~ con** rêver de.

sopa *f* soupe *f*; **~ de ajo** potage *m* à l'ail; **~ de cebolla** soupe à l'oignon; **~ de marisco/de pescado** soupe de fruits de mer/de poissons.

soplar *vi* souffler.

soplido *m* souffle *m*.

soplo *m* souffle *m*.

soportales *mpl* arcades *fpl*.

soportar *vt* supporter.

soporte *m* support *m*.

soprano *mf* soprano *mf*.

sorber *vt (beber)* boire; *(haciendo ruido)* boire en aspirant.

sorbete *m* sorbet *m*; **~ de frambuesa/de limón** sorbet à la framboise/au citron.

sordo, **-da** *adj* & *m*, *f*

sourd(-e).

sordomudo, -da *m, f* sourd-muet *m* (sourde-muette *f*).

soroche *m (Amér)* mal *m* des montagnes.

sorprender *vt* surprendre. ❑ **sorprenderse** *vpr* être surpris(-e).

sorpresa *f* surprise *f*; **por ~** par surprise.

sorpresivo, -va *adj (Amér)* inattendu(-e).

sortear *vt (rifar)* tirer au sort.

sortija *f* bague *f*.

SOS *m* SOS *m*.

soso, -sa *adj (comida, alimento)* fade; *(persona)* insipide.

sospechar *vt* soupçonner. ❑ **sospechar de** *v + prep*: **~ de alguien** soupçonner qqn.

sostén *m (apoyo)* soutien *m*; *(prenda femenina)* soutien-gorge *m*.

sostener *vt* soutenir; *(mantener, alimentar)* entretenir. ❑ **sostenerse** *vpr (sujetarse)* se tenir; *(tenerse en pie)* tenir debout.

sotana *f* soutane *f*.

sótano *m* sous-sol *m*.

Sr. *(abrev de señor)* M.

Sra. *(abrev de señora)* Mme.

Sres. *(abrev de señores)* MM.

Srta. *(abrev de señorita)* Mlle.

Sta. *(abrev de santa)* Ste.

Sto. *(abrev de santo)* St.

stop *m* stop *m*.

su (*pl* **sus**) *adj (de él, ella)* son, sa; *(de ellos, ellas)* leur; *(de usted, ustedes)* votre; **~s libros** *(de él, ella)* ses livres; *(de ellos, ellas)* leurs livres; *(de usted, ustedes)* vos livres.

suave *adj* doux (douce).

suavizante *m* adoucissant *m*.

subasta *f* vente *f* aux enchères.

subconsciente *m* subconscient *m*.

subdesarrollo *m* sous-développement *m*.

súbdito, -ta *m, f (de país)* ressortissant *m* (-e *f*).

subida *f (ascensión)* ascension *f*; *(pendiente, cuesta)* montée *f*; *(de precios, temperatura)* hausse *f*.

subir *vt* monter; *(precio)* augmenter; *(voz)* élever; *(persiana, ventanilla)* remonter. ◆ *vi* monter; **~ a** *(piso)* monter à;

(montaña) faire l'ascension de; *(avión, coche)* monter dans; *(cuenta, factura)* s'élever à.
súbito, **-ta** *adj* soudain(-e).
subjetivo, **-va** *adj* subjectif(-ive).
sublevar *vt* révolter. ❑ **sublevarse** *vpr (contra la autoridad)* se soulever.
sublime *adj* sublime.
submarinismo *m* plongée *f* sous-marine.
submarino *m* sous-marin *m*.
subrayar *vt* souligner.
subsistencia *f* subsistance *f*.
subterráneo, **-a** *adj* souterrain(-e). ◆ *m* souterrain *m*.
subtítulo *m* sous-titre *m*.
suburbio *m* banlieue *f (défavorisée)*.
sucedáneo *m* succédané *m*.
suceder *v impers* arriver. ❑ **suceder a** *v + prep* succéder à.
sucesión *f* succession *f*; *(descendencia)* descendance *f*.
suceso *m* événement *m*.
sucio, **-cia** *adj* sale; *(que puede ensuciarse)* salissant(-e). ◆ *adv*: **jugar ~** tricher.
sucumbir *vi* succomber.
sucursal *f* succursale *f*.
sudadera *f* sweat-shirt *m*.
sudado *m (Amér)* ragoût *m*.
Sudamérica *s* Amérique *f* du Sud.
sudamericano, **-na** *adj* sud-américain(-e).
sudar *vi (persona)* suer, transpirer.
sudor *m* sueur *f*, transpiration *f*.
suegro, **-gra** *m, f* beau-père *m* (belle-mère *f*).
suela *f* semelle *f*.
sueldo *m* salaire *m*.
suelo *m (piso)* sol *m*; *(terreno)* terrain *m*; **en el ~** par terre.
suelto, **-ta** *adj* détaché(-e); *(ropa)* ample. ◆ *m (dinero)* monnaie *f*.
sueño *m* sommeil *m*; *(fantasía, deseo)* rêve *m*.
suero *m* sérum *m*.
suerte *f (azar, casualidad)* hasard *m*; *(fortuna)* chance *f*; *(futuro)* sort *m*; *(en el toreo) nom donné aux actions exécutées au cours des 'tercios')*. ◆ *interj* bonne chance!

suéter *m* pull *m*.

suficiente *adj* suffisant(-e).

sufragio *m* suffrage *m*.

sufrido, -da *adj (persona)* résigné(-e); *(color)* peu salissant(-e).

sufrir *vt (accidente, caída)* être victime de; *(persona)* supporter. ◆ *vi* souffrir; **~ de** souffrir de.

sugerencia *f* suggestion *f*.

suicidio *m* suicide *m*.

suite ['swit] *f (de hotel)* suite *f*.

Suiza *s* Suisse *f*.

suizo, -za *adj* suisse. ◆ *m (bollo) sorte de petit pain au lait.*

sujetador *m* soutien-gorge *m*.

sujetar *vt (agarrar)* tenir; *(asegurar, aguantar)* maintenir. ❑ **sujetarse** *vpr (agarrarse)* se tenir.

suma *f* somme *f*; *(operación)* addition *f*.

sumar *vt* additionner.

sumergirse *vpr* plonger.

suministro *m (acción)* fourniture *f*; *(abasto, víveres)* approvisionnement *m*.

sumiso, -sa *adj* soumis(-e).

súper *adj (fam)* super. ◆ *m (fam)* supermarché *m*. ◆ *f (gasolina)* super *m*.

superar *vt (persona)* surpasser; *(límite)* dépasser; *(prueba, obstáculo)* surmonter. ❑ **superarse** *vpr* se surpasser.

superficial *adj* superficiel (-elle).

superior *adj* supérieur(-e); **~ a** supérieur(-e).

supermercado *m* supermarché *m*.

superponer *vt* superposer.

superstición *f* superstition *f*.

superviviente *mf* survivant *m* (-e *f*).

suplemento *m* supplément *m*.

supletorio, -ria *adj*: **cama supletoria** lit *m* supplémentaire.

súplica *f (petición)* requête *f*.

suplir *vt (falta, carencia)* compenser; *(persona)* remplacer.

suponer *vt* supposer; *(imaginar)* imaginer.

supositorio *m* suppositoire *m*.

suprimir *vt* supprimer.

supuesto, -ta *adj (falso)* prétendu(-e); *(presunto)* présumé(-e). ♦ *m* hypothèse *f*; **por ~** bien sûr.

sur *m (zona)* Sud *m*. ❑ **Sur** *m (punto cardinal)* sud *m*.

surco *m* sillon *m*; *(de piel)* ride *f*.

surf *m* surf *m*.

surgir *vi* surgir; *(brotar)* jaillir.

surtido, **-da** *adj* approvisionné(-e). ♦ *m (de prendas)* choix *m*; *(de pastas)* assortiment *m*.

surtidor *m (de agua)* jet *m*; *(de gasolina)* pompe *f*.

susceptible *adj* susceptible; **~ de** susceptible de.

suscripción *f (a una publicación)* abonnement *m*; *(pago)* souscription *f*.

suspender *vt* suspendre; *(examen)* rater.

suspense *m* suspense *m*.

suspensores *mpl (Amér)* bretelles *fpl*.

suspirar *vi* soupirer. ❑ **suspirar por** *v + prep (coche, viaje)* avoir une folle envie de; *(persona)* soupirer après.

suspiro *m* soupir *m*.

sustancia *f* substance *f*; *(de alimento)* consistance *f*.

sustituir *vt* remplacer.

susto *m* peur *f*; **¡qué ~!** quelle peur!

sustraer *vt (robar)* subtiliser; *(restar)* soustraire.

susurrar *vi* & *vt (persona)* chuchoter.

suyo, **-ya** *adj (de él, de ella)* à lui (à elle); *(de usted, ustedes)* à vous; *(de ellos)* à eux; *(de ellas)* à elles. ♦ *pron*: **el ~** *(de él)* le sien; *(de usted, ustedes)* le vôtre; *(de ellos)* le leur.

T

tabaco *m* tabac *m*; **¿tienes ~?** tu as une cigarette?

tábano *m* taon *m*.

taberna *f* bistrot *m*.

tabique *m* cloison *f*.

tabla *f* planche *f*; *(de metal)* plaque *f*; *(lista, gráfico)* tableau *m*. ❑ **tablas** *fpl (escenario)* planches *fpl*; **~ de planchar** planche à repasser.

tablao *m*: **~ flamenco** *représentation de flamenco dans un bar.*

tablero *m (tabla)* panneau *m*.

tableta *f (de chocolate)* tablette *f*; *(medicamento)* comprimé *m*.

tablón *m* planche *f*; **~ de anuncios** tableau *m* d'affichage.

tabú *m* tabou *m*.

taburete *m* tabouret *m*.

tacaño, -ña *adj* avare.

tachar *vt (palabra, frase, número)* barrer.

tacho *m (Amér)* poubelle *f*.

taco *m (para pared)* taquet *m*; *(de papel)* bloc *m*; *(de jamón, queso)* dé *m*; *(Amér: tortilla)* taco *m*.

tacón *m* talon *m (de chaussure)*.

tacto *m* toucher *m*; *(en el trato)* tact *m*.

tajada *f (de melón, sandía)* tranche *f*.

tal *adj* tel (telle). ◆ *pron* ceci, cela; **~ vez** peut-être.

taladrar *vt* percer.

talco *m* talc *m*.

talento *m (aptitud)* talent *m*; *(inteligencia)* intelligence *f*.

Talgo *m train articulé doté d'essieux à écartement variable*.

talla *f* taille *f*.

tallarines *mpl* tagliatelles *fpl*.

taller *m (de trabajo manual)* atelier *m*; *(de coches)* garage *m (de réparation de voitures)*.

tallo *m (de flor, planta)* tige *f*.

talón *m (de pie, calcetín)* talon *m*; *(cheque)* chèque *m*.

talonario *m* chéquier *m*.

tamal *m (Amér) petit pâté à base de viande et de farine de maïs enveloppé dans une feuille de bananier ou de maïs*.

tamaño *m* taille *f*.

también *adv* aussi.

tambor *m* tambour *m*; *(de detergente)* baril *m*.

tampoco *adv* non plus.

tampón *m* tampon *m*.

tan *adv* → **tanto**.

tándem *m* tandem *m*.

tanga *m* string *m*.

tango *m* tango *m*.

tanque *m (de guerra)* tank *m*; *(vehículo cisterna)* citerne *f*.

tanto, -ta *adj* 1. *(gen)* tant de, tellement de.
2. *(en comparaciones)*: **hay tantas peras como manzanas** il y a autant de poires que de pommes.

◆ *pron* 1. *(gen)* autant.
2. *(cantidad indeterminada)* tant.
3. *(en locuciones)*: **llegaron a las tantas** ils sont arrivés très tard.
◆ *adv* 1. *(gran cantidad)* autant;
2. *(en comparaciones)*: **es tan alto como su padre** il est aussi grand que son père; **sabe ~ como yo** elle en sait autant que moi.
3. *(en locuciones)*: **por (lo) ~** par conséquent;
◆ *m (cantidad indeterminada)*: **un ~ por hoja** tant par page; **~ por ciento** pourcentage *m*.

tapa *f (de recipiente)* couvercle *m*; *(de libro)* couverture *f*; *(de zapato)* talon *m*; *(de comida) amuse-gueules (olives, anchois, 'tortilla' etc) accompagnant un apéritif*; **'~s variadas'** amuse-gueules variés.

tapabarro *m (Amér)* garde-boue *m inv*.

tapadera *f (de recipiente)* couvercle *m*.

tapar *vt* couvrir; *(botella)* boucher; *(cofre, caja)* fermer; *(ocultar)* cacher. ❑ **taparse** *vpr* se couvrir.

tapete *m* napperon *m*.

tapia *f* mur *m (de clôture)*.

tapiz (*pl* **-ces**) *m* tapisserie *f*.

tapizar *vt (silla, sofá, sillón)* recouvrir.

tapón *m* bouchon *m*; *(en el oído)* bouchon *m (de cire)*.

taquería *f (Amér) magasin ou restaurant où l'on sert des 'tacos')*.

taquilla *f (de cine, teatro, tren)* guichet *m*.

tara *f* tare *f*.

tardar *vi*: **el tren tarda tres horas en ir hasta París** le train met trois heures pour aller jusqu'à Paris.

tarde *f* après-midi *m*. ◆ *adv (a hora avanzada)* tard; *(con retraso)* en retard; **buenas ~s** *(antes de anochecer)* bonjour; *(después de anochecer)* bonsoir.

tarea *f (trabajo)* travail *m*; *(misión)* tâche *f*.

tarifa *f* tarif *m*; **'~s de metro'** tarif du métro; **~ nocturna** tarif de nuit.

tarima *f* estrade *f*.

tarjeta *f* carte *f*; **'~s admitidas'** 'cartes de crédit acceptées'; **~ de crédito** carte de crédit; **~ de embarque** carte d'embarquement; **~ postal** carte postale; **~ 10 viajes** *coupon valable pour dix voyages* en métro.

tarro *m* pot *m*.

tarta *f* gâteau *m*; *(plana)* tarte *f*; ~ **de la casa** tarte maison; ~ **helada** gâteau glacé; ~ **de Santiago** *gâteau à base d'amandes typique de Galice*.

tartamudo, -da *m, f* bègue *mf*.

tasa *f* taxe *f*.

tasca *f* bistrot *m*.

tatuaje *m* tatouage *m*.

taurino, -na *adj* taurin(-e).

tauromaquia *f* tauromachie *f*.

taxi *m* taxi *m*.

taxímetro *m* compteur *m* *(de taxi)*.

taza *f* tasse *f*; *(de retrete)* cuvette *f*.

tazón *m* bol *m*.

te *pron (complemento directo)* te, t' *(delante de vocal)*.

té *m* thé *m*.

teatro *m* théâtre *m*.

tebeo® *m* bande *f* dessinée.

techo *m* plafond *m*; *(tejado)* toit *m*.

tecla *f* touche *f*.

técnica *f* technique *f*.

tecnología *f* technologie *f*.

teja *f* tuile *f*.

tejado *m* toit *m*.

tejanos *mpl* jean *m*.

tejer *vt (tela)* tisser; *(jersey, labor)* tricoter.

tejido *m* tissu *m*.

tel. *(abrev de teléfono)* tél.

tela *f* tissu *m*; *(lienzo)* toile *f*.

telaraña *f* toile *f* d'araignée.

tele *f* télé *f*.

telearrastre *m* remonte-pente *m*.

telecabina *f* télécabine *f*.

telecomunicación *f* télécommunication *f*.

telediario *m* journal *m* télévisé.

teleférico *m* téléphérique *m*.

telefonear *vt* téléphoner.

Telefónica *f* *compagnie nationale espagnole des Téléphones,* ≃ France Télécom.

telefonista *mf* standardiste *mf*.

teléfono *m* téléphone *m*; ~ **móvil** téléphone portable.

telégrafo *m* télégraphe *m*.

telegrama *m* télégramme *m*; **poner un** ~ envoyer un

télégramme.

telenovela *f* feuilleton *m* télévisé.

teleobjetivo *m* téléobjectif *m*.

telepatía *f* télépathie *f*.

telescopio *m* télescope *m*.

telesilla *f* télésiège *m*.

telesquí *m* téléski *m*.

teletexto *m* télétexte *m*.

teletipo *m* Télétype® *m*.

televisión *f* télévision *f*.

televisor *m* téléviseur *m*.

télex *m inv* télex *m*.

telón *m* rideau *m (de scène)*.

tema *m* sujet *m*; *(melodía, canción)* thème *m*.

temática *f* thématique *f*.

temblar *vi* trembler.

temblor *m* tremblement *m*.

temer *vt* craindre; **~ por** avoir peur pour. ❑ **temerse** *vpr (sospechar)* craindre.

temor *m* crainte *f*.

temperamento *m* tempérament *m*.

temperatura *f* température *f*.

tempestad *f* tempête *f*.

templado, -da *adj (temperatura, clima)* tempéré(-e); *(agua, comida)* tiède.

templo *m* temple *m*.

temporada *f (periodo concreto)* saison *f*; *(de una actividad)* période *f*; **de ~** de saison.

temporal *adj* temporaire. ◆ *m* tempête *f*.

temprano, -na *adj* précoce. ◆ *adv* tôt; **frutas/verduras tempranas** primeurs *fpl*.

tenazas *fpl* tenailles *fpl*.

tendedero *m* étendoir *m*.

tendencia *f* tendance *f*.

tender *vt* étendre; *(extender, entregar)* tendre. ❑ **tender a** *v + prep* tendre à. ❑ **tenderse** *vpr* s'étendre.

tenderete *m* étalage *m*.

tendón *m* tendon *m*.

tenedor *m* fourchette *f*.

tener *vt* 1. *(poseer)* avoir; **¿cuántos años tienes?** quel âge as-tu?; **ya tiene diez años** il a déjà dix ans; **~ frío/calor** avoir froid/chaud; **~ fiebre/dolor de muelas** avoir de la fièvre/mal aux dents; **~ un niño** avoir un enfant; **~ lugar** avoir lieu.
2. *(medir)* faire; **la sala tiene**

cuatro metros de largo le salon fait quatre mètres de long.

3. *(sujetar, coger)* tenir.

4. *(mantener)*: **hemos tenido una discusión** nous nous sommes disputés.

5. *(para desear)*; **¡que tengas un buen viaje!** bon voyage!

6. *(valorar, considerar)*: **~ algo/a alguien por** O **como** considérer qqch/qqn comme.

◆ *v aux* 1. *(haber)* avoir; **teníamos pensado ir al teatro** nous avions pensé aller au théâtre.

2. *(hacer estar)*: **me tienes loca con tus tonterías** tu me rends folle avec tes bêtises.

3. *(obligación)*: **~ que hacer algo** devoir faire qqch.

tenis *m* tennis *m*; **~ de mesa** tennis de table.

tenor *m* ténor *m*.

tensión *f* tension *f*.

tenso, -sa *adj* tendu(-e).

tentación *f* tentation *f*.

tentempié *m (bebida, comida)* en-cas *m*; *(juguete)* culbuto *m*.

teñir *vt* teindre.

teología *f* théologie *f*.

teoría *f* théorie *f*; **en ~** en théorie.

terapeuta *mf* thérapeute *mf*.

tercero, -ra *núm* troisième. ◆ *m (persona)* troisième *mf*. ◆ *f (categoría, velocidad)* troisième catégorie *f*; **tercera edad** troisième âge *m*, → **sexto**.

tercio *m (tercera parte)* tiers *m*; *(de corrida de toros) nom donné à chacune des trois phases de la corrida*.

terciopelo *m* velours *m*.

terco, -ca *adj (persona)* entêté(-e).

termas *fpl* thermes *mpl*.

terminal *adj* final(-e). ◆ *m (de ordenador)* terminal *m*. ◆ *f (de tren, autobús)* terminus *m*; *(de aeropuerto)* terminal *m*.

terminar *vt* terminer. ◆ *vi* se terminer; **~ en** *(objeto)* finir en; **~ por** finir par.

término *m* terme *m*; *(límite)* limite *f*; *(plazo)* délai *m*; **~ municipal** = commune *f*.

termita *f* termite *m*.

termo *m* Thermos® *f*.

termómetro *m* thermomètre *m*.

termostato *m* thermostat *m*.

ternera *f (carne)* veau *m*; **~ asada** viande *f* de veau rôtie.

ternero, **-ra** *m, f* veau *m* (génisse *f*).

terno *m (grupo)* trio *m*; *(Amér)* costume *m* trois pièces.

ternura *f* tendresse *f*.

terraplén *m (pendiente)* terre-plein *m*; *(barranco)* ravin *m*.

terrateniente *mf* propriétaire terrien *m* (propriétaire terrienne *f*).

terraza *f* terrasse *f*; *(balcón)* balcon *m*.

terremoto *m* tremblement *m* de terre.

terreno *m* terrain *m*.

terrible *adj* terrible.

territorio *m* territoire *m*.

terrón *m (de tierra)* motte *f*; *(de azúcar)* morceau *m*.

terror *m* terreur *f*.

terrorismo *m* terrorisme *m*.

tertulia *f (personas) réunion informelle au cours de laquelle on débat d'un sujet particulier.*

tesis *f inv* thèse *f*.

tesoro *m* trésor *m*.

test *m* test *m*.

testamento *m* testament *m*.

testarudo, **-da** *adj* têtu(-e).

testículo *m* testicule *m*.

testigo *mf* témoin *m*.

testimonio *m* témoignage *m*.

tetera *f* théière *f*.

textil *adj* textile.

texto *m* texte *m*.

textura *f* texture *f*.

ti *pron* toi.

tianguis *m (Amér)* marché *m*.

tibio, **-bia** *adj* tiède.

tiburón *m* requin *m*.

ticket *m* ticket *m*.

tiempo *m* temps *m*; **a ~** à temps; **al mismo ~ que** en même temps que; **con ~** à l'avance; **del ~** *(fruta)* de saison; *(bebida)* à température ambiante; **hace ~** il y a longtemps; **tener ~** avoir le temps.

tienda *f (establecimiento)* magasin *m*; *(para acampar)* tente *f*; **~ de campaña** tente *f*; **~ de comestibles** magasin d'alimentation; **~ de confec-**

ciones magasin de prêt-à-porter.

tierno, -na *adj* tendre.

tierra *f* terre *f*; *(territorio, patria)* pays *m*. ❑ **Tierra** *f*: **la Tierra** la Terre.

tieso, -sa *adj* raide.

tiesto *m (maceta)* pot *m* (de fleurs); *(trasto)* vieillerie *f*.

tigre, -esa *m, f* tigre *m* (tigresse *f*).

tijeras *fpl* ciseaux *mpl*.

tila *f (infusión)* tilleul *m*.

tiliches *mpl (Amér)* attirail *m*.

timbre *m (aparato)* sonnette *f*; *(de voz, sello)* timbre *m*.

tímido, -da *adj* timide.

timo *m* escroquerie *f*.

timón *m* gouvernail *m*.

tímpano *m* tympan *m*.

tina *f (vasija)* jarre *f*; *(Amér: bañera)* baignoire *f*.

tinta *f* encre *f*.

tinto *m* rouge *m (vin)*

tintorería *f* teinturerie *f*.

tío, -a *m, f (pariente)* oncle *m* (tante *f*).

tiovivo *m* manège *m*.

típico, -ca *adj* typique.

tipo, -pa *m, f* type *m* (nana *f*). ◆ *m* type *m*; **~ de cambio** taux *m* de change.

tira *f (de papel, tela)* bande *f*.

tirabuzón *m* anglaise *f (boucle)*.

tirada *f* tirage *m*.

tiradero *m (Amér)* pagaille *f*.

tirador *m* poignée *f*.

tirano, -na *m, f* tyran *m*.

tirante *adj* tendu(-e). ❑ **tirantes** *mpl* bretelles *fpl*.

tirar *vt* jeter; *(malgastar)* dilapider; *(derribar)* abattre; *(volcar, derramar)* renverser; *(disparar)* tirer. ◆ *vi* tirer; *(atraer)* attirer; *(desviarse)* tourner; *(funcionar)* marcher; **'tirar'** *(en puertas)* 'tirez'. ❑ **tirar a** *v + prep (parecerse a)* ressembler à; **este vestido es azul tirando a verde** cette robe est d'un bleu qui tire sur le vert. ❑ **tirarse** *vpr* se jeter; *(tiempo)* passer.

tirita® *f* pansement *m*.

tiritar *vi* grelotter.

tiro *m (disparo)* coup *m* de feu; *(DEP: acción)* tir *m*.

tirón *m (robo)* vol *m* à l'arraché; **de un ~** d'un trait.

tisú *m* brocart *m*.

títere *m* pantin *m*. ❑ **títeres**

mpl spectacle *m* de marionnettes.

titular *adj* titulaire. ♦ *m (de periódico)* gros titre *m*. ♦ *vt* intituler.

título *m* titre *m*; *(diploma)* diplôme *m*.

tiza *f* craie *f*; *(para billar)* bleu *m*.

tlapalería *f (Amér)* quincaillerie *f*.

toalla *f* serviette *f*; **~ de ducha** serviette de bain; **~ de manos** essuie-mains *m inv*.

tobillo *m* cheville *f*.

tobogán *m (atracción)* toboggan *m*; *(trineo)* luge *f*.

tocadiscos *m inv* tourne-disque *m*.

tocador *m (mueble)* coiffeuse *f*; *(habitación)* cabinet *m* de toilette.

tocar *vt* toucher; *(instrumento musical)* jouer de; *(timbre, campana)* sonner; *(tratar)* aborder. ♦ *vi* revenir; *(llamar)* sonner; **le ha tocado la lotería** il a gagné à la loterie; **'no ~ el género'** 'ne pas toucher'; **ahora te toca a ti** maintenant, c'est ton tour.

tocino *m* lard *m*; **~ de cielo** *(dulce) flan riche en jaunes d'œuf*.

todavía *adv (aún)* encore.

todo, **-da** *adj* tout(-e). ♦ *pron (para cosas)* tout(-e); *(para personas)*: **~s/todas** tous/toutes. ♦ *m* tout *m*; **ante ~** avant tout; **sobre ~** surtout; **~ el día** toute la journée; **~s los días/los lunes** tous les jours/les lundis.

toldo *m* store *m*.

tolerancia *f* tolérance *f*.

toma *f* prise *f*.

tomar *vt* prendre; **~ a alguien por** prendre qqn pour; **~ (algo) a mal** prendre mal (qqch); **~ el sol** prendre un bain de soleil; **~ parte en** prendre part à.

tomate *m* tomate *f*.

tómbola *f* tombola *f*.

tomillo *m* thym *m*.

tomo *m* tome *m*.

tonel *m* tonneau *m*.

tonelada *f* tonne *f*.

tongo *m (Amér) chapeau rond que portent les Indiens boliviens*.

tónica *f* = Schweppes® *m*.

tónico, **-ca** *adj* & *m* tonique.

tono *m* ton *m*.

tontería *f (estupidez)* bêtise *f*; *(cosa sin valor)* bricole *f*.

tonto, -ta *adj* bête.

tope *m (pieza)* butoir *m*; *(punto máximo)* limite *f*.

tópico, -ca *adj (tema, expresión)* banal(-e); *(medicamento)* à usage local. ◆ *m* cliché *m* *(lieu commun)*.

topo *m* taupe *f*.

torbellino *m* tourbillon *m*.

torcer *vt (doblar)* tordre; *(girar, inclinar)* tourner. ◆ *vi* tourner.

torear *vi (suj: torero)* toréer.

torera *f (prenda)* boléro *m*.

torero, -ra *m, f* torero *m*.

tormenta *f* orage *m*.

torneo *m* tournoi *m*.

tornillo *m* vis *f*.

torniquete *m* garrot *m*.

toro *m* taureau *m*. ❑ **toros** *mpl* corrida *f*.

torpe *adj (poco ágil)* maladroit(-e); *(poco inteligente)* peu doué(-e); *(lento)* lent(-e).

torre *f* tour *f*.

torrente *m* torrent *m*.

torrija *f* pain *m* perdu.

torta *f (de harina)* galette *f*.

tortazo *m (fam: bofetada)* baffe *f*; **se dio** o **se pegó un ~ con el coche** *(fam)* il s'est planté en voiture.

tortilla *f* omelette *f*; *(Amér: de harina)* galette *f (de maïs)*; **~ (a la) francesa** omelette nature; **~ de atún/de champiñón** omelette au thon/aux champignons de Paris; **~ de gambas/de jamón** omelette aux crevettes/au jambon; **~ de patatas** o **española** omelette aux pommes de terre.

tórtola *f* tourterelle *f*.

tortuga *f* tortue *f*.

torturar *vt* torturer.

tos *f* toux *f*.

toser *vi* tousser.

tostada *f* toast *m (tranche de pain)*.

tostador *m* grille-pain *m*.

tostar *vt* faire griller. ❑ **tostarse** *vpr (broncearse)* se faire bronzer.

total *adj* total(-e). ◆ *m* total *m*.

totalidad *f* totalité *f*.

totora *f (Amér)* roseau *m*.

tóxico, -ca *adj* toxique.

trabajador, -ra *adj & m, f* travailleur(-euse).

trabajar *vi & vt* travailler.

trabajo *m* travail *m*; *(empleo)* emploi *m*.

trabalenguas *m inv mot ou phrase difficile à prononcer.*

traca *f* chapelet *m* de pétards.

tractor *m* tracteur *m*.

tradición *f* tradition *f*.

traducir *vt (escrito, libro)* traduire; *(interpretar)* interpréter.

traer *vt* 1. *(trasladar)*: **me trajo un regalo de Cuba** il m'a rapporté un cadeau de Cuba; **¿qué traes ahí?** qu'est-ce que tu as là?; **nos trajo a casa** il nous a ramenés à la maison.

2. *(provocar, ocasionar)*: **este asunto le trajo graves problemas** cette histoire lui a causé de graves ennuis.

3. *(contener)*: **el periódico trae una gran noticia** il y a une grande nouvelle dans le journal.

4. *(llevar puesto)* porter.

traficar *vi*: ~ **(con algo)** faire du trafic (de qqch).

tráfico *m (de vehículos)* circulation *f*; *(de drogas)* trafic *m*.

tragar *vt* avaler; *(fam: devorar)* engloutir; *(soportar)* supporter; *(fam: suj: coche)* pomper. ◆ *vi* avaler. ❑ **tragarse** *vpr (ingerir)* avaler; *(creer)* gober.

tragedia *f* tragédie *f*.

trago *m* gorgée *f*; *(fam: copa)* verre *m*.

traición *f* trahison *f*.

traje *m (vestido)* robe *f*; *(de región, época)* costume *m*; ~ **(de chaqueta)** *(de hombre)* costume; *(de mujer)* tailleur *m*; ~ **de baño** maillot *m* de bain; ~ **de luces** habit *m* de lumière *(du torero)*.

trama *f* trame *f*; *(maquinación)* machination *f*.

tramitar *vt*: ~ **algo** faire des démarches pour obtenir qqch.

tramo *m (de camino, calle)* tronçon *m*; *(de escalera)* volée *f*.

trampa *f* piège *m*; *(en juego, competición)* triche *f*; *(puerta)* trappe *f*; **hacer** ~ tricher.

trampolín *m (en gimnasia)* trampoline *m*; *(en piscina)* plongeoir *m*; *(en esquí)* tremplin *m*.

trance *m (momento difícil)* mauvais pas *m*; *(estado hipnótico)* transe *f*.

tranquilo, -la *adj* tranquille; *(mar, tiempo)* calme;

(libre de preocupaciones) insouciant(-e).

transbordador *m* ferry *m*.

transbordo *m* changement *m (de train etc)*; **hacer ~** changer.

transcurrir *vi (tiempo)* s'écouler.

transeúnte *mf* passant *m* (*f*).

transferencia *f* virement *m*.

transformar *vt* transformer. ❑ **transformarse** *vpr* se transformer; **~se en** se transformer en.

transfusión *f* transfusion *f*.

transición *f* transition *f*.

transigir *vi* transiger; **~ con** transiger sur.

transistor *m* transistor *m*.

tránsito *m (de vehículos)* circulation *f*.

transmitir *vt* transmettre.

transparente *adj* transparent(-e).

transporte *m* transport *m*; **~ privado** moyen *m* de transport privé; **~ público** transports en commun.

transversal *adj* transversal(-e).

tranvía *m* tramway *m*.

trapear *vt (Amér: habitación)* passer la serpillière dans.

trapecio *m* trapèze *m*.

trapo *m* chiffon *m*; **~ de cocina** torchon *m*.

tras *prep (después de)* après; *(detrás de)* derrière.

trasero, -ra *adj* arrière.

trasladar *vt (mudar)* déplacer; *(empleado, trabajador)* muter; *(aplazar)* reporter. ❑ **trasladarse** *vpr (desplazarse)* se déplacer; *(mudarse)* déménager.

traspasar *vt (atravesar)* transpercer; *(camino, materia)* traverser; *(puerta, límite)* franchir.

traspié *m* faux pas *m*.

trasplantar *vt (planta)* transplanter; *(de órgano)* greffer.

traste *m (Amér: trasero)* derrière *m*; **fregar los ~s** *(Amér)* faire la vaisselle.

trasto *m (objeto inútil)* vieillerie *f*; *(fig: persona)* bon *m* (bonne *f*). ❑ **trastos** *mpl (equipo)* matériel *m*.

tratado *m* traité *m*.

tratar *vt* traiter; *(conocer)*

fréquenter. ❑ **tratar de** *v + prep (hablar sobre)* traiter de; *(intentar)* essayer de.

trato *m* traitement *m*; *(relación)* fréquentation *f*; *(acuerdo)* marché *m*.

trauma *m* traumatisme *m*.

través: **a través de** *prep* à travers.

travesaño *m* *(pieza)* traverse *f*.

travesía *f (viaje)* traversée *f*; *(calle)* passage *m*.

travesti *m* travesti *m*.

travieso, **-sa** *adj (vivo, ingenioso)* espiègle; *(revoltoso)* turbulent(-e).

trayecto *m* trajet *m*.

trazar *vt (línea, dibujo)* tracer; *(proyecto, plan)* concevoir.

trébol *m* trèfle *m*.

trece *núm* treize, → **seis**.

tregua *f* trêve *f*.

treinta *núm* trente, → **seis**.

tremendo, **-da** *adj* terrible.

tren *m* train *m*; ~ **de cercanías** train de banlieue; ~ **de lavado** portique *m* de lavage automatique.

trenza *f* tresse *f*.

trepar *vi* grimper.

tres *núm* trois, → **seis**.

trial *m* trial *m*.

triángulo *m* triangle *m*.

tribu *f* tribu *f*.

tribuna *f* tribune *f*.

tribunal *m* tribunal *m*.

triciclo *m* tricycle *m*.

trigo *m* blé *m*.

trillar *vt* battre *(blé)*.

trillizos, **-zas** *m, f pl* triplés *mpl* (-es *fpl*).

trimestre *m* trimestre *m*.

trineo *m* *(pequeño)* luge *f*; *(grande)* traîneau *m*.

trío *m* trio *m*.

tripa *f (intestino)* tripes *fpl*; *(barriga)* ventre *m*.

triple *adj* triple; **el ~ de** trois fois plus de.

trípode *m* trépied *m*.

tripulación *f* équipage *m*.

triste *adj* triste.

triturar *vt (desmenuzar)* broyer; *(mascar)* triturer.

triunfar *vi (vencer)* triompher; *(tener éxito)* réussir.

trivial *adj* banal(-e).

trocha *f (Amér)* écartement *m (des voies de chemin de fer)*.

trofeo *m* trophée *m*.

trompa *f* trompe *f*; *(fam:*

borrachera) cuite *f*.

trompeta *f* trompette *f*.

tronar *v impers* tonner.

tronco *m* tronc *m*.

trono *m* trône *m*.

tropa *f (de soldados)* troupe *f*.

tropezar *vi* trébucher; **~ con** *(obstáculo, estorbo)* buter sur.

tropezón *m* faux pas *m*. ❑ **tropezones** *mpl (de jamón, pan) morceaux de viande, jambon, pain, fromage, etc ajoutés à une soupe*.

trópico *m* tropique *m*.

trotar *vi (caballo)* trotter.

trote *m* trot *m*.

trozo *m* morceau *m*.

trucha *f* truite *f*; **~ a la navarra** *truite farcie d'une tranche de poitrine fumée et servie grillée*.

truco *m (trampa, engaño)* truc *m*; *(en cine)* trucage *m*.

trueno *m* tonnerre *m*; *(estampido)* coup *m* de tonnerre.

trufa *f* truffe *f*; **~s heladas** *truffes glacées au chocolat*.

trusa *f (Amér) (traje de baño)* slip *m* de bain; *(calzoncillo)* slip *m*.

tu (*pl* **tus**) *adj* ton (ta).

tú *pron (sujeto)* tu; *(predicado)* toi; **hablar** o **tratar de ~** tutoyer.

tuberculosis *f* tuberculose *f*.

tubería *f* tuyauterie *f*.

tubo *m (de agua, gas)* tuyau *m*; *(recipiente)* tube *m*; **~ de escape** pot *m* d'échappement.

tuerca *f* écrou *m*.

tuerto, -ta *adj* borgne.

tul *m* tulle *m*.

tulipán *m* tulipe *f*.

tullido, -da *adj* infirme.

tumba *f* tombe *f*.

tumbar *vt (derribar)* faire tomber; *(fam: suspender)* coller. ❑ **tumbarse** *vpr* s'allonger.

tumbona *f* chaise *f* longue.

tumor *m* tumeur *f*.

tumulto *m (disturbio)* tumulte *m*; *(confusión)* cohue *f*.

tuna *f orchestre d'étudiants qui jouent dans les rues, lors des mariages, etc*.

túnel *m* tunnel *m*.

Túnez *s (ciudad)* Tunis; *(país)* Tunisie *f*.

túnica *f* tunique *f*.

tupido, -da *adj (tejido)* serré(-e).

turbio, -bia *adj (líquido, agua)* trouble; *(asunto)* louche.

turco, -ca *adj* turc (turque). ◆ *m (lengua)* turc *m*.

turismo *m* tourisme *m*; *(coche)* voiture *f* de tourisme.

turista *mf* touriste *mf*.

turno *m (orden)* roulement *m*; *(momento)* tour *m*; **'espere su ~'** 'attendez votre tour'.

Turquía *s* Turquie *f*.

turrón *m* touron *m (confiserie de Noël semblable au nougat)*.

tutear *vt* tutoyer.

tutor, -ra *m, f (de bienes, menor)* tuteur *m* (-trice *f*).

tuyo, -ya *adj* à toi. ◆ *pron*: **el ~** le tien; **la tuya** la tienne.

TV *f (abrev de televisión)* TV *f*.

U

UCI *f (abrev de unidad de cuidados intensivos)* unité *f* de soins intensifs.

Ud. *abrev* = **usted**.

Uds. *abrev* = **ustedes**.

úlcera *f* ulcère *m*.

ultimar *vt (Amér)* tuer.

último, -ma *adj* dernier (-ère); **a ~s de** *(mes, año)* à la fin de; **por ~** enfin; **última llamada** *(en aeropuerto)* dernier appel *m*.

ultramarinos *m inv (tienda)* épicerie *f*.

ultravioleta *adj* ultraviolet(-ette).

umbral *m* seuil *m*.

un, una *art* un (une). ◆ *adj* = **uno**.

único, -ca *adj (solo)* seul(-e); *(extraordinario)* unique.

unidad *f* unité *f*.

uniforme *m* uniforme *m*.

unión *f* union *f*.

unir *vt (juntar)* joindre; *(mezclar)* lier; *(personas)* unir; *(comunicar)* relier. ❑ **unirse** *vpr* s'unir.

unisex *adj inv* unisexe.

universidad *f* université *f*.

universo *m* univers *m*.

uno, una *adj* 1. *(gen)* un (une).
2. *(aproximadamente)*: **había unas doce personas** il y avait

une douzaine de personnes; **me voy ~s días** je pars quelques jours.

◆ *pron* 1. *(indefinido)* un (une); **~/una de** l'un/l'une de; **~ ... otro** l'un ... l'autre.

2. *(yo)* on; **entonces es cuando se da ~ cuenta de ...** c'est alors qu'on se rend compte de ...; **de ~ en ~** un par un; **~ a ~** un à un; **~ por ~** un par un; **más de ~** plus d'un.

3. *(en locuciones)*: **como ~ más** comme tout le monde, → **seis**.

untar *vt (pan, tostada)* tartiner; *(manchar)* tacher; *(cuerpo, cosa)* enduire.

uña *f (de persona)* ongle *m*; *(de animal)* griffe *f*; *(de caballo, vaca)* sabot *m*; **hacerse las ~s** se faire les ongles.

urbanización *f (acción)* urbanisation *f*; *(lugar)* lotissement *m*.

urgencia *f* urgence *f*. ❑ **Urgencias** *fpl (de hospital)* urgences *fpl*.

urgente *adj* urgent(-e); **'urgente'** 'urgent'.

urinario *m* urinoir *m*.

urna *f* urne *f*; *(de exposición)* vitrine *f*.

urraca *f* pie *f*.

urticaria *f* urticaire *f*.

Uruguay *s* Uruguay *m*.

uruguayo, -ya *adj* uruguayen(-enne).

usado, -da *adj (utilizado)* usagé(-e); *(coche)* d'occasion.

usar *vt* utiliser; *(llevar)* porter.

uso *m* utilisation *f*; *(empleo)* usage *m*.

usted (*pl* **-des**) *pron* vous; **tratar de ~ a alguien** vouvoyer qqn.

usual *adj* habituel(-elle).

usuario, -ria *m, f (de transportes)* usager *m*; *(de máquina)* utilisateur *m* (-trice *f*).

utensilio *m* ustensile *m*.

útil *adj* utile. ◆ *m* outil *m*.

utilitario *m* petite voiture *f*.

utilizar *vt* utiliser.

uva *f* raisin *m*; **~s de la suerte** *tradition selon laquelle avaler 12 grains de raisin au rythme des 12 coups de minuit le 31 décembre porte chance.*

vaca *f* vache *f*; *(carne)* bœuf *m*.

vacaciones *fpl* vacances *fpl*.

vaciar *vt* vider; *(hacer hueco, agujero)* évider.

vacilar *vi (dudar)* hésiter.

vacilón *m (Amér)* fête *f*.

vacío, **-a** *adj* vide; *(superficial)* creux(-euse). ♦ *m* vide *m*; **al ~** *(envasado)* sous vide.

vacuna *f* vaccin *m*.

vado *m (en la calle)* bateau *m*; *(de río)* gué *m*; **'~ permanente'** 'sortie de voitures'.

vagabundo, **-da** *m, f* vagabond *m* (-e *f*).

vagina *f* vagin *m*.

vago, **-ga** *adj (perezoso)* feignant(-e); *(impreciso)* vague.

vagón *m* wagon *m*.

vagoneta *f* wagonnet *m*.

vaho *m (vapor)* vapeur *f*; *(aliento)* buée *f*. ❑ **vahos** *mpl (de hierbas)* inhalation *f*.

vainilla *f* vanille *f*.

vajilla *f* vaisselle *f*.

vale *m (papel)* bon *m*; *(Amér: fam: amigo)* copain *m*. ♦ *interj* → **valer**.

valenciana *f (Amér)* revers *m (de pantalon)*.

valentía *f (cualidad)* courage *m*.

valer *m* valeur *f*. ♦ *vt* valoir. ♦ *vi (ser eficaz)* valoir; *(servir)* aller; *(ser válido)* être valable; **¿vale?** d'accord?; **¡vale!** d'accord!; **~ la pena** valoir la peine; **más vale que no le digas nada** il vaut mieux que tu ne lui dises rien.

válido, **-da** *adj* valable.

valiente *adj* courageux (-euse).

valla *f* clôture *f*; *(de publicidad)* panneau *m* publicitaire.

valle *m* vallée *f*.

valor *m* valeur *f*; *(valentía)* courage *m*.

valorar *vt* évaluer.

vals *m* valse *f*.

válvula *f (eléctrica)* valve *f*; *(AUTOM)* soupape *f*.

vanidad *f* vanité *f*.

vano, **-na** *adj* vain(-e); **en ~** en vain.

vapor *m (de líquido, sólido)* vapeur *f*; *(barco)* bateau *m* à vapeur; **al ~** à la vapeur.

vaquero, -ra *adj (ropa, chaqueta, pantalón)* en jean. ❑ **vaqueros** *mpl* jean *m*.

variar *vt (cambiar)* changer; *(dar variedad)* varier; **~ de** changer de.

varicela *f* varicelle *f*.

varices *fpl* varices *fpl*.

variedad *f* variété *f*. ❑ **variedades** *fpl (espectáculo)* variétés *fpl*.

varios, -rias *adj pl (algunos)* plusieurs; *(diversos)* divers (-es); **'varios'** 'divers'.

varón *m* homme *m*; *(niño)* garçon *m*.

vasco, -ca *adj* basque. ◆ *m (lengua)* basque *m*; **a la vasca** (à la) basquaise.

vasija *f* pot *m*.

vaso *m* verre *m*.

vasto, -ta *adj* vaste.

vaya *interj (sorpresa)* ça alors!; *(admiración)* ouah!

Vda. *(abrev de viuda)* vve.

vecino, -na *adj* voisin(-e). ◆ *m, f (de una casa)* voisin *m* (-e *f*); *(de pueblo, ciudad)* habitant *m* (-e *f*).

vegetación *f* végétation *f*.

vegetal *adj* végétal(-e). ◆ *m* végétal *m*; *(sandwich)* sandwich *m* crudités.

vegetariano, -na *m, f* végétarien *m* (-enne *f*).

vehículo *m* véhicule *m*.

veinte *núm* vingt, → **seis**.

vejez *f* vieillesse *f*.

vela *f (cirio)* bougie *f*; *(de barco)* voile *f*; *(vigilia)* veille *f*.

velero *m* voilier *m*.

veleta *f* girouette *f*.

vello *m (de persona)* duvet *m*.

velo *m* voile *m*.

velocidad *f* vitesse *f*; **'~ controlada por radar'** 'contrôle radar'.

velódromo *m* vélodrome *m*.

veloz *adj* rapide.

vena *f* veine *f*.

venado *m* gibier *m*.

vencer *vt* vaincre. ◆ *vi (ganar)* gagner; *(caducar)* expirer.

vencimiento *m (de plazo)* expiration *f*; *(de pago, deuda)* échéance *f*.

venda *f* bande *f (pansement)*.

vendaval *m* grand vent *m*.

vender *vt* vendre.

vendimia *f* vendange *f*

veneno *m* poison *m*; *(de animales)* venin *m*.

venezolano, -na *adj* vénézuélien(-enne).

Venezuela *s* Venezuela *m*.

venganza *f* vengeance *f*.

venida *f* venue *f*.

venir *vi* 1. *(gen)* venir; **~ de** *(proceder)* venir de.
2. *(seguir en el tiempo)*: **el año que viene** l'année prochaine; **ahora viene la escena más divertida** maintenant c'est la scène la plus drôle.
3. *(hallarse, estar)* être; **su foto viene en la primera página** sa photo est en première page; **el texto viene en inglés** le texte est en anglais.
4. *(ropa, zapatos)* aller; **el abrigo le viene pequeño** ce manteau est trop petit pour lui.
5. *(en locuciones)*: **¿a qué viene esto?** pourquoi dis-tu ça?
❏ **venirse** *vpr (llegar)* venir; **~se abajo** *(edificio, persona)* s'effondrer; *(proyecto)* tomber à l'eau.

venta *f* vente *f*; *(hostal)* auberge *f*; **'en ~'** 'à vendre'; **'~ de billetes'** 'vente des billets'.

ventaja *f* avantage *m*.

ventana *f* fenêtre *f*.

ventanilla *f (de tren)* fenêtre *f*; *(de coche)* vitre *f*; *(de avión)* hublot *m*; *(de oficina, cine)* guichet *m*.

ventilador *m* ventilateur *m*.

ventisca *f* tempête *f* de neige.

ventosa *f* ventouse *f*.

ventrílocuo, -cua *m, f* ventriloque *mf*.

ver *vt* 1. *(gen)* voir; **voy a ~ si han venido ya** je vais voir s'ils sont arrivés.
2. *(televisión)* regarder.
3. *(en locuciones)*: **¡hay que ~ lo tonto que es!** qu'est-ce qu'il peut être bête!; **por lo visto** o **que se ve** apparemment.
◆ *vi* voir; **¿a ~? creo que ese lápiz es mío** fais voir? je crois que ce crayon est à moi; **a ~ qué pasa** voyons ce qui se passe.
❏ **verse** *vpr*: **~se con alguien** *(tratarse)* voir qqn.

veraneo *m* vacances *fpl* d'été.

verano *m* été *m*; **en ~** en été.

veras *fpl*: **de ~** vraiment.

verbena *f (fiesta)* *fête populaire nocturne; (planta)* verveine *f*.

verdad *f* vérité *f*; **de ~** *(en serio)* sérieusement; *(realmente)* vraiment; **¿verdad?** n'est-ce pas?

verde *adj (color)* vert(-e). ◆ *m* vert *m*.

verdulería *f*: **ir a la ~** aller chez le marchand de légumes.

verdura *f* légume *m*.

vereda *f (camino)* sentier *m*; *(Amér)* trottoir *m*.

veredicto *m* verdict *m*.

vergüenza *f* honte *f*; *(dignidad)* amour-propre *m*; *(pudor)* pudeur *f*.

verificar *vt* vérifier.

verja *f* grille *f*.

vermut *m (licor)* vermouth *m*; *(aperitivo)* apéritif *m*.

verruga *f* verrue *f*.

versión *f* version *f*; **~ original** version originale.

verso *m (unidad)* vers *m*; *(poema)* poème *m*.

verter *vt* renverser.

vertical *adj* vertical(-e).

vértice *m* sommet *m*.

vertiente *f (de montaña)* versant *m*; *(de tejado)* pente *f*.

vértigo *m* vertige *m*.

vestíbulo *m* hall *m*.

vestido *m (prenda de mujer)* robe *f*; *(ropa)* vêtement *m*.

vestimenta *f* vêtements *mpl*.

vestir *vt* habiller; *(llevar puesto)* porter. ◆ *vi* être habillé(-e). ❑ **vestirse** *vpr* s'habiller.

vestuario *m (ropa)* garde-robe *f*; *(de gimnasio)* vestiaire *m*.

veterano, -na *m, f* vétéran *m*.

veterinario, -ria *m, f* vétérinaire *mf*.

vez (*pl* **-ces**) *f* fois *f*; *(turno)* tour *m*; **a veces** parfois; **¿has estado en París alguna ~?** tu es déjà allé à Paris?; **de ~ en cuando** de temps en temps; **dos veces** deux fois; **otra ~** encore une fois; **tres veces al día** trois fois par jour; **una ~** une fois; **unas veces** parfois.

vía *f* voie *f*; **por ~ aérea** par avion.

viajar *vi* voyager.

viaje *m* voyage *m*; **ir de ~** partir en voyage; **~ de novios** voyage de noces; **¡buen ~!**

bon voyage!

víbora *f* vipère *f*.

vibrar *vi* vibrer.

viciarse *vpr*: ~ **(con algo)** *(persona)* devenir dépendant (-e).

vicio *m (mala costumbre)* manie *f*; *(inmoralidad)* vice *m*.

víctima *f* victime *f*; **ser ~ de** être victime de.

victoria *f* victoire *f*.

vid *f* vigne *f*.

vida *f* vie *f*; *(duración)* durée *f* de vie; **buena ~** belle vie; **de toda la ~** depuis toujours.

vidente *mf* voyant *m* (-e *f*).

vídeo *m (técnica)* vidéo *f*; *(aparato)* magnétoscope *m*.

vidriera *f* vitrail *m*.

vidrio *m (material)* verre *m*.

vieira *f* coquille *f* Saint-Jacques.

viejo, -ja *adj* vieux (vieille). ◆ *m, f (anciano)* vieux *m* (vieille *f*); *(Amér: compañero, amigo)* pote *m*.

viento *m* vent *m*.

vientre *m* ventre *m*.

viernes *m inv* vendredi. ❑ **Viernes Santo** *m* Vendredi *m* saint, → **sábado**.

viga *f* poutre *f*.

vigencia *f* validité *f*.

vigente *adj* en vigueur.

vigilar *vt* surveiller.

vigor *m* vigueur *f*; **en ~** en vigueur.

vil *adj (persona)* méprisable; *(acto, conducta)* vil(-e).

villancico *m* chant *m* de Noël.

vinagre *m* vinaigre *m*.

vinagreta *f* vinaigrette *f*; **salsa ~** vinaigrette; **a la ~** à la vinaigrette.

vincular *vt* lier.

vino *m* vin *m*; **~ de la casa** vin de la maison; **~ blanco/rosado/tinto** vin blanc/rosé/rouge; **~ corriente** vin ordinaire; **~ de mesa** vin de table.

viña *f (terreno)* vigne *f*.

violación *f (de ley)* violation *f*; *(abuso sexual)* viol *m*.

violencia *f* violence *f*.

violeta *f* violette *f*.

violín *m* violon *m*.

violoncelo *m* violoncelle *m*.

VIP *m (abrev de very important person)* VIP *m*.

virgen *adj* vierge. ❑ **Virgen** *f*: **la Virgen** la Vierge.

virtud *f* vertu *f*; **en ~ de** en vertu de.

virus *m inv* virus *m*.

viruta *f (de madera)* copeau *m*; **~s de jamón** *petites tranches fines de jambon de pays*.

visa *f (Amér)* visa *m*.

visado *m* visa *m*.

viscosa *f* viscose *f*.

visera *f* visière *f*.

visillos *mpl* voilages *mpl*.

visita *f (acción)* visite *f*; *(persona)* visiteur *m* (-euse *f*).

visitar *vt (ir a ver)* rendre visite; *(suj: médico)* examiner; *(ciudad, museo)* visiter.

víspera *f (día anterior)* veille *f*.

vista *f* vue *f*; *(ojos)* yeux *mpl*; *(perspicacia, astucia)* flair *m*; *(juicio)* audience *f*; **¡hasta la ~!** à la prochaine!

vistazo *m* coup *m* d'œil.

visto, -ta *adj*: **está muy ~** *(ropa)* c'est démodé; *(truco, chiste)* c'est du déjà-vu; **estar bien/mal ~** *(hecho, conducta etc)* être bien/mal vu; **por lo ~** apparemment.

vitalidad *f* vitalité *f*.

vitamina *f* vitamine *f*.

vitrina *f* vitrine *f (meuble)*.

viudo, -da *m, f* veuf *m* (veuve *f*).

viva *interj* vive!

víveres *mpl* vivres *mpl*.

vivienda *f* logement *m*.

vivir *vi* vivre; *(residir)* habiter. ♦ *vt* vivre; **~ de** vivre de.

vivo, -va *adj* vif (vive); *(existente, expresivo)* vivant(-e).

vizcaíno, -na *adj*: **a la vizcaína** (à la) basquaise.

vocación *f* vocation *f*.

vol. *(abrev de volumen)* vol.

volante *adj* volant(-e). ♦ *m* volant *m*.

volar *vi (avión, pájaro)* voler; *(transcurrir rápidamente)* passer vite. ♦ *vt (hacer explotar)* faire sauter.

volcán *m* volcan *m*.

volcar *vt* renverser. ♦ *vi* se renverser; *(barco)* se retourner.

voleibol *m* volley-ball *m*.

voltaje *m* voltage *m*.

voltear *vt (Amér)* renverser. ❑ **voltearse** *vpr (Amér)* se retourner.

voltereta *f* culbute *f*.

volumen *m* volume *m*.

voluntad *f* volonté *f*.

voluntario, -ria *adj & m, f*

volontaire.

volver *vt* 1. *(cabeza, ojos, vista)* tourner.

2. *(convertir)* rendre; **vas a ~lo loco** tu vas le rendre fou.

◆ *vi* 1. *(regresar)* revenir.

2. *(ir de nuevo)* retourner.

3. *(hacer otra vez)*: **~ a hacer/leer** refaire/relire; **vuelve a llover** il recommence à pleuvoir.

❑ **volverse** *vpr* 1. *(darse la vuelta)* se retourner; **~se atrás** *(desdecirse)* faire machine arrière.

2. *(ir de vuelta)*: **~se a** retourner à.

3. *(convertirse)* devenir.

vomitar *vt* vomir.

vos *pron (Amér)* tu.

VOSE *f (abrev de versión original subtitulada en español)* = VO *f*.

vosotros, -tras *pron* vous.

votar *vt & vi* voter.

voto *m (en elecciones)* voix *f*; *(derecho a votar)* droit *m* de vote.

voz (*pl* **-ces**) *f* voix *f*; *(grito)* cri *m*; *(rumor)* rumeur *f*; *(palabra)* mot *m*; **en ~ alta/baja** à voix haute/basse.

vuelo *m* vol *m*; **~ charter/regular** vol charter/régulier; **'~s nacionales'** 'vols nationaux'; **una falda con mucho ~** une jupe très ample.

vuelta *f* tour *m*; *(regreso)* retour *m*; *(de monedas)* monnaie *f*; **dar ~s** tourner; **darse la ~** se retourner *(personne)*; **estar de ~** être de retour; **a la ~** au retour; **a la ~ de la esquina** au coin de la rue; **a ~ de correo** par retour du courrier.

vuelto *m (Amér)* monnaie *f*.

vuestro, -tra *adj* votre.
◆ *pron*: **el ~** le vôtre; **la vuestra** la vôtre.

vulgar *adj* vulgaire; *(popular)* courant(-e).

walkman® ['walman] *m* Walkman® *m*.

wáter ['bater] *m* W-C *mpl*.

waterpolo [water'polo] *m* water-polo *m*.

WC *(abrev de water closet)* W-C *mpl*.

whisky ['wɪskɪ] *m* whisky *m*.
windsurf ['winsurf] *m*: **hacer ~** faire de la planche à voile.

xenofobia *f* xénophobie *f*.
xilófono *m* xylophone *m*.

y *conj* et; *(pero)* et pourtant.
ya *adv (denota pasado)* déjà; *(inmediatamente)* tout de suite; *(refuerza al verbo)* bien; **~ me lo has dicho** tu me l'as déjà dit; **~ no vive aquí** il n'habite plus ici. ◆ *interj (expresa asentimiento)* oui, c'est ça!; *(expresa comprensión)* oui, j'ai compris! ◆ *conj*: **~ llegue tarde, ~ llegue temprano ...** que j'arrive tôt ou que j'arrive tard ...; **~ que** puisque.
yanqui *mf (despec)* Amerloque *mf*.
yate *m* yacht *m*.
yegua *f* jument *f*.
yema *f (de huevo)* jaune *m*; *(de dedo)* bout *m*; *(de planta)* bourgeon *m*; *(dulce)* confiserie *à base de jaune d'œuf et de sucre*.
yerbatero *m (Amér)* guérisseur *m*.
yerno *m* gendre *m*.
yeso *m (mineral)* gypse *m*; *(material)* plâtre *m*.
yo *pron (sujeto)* je; *(predicado)* moi; **~ que tú/él** moi, à ta/sa place.
yodo *m* iode *m*.
yoga *m* yoga *m*.
yogur *m* yaourt *m*.
yunta *f (Amér)* boutons *mpl* de manchette.

zafacón *m (Amér)* poubelle *f (en métal)*.
zafiro *m* saphir *m*.
zaguán *m* entrée *f*.
zambullirse *vpr* plonger.
zanahoria *f* carotte *f*.
zancadilla *f*: **poner la ~ a alguien** faire un croche-pied à qqn.
zanco *m* échasse *f*.
zancudo *m (Amér)* moustique *m*.
zanja *f* tranchée *f*.
zapallo *m (Amér)* courgette *f*.
zapateado *m danse espagnole rythmée par des coups*

de talons.

zapatero, -ra *m, f (vendedor)* chausseur *m*; *(reparador)* cordonnier *m* (-ère *f*). ◆ *m (mueble)* armoire *f* à chaussures.

zapatilla *f (de estar en casa)* chausson *m*; ~ **de deporte** tennis *m*.

zapato *m* chaussure *f*; **~s de caballero/señora** chaussure pour homme/femme.

zapping *m* zapping *m*.

zarandear *vt* secouer *(personne)*.

zarpar *vi* appareiller.

zarpazo *m* coup *m* de griffe.

zarza *f* ronce *f*.

zarzamora *f* mûre *f*.

zarzuela *f (obra musical)* zarzuela *f (genre d'opérette typiquement espagnole)*; *(guiso) plat de poisson et de coquillages en sauce.*

zinc *m* zinc *m*.

zíper *m (Amér)* fermeture *f* Éclair®.

zócalo *m (de edificio)* soubassement *m*; *(de muro, pared)* plinthe *f*.

zona *f* zone *f*; ~ **azul** zone bleue; **'~ de estacionamiento limitado y vigilado'** 'zone de stationnement limité'; ~ **verde** espace *m* vert.

zonzo, -za *adj (Amér)* bête; **hacerse el ~** faire l'idiot.

zoo *m* zoo *m*.

zoológico, -ca *adj* zoologique. ◆ *m* parc *m* zoologique.

zorro, -rra *m, f (animal)* renard *m* (-e *f*). ◆ *m (piel)* renard *m*.

zueco *m (de madera)* sabot *m*; *(de piel)* galoche *f*.

zumbido *m* bourdonnement *m*.

zumo *m* jus *m*; ~ **de fruta/de naranja** jus de fruits/d'orange.

zurcir *vt* repriser.

zurdo, -da *adj (izquierdo)* gauche; *(que usa la mano izquierda)* gaucher(-ère).

zurrar *vt (fam)*: ~ **a alguien** ficher une raclée à qqn.

GLOSSAIRE
CATALAN - FRANÇAIS

VOCABULAIRE
GASTRONOMIQUE
ET
PRATIQUE

accés [ək'ses] *m* accès *m;* **'~ tancat festius'** *panneau indiquant que l'accès est interdit les jours fériés.*

adrogueria [əðruɣə'riə] *f* droguerie *f.*

ajuntament [əʒuntə'men] *m* mairie *f.*

alineament [əlineə'men] *m:* **'~ direcció'** *dans un garage, panneau indiquant que l'on peut y faire vérifier la direction de la voiture.*

allioli [aʎi'əli] *m* aïoli *m.*

alvocat [alβu'kət] *m* avocat *m.*

amanida [əmə'niðə] *f* salade *f;* **~ verda** salade verte; **~ del temps** salade de saison.

anxova [ən'ʃoβə] *f* anchois *m;* **anxoves de L'Escala** *préparation d'anchois typique de l'Escala, port de pêche de Catalogne.*

arròs [ə'rrɔs] *m* riz *m;* **~ negre** *riz préparé avec de l'encre de seiche.*

assortiment [əsurti'men] *m* assortiment *m;* **~ d'amanides** crudités *fpl;* **~ de formatges** plateau *m* de fromages.

bacallà [bəkə'ʎa] *m* morue *f;* **~ amb samfaina** *morue servie avec une sorte de ratatouille.*

bistec [bis'tɛk] *m* steak *m.*

bitllets [bi'ʎʎɛts] *mpl* billets *mpl.*

botifarra [buti'farrə] *f saucisse de porc catalane.*

botiga [bu'tiɣə] *f* boutique *f.*

brasa ['brazə] *f:* **a la ~** au barbecue.

brou [brow] *m* bouillon *m.*

bunyols [bu'ɲɔls] *mpl* beignets *mpl;* **~ de bacallà** beignets de morue.

bus [bus] *m* bus *m;* **nit ~** bus de nuit.

bústia ['bustiə] *f* boîte *f* aux lettres.

cabrit [kə'βrit] *m* chevreau *m;* **~ al forn** chevreau au four.

caixa ['kaʃə] *f:* **~ d'estalvis i de pensions** caisse *f* d'épargne.

calamars [kələ'mars] *mpl* calmars *mpl;* **~ a la romana** calmars à la romaine.

calçats [kəl'sats] *mpl* chaussures *fpl.*

caliu [kə'liu] *m:* **al ~** *cuit dans les braises.*

canelons [kənə'lons] *mpl* cannellonis *mpl.*

canvi [ˈkambi] *m* change *m;* **'torna ~'** 'cet appareil rend la monnaie'.

cargols [kərˈɣɔls] *mpl* escargots *mpl.*

càrrega [ˈkarrəɣə] *f*: **'excepte ~ i descàrrega'** 'sauf livraisons'.

cloïsses [kluˈisəs] *fpl* clovisses *fpl.*

complements [kumpləˈmens] *mpl* accessoires *mpl.*

confeccions [kumfəksiˈons] *fpl* magasin *m* de prêt-à-porter.

conill [kuˈniʎ] *m* lapin *m.*

conservar [kunsərˈβa] *vt*: **'conserveu el tiquet de caixa'** 'conservez le ticket de caisse'.

copisteria [kupistəˈriə] *f* magasin *m* de photocopies.

costella [kusˈteʎə] *f* côte *f*; **~ de xai** côte d'agneau ; **~ de porc** côte de porc.

costelletes [kustəˈʎetəs] *fpl* côtelettes *fpl;* **~ de xai** côtelettes d'agneau.

crema [ˈkremə] *f*: **~ catalana** crème *f* renversée.

croquetes [kruˈkɛtəs] *fpl* croquettes *fpl;* **~ de pernil** croquettes de jambon; **~ de pollastre** croquettes de poulet.

data [ˈdatə] *f* date *f*; **~ d'acabament** date limite de consommation.

daurada [dəuˈraðə] *f* daurade *f*; **~ al forn** daurade au four.

descompte [dəsˈkomtə] *m* rabais *m.*

dia [ˈdiə] *m*: **del ~** du jour.

diaris [diˈaris] *mpl* journaux *mpl.*

dietètica [diəˈtɛtikə] *f* diététique *f.*

direcció [dirəksiˈo] *f*: **'~-suspensió-frens'** *dans un garage, panneau indiquant que l'on peut y faire vérifier la direction, la suspension et les freins de la voiture.*

embotits [əmbuˈtits] *mpl* charcuterie *f.*

empènyer [əmˈpɛɲə] *vt*: **'empenyeu'** 'poussez'.

emprovadors [əmpruβəˈðos] *mpl* cabines *fpl* d'essayage.

endívies [ənˈdiβiəs] *fpl* endives *fpl;* **~ al roquefort** endives au roquefort.

entrada [ənˈtraðə] *f* entrée *f*; **'~ lliure'** 'entrée libre'.

entrecot [əntrə'kɔt] *m* entrecôte *f*; ~ **de vedella** côte *f* de veau.

entrepans [əntrə'pans] *mpl* sandwich *m*.

escalivada [əskəli'βaðə] *f* *entrée à base d'aubergines, de poivrons, d'oignons et de tomates grillés.*

escudella [əsku'ðeʎə] *f*: ~ **barrejada** *plat de riz ou de vermicelles cuits dans du bouillon.*

espàrrecs [əs'parrəks] *mpl* asperges *fpl*.

espatlla [əs'paʎʎə] *f* épaule *f*; ~ **de cabrit** épaule de chevreau; ~ **de xai** épaule d'agneau.

esqueixada [əskə'ʃaðə] *f*: ~ **de bacallà** *plat à base de morue crue découpée en lamelles et assaisonnée.*

estanc [əs'taŋ] *m* bureau *m* de tabac.

estofat [əstu'fat] *m* ragoût *m*; ~ **de bou** ragoût de bœuf; ~ **de vedella** ragoût de veau.

farcit [fər'sit] *adj* farci.

fet [fet] *adj*: ~ **a mà** fait main.

fira ['firə] *f* foire *f*.

flam [flam] *m* crème *f* caramel; ~ **amb nata** crème caramel avec de la chantilly.

fleca ['flɛkə] *f* boulangerie *f*.

formatgeria [furmədʒə'riə] *f* crémerie *f*.

forn [forn] *m*: ~ **de pa** boulangerie *f*; **al** ~ au four.

fregit [frə'ʒit] *adj* frit.

fresc [frɛsk] *adj* frais.

fricandó [frikən'do] *m* fricandeau *m*; ~ **amb moixernons** fricandeau aux champignons.

fruita [fru'itə] *f* fruit *m*; ~ **del temps** fruits de saison.

fumat [fu'mat] *adj* fumé.

funcionar [funsiu'na] *vi*: **'no funciona'** 'hors service'.

fusteria [fustə'riə] *f* menuiserie *f*.

galeria [gələ'riə] *f* galerie *f*.

gambes ['gambəs] *fpl* crevettes *fpl*.

gaspatxo [gəs'patʃu] *m*: ~ **(andalús)** gaspacho *m*.

gelat [ʒə'lat] *m* glace *f*.

gelateria [ʒələtə'riə] *f* glacier *m*.

gènere ['ʒɛnərə] *m*: ~ **de punt** tricots *mpl*.

gos [gos] *m*: ' ~ **sos no'** 'interdit aux chiens'.

graella [grə'eʎə] *f*: **a la ~** grillé.

graellada [grəe'ʎaðə] *f* grillade *f*; **~ de peix** assortiment *m* de poissons grillés.

gual [gwal] *m*: **'~ permanent'** 'sortie de voitures'.

guàrdia ['gwarðiə] *f*: **~ urbana** police *f* municipale

guarnició [gwərnisi'o] *f* garniture *f*.

horari [u'rari] *m* horaire *m*.

institut [insti'tut] *m*: **~ de bellesa** institut *m* de beauté.

jocs [ʒoks] *mpl*: **~ i joguines** jeux et jouets.

joieria [ʒuiə'riə] *f* bijouterie *f*.

laborable [ləβu'rablə] *m*: **'~s i feiners'** 'jours ouvrables et jours fériés'.

llagostins [ʎəɣus'tins] *mpl* grosses crevettes *fpl*.

llantes ['ʎantəs] *fpl* jantes *fpl*.

llenguado [ʎəŋ'gwaðu] *m* sole *f*.

llenties [ʎən'tiəs] *fpl* lentilles; **~ estofades** lentilles à l'étuvée.

llibreria [ʎiβrə'riə] *f* librairie *f*.

llom [ʎom] *m* filet de porc *m*; **~ a la planxa** filet de porc grillé.

lluç [ʎus] *m* colin *m*; **~ a la planxa** colin grillé; **~ a la romana** colin a la romaine.

magatzem [məɣə'dzɛm] *m* magasin *m*.

mel [mɛl] *f*: **~ i mató** *caillé servi avec du miel.*

mercat [mər'kat] *m* marché *m*.

minusvàlid [minuz'βalit] *m* handicapé *m*.

musclos ['musklus] *mpl* moules *fpl*; **~ al vapor** moules à la vapeur; **~ a la marinera** moules marinière.

navalles [nə'βaʎəs] *fpl* couteaux *mpl (fruits de mer)*.

obsequis [up'sɛkis] *mpl* cadeaux *mpl*.

obtenció [uptənsi'o] *f*: **'~ obtenció de tiquet a l'expenedor'** 'tickets au distributeur'.

pas [pas] *m*: **'~ exclusiu veïns'** 'interdit sauf aux riverains'.

passeig [pə'sɛtʃ] *m* promenade *f*; **~ marítim** front *m* de mer.

pastís [pəs'tis] *m* gâteau *m*.

pastisseria [pəstisə'riə] *f*

pâtisserie *f.*

patata [pə'tatə] *f* pomme de terre *f*; **patates fregides** (pommes de terre) frites; **patates al caliu** pommes de terre cuites dans les braises.

pebrot [pə'βɾɔt] *m* poivron *m*; **~s farcits** poivrons farcis.

peixet [pə'ʃɛt] *m*: **~ de platja** friture *f* (de poissons).

pernil [pər'nil] *m* jambon *m*; **~ dolç** jambon cuit; **~ salat** jambon de montagne.

perruqueria [pərrukə'riə] *f* salon *m* de coiffure.

pèsols ['pɛzuls] *mpl* petits pois *mpl.*

planxa ['planʃə] *f*: **a la ~** grillé.

pollastre [pu'ʎastrə] *m* poulet; **~ al curry** poulet au curry; **~ al forn** poulet au four; **~ rostit** poulet rôti.

porc [pɔrk] *m* porc *m.*

porros ['pɔrrus] *mpl* poireaux *mpl.*

preu [prɛw] *m* prix *m*; **a meitat del seu ~** à moitié prix.

queviures [kə'βiurəs] *mpl* épicerie *f.*

quiosc [ki'ɔsk] *m* kiosque *m.*

rap [rrap] *m* lotte *f*; **~ a l'all cremat** *lotte grillée à l'ail*; **~ a la planxa** lotte grillée.

rebaixes [rrə'βaʃəs] *fpl* soldes *mpl.*

regals [rrə'ɣals] *mpl* cadeaux *mpl.*

reservat [rrəzər'βat] *adj*: **'reservat el dret d'admissió'** 'la direction se réserve le droit de refuser l'entrée'.

revoltim [rrəβul'tim] *m* œufs *mpl* brouillés; **~ de bolets** œufs brouillés aux cèpes.

romana [rru'manə] *f*: **a la ~** à la romaine.

rostit [rrus'tit] *adj* rôti.

sabateria [səβətə'riə] *f* magasin *m* de chaussures.

sala ['salə] *f*: **~ d'art** galerie *f* d'art.

salmó [səl'mo] *m* saumon *m*; **~ fumat** saumon fumé.

samfaina [səm'fainə] *f sorte de ratatouille.*

sardina [sər'ðinə] *f*: **sardines en escabetx** sardines *fpl* en escabèche.

sèpia ['sɛpiə] *f* seiche *f.*

servei [sər'βei] *m*: **'~ alimentació'** 'supermarché'

sorbet [sur'βɛt] *m*: **~ de**

llimona sorbet *m* au citron.

sortida [sur'tiðə] *f*: **'~ de socors'** 'sortie de secours'.

soterrani [sutə'rrani] *m* souterrain *m*.

suc [suk] *m*: **~ de taronja** jus *m* d'orange.

suís [su'is] *m* chocolat *m* liégeois.

suquet [su'kɛt] *m*: **~ (de peix)** *plat à base de poissons, parfois avec des crustacés, préparés avec de l'huile, de l'ail, de la tomate et du persil.*

tancat [təŋ'kat] *adj*: **'~ diumenges i festius'** 'fermé dimanche et jours fériés'.

targeta [tər'ʒɛtə] *f*: **~ multiviatge** *carte permettant d'effectuer un certain nombre de voyages sur une ligne de métro ou d'autobus.*

temps [tems] *m*: **del ~** de saison.

tintoreria [tinturə'riə] *f* blanchisserie *f*.

tomàquet [tu'makɛt] *m* tomate *f*.

tonyina [tu'ɲinə] *f* thon *m*.

truita [tru'itə] *f* omelette *f*; **~ a la francesa** omelette; **~ de patates** omelette de pommes de terre; **~ (de riu)** truite *f*.

vestuari [bəstu'ari] *m* vestiaire *m*.

xai [ʃai] *m* agneau *m*.

xampinyons [ʃəmpi'ɲons] *mpl* champignons *mpl* de Paris.

xocolata [ʃuku'latə] *f* chocolat *m*; **~ desfeta** chocolat fondu.

Dépôt légal: Mars 1997.
Imprimé par Brepols S.A. – Turnhout – Belgique.
400801-01. Mars 1997.